安徽省地方志丛书

陶厂镇志

含山县陶厂镇人民政府　编著

中国商业出版社

图书在版编目（CIP）数据

陶厂镇志 / 含山县陶厂镇人民政府编著 . -- 北京 : 中国商业出版社 , 2023.10
ISBN 978-7-5208-2681-5

Ⅰ . ①陶⋯ Ⅱ . ①含⋯ Ⅲ . ①乡镇—地方志—含山县 Ⅳ . ① K295.45

中国国家版本馆 CIP 数据核字（2023）第 203450 号

责任编辑：李　飞
（策划编辑：蔡　凯）

中国商业出版社出版发行
（www.zgsycb.com　100053　北京广安门内报国寺 1 号）
总编室：010-63180647　编辑室：010-83114579
发行部：010-83120835/8286
新华书店经销
合肥新安彩印包装有限公司印刷

889 毫米 ×1194 毫米　16 开　44 印张　980 千字
2023 年 10 月第 1 版　2023 年 10 月第 1 次印刷
定价：560.00 元

* * * *

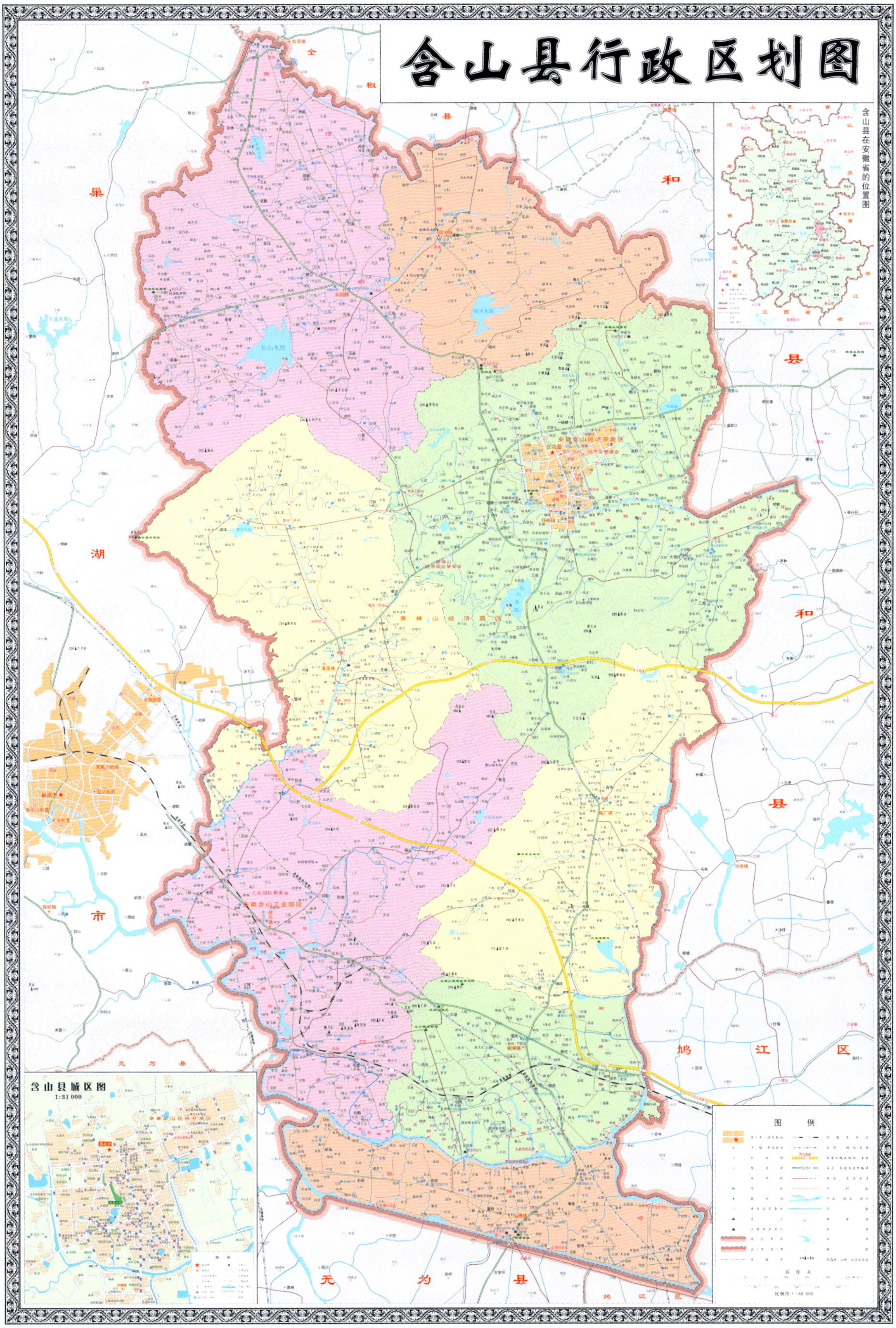

含山县民政局 策划　安徽省第四测绘院 编制　安徽省国土资源厅 审查　审图号：皖S(2014)020号　二〇一四年十月

陶厂行政区划图

常合高速
二郎庙水库
向阳
油坊
大杜
腰石
西李
大李
岳庄
裴刘
王庄
严庄
阚村
黄庄
郑庄
吴庄一
西山
刘庄一
西山小学
朱大
汤村
尹庄
西张
闸口
李庄
小杜一
朱庄一
竹园李
小葛
徐关
冯三
官二
东庄
林场
冯王
金易
前庄
官一
小陈
山口
徐村
小庄
林村
大易
县殡仪馆
上胡
付庄
S226
小庄一
下胡
松桃
云塘
杨庄
白庙
张李
山头
溪岭佳苑
西塔
范庄
湾塘
坝里
石庄
小周
伏陶
唐庄
刘庄
南二过
陶厂敬老院
洪份
孙庄
高庄
易庄
陶厂中心学校
南岭
南份
西荣张
莱园
谢村
关口
坊塘
槽坊庄
翁庄
黄庄一
陶厂初中
陶厂镇
邵塘
李庄
破井南
大葛
赵庄
陈桥
碾王
马庄
桃园
尹毛
水洞庄
小童
大戚
范基
刘庄
新房
高庄
张村
上陶
王夏
夏村
小沈
张庄一
小陶
邱蒋
马咀
水洞孙
鲁桥
小杜
尹庄
李庄一
孙窑
栗树庄
大毛
兴庄
祁首
道仕观
河北
左庄
五星蓝莓园
卜李
阜地庄
小毛
耿谢
许李
岳庄
上庄
大卜
河南
宋村
太平
东王
三庄
小卜
小李
马山朱
南周
后庄
三卜
大李
张巷
贾庄
小李
蒋庄
杨府城
宋村
大张
王庄一
谢村
张庄
祁首小学
小过
林庄
花山张
孙村
大黄
小贾
司徒
关镇小学
朱村
祁首岗
申村
王村
高程
冯村
庙刘
司徒庙
唐庄
彭村
贾庄
金村
李村
散水滩
曹保
陆村
大杨
付村
左冲
关镇
大过
司徒小学
关镇敬老院
关镇中心村
小王
小张
上左
彭墩
上刘
王庄
黄庄
张蔡
项村
293 乌龟山
孙庄
徐庄
高庄
潘村
朱墩
下左
苏滩小学
苏滩
宋村
周村
童咀
大渔滩湿地
官塘中心村
前杜
姜老水库
江老
曹庄
圣村
关镇学校
渔滩
鲁庄
175 赶牛山
卫鲁
周卫
陈庄
黄东
老庄
黄咀
中庄
马塘
李庄
刘村
上苏
张彭
小庄
黄泥岗
马场
汪庄
东堡
铜庙小学
马口
铜庙
当圩
林洼
吴庄
官塘
排楼
铜庙
官塘院
官埂
馒头山
王山
凤子山
杜山
太湖山

陶厂政务新区

陶厂欢迎您

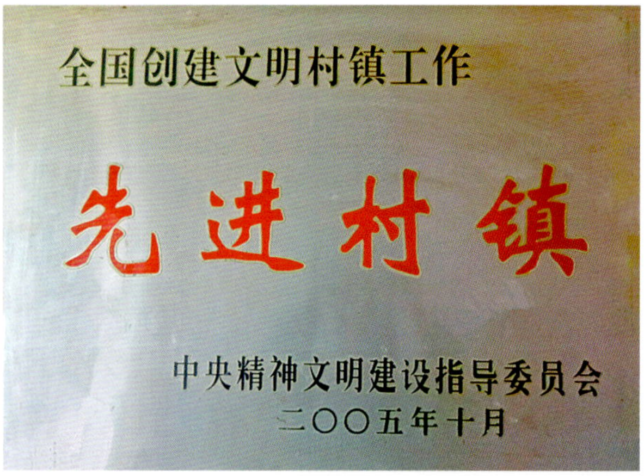

2005 年获得“全国创建文明村镇工作先进村镇”荣誉称号

2006 年获得“全国环境优美镇”荣誉称号

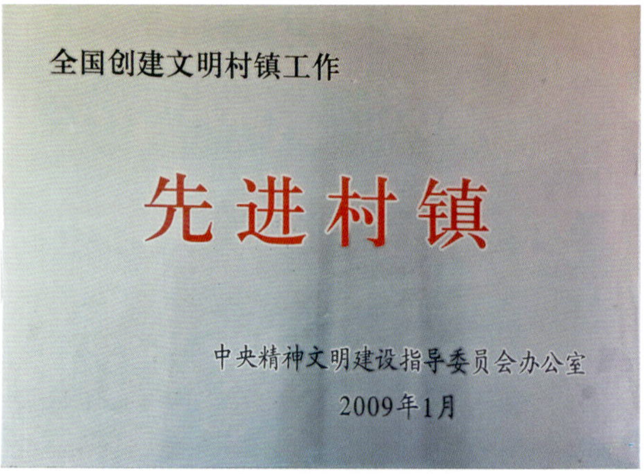

2009 年获得“全国创建文明村镇工作先进村镇”荣誉称号

2011 年获得“第二届安徽省文明村镇”荣誉称号

2012 年获得“全省创先争优先进基层党组织”荣誉称号

2014 年获得“第三届安徽省文明村镇”荣誉称号

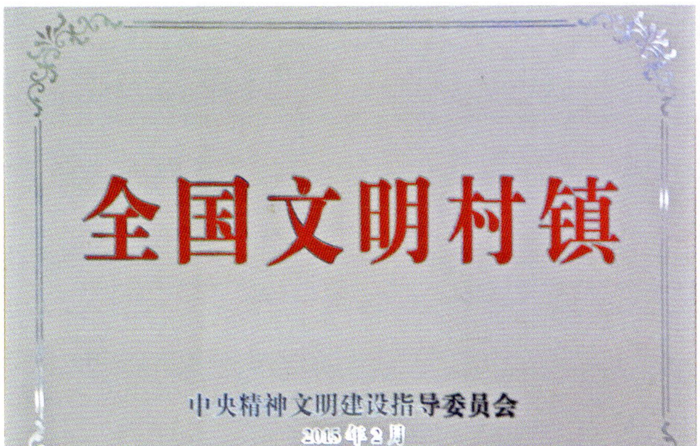

2015 年获得“全国文明村镇”荣誉称号

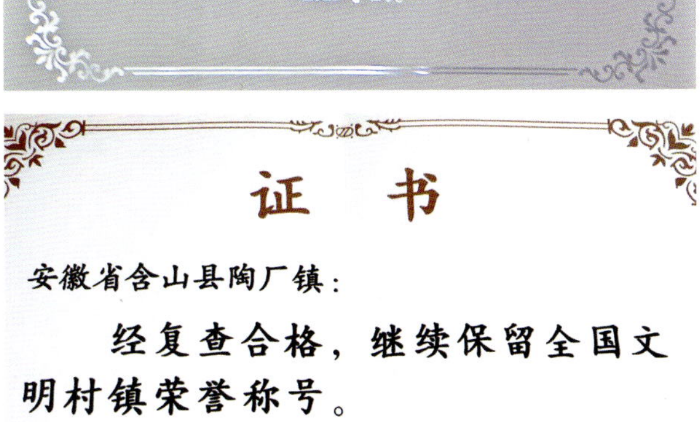
证　书

安徽省含山县陶厂镇：

经复查合格，继续保留全国文明村镇荣誉称号。

中央精神文明建设指导委员会
2020年11月

2020 年获“全国文明村镇”荣誉称号复核命名证书

2002年4月，时任安徽省政协主席杨多良在云塘村检查新农村建设

2004年4月，时任安徽省省长王金山到陶厂供销社生资门市部调研

2011年4月，时任省人大原主任孟富林到卜李村调研“四议两公开”工作

2012年3月20日，时任安徽省委书记张宝顺在陶厂调研网上党支部工作

航拍陶厂集镇全貌

俯瞰陶厂集镇一角

陶南新街

迎宾路

溪岭佳苑安置小区

213 省道穿镇而过

合芜高速公路陶厂境内的道口

陶厂“村村通”工程修建的村道

恒泰新材料产业园

陶厂石膏矿

陶厂石膏矿生产的化工原料

位于南峰社区的陶阳光伏发电站

位于西塔村的陶阳光伏发电站

绿野供销合作社

机械耕田

机械插秧

机械化防治病虫害（中央电视台新闻联播节目播放的陶厂农业生产画面）

机械收割

徐关中心村

南周自然村入村牌坊

上苏自然村

潘村自然村

铜庙村铜庙自然村农民新居

官塘村农民新居

冯王自然村农民新居

杨府城自然村农民新居

小李自然村农民新居

江老自然村农民新居

徐关自然村农民新居

上苏自然村农民新居

大渔滩省级湿地公园

2021 年，陶厂第一届农耕文化节采藕比赛

2021 年，陶厂第一届农耕文化节摸鱼比赛

2022 年，陶厂第二届农耕文化节农民趣味运动会

2022 年，陶厂第二届农耕文化节亲子摸鱼比赛

2023 年 6 月，陶厂第三届大渔滩荷花节在潘村举行

第三届大渔滩荷花节钓小龙虾比赛

潘村民宿

潘村观光小火车

2012 年，陶厂大渔滩荷花节开幕式

2012 年，陶厂大渔滩荷花节开幕式
文艺演出

陶厂舞蹈队演出

陶厂女子舞龙队表演

民俗展演——花挑

民俗展演——跑旱船

陶厂玩龙灯

马鞍山市文联授予陶厂镇“马鞍山市书画名镇”称号

陶厂尚画美术馆

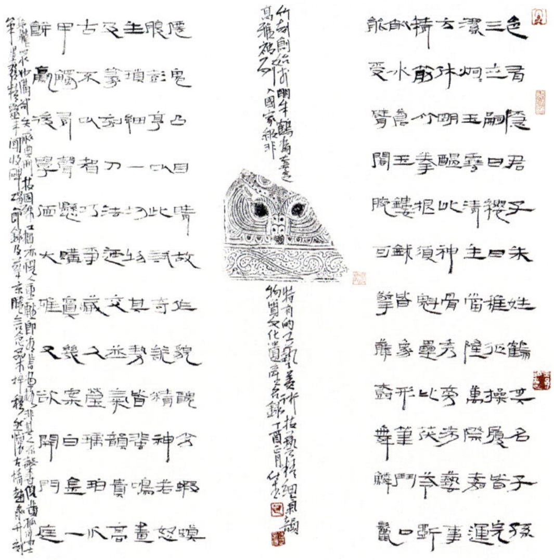

中国书法家协会会员包仕武作品获第一届中国书法兰亭奖

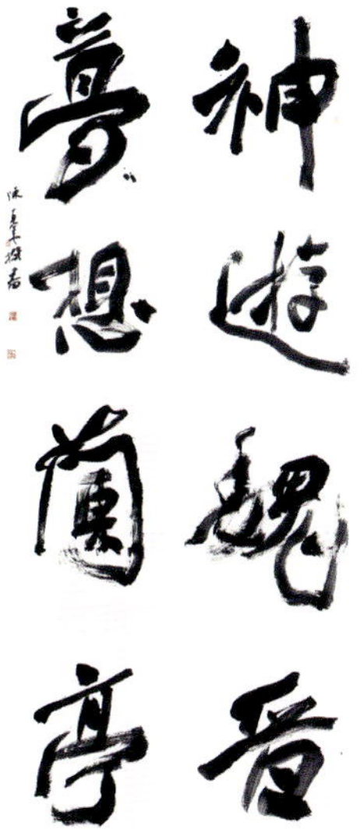

中国书法家协会会员陈克年作品入展第五届中国书法兰亭奖

中国美术家协会会员唐绍尧作品

陶厂祁首生姜
特产 地方
肉质紧实 汁水充盈
肉质紧实调味鲜姜
汁水充盈辣味十足
农家种植姜香浓郁
鲜香脆爽味道更好
含山县祁首现代农业发展有限公司

祁首生姜

五星蓝莓
BLUEBERRY
绿色
新鲜
健康

卜李五星蓝莓

司徒红薯粉丝

司徒优质黄桃

计家卤牛肉传承人计平

计家卤牛肉传承人计国宝

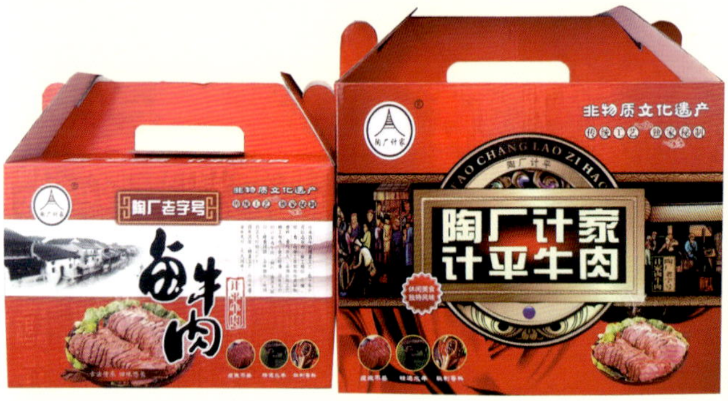

计家卤牛肉

蒋家猪蹄

陶厂香干

全国劳动模范易厚掌上山植树

易厚掌获得的全国劳动模范奖章

易厚掌坚持植树 34 年

易厚掌察看自家的林场

《陶厂镇志》专家评审会

《陶厂镇志》编纂人员

（从左向右：郑盛琰、丁洪涛、梁立旗、王兆水、祁述权、张敏、张永庆、马金桥）

《陶厂镇志》编写组每月例会

《陶厂镇志》编写人员在档案馆查找资料

《陶厂镇志》编写组全体成员实地考察唐代大诗人王昌龄隐居地

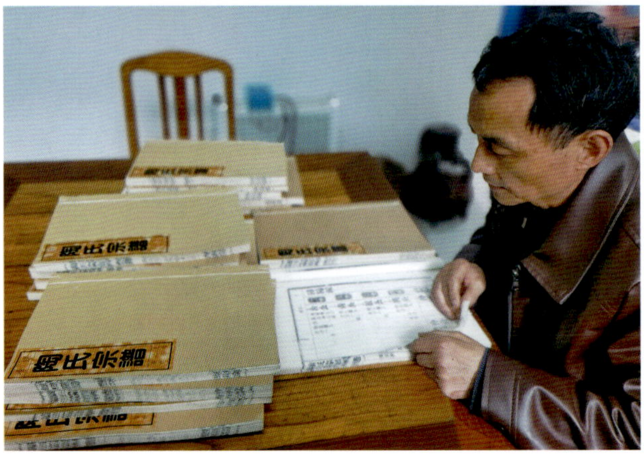

《陶厂镇志》编写人员查找家谱资料

《陶厂镇志》 编纂委员会

《陶厂镇志》编纂人员

主　　编　　祁述权

副 主 编　　张　敏（常务）　王兆水

编　　辑　　丁洪涛　郑盛珌　马金桥

　　　　　　张永庆　梁立旗

《陶厂镇志》审稿单位

含山县陶厂镇人民政府

中共安徽省委党史研究院（安徽省地方志研究院）

中共马鞍山市委党史和地方志研究室

含山县档案馆（县委党史和地方志研究室）

《陶厂镇志》提供资料人员

（排名不分先后）

祁家金	张运金	方世太	葛和平	杨永生	程荣武	孙维堂
沈明主	郑　凯	李仕平	蔡　勋	刘贤好	谢　敏	谢为志
吴修华	黄安民	宋安通	邓大强	张东朗	周昌发	葛世宏
陈金来	张道明	李　军	王太华	杨延芳	牛守平	黄茂金
蔡发水	孙支兵	汤玉伟	汪忠敏	韩雅君	孙茂伟	葛英柱
胡冠华	陈茂华	尹茂杉	黄鹏程	过仕宏	朱明言	张同刚
刘　辉	陈继传	洪运临	阮景松	周跃林	过世锡	夏修才
李庭虎	赵天平	葛富坤	茆保金	汤学山	陶庭斌	项礼根
刘顺堂	谢万平	宋华来	王道明	曹　虹	杨少兵	李为华
陈金来	李　响	王　锦	司　勇	孙　健	过家益	吕佳琪
李昌权	贾蓉蓉	陈克年	肖　月	毛华来	吴大斌	葛俊超

序　一

李修松

我的故乡含山县陶厂镇修镇志，镇党委书记孙军同志来电嘱我为此志书写序，我自然无可推诿。提笔之时，不禁心潮澎湃。

陶厂镇环境优美。往西往北，山峦连绵，茂竹栖鸟，幽林飘岚，瓜果溢香，百花烂漫；往南往东，河川纵横，圩田连片，杏花烟雨，荷红柳绿，鸟飞鱼跃。“一条大河波浪宽，风吹稻花香两岸，我家就在岸上住，听惯了艄公的号子，看惯了船上的白帆。”——电影《上甘岭》插曲《我的祖国》中的歌词描述的，正符合我生长的地方——苏滩村的环境。苏滩是个较大的自然村，在牛屯河支流鲁桥河西岸，农业生产以水稻为主，著名的大渔滩湿地就在其附近。

陶厂镇历史悠久。据安徽省考古研究所专家组织的考古调查，在该区域共发现22处汉代之前的遗址。其中新石器时代遗址7处，周代遗址13处，汉代遗址1处。还有一处可能为夏商时期的遗址，因其遗物极少，年代不能确定。特别要提出的是，凌家滩时期且属于凌家滩文化的遗址至少有2处，说明当时这一带是凌家滩部落群分布区。域内的杨府城村为东晋大兴二年(319年)分历阳县西部侨置的龙亢县县治所在地，是含山县域内最早设立县治的地方。“陶厂”原名“陶家厂”，据陶氏家谱记载：明代万历年间(1573—1620年)，为官于浔阳(今江西九江)的陶氏先祖陶福二，因私开国库用皇粮救济灾民，遭奸臣陷害，朝廷下令满门抄斩，陶福二只得带领全家辗转当涂、环峰，逃至此处，以农为生，辟有较大的场基以供晒粮。陶家人缘好，邻居们晚饭后(特别是夏天)常常聚集到陶家场上闲聊、纳凉，时间一长，陶家场遂成为地名。至清末民初，“陶家场”改名“陶家厂”，今名“陶厂”。

陶厂镇人杰地灵。这里不乏名人。仅明朝，便有开国功臣李信、杨兴，李信之子茂国公李彬，杨兴之子名将杨文等。故龙亢县治所在地名杨府城，便是因为明朝廷将此地赐给杨家以为府第而得名。这里是块红色的土地。抗日战争和解放战争时期，陶厂人民在中国共产党领导下，浴血奋战，为中国革命作出了不可磨灭的贡献。《陶厂镇志·大事记》记载的陈仁民，便是我奶奶的表弟，抗日战争时期主要从事统战工作和含山、和县一带的地下交通，经常利用我家在苏滩村最东的有利位置往来于两县之间(我家靠河，河东就是和县)，成功传递情报。这里自古就是商贸集镇。可谓交通四方，商旅辐辏，货畅其流，清末至民国时更加兴旺。记得我考上大学、离开家乡之前，常常步行十里，至陶厂赶集购物，领略市镇百态，乘机热闹热闹。

中华人民共和国成立以来，特别是改革开放以来，陶厂大地生机焕发，发展快速。农业经济特色鲜明，工业经济势头强劲，劳务经济亮点纷呈，脱贫攻坚全面胜利，整体水平不断攀升，民生福祉大幅改善。特别是生态环境建设居全县之首，被评为第四批“全国环境优美乡镇”。乡村风貌更加美好，获得“文明村镇”“生态村”的称号越来越多；集镇改造成果丰硕，一个功能完善、清洁美丽、宜居宜业的新型集镇业已呈现。

当前，陶厂镇正坚持“生态立镇、产业突破、文旅融合、乡村振兴”的发展战略，抢抓机遇，加快发展，力争到2025年建成“生态福地，和美小镇”，前景无限美好。值此之时，该镇组织编纂镇志，意义相当重要。

其一，盛世修志，再接再厉。党的十八大以来，中国特色社会主义进入新时代，以习近平同志为核心的党中央领导全国人民自信自强、守正创新，创造了新时代中国特色社会主义的一系列奇迹，党和国家事业取得历史性成就、发生了历史性变革；党的二十大鲜明擘画了以中国式现代化全面推进中华民族伟大复兴的宏伟蓝图，中国人民正在经历从站起来、富起来到强起来的伟大飞跃。对于陶厂镇来说，及时抓住这难得的历史机遇，借助组织编写镇志，全面系统回顾历史，总结成绩，提取经验，分析问题，查找不足，提出更加科学的发展思路，从而有利于下一步的创新发展，是完全有必要的。

其二，乡土教材，鼓舞乡民。这部镇志是难得的乡土教材，本土民众阅之，能深入了解本地历史文化，从而起到提气鼓劲儿，增强自豪感，更加热爱家乡，更加努力建设家乡的作用；旅居外地的陶厂人阅之，会勾起他们正在逝去的记忆，激发桑梓情怀，与家乡同振共鸣，成为维系他们乡土情结的精神纽带，从而更好地回馈家乡。

其三，宣传家乡，引资招才。此部镇志是宣传陶厂的基本材料，可从中撷取多种素材从各方面予以宣传，从而不断地扩大影响，提高陶厂的知名度与吸引力。特别是在助力陶厂成为投资热土，更好地招商引资、招才引智，进而促进陶厂经济社会发展方面，起到应有的作用。

写至此处，我正好借此机会，就如何利用陶厂的优势资源，发展优势产业，提出两点建议。

第一，当前，石膏在我国新型建材、绿色建材以及相关行业中的模具生产，乃至农业、日用化工、药材、食品工业、饲料添加剂等方面得到越来越广泛的应用，石膏资源显得越来越珍贵。故此，应发挥本镇石膏矿储藏量大的优势，根据石膏产业发展的方向和重点，高起点建立石膏产业园，优化石膏产业链，增强投入产出的效能，做大做强本镇的龙头产业。

第二，利用大渔滩湿地发展凌家滩文化水上生活体验旅游。

考古调查已证明，5300年前，今大渔滩湿地一带属于凌家滩部落群生产生活区域，利用大渔滩湿地发展凌家滩文化水上生活体验旅游的根据是坚实的。那时，凌家滩群落所分布的江淮一带，除了山峦岗地外，现在的平地当时都是水面。从凌家滩南望，一片浩瀚汪洋，少量岗丘台地点缀其中，凌家滩群落的先民就定居在其中条件好一些的台地上，从事原始的稻作农业，辅之以采集和渔猎。在浅水湿地，各种水生植物成片分布，鸟群飞落，鱼鳖沉浮。如今这一带，只有大渔滩湿地基本未受到现代建设的干扰，是复现凌家滩时期原始风貌，发展原始水上生活旅游的绝佳场所。

为此特建议：

一是将现在其周边的铁丝网围栏撤去，改挖成3米左右宽、2米深的围濠，沿此濠外围栽种速生树木，从而尽快形成围合的不受外界干扰的原始水生态空间。围濠的出入通道，采用木排或木桥（用几根树木并列横担两头即可）。如果能采用仿制的藤桥，则更具观赏性。

二是将湿地水上各类水生植物予以适当整理并有序布种，可形成莲花区（用不同的品种再形成不同的细分区域）、芦苇区、蒲草区、茭白区、采菱区、芡实区等，游人可乘木筏或独木舟（可用塑料仿制）穿行其间，观光、摄影、采摘。需不断变换景观，使游人常有曲径通幽、柳暗花明之感，且可随时采摘捕捞。

三是散放不同的水禽，借以活跃气氛，方便拍摄。

四是岸边适当布设形态各异的原始水上建筑，岸上适当布栽柳树之类及花卉。通过以上精心设计经营，做到处处美景、搭配构景、移步换景，美不胜收，吸引游人争相拍摄。

五是湿地内养殖鱼、虾、蟹、鳖、鳝、鳅、螺、蚌等，供家长带着孩子仿原始人垂钓（岸边）、捕（在浅水地带用原始鱼网、木叉、骨叉捕鱼）、摸（在浅水处摸鱼）、罩（在浅水区罩鱼）、捞（捞蚌、蛤、螺等）。在大片的滩地上，适当用不同的水生植物布设摸鱼区、罩鱼区、扒泥鳅区、掏黄鳝区、戽水捉鱼区等。

这样，使大渔滩旅游成为凌家滩文化旅游有机组成部分，与凌家滩遗址公园旅游等互动互促，共同提升。

要发挥大渔滩旅游对周边村庄的带动作用。一是可在周边村庄对应发展相关水产品养殖，供应大渔滩原始水上旅游所需；二是利用周边村庄农舍作为大渔滩旅游者居留吃住之所；三是发展这一带的农家生活游，就地利用不同的农业资源、民俗资源，丰富旅游内容，使得中小学生双休日来此旅游更加充实，多彩多姿。

我作为陶厂人，家乡的山水哺育我长大，家乡的父老教育我成长，我热爱家乡，衷心希望家乡加速步入高质量发展之道，拳拳赤子之心天日可表，是为序。

2023年3月17日

（注：作者为安徽省政协原副主席）

序　二

七月仲夏时节，大渔滩湿地公园的万亩荷花竞相盛开，那一朵又一朵的红色精灵，在绿色荷叶映衬下，显得格外娇艳。一袭红衣伴随着游船荡漾在水面上，纤纤玉手采摘莲蓬，秀目凝视远方，赏美景，唱山歌，徜徉在这如画的境界里，让人感到身心愉悦，仿佛大自然的清香沁入五脏六腑，瞬间进入飘飘欲仙的境界。

西塔山上，郁郁葱葱的林木中各种鸟儿发出清脆欢快的鸣叫，仿佛在向你讲述当代愚公、全国劳模、中国好人、全国最美志愿者易厚掌平凡而伟大的创业故事。你一定还想探访唐代大诗人王昌龄在石门山的草庐，聆听他的好友常建的诗句："清溪深不测，隐处唯孤云。松际露微月，清光犹为君……"

这就是我们可爱的家乡，全国环境优美乡镇、国家级生态村镇、全国文明村镇——陶厂镇美丽山水的一个缩影。4.1万勤劳而智慧的陶厂儿女，在这片热土上生生不息，创造着一个又一个奇迹。

当你听到石膏矿里机器轰鸣，你会想象陶厂工业集中区如火如荼的劳动场景；塔古路边、关镇高速公路道口两侧，工业走廊聚集的建材、机械、新能源、新材料产品，源源不断地输往大江南北。

一台小小的电脑，便让粉丝、牛肉、茶干、生姜、蓝莓、黄桃等陶厂特色农产品走进千家万户，司徒农产品电商平台彰显出现代商业的广阔空间，给陶厂这个历史上的商贸重镇增添了新鲜亮丽的色彩。

这是一块英雄的土地。革命战争年代，铜关游击队在司徒山区坚持对敌斗争多年。这是一块创新的土地。社会主义改造初期，张夏村诞生了全县第一个农民互助组，初显了陶厂人民创新的魄力。改革开放初期，陶厂人民穷则思变，敢于"第一个吃螃蟹"，最早进城务工，把早点摊摆到了北京，辛苦中推开了财富之门，也让全镇农村面貌发生深刻的变化。

进入新时代，陶厂镇党委、政府坚持"生态立镇、产业突破、文旅融合、乡村振兴"发展战略，抓党建促发展，撸起袖子加油干，脱贫攻坚取得全面胜利，乡村旅游初具规模。"生态福地，和美小镇"的愿景，正在109平方千米的沃土上，绽放出绚丽的光彩。

毋庸赘述，想要更多地了解陶厂，那就请你走进陶厂，身临其境，感知陶厂厚重的历史、优美的环境、开放的张力、创新的活力，参与陶厂的投资兴业，融入陶厂现代化建设的洪流中，在创造中实现人生价值，在创新中展示青春风采，推动陶厂经济社会建设迈向新的台阶。

盛世修史。修史是为了铭记历史，更是为了激励后人，也是记录坎坷奋进的痕迹，让一代又一代人为之奋斗的“陶厂精神”得以赓续。陶厂镇党委、政府本着对历史、对后人高度负责的态度，竭诚推动修史编志工作，社会各界鼎力支持，采编人员不辞辛劳，数易其稿，反复征求意见，《陶厂镇志》得以诞生，呈现在读者面前。

是为序。

中共陶厂镇委员会 书记　孙　军
陶厂镇人民政府 镇长　张　亮
2023年2月28日

凡　例

一、本书以马克思列宁主义、毛泽东思想、邓小平理论、“三个代表”重要思想、科学发展观、习近平新时代中国特色社会主义思想为指导，坚持辩证唯物主义和历史唯物主义的立场、观点和方法，客观、真实、系统地记载陶厂镇古往今来的历史发展轨迹，展现古镇历史风貌，详述历史重大事件，在兼顾各方的同时，突出古镇地域特色。使本志具有重要史料汇聚价值、参考借鉴价值、阅读欣赏价值，以达到传承乡土历史文化、激发爱国爱乡情怀的目的。

二、本志由概述、大事记、基本镇情、古镇风貌、镇村建设、党政群团、农村农业、林业水利、工交商业、财税金融、社会事业、风土民俗、陶厂丛谈、人物春秋、艺文杂记、附录，共16大类组成，除“陶厂丛谈”和“附录”外，采用章节体，设章、节、目3个层次结构，分层编序记述。另设有附记、专记、附表、附图分置于章节之后。全书除“概述”“大事记”“附录”不列章节外，主体13个部分均设若干章节，采用语体文纪述体。概述总揽全篇，叙议结合；大事记采用编年体和记事本末体相结合；其余横排门类、纵述史实，除个别篇章条目外，只记不议。

三、本志上限从事件发端开始，下限至2021年末，根据完整记事需要，适当下延至2023年6月。

四、本志“人物春秋”一章遵循“生不立传”的原则，凡立传者均为本镇已故著名人物，入传以本籍为主。人物按出生年月先后排列。

五、本志出现的“新中国成立前”“新中国成立后”统指1949年10月1日中华人民共和国成立前后。本志出现的“旧时”，指1949年10月1日中华人民共和国成立前。

六、本志历史纪年，民国以前用帝王年号纪年，民国时期用民国纪年，括注公元纪年。中华人民共和国成立后，用公元纪年。公元世纪，公元年、月、日均用阿拉伯数字书写。人物生卒时间统一用公元年号标注。

七、本志地名、历代政权和官职称谓，沿用历史通称，涉及古今地名不一致者，加注今名。单位名称用全称或规范简称。

八、本志各项数据采用统计部门数字，统计资料缺失的采用业务部门数字；古代一些数据引用于古籍、研究专著等。数字使用和志书行文以国家技术监督局1998年颁布的《出版物上数字用法的规定》，用字以《现代汉语通用字表》和1986年国家语言文字工作委员会颁布的《简化字总表》为准。计量单位一律以国务院1984年颁布的《国务院关于在我国统一实行法定计量单位的命令》为准，但历史表格中仍使用旧计量单位，一是难以统一，二是为保留历史原貌。志中标题、目录、注释、引文、图、照、表、专有名词、术语均以中国地方志指导小组下发的《中国名镇志丛书行文通则》为准。

九、本志资料主要来源于古代县志，省、县、镇档案，研究专著和当事人的口述资料。编纂时一般不注明出处。所用地图以测绘部门的公开资料为准。

目　录

序一……………………………………………………………………………1
序二……………………………………………………………………………1
凡例……………………………………………………………………………1
概述……………………………………………………………………………1
大事记 ………………………………………………………………………10
第一章　基本镇情……………………………………………………………41
　第一节　区位　面积………………………………………………………41
　第二节　建置沿革…………………………………………………………42
　第三节　行政区划…………………………………………………………43
　第四节　人口………………………………………………………………44
　第五节　自然环境…………………………………………………………54
　第六节　居民生活…………………………………………………………64
　第七节　辖村述略…………………………………………………………71
第二章　古镇风貌……………………………………………………………81
　第一节　镇名由来…………………………………………………………81
　第二节　古镇格局…………………………………………………………84
　第三节　古镇建筑及特色…………………………………………………87
　第四节　文物古迹…………………………………………………………88
第三章　镇村建设……………………………………………………………96
　第一节　生态环境建设……………………………………………………96
　第二节　市政工程建设……………………………………………………101
　第三节　公用事业建设……………………………………………………106
　第四节　美好乡村建设……………………………………………………111
　第五节　农村交通建设……………………………………………………116
　第六节　改水改厕工程建设………………………………………………119
　第七节　乡村旅游开发……………………………………………………122
第四章　党政群团……………………………………………………………126
　第一节　中共陶厂镇委员会………………………………………………126
　第二节　陶厂镇人民代表大会……………………………………………156

第三节　陶厂镇人民政府……166
第四节　政协组织……180
第五节　群团组织……184
第五章　农村农业……193
第一节　农村生产关系变革……193
第二节　种植业……220
第三节　养殖业……228
第四节　农业技术与农业机械……237
第五节　农业开发……244
第六章　林业水利……255
第一节　林业……255
第二节　水利……273
第七章　工交商业……302
第一节　工业……302
第二节　交通……319
第三节　商业……324
第八章　财税金融……355
第一节　财政……355
第二节　税务……359
第三节　金融……367
第九章　社会事业……370
第一节　教育……370
第二节　文化体育……386
第三节　医疗卫生……399
第四节　社会保障……416
第十章　风土民俗……420
第一节　特色美食……420
第二节　土特名产……424
第三节　传统技艺……428
第四节　习俗禁忌……434
第五节　民俗活动……442
第六节　方言俗语……449
第十一章　陶厂丛谈……460
一、陶厂杨府城为含山古县治考证……460
二、祁首岗祁氏历史溯源……462

三、陶厂主要家族简介 ……467
四、回忆特殊时期的陶厂 ……486
五、陶厂地区“农业学大赛”运动纪实 ……491
六、陶厂地区上山下乡运动始末 ……500
七、陶厂农民进城务工历程全景纪实 ……507
八、陶厂农民进城务工创业成功人士典型 ……521
九、陶厂地区寺庙历史简述 ……527
第十二章 人物春秋……536
第一节 人物传略……536
第二节 人物简介……551
第三节 人物表录……572
第十三章 艺文杂记……577
第一节 家谱选录……577
第二节 古代诗词……583
第三节 现代诗文……588
第四节 民间歌谣……604
第五节 民间故事与传说……611
附 录……616
附录一、含山县陶厂镇环境规划(节选) ……616
附录二、含山县陶厂镇总体规划(2016—2030年)(节选) ……624
附录三、含山县陶厂镇国民经济和社会发展第十四个五年规划纲要(2022—2026年) ……641
附录四、重要文件摘录 ……644
参考文献……651
后记……652

概　述

含山县陶厂镇是一座繁华的商贸重镇、人文名镇，历史上享誉含和两县南乡。

陶厂镇位于含山县南部，距县城15千米，四周分别与和县功桥镇，芜湖沈巷镇，县内铜闸镇、林头镇和环峰镇接壤。境内有陶厂河和功桥河，经牛屯河汇入长江。合巢芜高速公路、北沿江高速公路和省道213穿境而过，距南京、合肥一小时车程，距芜湖半小时车程，交通便捷，区位优势明显。

全镇属半山半圩地貌，圩区、山区、岗坡各占三分之一，镇辖面积109平方千米。1992年含山县撤区并乡，陶厂镇、关镇乡合并为陶厂镇。经过2005年、2008年、2010年和2012年的四次村级规模调整，现全镇设9个村民委员会、1个社区居委会。至2021年末，全镇人口4.1万人。

改革开放40多年来，陶厂由一个传统农业镇，转变为工农业并举、农业特色明显、生态环境优良、村镇建设美丽的小康型社会主义新农村。2021年，全镇实现地区生产总值9.4亿元，规上工业增加值7768万元，实现固定资产投资3.89亿元，完成财政收入5570万元，农民人均纯收入25069元。

1991年，陶厂镇被国家防汛抗旱指挥部授予1990年度全国防汛抗旱铜牌奖。2004年，被安徽省劳务输出领导组授予“安徽省劳务输出先进乡镇”称号。2005年，被中央精神文明建设指导委员会授予“全国创建文明村镇工作先进村镇”、被安徽省委组织部授予“五个好乡镇党委标兵”、被安徽省委、省政府授予“全省依法治省和法制宣传教育先进集体”称号。2006年6月，被授予第四批“全国环境优美镇”称号。2013年，通过国家级生态镇复审验收，被授予“国家级生态乡镇”称号；还被授予“安徽省首届文明镇”“安徽省第二届文明镇”“安徽省新农村建设示范镇”等称号。2015年，被授予第四届“全国文明村镇”称号；卜李村被授予“全国文明村镇”称号。2018年，被马鞍山市委、市政府授予“脱贫攻坚先进集体”称号。2020年，被授予“安徽省卫生镇”称号。

一

陶厂历史悠久。陶厂境内有四处古遗址：一处为西塔村马庄土墩上的马庄商周时期遗址，面积5000多平方米；一处为西山村闸口自然村的闸口商周遗址，面积约9000平方米，两处遗址均为县级文物保护单位。另两处为八宝寺商周时期遗址，关镇村周村、上左两自然村新石器时期晚期遗址，此处遗址面积6.1万平方米，与凌家滩遗址为同一时期。这些遗址上多散落着大量红陶、灰陶、黑陶陶片，从器形看有鬲足、罐、盆、钵、壶等，纹饰有回纹、绳纹、印纹、菱纹等。所有这些证明从新石器时期开始，这里就有先民繁衍生活。

陶厂镇杨府城村，为东晋大兴二年（319年）分历阳县境（今和县）西部侨置龙亢县县治所在地，史称龙亢城，历史上含山建县从这里开始。据清乾隆版《含山县志》“历阳龙亢考侧”一文记载，东晋时侨置的龙亢县，县境面积很小，以石门山为界，山以南地区属龙亢县，山以北地区属历阳县。龙亢的面积大约为今含南一带。当时县治设在今陶厂杨府城村。明洪武元年（1368年），朝廷裁撤乌江、含山二县，并入历阳县。洪武十三年（1380年）设直隶和州，恢复设置含山县，隶属和州。清康熙版县志上曰：“含山遂迁县治于故历阳县治，其后以故龙亢城赐征南大将军杨文为宅，相传为杨府城，今尚存土城……”元代至正年间，这里出了两位著名的战将：一位是明代开国功臣杨兴，另一位是杨兴的儿子明初名将杨文。朝廷为收买人心，将县治迁移后的龙亢城赏赐给杨家，于是更名为杨府城。20世纪60年代，在村口挖塘时，曾出土过一块刻有“杨府城”三字的石匾。因此，含山县建制的历史是从陶厂龙亢城发端的。

陶厂自古就是含南有名的商贸重镇。清末到民国期间是陶厂集市繁荣兴旺的鼎盛时期。其间，江苏苏北、安徽江南及定远、肥东等地人纷纷来陶厂定居经商，其中肥东人最多。他们来到陶厂后，以摆小摊、开饭店、开设机匠店、染坊和糖坊等业为主，陶厂集镇规模得到不断扩大，人口逐渐增多。民国时期，陶厂商会下辖11个同业公会，并代管关镇、铜庙商业。据不完全统计，境内有各业商铺216户，其中有商号的店铺就有120多家，从业人员约1200人。由此可见商贸繁荣，规模可观。陶厂乡脚广远，每月逢二逢七为逢集日，西至肥东梁园，南至沈家巷、裕溪口一带，县内关镇、福山、张公、仙踪、姚庙以及临近的和县南义、新塘、功桥一带都来此赶集做买卖。每到逢集时，街上车水马龙，熙熙攘攘，下街洪份路口、上街南关口、鸭蛋巷狭窄的街道上到处人头攒动。主要交易场所有老街、鸭蛋巷、集场、牛市、米市。老街主要交易农副产品、日杂货；鸭蛋巷主要交易禽蛋；集场是农副产品、农具及水产品集中销售的地方；牛市和小猪行在含和南乡一带最为有名，买牛卖牛、买猪卖猪都纷纷赶到陶厂集市上交易，每次逢集交易的牛有30头左右，猪崽百余头。米市在南关口，主要交易五谷杂粮，以米、糠交易额最大。南关口外是竹木行，每到逢集做竹木交易的、购买农具家具的人挤满了竹木行，生意非常火爆。集市里的小戏园唱小倒戏（地方戏庐剧）的、集场卖艺杂耍的、讲评词、说书的样样皆有，加上各种风味小吃，引来各方人士购物会友，热闹非凡。陶厂成为农副产品、南北货物集散中心，集镇商贸十分兴旺。

陶厂老街店铺有杂货店、百货店、布店、银匠店、中药店、茶叶店、黄烟店、香烛店等。这些店铺的货物一般从运漕进货，高档日用百货和绫罗绸缎则是从芜湖、南京进货。过去有种叫“跑江”的人，他们专门为商家从芜湖、南京进货，商家需要进什么货，只要给“跑江”的人说一声，三五天他们就会送货上门。除此之外还有豆腐店、裁缝店、铁匠店、木匠店、篾匠店、炒货店、糖坊、槽坊、酱坊、染坊、茶酒馆、澡堂等。

由于商贸发达，乡脚广远，一般乡镇少有的金融行业也在陶厂出现。早在清代嘉庆年间，陶厂洪份老街上就有包氏开设的当铺和吕氏钱庄，捐银修建东岳庙。民国十三年（1924年），叶良之在北份街中段开设一家“公惠”号典当行，人们习惯称为“当铺园”。据陶厂老人回忆，当铺园面积不小，生意兴旺。民国中期，陶厂散子巷中段由鲁大年开设了一家小当铺，直到抗战时期才关门歇业。

二

陶厂农业经济特色鲜明，工业经济发展势头强劲，劳务经济独占鳌头。陶厂是全县传统粮食主产区。2021年，全镇粮食面积稳定在3173公顷，总产稳定在2.3万吨。“十三五”期间，加固了十联圩等堤防工程，完成高标准农田整治2400公顷；全镇建有14座标准化育秧工厂，4座谷物烘干房；有专业合作社66个，家庭农场48个；培训新型职业农民86人，新型电商人才7人，畜牧家禽生产经营型职业农民5人，培育发展新型农业经营主体107家，其中，国家级1家、省级8家、市级11家；永龙水稻种植合作社2021年获得农业农村部授予的“部级示范农民专业合作社”称号；取得绿色产品认证的农产品4家，国家地理标志“含山大米”种植面积230公顷，省财政优质水稻项目示范片334公顷，稻虾共养面积137公顷。“穗子香”牌和“正前”牌两个大米品牌是国家地理标志“含山大米”的主要品种。此外还有生姜、粉丝、蓝莓、黄桃、蜂蜜、青虾、油牡丹、薄皮核桃等地方特色农产品。全镇生猪年出栏2.5万头，其中百头以上养殖专业户100多户，养殖山羊6000多只；养殖水禽20万只，其中大户养殖达10万只。

陶厂是全县林业大镇，全镇山区丘陵面积61平方千米，有林面积2240公顷，基本消灭了荒山。全镇林木蓄积量12.9万立方米，森林抚育面积340公顷，林木覆盖率（绿化率）34.9%。全镇有茶叶120公顷，经果林357公顷。涌现出以全国劳动模范易厚掌为代表的绿化造林大户。尤其是最近几年大力开展农林业招商引资，吸引社会资本加快发展现代农业，引进松葳苗木生态园林公司发展现代观光园林项目，巢湖恒艺生态园林公司种植油用牡丹基地等6家现代农林企业落户陶厂。

陶厂镇工业发展势头强劲。陶厂在古塔路和合芜高速公路关镇道口建设工业走廊，聚集了建材、机械、新能源、农产品深加工等企业。一批骨干企业在激烈的市场竞争中不断发展壮大。境内石膏资源丰富，据勘探，地下优质石膏矿总储藏量58亿吨，为亚洲最大的石膏矿。陶厂引进皖北煤电集团成立安徽省恒泰新材料有限公司，投资近3亿元开采石膏进行深加工，形成年产100万吨原矿石、30万吨超细粉体生产能力。公司与一些著名的大学建立长期合作关系，成立国内唯一一家硬石膏应用研究所，不断开发市场应用广阔的新产品。骨干企业安徽驰安消防设备制造有限公司，新上年产10万套干粉灭火器项目，以及高档气雾消防设备和远强消防器材，在扩大产能的同时，增加了高档消防器材品种。谊和商品混凝土公司不断扩大产能，投资新上环保车间，极大改善了企业生产环境。伟峰铸造公司加大投资改造生产线，建造现代化铸钢化验室，产品档次不断提升，成为多家大型企业的重要客户。森工木业公司在困境中坚持不断开拓市场。

新企业、新项目不断落户陶厂。2006年，安徽奥发高铁桥梁模板有限公司落户关镇道口工业园区，主要生产钢结构、桥梁模板等产品。2015年，安徽中兴流体装备有限责任公司落户陶厂，主要生产阀门、管件及电机类产品。马鞍山市龙腾机电科技公司引进先进的生产线和关键设备，提高了生产效率，2018年被认定为市级科技“小巨人”企业。陶阳新能源科技公司投资4.24亿元新建100兆瓦光伏复合发电项目。安徽拓远环保科技有限公司专门生产省建设厅研发推广的轻抹灰石膏，是华东地区一家以石膏为原料的新型内墙材料企业。安徽锐斯特新型材料有限公司是集研发、生产、销售于一体的新型材料企业，专业研发、生产均质改性保温板。这些项目的落地有力增强了陶厂工业的发展后劲。

尤其喜人的是一批农业企业的加入，为农业高产稳产提供了保障。含山县绿野供销合作社投资新上一条年产2万吨稻谷生产线，前三农业科技有限公司投资新建大米加工储存基地和年产20万吨生物有机肥项目，安徽裕溪河农业发展有限公司新建年产10万吨精制大米及仓储物流项目，南方粮食购销有限公司新建大型粮食仓储项目，安徽友成包装制品公司新上年产5000吨蔬菜包装项目，马鞍山花润堂蜂业公司落户道口工业集中区，年产优质蜂蜜1500多吨，这些项目均已建成达产。

劳务经济是陶厂经济一大特色，也是一大亮点。1978年中共十一届三中全会后，农村全面实行家庭联产承包责任制，生产力得到极大解放，但也逐渐暴露出人多田少，农村劳动力过剩，农民负担过重，种粮不赚钱甚至亏本的矛盾。自1985年开始，陶厂南二过自然村开始有人去北京炸油条。这些人不断回乡请帮手，带动了一批又一批农民进入北京从事早点生意。这些务工人员的赚钱示范效应，推动全镇大批青壮劳力涌向大城市务工经商。除少数在省内其他市县外，绝大多数流向北京、上海、苏州、无锡等地，以北京最多，最高峰时有1.4万人。他们在城市主要从事餐饮业、建筑业、生活服务业。1995年后，陶厂每年进城务工劳务收入1亿元以上。同时出现一批创业成功典型。截至2021年，陶厂镇外出务工经商人数多达1.9万人，年劳务收入12.5亿元以上，是全县外出务工经商人数最多的大镇。据不完全统计，全镇进城务工人员历年在家乡翻盖和新建楼房约6715栋，另在北京、上海、南京、合肥和含山县城购买了大量商品住宅和门面房，总数在1000套左右，购买小轿车3498辆。陶厂农民勇闯天下，依靠自己的勤劳聪明，收获着改革开放带来的红利，也打开了财富之门。

三

陶厂村镇生态环境建设水平在全县首屈一指。2006年，陶厂镇被国家环境保护总局命名为第四批“全国环境优美镇”。2011年，卜李村被中央文明委授予“全国文明村镇”称号，云塘、官塘、西塔等8个村获马鞍山市生态村称号。

陶厂多年坚持不懈实施集镇改造工程，不断完善、升级集镇基础设施。20世纪80年代初，陶厂镇决定保留老街原貌，拆迁南关口以外杂乱住户，建造新大街。新大街为柏油路面，长750米，宽15米，街道两侧建商住楼，总面积4580平方米，成为陶厂集镇主干商业街，集镇总面积扩大到0.75平方千米。2000年，镇政府聘请省城乡规划设计院专家对陶厂集镇未来20年整体规划进行修编，以便集镇建设更加科学合理。2011年，陶厂镇按照“完善老街、发展新街、拉开框架、膨胀规模、形成特色”的总体思路，重点实施“三街二区一改造”。通过筑巢引凤，引资建镇，先后新建陶南新街、陶中路、古塔路、恒泰路、政务新区路等多条街道，集镇的框架基本形成。截至2021年，镇区道路总长24千米，道路铺装总面积14.5万平方米，所有街道都安装了路灯，新增了人行道和绿化带，改造了可容纳千人的影剧院，修建了占地6500平方米、大理石地面的文化广场，先后投入巨资对农贸市场进行改造升级，市场总建筑面积2100平方米，同时对沿街商铺立面招牌、杆线、公厕进行规范整治，美化镇容镇貌，街道、广场“四季有花、四季长青”。对街道进行日常保洁，垃圾无害处理率达100%。城镇全部用上了自来水，实现集镇雨污分流，生活污水日处理能力400吨。建成水墨华庭商住小区和龙亢、溪岭佳苑安置小区，极大改善了居住条件，提升集镇人口聚集能力和公共服务功能。改革开放以来，陶厂集镇新建各类住房13万多平方米，集镇人均居住面积19.8平方米。集镇面积由1988年的0.75平方千米扩大至1.5平方千米，常住人口增至4200人。一个功能完善，清洁美丽，宜居宜业的新型集镇已经展现。

陶厂大力实施美好乡村建设和镇村环境整治，成效显著。自20世纪80年代以来，全镇农村新建楼房7924栋，占总户数的88%，农村人均住房面积达到33平方米。顺利完成全镇210个自然村环境整治工程。新建垃圾池251座，配备垃圾箱600个，垃圾车2辆，全部自然村都配备了垃圾清运人员，街道、村庄清运人员坚持全天候保洁清扫。采取“户集中、组收集、村运输、镇处理”四位一体方法，建立农村垃圾处理长效机制。每户有垃圾桶，每村有垃圾池，保洁员负责将垃圾收集送到本村垃圾池内集中。村采取“以钱养事”的形式，负责将本村的垃圾清运到处理场进行填埋。镇负责建设垃圾场并进行消毒、掩盖、填埋，做无害化处理。全镇建成区垃圾无害化处理率100%，村级生活垃圾处理率90%，基本做到镇村生活垃圾治理全覆盖。建成污水处理厂1座、湿地生态污水处理站1个和11个村级循环污水处理系统。对全镇的1152口当家塘坝进行清淤、治理，镇内的沟渠塘坝、田间路边、村前屋后无陈年留存垃圾和黑臭水体，无垃圾暴露现象。近几年投入巨资用于废弃矿山和荒滩、荒地复垦或绿化，主要考核指标全部达到规定要求。建成农业有毒有害废弃物镇级中心回收站1个、村级中心回收站10个、大户回收点13个，有效解决农业有毒有害废弃物回收问题。秸秆综合利用率、畜禽养殖废弃物资源化利用率分别达91%、92%。关闭污染环保不达标的小企业，工业污染源基本做到达标排放，全镇无重污染企业，无工业固体废物危险废物排放，农村环境得到有效改善。

开展“五清一改”村庄清洁行动和全域环境整治提升攻坚行动，完成省市级美丽乡村中心村建设。“十三五”期间，先后建成潘村、邱蒋陶、徐关、铜庙4个省级美丽乡村中心村和上苏、松桃、童嘴3个市级美丽乡村中心村。实施村庄污水管网、污水处理站、沟塘清淤、道路硬化、旱厕改造、自来水入户、村庄绿化亮化、户户通道路等工程建设。通过人居环境整治提升，乡村面貌焕然一新。至2021年末，全镇有17个自然村建成美丽乡村示范村（中心村）。

多年来，通过实施农村道路畅通工程，截至2021年末，全镇共修建路面宽为3.5米至5米不等的村级水泥、沥青道路196千米，自然村道路覆盖率达95%以上，就连最边缘的山沟村司徒鲁庄自然村也修通了水泥路。春节期间，全镇外出返乡开回的小轿车超1600辆。

陶厂脱贫攻坚取得全面胜利。陶厂镇原有贫困村1个，建档立卡贫困户628户1231人。其中，一般贫困户71户156人，低保贫困户374户702人，五保贫困户162户192人。镇党委、政府高度重视精准扶贫工作，从扶贫工作启动开始，定期召开镇村扶贫专题调度会，成立6个工作推进组，选派11名镇干部驻村，抽调71名镇村干部包户，明确帮扶责任人，实施结对帮扶。从产业扶贫、教育扶贫、医疗扶贫、就业扶贫、帮助发展特色种养业等方面制定符合贫困户需要的菜单式扶贫项目。2014—2019年，共帮助脱贫622户1253人。2020年末，陶厂镇贫困村和所有贫困人口全部脱贫。

陶厂充分利用生态环境优美的优势，大力发展乡村旅游，经过持续不懈的建设，已经初具规模，成为全县发展乡村旅游最为成功的乡镇之一。2016年，大渔滩湿地公园基础配套工程完工。2021年12月，公园通过国家“AAA”级旅游风景区验收，2022年4月，被批准为安徽省级湿地公园。公园内观景台等基础设施完备，成为夏日赏荷的绝佳去处。2022年接待游客20余万人次，旅游收入18万元。大渔滩附近的潘村是一个传统古村落。2017年，镇党委、政府明确提出把潘村打造成乡村旅游特色村，并邀请中国美院的专家对潘村中心村建设进行规划，形成了一部具有特色、标准较高的规划文本。潘村现已建成农家乐两家，改造、新建民宿8栋15间客房，建成网红小火车、五谷杂粮示范园、儿童乐园、垂钓中心、网红铁链桥、湿地科普馆等旅游景点。2021年10月1日，潘村旅游景区正式运营。截至2022年末，接待观光游客16万人，其中入住民宿1020人次，旅游收入102万元。镇政府与县文化旅游部门从2021年开始，每年在潘村举办一届乡村农耕文化节，吸引周边大批游客参加，极大地提高了大渔滩湿地公园与潘村民宿的知名度。

完成司徒村乡村旅游工程建设，贯通天缘绿都苗木生态园、锦绣黄桃园、五星蓝莓园、松葳彩枫林生态产业园、恒艺牡丹园“五园同创”旅游道路建设。陶厂镇充分用好潘村美丽乡村和大渔滩省级湿地公园平台优势，发展“村+景、民宿+特色”模式，统筹推进松葳彩枫林、卜李村区域旅游等项目，坚持“筑巢引凤”理念，政府先行引导，对景区花海、采摘、道路等项目加大投入，集聚人气，营造氛围。乡村旅游新业态正在陶厂形成。

四

陶厂人杰地灵，是人文名镇。历史上含山县小人少，是个偏僻荒蛮之地。尽管如此，在这块土地上还是涌现出许多杰出人物和优秀英才。早在唐代，著名的边塞派诗人、“诗家天子”“七绝圣手”的王昌龄就曾在陶厂石门山隐居过一段时间。石门西为木瓜山，东为马石山，两山对峙，谷道数里，林木葱郁。王昌龄的诗友常建辞去盱眙尉官职告老还乡，专程来石门山会友，然而此时王昌龄已官复原职，人去房空。常建遗憾地在此游览并住宿一夜，留诗一首《宿王昌龄隐居》流传至今。这也说明那时的陶厂是一处风景优美的地方。

元末明初，天下大乱，群雄蜂起。朱元璋占据和州为根据地，含山有一大批青年才俊投奔到他的麾下，其中也有数位陶厂籍英才。如杨兴于至正十五年(1355年)，自巢县归附朱元璋，官至管军总管。其子杨文补役后，累官至左都督，为正一品官衔。李信官至辽东都司指挥使，其子李彬参加过多场恶战，因战功显赫，被封为丰城侯，食禄一千石，子孙承袭，赐以诰券。尤其是李彬两次受命率军镇守安南(今越南国)，直至病亡在任上，真正做到“鞠躬尽瘁，死而后已”。明成祖听到这一噩耗后，十分悲痛，停止上朝一日，追封李彬为茂国公，谥刚毅，加封三代。

陶厂还是一块有着光荣革命传统的热土。革命战争年代，陶厂山区是红色革命根据地。1940年春，在抗战最艰难的时期，铜庙、关镇地区抗日青年成立铜关游击队，全队有100多人，编为两个排一个侦察班。不久，这支游击队集体参加新四军，编为新七团第九连。抗日战争时期，司徒项村人项朝亮领导的司徒游击队常年活动于太湖山一带，并在司徒小学设立了新四军秘密交通站。1948年5月，安徽省国民党保安第六团两个营，进攻含山陶厂、和县南义，总兵力有800多人。此时，解放军南下先遣支队三十三团为渡江战役扫除障碍，决定消灭保六团，项朝亮率领司徒游击队参加战斗。是役，歼灭保六团两个营500余人，团长被俘，缴获各种枪械600余支。这是解放战争期间，在和含地区打的规模最大的一场歼灭战。抗美援朝时期，牺牲的陶厂籍烈士有10多位，其中祁家声牺牲时为志愿军正营级教导员，是陶厂牺牲在朝鲜战场上级别最高的烈士。

社会主义建设时期，陶厂依然不乏英模人物。以易厚掌为代表的劳动模范为改变家乡面貌付出了艰辛的努力。1985年春，西塔村人易厚掌签订了荒山造林合同。经过10年辛苦努力，终于把5个山头、135公顷荒山全部栽上了树。1996年1月2日，一场山火从下午一直烧到次日凌晨。135公顷郁郁葱葱的山林被烧毁114公顷，10年心血毁于一旦。但是易厚掌并没有倒下，决定二次创业，为此他的母亲和妻子相继离世。到2005年，又用10年时间再次让家乡的荒山披上了绿装，实现了他的绿色梦想。2005年4月，易厚掌当选“全国劳动模范”，进京参加表彰大会，受到胡锦涛总书记的亲切接见。2012年5月，他荣获全国诚实守信类“中国好人”称号。2016年，在全国“四个100”先进典型评选活动中，易厚掌当选“全国最美志愿者”。

陶厂是一块书香之地，出现多位文化名家。安徽省政协副主席李修松，长期从事学术研究，在历史、考古、文博、文化、旅游、文化理论等方面有较深研究，发表重要著作18部，学术论文约200篇；先后主持国家级、省部级科研课题10多项。国家行政学院综合教研部、社会和文化教研部副主任祁述裕，为二级教授、博士生导师、享受国务院政府特殊津贴专家、中央党校（国家行政学院）文史部创新工程首席专家，发表多部著作和百余篇论文。另外还有十几位博士、教授以他们聪明的智慧和卓越的才能活跃在各级高校和科研机构。

陶厂还是有名的书画之乡，涌现出一大批陶厂籍的书法家、美术家。2016年10月，陶厂镇被马鞍山市书法家协会、美术家协会联合授予“书画名镇”称号。有中国书法家协会会员3人，中国美术家协会会员2人，安徽省书法、美术家协会会员12人，市县书法、美术家协会会员10人。另外还有中国摄影家协会会员1人。他们的作品多次在全国和省级大展、比赛上获奖，为家乡添光增彩。

五

新中国成立70多年，尤其是改革开放40多年来，陶厂发生了翻天覆地的历史巨变，物质生活极大丰富，人们精神抖擞意气风发。但是回顾过去的历程，也有许多经验教训值得汲取。首先是经济发展不足，不充分，不均衡。经济总量较小，人均水平不高，工业基础较为薄弱，好项目不多，缺乏大项目支撑，产业特色不明显。虽然拥有丰富的优质石膏矿，经过十几年开采生产仍然没有形成完整的产业链，没有发挥出对地方经济的拉动作用。农业结构虽在优化，但仍处于初级阶段，成效不明显；现代农业基础依然薄弱，发展层次偏低，农业规模化、品牌化、产业化、技术化发展水平不高，离现代农业发展标准尚有不小差距。群众增收渠道不多，巩固脱贫攻坚成果的任务仍然繁重。镇级财政收入不高，财力持续快速增长压力较大，刚性支出不断增加，缺少增收渠道。集镇建设功能仍不够完善，承载能力弱小，老旧街区和历史建筑保护不力；商贸辐射带动作用尚不及历史水平。农村基础设施相对薄弱，村庄脏乱差现象尚未彻底改变，短板现象依然存在。文旅产业高质量发展还没有打开局面，挖掘本土文化、生态资源深度不够，休闲农业与乡村旅游融合发展进程不快。产生这些问题和不足，究其原因既有传统农业乡镇缺乏工业基础，加上政策导向上多年来不重视集镇乡村建设，不重视环境保护，各方面历史欠账较多，积重难返等客观原因，也有认识偏差、不敢创新等主观因素。

70余年风雨兼程，伴随着时代发展的步伐，陶厂今天以崭新的面貌、良好的基础，站在了历史新的起跑线上。“十四五”时期，陶厂将坚持以“生态立镇、产业突破、文旅融合、乡村振兴”为发展战略，抓住新机遇，实现大发展，力争到2025年建成“生态福地，和美小镇”，经济增长质量明显提高，经济结构明显优化，旅游产业基本形成，城镇建设进一步完善，公共服务更加健全，社会事业全面进步，人民生活质量大幅提高，精神文明建设取得新进展。根据规划到“十四五”末，力争实现地区生产总值达到13亿元、固定资产投资6.2亿元、规上企业增加值9000万元、财政收入1亿元、农民年人均纯收入3.2万元。

工业上着力培育主导产业和龙头企业，变资源优势为产业优势，努力推进新材料产业园建设，积极引进各种石膏深加工企业落户，大力发展以石膏为原料的新型内墙和外墙粉刷材料，提高石膏产品附加值，力争到“十四五”末入园企业达到15家，初步形成年产值5亿元的建筑新材料集聚规模；恒泰新材料有限公司将石膏年产量提高到300万吨；打造石膏新材料特色产业小镇。推进现有产业转型升级，大力发展光伏、风能等新能源产业。同时盘活企业闲置资产，腾笼换鸟，让闲置停产企业重新焕发生机。

农业上建设现代农业示范区，扎实抓好水稻绿色高质高效项目。建设含山大米仓储基地、丰陶大蒜基地、油牡丹加工厂，推动农业产业化发展。立足特色产业模式，以产业扶贫为依托，引进优质茶果品种，扩大茶果园面积。扩大新型职业农民工培训范围，提升新型农业人才储备水平。持续开展牛屯河治理工程，加固堤防，提高防洪标准，将鲁桥河上游整治列入小流域综合治理范围。林业上重点发展经济林木和观赏林业，形成以桂花和红枫为主的苗木花卉基地，以蓝莓和山核桃为主的特色林果业基地，以油茶和油牡丹为主的经济林基地。

坚持“生态立镇”战略，充分挖掘镇境自然、人文景观资源，重点发展乡村生态旅游。进一步完善大渔滩湿地公园旅游基础设施。充分利用潘村美好乡村建成的平台优势和省级湿地公园创建优势，发展“村+景、民宿+特色”模式，做好大渔滩湿地、“偶渔·村宿”等生态旅游项目，建成大渔滩现代农业园。同时统筹推进松葳彩枫林、司徒村旅游、卜李村区域旅游等项目，加大陶厂生态特色农产品推广和地方名优商品推介，提升市场知名度。

加大人居环境整治力度，打造省级美丽乡村中心村10个、市级美丽乡村中心村10个。自然村全部按照“五清一改”标准整治到位，实施全镇全域环境提升行动，加强美丽乡村后期管护服务体系建设，努力形成常态长效化机制体制。发挥镇、村、组三级联动优势，实现农村改水改厕、垃圾污水处理全覆盖，绿化美化全覆盖。全面改善全镇人居环境，真正做到名副其实的全国生态镇、环境优美镇、文明村镇，争创全国卫生镇。

历史厚重的古镇陶厂伴随着时代的发展、国家的富强，必将全面建成小康社会，创造新的辉煌。一个生态优良的经济强镇、旅游大镇、文化名镇，必将展现在含山这块美丽的大地之上。

大 事 记

秦

秦(前221—前206年)

分全国为三十六郡,置历阳县,属九江郡。时含山陶厂地属历阳。

东　晋

大兴二年(319年)

分历阳地侨置龙亢县,县治龙亢城,即今陶厂杨府城村。历阳、乌江、龙亢三县隶属历阳郡。

南北朝

北周大象元年(579年)

废龙亢县,并入历阳。

隋

大业十三年(617年)

正月壬子,农民起义军首领杜伏威率众渡淮,攻陷历阳及其属县,称总管。江淮间各起义军争附。

唐

武德六年(623年)

分历阳之故龙亢县地界置含山县。

武德八年(625年)

裁撤含山县。

贞观三年(629年)

铁船祖师在陶厂建大善寺,元末寺废于战火。洪武元年(1368年),僧慧定重建。

长安四年(704年)

复置含山县,更名武寿乡。

神龙元年(705年)

复名含山县。

开元年间(713—741年)

“七绝圣手”、著名边塞派诗人王昌龄隐居在陶厂境内的石门山数年。

天宝年间(742—756年)

在江苏盱眙县任职的诗人常建,辞官西返武昌樊山,渡淮绕道,特意往石门山探望诗友王昌龄,不遇,留宿一夜,作五言诗《宿王昌龄隐居》。

元

至正二十三年(1363年)

七月,陶厂杨府城人杨兴,随朱元璋参加与陈友谅鄱阳湖决战,不幸阵亡。杨兴官至管军总管(正四品武官)。

明

洪武元年(1368年)

裁撤历阳、乌江、含山三县,存和州,属直隶省部。

洪武十三年(1380年)

复置含山县,仍属和州。

洪武三十年(1397年)

九月,陶厂西山人李信病逝,官至辽东都司指挥使(正二品武官)。

永乐四年(1406年)

正月,杨文病故。杨文为杨兴之子,官至左都督(正一品武官)。杨文死后葬于含山西九都。

永乐二十年(1422年)

正月,征夷将军李彬在安南(今越南国)去世。李彬是陶厂西山人,为李信之子,明初著名功臣,丰城侯,授右军都督府佥事(正二品武官),死后被追封为茂国公。清康熙《含山县志》记载李彬卒后归葬于含山南二都。家谱记载葬于南二都青龙岗(今西山村大杜自然村附近)。清代《直隶和州志》记载李彬墓在南十三都。

正统六年(1441年)

陶厂为梅山乡南二都。当时梅山乡辖一都、南二都、三都、四都。

嘉靖三十六年(1557年)

特大洪灾,大水直至陶厂北面石门山尾,舟过梅山抵城下。

嘉靖四十三年(1564年)

地震,陶厂震感强烈。

万历八年(1580年)

僧如智在北二都建云雾庵。

崇祯九年(1636年)

正月,高迎祥农民军攻占含山。

崇祯十年(1637年)

三月,张献忠农民军攻占含山。

崇祯十三年(1640年)

陶厂大旱。翌年又大旱,飞蝗蔽天,草根树皮皆尽。

崇祯十四年(1641年)

南二都人毛尚卿少入太学,历满不仕。见灾民大批饿死,拿出自家粮食救济众人,使许多人存活下来。毛尚卿享年八十,知县王楠旌特意上门祝寿。

清

顺治八年(1651年)

陶厂属大朴树镇,当时全县设7个镇。

乾隆十三年(1748年)

全县辖8个镇,增加东关镇、关门镇镇。大朴树镇衰落。

道光三年(1823年)

夏,洪灾,大水淹没田地,房屋倒塌,损伤人口无数。

道光二十九年(1849年)

大水,没田庐人畜。

同治元年(1862年)

太平军(老百姓称“长毛”)入侵陶厂,村民纷纷躲避逃难,太平军在陶厂祁首等村杀害多名无辜百姓。

光绪二十七年(1901年)

六月二十八日起,沿江大雨四昼夜,陶厂圩堤尽溃,淹田庐,溺人畜无数,颗粒无收。

光绪三十四年(1908年)

知县任寿彭开办四所官立含山县初等小学堂,其中一所在陶厂镇。学堂以文昌宫田租和本镇猪、牛、柴、米、土业、肉铺捐为常年经费,有学生17人。这是陶厂出现的最早的公立新式学校。

中华民国

民国七年(1918年)

秋,陶厂镇成立商会,地方绅士陶心如当选会长。

民国八年(1919年)

夏,“五四”运动爆发后,含山旅外大、中学生回乡组织青年学生集会游行,声援大中城市罢工罢课。陶厂、铜闸、运漕等地在外读书回乡学生和教育界先后成立组织,发动民众抵制日货、英货。陶厂小学师生70余人利用逢节上街游行宣传。

民国十年(1921年)

夏秋之交,霪雨连绵,山洪、江潮同时暴发,全县圩堤决口134处,受灾田亩6000多公顷,倒塌房屋7200间。陶厂灾情严重。

民国十四年(1925年)

“五卅惨案”发生后,含山旅外学生回乡组织示威游行,号召抵制日、英货物;6月11日,陶厂、铜闸停业、停课一日,并组织“沪案后援会”,募大洋45元汇沪,援助失业工人。

民国十五年(1926年)

6月,陶厂、关镇、铜庙的群众识破全椒县官家坝大刀会迷信宣传,一天之内将大刀会会众全部赶走。

民国十六年(1927年)

5月9日,国民革命军第七军、四十四军由芜湖渡江来含,讨伐直鲁军阀张宗昌联军,在铜闸与关镇之间的卫鲁村一带与联军交战。第七军第二师击败联军,缴获大炮、迫击炮各2门,炮弹9担,步枪数百支,机关枪4挺,其他军用品甚多,俘虏百余人。

5月10日,第四十四军在陶厂、石门山口与直鲁联军再次交战,联军一触即溃,退至清溪河。革命军乘胜追击,11日占领含城。

民国十七年(1928年)

是年,县设城区、东一区、西二区、西三区、南四区、南五区、南六区、南七区、南镇区、北镇区10个区。

民国十八年(1929年)

冬季,中共含山第一个党支部——福山张什一党支部,利用传统节日在含城、陶厂、关镇等地散发传单、张贴标语,宣传“联合就是力量”“打倒土豪劣绅”。

民国二十年(1931年)

百年一遇特大洪灾,全县130多个大小圩口全部溃破。含山受灾田亩8068公顷,灾民12.3万人,死亡429人,倒塌房屋40095间,财产损失400万元。陶厂圩区一片汪洋。

民国二十一年(1932年)

是年,废都,推行保甲制,全县设6区17乡396保3969甲。17乡是姚庙乡、邵集乡、仙踪乡、谢集乡、昭关乡、龙梅乡、崇字乡、半湖乡、林头乡、福山乡、东彭乡、庙赵乡、大李乡、长大乡、铜城庙乡、陶厂乡、清溪乡。另有环峰镇、运漕镇、铜城闸镇。

民国二十三年(1934年)

六、七两月,滴雨未降,旱情之重,百年罕见,全县受灾田亩9433公顷,受灾人口13.4万人。

民国二十六年(1937年)

是年,曹氏私立恩光小学成立。学校由曹贵礼、曹贵成、曹贵春、曹贵庆四兄弟联手创办,校址设在关镇曹庄自然村。学校建有砖墙瓦顶房屋20间,曹氏兄弟从南京、芜湖请来多名教师授课。该学校是当时含山最大、最正规的私立学校。学校直到民国三十五年(1946年)停办。

民国二十七年(1938年)

4月7日,日军飞机1架飞临陶厂,投炸弹3枚,炸死居民14人,炸伤30多人,炸毁房屋数十间。

4月26日,含城沦陷,县政府迁往仙踪。张克林以国民党含山县动员委员会指导员身份,在运漕、陶厂、林头、铜闸等地召开群众大会,进行抗日宣传。

民国二十八年(1939年)

秋季,含山党组织为了与巢湖、无为保持交通联络,在陶厂建立秘密交通点,由陈仁民负责。

12月,中共舒无地委在含山、和县南部地区建立中共含和工委,在陶厂集、大李村(今西山村大李自然村)建立秘密联络点,建立党组织。

是年,中共含山县党组织在陶厂集、大李村建立交通线,由和县雍家镇穿过淮南路经陶厂至福山小庙岗。

是年,国民政府将基层政权"联保"全部改为乡镇,设乡、镇长。

民国二十九年(1940年)

3月,含和中心县委在新四军新七团支持下,在陶厂的铜庙、关镇地区组织成立铜关游击队,队长喻焕中、指导员王文华(新七团派出),有队员100多人,编为2个排,一个侦察班,武器仅有2支短枪。

5月,新四军江北指挥部教导大队举办党员训练班,含山工作团中共党员王训友任陶厂以西中心支部书记,下辖阚村、大李、岳庄、金易、徐门关等6个分支部,有党员近30人。

5月17日,新四军江北纵队新七团攻打驻陶厂的日伪军碉堡。

6月初,受到国民党安徽省保安四团、八团包围,铜关游击队被迫解散,多数去新七团,少数人回地方隐蔽。

同月,含山半湖乡游击队配合新七团九连,在西塔山阻击国民党对清溪区的清剿。

同月,含和中心县委先后在和县南义、耿家油坊,含山陶厂举办党员培训班,每期10多人,培训10多天。陶厂培训班在西山村竹园李自然村李德福家秘密举办。

同月,江北纵队新七团在陶厂一带遭国民党第十游击纵队及保安团进攻,舒无地委听取含和工作汇报后,指示党组织转入地下隐蔽,决定成立和含巢无中心县委。

11月,在中共党员陈仁民倡议下,国民党陶运区政府利用青年抗日热情,呈准成立陶运区抗日基政辅导队,队员10人。1941年三四月间,军粮征收完成,辅导队随之解散。

是年,含和中心县委转移后,王训友任陶厂镇以西徐门关中心支部书记,负责徐门关、金易村、和县汤成村、坦盛汪村党组织工作。

民国三十年(1941年)

8月中旬,含和独立连在中共含和巢县委委员刁筠寿、江文带领下由巢南回含和活动。9月进攻陶厂以北的二郎庙、岳庄国民党第十游击纵队别动队两股便衣,缴获轻机枪1挺、短枪8支、步枪若干支。

9月,中共陶运区委员会成立,书记王训友,区长张克林,辖徐门关、阚村、大李村、岳庄、金易、陶厂镇6个支部。中共陶厂乡政府成立,镇长陈治安。

同月,在中共含和巢县委的领导下,含和三分队在铜庙地区成立,队长曹植三,有队员30余人,枪20支,轻机枪1挺。

10月,国民党含山县委派特务陆英隆自仙踪潜入陶厂,利用在陶厂的合肥同乡关系,开展特务活动,搜集我方情报,含和独立连根据陶厂地下党组织的要求,将陆英隆抓捕处决。

11月,在中共含和巢县委领导下,含和货检处在陶厂成立。陈克林任主任,货检处在陶厂、南义设税务分局。

秋季,陶运区派赵潜到司徒一带动员群众抗日,在大黄村山坡召开花山、司徒两保民众大会,成立农抗会、青抗会抗日群众团体。

同季,林岩等在关镇水洞村秘密举办党员干部训练班,培训陶厂、福山一带党员干部。

12月,新四军为适应新的战斗环境,重新调整划分新四军各师战略区域。七师活动范围以巢乌公路以南、淮南铁路东北、长江以西;陶厂地区为新四军七师新恢复的活动地区。

同月,华中局指示中共江和全工委开辟滁州至含山陶厂交通线,全长100千米。

是年,伪军第一方面军第七师4个团与日军酒井大队分别驻扎陶厂、关镇、司徒庙、铜闸等17个据点。

是年,全县划为12个乡镇:林福乡、东长乡、庙赵乡、运漕镇、石门乡、黄河乡、铜闸镇、龙亢镇、仙姚乡、后河乡、崇龙乡、清湖乡,计97保896甲。

民国三十一年(1942年)

2月,中共含和巢县委在清林、陶运两区委基础上,建立清林、陶运区政府,除和县境内部分外,含山境内辖有福山、半湖、司徒、陶厂、关镇、陶铜乡政府。

4月,中共陶运(陶东)区委员会成立,书记王训友,区长张克林。中共祁鲁乡支部成立,书记曹贵和,乡长杨辑三。

5月,中共陶运区委改称陶东区委。根据向东发展的需要,区委委员刁洪在梅山以东的陶厂大李、竹园李、裴家洼等地发展一批党员,建立多个党支部。

春,侵华日军占领陶厂。当时陶厂建有5座敌人碉堡,关门镇老街建有3座碉堡,有一个连伪军驻扎两地。

春夏之交，中共关镇乡政府建立，乡长唐虞。中共陶铜乡政府成立，乡长尹盛虞。

是年，中共云塘乡政府成立，乡长郑慰农。

民国三十二年(1943年)

1月，含巢武装在关镇伏击日伪军一次。

春季，含和支队派出3名侦察员在陶厂地下党组织的配合下，在陶厂过家米行将日伪新六区区长左海天击毙，为地方除一大害。

5月，含和地委成立交通联络总站，新四军根据地小庙岗经茅草垄至陶厂、南义，直接与地委联系。

11月，中共梅山区委员会建立，书记、区长蔡传云。中共云塘乡支部成立，书记杜修堂，乡长李德和。中共祁鲁乡支部成立，书记曹贵和，乡长曹镛。中共陶厂镇支部成立，书记段昌祥，镇长尹圣堂。

秋，中共含巢县委为粉碎日伪经济封锁，发动群众集资入股，先后在福山、小庙岗、司徒开办消费合作社，供应根据地军民生产、生活必需品。

民国三十三年(1944年)

3月末，刘子清部千余伪军由东关、铜城闸等地向陶厂镇“扫荡”，伪军沿途烧毁陶厂10多个村庄300多户人家，所到之处一片哭喊声。

3月25日夜，马长炎率含和支队独立大队及特务连各一部突袭陶厂镇伪据点，摧毁敌碉堡5座，击毙伪军3人，俘虏40余人，缴获轻机枪2挺、掷弹筒2只、步枪32支、子弹千余发。陶厂伪据点被拔除。

8月，陶厂镇划属中共含巢梅山区建制。中共梅山区委改陶厂镇为陶厂市，市长蒋云，隶属含巢县管辖。

民国三十四年(1945年)

7月3日，桂系第七军副军长率513团、515团及安徽保三团共7个营向新四军皖中和含地区进攻，先后占领和含中心区的陶厂、南义一带。

8月，清林区副中队长司宗福及队员蔡继德各带三四人和枪支，分别在林头、陶厂叛变投敌。

11月，国民党当局在革命老区陶厂、福山等地，勾结地痞，组织搜索队，将革命家属翁仲德抓到县衙关押，后翁家卖掉房地产才保释出狱。

民国三十五年(1946年)

10月，全县划为20个乡镇170保。陶厂乡辖石门、马山、祁首、云塘、东关、北闸6保，乡驻地陶厂街。铜城庙乡辖铜城庙、大吕、官塘、塔岗、姜王、西河、关门镇、花山、盛河、杨府、太平、康庆12保，乡驻地铜城庙。

民国三十七年(1948年)

6月11日，解放军南下先遣支队三十三团300多人，在团长顾鸿带领下，在含山陶厂、和县南义一带，歼灭安徽省保安六团两个营500余人，敌团长被俘，三营长被击毙，缴获机枪72挺、重机枪5挺、迫击炮1门、长短枪500余支。

6月，中共陶新区委和陶新区政府成立，负责人项朝亮，区长曹植三。中共陶厂镇政府成立，镇长鲁大年，指导员张长波。陶新区委建立后，陆续建立了司徒、崇字、陶厂、关镇、云塘、祁鲁、梅山、太湖、前塘、新塘、长建11个乡镇。隶属中共和含工委管辖。

12月，中共陶厂区委会成立，负责人项朝亮，书记陆炳昌（兼），区长刘镇华。区委驻陶厂镇。

民国三十八年（1949年）

1月21日，含城解放；22日，含北仙踪地区解放；29日，陶厂、铜闸解放。至此，县境内国民党军队全部撤退。

1月，中共云塘乡政府成立，乡长王卫民。

2月，陶厂镇由南下人民解放军先遣部队解放，成立陶新区。区政府设在祁首村道士观自然村，辖陶厂乡、云塘乡、新塘乡（现属和县功桥镇）、司徒乡、太湖乡。

同月，改陶新区工委为中共陶铜区委，辖太湖乡、司徒乡、云塘乡、关镇乡、陶厂镇、铜庙乡、铜闸镇7个乡（镇）党支部，区委驻地关门镇。

同月，中共铜庙乡党支部成立，书记张立胜，乡长王庆华；中共关镇乡党支部成立，书记高继龙，乡长张忍忠；中共司徒乡党支部成立，书记高云泉，乡长孙传信。

3月，为支援人民解放军渡江作战，陶厂派出民工参加抢修桥梁19座，抢修乌巢（乌江至巢县）公路和淮南铁路52千米。

7月，全县设5区45乡。废除乡以下保甲制，改为行政村、自然村。改陶铜区为陶厂区，辖陶厂镇、云塘乡、三官乡、龙梅乡、铜庙乡、关镇乡、司徒乡，隶属中共含山县委管辖。

中华人民共和国

1949年

10月1日，全县各地举行集会，热烈庆祝中华人民共和国成立。

10月，中共陶厂区委会成立，书记项朝亮，区长金忠。中共陶厂镇党支部、陶厂镇人民政府成立，书记张明胜，镇长严芳柏；中共云塘乡党支部、云塘乡人民政府成立，书记高继龙，乡长卜正甫；中共铜庙乡党支部、铜庙乡人民政府成立，书记张立胜，乡长王庆华；中共关镇乡党支部、关镇乡人民政府成立，书记孙维洲，乡长张忍忠；中共司徒乡党支部、司徒乡人民政府成立，书记高云泉，乡长黄荣良。

同月，区政府设在陶厂街道，将新塘乡划归和县功桥镇管辖。陶厂区辖陶厂镇、龙梅乡（现属环峰镇）、张公乡（现属环峰镇）、云塘乡、铜庙乡、关镇乡、司徒乡、陶西乡、关帝乡（现属环峰镇）、刘武乡（现属环峰镇）、三官乡（现属环峰镇）、祁鲁乡、西河乡、西山乡，共14个乡（镇）。

1950年

3月，中共祁鲁乡党支部、祁鲁乡人民政府成立，书记裴荣柱，乡长严芳柏。

11月16日，土地改革运动开始，至1951年3月基本结束。

是年，全县设5区63乡(镇)。陶厂区辖陶厂镇、龙梅乡、三官乡、云塘乡、张公乡、祁鲁乡、关镇乡、司徒乡、铜庙乡。

1951年

5月1日，陶厂镇与全县人民一道，举行声势浩大的支援抗美援朝“五一”大游行，参加人员有七八百人。

11月，陶厂区第一届人民代表大会召开，大会选举金忠为陶厂区人民政府区长，高开中为陶厂镇人民政府镇长。

同月，关镇乡第一届人民代表大会召开，大会选举黄静安为关镇乡人民政府乡长。

是年，全县区乡设置增加到68个。其中陶厂区增设关帝、刘武、西山3个乡。陶厂区辖：陶厂镇、龙梅乡、云塘乡、铜庙乡、关镇乡、司徒乡、祁鲁乡、张公乡、西山乡、刘武乡、关帝乡、三官乡12个乡(镇)。

是年，陶厂工商联合会成立，主任王亚南，系镇手工纺织业理事长。

1952年

1月，全县开展“三反”“五反”运动。

3月，祁鲁乡张夏村(今南峰社区张夏自然村)张学明办起全县第一个初级农业生产合作社。

6月16日，全县开始查田定产。

7月，县成立肃毒指挥部，陶厂地区开展肃清烟毒(鸦片烟)运动。

9月，陶厂地区对所有民办学校、私塾进行清理调整，全部由国家接管，改为公办。

是年，中共陶西乡党支部、陶西乡人民政府成立，书记裴荣贵，乡长马永木。

是年，陶厂供销社成立。

是年，天花、霍乱、鼠疫等传染病在陶厂境内绝迹。

1953年

6月，第一次人口普查，陶厂区总户数7890户、总人口31875人。其中，陶厂镇总户数526户、总人口1995人。

11月，取缔粮食商行，国家实行粮食统购统销。农村每人每年供应口粮490斤，城镇居民每人每月供应不低于27斤。

是年，抗美援朝期间，陶厂区各乡(镇)组织动员适龄青年报名参军，陶厂区报名参军青年317人，送检218人，批准入伍87人，捐献人民币2.75亿元(旧币值)。

是年，陶厂区把个体分散经营的医疗诊所组织起来，成立私营中西医联合诊所。联合诊所设在原“吴家米行”。

1954年

1月，县粮食局在陶厂南关口设立粮站，有一排五间瓦房仓库，后盖一排草房作为大米加工场。

夏，发生百年一遇的特大洪水，县内圩口全破。关镇片淹至潘村前，陶厂片云塘冲、祁首村大小圩口、西塔村新房自然村以下、新胜圩等全部被淹。陶厂区（含12个乡）洪水淹没农田1907.27公顷，倒塌房屋2470余间，受灾人口2.95万人，损失十分严重。各乡镇开展生产自救，全区发放各种救灾款1.5亿多元（旧币值），累计救助3721户12643人。

6月19日，上午10时15分发生有感地震，陶厂集镇上房屋震动强烈，地震延续时间4～5秒。

10月，国家对棉花棉布实行统购统销，发放布票。

12月，陶厂镇第二届人民代表大会召开，大会选举严芳柏为陶厂区人民政府区长，高开中为陶厂镇人民政府镇长。

同月，关镇乡第二届人民代表大会召开，大会选举张年来为关镇乡人民政府乡长。

是年，陶厂信用社成立。最初由农民入股，信用社干部由社员选举，保持合作制性质，主要业务是组织农村集体存款和个人储蓄，发放和回收各种农业贷款。

1955年

3月1日，国家发行第二套人民币，新币1元折合旧币1万元。

年末，根据中央"紧缩编制，精简机构"的指示精神，县委决定铜闸区辖铜闸、陶厂、司徒、太湖、黄墩、海口、东关7个乡镇党委和鸭西、铜庙2个乡党总支部，区委驻地铜闸镇。

是年，陶厂开展合作化运动，成立互助组或初级合作社。

是年，陶厂、司徒、铜庙三个乡办起了西山、云塘、唐庄、九连、三庄、规山、司徒、关镇、铜庙9个高级农业社。

1956年

1月1日，含山县人民政府更名为含山县人民委员会，随后撤销各区人民政府，改为区公所，作为县人民委员会派出机构。

1月，中共铜闸区委、铜闸区公所成立，书记晏道玉、区长倪受尧。区委驻地铜闸镇。

中共司徒乡党委、司徒乡人民委员会成立，书记杨师友，乡长李咸标。

中共铜庙乡党总支、铜庙乡人民委员会成立，书记俞正兴，乡长颜家龙。

2月，陶厂、关镇、铜庙三个集镇私营工商业社会主义改造全部完成，实现合作化。

同月，陶厂成立铁木竹综合生产合作社，由镇铁业、木业、竹业个体生产者联合组成，时有职工63人。

同月，和县新桥区新塘乡的大过、小过、彭墩东村划归陶厂管辖，计116户430人，883亩耕地。将铜庙乡的西河贾村对河的小庄计15户59人，87亩耕地，划归和县管辖。

同月，并区并乡，全县划为4区32乡镇。铜闸区辖铜城闸镇、陶家厂镇、司徒乡、太湖乡、鸭西乡、黄墩乡、海口乡、铜城庙乡、关门镇乡等9乡（镇）。

4月，陶厂地区架设电话，设立邮电局。

5月，原籍司徒村人项朝亮担任第一届含山县委书记。

6月，全县肃反运动开始。

是年，3—5月，全县少雨干旱。陶厂地区85%以上塘坝、沟渠干涸。

1957年

下半年，陶厂粮油管理中心站（粮站）成立，直属县粮食局管理。

是年，关镇乡成立关镇医院，有医生11人。到1961年，有医生22人。

1958年

4月，陶厂镇第三届人民代表大会召开，大会选举刘作标为陶厂镇人民政府镇长。

6月，陶厂卫生所正式成立，设有内科、外科、中医、妇产院。

8月，陶厂农业初级中学成立。建校初期，学校实行半工半读，并先后办起木工厂、砖瓦厂、小农场、养猪场和蔬菜种植试验基地，边教学、边生产、边建设。1961年8月，更名为“含山县陶厂初级中学”。1970年9月，更名为“含山县陶厂中学”，升格为完全中学建制。

9月26日，全县实现乡乡有医院、社社有产院、队队有“三员”（卫生员、保育员、接生员）的农村医疗保健网。

10月，全县区委建制撤销。

11月，县委根据中央《关于在农村建立人民公社问题的决定》，全县撤销区、乡（镇）建制，成立7个农村人民公社。以陶厂、司徒、铜庙3乡（镇）成立东风人民公社，后改为陶厂人民公社，由西山、云塘、唐庄、九联、祁鲁、规山、司徒、关镇、铜庙9个高级社组成。中共陶厂（东风）人民公社党委书记晏道玉，公社主任戴学泉。人民公社实行乡社合一，建立党委和人民委员会，下设农业、水利、林牧、工业交通、武装保卫、财政粮食、教育、文化卫生等部门。农村设立生产大队、生产小队。

11月，陶厂实行畜牧、农具入社，商业入社，公房上交，单干户入社等“共产风”政策。

同月，大办公共食堂，社员吃饭不要钱，随到随吃，开流水席，浪费很大。

同月，成立文化站，中心俱乐部5个（每个高级社1个），一般俱乐部18个，公社与大队全部通电话。

同月，含山县由芜湖专署划归马鞍山市管辖。

12月，和县、含山县合并为和含县，县委、县人民委员会驻地历阳镇。

是年，陶厂公社在联合诊所基础上成立陶厂医院，设立有内科、外科、中医、妇产院。

是年，陶厂公社宣布全部消灭钉螺。

是年，在全民大办钢铁热潮中，陶厂建成小高炉12座，坩埚炼铁窑100口、地锅灶600口，累计炼铁200余吨。投入劳力3000多人。

是年，在大办工业号召下，陶厂创建肥料厂、针织厂、青年民兵机械厂和农具厂等企业。

是年，陶厂重建鲁桥，并在鲁桥建设船运码头。

是年，在“大跃进”中，陶厂人民公社平调社员和基层房屋52间，土地15.3公顷，耕牛56头，农具、家具237件，家禽243只，家畜23头，劳动日3.96万个，粮食种子384.2吨，木材1787根，交通工具5辆，果树1.1万株，现金1257元。

1959年

4月,和含县由马鞍山市划归芜湖地委管辖。

6月,和含县划分为和县、含山县。

是年,陶厂人民公社由14个高级农业社组成,共有户数6300户,其中商业户293户,总人口26538人,总耕地面积4724.7公顷,旱地503.8公顷。

是年,陶厂推行"五包、七定"。"五包"即包产、包支、包费用、包农具修理费、包办公费;"七定"即定农作物工分、炊务人员工分、放牛工分、干部工分、公社对包工外的工分、工副业工分、园林工分。

是年,下半年,农村严重缺粮,农民只能吃野菜,出现浮肿病,人口大量外流和非正常死亡状况十分严重。

是年,陶厂油厂创造喷盐水高温榨油法,每百公斤菜籽出毛油42公斤,荣获全国财贸部门技术革新和技术革命表演大会奖状。

是年,司徒小煤窑投产采煤。当时该矿为地方国营企业,有井口11座,其中生产井口5座,有工人132名,日产煤60吨左右。司徒煤矿探明储量13万吨,为无烟煤。由于开采难度大,管理落后,效益不高,小煤窑于20世纪70年代末停产封井。

1960年

4月12日,陶厂公社成立"三反整风"运动5人领导组,公社党委书记贾华长为组长。在机关、厂矿、学校、财贸单位开展反贪污、反浪费、反官僚主义整风运动。运动中,受党纪、政纪处分71人,受刑事处理29人。

12月,县委抽调696名干部分赴农村开展整风整社运动。运动中,全县揭发有严重"五风"(共产风、浮夸风、强迫命令风、生产瞎指挥风、干部特殊化风)错误的534人,贪污436人。

是年,陶厂综合生产合作社改名为陶厂农具厂,时有职工109人,为陶厂最大的镇办企业。

是年,陶厂人民公社新建企业有窑厂、石灰厂、综合加工厂、粮食加工厂、扩建农具机械厂、被服厂,有生产工人263人。

是年,根据上级指示取消生产队,直接包产到组。

是年,陶厂每个村建一个妇产院,配备一名接生员。

1961年

3月5日,根据上级指示要求,陶厂公社开展清算"共产风"平调账目工作,分两次将实物折合成现金20.02万元,全部退赔到位。

3月,根据中央精神,全县开始推行"包产到队、定产到田、责任到人"的责任田制。

4月,陶厂人民公社第四届人民代表大会召开,大会选举戴学泉为陶厂人民公社管委会主任。

6月,增设关镇粮油管理站。1963年初,县对基层粮站进行部分调整,关镇粮油管理站改为陶厂粮油管理站下属分站。

9月，关镇人民公社第三届人民代表大会召开，大会选举王仁喜为关镇人民公社管委会主任。

同月，根据上级部署，陶厂开始对1957年以来，受到批判和处分的干部群众进行甄别平反。

同月，全县原7个农村人民公社重新划分为清溪、巨兴、半湖、福山、张疃、林头、仙踪、姚庙、骆集、谢集、张公、三官、九连、褒山、长岗、运漕、关镇、陶厂、含城19个公社。关镇从陶厂公社划开，成立关镇人民公社。时陶厂人民公社下辖10个大队，关镇人民公社下辖12个大队。

11月，全县开展以肃清“五风三害”为目的的整风整社运动，陶厂人民公社按三类社实行。

是年，关镇供销社设立。

1962年

2月16日，含山百货公司陶厂百货分销处移交给含山专卖事业公司陶厂分销处。5月12日移交给陶厂供销社。

4月14日，陶厂对有错误干部组织处理和甄别平反工作结束。两批共甄别公社党管干部131人，55人平反，32人半平反，5人部分平反，18人不予平反。

5月，关镇人民公社表彰全社先进工作者和劳模93人。

是年，陶厂食品站成立，经营范围为收购、调拨、销售猪、牛、禽、蛋等农副产品，属于国营企业；人员、业务由县食品公司直接管理。陶厂食品站下设陶厂食品组（站）、关镇食品组和铜庙食品组。铜庙食品组于2006年关闭停业，关镇食品组于2008年关闭停业，陶厂食品站于2019年7月关闭停业。

1963年

1月，根据上级开展社会主义教育运动通知，陶厂公社党委举办由214名骨干党员参加的训练班，同时成立13个基层学习小组。陶厂于1964年3月结束“四清”和“五反”运动，关镇于同年9月结束。陶厂通过整顿、排队、揭发，搞清党员干部违纪情况，揭开干部当年“四不清”盖子，共查处“四不清”干部402人；关镇查处“四不清”干部253人。

5月28日，关镇人民公社第四届人民代表大会召开，大会选举潘运喜为关镇人民公社社长。

5月，陶厂人民公社第五届人民代表大会召开，大会选举刘正开为陶厂人民公社管委会主任、社长。

6月14日，一批城市居民下放落户到陶厂生产劳动。其中，芜湖25户，上海10户。

8月，中央认为“责任田”犯有方向性错误，要求彻底改正。陶厂公社143个生产队和关镇公社148个生产队分春秋两批全部取消“责任田”，土地重新收归集体经营。

同月，增设铜闸区，辖陶厂、关镇、长岗、运漕4个公社。书记金文法，区委驻地铜闸镇。

是年，人民公社信用部整改成资金独立、自负盈亏、民主管理的信用社。

是年，陶厂全社清查出地主26人，富农79人，反革命分子36人，坏分子31人。

是年，县交通局开始修筑含（城）塔（岗）路，砂石路面，全长28.5千米。由含城经东山乡、陶厂镇、关镇乡至塔岗，与合芜路衔接。

1964年

5月14日，陶厂人民公社第一届党代表大会召开，选举潘运喜为陶厂人民公社党委书记。

7月，第二次人口普查，陶厂公社总户数3128户，总人口11950人，其中非农人口1817人；关镇公社总户数3031户，总人口12073人，其中非农人口201人。

是年，陶厂基本消灭血吸虫病。

1965年

7月，含城至陶厂16.8千米公路首次开通农村客运班车，晴通雨阻，上、下午各发一班。

11月15日至17日，陶厂人民公社第六届人民代表大会召开，大会选举刘长福为社长。

11月15日，关镇人民公社第五届人民代表大会召开，大会选举季学林为社长。

1966年

4月13日，含山—关镇—铜闸开通农村客运班车。

7月，全县农村公交班车（由含城分别至仙踪、陶厂、清溪、祁门站）正式开通。

1967年

2月，各区、公社（镇）党委均被“造反派”夺权，基层组织基本瘫痪。

3月，县抽调229名干部组成毛泽东思想宣传队，分驻区、社、厂、矿，帮助抓革命促生产。

1968年

4月，陶厂人民公社成立革命委员会，主任刘长福。关镇人民公社成立革命委员会，主任严联松。人民公社革委会取代原公社管委会。

5月，马鞍山市毛泽东思想卫生工作队12名多科医生到陶厂卫生所工作3个月。

8月27日，铜闸区委建制撤销。

10月，“上山下乡”运动正式开始，动员知识青年、城镇居民和干部到农村安家落户，接受贫下中农再教育。陶厂、关镇开始接收下放知识青年。是年，全县接收各类下放人员6480人，其中外市、外省下放人员1070人。

11月，全县小学改为五年一贯制，农村学校成立以贫下中农为主体的教育革命委员会或教育革命领导小组，实行工农管理学校。

1969年

2月，关镇人民公社农村“文化革命”领导小组成立。

3月，马鞍山市人民医院下派13名多科医生到陶厂卫生所，工作4年。陶厂卫生所各科医疗水平显著提升。

4月,关镇公社贫下中农代表大会成立,张治秀任主任。

5月,陶厂、关镇各村贫下中农宣传队成立。

8月,关镇人民公社革命委员会群众专政大队成立。

1970年

1月20日至22日,关镇人民公社第一届党代表大会召开,选举潘运喜为关镇人民公社党委书记。

2月24日,陶厂人民公社第二届党代表大会召开,选举季学林为陶厂人民公社党委书记。

是年,陶厂除街道外,8个大队全部实行合作医疗;关镇10个大队全部实行合作医疗。合作医疗点以赤脚医生为主,推广"一根针一把草"治疗方法。

1971年

3月,关镇人民公社组织157名民兵,陶厂人民公社组织200名民兵参加国防施工建设。

是年,全县全面推行矮秆良种水稻,单产一般比原来增产20%左右。

1972年

7月1日,陶厂公社成立计划生育领导小组,各大队相应成立计划生育领导小组,计划生育工作由此正式全面实施。

1973年

1月,陶厂、关镇人民公社开展"农业学大寨"运动。

3月,陶厂镇党委、政府由陶厂老街下街迁至陶厂粮站南侧。党委、政府办公用房因落实归还没收富商财产政策,归还给原房主翁姓和王姓后人。

4月6日,关镇人民公社贫下中农协会成立,汤达荣兼任主任。

4月19日,陶厂人民公社贫下中农协会成立,田义德兼任主任。

1974年

2月20日,县委召开全委扩大会议,部署开展"批林批孔"和党的基本路线教育工作。

冬,陶厂、关镇学广济(湖北省),山丘区大造杉木林。陶厂镇在唐庄大队(现西塔村)徐家山、林场、冯王山;云塘村在鹿宕山的鸡心洼;西山村在竹园李山、大李山;卜李村在水洞孙山、大卜山;司徒村在各山场组织人工大规模开山造林。

1975年

1月,陶厂人民公社接收城市上山下乡知青20人。

3月,马鞍山市人民医院下放7名医生支援关镇医院,极大提升了关镇医院的医疗水平。

4月,陶厂人民公社接收下放知青48人,其中,马鞍山5人、本县41人、宿松1人、芜湖1人。

7月，陶厂人民公社接收下放知青8人，其中，本县5人、辽宁旅顺1人、芜湖1人、马鞍山1人。

10月，陶厂人民公社接收下放知青8人，其中，马鞍山5人、和县2人、本县1人。

同月，每个大队均种植中草药，配齐赤脚医生，生产队配卫生员。赤脚医生要求每年参加劳动不少于130天。

12月，县委抽调1400多人（其中省、地下派390多人）组成宣传队，进驻14个公社、1个县办工厂，抓农业学大寨。关镇人民公社被派驻宣传队。

1976年

10月24日，陶厂、关镇召开千人集会，隆重庆祝粉碎王洪文、张春桥、江青、姚文元“四人帮”反党集团的伟大胜利。

12月，陶厂接收下放知青4人。

同月，32名知青回城，包括上海、马鞍山、合肥和本县知青。

是年，全县试种杂交水稻46公顷，亩产比常规水稻增产50～150千克。

1977年

1月7日至9日，陶厂人民公社第三届党代表大会召开，选举刘焕兰为陶厂公社党委书记。

1月21日至22日，关镇人民公社第二届党代表大会召开，选举李忠兰为关镇公社党委书记。

2月12日，安徽省委批准含山县列为1976年农业学大寨先进县。陶厂、关镇均达到大寨社标准。

2月，29名下放知青回城。

4月，陶厂接收下放知青33人，其中，本县32人、芜湖1人。

12月，全国恢复高考，陶厂公社有曹虹、程华锋、司先拯等11名知青考入大学。

是年，县设立陶厂中心卫生院。至1988年末，卫生院占地面积1467平方米，建筑面积365平方米，设有内科、外科、妇产科、放射科、中医科、防保科、化验室，有医护人员34人。

1978年

7月，全国恢复高考后延长半年改冬季招生为夏季招生。陶厂、关镇两公社有李修松等7名知青考入大学。

12月，马钢公司在陶厂招收马鞍山市下放知青14人。

是年，大旱持续8个月之久，全县受旱面积8667公顷，有16个大队300个生产队庄稼无收或基本无收。陶厂、关镇山区干旱灾情严重。

1979年

3月27日，中共铜闸区委成立，辖铜闸、长岗、关镇、陶厂、黄墩、海口6个乡镇党委。区委、区公所驻地铜闸镇，书记席义胜。

是年，陶厂在新大街投资兴建一座电影院，1980年1月建成投入使用。

1980年

3月，关镇影剧院建成投入使用。

是年，含山完全消灭血吸虫病，基本消灭头癣病。

是年，中共中央《关于进一步加强和完善农业生产责任制的几个问题》的通知下发后，开始公开推行生产承包责任制。陶厂、关镇两公社实行包干到户、包产到户的家庭联产承包责任制，与农民签订承包合同。

1981年

12月，陶厂人民公社第七届人民代表大会召开，大会选举葛世文为陶厂人民公社管委会主任。

同月，关镇人民公社第六届人民代表大会召开，大会选举陈信伙为关镇人民公社管委会主任。

是年，陶厂卫生院妇产科医生孙维珍获全国“三八”红旗手称号。

1982年

4月5日，中共铜闸区委、铜闸区公所成立。书记毕世宏，区长刘雨亭。

是年，第三次人口普查，陶厂人民公社总户数3748户，总人口17008人；关镇人民公社总户数3491户，总人口16244人。

1983年

4月，全县“人民公社”一律改称“乡、镇”。关镇人民公社党委改为关镇乡党委，陶厂人民公社党委改为陶厂乡党委。时全县设5区22乡(镇)，运漕、环峰两个直属镇。

4月，陶厂乡第四届党代表大会召开，选举张运金为乡党委书记。

同月，关镇乡第三届党代表大会召开，大会选举杨师友为乡党委书记。

8月26日，全县开展打击刑事犯罪活动，抓获各类犯罪分子187人。

是年，“含山县陶厂中学”更名为“含山县农业技术学校”，为全县农业发展定向培养人才。学校开设种植、养殖两个专业，有实验基地10亩，还办起养猪厂和养鸡场。

1984年

5月，陶厂老街南关口以外民居全部拆迁，改建陶南新街。

9月，陶厂财政所成立。

10月13—14日，陶厂乡第一届人民代表大会召开，大会选举陈昌树为陶厂乡乡长。

10月，关镇乡第七届人民代表大会召开，大会选举潘运喜为关镇乡乡长。

是年，李之祥创办私营眼科医院。医院早期位于陶厂乡中街，2019年迁至含城，改名为“光明医院”，现更名为“含山县之祥眼科医院”，是一所眼科专业医院，有病床40余张。

1985年

4月，陶厂撤乡设镇，乡党委改为镇党委，乡管委会改为镇人民政府。

5月，陶厂轮窑厂建成，生产黏土红砖。

7月，陶厂粮油分站改为粮油管理站，下辖陶厂分站、关镇分站、铜庙分站。

是年，陶厂镇、关镇乡在全县率先建成敬老院。

是年，陶厂煤矿开采生产。1986年，煤矿发生事故，伤1人，死亡3人。1989年，产煤1700吨。该矿煤炭发热量低，煤层为鸡窝状，开采成本高，效益低。1990年10月，煤矿停止开采。2002年，县地质矿产局发文正式通知关闭该煤矿。

1986年

3月，陶厂、关镇成立农经站。

5月，久旱无雨，陶厂、关镇组织大批劳力抗旱保苗。

7月18日，原区、镇政协委员会学习组更名为政协联络组。

1987年

2月，关镇乡第四届党代表大会召开，选举潘运喜为乡党委书记。

2月，陶厂镇第五届党代表大会召开，选举陈昌树为镇党委书记。

是年，陶厂镇青年书法爱好者组织“寒青书社”，自筹资金开展活动，举办书法展，探讨书法艺术，书社陆续培养出多名国家级和省级书法家。

1988年

冬，牛屯河治理工程进入县境，含山投入劳力1.2万人，完成土方50余万立方米，其中包括陶厂镇鲁桥河水系。

是年，陶厂、关镇开始在乡镇企业中推行经营承包责任制，承包期一般为3年。

1989年

7月4—12日，县内连降暴雨，降雨总量215毫米，陶厂、关镇圩区水灾严重。

1990年

4月，陶厂镇第六届党代表大会召开，选举殷玉民为镇党委书记。

同月，关镇乡第五届党代表大会召开，选举杨本善为乡党委书记。

7月，开始第四次人口普查。第四次人口普查，陶厂镇总户数4352户，总人口17520人；关镇乡总户数3954户，总人口16843人。

是年，陶厂、关镇在总结乡镇企业第一轮承包经营责任制的基础上，组织实施第二轮经营承包责任制。

1991年

1月，古塔路改造工程开工，按三级路标准施工，油渣路面。整个工程分三期实施，当年实施第一期工程。含城至陶厂道路，全长18千米，改成8米宽路基，6米宽柏油路面，总投资175万元。

6月，陶厂成立综合统计信息站。

7月，全县遭遇特大洪涝灾害。1—8月，降雨1712.9毫米，是1954年全年雨量1.16倍，破圩42个，淹没农田6854公顷，受灾农田1.73万公顷，受灾人口27.95万人，倒塌农房4.26万间，死亡11人，直接经济损失3.06亿元。县委表扬陶厂镇抗洪抢险“两南精神”，即金易村南二过圩、祁首村小南滩圩，水涨埂涨，连续加高子埂保住圩口。

是年，陶厂镇先后成立“集镇规划领导组”和“陶厂镇集镇建设指挥部”，加强对集镇建设的统一领导。

是年，陶厂镇获国家防汛抗旱指挥部颁发的1990年度全国防汛抗旱铜牌奖。

1992年

2月18日，省批准含山县撤区并乡方案，陶厂镇、关镇乡合并，成立新的陶厂镇。张运金任陶厂镇党委书记。

5月，陶厂镇卫生院关镇分院成立。

同月，陶厂镇植树造林模范易厚掌当选安徽省劳动模范。

6月，关镇变电所迁址陶厂，同时改建扩容，2台主变均为6300千伏安。

7月，陶厂镇设立土地所。

9月，陶厂镇推行住房制度改革。

10月，陶厂镇农贸市场建成，撤销原集场菜市。

是年，陶厂镇电影院因改建成拉丝厂，迁至镇政府附近的桃园村重建，新电影院有座椅1050张。

1993年

3月，陶厂镇第七届党代表大会召开，选举马晓毅任镇党委书记。

5月，陶厂镇卫生防疫保健站成立。

7月，陶厂中心小学新建教学楼，面积1200平方米，造价35万元。

11月，陶厂镇创办江淮柠檬酸钠厂，1994年8月建成，主要使用本地种植的山芋，生产柠檬酸钠。投产后生产技术一直不能过关，产量低、质量不稳定，生产时断时续。2003年5月，柠檬酸钠厂被迫实施破产。

1994年

4月，陶厂镇新建邮电大楼，开通程控电话，投资150万元。

5月，陶厂镇筹建有线电视网络。

9月，陶厂镇根据县政府制定的《关于稳定和完善农村土地承包制度改革的实施意见》，开展全镇二轮土地承包工作。在原定耕地承包到期之后30年不变，承包期内，实行“增人不增地、减人不减地”的原则；对集体所有的荒山、荒地、荒滩、荒水实行招标承包、拍卖或有偿转让使用权，期限50年到70年；允许土地使用权依法有偿转让、出租、抵押、入股。此项工作至1995年4月结束。

1995年

1月20日，陶厂镇政协联络组更名为陶厂镇政协工作委员会。

1月，陶厂镇人大挂牌“陶厂镇人民代表大会主席团”。

10月6日，全县住房制度改革动员大会召开，房改工作全面铺开。陶厂镇所属政府建造的干部住房实行公房私改，购买后产权归个人所有。

12月，1992年12月开工建设的合巢芜高速公路竣工通车，该路在关镇设有道口及收费站。2004年1月，关镇道口正式运营，后改为“含山道口”，2023年4月改为“凌家滩道口”。

同月，根据省人大常委会统一规定，陶厂镇人大统一规范挂牌为“含山县陶厂镇人民代表大会”。

是年，全县上下动员，全力打好教育工作“两基”达标攻坚战。“两基”达标主要是普及九年制义务教育，提高入学率和巩固率，政府加大投入，改善办学条件。这一年，陶厂投资135.6万元，新建校舍总建筑面积3433平方米；新添置课桌凳648套，修建道路4100米，修建围墙550米，新增图书4.93万册，新添教学仪器500件，总投资205.3万元。

1996年

1月8日至9日，陶厂镇第五届人民代表大会召开，大会选举王昌来为陶厂镇人民政府镇长。

1月，陶厂镇党政机构改革，镇政府设6大综合性办公室。

3月，陶厂镇第八届党代表大会召开，选举曹贵阳为镇党委书记。

3—4月，全镇村委会进行换届选举。

4月，全县实施殡葬改革，死亡人员遗体一律火化，禁止棺木土葬。

6月，乡镇设立工会，左年文任陶厂镇工会主任。

同月，陶厂镇修编《1995—2010年土地利用总体规划》。

12月，陶厂镇教育工作“两基”“普九”工作通过达标验收。全镇小学生入学率达100%，巩固率为100%，完成率为99.2%，全部达标。

1997年

2月10日，陶厂镇在文明创建活动中推行垃圾袋装化。

6月1日至7月1日，为迎接香港回归和党的十五大召开，含山县首届文化艺术节开幕。陶厂镇组织参加各种演出、比赛、展览等活动。

6月，《陶厂镇企业改革实施方案》出台，成立陶厂镇企业改革领导组及工作队。到1997年，乡镇企业由20个减至10个，且都是负债经营。改革工作队进入企业，采取“关停并转卖”不同方式处置剩余企业，至12月底改制工作结束。

7月1日，全镇对分娩孕妇开始发放“婴儿出生医学证明”。

8月下旬至9月上旬，陶厂单季稻田稻飞虱大爆发，百丛虫口万只以上。

1998年

3月19日，陶厂突降春雪，气温陡降12℃，造成油菜、小麦大幅减产。

5月，粮食价格全面放开。

8月，陶厂邮电支局撤销，分别成立陶厂邮政支局、陶厂电信支局。

是年，省交通厅将含塔路、含古路组成大(墅)塔(岗)公路(S226)，含山段全长54.53千米，陶厂镇过境路段12千米。2017年，省交通厅又将此路改名为S213线。

1999年

1月1日，全县开始对农村领取“独生子女光荣证”的夫妇按男孩每月5元、女孩每月6元标准，发放独生子女保健费；对生育二女孩且手术到位的夫妇，由所在乡镇为其购买一份计划生育养老保险。

3月6—7日，陶厂镇第九届党代表大会召开，大会选举罗兆好为陶厂镇党委书记。

3月28日至29日，陶厂镇第六届人民代表大会召开，大会选举镇党委书记罗兆好兼任镇人大主席；选举程孝文为陶厂镇镇长。

3月至4月，全镇进行第四届村委会换届选举。

4月，陶厂镇农网改造一期工程动工，5月底竣工。国家投资40万元，完成20个台区项目改造任务，建改10千伏线路7.8千米、低压线路50.8千米，整改农户线路1500余户。

8月，陶厂镇政府机关清退不在编自聘人员，非干部、事业身份人员“一刀切”，退休或分流到村。

同月，陶厂镇恢复成立商会，召开第一届商会大会，选举张寿贵为会长。

9月20日至10月10日，县举办第二届文化艺术节，陶厂镇组织参加多项演出和展览。

是年，皖北煤电集团根据省地矿局资料，委托安徽煤田勘探二队对陶厂镇石膏储量进行地质勘探，探明储量18.85亿吨，控制储量37亿吨，外推储量58亿吨。该工业硬石膏品位极高，为亚洲最大的硬石膏矿，按年产500万吨计算，可开采500～700年。

2000年

2月，古塔路改造工程开工兴建，该工程获批为国债项目。古塔路改造时避开陶厂、关镇集镇街道，绕镇通过。同时对山口串进行大幅度降坡，最高处降幅超过3米。扩建后路基宽12米（城镇段17米），路面宽9米（城镇段14米），全长54.53千米。2001年12月建成通车。

4月，全县取消屠宰税。

10月，陶厂镇汤徐村（现西山村）林区发现松林线虫病疫点，县松林线虫病防治指挥部组织专业队开展专项除治。

11月1日，开展第五次人口普查，据统计：陶厂镇总户数9482户，总人口32937人，其中非农人口2338人。

11月，创办含山县平盛铸造厂，企业位于关镇道口工业集中区，主要生产通用阀门、汽车配件。2021年，实现产值1600万元。

2001年

3月，由于集镇规划发展需要，电影院再次迁址重建。新影剧院位于文化广场南侧，有座位640座。影剧院门前文化广场面积6500平方米。

4月，陶厂镇投资80万元，将和县姥桥经功桥至陶厂的公路改建为四级沥青碎石油路，含山段3.2千米，路面宽6米。2003年，陶厂石膏矿又投资120万元，将2.3千米+417米至2.4千米+917米路段改建成水泥路面。

7月，陶厂石膏矿开采协议正式签订，12月通过环保评审。2004年8月28日，石膏矿投产开采。2021年，实现采矿60万吨，生产石膏粉体30万吨，实现产值1.3亿元,利税1400万元。

同月，省政府下达含山接受三峡库区重庆开县外迁移民135户509人任务。陶厂镇安置23户95人。2003年8月，西塔村两个三峡移民安置居住点开工建设;2004年8月28日，移民正式入住。

9月30日晚，陶厂镇南峰社区舞龙队参加巢湖市大型演出活动，广受好评。

12月，陶厂镇农贸市场改造工程启动。2002年4月，农贸市场门面房开始建设。2003年，镇政府通过招商引资方式，引进客商对农贸市场进行二期改造。新建的农贸市场占地面积1万平方米，建筑面积6000平方米，设置摊位300个。

2002年

3月，陶厂镇第十届党代表大会召开，选举罗兆好为镇党委书记。

同月，陶厂镇第七届人民代表大会召开，选举窦念华任镇人民政府镇长。

同月至5月，全镇完成第五届村委会换届选举工作。

同月，陶厂镇政协工作委员会改称为政协委员活动组。

4月，安徽省政协主席杨多良分别到云塘村张李自然村调研新农村建设，到陶厂石膏矿调研石膏开采与综合研发情况。

6月，陶厂镇党委在北京成立驻京党支部，支部委员李之好主持支部工作，支部设在北京青年餐厅公司。

同月，陶厂镇步行街和文化广场开始建设。

8月，聘请安徽省城乡规划设计院制订完成2002—2022年陶厂镇总体规划。确定“完善老街、发展新街、拉开框架、膨胀规模、形成特色”的集镇建设总体思路。

2003年

3月，陶厂镇获安徽省劳务输出领导组授予的“安徽省劳务输出工作先进单位”称号。

同月，陶厂商会换届大会召开，新一届商会由左年敏任名誉会长，张寿贵任会长，於春年任秘书长。

同月，陶厂工业园区开始建设。7月，陶厂工业园区管理委员会成立。

同月，全镇开展抗击非典型性肺炎工作，5月底结束。

同月，全镇实行“一事一议”筹资筹劳，兴办村内集体公益事业，修水利、道路、植树造林等。

同月，陶厂镇政府继续完成乡镇企业遗留问题，通过“破、卖、送”，进一步将集体企业民营化。陶厂自来水厂及二厂无偿送给芜湖一客商经营，陶厂油厂、关镇油厂、关镇粉丝厂、关镇拉丝厂4家企业按保底价拍卖，柠檬酸钠厂实施破产处理。

同月，陶厂镇获省委宣传部、省广电局授予的“安徽省广播电视工作先进乡镇”称号。

8月，国家实行粮食生产补贴。

9月，实施乡镇财政县管，乡镇财政所实行垂直管理。

9月20日至10月20日，县举办第三届文化旅游节，陶厂镇组织参加文艺调演、企业文艺专场等多场文艺演出活动。

12月，陶厂镇在老集贸市场北侧新建“陶厂集贸大市场”。

是年，陶厂镇投资100万元改建和县南义至陶厂道路，24千米+500米至28千米+525米路段改建成四级沥青路。

是年，关镇供销社改制关闭。

是年，陶厂镇在全县乡镇中第一个成立书法协会。

2004年

3月，铜闸、陶厂两镇先后有疑似禽流感发生，县、镇政府及时组织防疫人员扑杀疫区家禽，同时免费给全部家禽注射疫苗。

4月1日，国家停止征收农业税，实行农业田亩补贴制度。

同月8日，省长王金山到陶厂财政所纳税大厅兑付现场，视察粮补发放工作。

同月，启动并村工作。金易、云塘合并为云塘村；规山、司徒合并为司徒村；卜李、马山合并为卜李村；陶西、西塔合并为西塔村；垱圩、铜庙合并为铜庙村；关镇、张宋合并为关镇村；横山、圣河合并为圣河村；祁首村、南峰社区、九联村、官塘村、唐庄村、西山村、汤徐村、三庄村、苏滩村8个村1个社区保留原辖区范围。

5月，陶厂镇邀请安徽农业大学资源与环境科学学院编制《含山县陶厂镇环境规划》。

7月，陶厂镇局部地区发生冰雹、龙卷风灾害。

8月18日，根据县编委文件，设立陶厂镇司法所，为县司法局派驻机构，副科建制。同时撤销陶厂镇法律服务所。

8月，陶厂“含山县农业技术学校”变更为“含山县高级职业中学”。次年，成功争创“巢湖市示范职业中学”。

10月，陶厂镇进行教育体制改革，撤销乡镇教育办公室，设立中心学校，乡镇中小学管理权上划县教育局。

11月，陶厂镇根据上级通知精神成立新型农村合作医疗服务所。

同月，陶厂镇学习宣城、郎溪等地经验，建设“便民服务大厅”。

同月，陶厂镇开展争创“全国创建文明村镇工作先进村镇”工作。2005年10月，陶厂镇被中央精神文明建设指导委员会授予“全国创建文明村镇工作先进村镇”称号。

同月，县政府对2004年度小城镇建设先进乡镇进行表彰，陶厂镇荣获一等奖。

是年，陶厂镇被安徽省劳务输出领导组授予“全省劳务输出先进乡镇”称号。

2005年

7月，陶厂镇被省委组织部授予“五个好”乡镇党委标兵称号。

9月27日，陶厂镇三峡移民冲击镇政府，打砸设施，打伤政府干部，公安机关定性为“冲击国家机关”。按照中央三峡委“训诫参事者，打击极少数”的指示，事态很快平息。

10月16日，陶厂镇西塔村人易厚掌因承包荒山造林被评为全国劳动模范，进京参加表彰大会，受到胡锦涛总书记的亲切接见。

10月，陶厂镇实施新型农村合作医疗。

同月，陶厂镇被中央精神文明建设指导委员会授予“全国创建文明村镇工作先进村镇”称号。

11月，安徽恒泰新型建材有限公司所属恒祥粉体工程技术开发公司研发的“石膏基自流平地面找平材料及其制备方法”，通过安徽省科技成果鉴定，获准为2005年国家发明专利。

同月，陶厂文化站被确定为省文化厅“杜鹃花工程”试点单位。

12月，经县政府会议研究决定，陶厂卫生院进行改制，其资产被个体医生张正先整体收购，改称“陶厂医院”（私营）。原卫生院医务人员身份全部转换并得到妥善安置。

是年，陶厂镇获“全国环境优美（小区）乡镇”称号。

是年，陶厂镇获2003—2004年度全县农田水利基本建设先进乡镇第二名。

是年，据不完全统计，全镇进城务工1.2万人，年总收入2.1亿元。

是年，陶厂镇小学经过1999年、2004年两次布局调整，全镇小学由1988年的22所，减少至11所完小、3个单班点，在校学生2983人。

2006年

5月，根据上级通知，陶厂镇停止征收“三提五统”，各项农业、水利建设改为筹资筹劳。

6月5日，陶厂镇通过国家环境保护总局评审，被授予第四批“全国环境优美镇”称号。

6月，陶厂镇被列入安徽省首批新农村建设示范镇，云塘村被列入首批省级示范村。

7月，陶厂镇开展第二轮并村工作。西塔、唐庄两村合并为西塔村；南峰社区与九联村合并为南峰社区；祁首村、三庄村合并为祁首村；汤徐、西山村合并为西山村；关镇村、苏滩村合并为关镇村；圣河村原圣河片划入铜庙村，圣河村原横山片划入官塘村。

7月，陶厂镇获省委、省政府授予的“2001—2005年全省依法治省和法制宣传教育先进集体”称号。

11月，安徽奥发高铁桥梁模板有限公司落户关镇道口工业园区。公司主要生产钢结构、桥梁模板等产品。2021年，公司产值1200万元。

12月，陶厂镇第十一届党代表大会召开，选举窦念华为镇党委书记。

是年，国家增加农业综合补贴，对种粮农民柴油、化肥、农药等农业生产资料增支实行综合直补，进一步调动农民种粮积极性。

是年，马鞍山龙腾机电有限公司落户关镇高速道口工业园区，企业主要产品为特种电机外壳和汽车车位变速箱。2015年，公司成为全国铸造准入企业，2018年成为小巨人科技企业。2021年，公司产值2700万元。

是年，铜庙食品组关闭停业。

2007年

1月，陶厂镇第八届人民代表大会召开，大会选举镇党委书记窦念华兼任人大主席；选举窦念华兼任镇长。

3月，陶厂镇成立苏州、上海两个流动党支部。

5月，陶厂镇陶南新街开建，一期以两侧商住楼建设为主。

11月，省级新农村建设示范村云塘村张李自然村、市级新农村建设示范村唐庄村（现西塔村）冯王自然村开始创建。

同月，陶厂镇拆除原农行营业所，拍卖土地修建陶中路。

12月，县殡仪馆迁建选址陶厂山口西。2014年9月，建成运营。

是年，陶厂供销社改制关闭，剩余资产由县供销社资产管理中心集中管理。

是年，安徽省含山县伟峰通用配件铸造厂落户关镇高速道口工业园区。企业产品主要是汽车零配件，重要客户有汉德车桥、瑞江集团、南京轴承总厂等。2021年，企业实现产值2300万元。

2008年

1月26日至28日，含山连降3天暴雪，雪深46.8毫米，为几十年罕见。陶厂地区平均雪深26毫米，造成雪灾。镇政府组织大批劳力上路铲雪除冰，保障道路畅通。

2月，陶厂镇开始创建安徽省文明乡镇。

3月19日，陶厂镇石膏矿出现技术事故，井下透水，全面停产。经过6个月系统修复，于11月正式投产。

3月，陶厂镇政府机关宿舍全面改造。

同月，陶厂镇陶南新街开始道路建设，路宽35米，中间绿化带8米，9月全部竣工。

4月10日，陶厂镇启动镇级债务化解工作，采取设立偿债准备金、体制下划、超收还债和以奖代补等措施。是年，消化镇级债务近1600万元。

4月，上级文化部门投入42.5万元，收购改造原陶厂卫生院住院楼建设陶厂镇综合文化站，文化站建筑面积511平方米。

6月，陶厂镇驻京计划生育协会在北京青年餐厅成立。

7月23日，中国邮政储蓄银行陶厂镇支行成立。截至2021年底，支行存款余额6亿余元。

12月31日，张宏明任陶厂镇党委书记，马恒生任党委副书记、镇长。

12月，位于镇北的陶厂新敬老院建成，第一批20位五保老人入院。2010年和2021年，又两次扩建敬老院。现敬老院建筑面积2728平方米，工作人员8人，供养老人32人，全部按全托养标准供养。

同月，官塘村上苏自然村建成省级新农村示范村。

同月，陶厂镇在京创业成功人士代表、北京新世纪青年餐饮有限公司董事长、云塘村金村自然村村民易宏进入选“第三届巢湖市十大杰出青年”。

是年，关镇食品组关闭停业。

2009年

1月，陶厂镇再获中央精神文明建设指导委员会办公室授予的“全国创建文明村镇工作先进村镇”称号。

同月，陶厂镇农村低保标准由原来每年437元和177元两个档次提高调整为每年577元、317元和140元3个档次。

3月，省纪委书记刘春良到陶厂镇调研。

7月22日8时19分，含山县境内看到日全食全过程。

8月，安徽省驰安消防设备制造公司成立，企业位于关镇道口工业集中区，主营业务为消防柜、防火门、消防水带、灭火器。2021年生产总值1300万元。

9月9日，县体委、县农委在县体育中心联合举办全县第一届农民趣味运动会。陶厂镇组织农民代表队参加拔河、夫妻协调跑、搬挑沙袋等比赛项目。

10月15日，省人大常委会原主任孟富林，在巢湖市市委书记陈强、含山县县委书记吴建国等陪同下，到省新农村示范村官塘村上苏自然村参观调研。

10月31日，省委组织部部长段敦厚到关镇村调研基层组织建设工作。

2010年

3月，陶厂镇“全国文物普查野外调查”工作完成，并通过省专家组检查验收。县文管部门对全镇10个村、社区，216个自然村进行田野调查，登录不可移动文物16处。

5月8日，省委副书记王明方到陶厂镇调研网上党支部建设和综治工作。

5月27日，陶厂镇经国家环境保护局复查后，再次被授予“全国环境优美镇”称号（同年7月更名为“国家级生态乡镇”）。

5月，陶厂轮窑厂拆除，恢复造地还田。

6月，省环保厅、省生态建设领导小组办公室授予陶厂镇卜李村为第四批安徽省生态村。

同月，陶厂镇党委建成第一个网上党支部——中共北京陶厂镇党支部。

11月，第六次人口普查，陶厂镇总户数9691户，总人口32387人，非农人口2702人。

2011年

3月15日，省纪委书记王宾宜到陶厂镇调研网上党支部建设工作，并到卜李村调研“四议两公开”工作运用情况。

4月26日，省人大常委会原主任孟富林到卜李村调研“四议两公开”工作情况。

4月，巢湖市幸福家园现场会在陶厂镇举办。与会人员参观合巢芜高速关镇道口、卜李村南周自然村。

5月，安徽省含山县谊和商品混凝土有限公司落户镇北民营工业集中区。公司是一家专业从事商品混凝土生产的现代化较大型企业。

5月22日，国务院三峡办公室调研组到陶厂镇调研三峡移民安置帮扶工作。

5月，按市级美好乡村标准，建设关镇村杨府城自然村、卜李村张巷自然村。

8月23日，含山县划归马鞍山市管辖。

8月，陶厂镇第八届村委会换届选举开始。

10月16日，陶厂镇第十二届党代表大会召开，选举张宏明为镇党委书记。

10月，陶厂镇被安徽省精神文明建设指导委员会授予“第二届安徽省文明村镇”荣誉称号。

同月，县、镇两级大渔滩建设指挥部成立，正式启动大渔滩景区建设。2014年12月，县级指挥部撤销。

同月，陶厂镇西山村尹庄、南峰社区两支男子舞龙队参加第23届马鞍山诗歌节开幕式表演。

11月，陶厂镇被中国科协、财政部授予2010度“全国科普惠农兴村先进单位”称号。

12月，陶厂镇召开第九届人民代表大会，选举镇党委书记张宏明兼任人大主席；选举杨文旭为镇长。

同月，陶厂镇卜李村获得中央精神文明建设指导委员会授予的第三届“全国文明村镇”称号。

是年，全镇建成9个农家书屋。陶厂镇从2009年开始建设村级农家书屋，每个农家书屋面积20平方米以上，统一配备6组书橱、1600多种（册）图书、64种共100张（盒）音像制品、30多种报纸期刊。

是年，陶厂商会召开换届大会，选举张庆会为会长，会员单位由原来的20多家发展至52家。

2012年

3月20日，安徽省委书记张宝顺到陶厂镇调研为民服务全程代理和网上党支部工作，并现场与北京、上海、苏州三个网上党支部进行交流。

5月，陶厂镇植树造林模范易厚掌荣获诚实守信类“中国好人”称号。

6月，陶厂镇党委被中共安徽省委授予“全省创先争优先进基层党组织”称号。

7月12日，陶厂镇举办首届大渔滩荷花节，历时3天。

10月，陶厂镇卜李村南周自然村获批建设省级农民文化乐园，2013年建成，上级共投资146万元。

2013年

1月7日，陶厂镇卜李村南周自然村获批为全省美好乡村建设第一批中心村。

1月16日，2013年马鞍山市“百场文艺下基层”启动仪式在陶厂镇举行。

9月，陶厂镇“含山县高级职业中学”初中部与高中部剥离，以初中部成立陶厂初级中学，职业高中部并入含山县职教中心（现含山电子工程学校）。

11月9日，陶厂镇提前完成县政府下达的城乡居民养老保险续保任务，基本实现城乡养老保险全覆盖。

是年，陶厂镇通过国家级生态镇复审。

是年，陶厂镇获马鞍山市2012年第十五届“江东杯”水利兴修竞赛评比二等奖。

2014年

1月，祁首村道士观自然村西的岗地发现西晋元康五年（295年）、九年（299年）砖砌合葬墓群，共3组，县文物所现场发掘出土文物20多件套，收藏于县博物馆。

3月27日，省政协原副主席、省委督导组组长田维谦到陶厂镇督导党的群众路线教育实践活动。

4月26日，省委宣传部部长曹征海到陶厂镇卜李村调研农民文化乐园建设工作。

4月，陶厂镇村“两委”换届选举开始。

9月，县信用联社改为县农村商业银行股份有限公司，陶厂信用社改为县农商行陶厂支行。截至2021年，该行存款余额4.4亿元，贷款余额1.2亿元。

同月，陶厂镇在全镇主要路口和场所安装监控，实施“天眼工程”。

11月，陶厂镇第一个标准化商业小区水墨华庭小区动工建设。

12月，陶厂镇被安徽省精神文明建设指导委员会授予“第三届安徽省文明村镇”称号。

12月，陶厂镇西塔行政村邱蒋陶中心村获批建设安徽省美好乡村中心村，2016年11月建成。

是年，陶厂镇获马鞍山市2013年第十六届“江东杯”水利兴修竞赛评比三等奖。

2015年

2月，中央精神文明建设指导委员会授予陶厂镇“全国文明村镇”称号，同时授予卜李村“全国文明村镇”称号，是含山县唯一获此称号的镇村。

同月，全县“二月二龙抬头”大型民俗展演在南周村文化广场举办。

8月9日，安徽恒泰新型建材有限公司（陶厂石膏矿）邀请中国工程院院士8人，论证利用石膏矿采空井储备石油项目。

9月，因殡仪馆建设需要，陶厂镇整村搬迁西塔村坝里、山头、山口、小庄、上胡、下胡、白庙、小周、徐村和石庄部分10个村540户，新建龙亢小区和溪岭佳苑两个小区安置。

10月，安徽中兴流体装备有限公司落户陶厂镇，企业主要生产阀门、管件及电机类产品。

12月，含山县惠民村镇银行陶厂支行正式落户运营。2021年末，该行存款余额1.3亿元，贷款余额7000万元。

是年，陶厂镇获马鞍山市2014年第十七届“江东杯”水利兴修竞赛评比一等奖。

2016年

1月，陶厂镇成立粮油协会。

4月8日，陶厂镇召开第十三届党代表大会，选举杨文旭为镇党委书记。

5月21日，安徽省副省长方春明到付正前家庭农场调研。

6月11日，马鞍山市市长左俊到付正前家庭农场调研土地流转工作。

6月30日晚至7月6日，含山普降暴雨，陶厂镇降雨量达545毫米，陶厂河关镇村前杜段出现长45米塌方，防汛人员紧急采取机械打桩、固定、抛石后保住大堤。7月3日，铜庙村大斗门段出现严重险情，防汛人员紧急采取下障、抛石、围堰等方法，大堤安全度汛。

6月，龙亢安置小区正式建成，首批入住53户。

10月，陶厂镇被市文联授予首批“马鞍山市书画名镇”称号。

12月16日，陶厂镇第十届人民代表大会召开，大会选举刘亚丽为陶厂镇镇长。

12月，安徽省纪委书记刘惠到陶厂镇调研为民服务工作。

是年，在中宣部、中组部、中央文明办联合举办的全国“四个100”先进典型评选活动中，陶厂镇易厚掌当选“最美志愿者”。

是年，陶厂镇防汛抢险工作受到省委、省政府表彰。

是年，陶厂镇获马鞍山市2015年第十九届“江东杯”水利兴修竞赛评比一等奖。

2017年

2月，陶厂镇政府创建“村民大管家”工作模式。

3日，陶厂镇西山村徐关中心村获批建设安徽省美好乡村省级中心村。2018年12月建成。

同月，陶厂镇污水处理厂开始建设。

6月，溪岭佳苑建成标准住房24栋568套，安置西塔村坝里、小庄、上胡、下胡、白庙、小周、徐村7个村庄及石庄少部分共413户1139人。

8月，陶厂计家卤牛肉被批准为马鞍山市级非物质文化遗产保护项目。

9月23日，马鞍山市“书画名镇”三镇(和县乌江镇、当涂县乌溪镇、含山县陶厂镇)书画作品联展在市文化馆举办。

9月28日，马鞍山市市长左俊到卜李、关镇两村走访督查脱贫攻坚工作。

10月，陶厂镇第三届商会换届大会，张庆会任会长。

是年，全镇建成9个乡村文化大舞台。此项文化惠民工程从2012年开始，陆续在卜李、云塘、祁首、南峰社区、官塘、司徒、西山、关镇、铜庙9个村和社区各建设1座露天舞台和1个活动广场。

是年，幸福家庭农场生产的“穗子香”大米获得含山县“地方名牌”称号，取得国家农业部“绿色食品”认证。陶厂“穗子香”大米和“正前”牌大米都是国家地理标志“含山大米”认定的品牌之一。

是年，经过教育布局不断调整，陶厂镇小学教学点仅剩陶厂中心学校、关镇小学、铜庙小学和司徒小学4所。

2018年

1月，陶厂镇司徒村村民刘祥明在上海舍身从大火中救出外国小孩摔断腿，获得安徽省文明办授予的“2017年度安徽好人”称号。

2月15日，马鞍山市委书记张岳峰到司徒村扶贫工厂粉丝厂调研。

5月11日，陶厂镇关镇村潘村中心村获批建设安徽省美丽乡村省级中心村。

7月16日，马鞍山市“书画名镇”三镇书画作品联展巡展在镇综合文化服务中心举办。

8月，陶厂影剧院升级改造工程竣工，成为全县乡镇中设备最好的影剧院。

11月22日，马鞍山市第三届“马上创业”创新创业大赛在陶厂电商园举办。

是年，陶厂镇投资50万元新建易厚掌事迹陈列馆，作为含山县党性教育基地。

是年，陶厂镇获全县2016—2017年度农田水利基本建设先进镇第一名。

2019年

3月，陶厂镇铜庙行政村获批建设安徽省美丽乡村省级中心村。10月建成，通过验收。

6月，陶厂计家卤牛肉制作技艺入选马鞍山市第六批非物质文化遗产代表性项目名录。

7月，陶厂食品站关闭停业。

8月，“安徽恒泰杯”生态陶厂摄影大赛举办。

同月，全镇农村完成改厕2410户，全部改造为水冲式卫生厕所，基本消灭沿袭千百年的旱厕。

10月，铜庙村铜庙中心村美丽乡村建成并验收通过。

11月，陶厂河圩埂全线升级改造动工，改造后防洪水位提高到13.5米高程。

同月，含山县陶阳新能源科技公司落户陶厂镇北民营工业园，一期投资2.07亿元，建设65.47万平方米光伏发电区，13座小型逆变器，以及光伏电站综合服务区。企业在光伏发电的同时还可以进行农业种植及水产养殖，是一家绿色环保新能源企业。公司当年实现产值2400万元。

是年，在县文化部门资助下，镇政府投资20万余元建成陶厂镇文化综合楼，建筑面积1200平方米，有14个功能室。

是年，建成镇级乐淘陶电商创业园，20余家电商企业入驻。

2020年

2月8日，武汉新型冠状病毒疫情传播严重，全镇紧急动员，深入摸查武汉及湖北回乡人员，实行在县城集中隔离。10日（大年三十），祁首村小贾、铜庙村垱圩两个自然村率先封村。15日（正月初五），全镇进镇主要道路（陶厂到南义、陶厂到功桥）封路，设流动哨，禁止人员从其他区域来往。集镇所有饭店、超市及公共场所关门。220个村庄村村设卡禁止入村，镇村210多人24小时上岗执勤查验登记，非本村人员不准入内。县、镇公交车辆停运，武汉车辆一律封存上交钥匙。由于防守严密，疫情期间无一例传染人员。

3月10日，全镇逐步解封，非武汉车辆允许县镇内通行，农贸市场、商场超市必须戴口罩限制人流。月底放开出镇道口。

7月18日，内河水位猛涨，陶厂河水位达13.15米，汛情告急。省防汛指挥部要求铜庙、关镇、卜李3个村17个圩区自然村必须在19日17时到22时之前，村民全部紧急撤离。

9月，合巢芜高速4道改8道线路工程动工新建。

10月1日，镇政府由陶南新街39号搬迁至溪岭佳苑东侧综合楼办公。

11月1日，第七次人口普查开始，普查统计陶厂镇户籍总户数11079户，总人口40760人，其中非农人口2284人；常住人口总户数9612户，总人口25666人，其中非农人口2702人。

11月，陶厂镇经有关部门复查合格，被中央精神文明建设指导委员会，授予“全国文明村镇”荣誉称号复核命名证书。

是年末，陶厂镇宣布所有贫困人口全部脱贫。全镇原有贫困村1个，建档立卡贫困户626户1224人。经过连续几年精准扶贫和脱贫攻坚，2014年实现脱贫134户280人，2015年脱贫7户111人，2016年脱贫206户339人，2017年脱贫206户463人，贫困村司徒村顺利脱贫出列。2018年脱贫6户20人，2019年最后3户11人脱贫。

2021年

1月，春节前，全镇对省外返乡过年人员进行免费核酸检测1.56万人，无新冠病毒传入。

5月18日至19日，陶厂镇召开第十四届党代表大会，选举黄大顺为镇党委书记。

6月，易厚掌当选安徽省文明委命名表彰的第七届省“道德模范”诚实守信类道德模范。

9月，普及注射新冠疫苗，全镇共接种36063人(3岁以上)，占总人口的90%。

10月，陶厂镇潘村建成民宿及AAA级旅游村。

同月，司徒村利用县乡村振兴局70万元项目资金建造的电商大楼竣工投入运营。大楼建筑面积170平方米，设有直播间、展示厅、冷库、仓库、打包间、分检室等。当年电商销售总额104万元。

11月12日，全镇9个村1个社区党总支部和村委会换届选举。

12月14日至15日，陶厂镇召开第十一届人民代表大会，选举张亮为陶厂镇镇长，选举卜华斌为镇人大主席。

12月30日，安徽省委宣传部副部长、省网宣办主任方晓利到陶厂镇铜庙村、关镇民宿调研并座谈，向关镇初级中学捐赠价值10万元的图书。

是年，陶厂镇实施应急广播建设，全镇9个村1个社区共布点安装188只大喇叭。

是年，含山县前三农业科技公司落户陶厂粮食加工集中区。企业有烘干除尘车间，2个大型仓库，建有大米加工储存设备。公司通过“基地+科技+农户”的产业化生产经营方式，通过订单带动约1500户农户种植优质水稻。2021年实现产值1200万元。

第一章　基本镇情

陶厂镇地处含山县南部，石门山下，属半山半圩的丘陵地貌。境内有十联圩、新胜圩、五联圩、梅圩、庆丰圩等大小圩口12个，圩内土壤肥沃，水资源丰富，是全县主要产粮区之一。明代以前，陶厂地区地广人稀。明清时期，朝廷大规模向江淮地区移民，陶厂从江西、江苏、山东等地迁来的人口约占总人口的70%。人口快速增长不仅推动了圩田和山冈的开发利用，也促进了集镇商贸的发展，陶厂成为含山南乡货物集散中心。中华人民共和国成立后，陶厂农业生产得到恢复和发展，工业从无到有，社会事业全面进步，人民生活水平日益改善，城乡居民收入不断提高。改革开放后，实行家庭联产承包责任制，极大地解放了农村生产力。从20世纪80年代开始，陶厂农村大量富余劳力纷纷进城务工经商，主要流向北京、苏州、无锡、上海等地。截至2021年末，陶厂镇外出务工经商人数多达1.95万人，是全县务工输出人数最多的乡镇。外出务工经商使得陶厂农民收入迅速增长，成为农民家庭一项主要经济来源，同时也极大地改变了农村面貌。

第一节　区位　面积

陶厂镇隶属于安徽省马鞍山市含山县，地处长江中下游北岸，安徽省中东部，巢湖东南部，镇政府所在地坐标为北纬31°35’、东经118°08’。东与和县功桥镇接壤，南连芜湖沈巷镇和县内铜闸镇，西接县内林头镇，北临县内环峰镇。境内有陶厂河（又称鲁桥河）和功桥河与牛屯河汇合入江。陶厂镇距县城15千米，合芜高速公路和省道213公路穿境而过，沿高速公路距巢湖27千米，距芜湖42千米；距和县南义10千米，和县功桥镇7千米；距铜闸10千米，林头镇3千米。属南京、合肥、芜湖一小时经济圈，交通方便快捷，区位优势明显。

陶厂集镇一角

陶厂镇东西长19千米，南北宽11千米，总面积109平方千米。镇内属半山半圩地貌，圩区、山区、岗坡各三分之一。全镇辖9个村，1个社区。镇内有陶厂、关镇、铜庙3个小集镇。自晚清以后，陶厂镇便为含南地区重要的商业集散地。陶厂镇沟塘纵横、土壤肥沃，水资源丰富，农作物以水稻、小麦、油菜为主要种植品种，还建成省无公害养殖基地、无公害生姜基地和山芋粉丝基地等特色农业产业；工业有铸造、建材、机电、石膏矿开采、清洁能源、农产品加工等主导产业。2006年，被国家环境保护总局授予“全国环境优美镇”；2015年，被中央精神文明建设指导委员会授予“全国文明村镇”称号；2020年，被省政府授予“第五届文明村镇”称号。

绕镇而过的古塔路

第二节　建置沿革

秦统一后，分全国为三十六郡，置历阳县，属九江郡。时陶厂境域属历阳。东晋大兴二年(319年)分历阳地侨置龙亢县，县治在今陶厂镇杨府城村，陶厂境域属龙亢县管辖。

唐武德六年(623年)，分历阳县西部地区原龙亢县境域设立含山县，陶厂境域归其管辖。唐武德八年(625年)含山县废，陶厂境域改属历阳县管辖。唐长安四年(704年)，原含山县改称武寿乡，属淮南道和州。唐神龙元年(705年)，复名含山县，辖属关系未变。洪武元年(1368年)，含山县被裁革，县南铜城乡八都、梅山乡四都部分划入无为州管辖，其余(包括陶厂境域)并入和州。明洪武十三年(1380年)复置含山县，陶厂重归含山县管辖。

据史料记载，唐景龙四年(710年)至延和元年(712年)，陶厂镇建有东岳庙，后改为八宝禅寺。唐贞观三年(629年)，关镇村孙杨树庄建有大善寺，这是县内最古老的寺庙之一。两座寺庙的建成，形成了陶厂镇的雏形，距今已有1300余年历史。

民国元年(1912年)含山县直属安徽省。民国三年至十七年(1914—1928年)属安庆道。民国十八年(1929年)至三十七年(1948年)先后属安徽省第八、第五、第九行政专员督察区。

20世纪60年代老乡政府旧址(翁老七老宅)

1949年1月29日含山全境解放，含山县属江淮解放区第五专区。同年6月，改属皖北行署巢湖专区。1952年1月30日，改属芜湖专区。1958年11月1日，含山县改属马鞍山市。同年12月15日，含山县、和县合并为和含县，隶属马鞍山市，县治设历阳镇。1959年4月和含县改属芜湖专员公署。1959年6月1日含山、和县分开，各还原建制，陶厂属含山县管辖。1965年7月28日，恢复巢湖专员公署建制，含山改属巢湖专区。1971年3月，巢湖专区改称巢湖地区，含山县改属巢湖地区行署。1999年7月，巢湖地区改设巢湖市，含山隶属巢湖市。2011年8月，行政区划调整，含山县划归马鞍山市管辖，陶厂镇隶属含山县管辖一直未变。

第三节　行政区划

《和州志》记载，明正统六年（1441年），含山县行政区划为4乡17都2镇。当时陶厂还没有形成集镇，属梅山乡管辖，范围为南二都。清代顺治八年（1651年）县辖镇7个，陶厂属大朴树镇管辖。乾隆十三年（1748年）县辖镇8个，增加关门镇镇、东关镇。大朴树镇衰落。

民国二十一年（1932年），实行“保甲制”，全县设6区17乡396保3969甲。17乡含陶厂乡、铜城庙乡。民国三十年（1941年），全县划为12个乡镇，陶厂大致范围为“石门乡”，关镇大致范围为“龙亢镇”。民国三十五年（1946年），全县划为20个乡镇170保。陶厂乡辖石门、马山、祁首、云塘、东关、北闸6保，乡驻地陶厂街。铜城庙乡辖铜城庙、大吕、官塘、塔岗、姜王、西河、关门镇、花山、盛河、杨府、太平、康庆，乡驻地铜城庙。

陶厂镇政府原址

抗日战争时期，县内建立抗日民主政府及其管辖的区乡政权。1942年冬，含山境内建立3个中共区政权。其中陶运区辖龙梅乡、祁鲁乡、关镇乡、陶铜乡、云塘乡。解放战争时期，1948年，和含工委成立和含爱国民主政府，含山境内建立3个区政权，其中陶新区下辖司徒、陶厂、关镇、祁鲁、云塘、崇字、梅山、太湖、前塘、新塘、长建11个乡镇。

中华人民共和国成立后废除“保甲制”，改为行政村、自然村。1949年7月，全县设5区45乡镇。陶厂区辖陶厂镇、关镇乡、云塘乡、铜庙乡、司徒乡、三官乡、龙梅乡。1950年，全县设5区63个乡镇。陶厂区增加祁鲁乡和张公乡，共9个乡镇。1951年，全县设5

区68个乡镇。陶厂区增加关帝乡、刘武乡、西山乡，共12个乡镇。1952年，全县设7区83个乡镇。陶厂区辖三官乡划出，陶西乡划入，仍为12个乡镇。1956年，并区并乡，全县设4区32乡镇。设立铜闸区委，辖铜闸、陶厂、司徒、太湖、黄墩、海口、关镇、鸭西、铜庙9个乡（镇），区委驻地铜闸镇。1958年10月，撤销区委建制。同年11月，县委根据中央《关于在农村建立人民公社问题的决议》，全县撤销区、乡（镇）建置，建立7个农村人民公社。以陶厂、司徒、铜庙3乡（镇）成立东风人民公社，后改为陶厂人民公社。1961年9月，原7个人民公社划分为19个人民公社，含陶厂、关镇两公社。1963年8月增设铜闸区，陶厂、关镇两公社改属铜闸区。1983年4月，恢复乡镇政权，改为陶厂乡人民政府、关镇乡人民政府。1985年4月，陶厂乡人民政府改为陶厂镇人民政府。

陶厂镇政务新区

1992年2月撤区并乡，陶厂镇、关镇乡合并为陶厂镇。当时关镇乡辖官塘、铜庙、圣河、横山、关镇、垱圩、苏滩、司徒、规山、卜李、马山、张宋12个行政村；陶厂镇辖陶厂街道和西山、汤徐、云塘、金易、唐庄、九联、西塔、陶西、三庄、祁首10个行政村1个街道居委会。合并后共有22个行政村1个街道居委会。2004—2006年几经综合改革后，全镇合并成9个村，1个社区居委会（陶厂街道改为南峰社区），231个居民点。官塘村与横山村合并，定名官塘村，村部设在官塘境内；铜庙村与垱圩村、圣河村合并（中间一年半时间圣河和横山两村经历了拆分和合并，后取名为圣河村），定名铜庙村，村部设在铜庙街道；关镇村与苏滩、张宋两村合并（前一年关镇村与张宋村合并为关镇村），定名关镇村，村部设在关镇街道；规山村与司徒村合并，定名司徒村，村部设在彭村自然村；马山村与卜李村合并定名卜李村，村部设在老马山村；西塔村与唐庄、陶西两村合并（前一年半西塔和陶西经历了拆分合并，后为西塔村），定名西塔村，村部设在伏陶自然村；祁首村与三庄村合并，定名祁首村，村部设在道士观自然村；云塘村与金易村合并，定名云塘村，村部设在张李自然村；西山村与汤徐村合并，定名西山村，村部设在刘庄自然村；南峰社区与九连村合并，定名南峰社区。至2021年12月，除少数居民点在村级规模调整中有所变动外，村民委员会和社区居委会未变。

第四节　人　口

一、人口总量

据考古发掘，商周时期陶厂境内就有人居住。历代人口数量，历史上无系统记载。

东晋大兴二年(319年)分历阳地侨置龙亢县,县治在今陶厂镇杨府城村,人口主要由安徽怀远一带迁入,但当时人口规模很小。直到唐宋时期,商品经济逐渐发达,陶厂镇人口才有所增加。元末战乱,江淮地区人口大幅减少,陶厂境内出现大片荒田。明朝建立后,开始大规模向江淮地区移民,陶厂人口有了大幅增长。明末人口下降。到清朝中晚期集镇商贸发达,人口大幅上升。清末民初,陶厂镇人口由清朝中期不到1000人上升至3000多人。

新中国成立后的1949年12月,陶厂区总户数6338户,总人口31574人,其中:陶厂全镇总户数1128户,人口5257人;关镇乡总户数1086户,人口5955人;铜庙乡总户数947户,人口4981人;司徒乡总户数629户,人口3030人;云塘乡总户数578户,人口2908人;龙梅乡总户数1090户,人口5146人;三官乡总户数880户,人口4297人(摘自1950年陶厂区统计年报)。1951年12月,陶厂区总户数8659户,人口37377人,比1949年末总户数、总人口分别增加2321户5803人,分别增长36.62%和18.38%,其中非农业户469户1889人。

1953年6月,第一次人口普查,陶厂区总户数7890户,人口31875人,其中:陶厂镇总户数526户,人口1995人;关镇乡总户数1034户,人口4184人;铜庙乡总户数768户,人口3256人;司徒乡总户数573户,人口2499人;云塘乡总户数612户,人口2347人;祁鲁乡总户数580户,人口2519人;陶西乡总户数701户,人口2883人;西山乡总户数584户,人口2306人;张公乡总户数616户,人口2220人;关帝乡总户数644户,人口2614人;刘武乡总户数632户,人口2508人;龙梅乡总户数620户,人口2544人。

1958年12月,陶厂公社总户数6531户,人口27857人,其中非农业人口1880人。1959年12月,陶厂公社总户数6634户,人口23542人,比1958年总户数增加103户,人口减少4315人,减幅18.33%。1960年12月,陶厂公社总户数6780户,人口22908人,与上年相比总户数增加146户,总人口减少634人,减幅2.77%。1961年9月,大公社划小公社,陶厂公社分为陶厂、关镇两个公社。当年陶厂公社人口10736人,其中男性4899人,女性5837人。关镇公社人口10150人,其中男性4539人、女性5611人。

1964年7月,第二次人口普查,陶厂公社总户数3128户,人口11950人,其中非农人口1817人。关镇公社总户数3031户,人口12073人,其中非农人口201人。

1970年,陶厂公社总户数3491户,人口14943人,其中非农人口1248人。关镇公社总户数3049户,人口13496人,其中非农人口254人。

1977年,陶厂公社总户数4044户,人口16711人,其中非农人口1159人。关镇公社总户数3612户,人口15682人,其中非农人口197人。

1982年,第三次人口普查,陶厂公社总户数3748户,人口17008人,户数与人口比第二次人口普查分别增加620户、5058人,增长19.82%和42.33%。关镇公社总户数3491户,人口16244人,户数与人口比第二次人口普查分别增加460户、4171人,增长15.18%和34.55%。

1990年，第四次人口普查统计，陶厂镇总户数4352户，人口17520人，户数与人口比第三次人口普查分别增加354户、512人，增长8.85%和1.85%。关镇乡总户数3954户，人口16843人，户数与人口比第三次人口普查分别增加459户、892人，增长13.13%和5.59%。

1992年2月撤区并乡，陶厂镇、关镇乡合并为陶厂镇，下辖22个行政村、1个街道居委会。2000年11月，第五次人口普查统计，陶厂镇总户数9482户，人口32937人，其中非农人口2338人，占总人口比重7.1%。

2005年陶厂镇总户数10311户，人口37911人，与2000年相比总户数、总人口分别增加829户、4974人，分别增长8.74%和15.1%；非农人口2273人，占总人口6%。

2010年11月，第六次人口普查统计，陶厂镇总户数9691户，人口32387人，与第五次人口普查相比总户数增加209户，总人口减少550人，减幅1.7%，非农人口2702人，占总人口8.62%。

2015年，陶厂镇总户数11138户，人口40072人，与2010年相比总户数、总人口分别增加1447户、7685人，分别增长14.93%和23.73%，其中非农人口9826人，占总人口24.52%。

2020年11月，第七次人口普查资料统计：陶厂镇户籍人口总户数11079户，人口40760人，其中男性人口21640人，女性人口19120人。与2010年相比，10年间户数与人口分别增加1388户、8373人，分别增长14.32%和25.85%；常住人口总户数9612户，人口25666人，其中男性人口13585人，女性人口12081人；非农人口2702人，占总人口8.62%。

二、人口迁移

陶厂最早是仅有几户人家的山口白庙村，后逐渐增加到十几户人家，但人口依然很少。由于经常干旱，百姓饮用水困难，之后整体搬迁到了现在的陶厂镇。据陶氏家谱记载，陶氏始迁祖元八公于元末躲避战乱由太平府（今当涂）迁至含南石门山下，见此层峦叠嶂、林木葱茏，环境宜人，适宜居住，于是就定居在三板桥（位于今陶厂老街南鸭蛋巷口，旧时叫熏风闸，有一水沟，用三块青石板搭成的小桥，故名）。定居后他们主要靠种植粮食为生，此后子孙兴旺，形成陶村，即后来的陶厂街。现今陶厂及含山境内的族人已达3000多人。陶姓是明朝初期第一个迁入陶厂的大姓。

陶厂镇明代前尚未形成集镇，明代以前人口分布及来源的史料难寻。清代初期，陶厂区域的众多家族陆续创建或者续修家谱，大部分家谱有明代以来祖先手录图系，家谱中最早可追溯至元末家族有关情况。陶厂地区人口迁移来源，主要分为四个大规模输入时期。

（一）元末明初大移民是陶厂第一次人口大规模输入高潮

陶厂在明朝以前的土著居民数量很少，元末农民起义，隶属和州的含山，特别是含南一带，在战火洗劫下十室九空。元末明初，陶厂周边的人口出现大断层。据康熙版《含山县志》记载，明初含山人口1.7万人，据此推算明初的陶厂境内也仅有两三千人。

元末的移民主要是逃避饥荒或战乱而迁徙。明朝建立后，既有官府组织的移民，又有民间的游居漂移。陶厂是含山自然条件较好的地区。既有少量土著人，又有大量从外地迁来的各地民众，还有不少是自由流动而来的人口。

通过查阅陶厂及其周边村落的姓氏谱牒，陶厂及其周边的其他姓氏几乎都是元末明初迁徙而来。如陶厂街陶氏于元末明初由太平府（当涂县）迁来，西塔戚氏于元末至正年间从徽州婺源县迁来，毛氏明初从凤阳迁来，西山李氏元末从定远迁来，关镇大、小李村李氏从山东迁来，左氏于明初由舒城迁来，族人繁衍近3000人，形成上、下左村。江西是迁移出人口最多的区域，皖中地区大部分人口都来自江西。如陶厂的望族祁首岗的祁氏家族于明初从江西安宁、洪化迁来；陶厂大姓王氏于元末从江西饶州迁来；司徒江老村江姓于明洪武初年从江西南昌迁移至此。

（二）明朝中叶是陶厂第二次人口输入高潮

明代大移民延续时间很长，从元末开始一直延续到明代中后期。这个漫长期间有过几次迁移高潮。明代中期是陶厂移民第二次高潮期。如陶厂云塘葛姓，其始祖于明嘉靖年间由江宁句容迁来含山南二都，经过500多年的繁衍生息，其后人有1000多人，主要分布在大葛村及附近村庄。金易村易姓原籍北直隶永平府卢龙县（今河北省卢龙县），后迁至江西袁州府分宜县，明嘉靖年间再次迁至含山南二都杨山，子孙群居形成大易村。司徒村冯氏明万历年间从和州历阳长寿乡曹家堡迁来，已历十余代。陶厂街的吴姓家族明成化年间由全椒独山乡先迁至关镇，后迁陶厂街。水洞孙村孙姓，始迁祖是在明成化元年由和县戚桥孙大庄迁来。东堡原名董堡，系董姓家族的居住地，在明朝成化年间，从江南宁国迁来。铜庙村西河贾贾姓族人于明成化年间从山东逃荒而来定居。西山徐关村徐姓原籍山东济南府历城县铁井栏村，于明隆庆年间迁移而来，耕读传家，繁衍生息，目前族人有两千多人。

（三）明末至清初是陶厂第三次人口输入高潮

明末战争让许多百姓家族流离失所，皖中地区是流民迁徙的重要地域。清代建立后，政局稳定下来，含南地区开展大规模的围圩造田，农作物产量大增，从而带动了人口的快速增长。乾隆后期，含山人口爆炸式增长至16万人，如此推断，陶厂地区人口应在2万人以上。这一期间，依然有大量人口输入，但来源地一般较近。如周姓家族于明末由和县迁来定居，洪氏家族于清顺治年间由婺源迁来，包氏家族由环峰迁来，还有其他如杨氏、黄氏族人等从肥东、巢湖、和县及周边乡镇迁徙而来。

（四）清末民初是陶厂第四次人口输入时期

清末到民国期间，是陶厂集市最为繁荣兴旺的鼎盛时期。清末太平天国起义及民国的南北军阀混战，前后数十年间里，社会动荡。尤其因皖中地区是太平天国与清军十余年激战的主战场，对社会破坏极大。战后大量流民迁徙而来。其间，江苏苏北、安徽江南及皖北定远、肥东等地人纷纷来陶厂定居、经商，其中以肥东人最多。他们来到陶厂后，以摆布摊、开机匠店、染坊、糖坊等业维持生计，集镇规模不断扩大，人口逐渐增多。此外，司徒项氏，陶厂街的李氏、王氏、张氏等小家族也都是清末民初由上述地区迁来定居的。

三、人口变动

1953年，陶厂镇出生人口27人，迁出5人，死亡8人。关镇乡出生人口93人，迁入25人，迁出171人，死亡37人。铜庙乡出生人口60人，死亡18人。祁鲁乡出生人口74人，迁入20人，迁出160人，死亡16人。司徒乡出生人口31人，迁入34人，迁出14人，死亡11人。陶西乡出生人口39人，迁入21人，迁出29人，死亡19人。云塘乡出生人口60人，迁入1人，迁出4人，死亡7人。西山乡出生人口28人，迁出110人，死亡7人。张公乡出生人口26人，迁入6人，迁出46人，死亡9人。关帝乡出生人口57人，迁入9人，迁出30人，死亡32人。刘武乡出生人口32人，迁入2人，死亡13人。龙梅乡出生人口31人，迁入46人，迁出35人，死亡15人。

1958—1960年三年困难时期，人口大量非正常死亡，许多人被迫外流谋生。陶厂公社外流户计433户，外流人口2832人，其中男劳力1539人。外流地主要是江西、南京、芜湖、马鞍山等地，以外流至江西的人口最多，有1578人，占外流人口总数的55.7%。1960年，陶厂公社出生人口111人，占总人口0.48%；死亡597人，占总人口2.61%；迁入537人，迁出685人，占总人口2.99%。

1962年，陶厂公社出生人口528人，占总人口10930人的4.83%。死亡103人，迁入559人，迁出100人。至此，人口开始回升。

1964年，陶厂公社出生人口186人，占总人口的1.56%；死亡68人，迁入142人，迁出71人。关镇公社出生人口310人，占总人口的2.57%；死亡109人，迁入106人，迁出27人。

1970年，陶厂公社出生人口460人，占总人口的3.08%；死亡56人，迁入102人，迁出204人。关镇公社出生人口485人，占总人口的3.59%；死亡84人，迁入147人，迁出128人。

1977年，陶厂公社出生人口233人，占总人口的1.39%；死亡108人，迁入240人，迁出393人。关镇公社出生人口257人，占总人口的1.64%；死亡94人，迁入255人，迁出200人。1973—1977年的五年间，关镇公社人口出生率由23‰下降至6.8‰。

1979年，陶厂公社出生人口191人，占总人口的1.14%；死亡68人，迁入200人，迁出411人。关镇公社出生人口273人，占总人口的1.71%；死亡73人，迁入131人，迁出260人。

1990年第四次人口普查，陶厂镇出生人口637人，占总人口的3.64%；死亡151人，迁入198人，迁出95人。关镇乡出生人口522人，占总人口的3.1%；死亡149人，迁入31人，迁出48人。

2000年，第五次人口普查，陶厂镇出生人口416人，占总人口的1.26%；死亡233人，迁入441人，迁出467人。

2005年，陶厂镇出生人口290人，占总人口的0.76%；死亡202人，迁入204人，迁出

355人。

2010年，第六次人口普查，陶厂镇出生人口346人，占总人口的1.07%；迁入590人，迁出451人。

2015年，陶厂镇出生人口742人，占总人口的1.85%；死亡195人，迁入137人，占总人口的0.34%，迁出275人，占总人口的0.69%。

2020年11月第七次人口普查，陶厂镇出生人口428人，占总人口的1.05%，其中，男性236人，女性192人；死亡143人，迁入128人，迁出295人。

四、人口结构

（一）性别结构

1949年12月，陶厂区男性人口16749人，女性人口14825人，性别比为112.98∶100，其中：陶厂镇男性2803人，女性2454人，性别比为114.22∶100。关镇乡男性3117人，女性2838，性别比为109.83∶100。铜庙乡男性2615人，女性2366人，性别比为110.52∶100。司徒乡男性1555人，女性1475人，性别比为105.42∶100。云塘乡男性1537人，女性1371人，性别比为112.11∶100。龙梅乡男性2801人，女性2345人，性别比为119.45∶100。三官乡男性2321人，女性1976人，性别比为117.46∶100。

1953年6月，陶厂区男性人口16853人，女性人口15022人，性别比为112.189∶100，其中：陶厂镇男性1067人，女性928人，性别比为114.98∶100。关镇乡男性2162人，女性2022人，性别比为106.92∶100。铜庙乡男性1689人，女性1567人，性别比为107.79∶100。司徒乡男性1284人，女性1215人，性别比为105.68∶100。云塘乡男性1216人，女性1131人，性别比为107.52∶100。祁鲁乡男性1299人，女性1220人，性别比为106.48∶100。陶西乡男性1523人，女性1360人，性别比为111.99∶100。西山乡男性1248人，女性1058人，性别比为117.96∶100。张公乡男性1216人，女性1004人，性别比为121.12∶100。关帝乡男性1416人，女性1198人，性别比为118.20∶100。刘武乡男性1346人，女性1162人，性别比为115.83∶100。龙梅乡男性1387人，女性1157人，性别比为119.88∶100。

1964年第二次人口普查，陶厂公社男性人口6176人，女性人口5774人，性别比为106.96∶100。关镇乡男性人口6151人，女性人口5922人，性别比为103.87∶100。

1982年第三次人口普查，陶厂公社男性人口8785人，女性人口8223人，性别比为106.83∶100。关镇乡男性人口8348人，女性人口7896人，性别比为105.72∶100。

1990年第四次人口普查，陶厂镇男性人口8923人，女性人口8597人，性别比为103.79∶100。关镇乡男性人口8549人，女性人口8294人，性别比为103.07∶100。

2000年第五次人口普查，陶厂镇男性人口16926人，女性人口16011人，性别比为105.71∶100。

2010年第六次人口普查，陶厂镇男性人口16243人，女性人口16144人，性别比为100.61∶100。

2020年第七次人口普查，陶厂镇男性人口21640人，女性人口19120人，性别比为113.18∶100；常住人口男性13585人，女性12081人，性别比为112.45∶100。

（二）文化结构

新中国成立前，陶厂、关镇适龄儿童大多进入私塾或私立小学读书，一些殷实家庭的子弟送往芜湖、南京接受新式教育。农村女孩基本上从事生产劳动，很少接受教育。新中国成立后，陆续办起了司徒、大卜、祁鲁、云塘、西山、竹园、大毛、马山等10多所小学，解决了部分适龄儿童的就学问题，但教育发展的速度仍不能满足社会发展的需求。

1964年，第二次人口普查资料显示，陶厂公社有各种文化程度人口2940人，占总人口24.6%，其中具有大学文化15人，高中文化64人，初中文化402人，高小文化813人，初小文化1470人，初识字176人；文盲5647人，占总人口的47.26%；12岁以下不在校儿童3363人，其中7～12岁1557人。关镇公社有各种文化程度人口2860人，占总人口的23.69%，其中具有大学文化3人，高中文化42人，初中文化295人，高小文化741人，初小文化1453人，初识字326人；文盲5935人，占总人口的49.16%。

1970年陶厂公社有各种文化程度人口4430人，占总人口的29.65%，其中具有大学文化15人，高中文化87人，初中文化517人，高小文化810人，初小文化1514人，初识字1487人；文盲6362人，占总人口的42.58%。关镇公社有各种文化程度人口3320人，占总人口的24.60%，其中具有大学文化28人，高中文化134人，初中文化550人，高小文化718人，初小文化1371人；文盲5856人，占总人口的43.39%。

1982年第三次人口普查，陶厂公社有各种文化程度人口6669人，占总人口的39.21%，其中具有大学文化19人，高中文化325人，初中文化1865人，小学文化4456人。文盲、半文盲8589人，占总人口的50.45%。关镇公社有各种文化程度人口6226人，占总人口的37.91%，其中具有大学文化4人，高中文化260人，初中文化1713人，小学文化4248人；文盲、半文盲8157人，占总人口的50.22%。

1990年第四次人口普查，陶厂镇有各种文化程度人口7617人，占总人口的43.48%，其中具有大学本科和专科文化55人，中专文化74人，高中文化342人，初中文化2540人，小学文化4606人，不识字或初识字的7775人，其中男性2329人，女性5446人，女性比男性高1.34倍。关镇乡有各种文化程度人口7609人，占总人口的45.18%。其中具有大学本科和专科文化10人，中专文化34人，高中文化339人，初中文化2448人，小学文化4778人，不识字或初识字的7348人，其中男性2204人，女性5144人，女性比男性高1.33倍。

2000年第五次人口普查，陶厂镇有各种文化程度人口2.87万人，占总人口的87.13%。其中具有大学本科文化116人，中专文化199人，高中文化730人，初中文化8377人，小学文化1.64万人，初识字2831人，文盲1656人，其中男性317人，女性1339人，女性高出男性3.22倍。

2010年第六次人口普查，陶厂镇有各种文化程度人口2.59万人，占总人口的80%。其中具有研究生学历3人，大学本科和专科文化488人，高中文化1282人，初中文化1.21

万人，小学文化1.22万人，文盲4025人，其中男性894人，女性3131人，女性比男性高2.5倍。

2020年第七次人口普查，陶厂镇有各种文化程度人口2.21万人，占总人口的86.04%。其中具有硕士文化33人，大学本科和专科文化1110人，高中文化1488人，初中文化8009人，小学文化1.02万人，学前班儿童1263人，成人文盲1635人，其中男性375人，女性1260人，女性高出男性2.36倍。

（三）年龄结构

新中国成立前，陶厂镇人均寿命较低。新中国成立后，由于社会安定，经济逐步发展，人均寿命开始不断提高。1952年人口普查资料显示，陶厂区总人口中，0～12岁男性2998人，占男性总人口的16.9%；13～18岁男性1505人，占男性总人口的8.495%；19～55岁男性12166人，占男性总人口的68.5%；55岁以上男性696人，占男性总人口的3.9%。0～12岁女性2778人，占女性总人口的19.3%；13～18岁女性1190人，占女性总人口的8.3%；19～55岁女性9822人，占女性总人口的68.3%；55岁以上女性697人，占女性总人口的4.8%。

1954年统计年报显示，陶厂区0～14岁男性6264人，占男性总人口的37.1%；15～29岁男性4522人，占男性总人口的26.8%；30～59岁男性5370人，占男性总人口的31.8%；60～79岁男性698人，占男性总人口的4.1%；80岁以上男性12人，占男性总人口的0.07%。0～14岁女性4984人，占女性总人口的33.1%；15～29岁女性3836人，占女性总人口的25.5%；30～59岁女性4930人，占女性总人口的32.8%；60～79岁女性1028人，占女性总人口的6.8%；80岁以上女性44人，占女性总人口的0.3%。

1964年第二次人口普查统计，陶厂公社0～14岁男性2448人，占男性总人口的39.6%；15～29岁男性1658人，占男性总人口的26.8%；30～59岁男性1907人，占男性总人口的30.9%；60～79岁男性161人，占男性总人口的2.6%；80岁以上男性1人。0～14岁女性2084人，占女性总人口的36.1%；15～29岁女性1481人，占女性总人口的25.6%；30～59岁女性1858人，占女性总人口的32.2%；60～79岁女性346人，占女性总人口的5.99%；80岁以上女性5人，占女性总人口的0.09%。关镇公社0～14岁男性2429人，占男性总人口的39.4%；15～29岁男性1766人，占男性总人口的28.7%；30～59岁男性2033人，占男性总人口的33.05%；60～79岁男性136人，占男性总人口的2.2%；80岁以上男性2人，占男性总人口的0.03%。0～14岁女性2291人，占女性总人口的38.7%；15～29岁女性1517人，占女性总人口的25.6%；30～59岁女性1876人，占女性总人口的31.6%；60～79岁女性290人，占女性总人口的4.9%；80岁以上女性7人，占女性总人口的0.12%。

1982年第三次人口普查（按劳动年龄人口）统计，陶厂公社16～59岁男性4903人，占男性总人口的55.81%；16～54岁女性4111人，占女性总人口的50%。关镇公社16～59岁男性4587人，占男性总人口的54.95%；16～54岁女性3927人，占女性总人口的49.73%。

1990年第四次人口普查统计，陶厂镇0～14岁男性2705人，占男性总人口的30.3%；15～29岁男性2828人，占男性总人口的31.7%；30~59岁男性3134人，占男性总人口的35.1%；60～79岁男性733人，占男性总人口的8.2%；80岁以上男性21人，占男性总人口的0.3%。0～14岁女性占女性总人口的26.7%，15～29岁女性占女性总人口的33.2%，30～59岁女性占女性总人口的29.17%，60～79岁女性占女性总人口的10.1%，80岁以上女性占女性总人口的0.9%。关镇乡0～14岁男性2411人，占男性总人口的28.2%；15～29岁男性2714人，占男性总人口的31.8%；30～59岁男性2771人，占男性总人口的32.4%；60～79岁男性631人，占男性总人口的7.4%；80岁以上男性22人，占男性总人口的0.3%。0～14岁女性占女性总人口的26.1%，15～29岁女性占女性总人口的33.3%，30～59岁女性占女性总人口的29.99%，60～79岁女性占女性总人口的9.9%，80岁以上女性占女性总人口的0.8%。

2000年第五次人口普查统计，陶厂镇0～14岁人口9374人，占总人口的28.5%；15～64岁人口2.07万人，占总人口的62.8%；65岁以上人口2867人，占总人口的8.7%；15～69岁妇女人口7922人，占总人口的24.1%。

2010年第六次人口普查统计，陶厂镇0～14岁男性人口3026人，占男性总人口的18.6%；15～64岁男性人口11545人，占男性总人口的71.1%；65岁以上男性人口1672人，占男性总人口的10.3%。0～14岁女性人口2112人，占女性总人口的13.1%；15～64岁女性人口12163人，占女性总人口的75.3%；65岁以上女性人口1868人，占女性总人口的11.6%。

2020年第七次人口普查统计，陶厂镇0～14岁男性人口3425人，占男性总人口的15.83%；15～64岁男性人口15244人，占男性总人口的70.44%；65岁以上男性人口2971人，占男性总人口的13.73%。0～14岁女性人口2304人，占女性总人口的12.05%；15～64岁女性人口14533人，占女性总人口的76.01%；65岁以上女性人口2283人，占女性总人口的11.94%。

陶厂镇历次人口普查情况统计表

表1-1

普查次数	普查时间	单位	总户数	总人口数			占总人口比例（%）		性别比例	少数民族人口
				合计	男	女	男	女	女=100	（人）
一普	1953.6	陶厂镇	526	1995	1067	928	53.48	46.52	114.98	
		关镇乡	1034	4184	2162	2022	51.67	48.33	106.92	
		铜庙乡	768	3256	1689	1567	51.87	48.13	107.79	
		司徒乡	573	2499	1284	1215	51.38	48.62	105.68	
		云塘乡	612	2347	1216	1131	51.81	48.19	107.52	

续表

普查次数	普查时间	单位	总户数	总人口数			占总人口比例（%）		性别比例	少数民族人口
				合计	男	女	男	女	女=100	（人）
		祁鲁乡	580	2519	1299	1220	51.57	48.43	106.48	
		陶西乡	701	2883	1523	1360	52.83	47.17	111.99	
		西山乡	584	2306	1248	1058	54.12	45.88	117.96	
		张公乡	616	2220	1216	1004	54.77	45.23	121.12	
		关帝乡	644	2614	1416	1198	54.17	45.83	118.20	
		刘武乡	632	2508	1346	1162	53.67	46.33	115.83	
		龙梅乡	620	2544	1387	1157	54.52	45.48	119.88	
二普	1964.7	陶厂公社	3128	11950	6176	5774	51.68	48.32	106.96	
		关镇公社	3031	12073	6151	5922	50.95	49.05	103.87	
三普	1982.12	陶厂公社	3748	17008	8785	8223	51.65	48.35	106.83	13
		关镇公社	3491	16244	8348	7896	51.39	48061	105.72	4
四普	1990.7	陶厂镇	4352	17520	8923	8597	50.93	49.07	103.79	6
		关镇乡	3954	16843	8549	8294	50.76	49.24	103.07	2
五普	2000.11	陶厂镇	9482	32937	16926	16011	51.39	48.61	105.71	38
六普	2010.11	陶厂镇	9691	32387	16243	16144	50.15	49.85	100.61	4
七普	2020.11	陶厂镇(1)*	11079	40760	21640	19120	53.09	46.91	113.18	
		陶厂镇(2)*	9612	25666	13585	12081	52.93	47.07	112.45	

*注：1. 为户籍人口，摘自公安统计年报。

2. 为常住人口，摘自人口普查资料。

五、劳务输出

1978年，中共十一届三中全会召开后，农村全面实行家庭联产承包责任制，劳动生产力得到解放，农村劳动力过剩，全镇劳动力开始大批进城务工。自1986年开始，陶厂有不少人去北京炸油条、卖早点。到1990年后，进城务工形成潮流，全镇大批中青年进城务工经商，主要从事餐饮业、建筑业。1995年后，陶厂每年有9000多人在北京打工。2010年，第六次人口普查资料显示，全镇外出务工人口，占总人口的21.45%。除少数在省内城市外，绝大多数流向北京、上海、苏州、无锡等地。主要从事餐饮服务、工程建筑、室内装修、服装加工。截至2021年末，陶厂镇外出务工经商人数多达1.95万人，年收入12.5亿元以上，是全县外出务工经商人数最多的镇。

第五节　自然环境

一、地质地貌

(一)地质

据地质勘探，陶厂镇境内地质构造属新生代第四纪，主要由淤泥质亚黏土和泥炭层组成。从地层分系上，化石丰富，出露良好。第四纪广泛分布于河流两岸、山体边缘及岗地。构成镇境地层的岩石主要为沉积岩。以河湖沉积的灰岩、泥灰岩、页岩、陆地沉积的砂岩和砾岩为主。据钻探资料，志留纪分布于太湖山至六宕山以北地区，泥盆纪分布于太湖山至六宕山一线，石炭纪、二叠纪分布于陶厂镇水洞山等地。三叠纪沉积盆地分布在陶厂至铜庙地下，厚度大约500米，主要由硬石膏层组成。白垩纪陶厂有基岩出露，第三纪岩浆岩分布于陶厂杨府山一带，第四纪分布广泛。镇境土壤大部分中性偏酸，普遍含磷低。

六宕山

西塔山(犁头尖)

(二)地貌

陶厂镇地形大体为东北高西南低，镇境东西长19千米，南北宽11千米。属半山半圩地貌，山区、圩区、冈坡各约占三分之一。山脉有两条：一条是狮子山—太湖山—乌龟山，呈西南东北走向，西起东关狮子山，东至关镇乌龟山。最高峰太湖山，海拔高程441米。陶厂境内乌龟山海拔高程294米，该山体南坡由石灰纪、二叠纪地层构成，北坡由志留纪、泥盆纪地层构成。另一条山脉是林头山—六宕山—走马垄，呈西南东北向，西南起林头镇林头山，经陶厂，东北至张公走马垄。山体主要由志留纪、泥盆纪、石炭纪、二叠纪地层构成。陶厂境内主要山峰有坝子山(257米)、西塔山(338米)、石门山(311米)、六宕山(376米)。

乌龟山位于司徒村彭村自然村南面。靠西边的山肚里有个平台，上有两丈高一丈宽的大石头，头向上翘，身体又圆又扁，形似乌龟，故人们称为“乌龟山”。西塔山通往林头、福山，民国时期，这里是重要的交通要道。由西塔山向东北为石门山，古传东海白玉蟾炼丹得道于此。西南边为木瓜山，两山对峙，谷道数里，两山郁郁葱葱，绿意袭人。古代这

乌龟山远眺

里是南北交通的咽喉要地，地势险要。再向东北就是陶厂镜内最后一座山峰——六宕山。六宕山下有二郎庙水库，地界属二郎庙林区。这里崖峭险峻，山坳竹木翠绿。山顶东端有六个水坑（又名六宕），相传过去宕内水清长年不枯，有鱼虾黄鳝。现已长年干枯，多雨年份偶有积水。

镇境中部和东北部丘陵起伏，丘陵大部分缓坡地适合种植旱粮作物，以及茶叶和果木树。

镇境东南部为冲积平原形成的圩区，属于长江下游平原的一部分，地层主要由淤泥质亚黏土和泥炭层组成。清代陶厂、关镇有众多小圩，如车埠圩、朱圩、季圩、五良圩、康定圩、庆力圩、厢城圩、童嘴圩、挡子圩、东堡圩、上王圩、下王圩、外域、厨房域、大坝域等。新中国成立后小圩联大圩，增强了抗洪能力。现主要有十联圩、五联圩、新胜圩、庆丰圩、祁首联圩、南二过圩、梅圩、王圩等圩口，分布在长江支流牛屯河流域沿岸，圩内耕地1577公顷，其中十联圩为万亩大圩。圩区内沟渠密布，土壤肥沃，是镇内的主要产粮区。

旱洞山上的洞口

石门山（山口串段）

二、自然资源

（一）土地资源

陶厂地形地貌特征为北岗南圩，圩区面积48平方千米，占总面积的44.04%；山区面积39平方千米，占总面积的35.78%；丘陵面积22平方千米，占总面积的20.18%。土壤主要为黄棕壤，属地带性土壤，是棕壤向黄红壤过渡类型土壤，兼有棕壤和黄红壤特点。这类土壤养分含量低，主要分布在地势较高的岗地，地势较高土层较薄，地势较低土层较厚。全镇黄棕壤占地面积的45%以上，适宜种植山芋、棉花、小麦，或用作林地、园地。非地带性土壤主要为水稻土、潮土和石灰土。

水稻土分布在岗田、冲田、圩田和滩田。这类土壤养分含量高，占地面积接近于黄棕

十联圩南

新胜圩

壤面积，适宜种植水稻、油菜、小麦。

潮土主要分布于山涧山河沿岸圩区外滩丘岗丘陵之间谷地，占地面积少，养分含量普遍较高，适宜种植农作物。

石灰土分布于石灰岩组成的丘陵地区，占地面积高于潮土面积，由于这类土壤所处地势较高，有一定坡度，加之长期受侵蚀，养分含量低，可利用面积不大，荒地较多。

镇境土壤养分总体状况是有机质含量中等，磷素缺乏，钾素不均，氮磷钾比例失调。

（二）矿产资源

镇境矿产资源丰富，矿种较多，主要为非金属矿产，有耐火黏土、石灰石、硬石膏矿、建筑砂矿、煤矿、花岗岩、焦宝石等。耐火黏土矿主要为软、硬质耐火黏土。软质耐火黏土矿分布在山口小庄至唐庄一带，矿层厚度1～2米，可塑性较好，达三级品位工业要求。据省地质队1960年4月提交的"矿产产地资料汇编"，因储量不大，资源不稳定，开采技术落后，暂未开采。硬质耐火黏土矿主要分布在关镇一带，可采矿体分上、下两个分层，每层厚度1～1.5米。矿石平均体重2.50吨，质量达1～3级工业品位要求，具有开采价值。

石灰石矿主要分布在关镇、陶厂一带，矿体总厚度约100米，其中黄龙组厚约70米，船山组厚约30米。矿石质量达一级工业品位要求。矿体成浅海相碳酸盐沉积型矿床，厚度、质量都较稳定，储量20亿吨。

硬石膏矿主要分布在陶厂集镇及周边一带。据省煤田地质第二勘探队1986年前后勘探资料，矿层厚度220～370米。矿石质量达一级工业品位要求。已探明储量18.85亿吨，控制储量37亿吨，外推储量58亿吨，为亚洲最大单个硬石膏矿床。2001年，皖北煤电集团投资近3亿元进行石膏开采及深加工，现成为陶厂镇工业龙头产业。

陶厂石膏矿采出的矿石

建筑砂矿主要分布在关镇、陶厂一带，为陆相沉积型矿床。矿层厚度侏罗纪象山砂岩500～1000米，泥盆纪五通组砂岩200米。侏罗纪砂岩主要成分是长石，少量白云母，黏土矿物质及氧化物，开采破碎容易，但砂质较差。五通组砂岩主要成分是石英，硬度大，开采破碎困难，但砂质好。

无烟煤主要分布在陶厂司徒一带。煤层厚度0.5～2.5米，变化大，不稳定。煤质较好，其中水分3.58%，灰分11.33%，挥发分7.93%，固定碳92%，发热量7024千卡／千克，含硫2.42%，为优质无烟煤。据省地质局342地质队1958年普查评价报告，储量200万吨，可作动力燃料和生活燃料。抗战时期，日本人曾在陶厂江家老开设过“裕含”煤炭公司，因煤层不稳定，生产不正常。新中国成立后，陶厂、关镇都曾开采过，后因开采技术落后，煤矿属于“鸡窝煤”而关闭。

镇境内还有铁矿储量约22万吨，花岗岩储量5万立方米，焦宝石储量约150万吨。主要分布在孙杨树庄和司徒等地。

（三）水资源

地表水　镇境年平均降水总量1038.7毫米，年径流量245.2毫米，年径流总量6041.6万立方米，亩均占有590立方米。

大渔滩湿地

地表径流调节主要依赖水库、塘坝、冲、月子。全镇有小一型水库1座、小二型水库2座、小水库7座，总库容228万立方米，灌溉面积1104公顷。全镇山区原有塘坝1240口，其中万方大塘192口，1994—2005年，清淤挖塘162口，其中5000立方米28口，万方大塘9口，新增灌溉面积566.66公顷。

镇境河流属长江牛屯河水系，有陶厂河、功桥河两条主干河流全长13.7千米。牛屯河发源于太湖山、乌龟山、石门山等地。主河道自铜闸、陶厂两镇经姑庙桥入和县境内，过新桥闸入长江。其支流有铜庙河、陶厂河、东河，境内河道长7.54千米，流域面积123.1平方千米。

陶厂河

陶厂河　也称“鲁桥河”，陶厂河源于司徒三面环山来水，其中以太湖山北麓来水为主，山水汇集到江老水库，流入杨府坝，再流向鲁桥、大小毛、张宋，汇祁首村、关镇村等几个圩口水源，流量增大，经关镇村的苏滩、纳铜庙河，进入垱子圩下牛屯河入江，全长8.5千米。1990—1992年，国家重点水利修建的湃史杭工程，将支流牛屯河工程纳入整治，设防至12.5米高程，河底宽5.5～6米，能抗百年一遇的洪水。

功桥河

功桥河　功桥河在云塘村南二过和大葛两自然村境内，全长5.2千米，河底宽7.8～8米。从1992年开始，先后4次进行圩埂加高培厚，设防能力13米水位，是新胜圩、庆丰圩引流入口处。

地下水　据铜城闸水文站实测的数据，陶厂镇域地下水资源充足，水资源量850万立方米。镇境过去井眼甚多，大小村庄皆打有水井，多则十多口，少则三五口，地下水主要作为生活用水，枯水年份也用此灌溉农田。2003年，陶厂镇第二座自来水厂——利民水厂建成后，农村逐渐通上了自来水，使用井水的人大幅减少。

（四）植物资源

森林面积　陶厂森林植被大多分布在镇和7个村集体林场。1988年全镇有林面积724.2公顷，其中镇和7个村集体林面积403.2公顷、个人林木面积321公顷，荒山面积1400公顷。2002年国家实施退耕还林补助政策，司徒、关镇、官塘、卜李、西塔、西山6个村退耕还林310公顷。2003年向外发包荒山73公顷、林地325公顷。2013年，全镇林业面积2217.33公顷，其中经济林37.3公顷。至2020年，全镇林地面积2253.33公顷，完成森林抚育666.66公顷，完成213省道绿色长廊7.8千米建设任务，全镇森林覆盖率35%。

西荣张村圆柏

常见树种　陶厂镇植物以落叶阔叶林为主，多为天然次生林。1950年后，林业建设发展较快，到2021年，境内栽植的树木品种有槐树、椿树、朴树、河柳、水杉、杏、桃树、柿树、构桔、华中荀子、三叶木通、柞木、竹树、圆柏、丝棉木、野蔷薇、榔榆、金银花、乌桕、倒耳刺、崖椒、黄连木、山槐、枫香、响叶杨、茅栗、扁担杆子、黄檀、褐叶青冈、芫花、枫杨、紫花泡桐、苦楝，以马尾松、国外松栽种面积最大。

古树名木

圆柏　又名桧、桧柏，系柏科圆柏属的常绿针叶乔木，圆柏生长缓慢，材质坚韧、细密、耐腐、有芳香气味。陶厂西塔村有两株圆柏，分别生长于西荣张、老柳坝两个自然村。树龄均数百年，西荣张圆柏高15米、胸围290厘米，原7大枝干被侵华日军砍掉；老柳坝的1株，高14米、胸围260厘米。据当地一位老人说，西荣张一位张姓的先祖做了大官，后犯罪被朝廷判为充军，回乡后他栽下这两株圆柏。不久，邻近老柳坝村民看其茁壮成长，四季常青，十分喜人，便向西荣张要了其中一株，栽到老柳坝，使原本不够和睦的两村由此结好，从此人们誉称两树为“姐妹树”。

柞木　俗称“柞刺”，为大风子科柞木属的常绿阔叶小乔木或乔木，为含山罕见树种。柞木干茎、枝条均有木质锐刺，单叶互生，浆果球形。叶、树皮可入药，有散瘀、消肿、治燥湿及除热等功效。陶厂西山大李自然村，村旁老祖坟处有1株明代栽下的雌性古柞木，树龄500年以上，高21米、胸围255厘米，为全县仅有的3株古柞木中最大的一株。该树上下两层分枝，层次清晰。古树历经沧桑，仍蔚然苍劲，当地群众称之“神树”。

丝棉木　又称“丝令头树”，为卫矛科卫矛属的阔叶乔木，树龄达百年以上。丝棉木木材色白、细韧、纹理直、不翘不裂。根、皮可入药，有清热解毒、祛风活血、补肾等作用，是含山罕见树种。陶厂卜李村大李自然村北侧有一株丝棉木，树龄95年，高17米、胸围145厘米，根裸露。主干高1.6米处分为三大主枝，树身健美，不显沧桑老态。

臭椿　又叫“椿树”“白椿”，属苦木科臭椿属，为原产我国的阔叶高大乔木。臭椿“椿根白皮”是清热燥湿、止血止痢的传统中药。陶厂卜李大李自然村一株臭椿，树龄135年，高21米、胸围240厘米。主干3.7米分四大主枝，均匀侧展四方，枝叶浓郁，形色俱佳，是含山境内少有的古椿树。树干基部侧根出现裸露，其上长有不规则、大小不等的隆起疙瘩，呈现苍老之态。

柿树　西塔村老柳坝自然村，有一处生长着20余株老柿子树，其中一株最大者树龄75年，高13米，干高0.5米处树围170厘米，冠幅9～11米，树高0.7米处分为两大主枝（无直立主干），呈“八”字形，分别斜伸向东南、西北。现每年都硕果满枝。

草场　1988年，关镇乡、陶厂镇两处草场面积在全县最大，共有1200公顷。1988—2005年，随着农业开发、植树造林、工业化进程加快，草场面积逐步缩小，现已基本消失。

农作物品种　包括粮食作物、经济作物、蔬菜、花卉等多个品种，广泛分布于田野、岗丘、村庄周边隙地，覆盖率较高。夏秋季植被主要有水稻、豆类、番薯、花生、芝麻、甘蔗、玉米、棉花、瓜类；冬春季有小麦、油菜、蚕豆、豌豆、红花草；蔬菜有萝卜、胡萝卜、白菜、大白菜、芥菜、韭菜、蚕豆、豌豆、生姜等；花卉有黄杨、芭蕉、翠柏、桂花、牡丹、红枫、月桂、四季桂、六月雪、女贞、含笑花等。

水域植被　镇境内大渔滩湿地及南二过小金滩、功桥河滩涂水生植物较多，主要有莲藕、菱角、席子草、芦苇、菖蒲、荸荠、慈姑、芡实。

（五）动物资源

陶厂境内野生动物有兽类、鸟类、爬行类、两栖类等。

兽类　从考古资料看，秦汉时期，陶厂地区人稀地广，境内野兽数量较多。清代时境内有兔、狐、狼、獾、獭、刺猬、鹿、獐、鼠等野生动物资源，没有大型野兽。新中国成立以后，境内仍有狼、獐。1962年前后，在陶厂区域内的丘陵、山区一带常有野狼出没，经常发生狼伤害牲畜、小孩现象，地方政府曾发动民兵上山打狼除害。后由于毁林造田、开山取石、大炼钢铁等，野生动物资源大幅减少，如今已不见狼的踪迹。山区的野生动物仅剩下野兔、野鸡、野猪、狗獾、獐子等。20世纪60年代，二郎庙一带常有獐子在山林中出没。1990年后，随着封山育林、植树造林、退耕还林，野生动物的数量呈增加之势，尤其是野猪、刺猬、獐子、野兔数量大为增加。

鸟类　境内的野生鸟类品种有麻雀、乌鸦、野鸽、野鸡、野鸭、稻鸡、家燕、八哥、布谷、白鹭、斑鸠、灰喜鹊、画眉、翠鸟、百灵鸟、斑嘴鸭、小天鹅、白额雁、灰鹤、鸢、金腰燕、啄木鸟、小杜鹃、长耳鸮、短耳鸮等。

鱼类　境内的鱼类品种有鲤鱼、鲫鱼、白鲢子、青鱼、草鱼、鳙鱼（俗称胖头）、黑鱼、鳊鱼、鳜鱼、黄鳝、白鳝、泥鳅、刀鲚等，其中鲫、鲢、鳙、鲤、草、鳊数量最大。

爬行类　主要有乌龟、黄头闭壳龟、巴西龟、鳖（甲鱼）、壁虎、草蜥、水蛇、蝮蛇、赤链蛇、乌梢蛇、王锦蛇等。

两栖类　水獭、牛蛙、虎纹蛙、黑斑蛙、蟾蜍等。

节肢类　主要有白米虾、青虾、沼虾、长臂虾、克氏螯虾（俗称海虾、小龙虾）、河蟹、石蟹。

贝壳类　主要有三角帆蚌、褶纹冠蚌、背角无齿蚌、蜗牛、河蚬、田螺、螺蛳、福寿螺。

环节类　主要有蚯蚓、水蛭（蚂蟥）、沙蚕等。

三、气　候

陶厂镇处于北半球中低纬度地区，属北亚热带温润性季风气候。气候特征为四季分明，冬寒夏暑，春秋宜人；雨量春夏多秋冬少，梅雨明显，日照多，无霜期长，光、热、水等气候资源较为丰富。

（一）气温

年平均气温　1957—1988年，陶厂镇年平均气温为15.6℃，最高气温17.1℃（1980年），最低气温14.9℃（1957年）。年平均气温高低差为2.2℃；1989—2015年，平均气温为15.9℃，气温年际变化不大，但年内变化较大。2014年，平均气温16.4℃，比历年平均值高0.6℃，其中1月、3月气温异常偏高；7—8月气温较常年同期偏低，出现罕见“凉夏”。2019年平均气温为16.5℃，比历年平均值偏高0.6度，年极端最高气温38.6℃，年际变化基本稳定，适宜农作物生长。

从季节分布看，春季始于3月26日，止于5月20日，约56天。候平均气温10℃～22℃，是冷暖空气交替季节，气温逐渐回升，但天气多变，冷暖无常，雨水增多，风向不定。时有寒潮、霜冻、低温连阴雨等灾害性天气出现。

夏季始于5月21日，止于9月20日，约123天。候平均气温高于22℃，盛行偏南气流，温高湿重。6月中旬进入梅雨季节，雨水集中，降水强度大，常有暴雨和雷雨出现，易出现洪涝灾害。7月中旬梅雨结束，进入盛夏，天气酷热，晴天多，光照足，蒸发量大，常有伏旱出现。

秋季始于9月21日，止于11月20日，约61天。候平均气温10℃～22℃，天气少变，秋高气爽，降温迅速，雨量少减，常有秋旱或连阴雨天气，对农业生产有一定影响。

冬季始于11月21日，止于次年3月25日，约125天。候平均气温低于10℃，常受北方冷空气影响，气候干燥寒冷，气温较低，雨雪天少，北风不断。

月平均气温　从月份分布看，1月气温最低，平均气温2.4℃；7月气温最高，平均气温28.3℃。年内温差25.9℃，极端最高气温为40.4℃（1959年8月23日），极端最低气温为－14.5℃（1991年12月29日），历年同期月平均气温变化幅度较大。其中2月、8月最为显著。如1999年2月平均气温为6.7℃，为历年最高值，1964年2月平均气温为－0.2℃，为历年最低值。2011年除1月、8月、12月平均气温偏低外，其余月份均正常或偏高且月内气温变幅较大；年极端最高气温38.1℃，年极端最低气温－9.1℃。2015年月平均气温15.6℃，1月、2月、3月、12月气温异常偏高，6—8月气温偏低，7—8月平均气温26.5℃，较常年同期低0.9℃。7月28日至8月7日，出现连续高温天气。

日平均气温　候平均气温高于30℃的酷热期年平均日数为22天。1964年、1978年分别长达61天、62天；最早出现日为1999年6月15日，最迟结束日为1999年9月11日。但1963年、1965年、1975年、1981年、1982年五年无酷热期。

日气温高于35℃酷热天数，历年平均为15.2天。最多34天，出现于1967年、1978年，8月上旬最多，7月下旬次之，最长连续日17天（1988年7月4日至20日）。

日气温低于0℃日数，历年平均47天，平均初日为11月27日，终日为3月9日，间隔103天。最早初日为11月8日（1995—1996年度）；最迟终日为3月26日（1961—1962年度）。初终日数最长130天（1992—1993年度），最短77天（1957—1958年度）；最多出现日数为74天（1967—1968年度），最少18天（2000—2001年度）。

历年平均日温差　春季最大平均日温差为8.7℃，秋季平均日温差为8.6℃。冬季为8.1℃，夏季最小平均日温差为7.7℃。累年平均日温差为8.3℃。

地表温度　历年平均地表温度为18.0℃，比年平均气温高2.4℃。地表极端最高温度为70.3℃（1959年7月30日），地表极端最低温度为－23.6℃（1991年12月29日）。

20世纪50年代后期地表温度正常，60年代明显偏高，平均值为18.6℃。70年代略有下降，但比正常年份偏高0.2℃。80年代明显偏低，偏低程度最大值达0.7℃。90年代正常略偏低。

地中温度　1957—2021年，5～20厘米地中温度，平均在17.0℃～17.2℃之间，5厘米为17.1℃、10厘米为17.0℃、15～20厘米均为17.2℃。一年中有8个月在10℃以上，有5个月在20℃以上，能够满足多种农作物生长发育的需要。

（二）降 水

降水量　镇境年均降水量为850.2毫米。全县年降雨量由北向南递增。陶厂地区与含北地区相差100毫米左右，降水年限变化不稳定。最丰水年为1991年，年降水1687.3毫米；1978年为最枯水年，年降水504.3毫米。80%年份为850毫米左右。

四季降水分布不均，春多阴雨、夏雨集中，秋雨少、冬枯干。以6—8月为最多，一般降水量占年均的44%，7月为主汛期，洪涝概率最高。春次之，降水量占年均的26.8%，秋季降水量占年均的19.2%，冬季最少，降水量占年均的10%。

梅雨　镇内多年平均入梅期为6月17日（空梅除外），最早为1971年6月1日，最晚为1978年7月10日。平均出梅期7月13日，最早为6月15日（1961年），最晚为7月31日（1998年）。年均梅雨期25天，最长52天（1971年），最短8天（1964年）。年平均梅雨量228.5毫米，最多1109.3毫米（1991年），最少小于23毫米（1965年），1958年、1994年、2000年、2001年为空梅。2015年6月23日入梅，7月27日出梅，梅雨天35天，梅雨时间长，降雨量大，6月25—29日出现多年不遇的暴雨强降水。2017年6月21日入梅，7月12日出梅，梅雨期22天，入梅时间较常年偏晚5天，梅雨量178.5毫米，较常年258毫米偏少3成。

（三）降雪　积雪　霜　雾

降雪　镇境年平均降雪初日为12月16日，终雪日为次年3月7日，初终日数达82天。年平均降雪日9天，年降雪日多集中在1—2月，占年降雪日的74%。

积雪　多年平均积雪日数为8天，年平均积雪初日为1月6日，最早积雪初日11月17日（1976—1977年度），无积雪年除外。最晚积雪初日2月26日（1957—1958年度），最早积雪终日12月3日（1998—1999年度），最晚积雪终日3月22日（1997—1998年度），平均积雪终日2月13日。1—2月积雪日占全年83%。

1968—2005年，最大积雪深度为38厘米，出现于1984年1月19日；1970—1971年、1974—1975年、1975—1976年、1994—1995年，四个年度未出现积雪。2003年2月中旬、2008年1月上旬、2013年2月中旬出现多雨雪天气，雨雪量偏多4成左右，最大积雪深度达13～20厘米，给交通运输、农业生产和人民群众生活等带来不利影响。2018年1月24—28日，出现暴雪和低温冰冻，最大积雪深度达23～25厘米，为有历史记录以来第四大积雪深度，仅次于1984年、1991年、2008年。

霜　初霜出现最早为10月22日（1994年），最晚为11月29日（1999年）；终霜最早3月3日（1977年），最迟4月12日（1993年），年平均霜日54.4天。历年平均无霜期227天，最长262天（1984年），最短202天（1993年）。

雾　历年平均雾日17天，主要出现在秋冬两季。最多31天（1981年，1984年），最少5天（1971年）。

（四）日照　蒸发　湿度　风

日照和太阳辐射　日照长短根据季节而变化，夏至日照时长14小时，冬至日照时数只有10小时。多年平均年日照时长为2029.9小时，最多年份2497.3小时（1963年），最少年份1502.9小时（1989年）。常年各月以8月日照时长最多，平均每天达7.4小时，日照率达60%，1—3月日照时长平均每天4.5小时，3月日照率最小，仅37%。

镇境太阳辐射总量为114.7千卡/平方厘米。一年最大值在7月，为13.6千卡/平方厘米；次高值在8月，为13.4千卡/平方厘米；最低值在1月，为6.1千卡/平方厘米。

蒸发　镇境年平均蒸发量1520.4毫米，最大蒸发量是1984年，为1984.5毫米，最小1999年1254.4毫米。各月以7月的蒸发量最大为214.2毫米，最小是1月53.4毫米。

年正常水面蒸发量912.2毫米，小于年平均降水量1067.8毫米，干燥度为912.1/1057.7=0.86，小于1.0，镇境属于湿润地区。

湿度　镇内相对湿度年平均为78%，以7月、8月两月最大为81%，以12月最小为74%。温度四季变化，夏季80%，秋季78%，春季77%，冬季75%。

年平均绝对湿度为16.0毫帕，极端最大值42.2毫帕（1980年7月28日），极端最小为0.5毫帕（1966年12月1日），平均以7月最大30.9毫帕，1月最小5.4毫帕。

风　镇境属季风气候区，风向有明显的季节性变化。除因地形影响，盛行偏东风外，冬季偏北风，夏季偏南风势力较强。春、秋两季是风向转换季节。常见大风多为寒潮大风和雷雨大风两类。寒潮大风常出现在初冬和早春，大风持续时间较长，并引起急剧降温。雷雨大风，多发生在春、夏两季，时间短促，多局部性。2019年3月20日，全县最大风速达7级及以上，陶厂最大达14级。

四、自然灾害

镇境由于季风进退迟早和强弱不同，造成不稳定气候而形成灾害性天气，对农业生产影响较大。陶厂圩区、山区，易旱易涝，几乎每隔几年就发生一次旱涝。

（一）水 灾

1954年发生百年不遇的特大洪灾，大水为历史所罕见。全县圩口全部溃破淹没，5—7月降雨日56天，降雨量940多毫米，陶厂区10个乡淹没农田1907.27公顷，冲毁圩口19处，钻山淹35处；陶厂、关镇两乡40多个大小圩口、冲、月子全部漫水溃破，倒塌房屋2470间。该年秋收有40多天无雨，先涝后旱，冬季大雪封门。灾情极为严重。

1969年7月5—16日，全县平均降雨量610毫米。关镇、陶厂超过全县平均降雨量，仅7月14日8时起，24小时降雨达330毫米，降雨量之集中，雨量之大，来势之猛，均为历史罕见。牛屯河、陶厂河水位一度超过1954年的最高水位。圩内庄稼受涝严重，关镇公社受灾面积达660公顷。

1991年6—8月，降雨量达1030毫米，山洪汹涌而下，全镇1240个大小塘坝满溢，4大水库和两条主河道均超过危险水位；各大圩口全部内涝，受灾面积643.73公顷，山区的塘坝冲毁50多处，直接经济损失515.36万元。

1998年大水，降雨量达230多毫米，祁首村小南滩、祁圩、谢圩全部溃破，山区塘坝冲毁42处。累计受灾面积752.33公顷，直接经济损失704.55万元。

2016 年7月1日，陶厂镇24小时降雨量297毫米，一周降雨量达595毫米。7月5日，牛屯河水位涨至11.73米，超保证水位0.23米。一时山洪暴发，水库、塘坝全部超汛限水位，圩区内涝严重，大小圩纷纷告急。

2020年入汛以来，陶厂共遭遇14场强降水过程，单日最大降雨量达132.4毫米，受长江流域持续强降水以及巢湖泄洪影响，牛屯河水位涨至12.1米。7月18日，陶厂河水位涨至13.15米，省防汛指挥部要求铜庙、关镇、卜李3个村17个圩区自然村村民全部紧急撤离。

（二）旱灾

1958年，发生百年不遇的特大旱灾。5—8月上旬90多天未下透雨，河流、水库、塘坝全部干涸。县委决定从和县金河口引长江水到含山解旱。

1966年，大旱。从5月中旬至7月中旬连旱50多天。陶厂河断源，塘坝95%干涸。

1978年，从上年冬旱持续到当年春旱、夏旱直至秋旱，持续8个月之久，为70多年未遇的特大干旱。陶厂河、功桥河、铜庙河7月中旬就完全断流干涸。受旱严重的关镇、陶厂几十个生产队无水可提，山丘区人畜饮用水困难。

1990年6月起旱情不断发展，全镇塘坝干涸达96%，部分地区人畜饮用水断绝。陶厂14个行政村累计成灾面积1842公顷，绝收面积达1000公顷，直接经济损失833万元。

1994年出现空梅，“夏旱、伏旱、秋旱”三旱并举，为历史罕见。8月中旬山区塘坝水井及小水库全部干涸，致使人畜饮用水十分困难，中稻、单季晚稻、双季晚稻、花生、棉花大面积减产。

第六节　居民生活

一、住　房

（一）集镇

新中国成立前，陶厂镇有上街、下街、北份街、西闸街、北关街、散子巷、鸭蛋巷等街巷，街道总长不过1000米。街道居民住房多为砖木结构瓦房和部分草房，二层楼房较少。较大商户，住宅是三四进到底，多系清代中晚期至民国时期建筑。街后居民住房多为土墙草屋。新中国成立后，街道居民大多数居住的是砖混或砖木结构的平房。1983—1986年，镇上多家单位和开发商开始沿街建办公楼、商住楼、门面房，累计面积8780平方米。1989—2005年，镇政府等7家单位先后在新大街、步行街、迎宾路建房14栋，总面积1.77万平方米。居民翻建平瓦房65套，面积5280平方米。至2005年底，集镇住房总面积11.9万平方米，人均住房面积19.8平方米，有近千户农民进镇建房落户。集镇面积由1988年的0.75平方千米增至1.5平方千米，人口由1745人增至4155人。2011年，根据陶厂镇总体规划，在陶中路建设商贸小区，在陶南路建设新型农村住宅小区，总建筑面积3.68万平方米。2014年，兴建总建筑面积2万平方米的水墨华庭商品住宅小区。2015年，建设总面积7.5万平方米的溪岭佳苑安置小区。至2017年底，建成安置房971套，安置入住700多户近2000人。2018—2021年，对两处23户三峡移民住房进行改造翻新，新建道路及健身广场200平方米。

关镇老街面积不大，人口也不多，旧时老街上的商家住宅大多是青砖小瓦木梁结构，均为前店后坊。居民住房部分为土墙草房。1992年后，关镇新街沿古塔路两边建房，至1996年，兴建门面房65间，总建筑面积4000多平方米。1998—2004年，沿街新建两层结构门面房73间，大多为一层店铺，二层居住，总建筑面积9000多平方米。2005—2010年，关镇新街建两层结构门面房66间，总建筑面积8000多平方米。2010年以后只有零星建房。

（二）农 村

中华人民共和国成立前，全镇农村绝大多数是草房。丘陵地区土墙荒草顶，圩区土墙稻草顶，外加稻草网罩防风。房屋结构一般五架桁、七架桁，一进，人畜同居。经济条件较好的农户有的盖两进，两边为厢房，中间留有天井院，称圆合八间。20世纪50年代至60年代，建房很少；70年代后期，一些经济条件较好的村庄开始建简易砖瓦平房；80年代初农村实行家庭联产承包责任制后，农民收入增加，农村普遍出现“建房热”。到1988年，全镇226个自然村8953户，自建楼房的有1790户，占总户数20%，人均住房面积16平方米。农村房屋建筑结构也发生很大变化，由过去土草结构，变为砖瓦结构、砖混结构，由平房变为楼房。2000年以后，随着大批劳力进城务工带来丰厚的收入，全镇农村

卜李村大卜自然村20世纪六七十年代农民住宅

卜李村大卜自然村20世纪80年代农民住宅

卜李村大卜自然村20世纪90年代农民住宅

卜李村大卜自然村2020年农民新建的别墅

司徒村王庄自然村农民新居

又掀起新一轮“建房热”，由砖混结构的普通水泥楼房改变为别墅式楼房，出现许多造型新颖的楼房。2001年，开展新农村建设，农村的住房条件进一步改善，至2005年，全镇农村有二层以上楼房2575栋，占总户数26%，人均住房面积33平方米。与1988年相比楼房户增长43.85倍，人均住房面积增长1.06倍。至2021年，全镇农村有楼房3656栋，占总户数33.2%，人均住房面积40平方米。农民人均住房面积比2005年增加2倍多。尤其是陶厂镇在新农村建设中，新建楼房1356栋，农村住房条件大为改善。

二、服　饰

清末民初，陶厂、关镇集镇上乡绅富商普遍穿丝绸质地的长袍、罩团花马褂，多以长衫和套裤为主，男人戴礼帽，穿大圆口黑布鞋、缎子鞋。少数乡绅富豪冬着羊皮或狐皮皮袄，穿贡呢质牛皮底鞋。富家女子着丝绸质地短褂裤，罩以高领旗袍，也有着长裙的。普通家庭男人多穿布扣对襟褂，大脚裤束布腰带，脚穿大圆口黑布鞋；冬天上穿棉袄加背心，下穿棉套裤。妇女着黑色或蓝色大襟褂、裤，冬天加穿花色的棉袄、棉裤，年龄大的妇女脚穿小圆口黑布鞋，年轻女性脚穿带有襻带的小圆口布鞋，少数年龄大的小脚妇女穿尖头布鞋。农村男人夏天着裤头，肩披一条长粗布巾或夏布巾；冬季上穿夹袄或棉衣，男为对襟，女为大掩襟，年龄大的男女用两厘米左右宽的布带缠绕扎紧裤脚；小孩衣服往往是兄弟姐妹相传，俗话说“新老大，旧老二，补补纳纳是老三”。男人穿的衣裤基本上就是蓝、黑两种颜色，年轻妇女多用蓝花布做衣料。平常人家不分男女老幼都以家纺土织布做衣服，只在婚嫁时，购买一点洋布，最好的为织贡缎、织贡呢做两件外套。新中国成立初期，一度还是沿袭旧习，布料主要有海昌蓝或黑洋布、花布和哔叽等。1954年，实行棉花统购统销，农民凭布票购买棉布。20世纪60年代，市场销售棉纺衫裤、卫生裤、毛线、卡叽布。改革开放后，化纤布开始代替棉布，毛料也为多数人家所拥有，除体力劳动时穿带补丁的衣服，平时已基本无人穿补丁衣服。20世纪80年代中后期，布票停用，牛仔服、西服、羊毛衫等在农村开始流行。

清末，男子蓄发梳辫，富裕人家男人流行戴黑绸缝制、顶端缀以小红球的瓜皮帽。民国时，大多剃光头不留长发。青少年喜留二八分、三七分或四六分的短发或剃平顶发，极少数留有长辫。农民男性戴黑色马虎帽，风雪天可放下遮挡面部和双耳；官场人员戴共和帽（礼帽）。女性蓄长发，梳粑粑头发型，青少年女性蓄长辫，梳小辫或留短发。妇女多扎头巾，中老年喜用青布或黑丝巾扎头，青年常用花毛巾扎头。新中国成立后，50年代流行鸭舌帽，20世纪六七十年代流行黄军帽。农村年轻女性扎花毛巾，中老年女性喜用方巾对折成三角形包头。旧时农村男孩有留小辫子，戴银手镯、银锁、银项圈的传统习俗。改革开放后，女性开始讲究发型，很多女性一改独辫、双辫为披肩长发或电烫卷发。乡村仍有梳短辫或留耳朵毛（齐耳短发），中老年人梳粑粑头已少见。首饰流行黄金、铂金的戒指、手镯、项链及玉镯。

民国时期，镇村百姓多穿自制布鞋，冬季穿四片瓦棉鞋，劳动时多赤脚或穿草鞋，富裕人家冬雪天穿钉鞋（鞋底布密铁泡钉，鞋帮密密绗以棉线，鞋底鞋帮用桐油涂抹浸透，防水防滑），雨天穿浅口胶鞋。新中国成立后，自制布鞋及草鞋仍流行一时。随着人民生活的改善，鞋子一改自制的千层底布鞋为成品力士鞋、解放鞋、球鞋。20世纪80年代中后期，市场流行旅游鞋、皮鞋、皮靴、高跟鞋和雨天穿的胶靴，品种多样，满足不同人群审美和穿着需求。

三、家　具

（一）集 镇

清末至民国期间，陶厂和关镇街上有二三十家富商大户，他们住的是二层楼房四五进深的砖瓦结构平房，室内使用的家具基本为堂屋正后方墙壁前摆放一个长条香案，香案上摆放有自鸣钟、帽筒等，香案正前方摆放一张大方桌（俗称八仙桌），两边各放一张靠背椅，为主人和重要客人所坐；大方桌左右两边各放一对靠背椅和一只茶几，一般为客商随从座位。卧室内摆有带踏板的雕花架子床，两头各放一只杌凳，床边有梳妆台、大立柜、箱子等，家具上刻有精美的图案，多为红木材质。中等收入家庭，靠堂屋后墙处也有一个香案，有四方桌（也有上代传下来的八仙桌），四条长板凳，或一人坐二尺高的板凳四条。卧室内，新婚家庭有四挂床、踏板，踏板两头各放一个与床面齐高的小方凳，有两层叠放在一起的衣橱，也有直立对开的衣橱，梳妆台为一般的条桌。普通百姓家庭使用的家具，根据经济和住房条件而定，主要有床、站柜、方桌、条桌、条凳、箱子等。木质一般为泡桐、杂树、松木、杉木等，直到新中国成立后基本没有大的变化。1958—1966年，受“共产风”、自然灾害和“文化大革命”“破四旧”影响，绝大多数家庭，特别是一些大户人家使用的高档家具被无偿没收、变卖，尤其“文化大革命”中很多雕花精美的高档家具被当作“四旧” 毁坏。20世纪70年代，随着社会经济的发展，很多家庭购置了缝纫机、自行车、手表、收音

旧时人家卧室

机。90年代后，彩电、冰箱、洗衣机进入百姓家庭,家具不再请木匠上门制作,而是从家具商场直接购买成品新款家具。2005年以后,基本家家有彩电、冰箱、洗衣机,许多家庭有两三台彩电;台式电脑也进入了百姓家庭,过上了网络时代的新生活。

陶厂吴大斌家保存至今的清代雕花床

(二)农 村

中华人民共和国成立前,农村砖瓦结构的房屋很少,大多数农民住的是草屋平房。使用的家具比较简单,一般人家房间仅有床、站柜、箱子,堂屋只有一张柴木大方桌、几条长板凳和小板凳。有的困难家庭睡的床为土坯上铺几块木板,冬天稻草当絮,夏天铺张竹席,条件十分简陋。从新中国成立到20世纪60年代中后期,随着农村土地改革和社会发展,大多数农户家庭使用的家具也发生了变化。家庭劳动力多、经济条件较好的逐渐添置了香案、架子床、衣柜、五抽橱、澡盆。有的农户娶媳妇,添置大衣柜、梳妆台、脚盆、洗脸盆、洗脸架等,家具全部为木匠上门制作。到了80年代,增加了缝纫机、自行车、手表、收音机,“俗称三转一响”。90年代后,随着社会经济的快速发展,农村与城市的差别大为缩小,农村家庭也开始拥有彩电、冰箱、洗衣机、成套音响等。农户家具式样有镜框式、凹凸式、组合式,靠背椅、折叠椅、沙发也成了常见家具。家具由实用型向多功能、装饰型转化。制作家具的材料由松木板转为水曲柳、人造板、装饰板,轻巧美观。厨房用具由过去单一的陶器、铁器向铝制、不锈钢制品转化,电饭煲、高压锅也进入寻常家庭。燃料也从以前的烧稻草、荒草、秸秆发展到烧蜂窝煤至液化气。

四、交通工具

清民时期,陶厂有鲁桥一处水码头,位于陶厂南1.5千米、关镇北3千米处。陶厂河上常年有私人经营的短途客运木船五六条,每天开通陶厂至铜城闸数班次。开船没有固定时间,只要能上十来个人,马上启航,沿途停靠大毛村、小毛村、祁首岗、姑庙桥等地,中途遇到要乘船的人,也可随喊随停。同时,还有不定期的装米大船停靠在鲁桥码头。1936年淮南铁路开通后,外出进货的、走亲访友的逐渐增多,船老板的生意也越来越好。20世纪70年代后,由于公路的建成,汽车的开通,鲁桥河船运生意逐渐萎缩,直至停航。

新中国成立前,陶厂人出门除了前往铜闸方向的可从陶厂河乘坐木船外,其余都是步行。如去县城或去仙踪、福山、林头等方向,只有步行,富户人家可租用小毛驴代步。20世纪六七十年代,少数驻陶厂的单位出门办事骑自行车。90年代后,由于经济的发展,交通条件得到极大改善,农村也普及了三轮车、摩托车、电瓶车,有些多年在外务工经商的人购买了面包车、小货车、小轿车。

旧时，陶厂镇通往周边地区有9条通道，民间称“九龙盘珠”。分别为经北关口、石门山、巴巴店通往县城；经关镇、铜庙通往塔岗、东关；经北份街、唐庄村、松陶村、二郎口通往张公；经云塘村通往徐关村、黄庄至和县南义；经洪份街、大葛村通往和县功桥、姥桥；经道士观村、岗沈村通往和县功桥、新塘；经南关口、祁首岗通往铜闸；经街东北石头塘、西塔山口通往福山、清溪；经大戚村、大卜村、司徒村通往林头。但这些道路都是狭窄的乡间土路，雨雪天无法通行。1963年，县交通局开始修筑含（城）塔（岗）路，砂石路面，全长28.5千米。由含城经东山乡、陶厂镇、关镇乡至塔岗，与合芜路衔接，当时称为“合裕路”。最初含城至陶厂、关镇、铜闸开通用解放牌卡车改装的客运大篷车，每天两班。1968年含塔路全线贯通后，陶厂设汽车代办站，改解放牌大篷车为40座的客车，年客流量约2000人次。改革开放后，公路交通迅速发展。1986—2003年，陶厂镇修建了陶（厂）新（桥）路，沥青油路面，由陶厂至和县新桥（功桥）；关（镇）林（头）路，砂石路面，由陶厂关镇经规山、司徒至林头镇杨山；陶（厂）南（和县功桥镇南义社区）路，沥青油路面。1991年后，县政府加大投入，将原等外级含塔路、含古路连接加宽，沥青路面增厚，1998年被更名为省级226古塔路。县政府从发展区域经济出发，再次将古塔路路面加宽培厚成二级混凝土路，2000年2月开工兴建，2001年12月底建成通车。2012年，含城至塔岗段改建成双向四车道，原省道226线路改名213线，2017年工程竣工。上述公路的建成通车，极大地方便了陶厂镇百姓的出行，更利于镇村产业的发展。

1981年，出现个体小机动车载客运输，同年下半年起，个体、联户购买的10至20座小客车开始从事客运。至2003年，镇内兴建正三轮停车场3处，占地总面积1500平方米。2004年改建、兴建客货停车场6处，占地总面积1600平方米。设省内外运输线8条、镇内客运线4条。镇内有出租车26辆、面包车5辆、各种货车57辆、私家车63辆，还有在外打工人员自备车44辆。2005年后，陶厂开通每天直达北京、上海、合肥、芜湖的长途班车，也有去无为、和县新桥的短途班车，日客流量1500人左右。到2021年末，全镇从事客运的小客车（含中巴）增至16辆，出租小轿车29辆，各种货车73辆，私家小轿车3398辆，摩托车、电动车2187辆。

五、农民收入

中华人民共和国成立前，镇境90%以上的人口属于以耕种土地为生的农民。正常年份，生活尚能维持，若遇灾荒年份，则以粗糠野菜度日。农民除需承担沉重的地租剥削外，还要交“公粮”，交田亩捐、壮丁捐、门头捐、人头捐、枪支捐和保甲经费等。田亩捐需按月缴纳，是农民负担最重的一种捐；壮丁捐捐额最大，每丁需交大米20石，乡、保丁坐地催收。由于战乱，百业萧条，民不聊生，境内农民生活尤为困苦，基本没有购买力。中华人民共和国成立后，1952年，全镇农民人均收入39元，1957年为61元，从1959年开始，经历三年困难时期，农民生活极为困苦不堪。之后十几年，农民生活逐步得到一定程度改善。中共十一届三中全会后，农村实行联产承包责任制，农民收入逐步提高。1978年全镇农民人均收入97元，到1988年增至448元，10年间增长3.62倍。1995年后农民人均收入开始大幅增长，至2005年为3141.4元，比1978年、1988年分别增长31.38倍和6.01倍。2011年增至8000元，2015年为14438元，到2020年猛增到22894元。2021年农民人均收入25069元，比上年增长9.5%。

六、职工收入

中华人民共和国成立初期，陶厂镇非农业户口的居民、职工，按国家计划按月供给粮油。20世纪六七十年代，在计划经济高度集中，物资匮乏年代，各种生活日用品如食糖、肉、蛋、豆制品、香烟、肥皂、手表、自行车、收音机、棉布、棉絮、煤油、煤球等全部要凭票供应。80年代中期开始，随着商品逐步丰富，市场开放，凭票计划供应的物品种类逐步减少。至80年代末，市场全部开放，物资充足，居民生活水平明显提高，生活质量明显改善。

中华人民共和国成立初期，职工实行供给制，1950年职工年平均工资72元。1952年改为包干制，国家干部及企事业单位职工拿工资分，月最高145个工资分，30元左右；月最低90个工资分，18元左右。全镇全民所有制单位职工年工资收入246元。1956年实行工资改革，职工年平均工资收入336元左右。1963年工资调整后，职工年平均工资收入390元。至1978年，职工年平均工资收入增至450元。到1988年职工年平均工资收入1315元。到1995年，全镇职工年平均工资收入增至4165元，比1990年的1462元，增长1.85倍。2000年全镇职工年平均工资收入5636元，比1995年增加1471元，增长35.32%。“十五”期间，全镇在岗职工收入持续快速增长，2005年全镇职工年平均工资12220元，比2000年增加6584元，增长116.8%。2015年，全镇职工年平均工资收入增至15610元，比2005年增加3390元，增长27.74%。到2020年，全镇在岗职工年平均工资收入20871元，比2015年增加5261元，增长33.70%。2021年全镇在岗职工年平均工资收入22174元，比上年增长6.2%。

七、居民消费

20世纪50年代，农村居民购买商品主要有棉布、毛巾、肥皂、胶鞋、酱油、盐、糖、火柴、煤油、热水瓶等。60年代有棉毛衫裤、卫生裤、毛线、卡叽布等。当时百姓贫穷，购买力很低，70年代手表、缝纫机、化纤布、毛料等成为农村婚嫁首选的商品。80年代初，自行车、收音机、电风扇等成为百姓选择的高档生活用品。80年代中期，黑白电视机、洗衣机、电饭锅开始进入百姓家庭。1990—1995年，全镇消费层次和结构有了明显变化和提高。空调、冰箱、彩色电视机等高档消费品在集镇趋于普及，乡村拥有量也大幅增加。农村抽样调查结果：陶厂镇农村生活消费支出中，食品支出的比重由1990年的57.94%下降到1995年的55.42%，而衣着、住房、文化生活等支出的比重由1990年的42.5%上升到1995年的46.5%。90年代中期以后，随着生活水平的提高，城乡居民，特别是中青年在衣着上讲究质量、款式，追求时尚；住房讲究宽敞、舒适，楼房逐步取代了平房，农村楼房、别墅占有率73%；空调、冰箱、彩色电视机、电瓶车、摩托车等高档消费品也大幅普及，部分家庭还购买了小轿车。

1993年，陶厂镇自建可接收有线电视12套节目电视网络；2000年，有线电视并入县有线网络。至2021年，全镇有线电视用户2760户。实现村村通程控电话，最高峰的2005年全镇安装固定电话8600多部。2021年，农村家庭手机用户12634部，移动电话拥有率97%，宽带入网电脑2865户。

八、居民储蓄

新中国成立前，陶厂镇无金融机构，有的商人持币前往外地存款。1950年，中国人民银行兴办保本保值定期储蓄——折实存款。1951年起，市场物价较平稳，折实存款停办，办理农村有奖储蓄、定期储蓄和活期储蓄。当年陶厂区（辖12乡镇）城乡居民年末储蓄存款0.4万多元，1952年存款为0.8万元。到1957年底，铜闸区（辖9个乡镇）城乡居民储蓄存款余额增至10.38万元，人均储蓄存款余额3.5元。1958年后多次调低利率，储蓄余额连续下降，1962年底陶厂、关镇两公社储蓄余额3.8万元。1963年后国民经济开始复苏，1965年储蓄存款开始回升至8.7万元，比1962年增长1.29倍。

中共十一届三中全会后，国民经济开始进入高速发展阶段，储蓄存款逐年上升。1978年末，陶厂、关镇两公社储蓄余额39.38万元，人均储蓄存款余额12元。1990年，陶厂、关镇两乡（镇）居民储蓄存款余额920万元，人均储蓄存款余额377元。1992年陶厂镇、关镇乡合并为陶厂镇。至1995年，陶厂镇居民储蓄存款余额6601.5万元，比1990年增长6.18倍。2000年，全镇居民储蓄存款余额1.71亿元，增长159.37%；人均储蓄存款余额5198元，增长98.6%。2005年，全镇居民储蓄存款余额3.51亿元，比2000年增长105%；人均储蓄存款余额1.08万元，增长107.78%。2010年，全镇居民储蓄存款余额增长到5.25亿元，比2005年增长49.6%；人均储蓄存款1.62万元，比2005年增长50%。2010—2019年的10年间，全镇居民储蓄存款余额增长到20.15亿元，比2010年增长283%；人均储蓄存款4.93万元，增长204.1%。2021年全镇居民储蓄存款余额13.6亿元。

第七节　辖村述略

南峰社区

南峰社区前身称陶厂街道，是陶厂政治、经济、文化中心所在地。辖区面积5.75平方千米，有61个企事业单位，各类服务网点140多家。南峰社区连续多年被县委授予“五个好”社区党支部，被原巢湖市委授于“社会治安综合治理先进社区”“优秀基层党校”，获得巢湖市首届、第二届“文明单位”，2019年获国家减灾委等四部门颁发的“全国综合减灾示范社区”称号。

南峰社区是2006年10月由九联村委会和街道居委会合并而成，是陶厂镇唯一一个街道社区，下辖范基村、坊塘村、高庄村、关口村、洪份村、井二村、井三村、井一村、李庄村、鲁桥村、马嘴村、南份村、桃园村、王夏村、夏村、小杜村、谢村、张村18个自然村庄，另下辖6个居民组。常住人口4860人，其中非农业人口2650人，暂住人口1593人。

南峰社区

南峰社区历史悠久。据陶氏家谱记载，明万历年间，陶姓先祖陶福二带领全家老小从江西浔阳（九江）逃难至此地。旧时，陶厂集镇总面积不到1平方千米，总人口只有两三千人，一条月牙形老街和鸭蛋巷、散子巷等7条大小巷道，分上街、中街、下街及洪份、刘份、北份和南份。清末民初，陶厂集市繁荣兴旺。其间，苏北、江南及定远、肥东等地人纷纷来陶厂经商定居，其中以肥东人最多。他们来到陶厂后以摆摊、开饭店、机匠店和染坊、糖坊等业维持生计，使得陶厂集镇规模得到了扩大，人口增多。陶厂乡脚甚广，每旬农历二、七逢集时，街上车水马龙，熙熙攘攘，从上午到中午，下街洪份路口、上街南关口，鸭蛋巷和狭窄街道到处是人挤人。

2019年，南峰社区获得“全国综合减灾示范社区”奖牌

南峰社区内有安徽省恒泰新材料有限公司、佳美家私、绿野合作社、陶阳太阳能发电、前三农业等多家企业。集镇建有3家综合超市和4家家电销售点、3家银行、3家移动和固定电话网点，有陶厂初中、陶厂中心小学、中心幼儿园和陶厂卫生院、陶厂医院。

南峰社区电商产业园

南峰社区农业以水稻、小麦和油菜种植为主，经济作物主要有生姜。土特产品有豆制品、计家牛肉和蒋家猪蹄，闻名全县。

西山村

西山村位于陶厂镇的北端，北与环峰镇交界，东与和县毗邻，西与苍山林场相连，南与云塘村接壤。省道441线陶厂至和县南义与连接环峰镇的县道穿村而过，交通十分便利。

西山村村部

革命战争年代，西山村由于山高林密，地势险要，是新四军含和游击队活动根据地。这里先后成立过阚村游击队、大李游击队(后并入含和游击队)。新中国成立后，陶运区委设立在闸口自然村。20世纪50年代曾设立西山乡，后改为西山大队和汤徐大队。

西山村三面环山，是典型的半山半圩村，南边的新胜圩，是由原西山、汤徐、云塘3个村的5个小圩联圩而成。全村总面积约10平方千米，有山林面积417公顷，农田耕地面积约507公顷，境内向阳水库属小二型水库，库容量102万立方米。

2006年，原西山村和汤徐村合并，取名西山村，下辖竹园李、小葛、东庄、尹庄、小杜、西张、刘庄、王庄、吴庄、郑庄、西李、大杜、大李、岳庄、严庄、李庄、闸口、阚村、徐关、朱庄、朱大、汤村、黄庄、腰石、裴刘、向阳、油坊共27个自然村。有1084户4012人。常年外出务工经商人员1420人，占劳动力总人口的63.8%。村部设在刘庄村边。

全村以农业种植和劳务输出为主导产业。农作物以水稻为主。西山村建有农林产业基地茶果园，一期种植青梅、茶叶14公顷，二期种植油茶4.7公顷。

西山村自来水普及率达99%，由镇利民第二自来水厂集中供水。村村通道路硬化率100%，村内主干道和公共场所全部实现亮化。实施高标准农田改造工程。农村电网改造全部完成，基本实现乡村电气化。物流快递覆盖全村，在阚村设有快递代理点。网络光纤覆盖率100%，4G信号全覆盖。

徐关中心村为省级美好乡村建设示范村。创建过程中，以“五清一改”和“三大革命”为抓手，全力提升村容村貌。2020年西山村无害化卫生厕所普及率91%；清理沟塘7口，沟渠1200米，村域范围内无明显黑臭水体；徐关村建有污水处理设施，管网接户率达95%，其余自然村采取三格式化粪池模式，农村人居环境有了极大改善。

云塘村

云塘村地处陶厂镇东，北连西山村，东与和县功桥镇隔河相望，南与南峰社区相邻，西与西塔村接壤。云塘村以云塘庙而取名。省道441主干道经过唐庄、张李、林村、小庄、

云塘村村部

云塘村大力发展稻虾共养

金村等自然村。全村面积8.2平方千米，耕地面积419公顷，人口3886人。

新中国成立初期成立高级社后，云塘乡所辖的云塘大队规模较小，原属唐庄大队（今西塔村）的唐庄自然村划入云塘大队（今云塘村），原金易大队（今云塘村）的金易、小庄两个自然村划入云塘大队（今云塘村），从而形成后来唐庄大队无唐庄村、金易大队无金易村的现象。

2004年小村并大村，原金易村和云塘村合并取名云塘村，村部驻地在张李自然村和林村自然村之间，由原云塘小学改建而成。下辖张李、孙庄、湾塘、唐庄、松陶、大葛、尹毛、翁庄、杨庄、小庄、林村、范庄、南二过、刘庄、大易、小陈、金易共17个自然村。

全村以水稻、油菜和小麦为主要种植物。2013年开始，村委会经过与村民协商，将全村土地分别流转给付正前、葛世清、过申元、毛华、蔡昌喜等7位种田大户。村民收入主要以外出务工经商为主。

云塘村张李自然村是第一批安徽省新农村建设示范村，2002年建成，村内户户通水泥路，村庄实现绿化、美化，有小公园、小球场、健身器材，旱厕全部改为水冲厕所，生活污水集中生态净化排放，当家塘全部清淤水清见底。松陶自然村2003年建成市级首批新农村建设示范村，村内户户通水泥路，户户改建成三格式卫生厕所，乱搭乱建得到有效整治，“三废”得到彻底清理，人居环境有了极大改善。

西塔村

西塔村位于陶厂镇中北部偏西，东南部与镇区相临。全村地势西高东低，S213古塔路穿境而过。全村人口5200余人，有劳动力2648人，常年外出务工人数1411人，占劳动力总数53.3%，全村面积16.4平方千米，山林面积440公顷，水域39公顷，建有两座抗旱站。农业以水稻、小麦和油菜种植为主。

新中国成立初期，原西塔村部分村庄属司徒乡所辖，唐庄村的部分村庄划归和县管辖，后又划回陶厂公社管辖。

西塔村是由大戚村后的西塔山得名，1988年划分为西塔村和陶西村，2001年又合并为西塔村。现西塔村是2006年机构改革时，小村并大村与唐庄村合并而成，下辖伏陶、白庙、上胡、下胡、小庄、小周、山头、山口、坝里、邱村、蒋村、上陶、小陶、刘庄、新房、大戚、赵庄、马庄、西荣张、高庄、石庄、徐村、冯三、林场、前庄、付庄、官一、官二、冯一、冯二、碾王、邵塘、黄庄、陈桥、菜园、易庄共36个自然村。邱蒋陶中心村为省级美好乡村建设示范村。

西塔村村部

由于县殡仪馆搬迁至西塔村山口西侧，2016年将白庙、上胡、下胡、山头、坝里、山口、小庄、小周、徐村共9个自然村整村搬迁至镇北，新建溪岭佳苑和龙亢小区集中安置。

西塔村的旱洞山位于徐庄、前庄自然村后。山腰有一洞口，高约8米，宽约7米，洞内有约500平方米的空间。上方有很多小洞穴，有几道狭缝通往山顶，因很少滴水，四季凉爽，故称旱洞山。唐朝著名诗人王昌龄在陶厂隐居的石门山就在西塔村境内。

祁首村

祁首村距陶厂镇2.4千米，与和县功桥镇接壤，陶新路穿村而过。新中国成立前为祁鲁乡，辖和县功桥镇的叶胡、新塘、南城等数个村庄，后3村划回和县，和县的岗沈、小贾、大过、小过、彭墩划归陶厂管辖。全村面积约8.6平方千米，现有耕地414公顷。

2004年，祁首村与原三庄村合并，村名为祁首村，下辖大毛村、小毛村、耿谢村、上庄村、后庄村、祁首岗村、大过村、小过村、彭墩村、宋村、贾庄、三庄村、岗沈村、李庄村、道士观村、尹庄村、许李村共17个自然村。有933户3820人。村部设在道士观自然村之南，由原三庄小学改建而成。

祁首村村部

2010年，岗沈自然村建成市级新农村建设示范村，村庄实现硬化、美化、亮化，拆除村庄废茅厕、废牛猪圈、废弃杂屋等，家家改建成三格式厕所。2013年，大毛、小毛两村群众自发筹资修建村道，基本实现户户通水泥路。祁首村内各自然村之间全部实现水泥路相通，总长12千米，极大方便了群众出行。

祁首村以种植水稻、油菜为主，经济作物生姜，为陶厂主产地。特色水产养殖业面积124公顷，主要养殖品种有鲫鱼、鳜鱼、鳙鱼、青鱼、草鱼、鳊鱼等。全村外出务工2200人，占全村人口近2/3，主要在北京、上海、杭州、青岛等地从事餐饮业和建筑业。

祁首村生姜生产基地

卜李村

卜李村位于陶厂镇西，大李、小李两村都姓李，因而取名卜李村。2004年，原卜李村和原马山村两村合并成卜李村，村部位于南周村，下辖东王、旱地、南周、兴庄、岳庄、张巷、马山朱、小李、大李、孙窑、栗树、张庄、大卜、水洞、河南、河北、小沈、小童、左庄共19个自然村。全村总面积10.3平方千米，耕地面积287公顷，山林面积146公顷，人口3280人，常年外出务工1085人。

卜李村先后获得全国文明村镇、安徽省卫生村、安徽省党风廉政建设示范村、马鞍山市先进基层党支部、含山县先进村、全县先进基层党组织等称号。

卜李村村部

卜李村蓝莓园

卜李村通过美好乡村建设面貌焕然一新，南周村为省美好乡村建设示范村。先后对小童和张巷两个自然村进行高标准改造提升建设；大李村主路进行拓宽硬化，疏通整修下水道，实现了雨污分流。各村庄都设置标准垃圾箱，19个自然村垃圾集中堆放，由专职保洁员进行及时清理。全村自然村家家安装自来水，80%的自然村安装太阳能路灯。新建标准化村级卫生室，获得“马鞍山市卫生村”称号。

卜李村为省级农民文化乐园，建有文体活动广场、500平方米文化墙。张巷自然村建有670平方米的体育活动场所，安装有健身器材、篮球场、乒乓球台等活动设施。全村每年开展文化活动20余场次，丰富广大群众的业余生活。卜李村十分注重精神文明建设，围绕“创建文明乡村”目标，在全村开展争做“文明户”和“好媳妇、好婆婆、好丈夫”竞赛活动。为改善村容村貌，开展以“比谁家室内整洁明亮，比谁家门前巷道、水渠干净卫生，比谁家人衣着整洁”为主要内容的“三看三比”活动，每年定期召开“评差奖优会”，对评选出的卫生户挂牌表彰。

近年来卜李村集体经济实力不断增强。引进华侨鲁晨光承包村办林场，种植蓝莓42公顷，为当地农民年增收200多万元；引进种植大户李永龙承包小李、旱地庄农田67公顷，进行稻田养虾。组织村民清除20公顷山地杂树，引进资金全部种植白茶。外出打工致富的周忠华，回乡投资设立奥发建材有限公司，吸收村里富余劳力进厂务工。

关镇村

关镇村位于陶厂镇南部，213省道穿境而过。全村总面积18平方千米，耕地面积325公顷，山林面积68公顷，下辖大张、高程、散水滩、宋村、顾庄、渔滩高庄、陆村、张蔡、前杜、苏滩、朱墩、上左、下左、潘村、潘周、关镇街道、黄庄、唐庄、谢村、杨府城、孙庄、王庄、张庄、季村、王村、朱村共26个自然村。有1386户5488人。关镇村环境优美，有山、有水、有林，有著名的AAA级旅游景区省级大渔滩湿地公园。

关镇村村部

关镇村古代称关门镇，离陶厂4千米。清末民初时，关门镇面积和人口只是陶厂的一半，一条东西走向不长的老街，分为上街和下街，每天太阳未落山，家家户户都关闭大门，以防土匪盗贼袭击。久而久之，人们便称为“关门镇”。1992年撤区并乡时与陶厂镇合并，撤去关镇乡，保留关镇村。2004年与原张宋村、苏滩村合并，取名关镇村。

关镇村实现自来水进村入户全覆盖，由陶厂利民供水公司集中供水。通村道路全部达到硬化标准，88%的农户实现了户户通。村内主干道和公共场所全部安装了路灯。农村电网改造基本完成，村民生产生活用电有保障。街道设立有快递服务点，提供物流配送和农村快递服务，通信光纤宽带和网络全覆盖。2004年古塔路改建，将原来的过街公路改迁到集镇外围，为关镇街道发展创造了空间。

潘村民宿

2018年，潘村中心村建成省级美丽乡村示范村，创建成功AAA级旅游示范村。大渔滩湿地公园和潘村民宿已初步建成，开始接待旅客。

关镇村因地制宜发展稻虾共养，大力发展农产品加工、电子商务等乡村产业，一村一品、产业发展格局基本形成。农民人均年可支配收入1.9万元。

2006年，陶厂镇政府利用高速公路道口有利位置，建设关镇道口工业集中区，现已落户企业6家，实现年产值6000万元，就近吸收300多人就业。

司徒村

司徒村村部

司徒油茶园

司徒村位于陶厂西南，四面环山，属山区村。2006年，原司徒村和规山村合并，取名司徒村，下辖蒋庄、规山口、花山张、彭村、串村、林庄、三卜、小卜、小李、太平庄、左冲、小贾、付村、大黄、司徒庙、大杨、小张、龙刘、庙刘、小王、曹堡、冯村、项村、江老、鲁庄共25个自然村。全村总面积11.7平方千米，山场面积734公顷。有789户3072人。2016年，被列为全国乡村旅游扶贫重点村，含山县“绿游游”乡村旅游扶贫示范村。

司徒村最早是由村中司徒庙而得名。司徒庙始建于明洪武年间，于清同治三年（1864年）重修扩建。革命战争年代，司徒村是含山县红色根据地之一，含和游击队经常驻扎在这里开展活动，原司徒小学成为中共地下交通站。安徽省冶金厅原副厅长周屏、含山县委原书记项朝亮等老革命都是从司徒走出来的。

司徒村农业以种植水稻、油菜、小麦、山芋为主。每年收获山芋约1000吨，加工制成粉丝约500吨。司徒粉丝由于采用纯山芋原粉，传统手工制作，不加任何添加剂，做出的粉丝口感好，为远近闻名的地方特产。

司徒村四面环山，山场面积大，植被覆盖率高。近几年来大力引进外来人员投资荒山开发，发展特色产业，先后引进巢湖恒艺牡丹、松葳苗圃、锦绣黄桃基地、

司徒村瓜蒌籽种植园

天缘绿都苗木、五星蓝莓5家公司，已开发山场300公顷。

铜庙村

铜庙村位于陶厂镇南部，历史悠久，文化底蕴深厚。据传古代有个和尚云游至此，见环境优美，物产丰富，地形似莲花，适宜建造庙宇，故在此地修建一座寺庙，取名莲花寺。因从远处看整座庙似金黄色的黄铜一般，故名铜城庙，后简称铜庙。

铜庙村交通便利，比邻合巢芜高速，省道213线贯穿南北。新中国成立初期，铜庙乡管辖铜闸镇姜王、西河等部分村，和县功桥镇的小贾村和现在的关镇、铜庙、官塘、司徒等村。1958年11月成立人民公社时统一划入陶厂乡。1961年9月，陶厂人民公社划分为陶厂和关镇两个社，铜庙为关镇公社的一个大队。2006年，原铜庙村和垱圩村合并，取名铜庙村。2010年，将原圣河村部分自然村划入铜庙村管理。

铜庙村村部

铜庙村下辖铜庙、黄咀、排楼、东堡、垱圩、卫鲁、圣村、宋村、张三、张四、黄东、小庄、童嘴共13个自然村，人口3856人。全村面积8.2平方千米，有水田425公顷，可养水域55公顷。村内大部分耕地流转给种田大户经营，中青年劳力以外出务工为主。在外劳务人员有2590人，占总人口的67.6%。

铜庙村是含山优质粮油生产基地，是地理标志“含山大米”重要种植地，有稻田养虾面积134公顷，优质水稻种植面积200公顷，莲藕种植面积34公顷和螃蟹养殖面积34公顷。铜庙村大力发展集体经济，村修建了标准化厂房1700平方米，以及配套设施，出租给企业经营。还有垱圩油茶果园种植项目，与祁首村合作生姜深加工项目，风力发电和劳务服务管理等项目，集体经济实力不断壮大。

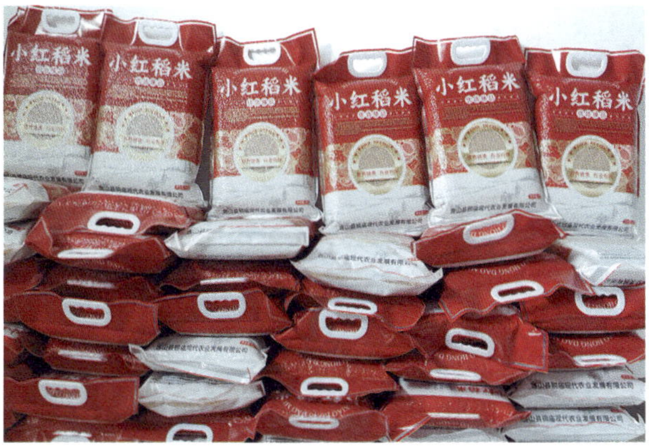

铜庙村开发出稻虾共养传统优质小红稻米

2019年建成铜庙、排楼两个省级美丽乡村示范村，建成童嘴、宋村两个市级美丽乡村示范村。铜庙、圣村都建有农民文化广场，配有室外舞台和体育健身器材。村里经常组织乡村晚会、广场舞比赛、小型运动会和培训等活动。

官塘村

官塘村村部

官塘村抖云山茶园

官塘村位于陶厂镇西南部，北接合芜高速关镇道口，省道213线穿村而过，交通便利，区位优越。官塘村名据传来源于三国时期，参加濡须之战的曹操大军在此屯养战马，所以有官塘院、马场、马口、黄泥岗等地名。

1984年，圣河村划分为圣河村和横山村，2004年圣河村与横山村合并，还原圣河村。2006年，原圣河村部分村庄划归官塘村管辖。官塘村下辖徐庄、孙庄、王庄、曹庄、陈庄、上苏、吴庄、官埂、官塘院、林洼、周卫、马口、黄泥塘、中庄、李庄、汪庄、马场、刘村、马塘、老庄共20个自然村，有881户3350人，外出务工1545人。全村面积8.5平方千米，耕地443公顷，山林面积427公顷。官塘村曾获得市、县计划生育先进村、综治先进村、民主法制示范村等称号。

官塘村大力发展村集体经济，2019年村集体收入14.6万元，2020年25.5万元，2021年突破50万元。集体经济收入主要来源于“四大板块”：村级资产租赁及承包收入、村级茶园收入、黄桃园收入、工程劳务收入。官塘村正在建设面积37公顷茶果种植园，其中6.7公顷茶场已开始收获，2021年茶叶销售收入15万元。上苏、陈庄村种植青梅15公顷，中庄村种植绿茶16公顷。村民贾启元回乡创业种植的优质葡萄受到市场欢迎，产品进入马鞍山、芜湖大型超市销售。

在美好乡村建设中，官塘村大力整治村容村貌，改善了村民的居住环境，修建了茶园路、官塘院路，方便村民出行。2011年，上苏自然村建成省级美好乡村示范村，村庄干净整洁，环境优美。

第二章　古镇风貌

陶厂山川秀美，有着灿烂丰富的人文遗迹、优越的地理位置和良好的人居环境。新石器时期这里就有人类繁衍生息，留有数处古文化遗址。东晋时陶厂杨府城是侨置龙亢县县治所在地，作为全县政治、经济、文化的中心存在260年。后龙亢县被废，唐武德六年(623年)置含山县，明初又被裁撤，至洪武十三年(1380年)复置，迁县治于故历阳县治所在地。自东晋至明初，陶厂杨府城作为县治所在地前后长达1017年之久。陶厂从清代晚期开始成为含南商贸重镇，民国中期达到全面鼎盛期。陶厂乡脚广远，十里八乡都来此赶集，进行商品交易。商贸的繁荣不仅带来人口快速增长，还有力促进了集镇建设，各种商号设铺建坊，上街、下街、北份街、西闸街、北关街、鸭蛋巷、散子巷、集场成了商贾云集、旗幡招展的商业街，陶厂也因此从一个小村庄一跃成为含山八大镇之一。当年古镇上还有东岳庙、准提庵、仙姑寺、陶氏宗祠、洪氏祠堂、吴氏老宅等众多古建筑，历史上虽经多次天灾人祸，至今依然留下许多历史遗迹。

第一节　镇名由来

元代之前，陶厂是一个仅有几户人家的小村庄。据陶厂有关家谱记载，最早的原土著居民应是陶氏家族。陶氏始迁祖元八公于元末，因兵燹由太平(今当涂)迁至含南石门山下卜筑而居，世代以农桑为业。清顺治七年(1650年)，陶氏族人已达千余人，成为当地人口最多的家族。陶厂之名也源自陶姓。

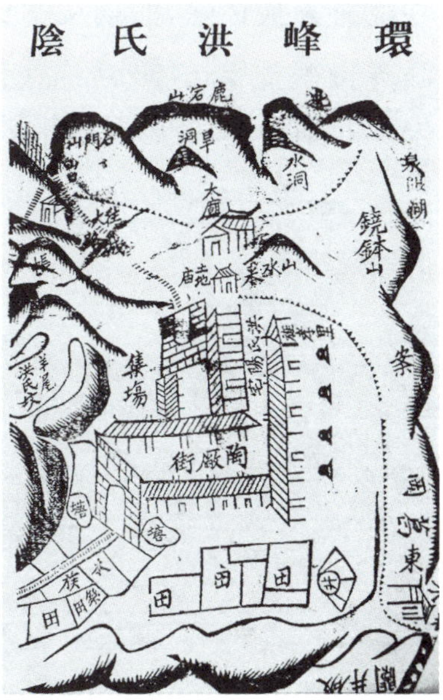

《洪氏家谱》中陶家场位置图

陶厂古镇从何时得名，没有明确文献记载。参考陶厂大姓之一的周氏家谱，清道光十四年(1834年)族人八世孙周有年等首次创修谱牒，记述：“族人周大峰于崇祯乙亥年(1635年)终，流贼攻城，始迁祖周大峰由和州西门外迁居环峰之陶村。”因此在明末至清道光十四年(1834年)，此地还叫陶村，并无陶厂之名。

陶厂洪氏于清初，由泾县迁至含山石门山外与陶氏等族人比邻而居。清代中后期，洪氏一族在陶厂为望族，据修于清嘉庆二十三年(1818年)的《洪氏家谱》中“旌孝里记”一文介绍:周陶刘洪并称当地四大姓。清嘉庆年间,本地老居民周陶二姓被称作南份(周)、北份(陶),北份陶(当时指陶村或北份村)。后刘姓、洪姓族人迁来,被称作刘份、洪份。说明此时,此地还无陶厂之名。

陶厂老街南关口

清光绪三十四年(1908年)重修的《洪氏家谱》,开始称此地为“陶家厂”。综合周、洪两家谱记载,陶家厂之名应在清道光十四年(1834年)之后,光绪三十四年之前形成。

关于陶厂镇名的由来有两种说法:其一,陶氏族人于元末迁来,先是定居在三板桥(位于老街鸭蛋巷口,旧时叫熏风闸。有一水沟,用3块青石板搭成的小桥,故名)。他们定居在三板桥后,主要靠种植粮食为生,为方便晒粮打谷,就在门口不远处开辟一块面积很大的场基。每到晚饭后,特别是夏天,几户村民都集中到陶家场基上闲聊纳凉。时间长了,“陶家场”(基)就成了此地代名词。到清顺治年间,陶厂集镇的雏形基本形成,清末到民国时期,集镇规模得到扩大,人口也逐渐增多。后来人们为书写方便慢慢地将“陶家场”写成“陶家厂”,直到新中国成立后的五六十年代,人们还习惯叫陶家厂,之后又简称为“陶厂”。

其二,明清两朝,马作为重要的战略资源和农耕资料,统治者对马的饲养非常重视,在全国各地广设马厂(场)专门养马。据明清两朝《含山县志》记载,全县有20多个固定马厂,分别以当地地名命名,如樊家厂、仙踪厂、黄墩厂、苍山厂、梅山厂等。陶厂可能在清中后期成为养马的厂地,所以叫陶厂或陶家厂,由此得名至今。

关门镇的来历。明朝建立后,朱元璋为了维护统治,罗织了“胡蓝之狱”,一大批开国功臣将领被铲除,而杨文幸免于难,并受到朱元璋提拔重用,成为洪武后期至建文时期的高级将领。朱元璋死后,燕王朱棣先发制人,在北平起兵“靖难”,虽然杨文一度成为燕王朱棣的副手,但他忠君思想浓厚,坚决拥护建文帝,屡次率军阻击燕军,无奈大势所去,兵败被俘。明成祖朱棣即位后,怜杨文是开国老将,其父和叔父又为国战死,网开一面,没有追究杨文的死罪。据民间传说,后有一名杨氏后人率子孙在杨府城操练兵马,重建城池,筑四门据守,关门镇为南门,城池刚动工兴建,被奸臣获悉,奏明皇上,朝廷命令追杀。杨家惧之被迫改姓埋名,逃往外地。从此城门长年关闭,每天太阳还未落山,家家户户就紧闭大门,以防土匪盗贼袭击,久而久之,人们便称之“关门镇”。

关门镇老街

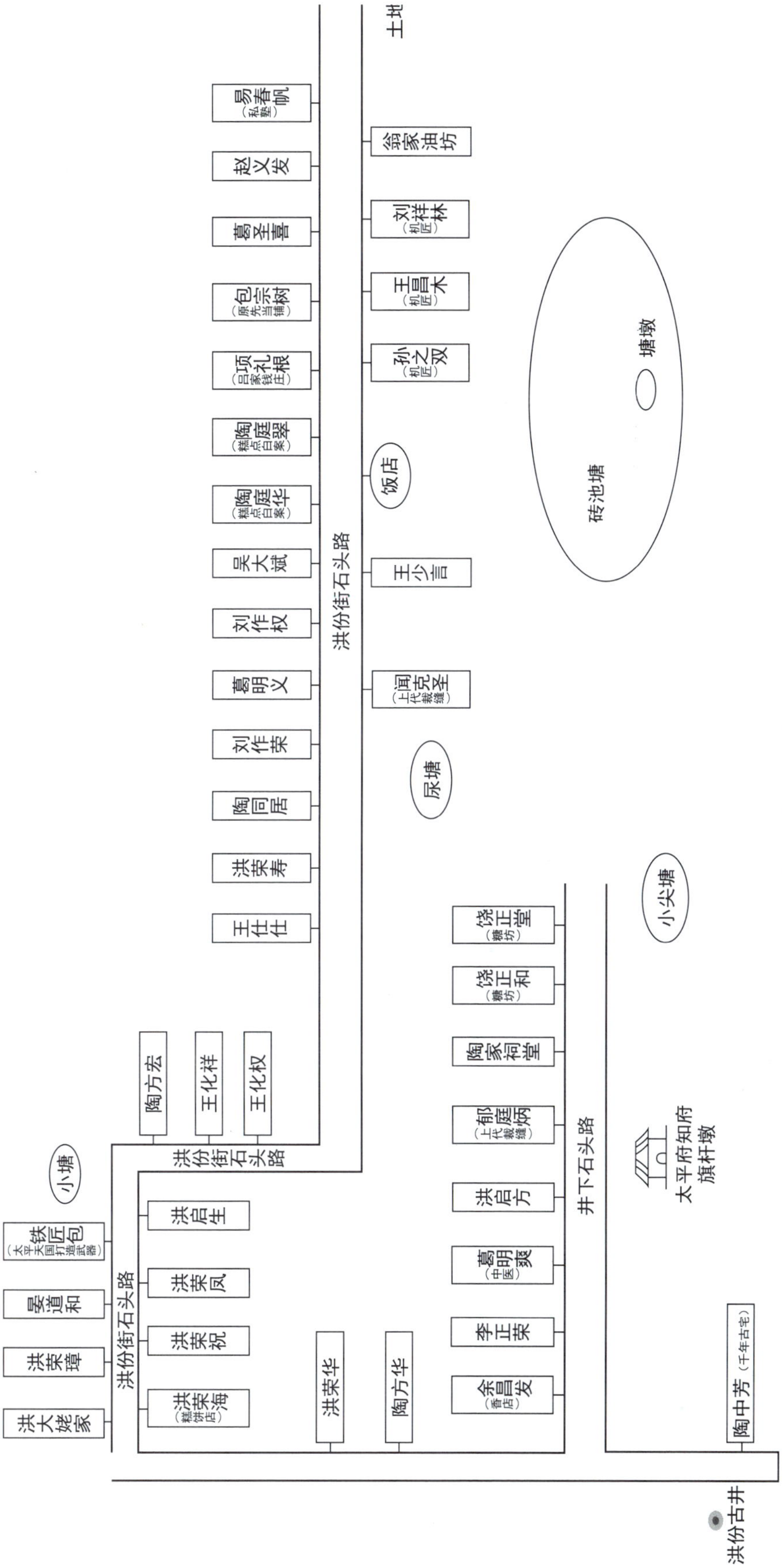
土地
易春帆（私塾）
赵义发
葛圣喜
包宗树（原先当铺）
项礼根（吕家钱庄）
陶庭翠（糕点白案）
陶庭华（糕点白案）
吴大斌
刘作权
葛明义
刘作荣
陶同居
洪荣寿
王仕仕
洪份街石头路
翁家油坊
刘祥林（机匠）
王昌木（机匠）
孙之双（机匠）
饭店
王少言
闻克圣（上代裁缝）
尿塘
砖池塘
塘墩
陶方宏
王化祥
王化权
洪份街石头路
小塘
铁匠包（太平天国打造武器）
晏道和
洪荣璋
洪大姥家
洪份街石头路
洪启生
洪荣凤
洪荣祝
洪荣海（糕饼店）
洪荣华
陶方华
饶正堂（糖坊）
饶正和（糖坊）
陶家祠堂
郁庭炳（上代裁缝）
洪启方
葛明爽（中医）
李正荣
余昌发（香店）
井下石头路
小尖塘
太平府知府旗杆墩
陶中芳（千年古宅）
洪份古井

陶厂镇洪份老街分布图

关镇附近的杨府城的来历有明确的记述：据清乾隆《含山县志》记载："东晋侨置龙亢，筑城在县南四十里石门山外，唐武德六年(623年)置含山，即因其城。明洪武元年(1368年)，裁革历阳、乌江、含山三县，至洪武十三年(1380年)，复置含山县，遂迁县治于故历阳县治。其后，以故龙亢城赐征南大将军杨文为宅，因相传为杨府城，今尚存土城形，城有四缺，土人犹称四门云。"由上所述，杨府城原来应是含山(龙亢)县的县治所在地，明初含山县治迁出，朱元璋将县治土城赐给杨文为宅，因此称作"杨府城"。据村里老人戴圣满介绍，20世纪60年代末，一次清挖塘坝时，挖出大小数十块雕有花纹的石构件，其中一块是刻有"杨府城"三字的石匾。后这些石块被用于修桥筑坝。距村不过百十米的西北边还有座杨府山。如今空留地名，杨府城村中已无杨姓人家。

第二节　古镇格局

陶厂镇地处含山南北大动脉古塔路旁，是周边数十里的农产品集散地。自明清以来，随着人口的增长和经济的发展，到清末至民国初年，古镇格局基本形成。境内还有关门镇和铜城庙集两个小集镇受其辐射，民国时期统属陶厂商会管理。

一、陶厂

南关口老街

老街下街

陶厂旧时称"陶家厂"，最早形成集市街道的地方在如今镇东的洪份村，当时叫"洪份街"。到清末时，洪份街最早开店设坊的洪氏因为家道衰败，而陶家却生意日渐兴隆。洪份街大姓陶姓、翁姓开始迁移到陶家街道做生意，逐渐形成后来的陶家厂老街集市。旧时，在陶家街道与洪份街之间有个大场基，夏日人们喜欢聚集到此乘凉，所以后来取名陶家场。

乾隆年间，含山人口猛增至16万人，商品交换也逐渐兴旺。陶厂作为含南最重要的农产品集散地，其商贸也逐步繁荣起来。因此，在清乾隆盛世后，四大家族南面的集市也因市场需求而成为商贸街。

到民国时期，洪份街已萧条，商家基本都转移到南关口老街上，行成上街、中街、下街、鸭蛋巷(也称"熏风闸")、散子巷、集场、牛市、东闸、北份街、北关口、西

南关口老街

鸭蛋巷

关口、南关口等街巷，总长1000多米。民国时，陶厂镇总面积不过1平方千米，总人口不过数千人。集镇分南关口老街及洪份、刘份、北份和南份四个家族居住区。

陶厂老集市的主街贯穿东北至西南，由上街、中街、下街组成，全长400多米。上街东为澡堂巷，有澡堂、朱钱两家私塾、陶家饭店、陈昌布店、王庆记茶馆等商铺；西有福康槽坊、杨光大布店、卜珍明机匠店、包志泉缝纫店、王复兴炒货店、席顺义茶馆等店铺。上街和中街以散子巷口分界。上街通往散子巷口有一个三块石板砌成的小土地庙，其中一块石板正面刻有一将军，人字形庙顶，据说是为散子巷驱邪避鬼，街上的小孩经常骑在上面玩耍。

中街有葛老傻、葛同升等4家杂货店，张受荣渔行以及张合一茶叶店等十多家店铺；中街的西面北连鸭蛋巷，南面与上街共邻散子巷，商铺有王多和布店、张安长缝纫店、王义泰烟店、陈家中药店、仝道荣回民饭馆、鲁大年当铺等十多家店铺。中街的西面后街是较为宽畅的集场，上邻西鸭蛋巷，下邻散子巷。集场周边有基督教堂、张康顶米行、卜正才木匠店、周德香黄烟店、张志千茶水炉等十数家商铺。集场西面一条小巷通往小猪行。中街和下街，以百米长的东、西鸭蛋巷分界。中街东旁有准提庵和准提庵巷。

下街东西两旁店铺林立，有葛明浩等4家豆腐店、胡家面坊、陶中海茶馆、张恒春药店、翁家烟馆、吴家米行等二十余家店铺。下街的后街（西面）有胡家宝场、陈家牌场及陶厂牛市。

位于上街和中街之间的散子巷长约60米，北有洋学堂、曾宏礼铁匠店、陶方友花果行；巷南有2家裴氏豆腐店，李、王2家机匠店，周、席等4家饭店。

下街北邻北份村、南份村、洪份村和刘份村，并与北份街、油坊巷相通。紧邻的北份街是陶厂最早形成的集市。清末

陶厂老街上留下的昔日车辙

民初时，街北有公惠典当行，王长子大烟馆，双龙池澡堂。街南有抗战前的陶厂小学，陶中金爆竹店等商铺。

南关口外是一个面积较大的竹木行，代卖成品家具、农具。此外，还有翟、过、张、陈4家米行，以及饶正元糖坊、包志勇缝纫店、童立新扎匠店、陈家荣酒馆。

关门镇老街保存的古民居

清末民初时，由于社会动荡，军阀混战，盗贼四起，为保家护院，当地商民建起关闸为防止土匪盗贼。上街南端为南关口、散子巷西端为北关口（关口朝西偏北，人们习惯称为“北关口”）皆设有闸门，南关口门券高约4.5米、宽3米；北关口门券高约4米、宽2.5米，为石头门坎小闸，靠北有一座土地庙。两闸均有闸门，配有门杠，晨开夜闭。虽然设关，但在兵荒马乱的年代，仙踪一带的土匪、二支队几次来镇上武装绑票，勒索王洪氏黄烟店、葛同升杂货店等几家大户，每人20～30担大米或若干银圆。如今北关口门券早已拆除，但南关口还保留了部分历史原貌。

抗日战争时期，陶厂有日伪碉堡5座，分别位于老街西北角的大庙土墩、北份村北边的大坝、大坟茔岗头、东岗头和粮站路西大土墩。其中，大庙土墩和大坟茔岗头的两座碉堡最大，四周均挖有壕沟，设有铁丝网。大庙和粮站路西两座碉堡把守通往张公桥、南义、白桥、铜城闸和关门镇主要通道；东岗头碉堡控制通往福山、清溪和林头的通道，其他两座碉堡扼守通往县城的石门山口（现山口串）。5座碉堡常驻伪军四五十人。

二、关镇

关镇位于陶厂镇南，离陶厂只有4000米路程，为农村小集镇，旧时称“关门镇”。旧时，关镇只有一条不长的南北走向老街，全长不足500米，分为下街和上街，沿街住户不过三四十户人家，人口不过300多人。老街青石板路面，东、西两侧是商家、住户，商铺全部为木板槽门，大多为青砖小瓦木梁结构平房，也有部分草房，住户多为深宅大院。凡开店做生意的均为前店后坊，一般前后三至四进。下街头大塘边有一座土地庙，上街口有一座朱士庙，在黄荣德家与吴氏老宅之间还有一座土地庙。

抗战时期，关门镇老街四周也有日伪碉堡3座，分别位于正北方、东北方和现粮站位置，驻扎伪军三四十人。碉堡四周挖有很深的壕沟，伪军进出依靠吊桥通行。

三、铜庙

铜庙旧时称“铜城庙集”，是通往含南、芜湖、运漕、无为的必经之路，老街全长150多米，街南头有一道石闸门。1948年时，铜庙街上有32户人家，其中22家做生意。有吴增文父亲开设的早点店，卖油条、大头烧麦、包子等点心；有杨福林饭店、王良旺饭店、王明富豆腐店。黄仁明槽坊从1944年开始做生意，直到1950年歇业；刘作明米行收购粮食贩卖，公私合营后被收编进国营粮站。民国末年，铜庙有个著名老中医贾斯来，1942年跟长岗集李岗村的李庭兰学习中医看病，学成后回铜庙街上开设一家药店，中医治病兼卖中草药，1954年，他考上安徽中医进修学校，毕业后进了公办关镇医院。1952年，刘作明还创办一所私人代办邮政所，直到1958年才停办。

第三节　古镇建筑及特色

南峰社区洪份自然村陶庭所家老宅

陶厂镇经过明清两朝的发展特别是清代晚期的繁荣，古建筑达到一定规模。明中叶以后，随着徽商开始进入各地，徽派建筑也被带到大江南北，陶厂也不例外。“徽派建筑”风格最为鲜明地体现在中国传统民居上，集中反映了徽州的山地特征，风水观念和地域美学。但徽派建筑传播到含山后，也发生了许多变化，比如石雕、木雕、砖雕都比较简洁，注重实用性，减少装饰性，这主要与含山当时经济不够发达，民众崇尚节俭有关。旧时，陶厂老街为青石块铺面，两边皆是砖瓦房，木板槽门，临街建筑为徽式宅居结构，集商贸、住宿、生活、加工、仓储等功能为一体，为多进院落式，前后一般二至四进庭院，进进有天井小院。比较典型的吴氏老宅，布局以中轴线对称分列，面阔三间，中为厅堂，两侧为卧室。厅堂前方称“天井”，采光通风，院落相套，造就出自足型家族生存空间。二进大门上沿镶嵌“修其天爵”四个大字的砖匾。民居外观高墙封闭，马头翘角，墙线错落有致，黑瓦白墙，色彩典雅。原先前后共有三开五进，分别为店面、正厅、食宿、加工作坊和仓储等不同功能区。

吴氏老宅门头上的砖雕门匾

陶厂大户人家临街也有少部分两层阁楼，大多是门面小，后进大，成扇形，均为前店后坊或前店后堂。属于豪宅的在陶厂老街上有十多户，具有代表性的有五六户，如翁家老宅、杨光大老宅、葛同升老宅等。其建筑特色基本都是以徽派特色

南峰社区洪份自然村陶庭章家老宅

为主，均为集商贸、住宿、仓储等功能于一体。

陶厂街原有两座规模较大的祠堂，即陶氏和洪氏祠堂。均为两大进，中间是庭院，为五开间穿梁式砖瓦结构平房，梁柱上雕有精美的人物、花卉、瑞兽、祥云等图案，大门有石雕抱鼓石；二进设供台、供桌，家族有重大活动都到祠堂举行。

从材质上看，古建筑的房梁、立柱、山架、门、窗都是杉木材质。房梁与山架由立柱撑起，呈整体结构，牢靠不易变形。立柱底部都有圆形或方形石基，称“伞骨”。墙体大部分为青砖，或是外砖内泥，冬暖夏凉。房瓦分为板瓦、滴水瓦、沟头瓦、花头瓦等品种。板瓦用于大面积覆盖，铺设成底瓦；滴水瓦便于把雨水抛得更远；沟头瓦又称“猫头瓦”，封住两沟瓦垄，防止鼠雀在瓦垄内做窝；花头瓦是一张盖瓦的凸面带花纹图案，盖在重叠沟头瓦上，既有装饰作用又能保护板椽。大户人家的屋脊与风火墙顶也都用板瓦筑“脊筋”和“盘龙”，在其上密密站竖瓦脊。在装饰方面，陶厂古宅都有“三雕”，青砖门罩、石雕漏窗、拴马石雕；木梁上有简洁的如意纹、卷草纹雕花，增加了建筑物的美观。

第四节　文物古迹

陶厂在古代曾成为全县政治经济文化的中心，千百年来留下众多文物古迹，如古寺庙、古遗址、古墓葬、古建筑等。有的成为县、市级文物保护单位。

一、古建筑

陶氏祠堂　始建于清初顺治年间，坐落在洪份东，占地面积约300平方米，两大进，中为天井院子，为五开间穿梁式砖瓦结构平房，后曾多次重修。新中国成立初期改为小剧场供开会演出，1958年大办钢铁时被拆毁。

吴氏老宅　老宅位于南峰社区洪份自然村，现仍由吴氏族人居住。据吴氏族人吴大斌介绍，吴氏原居籍浙江温州，明初迁至江苏六合，三代后迁往安徽全椒县。吴氏族人在崇教重教的良好家风熏陶下，子弟孜孜不倦“攻书芸窗”，众多弟子考取进士举人，清著名文学家吴敬梓即是吴氏族人，吴氏在明清两朝成为当地名门望族。陶厂吴氏族人世代口传全椒县襄河镇吴佩为其直系祖先。吴佩曾办私塾，有五个儿子，其中一支迁往古河独山乡，繁衍生息形成独山吴。清雍正八年（1730年），有吴氏夫妻两人由全椒独山乡迁至含山关门镇，生三子，只有一孙，名吴芝陵。1780年前后，该族举家迁移至陶厂，买下当时洪份村刘姓人家房子，以做糕点、糖果为生，至今已历十代。

吴氏古民居——吴大斌家

吴氏老宅正厅

吴氏祖宅坐西朝东，当年生意最兴隆时共有五进三开间。前通洪份街，后接老街下街尾。原后三进为驴马棚、仓库及手工作坊，后改由吴氏族人居住。清末，吴氏族人吴树德，字立三，乐善好施，经商有道，是当地有名的绅士。民国十三年（1924年），吴氏老宅重新翻修一次，形成如今吴氏老宅的基本格局。当年门面墙为石块垒砌，大门深约1米，上盖小瓦。正屋为三开间穿梁式砖瓦结构平房，前后五进，正屋梁柱木板雕有花草图案，屋内柱基雕刻精美，迎面为格扇屏门，花亮格下沿也雕有花纹，宅院两侧均筑有厢房。二进大门上沿镶嵌“修其天爵”四个大字砖匾，教导子孙勤修功德，善良处世。院落有数块砖雕、石构件，花台上栽有数棵百年以上的天竹，至今仍枝繁叶茂。难能可贵的是，现今正房内还保留一张清末时期的雕花架子床。该床雕工精细，床门楣上雕有“郭子仪祝寿”“福禄寿喜”“麒麟送子图”等故事图案。两侧雕有“八仙过海”和花鸟图案。因年久失修，吴氏老宅后三进于20世纪50年代中期损毁，现存的前二进保存较好，2015年进行过一次简单维修，吴氏后代仍在此居住。吴氏老宅为县级文物保护单位。

翁家老宅　陶厂翁家老三、老六、老七各有一栋老宅，均建于民国初期。其中，一处位于中街西鸭蛋巷口北侧，一处位于下街吕氏油坊巷口南侧，另一处位于下街与北份街口交会处。3处老宅均坐东朝西，其规模、设计基本相同，均为前三间，后三进，圆合八间。一、二进为楼上楼下，二楼设有环形栏杆，梁柱上雕有图案。一、二进之间有天井，天井由青石条铺成。位于下街与北份街口交会处的一幢老宅过去是翁家槽坊，新中国成立后改为陶厂人民公社（镇党委会）办公地，现为一居民住宅，这也是陶厂目前保存最好的一幢老宅。

杨光大老宅　位于南关口内侧50米，坐西朝东，为四开间穿梁式砖瓦结构平房，前后四进，宽约10米，深30多米。每进之间有天井，两边有厢房，一进是铺面，房屋次梁用的是名贵楠木，青石板铺地；二进中间是堂屋，两边是卧室；三、四两进是仓库和伙房。该老宅虽是平房，但用料高档，布局合理，适宜开店和居住。新中国成立后公私合营时改为收购组。

葛同升老宅　位于陶厂上街中段，坐东朝西，建于民国初期。老宅原有五进，三开间门面为店铺，后为堂屋、卧室、伙房，最后面还设有高出地面一米多的仓库。二进堂屋有影壁墙，两旁有阁楼，大门为木槽门，后门和仓库门全是铁皮包裹，十分坚固。葛同升也是民国时陶厂最富的大户之一。

祁氏老宅　位于陶厂祁首村。老宅为晚清时期建筑，两进四开间四合院，砖墙小瓦，外墙上镶有精美的拴马石，天井全部用青石条铺砌。正厅高大宽敞，左右为厢房，木格门窗都雕刻精美。一进与正堂对面的墙上有砖雕“和气致祥”4字砖匾，左右有“渔樵耕读”4块砖雕图案。原来大门两侧有高大的抱鼓石，土改时被拆毁。据说祁氏祖上建造此房时，在中堂下埋有一对金鱼和一坛银圆，可见其家道富裕。祁氏祖先从山西祁县迁移到江西，明代大移民时又从江西迁到陶厂祁首集体定居土岗上，人称“祁首岗”。数百年来祁氏人丁兴旺，清一色几百户祁氏人家一直集中在此居住，保留了北方大姓聚族而居的传统，其祠堂号为“举善堂”。

祁首村祁氏老宅

祁氏老宅外墙上的拴马石

关镇老宅　昔日的关门镇老街虽然没有高大的豪宅，但也有五六户较为讲究的民宅。如位于下街的唐本凡老宅，三开间门面，前后三进，二进为两层小楼，三进为伙房，均为青砖小瓦木梁结构，进与进之间为天井院，四周为花园，给人有世外桃源的感觉。宋万杰民宅，位于中上街坐西朝东，有两大间门面，一进后面的右边有一长披厦为伙房，二进为两层小楼，后面一个大院子，房屋为砖瓦木梁结构。建有小楼的民宅在关门镇十分稀少，说明宋家是个殷实的大户。位于下街的唐本钱民宅，前后四进，有门面房两大间，二进三间住家。三进为豆腐店作坊，四进有占地面积300平方米的酿酒作坊。还有下街人称“唐三爷”（真实姓名无人知道）老宅和位于上街周茂相老宅，都是民国时期关门镇街上阔气的民宅。

二、古遗址

马庄遗址　此处为商周遗址，位于陶厂西塔村马庄自然村以西150米处，面积约5400平方米。原遗址较高，当地村民耕作时遗址平整过一次，现遗址与周边的田地基本持平。第三次文物普查，发现地表散落有红陶、灰陶、黑陶陶片，陶片质地较软。器形有鬲足、罐、盘、钵等，纹饰有绳纹、回纹、菱纹、水波纹等。2010年被县政府公布为县级文物保护单位。

陶厂马庄古遗址

闸口遗址　此处为商周遗址，位于陶厂西山村闸口自然村东北50米处，面积约8800平方米。遗址为土墩形，保存较好。第三次文物普查，发现地表散落较多灰陶、红陶、黑陶陶片，器形有鬲、罐、盆、林、壶等，纹饰以回纹、绳纹、印纹、菱纹为主。2010年被县政府公布为县级文物保护单位。

陶厂闸口古遗址

周村遗址　此处为新石器晚期至商周时期遗址，位于陶厂关镇村周村自然村。2012年安徽省考古研究所调查时发现，遗址分为两处：一为周村东南侧的公路北缘，受破坏后的面积仅剩1000平方米；二为周村东南约300米处，面积仅剩3000平方米。据考古队介绍，周村遗址范围很大，北至西山大李自然村，东至和县南义，东南至和县功桥河西北，南至和县新塘、沈巷西北。该遗址对研究凌家滩文化分布、面积及商周环境变迁具有一定意义。

龙亢城　《含山县志》记载：东晋大兴二年（319年），分历阳县境（今和县）西部侨置龙亢县，县治在今县南四十里，即今杨府城村。历史上含山建县从这里开始。唐武德六年（623年）分历阳县西部地区原龙亢县境域设含山县，县治未变。元至正十五年（1355年），龙亢城出了两位名将：一位是明代开国功臣杨兴，另一位是杨兴的儿子明初征南大总兵杨文。明初含山县被裁撤，明代朱元璋登基后，将废弃的龙亢城赐给杨家，故改名为杨府城。今仅存地名。

道士观西晋墓葬遗址　2014年4月，陶厂祁首村发现距今1700多年前的西晋元康时期墓葬，省文物局和县文物局组织专家对墓葬群进行抢救性发掘，历时半个月清理出三座墓葬。1号、2号墓保存完好，3号墓早年坍塌并有早期被盗痕迹。三座墓葬均为青砖结构券顶式，特别是墓葬中出土了一批带有文字纪年的墓砖，记录了墓葬的确切年代。砖文为："元康五年七月廿日杨谏□""晋元康九年吴□杨凤造墓……"墓葬还出土了一批瓷器、铁器、铜器、银器等文物，大多是日常生活用器。相比于汉代时期实行厚葬，西晋时期实行简葬。

道士观村西晋墓葬发掘现场

三、文物

宋代旗鼓　陶厂洪氏祠堂建造于清末民初，位于南份。洪氏祠堂门口原有上马石、下马石一对，小旗杆鼓一对。另外还有一对灰白石质圆形大旗杆鼓，高约1米，直径0.8米，中间凿有一个直径0.4米的圆孔，为插旗杆所用，鼓腹上下有一圈乳钉纹，左右两侧各刻有白虎兽面铺首。宽厚的鼓面边缘刻有篆书"太平兴国五年（980年）制"款识。该祠堂年久失修，1954年前后拆毁。如今一对大旗鼓仍然遗留在洪份自然村一条水泥路旁。

宋代白虎兽面纹旗鼓

旗鼓上铭文：太平兴国三年（978年）

清代书法条屏　1982年10月，县文物所在陶厂张清华家征集到四幅清代书法家张问陶书法条屏。条屏长142厘米，宽37.2厘米。张问陶（1764—1814年），字仲冶，一字柳门，号船山、蜀山老猿，清四川遂宁（今蓬溪县）人，清代著名的诗人、书画名家。张问陶先后任翰林院检讨、都察院御史、吏部郎中，山东莱州知府，晚年辞官定居苏州虎丘，被誉为"清代蜀中诗人之冠"。现四幅条屏收藏于含山博物馆。

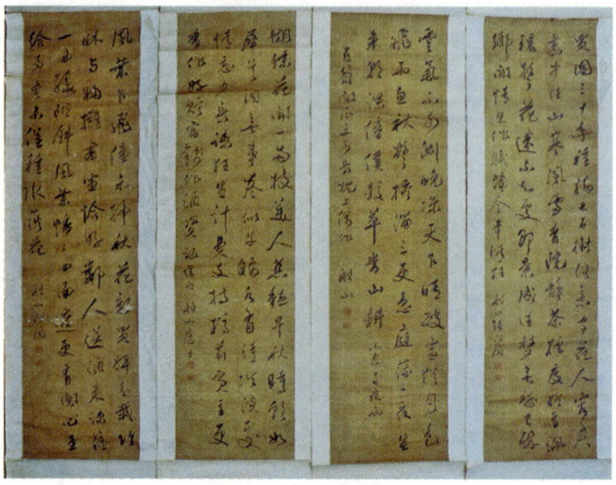

清代书法家张问陶作品

四、古井

陶厂古井被列入县级文物保护的8处，均为清代古井，具有代表性的古井有3处。

祁首岗古井　位于陶厂镇祁首岗自然村东20米处田埂上。井栏高约0.1米，井栏破损处已被村民用水泥修补，井栏口有数道很深的绳痕。老井内径0.6米,内壁由青砖砌成,四周长满青苔,井水清澈、甘甜,井水离地表1.2米。据当地村民介绍,清代祁首岗附近数千米没有一口井,饮水困难,有一位姓杨的大户人家闺女嫁到祁首岗村,决定出资在这里打一口井作为嫁妆陪到婆家,村民称此井为“杨家井”。

宋村古井　位于陶厂镇宋村自然村以北20米田埂上。古井井栏为方形,井栏内长0.63米,宽0.57米,井栏平铺地面,内边沿有数道很深的绳痕。井内壁为圆形,由青砖竖一层、横一层叠压而成。井壁四周长满青苔,其井水清澈、盈满。村中老人介绍,此井年代至少有两百年历史,村民们至今仍在饮用此井水。

洪份古井　位于陶厂镇南峰社区洪份自然村东20米处。古井井栏为圆形,高约1米,井栏口有数道很深的绳痕。古井内壁由青砖砌成,水位较高,井水清澈、甘甜。新中国成立前,陶厂老街有一半居民饮用此井水。1978年村民淘井时,将井体周边加高,原井栏被埋入地下,村民将一老石鼓凿空为新井栏套在老井栏上。据该村一位老者介绍,此井已有200多年历史。现在村民用上了自来水,古井基本废弃。

洪份古井

附:

石门古道

陶厂镇北端距含城南12.5千米,有一座石门山。石门山东侧为六宕山,西为木瓜山,两山对峙,谷道数里,两坡郁郁葱葱,绿意袭人,中有山口,古称“石门山口”,后人称“山口串”。该关口自古以来都是南北商旅的主要通道。

石门山名的由来,源自山口原有一座天然石门。大明《一统志》和清《舆地纪胜》均记述:“在县南二十里,有谷道十里许,石壁峙立如门,商旅经行其间。”乾隆《含山县志》中的《山川全图》,明确绘制有道天然石拱门,并记述:“两山并峙谷道中,通苍峰云雾诸麓,左右回环,宝邑南一胜境也。”光绪《直隶和州志》对石门山的记述为:“县南二十五里,两山对峙,石壁峭立如门。有谷道十里,通商旅往来。西

俯瞰石门山

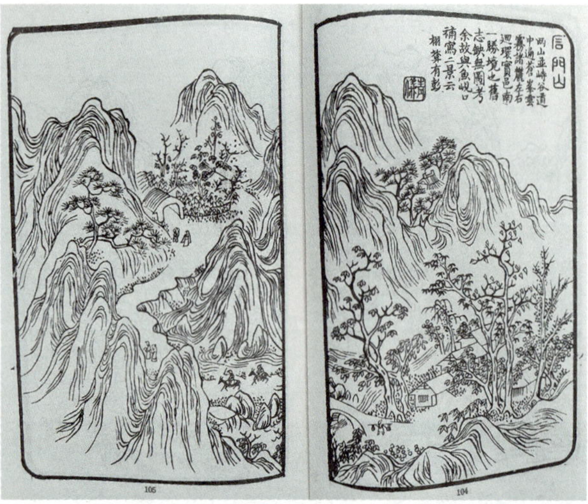

清乾隆版《含山县志》中石门山插图

名木瓜山，东名马石山，一僧庵踞两山之峡。”僧庵即“石门茶庵”。乾隆《含山县志》记述：“在县南二十五里，耆宾张万钟建，并置产造串（石串，佛教器物），济僧施茶，曾孙张为光、张之埴等重修。”可以想象，当年的石门山，山高路险，山道旁有似狮、似象、似马的奇石，峡谷内还有寺庙，庙内产佛教器物“石串”手工制品。僧众们为来往的商旅和行人免费供奉茶水，以佛教器物石串赠送有缘香客。那时，过往客商行人，翻山越岭之后大多在此小憩，两旁茶棚生意兴隆，特别是卖的糖元宵个大味香，让人看了嘴馋，因此留下“山口串大元宵，想吃又怕烫”的口头禅。可惜，石拱门在20世纪50年代中期坍塌，随后被拆毁。如今狮象马几处象生石和石门茶庵都已荡然无存。

陶厂当地名门望族的陶氏、洪氏、戚氏、张氏家谱中对石门山也都有明确记载，并在阴阳图中明确标有石门山。如陶氏家谱记述：“始迁祖元八公于元末季，因兵燹由太平当涂迁含南石门山下，见此层峦叠嶂，林木葱茏，从此于鹿宕山下、鲁桥河畔卜筑而居，世代以农桑为业。”洪氏家谱记述：“于清朝鼎定之时，由泾县迁含山石门山外陶家厂。”戚氏家谱亦记述：“于元至正年间由徽州婺源避乱于含山，见含山山清水秀，遂于邑之南二都石门山侧筑室而居。后辈繁衍生息，子孙日盛，形成如今的大戚村。”等等。陶厂附近群山环绕，而众多家族皆以“石门山”为家族居住地的地标，可见古代石门山应是较为著名的山麓。

康熙《含山县志》列“石门山”为本县形胜之一，并记述：“在县南二十五里，二山并峙，石壁峭立如门，有谷道数里许，当梁山、裕溪、东关、运漕往来之冲。天下有事，梁山、裕溪、无为、巢湖之寇，或来取间道者，则石门之险，亦当守也。”石门山口两边是陡峭的绝壁，山高路险，有“一夫当关、万夫莫开”之势，是江淮通往江南的重要通道，在当地亦有“北有险昭关、南有陡石门”之说。含山的主干道就是如今贯穿石门山南北的古塔路，这条古道很早以前就是江淮的大动脉，在古代具有较高的交通和军事战略要地价值。

古代石门山口被称作“江北要害”之地。明朝时，就曾有驻军镇守。如陶厂西营张张氏家谱记述：“明正德年间，张氏始迁祖张荫因父张缙官至督漕御史（正二品），且平定刘六有功，皇上袭授张荫为锦衣卫百户将军。”谱中记述，张荫“故以荫为名，取名荫”。后移镇守含邑石门山这一江北要害。张荫后人随定居于此。张氏族人繁衍生息形成西营张村。“西营张”之名应是驻军长久成名。北伐战争期间，石门山也成为南北势力争夺的要害关隘。陶氏家谱记述：“民国丁卯年（1927年）春二月，北伐战争爆发，军阀混战……北

石门山上古道遗迹

兵压境，屯兵在石门山口，南军（北伐军）屯扎在距陶厂十五里的新塘一带，相持数日，北军得知金陵被南军攻破，才星夜撤退。后于四月初北军卷土重来，仍屯于石门山口。”

石门山绿树成荫，苍翠欲滴，山下小溪潺潺，可谓山清水秀，在古代是个隐居的好地方。“清溪深不测，隐处唯孤云。松际露微月，清光犹为君。茅亭宿花影，药院滋苔纹。余亦谢时去，西山鸾鹤群。”这是唐朝诗人常建的一首诗《宿王昌龄隐居》。两部《唐诗鉴赏辞典》中，倪其心教授等学术泰斗都认为王昌龄隐居于含山境内的石门山，今天苍山口处（古称“石门山”）就是当年王昌龄隐居之所。

常建是唐代著名诗人，他的“曲径通幽处，禅房花木深”是传诵千古的名句。王昌龄是著名边塞派诗人，被誉为“诗家天子”和“七绝圣手”。常建与王昌龄交往深厚。常建任盱眙县尉时，常到石门山看望老友，把酒吟诗。这首诗就是常建来王昌龄隐居的石门山不遇而写下的。与常建同为盱眙尉的唐朝诗人顾非熊也有一首探望隐居石门山故人的诗——《题马儒乂石门山居》：“寻君石门隐，山近渐无青。鹿迹入柴户，树身穿草亭。云低收药径，苔惹取泉瓶。此地客难到，夜琴谁共听。”这从一个侧面看出石门山在当时风景优美，犹如世外桃源，而且名声在外。

改造后的山口串已成坦途

新中国成立后，随着古塔路的建成和降坡拓宽，过往行人不再翻山越岭，那条陡峭山路也就渐渐地被遗忘了。如今山口成为通衢大道，虽然险象不在，但两旁山坡茂密的森林经过砍伐更新，仍有郁郁葱葱之感。

第三章 镇村建设

清末民初，陶厂、关镇、铜庙三条老街商贸较为繁荣，尤其是陶厂镇是含南地区商贸集散中心。镇上主街是一条形似月牙的老街，有7条小巷，分上街、中街、下街及洪份、刘份、北份和南份四区。老街两侧是商家店铺、木板槽门，大多为青砖小瓦木梁结构平房，富商多为深宅大院，前后深约百米。农村基本上都是草房，只有地主富户家才建有砖瓦大屋。镇村居民皆用菜油灯照明，民国后期洋油大量进入国内，煤油灯很快取代了传统的菜油灯，居民大多使用煤油罩子灯，商家晚上营业使用煤油马灯。乡村道路都是土路，雨天道路泥泞，行走十分艰难。

中华人民共和国成立后，农民居住条件长期没有明显改善，依然以土墙草屋为主，家庭只有简单粗糙的家具。直到改革开放之后，陶厂、关镇农村才出现了从砖瓦平房到简单的水泥小楼再到新颖的别墅，经历三次住房改造热潮。集镇开发建设也呈现出日新月异的变化，集镇面积不断扩大，各种功能不断完善，镇村人居环境得到极大改善。道路交通也从土路到石子路逐步改善为柏油路和水泥路，基本实现了村村通，甚至户户通。全镇基本实现供电、供水、通信、有线电视全覆盖。

进入新时期，陶厂镇把生态环境建设放在重要位置，发动全镇上下、各行各业，齐心协力进行环境整治，通过持续不断的建设，久久为功，取得了巨大成绩，一举成为全国环境优美乡镇。随着国家加大对农村基础设施建设的投入，连续多年开展“村村通”道路建设，农村交通条件发生了历史性巨变；美好乡村建设和改水改厕工程使得农村人居环境得到巨大改善，农村面貌发生翻天覆的变化。乡村旅游业也开始兴起，陶厂大渔滩湿地公园和潘村民宿成为展示陶厂的一张亮丽名片。

第一节 生态环境建设

进入21世纪，陶厂镇党委、政府高度重视生态环境保护工作，采取一系列保护和改善生态环境措施，加大生态环境建设力度，使陶厂镇的生态环境得到了有效保护和明显改善。主要表现在：将圩区近千亩面积的大渔滩设为湿地保护区，并建成省级湿地公园；建成省级无公害养殖基地，无公害生姜、大蒜基地；全镇垃圾无害处理率达100%，集镇生活污水日处理能力400吨；农村全面实施改水改厕工程，镇容村貌干净、整洁、卫生。

一、形成生态环境建设共识

陶厂镇党委、政府较早认识到生态环境建设的重要意义以及带来巨大的综合效益。从20世纪90年代零零星星的环境卫生治理开始，到进入21世纪系统性抓生态建设，将创建“国家级生态乡镇”列为战略目标，认真贯彻落实《全国生态环境保护纲要》，不断提高和改善全镇生态环境质量。2003年2月，陶厂镇政府制定了《关于加强环境保护工作的决定》（以下简称《决定》）。《决定》从实行环境质量行政领导负责制、建立基础建设第一审查制度，积极治理工业污染，切实加强集镇环境综合整治，进一步强化环境监督管理，加强环保宣传，提高全社会环境保护意识等方面作出详细规定，特别规定对所有新建、改建、扩建、技改以及区域开发建设项目（简称“建设项目”），必须进行环保审查。凡未经环保部门审查或经审查否决的项目，不得给予立项、征地、设计、供水、供电、登记注册和发放营业执照。对经审查同意建设的项目严格执行环境影响评价和“三同时”规定，杜绝新污染产生。同时，要求各村、各单位把环境保护宣传教育纳入精神文明建设之中，把环境保护法律知识作为干部和群众普法教育的重要内容，提高各级干部和人民群众环境保护的自觉性，动员全社会力量来保护环境。

南峰社区干净整洁的农家小院

2004年5月，陶厂镇聘请安徽农业大学资源与环境科学学院编制《含山县陶厂镇环境规划》。用规划来统一认识，用规划来科学建设，用规划来约束行为，用规划来明确生态环境保护的权、责、利。同时，陶厂镇开展一系列农村生态环境综合整治和环境保护综合治理工程。2004年，陶厂镇申报“全国环境优美乡镇”，经过市、省环保局逐级审查、申报，国家环保总局专家实地评审，2006年6月5日，国家环保局认定后授予陶厂镇第四批“全国环境优美镇”称号。2010年5月27日，经复审，陶厂镇再次被授予“全国环境优美镇”称号（同年7月，“全国环境优美镇”更名为“国家级生态乡镇”），一直延续至今。

南峰社区环境干净优美的村庄

二、生态环境建设主要做法

陶厂镇在生态环境保护和创建“国家级生态乡镇”过程中，主要采取以下措施：落实主体责任。为加强全国生态镇创建工作，陶厂镇成立党委书记为组长，镇长为副组长，分管领导为常务副组长，相关职能部门人员为成员的创建工作领导小组，制订《陶厂镇关于创建生态镇工作计划及实施方案》，明确职责和考核细则，确保工作有人抓，责任有人担，后果有人负。

营造环保氛围。生态创建工作是一项“政府主导，全民参与”的系统工程。陶厂镇加大宣传力度，充分利用广播、标语、公开栏、宣传栏、宣传单、展板、政府网站，召开会议、派出工作队走村入户，全方位、多层次对环境保护工作和生态建设进行宣传教育。同时，邀请专家对广大干部加强环保国策、政策法规培训，全镇上下形成自觉参与环保建设的良好氛围。

卜李村环境整治

云塘村环境整治

完善基础建设。陶厂镇结合城镇建设，加强基础设施建设，努力提升城镇品位。一是城镇建成区布局合理，工业区、商业区和居住区基本分开。新引进的企业都落户在道口工业园区内，变招商引资为招商选资，对有污染的项目，坚决不引进。集镇区域居住环境良好，无散养家禽等现象；对老镇区见空插绿，新镇区建设和绿化同步，不留荒地空角。二是基础设施基本完善。镇政府多方筹措资金1.56亿元，用于全镇道路、交通、绿化、卫生等公共设施建设，镇区建有日处理1000吨的生活污水处理厂一座，集镇生活污水处理率达100%。投资140万元，建成一个标准垃圾中转站和一座占地面积2公顷的垃圾中转处理场。镇全域实现“户集中、村收集、镇转运”的垃圾转运机制，基本做到垃圾日清日运，无直接向河道排放污水和倾倒垃圾的现象，环境卫生状况多次接受省、市、县明查暗访，得到好评。镇政府制定“门前三包”制度，镇、村两级成立卫生考评小组，对镇、村保洁队伍的卫生责任区进行考评，使环境卫生管理规范化、制度化。镇政府广泛发动群众改水改厕，全镇卫生厕所普及率97%以上。到2021年末，陶厂镇基本建成覆盖全镇的道路、通信、供水、排水、供电及文化体育等基础设施，补齐了短板。

云塘村整洁的环境卫生

加强土地管理。从2012年开始，镇成立了拆违控违大队，对各自然村进行巡查，对未经规划、未经报批、未经设计的违章建筑坚决清除。至2021年末，全镇没有发生一起滥垦、滥伐、滥采、滥挖、滥牧的现象。采取群众自愿集资、政府以奖代补、争取上级项目、社会人士赞助等形式，投资9600多万元，对全镇的1152口当家塘坝进行清淤、治理，不仅灌溉得到保障，而且水清鱼多。投资450万元对废弃多年的矿山进行修复绿化；投资6000多万元用于农田造地、荒滩复垦、农田林网等生态建设，主要考核指标全部达到规定要求。

农村环境整治。一是整治生活污水污染。镇政府投资160万元建造一座湿地污水处理站。在新农村建设过程中，推广使用标准化生活污水处理池，综合运用分散和相对集中处理的方式，结合生物技术治理生活污水，达到排放要求。全镇治理污水3825处，建造污水处理站8座，污水处理池243个，污、废水集中处理率达100%，极大地改善了农村人居环境。二是整治垃圾固废污染。实行垃圾集中处理，采取“户集中，组收集，村运输，镇处理”四位一体的方法，通过治脏、治乱、治污规范做法建立长效机制。集镇建成区垃圾无害化处理率100%，农村生活垃圾无害化处理率90%。2015年，镇政府投入资金近200万元，新建垃圾池251座，在255个自然村配备垃圾清运人员261人，配备垃圾箱600个，垃圾转运车2辆，清运人员坚持全天候保洁。2017年，又投入资金320余万元，新购垃圾桶850个，清理陈年垃圾2300余吨，清理杂物2120处。10月,在全县率先启动农村生活垃圾分类处理和资源化利用试点工作。三是整治化肥农药污染。宣传、推广科学施肥用药，推行减量增效技术，减少农田化肥流失和农药对环境污染。大力推荐使用农家肥、有机肥，推广秸秆综合利用技术，推行种养结合立体经营方式。推广

环境优美的村庄

环境优美的陶厂集镇一角

使用生物农药和低残留农药，加快建设无公害、绿色有机农产品基地。1999年通过政策引导，资金支持，以三庄、祁首、西塔、云塘、九联5个村为中心创建无公害生姜生产基地。到2020年，农村粪污综合利用申报改造项目3家，利用率100%；秸秆还田和发电处理率达90%以上；全镇农药、化肥使用量逐年下降。四是整治畜禽粪便污染。合理划定调整畜禽禁养限养区，限养区内原则上不新建规模畜禽养殖场。新建规模畜禽养殖严格执行环境影响评价和“三同时”制度。按照循环经济和畜牧业清洁生产要求，实现畜禽养殖粪便无害治理。采取直接用作肥料，制作有机肥生产回收等治理模式，使养殖场污水排放达到排放标准。2015年，引进世利农化肥公司投资6800万元，新建年产生物有机肥20万吨。2017年，含山县前三农业科技有限公司投资3600万元，新建大米加工储存基地和年产20万吨生物有机肥项目。是年，关闭、搬迁镇内禁养区内养殖场4家。五是加强对水源地保护。加大对陶厂河、功桥河和二郎庙水库等沿山水库作为饮用水源的保护力度，严禁在水源地内乱搭建、乱开发、乱推土、开山炸石和毁林种果等破坏环境的行为。六是提高农村绿化水平。推动村庄主干道绿化，庭院绿化，扩大镇级公路和村村通道路栽植范围，实现村庄周边和住宅四周的绿化美化，提高村庄绿化覆盖率，提高农田林网建设水平。

创新“美好乡村”建设。从新农村建设到美好乡村建设，陶厂镇始终把生态建设作为建设重点，大力治理村庄居住环境的“脏、乱、差”。本着群众自愿拆、自愿建、自愿管的方针，对每个申报建设的村庄拆废危在先，把改水、改厕、改圈，建设生态家园作为主攻目标。整合危房改造、土地置换、环境保护等项目资金，对村庄进行“改、拆、修、建、管”，并实施绿化、亮化、美化。如卜李村的南周自然村，官塘村的上苏自然村等通过生态改造，消除过去随处可见的白色垃圾和畜禽粪便污水，绿树成荫，塘水清澈；水泥路通达家家户户，文化、体育休闲场所一应俱全，成为全省美好乡村建设示范村。

陶厂镇污水处理厂

控制工业污染排放。狠抓环境保护，严格控制污染排放。陶厂镇每年都全面完成上级政府下达的能源消耗和主要污染物减排任务指标；严格执行建设项目环境治理“三同时”制度；全镇无重污染企业，无工业固体废物危险废物排放。持续开展“蓝天保卫战”专项治理，优化产业结构，推动绿色发展。一是针对镇内谊和商品混凝土有限公司材料散放问题，海泰橡胶有限公司污染大气问题，大周水泥制品厂环评手续不全三处突出环保问题，责令限期整改，取得良好效果。二是对全镇小锅炉开展彻底清理，督促森工木业有限公司、海泰橡胶有限公司两家使用煤炭作燃料的企业改用生物质燃料。三是针对午季禁烧要求，通过宣传车、广播、过路横幅进行宣传，设立秸秆禁烧工作站30个；成立巡查组2个，不间断开展巡查，确保全镇无火点。全面完成省政府下达的环境空气质量各项考核指标，持续改善全镇空气质量。

建立生态环境建设长效机制。陶厂镇在不断加强生态环境保护的同时，不定期开展环境综合治理，对乱搭乱建、乱停乱放、乱丢乱倒、乱贴乱挂等现象进行集中整治，建立环境卫生秩序长效管理机制，树立文明、整洁、优美、有序的集镇形象。通过全镇上下共同努力，国家级生态镇创建工作取得显著的成效。基础设施日趋完善，城镇布局合理，管理有序，街道整洁，城镇建设与周围环境协调，无脏乱差现象。

2006年陶厂镇获得"全国环境优美镇"称号以后，陶厂镇党委、政府进一步重视生态环境建设，以创建"全国生态镇"为契机，通过生态建设来推动各方面工作。先后荣获安徽省第一届、第二届"文明村镇"，"新农村建设示范镇""科技创新示范乡镇"等多项称号和两届"全国创建文明村镇先进村镇"等国家级荣誉称号。同时，云塘、官塘、西塔等8个村获得市级生态村称号，卜李村获安徽"省级生态村"和"全国文明村"称号。

第二节　市政工程建设

一、集镇道路

1987年后，陶厂逐步对老街高低不平的石板路面进行更新改造，筹资8万多元，将长615米道路铺设成水泥混凝土路面；新建南大街长0.8千米、宽11米，为柏油路面；新开辟的北大街长400米、宽9米。至1988年，新大街成为陶厂集镇主要商业街。1990年10月，投入资金15万元，改造老街通往菜市场3条道路为水泥路面，总长450米。但陶厂集镇建设缺乏整体规划，集镇建设依然存在一些短板。

1994年，投资65万元，兴建一条长1.2千米、宽13米的环街路，使得古塔路从集镇外通行。1996年，编制了乡镇建设规划。依据"完善老街、保留特色；开拓新街、提升档次"的总体目标，沿古塔路建成步行街、迎宾路、恒泰大道、新大街4条街道，形成2纵4横集镇

宽阔的进镇道路

迎宾路

陶南新街中街

道路总体框架。2002年，为进一步规范镇街建设，镇政府聘请省城乡规划设计院专家对陶厂未来20年整体规划进行修编。按照修编规划要求，开辟了长235米、宽38米的水泥路面的迎宾大道。2003年，铺设一条长260米水泥路，完成恒泰路与迎宾路接线工程。至2005年，集镇修建水泥路总长2.65千米，是老街长度的4.3倍。2006—2010年，新增集镇道路3千米，建成陶南新街及相关岔路。陶南新街为双向4车道，中间建有绿化带，道路总长1.2千米。该路建成不仅使集镇面积大幅扩大，也为西塔村的伏陶自然村、云塘村的唐庄自然村和集镇带来很大的发展空间。2011年，陶厂镇按照“完善老街、发展新街、拉开框架、膨胀规模、形成特色”的总体思路，重点实施“三街二区一改造”。总投资5000万元，延伸陶南新街二期300米长的道路建设、新大街800米长的道路改造工程、陶厂中学新区500米长的道路建设。镇区道路铺装总面积14.5万平方米。2012—2021年，新增集镇道路3千米，建成政务新区道路、陶南新街至付庄道路；拓宽陶厂中学至南峰社区张夏村道路。

二、集镇绿化

1998年前，陶厂镇除校园外，只在路边零星植树。1998—2000年，在镇区街道、公路两旁共植树3500棵，主要品种有广玉兰和香樟，植树里程3千米。此外，在迎宾路、步行街、古塔路两侧建立绿化带2.5千米，均宽3米，栽植花草苗木品种有松柏球、金叶女贞、蜀桧球、小黄巴蕉杨等。文化广场新建占地面积750平方米休闲绿化区。2002年，在镇北古塔路交岔处，建公共绿地面积2100平方米，做到街道延伸到哪里绿化就跟随到那里。人行道植树以高干树种为主，主要是香樟和广玉兰。2003年，完善街道内绿化工程。2004年将步行街路面铺装釉面大理石，街道中间为绿化花圃，栽植黄杨、女贞等观赏花种。关镇沿街铺设人行路面砖1200平方米，栽香樟309棵。至2005年，镇区铺设人行道花砖2.4万平方米。人行道栽植香樟385棵、广玉兰392棵，人行道与主路面的花圃主要栽植矮生黄杨、女贞，搭配芭蕉、翠柏等。老街大街小巷见空布绿。集镇绿化带和绿化小区48处7万平方米，人均占有绿地面积达11平方米。

镇前三角绿化区

2006—2010年,新增绿化面积达2万平方米,绿化覆盖面积为15万平方米。2011年,改造老街及机关部分区域绿化工程,铺设草坪面积5000平方米。对陶南街部分路段实施绿化3000平方米。精心设计关镇道口扇形绿化带,配合巨幅广告牌展示含山新形象。

2015年,在步行街、三角绿化带、政府驻地等处大面积补植红叶舌兰、海棠球等苗木。2016年,开展集镇"六项整治"行动,重点对集镇道路、绿化、路灯、供水、下水、店铺招牌进行全面改造。2017年,在步行街、省道226(现称S213)沿线栽植风景树木500多棵。2018年,对沿226省道两侧企业围墙及厂区门前进行美化、绿化,建设龙亢小区围墙及绿化带。2019—2021年,集镇绿化覆盖面积为30.2万平方米,平均每年新增绿化面积达5000多平方米。

三、集镇照明

陶厂镇古塔路旁的路灯

1964年后,陶厂仅少数企事业单位门前有瓦数较低的灯泡照明。进入20世纪70年代,电灯照明逐步普及,替代了煤油灯。老街分别在南关口、北关口、洪份街口及鸭蛋巷、散子巷和油厂巷口等少数街口安装电灯照明。1994年,在新街安装悬式单向路灯20盏。2001年,在迎宾路南文化广场安装椰子树闪光装饰灯2盏、探照灯4盏、草坪灯8盏。2002年,老街各路口都安有路灯,新街装路灯276盏、灯箱广告60个。2003年,新增路灯90盏。2004年在步行街绿化花圃四周设置立体灯箱16个、草坪灯15盏,两边装饰彩树灯2盏。至2005年,老街共安装单臂路灯99盏,新安装12米高杆路灯176盏、灯箱广告60个。步行街安有满天星彩灯和流星式广场灯14盏。2006—2010年,新增路灯67盏,集镇共有路灯108盏。2011年,实施老街部分区域亮化工程,安装路灯20盏。在陶南街部分路段,安装路灯40盏,道口工业园区、关镇集镇安装路灯15盏。2018—2021年,新增路灯106盏。至2021年末,集镇总计安装路灯245盏,村庄安装路灯2673盏。

四、广场　公园

广场　位于新大街北侧,省道213线南侧。2000年,新建占地面积6500平方米、大理石地面的文化广场,修建占地面积750平方米休闲绿化区。广场中央建立高7米名为"世纪风帆"的不锈钢雕塑一座,四边竖有高架路灯4盏。广场西南边建有占地1000多平方

米的体育健身活动场地，安装全套体育健身器材。该广场成为集镇中老年人健身活动的主要场所。2012年，在广场东侧建造一个长15米、宽10米的露天舞台，为陶厂镇举办大型集会和文艺演出活动提供平台。2007年，陶厂镇获得安徽省级“千万农民健身活动先进乡镇”称号和安徽省首届“文明镇”称号。

文化广场

公园 陶厂镇市民公园（广场）位于政务新区镇政府办公大楼东南侧，公园（广场）于2020年12月建成，占地面积0.27公顷，新修道路长300米，安装路灯12盏。绿化面积2400余平方米，栽种香樟、广玉兰、银杏、桂花、红叶石楠球、金森女贞、红花继木、夏鹃等绿化树木，总面积达400平方米，铺种草皮2015平方米，结束了陶厂没有公园的历史。

五、排水管网

20世纪80年代前，陶厂集镇几乎没有下水道，只有几条阴沟但作用不大，久雨连阴，污水横流。集镇的雨污水汇纳鸭蛋巷、散子巷阴沟污水流入镇东南的槽坊塘、镇西北的大横塘，南关口一带的雨污水流入关口外的太平塘以及西面的石头塘，造成水面污染。1983—1986年，陶厂镇政府（公社）针对老街道路不平、雨天泥泞，铺设更新老街下水管道，新管道直径60厘米，铺装管道长543米，基本改变了集镇雨污混流、污水横流的局面。1990年10月，铺设新大街下水管道1000米。1993年，铺设下水管道4000米。1994年，修建3个冲水式公厕，铺设1500米排水管道。至2002年，新老街道共铺设下水道总长1.5万米。2004—2017年，新铺设集镇排水管网3千米，总长达6千米。2018年11月，陶厂污水处理厂建成并投入使用，日处理污水350吨，铺装排水管道18千米，实现集镇雨污分流、达标排放。2019—2021年新增集镇排水管网1千米，建设管网5处，长13千米。

六、房地产开发

中华人民共和国成立前，陶厂镇街面多为青砖小瓦木结构房屋，居民住宅一般是砖瓦平房和部分草房。中华人民共和国成立后，20世纪五六十年代建机关、学校，增添一些公房。中共十一届三中全会后，新建南大街，开辟北大街，至1988年，沿街建有联体楼房118户，面积1.5万平方米。随着社会的发展，陶厂镇房地产开发速度加快。1991年，陶厂镇先后成立“集镇规划领导组”和“陶厂镇集镇建设指挥部”，加强对集镇建设的统一领导。

1989—1995年，先后建成农行、税务所办公楼、中小学教学楼共5栋，总建筑面积7500平方米；居民翻建平瓦房30套，总面积2400平方米，总投资980万元。1996—2000

水墨华庭商品住宅小区

年，建成镇政府办公楼、司法所办公楼、中学教学楼共4栋，总建筑面积4200平方米。开发商住楼105套1.85万平方米，新大街建商住楼55套6950平方米。

1999年，县政府先后出台《关于加快小城镇建设十条规定》《小城镇建设考核奖励办法》，陶厂镇积极招商引资，加快镇街建设步伐，制订了对陶厂集镇建设整体规划，按照规划要求，拆除镇政府门前老电影院，新建可容纳700人新影剧院；开辟迎宾大道，沿大道两边各建联体楼房4栋，总面积6400平方米。

2001年，引资300万元扩建陶厂农贸市场，市场规模增大到1528平方米。2004年，又招引资金500万元，将该市场改建成农贸综合市场，市场内建门面房72间，总建筑面积2105平方米；砌筑水泥台摊位500米；架设4排钢塑大棚，棚顶面积2000平方米。2003年，完成南峰社区、网络公司大楼和陶厂文体活动中心建设；关镇农贸市场建设全面动工。2001—2005年，建成镇土地所、财政所办公楼、中学教学楼共5栋，总建筑面积6000平方米；在步行街和迎宾路分别建造联体楼房400套和63套，建筑面积4.38万平方米和7500平方米。开发住宅楼35套，总建筑面积4500平方米。1989—2005年，陶厂镇沿街新建两层以上楼房面积11.9万平方米，开发住宅小区2个。2006—2010年，集镇房地产开发集中在步行街、桂花街、农贸市场旁边的小商品街及陶厂新街，一层均为门面房，二层、三层为住房。步行街建成住房66套，桂花街建成住房15套，小商品街建成住房35套，新街建成住房121套。2005年11月，县政府对2004年度小城镇建设先进乡镇进行表彰，陶厂镇荣获一等奖。

2011年，陶厂镇在陶中路建设面积为6830平方米商贸小区；在陶南新街建设占地面积2万平方米、建筑面积3万平方米新型农村住宅小区。同时，吸引民间资本6000万元，新建商业住宅楼近10万平方米。2013年，陶厂镇在2002年集镇建设规划基础上制订（2013—2030年）建设总体规划，对陶厂集镇建设布局进行科学规划。2014—2016年，投资1亿元建设溪岭佳苑安置小区安置房25栋568套，总建筑面积7.5万平方米。土地挂牌出让的商品房小区水墨华庭年底正式动工建设，总投资4000多万元，建造楼房6栋、180套，总建筑面积2万平方米。2017年7月，溪岭佳苑安置小

陶南新街

陶南新街北街

区安置房配套工程结束。2018—2020年，投资233万元对原三峡移民居住点进行改造，新建健身广场及道路200平方米。完成影剧院改造，镇党性教育基地正式开馆。对农贸市场进行改造升级，完成2000平方米停车场建设任务。启动政务新区搬迁及改造工程，拉开新区框架。2020年10月，完成镇政务中心搬迁、政务新区道路、公园等配套工程建设，进一步提升集镇人口聚集能力和公共服务功能。溪岭佳苑安置小区，增加集镇人口2000多人。陶厂集镇面积由民国时期0.31平方千米，发展到改革开放前的0.48平方千米，1988年为0.75平方千米，至2021年扩大到1.87平方千米。

关镇新街沿古塔路两边建设，老街为居民住宅区。1992年撤区并乡后，将陶厂交警中队建在关镇街道。开发了油厂和倒闭拉丝厂沿路地块，引进社会资本进镇建房。至1996年沿古塔路建门面房65间。1998—2002年，古塔路改建，拓宽街道，沿街由北向南新建门面房73间，为两层楼结构。2004年，新建占地860平方米农贸市场。

第三节　公用事业建设

一、供　水

20世纪80年代前，陶厂镇居民饮用水依赖集镇街后的石头塘、小井塘、槽坊塘等天然塘口水源。干旱天气，镇上居民要到2000米以外的陶厂河挑水饮用。北份街一些居民还在自家小院或门前屋后打井解决饮用水问题。关镇少数居民饮用自家打的井水，生活用水主要依靠街道边的几口大塘水。

1985年，陶厂镇政府投资45万元，在西塔石庄村采用地下水源建成1座自来水厂，采取直抽直供，铺设水泥输水管网3865米。1988年自来水用户387户，日供水180吨。随着集镇不断扩大，人口增多，1989—2001年，水厂虽经过多次改造，仍不能满足集镇居民生活需要。2001年8

利民自来水厂

月，县政府决定用二年至三年时间，基本解决大旱之年全县人口饮用水困难。陶厂镇结合实际情况，决定以打井为主解决饮用水问题，10天时间完成打井38口，缓解水厂供水不足问题。2003年，陶厂通过招商引资的方式，引资近400万元，废除老水厂，利用地处关镇街道废弃的原柠檬酸钠厂建成陶厂利民水厂，引用水质优良的垱子圩内河水为水源，输水老管网全部更新。到2005年，主管网铺设35千米，日供水量600多吨，集镇、乡村用户1520户。受2008年低温雨雪冰冻灾害影响，部分供水管网受损，镇政府决定投资恢复建设陶厂至关镇2.5千米供水管网，同时恢复建设关镇街道受损供水管网，铺设长度为0.9千米，确保居民饮用水畅通。到2011年末，全镇铺设输水管道35千米，日供水量提高到2000多吨，集镇、乡村自来水用户3500户。至2021年，全镇80%村庄铺设了自来水主管网，集镇、乡村安装用户11030户，是1988年的27.4倍。同年，镇政府成功收购民办陶厂利民自来水厂，转为集体运营，进一步保证了水厂运营的可靠性和安全性。

二、供　电

陶厂地区居民千百年来一直用菜油灯、蜡烛照明。新中国成立后，电力事业开始有了发展。1957年，安徽省水利厅决定在含山地势较高的黄墩岗上建造一座变电所，电源由当时淮南火力发电厂提供。1958年6月，黄墩变电所建成，有主变压器1台，容量1万千伏安。关镇、陶厂地区开始由黄墩变电所供电。1964年，成立关镇变电所，主变1800千伏安。不久，在镇上安装了10千伏安配电变压器，开始为居民供电照明。1970年下半年，陶厂镇、关镇乡政府所在地周边几个农村大队开始架设电线供电，部分农村居民用上了电灯。1974年上半年，辖区内所有大队普遍架设电线用电照明，农田灌溉、排涝，打稻、碾米也陆续用上了电力。

陶厂供电所

1988年以前，全镇有公用变压器25台，排涝抗旱站变压器27台，容量为8532千瓦。1992年关镇变电所迁址陶厂改建扩容，1994年4月投运。改建后主变压器为2台，分别为6300千伏安、4000千伏安，总输入双回路供电线路，确保主变不断电。20世纪末，电视机、电风扇、电饭煲、电冰箱逐步进入城乡居民家庭，陶厂地区用电负荷大增，供电质量亟待提高。1999—

陶厂变电所

2002年，陶厂第一批农村电网改造工程

2015年，陶厂第三批农村电网改造工程

2003年，国家投资对城乡电网进行改造，2005年9月底全面竣工。陶厂镇农网改造一期工程于1999年4月开工，同年5月竣工。国家投资40万元，供电所集中所有人员，苦战一个月，顺利完成20个台区项目改造任务，改建10千伏线路7.8千米、低压线路50.8千米，整改农户线路1500余户，高质量通过省市验收。2003—2005年，国家投资65万元，对剩下的32个台区分两批进行改造，改建10千伏线路12.5千米、低压线路81.3千米，整改居（农）户线路2400余户。改造后的农村电网降低了损耗，实现城乡同网同价，提高了供电的可靠性。至2005年，城乡电网改造工程全部结束，全镇共有高压线路89千米，低压线路281千米，有变压器174台，容量为15180千瓦，实现供电全覆盖。由于社会的发展，人民生活水平的不断提高，各种高档家用电器产品迅速普及，镇村用电量大幅升高，供电压力进一步增大。之后电力部门对农村电网又进行升级改造。截至2021年，陶厂镇供电所先后对辖区内的电网进行两轮升级改造，共投入资金1.13亿元。现有供电台区159个，变压器159台，输电线路总长374.02千米。

三、供　气

过去，陶厂地区居民烧锅做饭一直使用荒草和杂树。集镇上除了有草行出售烧锅柴草外，大多农民和部分集镇居民都上山砍柴草烧锅。20世纪60年代中后期，陶厂镇有部分企事业单位从东关、含城购买煤炭、煤球作燃料，少数居民家庭开始用煤炉烧锅煮饭。

80年代初，陶厂集镇上开设了一家私营液化气站，销售钢瓶液化气，办理送（换）液化气业务。陶厂居民开始用上了清洁卫生的液化气。气源来自含城、巢湖等地。至2005年，陶厂私营液化气供应点增至3家，居民使用液化气用户1750户。随着液化气用户逐步增多，入户率也不断提高，到2011年，全镇常年使用液化气居民7950多户。2021年，集镇、农村居民使用液化气更加普遍，全镇用户1.1万户，占总户数95%。清洁、方便的液化气已成为人们生活中主要燃料，柴草烧锅已经成为历史。

2000年后，省、市、县政府从方便、节能、安全出发，在农村推广使用沼气，鼓励建造沼气池，使用沼气烧锅煮饭。县新能源办公室按照不同时期的政策标准，分别给予每座沼气池400元至800元补助。同时，组建一支专业技术队伍，深入农户家中帮助建池，教会他们安全使用与管理常识，并实行统一设计施工，确保沼气工程建设成功。至2005年末，全镇建成高标准农村能源示范村3个，建沼气池367口。2006年后，在新农村建设中，很多农户在改厕的同时，积极建造沼气池，至2021年，陶厂镇建成高标准沼气池1213户。上苏村家家建池，户户用沼气，被授予市级生态家园示范村称号。

四、邮政通信

20世纪50年代中期，陶厂有邮政自办所，经办平信、挂号信、电话、包裹等邮件业务。1960年增办电报、特种挂号等邮件业务。1961年底，邮电所设在陶厂中街，有职工5人。两条邮路依靠肩挑身背送邮件。第一条邮路是每隔一天，邮递员肩挑邮包，沿路步行送发邮件，经九连（范基村）、三庄（道士观）、祁首（祁首岗村）沿和县新塘乡大河埂，经姑庙桥到铜闸镇取邮件、报刊（收发点在铜闸镇），并把外寄邮件背到铜闸寄发；取回的邮件分理好回程邮点再进行送发，经西河（现铜闸镇辖村）、庆广（现铜闸镇辖村）、庆广林场（现铜闸镇辖村）、铜闸茶场（铜闸轮窑厂位置）、前进茶场（现铜闸镇许谭自然村）、蒋王茶场、塔岗（现铜闸镇辖村）、铜庙合作社、粮站到圣河、关镇，留下关镇邮电代办所邮件返回陶厂。第二条邮路是云塘（原村部在湾塘村）、范庄（云塘小学）、大易（金易大队部）、徐关粮站（现西山村徐关自然村）、汤徐大队（阚村）、二郎庙林场、大刘庄（西山大队部）、竹园李小学（现西山村竹园李自然村）、前庄（唐庄大队部）、西荣张（西塔大队部）、大卜村（原卜李大队部）、司徒畜牧场、司徒庙（原司徒大队）回头经花山张（原规山大队）、马山朱（原马山大队）返回陶厂，时间一天。陶方文从1958年开始从事乡邮工作，步行送邮件38年。1962年，根据省局要求“通邮到社”精神，区政府所在地设邮电支局，陶厂公社所在地设自办邮电支局，办理函件、包裹、汇兑和报刊发行业务。关镇设代办所，司徒庙、汤徐阚村、祁首岗、铜庙设4个代办点，除分发少量报纸杂志外，主要业务是办理信件、代卖邮票。此后十几年，邮政通信业务发展缓慢。

1965年，陶厂邮政支局由老街迁至新大街，建砖瓦结构平房7间，草房4间，有职工7人。1978年后，随着改革开放的不断深入，邮政支局业务量逐渐上升，并开办国际邮件业务，同时增办商业包裹业务。为满足商品经济发展的需要，高额汇票限额也由2000元增加到5000元。个体户和专业户汇款越来越多。普通汇票传递速度由新中国成立前的7天左右，缩短到2～3天。1988年，陶厂邮政支局下设关

陶厂邮政所

镇邮政所，主营邮寄、有线电话、电报、邮政储蓄，有职工9人。年收发信件5.81万件，收发电报1.36万份，投递报纸杂志1.11万份（本），收送包裹4.78万件，年末邮政储蓄31万元，乡邮路增至5条。

1998年8月，根据国务院邮电体制改革要求，邮政、电信实行分营，撤销陶厂邮政支局，分别成立陶厂邮政支局、陶厂电信支局。2002年，完成陶厂电信程控交换机房改造升级。2004年2月，陶厂电信支局改称营业部。邮政主营邮寄、报刊、电报、邮政储蓄，电信负责固定电话业务。2005年，邮政收发信件1.94万件，报纸杂志9638份（本），包裹2.39万件，邮路5条，年末邮政储蓄余额533万元。随着手机通信的迅速发展，信件收发数量逐年下降，至2021年末，邮政收发信件下降到7400件，报纸杂志上升到6.56万份（本），包裹达到11.9万件，年末邮政储蓄余额3000万元。与2005年相比，信件收发数量降幅262%，报纸杂志、包裹邮件、邮政储蓄余额分别增长681%、497%、563%。

中国电信陶厂营业所

1950—1954年，陶厂镇有10门电话总机一部、单机5部。1955年，将10门总机改装成一座20门交换机、单机20部。1963年12月，陶厂公社、关镇公社所辖大队全部安装上手摇电话，两个公社的总机信号都由陶厂邮电局总机房转进转出。1993年6月，陶厂电话由人工呼叫改为载波拨号电话；3户居民家庭安装了4部电话，安装入户费达1万元，仅有3家个体企业安装使用。从1998年开始，陶厂程控电话开通，全面布网普及固定电话。虽然初装费用价格较高，但入户率依然逐年上升。到2005年，全镇铺设固定电话电缆65千米，增改光缆23千米，固定电话由1998年的11部增至218部，增长18.8倍，入户率达0.02%。之后随着电话初装费大幅下降，安装电话的家庭越来越多，集镇基本普及。由于移动通信事业的迅猛发展，手机用户不断增加，至2021年，全镇固定电话由高峰时的3250部猛减至887部，减少2363部。2001年1月，电信支局又分为中国移动、中国电信两家公司。至2021年，移动公司、联通公司、电信公司3家都在陶厂建有营业网点。全镇建有基站47座；营业网点5家，无线电话实现无盲点、全覆盖。截至2021年，全镇移动、联通、电信手机用户增至1.26万部，占全镇18周岁以上人口总数48.6%。宽带入网2865户。

五、有线电视

20世纪80年代中期，黑白电视机开始流行。陶厂镇除少数单位购置电视机外，一些经济条件较好的家庭也购买了9英寸黑白电视机。随后，黑白电视机开始在镇村普及。进入90年代，彩色电视机越来越多。当时，彩色电视机不但价格昂贵，而且还要凭票供应，尽管如此，仍被追捧。男女结婚、至亲盖房开始流行赠送彩色电视机。当时电视用户收看电视，只能靠在室外架设天线接收省电视台模拟讯号，但讯号极不稳定，图像清晰度很差而且容易受到气象干扰。

为了提高电视收视效果，1993年，陶厂镇自建可接收12套节目的有线电视网络，至年底，全镇有线电视入户412户。1994—1996年，电视网络基本实现电缆传输，实行一镇一网，传输范围仅为陶厂集镇及周边村庄。1996年10月，全县第一条含城至东关有线电视光缆传输网工程竣工。到1999年10月，完成县城经陶厂至运漕镇光缆联网，大大提高有线电视收视效果。2000年，陶厂镇有线电视并入县有线网络，资产并入县网络公司，取代原来自行调制节目。铺设光缆14.5千米，完成了“一地一网”“上下贯通”“统一管理”的运营模式。2003—2007年，县网络公司加入安徽网络股份公司，先后改造布设主传输电缆改光缆45千米，网内传输28套节目，有线电视用户3500户。至2021年末，由于受互联网电视的冲击，全镇有线电视用户降至2760户，比2000年减少740户，有线电视覆盖率14%。

第四节　美好乡村建设

建设社会主义新农村，是党的十六届五中全会提出的我国现代化进程中一项重大历史任务。统筹城乡经济社会发展，推进现代农业建设，全面深化农村改革，大力发展农村公共事业，千方百计增加农民收入，被确定为国家“十一五”规划中解决“三农”问题的战略方向。

一、组织领导

2006年，是社会主义新农村建设的开局之年。3月，安徽省委、省政府结合安徽实际，在全省启动“千村百镇”示范工程，提出争取用3年到5年时间，按照“生产发展、生活宽裕、乡风文明、村容整洁、管理民主”的二十字方针要求，将其建设成各具特色的新农村建设示范村镇。随后，巢湖市委、市政府也启动了“百村十镇示范工程”，每年每个县选择10个自然村作为市级示范村进行村庄整治，每个村安排2～3家帮扶单位予以资金支持。陶厂镇被列入省级示范镇，云塘村、卜李村和官塘村先后被列入省级示范村。

2006年3月，县委、县政府根据省市委、政府的安排意见，结合含山实际，出台《含山县关于社会主义新农村建设的实施意见》和《含山县建设社会主义新农村示范工程方案》。陶厂镇按照“全面部署、重点突破、示范带动、因地制宜、分步实施”的总体思路，及时制定了《陶厂镇社会主义新农村建设实施细则》，每年选择一批示范自然村开展新农村建设。建立以政府为主导、农民为主体，部门帮扶、社会参与的工作机制。各示范自然村均组建由老党员、老村干、老复退军人、老退休教师、老村民为代表的“五老”理事会，制定理事会章程和村规民约，充分发挥理事会在新农村建设中的“理事、理财、监督”权力，突出农民主体地位，调动群众积极性。2007年6月和2008年9月，在全县新农村建设年度考核中，陶厂镇分别被评为第二名和第一名。2012年，新农村建设更名为美好乡村建设。截至2021年末，全镇有17个自然村建成美好乡村示范村（中心村）。

在具体实施中，镇、村两级成立“社会主义新农村建设领导（小）组”，镇、村主要负责人任组长，按照分片管理、分人负责的原则，将各项工作任务分解落实到村，包保到人、定责到人、追责到人，形成了层层有人抓、事事有人管的格局。镇政府每年与镇分工负责人、村干部和自然村村长签订《责任状》，按照目标项目化、项目责任化的要求，实行周督查、月调度、季通报制度，将新农村建设工作列入干部年度目标考核。县委、县政府指派县直机关及有关单位联系帮扶示范村创建。

二、阶段任务与成果

陶厂镇新农村建设始于2006年3月，至2021年5月，全镇17个新农村建设示范村（中心村）分10批次建设，累计投入资金3558万元。

第一批次。2006—2008年，为新农村建设初始阶段。建设对象为省级示范村云塘村张李自然村，县级示范村云塘村松陶自然村、西塔村冯王自然村。示范村建设工作目标是“生产发展、生活宽裕、乡风文明、村容整洁、管理民主”，具体工作任务是“三清、三改、三整顿、三集中”村庄整治活动。“三清”，即清垃圾、清污泥、清杂物；“三改”，即改路、改水、改厕；“三整顿”，即整顿空心村、整顿废弃房、整顿牲畜圈；“三集中”，即垃圾集中处理、污水集中处理、公共设施集中建设。3个村自筹资金90万元+政府补助+帮扶单位支持，累计投资270万元。工程建设从2006年3月至2007年6月底结束，累计清理垃圾697吨，治理污水72处，清理杂物84处1260吨。改土路为砂石路2.4千米，改砂石路为水泥路6.15千米；改造三格式厕所179座，建公厕1座；自来水入户179户，铺设管道4.22千米；建生态污水处理池3座，铺设下水管道1.55千米；拆除废弃房32处，整顿清理牲畜圈18处；建文化墙、公开栏36处；村庄绿化率36%以上，安装村内路灯126盏；整顿空心村2个。此批受益农民279户1067人。

美好乡村示范村西塔村冯王自然村

第二批次。建设对象为省级示范村官塘村上苏自然村，市级示范村卜李村南周自然村。工程建设从2007年6月至2008年6月底结束。政府投资300万元，累计清理垃圾247吨，治理污水16处，清理杂物43处538吨；改土路为砂石路 0.35千米，改砂石路为水泥路3.1千米；改造三格式厕所116处，建公厕1座；自来水入户127户，铺设管道2.31千米；建污水处理站2座，铺设下水管道2.03千米；拆除废弃房13处，整顿清理牲畜圈16处；

美好乡村示范村官塘村上苏自然村

美好乡村示范村祁首村小过自然村

建文化墙、公开栏59处；村庄绿化率39%以上，安装村内路灯47盏；规划中心村2个。此批受益农民142户596人。

第三批次。建设对象为县级示范村祁首村小过自然村、官塘村陈庄自然村。工程建设从2008年6月至2009年11月底结束。投入150万元，政府补助+帮扶单位支持140万元，自筹资金10万元。累计清理垃圾162吨，治理污水13处，清理杂物36处135吨；改土路为砂石路0.4千米，改砂石路为水泥路3.2千米；改造三格式厕所175处，铺设下水管道1.63千米；自来水入户215户，铺设管道2.71千米；拆除废弃房7处，整顿清理牲畜圈14处；建文化墙、公开栏27处；村庄绿化率35%以上，安装村内路灯38盏；整顿空心村1个。此批受益农民215户819人。

第四批次。2009—2011年，新农村示范村建设以全面落实科学发展观，统筹城乡经济社会发展，扎实推进农村公共服务设施建设，壮大村级经济，促进农民增收为目标，要求每村发展壮大1～2个主导产业，培育两个以上科技示范户、种养大户，示范村人年均收入高于非示范村200元以上。建设对象为县级示范村祁首村岗沈自然村、官塘村周卫自然村。工程建设从2009年11月至2010年12月底结束，投入90万元，政府补助+帮扶单位支持84万元，两村自筹资金6万元。累计清理垃圾94吨，治理污水41处，清理杂物13处57吨；改土路为砂石路0.15千米，改砂石路为水泥路1.9千米；改造三格式厕所72处，铺设下水管道1.3千米；自来水入户72户，铺设管道2.43千米；拆除废弃房11处，整顿清理牲畜圈5处；建文化墙、公开栏13处；村庄绿化率37%以上，安装村内路灯31盏。此批受益农民72户284人。

美好乡村示范村官塘村周卫自然村

第五批次。建设对象为县级美好乡村示范村祁首村宋村自然村，市级美好乡村示范村卜李村张巷自然村、关镇村杨府城自然村。工程建设从2011年3月至2013年12月底结束，政府投资300万元。

美好乡村示范村卜李村张巷自然村

美好乡村示范村卜李村南周自然村

累计清理垃圾32吨，治理污水23处，清理杂物28处53吨；改土路为砂石路0.06千米，改砂石路为水泥路2.3千米；改造三格式厕所193处，铺设下水管道1.4千米；自来水入户212户，铺设管道2.6千米；拆除废弃房13处，整顿清理牲畜圈11处；建文化墙、公开栏13处；村庄绿化率41%以上，安装村内路灯31盏。此批受益农民212户820人。

第六批次。2012—2014年，新农村建设更名为美好乡村建设，建设目标是“生态优化、环境整治、村庄建设、产业升级、服务提升”五大工程，具体任务是“集中开展环境综合整治，大力实施村庄规划建设，加快农业产业升级，完善村内服务功能”。建设对象为省级美好乡村中心村卜李村南周自然村。工程建设从2014年3月至2015年12月底，政府投资418万元。累计清理垃圾45吨，治理污水2处，清理杂物4处36吨；改砂石路为水泥路0.35千米；改造三格式厕所23处；建污水处理站1座，铺设下水管道1.3千米；自来水入户12户，铺设管道1.1千米；拆除废弃房2处，整顿清理牲畜圈6处；改造村庄房屋立面3200平方米，建文化墙、公开栏24处；村庄绿化率42%以上，安装村内路灯35盏；规划中心村1个。此批受益农民77户331人。

第七批次。2015年后，美好乡村建设目标提出新理念，即完善村庄布点规划，夯实城乡一体化建设基础，统筹城乡公共资源配置，推进农村社会事业发展，培育农业经营主体，促进土地流转加快农业转型升级。建设对象为省级美好乡村中心村西塔村邱蒋陶自然村。工程建设从2016年3月至2017年3月底，政府投资300万元。累计清理垃圾75吨，治理污水36处，清理杂物25处31吨，改砂石路为水泥路2.1千米；改造三格式厕所384处，建公厕1座；自来水入户403户，铺设管道3.05千米；建污水处理站1座，铺设下水管道1.32千米；整顿空心村1个，拆除废弃房5处，整顿清理牲畜

美好乡村示范村西塔村邱蒋陶自然村

美好乡村示范村西山村徐关中心村

圈14处；改造村庄房屋立面500平方米，建文化墙、公开栏17处；村庄绿化率39%以上，安装村内路灯33盏，规划中心村1个。此批受益农民403户411人。

第八批次。建设对象为省级美好乡村中心村西山村徐关自然村。工程建设从2017年3月至2018年12月底结束，政府投资330万元。累计清理垃圾67吨，治理污水28处，清理杂物51处155吨，改砂石路为水泥路3.43千米；改造三格式厕所117处，建公厕1座；自来水入户126户，铺设管道4.1千米；建污水处理站1座，铺设下水管道1.62千米；拆除废弃房18处，整顿清理牲畜圈26处；改造村庄房屋立面3100平方米，建文化墙、公开栏24处；村庄绿化率38%以上，安装村内路灯48盏；规划中心村1个。此批受益农民126户418人。

美好乡村示范村关镇村潘村农民文化广场

第九批次。建设对象为省级美好乡村中心村关镇村潘村，市级美好乡村中心村云塘村松陶自然村、官塘村上苏自然村。工程建设从2019年3月至2020年11月底结束，政府累计投资800万元。累计清理垃圾142吨，治理污水39处，清理杂物26处63吨；改砂石路为水泥路2.9千米；改造三格式厕所137处，建公厕3座；自来水入户308户；建污水处理站1座，铺设下水管道2.14千米；整顿空心村1个，拆除废弃房11处，整顿清理牲畜圈12处；改造村庄房屋立面1.53万平方米，建文化墙、公开栏68处；村庄绿化率41%以上，安装村内路灯125盏；规划中心村1个。此批受益农民308户1242人。

第十批次。建设对象为省级美好乡村中心村铜庙村铜庙自然村，市级美好乡村中心村铜庙村童嘴宋自然村。工程建设从2020年3月至2021年12月底结束，政府累计投资600万元。累计清理垃圾164吨，治理污水31处，清理杂物47处124吨；改砂石路为水泥路5.3千米；改造三格式厕所175处，建公厕2座；自来水入户299户，铺设管道2.3千米；建污水处理站1座，铺设下水管道2.7千米；拆除废弃房18处，整顿清理牲畜圈26处；改造村庄房屋立面7300平方米，建文化墙、公开栏39处；村庄绿化率38%以上，安装村内路灯167盏；规划中心村1个。此批受益农民299户1199人。

全镇17个示范自然村（中心村）中有10个完成村庄整体规划，其中南周、上苏、徐关、邱蒋陶、潘村、铜庙6个自然村新建文化大舞台、农民运动广场、体育健身活动场地等农民文化娱乐场所，安装健身器材17套。17个示范自然村全部建有停车场，有13个村建立便民服务网点27个。17个自然村全部接通有线电视和互联网。

在产业提升上，全镇17个示范自然村流转土地141.35公顷，建立农民合作社5个，培育种植、养殖主导产业7个、科技示范户23户。全镇示范村人均年收入高于非示范村收入315元。如今，示范村卫生状况大为改观，村容村貌干净整洁，居住环境优美舒适，呈现出一派新农村美好气象。

第五节　农村交通建设

一、村级道路建设

西山村阚村自然村建设“村村通”道路

2002年4月，陶厂镇政府加大资金投入，以奖代补，动员全镇各方面力量，采取“一事一议”方式筹资筹劳，开展村级道路建设、养护和管理工作，建设对象为省、县、镇主干路连接各村村部的道路；以村部为中心，连接各自然村道路；省、县、镇主干道连接镇属重点厂矿、企业和学校的道路。建设标准为连接各村村部的道路路基宽6米，主路面3.5米，两边路肩各1米，路基毛石垫层15厘米，石子稳定层8厘米，路面封层4厘米。村部连接各自然村道路标准为，路基宽6米，主路面宽不少于3米，两边路肩各1米，路基毛石垫层10厘米，石子稳定层6厘米，碎石子封层。

2003年11月，完成村及自然村道路建设14.2千米，镇政府以奖代补部分建设资金。

卜李村小李自然“村村通”道路加宽工程建设

从2005年开始，实施“村村通”水泥路建设工程，官塘、司徒、苏滩、祁首4个村首批修建4条水泥路，总长13.5千米，宽3.5米；总投资236万元，其中，中央补助资金160万元，社会集资76万元。

为改善农村交通落后面貌，含山县大力推进“村村通”建设，陶厂镇争取到上级部分建设补助资金。道路标准为水泥混凝土路，路面宽3.5米，板厚18厘米。到2008年10月全部完成镇到各村部、村部至自然村的道路工程。2017年，根据上级部署，陶厂镇又组织实施畅通工程，“村村通”公路路面由3.5米扩建为4.5米，加宽1米。

卜李村旱地庄自然村村道加宽工程

陶厂镇先后建成的“村村通”乡村公路有：云塘村林村自然村（连接陶南路）至南二过自然村路，全长2.3千米，宽3.5米，水泥路面；陶厂至西塔村徐庄自然村路，全长1.7千米，水泥路面；陶厂至祁首岗自然村路，全长3.7千米，宽3.5米，水泥路面；陶厂至西塔村西荣张自然村路，全长1.7千米，宽3.5米，水泥路面；陶厂至西塔村大戚自然村路，全长2.3千米，宽3.5米，水泥路面；关镇街道至苏滩自然村路，全长2.9千米，宽3.5米，水泥路面；关镇村杨府城自然村连接古塔路至散水滩自然村路，全长2.6千米，宽3.5米，水泥路面；关镇街道至司徒村花山张自然村、江老自然村，全长5.4千米，分别为宽5米和3.5米；卜李村旱地庄自然村至水洞孙自然村路，全长4.1千米，宽3.5米，水泥路面；铜庙村东堡自然村连接古塔路，全长1.9千米，宽3.5米，水泥路面；官塘村吴庄自然村至黄泥岗自然村路，全长2.3千米，宽3.5米，水泥路面。

至2021年底，全镇共修建水泥、沥青道路，路面标准3.5米至5米宽不等的村级道路196千米；修建村庄、机耕砂石路223条，总里程459千米。镇、村及各自然村，均修通了水泥路，形成完整、畅通的公路交通网。

二、镇村道路网建设

1988年，陶厂镇跨境县道有陶（厂）南（义）路、陶（厂）新（塘）路，跨境路段11千米；境内陶厂至祁首村、关镇街至司徒村、关镇街至苏滩村、杨府城村至张宋村，铜庙村至官塘黄泥岗村均为砂石路，全长3.1千米，宽3米。2002年，陶南路50%路段、陶新路全段铺设成柏油路，总长7.5千米，路面宽由3.5米拓宽为5.2米。2003年1月，国道合（肥）巢（湖）芜（湖）高速公路建成通车，在镇境官塘村曹庄自然村设出入口通道，名为关镇道口，距镇政府驻地4.5千米。2005—2015年，镇政府实施“村村通”水泥路建设工程，官塘、司徒、苏滩、祁首4个行政村首批修建4条水泥路，总长13.5千米，宽3.5米，总投资236万元，其中中央补助资金160万元，社会集资76万元。2005—2015年全镇修建砂石路223条，总里程459千米，投入资金305万元，镇财政以奖代补56万元。截至2021年底，全镇共修建水泥路、沥青路，路面标准为3.5～5米宽不等的村级道路118千米，实现了村村通道路全部硬化。

2016年，利用高标准农田整治项目资金，修建关镇、祁首、云塘、司徒、卜李5个村沥青路5条5.2千米、水泥路14条6.4千米、砂石路9条7千米。完成撤并建制村道路硬化7

条，贫困自然村道路硬化5条，老村道加宽8条，全长计26.4千米。完成9.46千米汤徐路改造。完成和陶路路面加宽2.5米，全长2.99千米。2017—2018年，农村道路畅通工程新建扶贫村道路9条，新建撤并村道路7条，拓宽老村道9条，水泥路总长28.4千米。投入1300万元的陶厂至和县南义（2020年升级为省道441），阚村至张公7.3千米的沥青路，于11月竣工通车。司徒村投资约400万元，平整土地920.5公顷，新建砂石路24千米，新建和改建水泥路12.45千米。新修云塘、卜李等村级水泥路5条，总长12千米。2019年，完成官塘村陈曹路、西山村腰石路、祁首村李庄路、关镇村张蔡路、司徒村左冲路5条道路建设。实施村道扩面延伸工程和关林路大修工程，先后投入4500多万元，完成79.73千米乡村道路建设和33.78千米防护栏工程。截至2021年末，陶厂镇共修建乡道47.86千米，村道196千米。

卜李村级公路

西山村级公路

2021年陶厂镇镇、村公路交通表

表3-1

名称（起终点）	里程（千米）	建设（修建）年份	路面状况
关（镇）—林（林头镇杨山）（经规山、司徒）（镇道）	12.51	1994、2017	5米（砂石路）、5米（混凝土路）
陶厂—云塘村金村大桥	3.1	2002	宽5.5米，柏油路面后改为水泥路面
陶厂—祁首村	3.7	2002	宽3.5～4.5米，水泥路面
云塘村林村—南二过村	2.3	2006	宽3.5～4.5米，水泥路面
陶厂—西塔村徐庄自然村	1.7	2006	宽3.5～4.5米，水泥路面
陶厂—西塔村西荣张自然村	1.7	2006	宽3.5～4.5米，水泥路面
陶厂—西塔村大戚自然村	2.3	2006	宽3.5～4.5米，水泥路面
关镇村—苏滩自然村	2.9	2005	宽3.5～4.5米，水泥路面
关镇—司徒花山张、江老自然村	5.4	2005	宽3.5～4.5米，水泥路面

续表

名称(起终点)	里程(千米)	建设(修建)年份	路面状况
卜李旱地庄—水洞孙自然村	4.1	2006	宽3.5～4.5米,水泥路面
铜庙村东堡自然村—古塔路	1.9	2006	宽3.5～4.5米,水泥路面
官塘村—吴庄—黄泥岗自然村	2.3	2006	宽3.5～4.5米,水泥路面
关镇杨府城—散水滩自然村	2.6	2006	宽3.5～4.5米,水泥路面

第六节　改水改厕工程建设

农村饮水工程是惠及农村人口的一项民生工程,后在扶贫工作中又加入饮水解困工程,作为精准扶贫项目之一。

一、农村饮水安全工程

优质水源不足一直是陶厂改变农村饮水卫生状况面临的首要问题。自1985年建成自来水厂,水厂采用的水源是地下水,但是出水量有限,后经过多次改造,仍不能满足供应。2003年4月,陶厂镇通过招商引资的方式,废除老厂,新建陶厂利民自来水厂,由私人投资经营。水厂引用水质相对较好的垱圩内河水,供水范围仅限陶厂集镇。水厂原规划仅对集镇及周边村庄供水,后随着国家对民生工程投入加大,逐渐向所有村庄覆盖。2006年,全县农村饮水安全项目涉及陶厂镇云塘村,项目总投资195万元。工程于2007年10月全部建成,云塘村受益270户870人。

2008年,全县农村饮水安全项目涉及陶厂西山、云塘、西塔3个村25个自然村。陶厂镇在西山村新建集中供水点,即陶厂利民自来水二厂,利用二郎庙水库作为水源,供应西山村3500人饮用水。云塘、西塔两村采取延伸管网,由利民自来水厂供水。工程于2009年5月竣工,受益25个自然村668户3100人。

2009年,全县农村饮水安全项目涉及陶厂官塘、云塘、西塔、铜庙、卜李、司徒、祁首7个村和1个社区。项目于4月开工,12月20日竣工,总投资922万元,受益户1039户4352人。

2011年,陶厂镇日供水5000吨的利民自来水厂扩建项目全部竣工,解决了云塘、卜李、祁首、西塔、西山、司徒6个村和南峰社区,共1862户9019人的饮水安全问题。

2012年,陶厂镇投入420万元用于农村安全饮用水改造工程,涉及8个村9300多人。工程9月开工,12月底结束。2013年,陶厂镇完成7000人安全饮用水工程,工程至2014年4月底竣工。2014年,投资60万元扩建利民二水厂工程。

2019年,陶厂镇实施自来水改造工程,工程投资143.8万元,对利民水厂水池进行扩容，维修改造供水管线，提高水厂日供水能力，工程2020年1月竣工。2019年，陶厂镇投入130万元对司徒村和扶贫户的安全饮用水进行升级改造。2021年投入300多万元收购利民水厂产权，由政府管理运营。2019年7月，陶厂镇配合县自来水厂对舒庄、严庄片、祁首片和关镇片实施农村饮用水管网提升改造工程，解决了148户301人饮水困难问题。

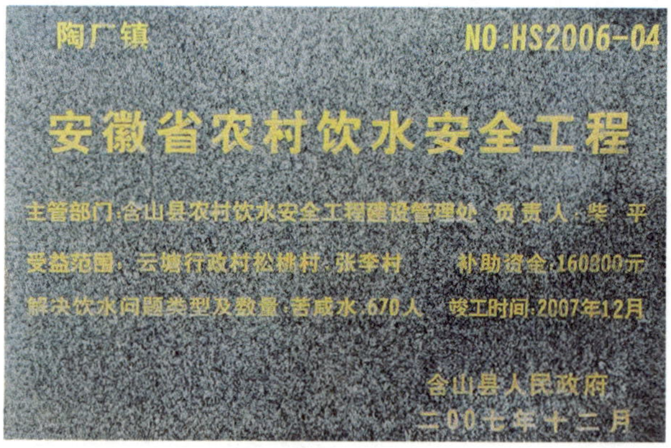

农村饮水工程

针对原有的自来水厂由于制水生产线设备老化，节假日和夏季用水高峰期时，时常出现供水不足、夜间停水的问题，为实现全镇自来水进村入户全覆盖目标，2011年5月，县水务局决定对陶厂镇利民自来水厂进行改造，并将此工程列为含山县2011年农村饮水安全项目。2011年，陶厂镇重新修缮水厂制水生产线，对水池进行扩容，日制水能力达到4500吨。同时，新铺设至垱圩村供水主管道4269米，解决关镇村和铜庙村421户1200人用水困难问题。新铺设卜李村小沈自然村至水洞庄自然村供水管道443米，解决该村12户52人用水困难问题。为完善城乡供水一体化建设，含山县城乡供水有限公司投资1600万元对陶厂镇西山村、云塘村、西塔村和祁首村4个村4406户供水老旧管道进行改造更新。

陶厂农村实现自来水进户全覆盖

随着供水人口的增加、用水量不断增大，2016年陶厂镇再次申请将陶厂利民水厂升级改造，纳入县当年安全饮水计划并获得批准。2021年利民自来水厂被陶厂镇回购改为镇办企业，供水范围实现全镇所有村庄全覆盖。2022年，在县政府统一安排下，从含城开始向含南铺设输水管道，计划2023年下半年，陶厂居民将用上长江水，从而彻底解决水量不足和水质难以保证的问题。

在扶贫工作中，陶厂镇在县统一安排下，将饮水解困工程，纳入精准扶贫项目。2001年，上级下达给陶厂镇饮水解困工程指标打井23口，挖塘1口，集中供水点1处，下拨经费13.4万元。陶厂实际打井38口，挖塘35口，总投入资金142万元，缺口部分镇政府配套65万元，群众自筹63.6万元。通过几年努力，基本解决了全镇山区4000人口的饮水困难。

2001年陶厂镇解决饮水困难打井统计表

表3-2

行政村	自然村	打井口数	井口编号	行政村	自然村	打井口数	井口编号
西塔	坝里	1	514	司徒	曹堡	1	3
西塔	高庄	1	515	横山	陈庄	1	4
西塔	西荣张东队	1	519	横山	曹庄	1	5
西塔	西荣张西队	1	2	规山	小贾	1	6
西山	李庄	1	516	规山	彭村	1	7
西山	吴庄	1	020	铜庙	排楼	1	8
官塘	吴庄	1	517	云塘	李西	1	10
官塘	中庄	1	022	云塘	杨庄	1	1
金易	大易	1	518	西山	刘庄	1	11
唐庄	林场	1	023	西山	岳庄	1	12
唐庄	官塘上村	1	024	官塘	官塘院	1	13
唐庄	官塘下村	1	025	官塘	马口	1	14
唐庄	上下胡	1	026	司徒	江老	1	15
卜李	水洞孙	1	520	司徒	司徒庙	1	16
卜李	小沈	1	521	规山	左冲	1	17
卜李	小童	1	027	规山	花山庄	1	18
汤徐	腰石	1	522	陶西	黄庄	1	19
汤徐	向阳	1	9	马山	南周	1	20
司徒	付村	1	021	关镇	顾庄	1	21

二、农村厕所改造工程

陶厂农村千百年来一直使用传统旱厕，卫生状况极差，改厕工作关乎群众生活质量，是改善农村人居环境的一项重要民生工程。2017年，陶厂镇成立以镇政府主要负责人任组长、分管负责人任副组长、相关部门负责人和村书记任成员的农村改厕工作领导小组，抽调精干人员组建镇改厕办公室。各村确定1名村干部为改厕工作联络员，专抓改厕工作，从镇到村建立农村改厕管理组织，不定期召开会议，布置安排改厕工作任务，及时解决具体问题。

农技站检查西塔村改厕建设

为确保改厕的质量标准，陶厂镇制定了四个统一：统一规格，按照县规定的改厕标准，严格要求不走样，聘请专业监理进行现场全程质量监督；统一放样，农户家化粪池位置由村干部、村民和施工队共同现场商定，定位定点无纠纷后再行施工，力求做到科学合理；统一施工队伍，一个村选派1～2名有经验的施工队员帮助无能力自建或自愿委托他人代建的农户进行改厕，施工队人员全部经过县、镇集中培训，掌握相关施工技术规范和标准要求；统一组织验收，施工结束后，由镇、村干部对改厕农户进行初步质量验收，对不合格的立即返工整改，直到达标为止。

陶厂镇先在东王自然村建造示范厕所，以此为例大力宣传，把改厕的好处充分显示出来。村民对改厕的认识也发生巨大变化，从“要我改”变成“我要改”，参与积极性不断提高。此后短短3个月时间，全镇完成1450户厕所改造。2017年至2021年，陶厂镇实施改厕3349户。2019年，陶厂镇在官塘村吴庄自然村和祁首村祁首岗自然村建设2个生态大三格化粪池。在关镇街道、唐庄、关上和关下自然村采用一条排污管道路连接，保证了管道畅通。

2020年4月，陶厂镇按照“六有”标准建立农村改厕管护服务站，所有村均组建管护服务分站或配备管护联络员。至2021年，建立了镇级后期管护服务总站，卜李村还建有后期管护服务分站。镇采购吸粪车4台，每个村配有吸粪泵和小型机动转运车，自行清淘的农户均配备有清淘器具。是年，陶厂还在镇黄桃园建立了生态蓄粪池。

2021年，开展农村户厕摸排整改“回头看”，全镇改厕率由原来的46.52%，提升到现在的56.48%。改厕改变了村民的传统观念，提高了农民生活质量。

第七节　乡村旅游开发

20世纪90年代末，县委、县政府提出“文旅兴县”发展战略，陶厂镇抢抓机遇，依托自然山水资源和历史文化底蕴，积极融入全县旅游发展总体战略。2012年,陶厂镇坚持“生态立镇”战略，充分挖掘境内自然和人文景观的潜力，重点发展乡村生态旅游。

一、大渔滩湿地公园建设

大渔滩位于陶厂镇东南8千米，面积约1.33平方千米。原本这里是一个面积较大、地势低洼的河湾，后来由于泥土淤积，大约在350年前形成了较典型的滩涂湿地。新中国成立后，对该地区进行多次治理，将原来的10个小圩圈联形成“十联圩”。经过多年加高加

大渔滩湿地公园观景台

固，圩堤高程由初期的9米，提高到如今的13.5米，防洪、排涝能力得到极大提高。大渔滩湿地保护面积135公顷，核心面积60公顷。这里生长着丰富的水生动植物，有莲藕、菱角、芦苇、菖蒲、席草、荸荠、茭瓜等十几种；有野鸭、白鹭、灰鹤、鸿雁、黑鹳等鸟类20多种。诸多动植物对维持生态平衡，保护物种资源，调节小气候都起到重要作用。每年5月至10月，满滩荷花盛开，一片绿色海洋，清香飘荡，野鸭戏水，白鹭飞翔，景色十分迷人。

2012年2月，县政府决定在大渔滩区域建设省级农业示范园。镇政府抽调6名镇村干部，成立地方工作办公室，协助县大渔滩示范区建设指挥部工作，协调处理地方事务。全年流转土地300公顷，完成园区内5.1千米道路征地和新建园区主干道1.2千米长、9米宽的建设任务。同年7月18日，陶厂镇成功举办首届大渔滩湿地荷花观赏节，扩大了大渔滩的知名度。2014年8月，县政府撤销大渔滩指挥部，陶厂镇随后成立镇大渔滩建设指挥部。经过几年的建设，总投资1148万元，基本完善了大渔滩湿地公园旅游基础设施，流转大渔滩周边土地533.33公顷，完成湿地环保，野菱、野莲保护等项目建设。2015年7月，陶厂镇聘请合肥工业大学建筑设计研究院系统规划设计大渔滩湿地公园方案。规划有景点50多个，现已开发、可供游客游览的景点10多个。游客可以通过徒步、乘小船、骑自行车和登观景平台等方式，从不同角度欣赏大渔滩美景，体验生态野趣；同时，对大渔滩进行清杂除污，环大渔滩外围东、南、西、北4条道路铺设沥青硬化；修建“荷香码头”“菱香码头”供游客乘小舟进入荷花荡游览。2016年11月，大渔滩湿地公园通过AAA级风景区验收。2021年12月，通过国家AAA级旅游景区验收。2022年，大渔滩被省环保部门确定为省级湿地公园。近几年，每到夏季，大量游客赶来赏荷；秋季也

大渔滩湿地公园荷花美

2021年，陶厂农耕文化节采藕比赛

有许多游客前来观鸟、欣赏芦苇，这里更是周边摄影爱好者网红打卡地。

二、潘村民宿旅游建设

潘村为省级中心村，位于S226公路南侧200米处，西邻大渔滩湿地公园，是一个传统古村落。2017年，镇党委、政府提出把潘村打造成乡村旅游特色村。根据大渔滩湿地公园规划方案，结合自身特点，运用生态和乡土元素，在潘村发展民宿旅游，充分体现乡村地域特色。从2018年开始，由关镇现代农业发展有限公司投资500万元进行民宿项目建设，聘请中国美术学院专业团队设计，规划改造、新建民宿8栋15间客房，其中改造农民闲置房屋4栋，新建两层框架结构楼房1栋和单体装配式民宿3栋，一次可入住游客30人。2021年初，公司争取到国家项目扶持资金，再建民宿10套，其中改建民房6套，增加客房床位25个，建成综合楼1栋，集接待、阅读、娱乐、小型会务为一体，提高了接待能力。

潘村民宿

2019年，镇政府按照省级美丽乡村中心村建设标准，一期投资600万元，建设大渔滩旅游综合体。建成沿S226道通往潘村的主干道1.8千米，道路入口处建造一座牌楼；完成旅游公厕、文化舞台、停车场、农舍立面改造等配套工程。2020年7月，二期投入820多万元，平整土地1300平方米，清淤池塘4口，拆除违规建筑12处，补种绿植7处。完成中心村公园160米风车廊架及木质栈道、儿童戏水池、景观步道、休闲平台、网红小火车、网红铁链桥、茅草亭、五谷杂粮示范园、儿童乐园等景点。建成清荷小院、大渔滩食府两家农家乐以及电商小院。2021年10月1日，潘村旅游景区正式对外接待游客。截至当年末，接待游客3.5万人，其中入住民宿300多人次，网红小火车吸纳游客2.3万人次。为扩大影响力，陶厂镇从2021年起，

潘村民俗客房

潘村民宿观景小火车

每年国庆长假期间在潘村举办“大渔滩农耕文化节”，有趣味运动会、摸鱼采藕、少儿作画、篝火晚会、音乐晚会等项目，吸引了大批游客前来参加。

三、司徒村旅游扶贫项目建设

司徒村“绿游游”旅游扶贫项目

司徒村位于陶厂镇西南部，三面环山，是含山县革命老区之一。2016年被列为全国乡村旅游扶贫重点村，也是含山县“绿游游”乡村旅游扶贫示范村。这里山高林密，抗日战争时期是中共含山党组织和含巢游击支队的活动根据地。司徒村通过招商引资，从2013年起先后引进了松葳生态园、恒艺油牡丹园、天缘绿都苗木等6家公司落地。改造山场，栽植名贵珍稀树木134公顷，油用牡丹179公顷、牡丹苗圃2.7公顷、油茶6.7公顷、黄金梨17.4公顷、美国薄壳核桃74公顷、蓝莓40公顷。2017年，利用县“绿游游”产业补助资金206.4万元，新增油牡丹100公顷。2017年，陶厂投资130万元，实施“五园同创”旅游项目，贯通了五星蓝莓园、天缘绿都苗木生态园、锦绣黄桃园、松葳彩枫林生态产业园、恒艺牡丹园游览道路，方便游客观赏。2019年，投资200万元，建成油牡丹园——松葳彩枫林生态产业园800米长沥青路面、旅游停车场、旅游厕所、游客服务中心，这些设施都已投入运营。通过实施“绿游游”乡村旅游扶贫工程，司徒村顺利整体脱贫。如今山场林木茂盛，自然生态良好，是人们亲近大自然，观赏、采摘的好去处。

第四章　党政群团

陶厂、关镇地区早在民国中期就有中共党组织活动，民国二十八年(1939年)12月，中共含和工委在陶厂西山村大李自然村正式成立。民国二十九年(1940年)3月，中共含和中心县委在铜庙、关镇组建了地方武装——铜关游击队。民国三十一年(1942年)2月，成立中共陶运区政府，含山县境内建有陶厂、关镇、铜城庙3个乡政府。党组织带领群众在这块土地上与敌人开展殊死斗争，摧毁数座日伪碉堡，切断日伪军交通线，聚歼国民党保六团，组织担运团支援解放军渡江作战，等等，为新中国的成立贡献了陶厂力量。

中华人民共和国成立后，历届陶厂镇党委、政府带领广大干群艰苦拼搏，战胜了历次严重自然灾害，农业取得连年大丰收。尤其是进入新世纪以来，历届党委、政府坚持生态环境建设优先不动摇，大力推进工业园区建设、集镇建设、新农村建设、民生工程建设，为陶厂获得"全国环境优美镇""国家级生态镇""全国文明村镇"和省级"文明乡镇"等荣誉称号。陶厂镇人大、政协和工会、共青团、妇联组织机构健全，各项工作紧紧围绕中心，服务大局，形成强大合力，共同谱写陶厂历史新篇章。

第一节　中共陶厂镇委员会

一、中共党组织在陶厂早期活动

清末到民国时期，陶厂集市繁荣。当时，陶厂镇通往周边地区有9条通道，是连接无为新四军七师至含山福山小庙岗新四军江北游击纵队司令部和含北黄山、巢南游击区的重要秘密通道。抗战时期，陶厂成为含南中心地带的抗日游击区，先陶运区后陶厂区委所在地，中共党组织活动十分频繁。

民国二十八年10月下旬，新四军江北游击纵队一大队进入含山、和县南部地区，开展抗日斗争。12月，根据中共舒无地委指示，中共含和工委在陶厂西山大李村正式成立，工委书记徐平(女)，委员刘芳(女)、后奕斋、曹树华。此后，中共含和工委以和县南义、含山陶厂为中心开展活动，其主要工作一是以抗日民运工作队名义进行收税，组织农民向地主借粮；二是建立和城、陶厂、大李、螺蛳滩党员秘密联络点，发展党组织。工委委员后奕斋利用曾担任过国民党和县白渡区区长的身份开展统战工作。

民国二十九年2月，由于国民党安徽省地方当局执行反共政策，皖东形势恶化，中共皖东津浦路西省委于2月下旬指示中共含北县委、和县善后区委及动委会、工作团人员全部撤到江北游击纵队一大队的活动中心含山陶厂、和县南义一带。同年3月12日，江北游击纵队一大队在西山大李村扩编为江北游击纵队新七团。含和中心县委在新七团协助下，在铜庙、关镇地区建立游击武装——铜关游击队，喻焕中任队长，新七团派王文华任指导员。全队100多人，编为2个排和1个侦察班。不久，这支游击队集体加入新四军，编为新七团第九连。为配合部队开展抗日武装斗争，中心县委对外称新七团民运工作总队，并将转移到含和地区的大批党员、干部组成8支民运工作队，分赴含和南乡进行抗日宣传活动。民国二十九年春，含山党组织先后派张建、成乃明、陆成天等人在陶厂镇以西、和县南义镇周围一带发展党员，组织农抗会。是年末，在陶厂汤徐、西山、二郎庙3地共发展中共党员24人。

民国二十九年6月，在国民党安徽省驻无为等地保安第四团、第八团的围攻下，铜关游击队分散隐蔽，有的去新七团，有的到地方上工作，游击队遂解体。同月，含和抗日游击中心区南义、陶厂、福山等地被国民党顽固派占领，基层党组织与上级暂时失去联系。同年8月，和含巢无中心县委委员刁筠寿带领党组织向方山口、小庙岗、陶厂及和县南义、新塘一带开展工作，并与含北黄山地下党组织取得联系，建立巢南至含和交通联络点，为重新开辟含和地区创造条件。

民国三十年(1941年)9月，中共含和巢县委建立后，决定以陶厂为中心，建立中共陶运区委，书记王训友。区委机关先驻陶厂镇，后驻汤徐闸口村。区委活动范围在陶厂、关镇、新塘、功桥、朱家巷一带。区委设立货检所，开展征税工作。与此同时，陶运区委分别以一个村或几个村建立党支部。在和县境内建立的党支部有中共坦盛汪支部、汤家成支部、螺蛳滩支部、大仁村支部等。在含山境内建立的党支部有：徐门关支部，支书王学成；阚村支部，支书阚芳成；大李村支部，支书余长学；岳庄支部，支书岳正和；金易支部，支书易昌和；陶厂镇支部，支书段昌祥。

这一时期，中共含和巢县委继续贯彻“隐蔽发展”的工作方针，县委委员江文、刁筠寿、刘云率领原在巢南与无为活动的含和独立连回含山活动。独立连在陶厂二郎庙、岳庄突然袭击国民党第十游击纵队别动队许克九部，缴获十几支长短枪和一挺机关枪，赶跑国民党陶运区区长，局面逐渐打开。民国三十年9月，含和巢县委机关离开巢南，进入含山福山，以该地区为依托，向陶厂、和县南乡发展。

中共含和巢县委机关进入含和地区不久，新四军第七师第五十七团第三连大部及五十六团第五连、第七连进入含和地区，开辟抗日根据地。七师为了统一领导含和地区武装斗争，于民国三十年11月成立含和指挥部，指挥长陈仁洪、副指挥长顾鸿。指挥部以福山小庙岗及陶厂西乡为中心，活动在淮南路以北、太湖山以东、张公桥以南地区。含和独立连编为含和指挥部第一连。

民国三十一年(1942年)5月，中共和含中心县委为了向和县方向发展，改陶运区委为陶东区委，刘云任书记，王训友为副书记，主持区委工作(刘云一直在部队)。同年10月，陶厂以东的和县地区建立区政权，改陶东区委仍为陶运区委，王训友任书记，张克林任区长。陶运区委活动在陶厂东北乡，区委先后驻和县南城、毛巷、张葛吴等村。同年冬，含巢工委成立后，陶运区委划属和县党组织领导。

民国三十一年上半年，南姥区建立中共龙梅乡支部，支书龚裕兴。活动范围东起张公桥河南麻布圩，西抵陶厂以东云塘乡，南到南义镇附近，北至含城南门外。同年下半年建立中共祁鲁乡支部，包括祁首岗、尹葛、邵山口、道士观等地，支书曹贵和。

民国三十二年(1943年)春至第二年夏，中共清林区委先后建立中共东关乡、司徒乡、太湖乡、崇字乡、陶西乡、清溪乡、半湖乡、白衣乡、林头乡、福山乡、民主乡等11个支部，其中司徒乡支部和陶西乡支部均于同年春建立。陶西乡支部，其活动范围为陶厂镇以西，铜庙以东，西塔山坂一带地区，支书王卫民。

民国三十二年11月，陶厂镇日伪地方人员被共产党地下组织控制。和含地委决定将陶运区的陶厂周围一带地区划出，建立梅山区委，蔡传云任书记，隶属含巢县委。龙梅乡原属和县南姥区，梅山区成立后划属梅山区。梅山区委以龙梅乡境内的龙庙山垄为界，建立中共龙梅乡支部。关帝乡靠近张公桥敌伪据点，是半公开的游击区，以龙梅乡为依托，建立中共关帝乡支部。垄北称关帝乡，垄南仍称龙梅乡。云塘乡原属陶运区，同年3月，建立中共云塘乡支部。梅山区成立后划属梅山区，下辖汤徐、云塘两个分支，党员六七十人。祁鲁乡原属陶运区，梅山区建立后划属梅山。民国三十三年(1944年)3月25日夜，含和支队独立大队及特务连各一部在支队副队长马长炎率领下突袭陶厂镇伪据点，10分钟结束战斗，摧毁敌碉堡5座，击毙伪军3人，俘虏40余人，缴获轻机枪2挺、掷弹筒2只，步枪32支、子弹千余发。在日伪军驰援赶到前，独立大队顺利撤出战斗。陶厂伪据点被摧毁后，中共党组织在该镇成立陶厂镇政府，属和县新桥区，同年8月划属含巢梅山区。梅山区委改陶厂镇为陶厂市，成立市总支，王冰(女)任党总支书记，蒋云任市长。中共崇字乡支部原属清林区，梅山区成立后划属梅山区。

民国三十四年(1945年)8月中旬，日军宣布无条件投降。国民党驻皖二十一集团军第一七一师抢占含山县城及各个集镇，新四军第七师开辟的含巢抗日民主根据地被迫收缩。中共含巢县委机关转移到东关陡门口刁村，梅山、龙亢两区的党政人员及游击武装汇集到司徒、福山一带活动。中共含巢县委北撤后，留下一支仅7人的司徒游击队，由项朝亮带领在司徒、太湖山一带坚持活动。由于受到关镇、林头国民党驻军不断搜捕与叛徒的出卖，游击队被迫分散隐蔽。

民国三十七年(1948年)4月，解放军先遣支队三十三团在顾鸿率领下南下含山、和县活动。5月，顾鸿部二营部分武装在含山太湖寺击溃国民党安徽省保安六团三营。含和的革命形势趋于好转，和含工委便由无为东乡返回含山福山、陶厂、和县南义等地活动。6月11日，在地方游击队配合下，顾鸿率部在陶厂至和县司常庄一带歼灭国民党保安六团2个营和1个机枪排，毙俘敌官兵500余人，缴获500多支各类枪支。这是含和地区解放战争中重要一仗，自此，含和根据地得到全面恢复和发展。无为至陶厂的交通线得到恢复，随后含山太湖寺、司徒庙都建立起中共地下交通点。

附：

发生在石门山口的一场北伐战斗

民国十六年(1927年)春，盘踞含山的直鲁联军第七军，派兵驻守关镇、陶厂，并扼守石门山口(陶厂山口串)，妄图抵抗国民革命军北伐。5月上旬，国民革命军第七军、第十军、第四十四军由芜湖渡江，分两路北进，一路由裕溪河上溯，一路由西梁山向陶厂进伐。5月9日，革命军第七军第二师在铜闸与关镇之间的卫鲁村一带与联军交战，第二师击败联军，缴获大炮、迫击炮各2门，炮弹9担，步枪数百支，机关枪4挺，其他军用品甚多，俘虏百余人。5月10日，革命军第四十四军在陶厂石门山口与联军交战，联军一触即溃，退至清溪河。革命军跟踪追击，联军向全椒溃退。5月11日，革命军占领含城。

附：

歼灭国民党安徽省保安六团战斗

民国三十七年(1948年)5月，安徽省国民党保安第六团2个营，从清溪出发进攻含山陶厂、和县南义，总兵力有800多人。此时，解放军南下先遣支队三十三团300多人，在顾鸿团长带领下，正在含山陶厂、和县南义一带开展游击活动，南下先遣支队决定消灭保六团。为配合歼灭保六团，含山司徒游击队20多人在项朝亮队长带领下，从陶厂二郎庙出发，也参加了这次战斗。

战斗6月11日打响，当时敌我双方实力悬殊，敌军兵力是我军的两倍多。为全歼保六团，南下先遣支队顾团长巧妙指挥，运用灵活的战术，集中优势兵力，分两次打击敌人。战斗中保六团二营从和县功剩桥过河时耽搁两个小时，正好打了一个时间差，参战部队指战员不怕牺牲，不怕疲劳，连续作战，一鼓作气歼灭了保六团大部。

是役，保六团2个营500余人被歼，团长被俘，三营长被击毙，只跑了50人左右，缴获机枪72挺，重机枪5挺，迫击炮1门，长短枪500余支，我军牺牲6名同志。这是解放战争期间在和含地区打的一次以少胜多的漂亮歼灭战，大大鼓舞了和含地区军民的士气。

二、历届党员代表大会

(一)中共关镇乡历届党员代表大会

1961年9月关镇公社分设后至1992年2月撤区并乡前，关镇公社(乡)共召开党员代表大会5届(第一届至第五届)。

第一届党代表大会

1970年1月20日至22日在关镇公社召开，出席会议代表83人，代表全乡207名党员。大会听取并审议通过潘运喜所作的工作报告。大会选举潘运喜、汤达荣、杨克华、裴荣柱、贾佑堂、杨本善、祁礼高7人为关镇公社第一届党委会组成人员。选举潘运喜为书记,汤达荣、杨克华为副书记。

第二届党代表大会

1977年1月21日至22日在关镇召开,出席会议代表173人,代表全乡436名党员。大会听取并审议通过李忠兰所作的工作报告。大会选举李忠兰、杨以来、周效明、洪云玲、陶忠茂、张公年、张宏旺7人为关镇公社新一届党委会组成人员。选举李忠兰为党委书记,杨以来、周效明、洪云玲为副书记。

第三届党代表大会

1983年4月在关镇召开。大会听取并审议通过杨师友所作的工作报告。大会选举杨师友为党委书记。

第四届党代表大会

1987年2月在关镇召开。大会听取并审议通过潘运喜所作的工作报告。大会选举潘运喜为党委书记。

第五届党代表大会

1990年4月在关镇召开。大会听取并审议通过杨本善所作的工作报告。大会选举杨本善、曹贵阳、邵大玉、张书精、陈克铃、孙维堂、左年敏7人为关镇乡第五届党委会组成人员。选举杨本善为书记,曹贵阳、邵大玉为副书记。

(二)中共陶厂镇历届党员代表大会

1964年5月至2021年5月,陶厂镇共召开党员代表大会14届(第一届至第十四届)。其中,撤区并乡后召开党员代表大会8届(第七届至第十四届)。

第一届党代表大会

1964年5月14日在陶厂公社召开。大会听取并审议通过潘运喜所作的题为《七年来党的工作及全年工作任务》的报告。选举潘运喜、刘长福、张修报、胡汉平、尹永旺、戚秀才、汤先明7人为中共陶厂公社第一届委员会组成人员,选举潘运喜为党委书记,刘长福、张修报、胡汉平3人为副书记。

第二届党代表大会

1970年2月24日在陶厂公社召开。大会听取并审议通过季学林所作的工作报告。选举季学林等7人为中共陶厂公社第二届委员会组成人员,选举季学林为党委书记,刘长福、张修报为副书记。

第三届党代表大会

1977年1月7日至9日在陶厂公社召开,出席会议代表138人。大会听取并审议通过杨本善所作的工作报告。大会选举刘焕兰、黄香运、杨本善、王宜业、崔裕寿、毛方树、田爱玉7人为中共陶厂公社第三届委员会组成人员,选举刘焕兰为党委书记,黄香运、杨本善为副书记。

第四届党代表大会

1983年4月，在陶厂乡召开。大会听取并审议通过张运金所作的工作报告。大会选举张运金等7人为中共陶厂乡第四届委员会组成人员，选举张运金为党委书记，陈昌树、杨以来、胡兴荣为副书记。

第五届党代表大会

1987年2月，在陶厂镇召开。大会听取并审议通过陈昌树所作的工作报告。大会选举陈昌树等7人为中共陶厂镇第五届委员会组成人员，选举陈昌树为党委书记，胡兴荣、李之明为副书记。

第六届党代表大会

1990年4月，在陶厂镇召开。大会听取并审议通过殷玉民所作的工作报告。大会选举殷玉民、马晓毅、刘芳文、宋定禄、司宗程、陶庭萍6人为中共陶厂镇第六届委员会组成人员，选举殷玉民为党委书记，马晓毅、刘芳文为副书记。

第七届党代表大会

1993年3月，在陶厂镇召开，出席会议代表84人。大会听取并审议通过马晓毅所作的工作报告。大会选举马晓毅、曹贵阳、沈训元、王德义、陈敏、黄敬龙、黄三美、左年文、程从兰9人为中共陶厂镇第七届委员会组成人员，选举马晓毅为党委书记，曹贵阳、沈训元为副书记。

第八届党代表大会

1996年3月，在陶厂镇召开，出席会议代表88人。大会听取并审议通过曹贵阳所作的工作报告。大会选举曹贵阳、王昌来、卫方华、程孝文、左年文、俞迪海、黄三美、程荣武、李之灵、程从兰10人为中共陶厂镇第八届委员会组成人员，选举曹贵阳为党委书记，王昌来、卫方华、程孝文3人为副书记。

第九届党代表大会

1999年3月6日至7日在陶厂镇召开，出席会议代表87人。大会听取并审议通过罗兆好所作的题为《励精图治，夺取佳绩，为实现陶厂新跨越而努力奋斗》的工作报告。大会选举罗兆好、程孝文、左年文、窦念华、陈能龙（挂职）、左年敏、李之灵、黄三美、程荣武、黄荣华10同志为中共陶厂镇第九届委员会组成人员，选举罗兆好为党委书记，程孝文、左年文、窦念华、左年敏、陈能龙5人为副书记。

第十届党代表大会

2002年3月，在陶厂镇召开，出席会议代表102人。大会听取并审议通过罗兆好所作的工作报告。大会选举罗兆好、窦念华、左年敏、王茂明、张峰刚、李之灵、黄荣华、於春年、王广付9人为中共陶厂镇第十届委员会组成人员，选举罗兆好为党委书记，窦念华、左年敏、王茂明3人为副书记。

第十一届党代表大会

2006年12月，在陶厂镇召开，出席会议代表107人。大会听取并审议通过窦念华所作的工作报告。大会选举窦念华、原洪、张宏明、於春年、过寿仁、马军、李之灵7人为中共陶厂镇第十一届委员会组成人员，选举窦念华为党委书记，原洪、张宏明为副书记。

第十二届党代表大会

2011年10月16日，在陶厂镇召开，出席会议代表112人。大会听取并审议通过张宏明所作的题为《迈上新征程 实现新转变 在新的起点上推动陶厂科学发展、跨越发展》的工作报告。大会选举张宏明、杨文旭、过寿仁、刁节喜、李相开、刘仕成、黄荣华、於春年8人为中共陶厂镇第十二届委员会组成人员，选举张宏明为党委书记，杨文旭、过寿仁为副书记。

陶厂镇第十二次党代会当选党委委员合影

第十三届党代表大会

2016年4月8日，在陶厂镇召开，出席会议代表103人。大会听取并审议通过杨文旭所作的题为《聚精会神抓党建，一心一意谋发展，为把陶厂全面建成小康社会而努力奋斗》的工作报告。大会选举杨文旭等9人为中共陶厂镇第十三届委员会组成人员，选举杨文旭为党委书记，刘亚丽、甘荣贵为副书记。

陶厂镇第十三次党代会

第十四届党代表大会

2021年5月18日至19日在陶厂镇召开，出席会议代表112人，列席代表21人。大会听取并审议通过黄大顺所作的题为《抢抓新机遇，聚焦高质量，开启全面建设“生态福地、和美小镇”新征程》的工作报告。大会选举黄大顺为镇党委书记，张亮、冯键、胡迎春3人为副书记。

三、组织机构

(一)组织建设

民国三十年(1941年)9月，中共含(山)和(县)巢(县)县委决定成立陶运区委。陶运区委成立后，在陶厂境内建立徐门关、阚村、大李村、岳庄、金易、陶厂镇6个党支部。区委机关先驻陶厂集镇，后驻汤徐闸口村。

民国三十一年(1942年)5月，中共清林区委建立了中共司徒乡支部。同月，和含中心县委改陶运区委为陶东区委。下半年建立中共祁鲁乡支部。次年春，以陶厂镇以西，铜庙以东，西塔山坂一带地区建立中共陶西乡支部。11月，将陶运区的陶厂周围一带地区划出，建立梅山区委，隶属含巢县委。区委下辖龙梅、云塘、祁鲁、关帝、陶厂、崇字6个乡（镇）支部，党支部总数12个。

民国三十七年（1948年）6月，和含工委建立陶新区工委，辖司徒、崇字、陶厂、关镇、云塘、祁鲁、梅山、太湖、前塘、新塘、长建11个乡（镇）党支部。区工委常驻陶厂镇道士观村。

1953年祁鲁乡干部在大毛村乡政府院内合影

民国三十八年（1949年）2月，改陶新区工委为中共陶铜区委，太湖、关镇、司徒3乡由清林区划入。撤销祁鲁乡，增设铜庙乡、铜闸镇。辖太湖、司徒、云塘、关镇、陶厂、铜庙、铜闸7个乡（镇）党支部。陶铜区委驻关镇。同年7月，铜闸镇、太湖乡划属运漕区。陶铜区委改为陶厂区委。城区的三官（崇字乡改称）、龙梅两乡划入。辖陶厂、关镇、司徒、云塘、三官、铜庙、龙梅7个乡（镇）党支部。陶厂区委驻陶厂镇。同年10月，陶厂区委辖陶厂、龙梅、三官、云塘、铜庙、关镇、司徒、祁鲁、张公、西河、西山、刘武、关帝、陶西14个乡（镇）党支部，区委驻地陶厂镇。1955年12月，根据中央关于“紧缩编制，精简机构”的指示精神，县委决定撤销陶厂区、太湖区、杨柳区、东林区委，增设铜闸区，同时撤销合并52个乡（镇）。1956年1月建立中共铜闸区委，辖铜闸、陶厂、司徒、太湖、黄墩、海口、东关7个乡（镇）党委和鸭西、铜庙两个乡党总支，区委驻地铜闸镇。1958年10月撤销区委建制。

1958年11月，县委、县政府根据中央《关于在农村建立人民公社问题的决定》指示精神，撤销全县区、乡（镇）建制，成立7个农村人民公社党委。陶厂、司徒、铜庙3乡（镇）合并，成立陶厂（东风）人民公社党委，辖19个生产大队、1个街道大队党支部。

1961年9月，根据中央关于缩小公社规模，调整公社体制的决定，经芜湖地委、行署批准，全县设立环峰、林头、清溪、仙踪4个区委和陶厂等19个公社党委。1961年9月至1963年7月，陶厂、关镇两公社党委隶属县委，1963年8月划归新增建的铜闸区委。

1967年2月，各区、公社党委均被“造反派”夺权，党组织活动中断。1970年2月和4月，关镇、陶厂两公社党委相继恢复工作。

1976年10月，恢复中共陶厂镇、关镇乡党委，隶属县委领导。1979年3月隶属铜闸区工委，1982年4月撤销仙踪、环峰、清溪、林头、铜闸5个区工委，恢复区委建制。铜闸区委隶属县委，辖铜闸、长岗、关镇、陶厂4个公社党委，区委驻地铜闸镇。1983年4月，恢复乡镇政权，改关镇公社党委为关镇乡党委；陶厂公社党委为陶厂乡党委，1985年4月，陶厂撤乡设镇，改为陶厂镇党委。

1992年2月撤区并乡，陶厂镇和关镇乡合并，重新设立陶厂镇党委。至2021年底，陶厂镇召开了8届党代会(七届至十四届)。2005年12月至2011年12月,根据上级党委安排,镇党委书记、镇长统一由1人担任。

(二)机构设置

1958年10月至2021年6月,陶厂镇历经1~14届党代会。党委会由书记、副书记和党委委员组成。镇党委书记、副书记和党委委员由党员代表大会选举产生。党委会实行集体领导下的分工负责制,即书记主持全面工作,第一副书记兼任镇长,并主持镇政府工作,其他副书记分别分管组织、宣传、农业农村、工业、财贸、城镇建设、文明创建、政法(包括武装)等工作。1997年"三定"方案规定,镇党委设书记1名,副书记2名,纪委书记、武装部部长、组织委员、宣传委员职位各1名。2005年后,设党委书记1名,副书记2名(1名兼任人大主席,1名兼任纪委书记),武装部部长、组织委员、宣传委员各1名。2011年6月后,设镇党委书记1名,党委副书记2名(1名兼任镇长、1名为专职副书记),组织委员、宣传委员、纪委书记、武装部部长职位各1名。

中共陶厂镇各个时期党委(总支、支部)书记名录

表4-1

时 期	组织名称	职 务	姓 名	任职时间
抗日战争时期(1941.9—1945.9)	中共陶运区委员会	书 记	王训友	1941.9—1942.4
	中共徐门关支部委员会	书 记	王学成	1941.9
	中共阚村支部委员会	书 记	阚芳成	1941.9
	中共大李村支部委员会	书 记	余长学	1941.9
	中共岳庄支部委员会	书 记	岳正和	1941.9
	中共金易支部委员会	书 记	易昌和	1941.9
	中共陶厂镇支部委员会	书 记	段昌祥	(后易名陈仁民)1941.9
	中共陶运(陶东)区委员会	书 记	刘 云	1942.5
	中共陶运区委员会	书 记	王训友	1942.4—1942.10
	中共龙梅乡支部委员会	书 记	龚裕兴	1942年上半年在职
	中共祁鲁乡支部委员会	书 记	曹贵和	(后易名杨羽)1942年下半年—1943年2月
	中共司徒乡支部委员会	书 记	张文祥	1943年春—1943.5
		书 记	项朝臣	1943.6—1943.11
		书 记	项朝亮	1943.11—1945.9
	中共陶西乡支部委员会	书 记	王卫民	(后易名王兆祥)1943年秋—1945.9
	中共梅山区委员会	书 记	蔡传云	1943.11—1945.9

续表

时 期	组织名称	职 务	姓 名	任职时间
	中共龙梅乡支部委员会	书 记	孙淑英	女，1943年初—1943.11
		书 记	季 英	女，1943.11—1944年冬
		书 记	刘富有	1944.12—1945.7
	中共云塘乡支部委员会	书 记	杜修堂	1943.3—1943.10
		书 记	易贞荣	1943.11—1945.9
	中共祁鲁乡支部委员会	书 记	曹贵和	1943.11—1944.4
		书 记	李德和	1944—1945年春
		书 记	严义德	1945年春—1945.5
	中共关帝乡支部委员会	书 记	刘宝洲	1943.11—1945.5
	中共崇字乡支部委员会	书 记	张学富	1943.11—1945.9
	中共陶厂镇支部委员会	书 记	段昌祥	兼，1944年1月前在职
	中共陶厂市总支委员会	书 记	王 冰	女，1944.8—1945.6
解放战争时期（1945.9—1949.9）	中共陶新区工委会	负责人	项朝亮	1948.6—1948年冬
	陶厂镇	指导员	张长波	1948.6—1948年冬
	关镇乡	指导员	高继龙	1948.9—1948年冬
	司徒乡	指导员	徐凤祥	1948.6—1948年冬
	中共陶厂区委员会（1948年冬—1949.9）	负责人	项朝亮	1948年冬—1949.3
		书 记	陆炳昌	兼，1949.3—1949.5
	中共陶厂镇支部委员会	书 记	张明胜	1948.12—1949.9
	中共关镇乡支部委员会	书 记	高继龙	1949.2—1949.8
		书 记	孙维洲	1948.8—1949.9
	中共司徒乡支部委员会	书 记	黄荣良	1949.2—1949.5
		书 记	高云泉	1948.6—1949.9
	中共铜庙乡支部委员会	书 记	张立胜	1949.3—1949.7
		书 记	黄春香	1949年7月在职
	中共龙梅乡支部委员会	书 记	李邦荣	1949年8月在职
	中共太湖乡支部委员会	负责人	张宏士	1949.2—1949.6

续表

时 期	组织名称	职 务	姓 名	任职时间
新中国成立初期（1949.10—1955.12）	中共陶厂区委员会	书 记	项朝亮	1949.10—1951.11
		书 记	张益勋	1951.11—1954.9
		书 记	贾国干	1954.9—1955.12
	中共陶厂镇支部委员会	书 记	张明胜	1949.10—1950.1
		书 记	高云泉	1950.1—1950.12
		书 记	周 达	1951.1—1955.2
		书 记	陶同馀	1955.2—1955.12
	中共龙梅乡支部委员会	书 记	李邦荣	1949.10—1949.12
		书 记	杜许友	1950.1—1955.12
	中共三官乡支部委员会	书 记	熊佑忠	1949.10—1952.7
	中共云塘乡支部委员会	书 记	高继龙	1949.10—1950.7
		书 记	闵 业	1950.7—1950.10
		书 记	周效明	1950.11—1952.8
		书 记	李文友	1952.8—1954.11
		书 记	徐援和	1954.11—1955.12
	中共铜庙乡支部委员会	书 记	张立胜	1949.10—1949.12
		书 记	谢国珍	1949.12—1951.2
		书 记	周子承	1951.2—1951.5
		书 记	李咸标	1951.5—1953.3
		书 记	黄荣三	1953.4—1953.10
		书 记	马永木	1953.11—1954.10
		书 记	俞正兴	1954.11—1955.12
	中共关镇乡支部委员会	书 记	孙维洲	1949.10—1951.11
		书 记	唐绍炳	1951.12—1953.8
		书 记	朱春志	1953.9—1955.12
	中共司徒乡支部委员会	书 记	高云泉	1949.10—1950.1
		书 记	李义友	1950.2—1951.9

续表

时 期	组织名称	职 务	姓 名	任职时间
		书 记	杨师友	1951.9—1955.12
	中共祁鲁乡支部委员会	书 记	裴荣柱	1950.3—1951.3
		书 记	毛明贵	1951.3—1953.12
		书 记	王开琴	女，1954.1—1955.12
	中共张公乡支部委员会	书 记	李邦银	1950.3—1950.9
		书 记	马永木	1950.9—1951.10
		书 记	贾国干	1951.10—1953.2
		书 记	戴学泉	1953.2—1955.3
		书 记	邵国才	1955.3—1955.12
	中共西河乡支部委员会	书 记	贾启文	1951.3—1952.7
	中共西山乡支部委员会	书 记	潘运喜	1952.7—1955.12
	中共刘武乡支部委员会	书 记	王景德	1951.11—1955.12
	中共关帝乡支部委员会	书 记	周效明	1951.11—1953.2
		书 记	裴维珍	1953.2—1955.12
	中共陶西乡支部委员会	书 记	裴荣柱	1952.7—1954.10
		书 记	马永木	1954.10—1955.12
小乡并大乡时期（1956.1—1958.10）	中共铜闸区委员会	书 记	晏道玉	1956.1—1956.10
		书 记	谷大云	1956.10—1957.10
		书 记	金文法	1957.10—1958.10
	中共陶厂镇委员会	书 记	潘运喜	1956.1—1956.6
		书 记	陶同馀	1956.6—1957.4
		书 记	孙锡旺	1957.4—1957.12
		书 记	陶同馀	1958.1—1958.10
	中共司徒乡委员会	书 记	杨师友	1956.1—1956.9
		书 记	郭志华	1956.9—1958.10
	中共铜庙乡总支委员会	书 记	俞正兴	1956.1—1956.9
		书 记	杨师友	1956.9—1958.10

续表

时 期	组织名称	职 务	姓 名	任职时间
大公社时期(1958.11—1961.9)	中共陶厂(东风)人民公社委员会	书 记	晏道玉	1958.11—1961.9
大公社划小公社时期(1961.9—1966.5)	中共铜闸区委员会	书 记	金文法	1963.8—1965.11
		书 记	晏道玉	1965.11—1966.2
	中共陶厂公社委员会	书 记	刁清林	1961.9—1963.4
		书 记	严芳柏	1963.4—1964.8
		书 记	季学林	1964.8 任职
	中共关镇公社委员会	书 记	贾华长	1961.9 任职
“文化大革命”时期(1966.5—1976.10)	中共陶厂公社委员会	书 记	季学林	1970.2—1973.3
		书 记	何良岳	1973.3—1974.10
		书 记	宫 璧	1974.10—1976.4
		书 记	刘焕兰	女,1976.4—1976.10
	中共关镇公社委员会	书 记	潘运喜	1970.2—1975.12
		书 记	李忠兰	女,1975.12—1976.10
改革开放时期(1976.10—1999.2)	中共关镇公社委员会	书 记	李忠兰	女,1976.10—1978.1
		书 记	朱兆升	1978.2—1979.4
		书 记	戴勤尧	1979.4—1981.10
		书 记	张运金	1981.10—1983.4
	中共关镇乡委员会	书 记	杨师友	1983.4—1984.11
		书 记	杨以来	1984.11—1985.11
		书 记	潘运厚	1985.11—1987.10
	中共陶厂公社委员会	书 记	刘焕兰	女,1976.10—1978.1
		书 记	黄香远	1978.2—1982.9
		书 记	葛世文	1982.9—1983.4
	中共陶厂乡委员会	书 记	张运金	1983.4—1985.4
	中共陶厂镇委员会	书 记	张运金	1985.4—1987.2
		书 记	陈昌树	1987.2—1987.10

续表

时 期	组织名称	职 务	姓 名	任职时间
	中共陶厂镇委员会	书 记	陈昌树	1987.11—1988.3
		书 记	李之明	1988.3—1990.1
		书 记	殷裕民	1990.1—1992.2
	中共关镇乡委员会	书 记	潘运厚	1987.11—1988.3
		书 记	杨本善	1988.3—1992.2
撤区并乡以后（1992.2—2021.6）	中共陶厂镇委员会	书 记	张运金	1992.2—1992.11
		书 记	马晓毅	1992.11—1995.3
		书 记	曹贵阳	1995.3—1996.10
		书 记	洪少华	1996.10—1999.1
		书 记	罗兆好	1999.1—2003.4
		书 记	朱广涛	2003.4—2006.12
		书 记	窦念华	2006.12—2008.11
		书 记	张宏明	2008.12—2012.7
		书 记	杨文旭	2012.11—2017.5
		书 记	郭传保	2017.6—2020.7
		书 记	蒋德祥	2020.11—2021.4
		书 记	黄大顺	2021.4—2022.9
		书 记	孙 军	2022.9—

（三）党员管理

1956年，铜闸区有党总支2个，党支部50个，党小组184个，党员809人。

1956年，中共陶厂乡委员会辖有党支部7个，其中农业社党支部5个；党小组11个，党员总数176人，其中当年新发展党员113人。铜庙乡有党支部6个，其中农业社党支部2个，党小组15个，党员总数97人。司徒乡有党支部5个，党小组12个，党员总数93人。1957年，陶厂乡吸收新党员12人，党员总数增至188人。是年，结合农村社会主义教育运动，开展整党、整社、整风运动，全面整顿基层组织，加强党员思想教育，1959年基本结束。其间，对新吸收的预备党员，重新教育，重新审查。通过整顿，至1959年底，陶厂公社党员增至414人，党支部的战斗堡垒作用得到发挥，党员工作积极性得到提高。

1961年9月，陶厂公社划为陶厂、关镇两个公社。陶厂公社有党支部13个，党小组65个，党员总数223人。关镇公社有党支部34个，党小组49个，党员总数199人。1962年，陶厂公社党员总数234人，关镇公社党员总数215人。

1963年，开始在城乡“四清”运动中培养发展“出身好、运动中表现积极的贫下中农，经过运动考验的优秀分子”入党。当年，陶厂公社新发展党员21人，党员总数增至255人。关镇公社新发展党员41人，党员总数增至256人。

“文化大革命”初期，各级党组织一度停止活动，组织工作陷于瘫痪。自1970年开始，各级党组织相继恢复活动，按照“五十字”建党大纲要求进行“吐故纳新”。到1972年，陶厂公社新发展党员40人，关镇公社新发展党员42人。

党的十一届三中全会以后，组织工作重点抓党员培训。每年春节过后，镇党委都要举办党员春训班，提高党员对社会主义初级阶段理论的认识。至1979年底，陶厂公社党委辖基层党支部19个，党小组75个，党员440人；关镇公社党委辖党支部18个，党小组97个，党员499人。

卜李村南周党小组长上门开展谈心活动

1984年，为适应农村经济体制改革的需要，选拔优秀的初、高中毕业生进入行政村领导班子，同时注意在知识分子中发展党员，至1985年，关镇、陶厂两乡镇在知识分子中发展党员33人。在当年开展的党员联系户活动中，两乡镇1009名党员，联系群众4027户。2000年后，每年春节前，利用外出务工党员返乡时机，镇党委和村党支部分别召开座谈会，听取返乡党员意见，帮助他们解决合理的诉求和困难，发动他们为家乡发展献计出力。为群众解决困难62件，征求意见68条，培养后备干部121人，培养入党积极分子137人，发展对象56人，通过活动的开展，进一步密切了干群关系。2003—2007年，在农村党员中实施“双培双带”先锋工程，对带头致富、带领群众致富的双培对象，建立个人档案，进行资金、信息、技术扶持和结对指导，把致富能手作为党员培养对象和入党积极分子培养对象。五年中，共发展党员200名，全镇党员总数1210人。

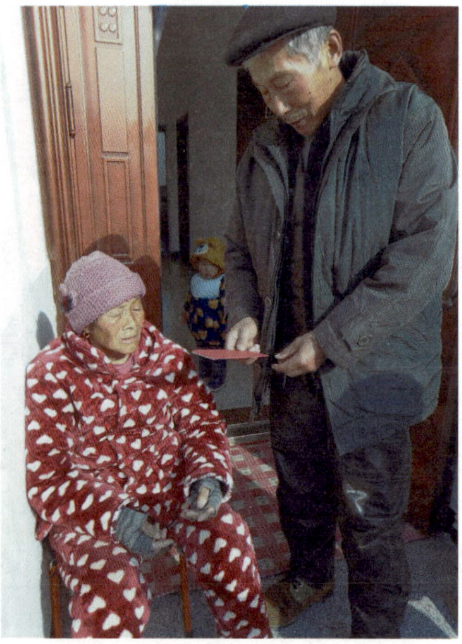

卜李村网格长薛继涛慰问贫困户

根据省、市、县委统一部署，2007年1月和2008年2月，陶厂镇集中40天时间，在农村党员、干部中开展主题教育活动。镇党委对村“两委”主要负责人进行集中培训，各村党组织举办党员学习班。为加强对外出务工党员的管理，镇党委于2005年6月在北京市成立陶厂驻京党支部。2007年3月成立陶厂镇流动党员驻上海、苏州两个党支部，保持与他们联系，定期开展活动，组织学习，通报家乡的建设和发展情

党小组战斗在抗洪第一线

2016年7月5日夜，十联圩关镇前杜段发现严重塌方，镇村党员干群奋力抢险，保住大圩

况，帮助他们解决工作和生活上的困难。同时，每年抓住流动党员春节返乡的时机，对他们开展集中培训。通过开展主题教育活动，增强了党员理想信念、宗旨意识，加强了纪律观念，党员的带头作用得到充分发挥。

2010年，陶厂镇在防汛抗灾中充分发挥党组织战斗堡垒作用，党员带头，发动群众，科学安排，人机并用，保证了十联圩、新胜圩、南二过等10个圩口25千米长的圩堤全部安全度汛，防汛抗灾取得全面胜利。2012年，镇党委加强流动党员管理，建立流动党员网上党支部4个，开展党员干部现代远程教育。2013年，镇党委开展历时8个多月的党的群众路线教育实践活动，全镇有14个基层党支部568名党员参加。实行社会网格化管理，党员、村长与空巢老人结对帮扶制度，发放“双向连心卡”，定期上门开展体检、慰问和帮助活动。2011年、2014年和2018年，完成全镇10个村（社区）“两委”换届工作，一批优秀的年轻党员进入了“两委”班子。截至2021年末，全镇有党总支10个，党支部43个，网格党小组85个，党员总数1544人。

四、武装工作

（一）组织建设

民国三十二年（1943年），抗日民主政府的陶运、运漕、清林、龙亢等区都建立了区中队，配合新四军打击日伪顽军。民国三十三年（1944年），陶运区民兵总数有800多人。民国三十四年（1945年）9月，中共含巢县委、含巢大队随新四军七师北撤后，民兵组织遭受严重破坏。民国三十七年（1948年）4月，华东野战军南下先遣支队进入含和地区，10月建立和含县大队，民兵组织又重新活跃起来。1949年1月底，含山全境解放，各区、乡都建立起民兵组织（也称自卫队），陶厂和全县一样均建立了民兵中队，行政村成立民兵排，自然村成立民兵班。1950年陶厂区有民兵1936人。

1951年4月，县、区民兵组织统一改为人民武装部，乡为人民武装中队部，行政村为人民武装分队部，自然村的班改为小队。县区两级分别由县、区委书记兼任同级人民武装部政委和政治教导员；乡中队长由过去的中队副或当地支部委员担任，全面加强党对

陶厂镇武装部组织民兵训练

人民武装工作的领导。1953年，省委下发《关于建立强大的国防后备力量的指示》，民兵组织进入大发展阶段，当时凡18～40周岁的男性公民普遍动员加入民兵组织，全区民兵人数6800多人。1958年9月，毛泽东发出“大办民兵师”指示，全县7个人民公社都成立了民兵师。1960年6月，根据全国民兵代表大会精神，含山县委对民兵组织作了调整，陶厂公社民兵师由公社党委书记兼任师政委，社长兼任师长，同时配备专职武装干部。以片为单位建立4个民兵团、以生产大队（街道）为单位建立20个民兵营、以生产队为单位建立329个连，民兵总数5200多人，占全公社总人口22%。1961年，按照国务院颁发的《民兵工作条例》，再次对全县民兵进行整编，把身体健康16～45周岁的男性公民和16～35周岁的女性公民全部编入民兵组织。1962年6月19日，毛泽东主席关于“民兵工作要做到组织落实、政治落实、军事落实”的指示发出后，组织体制上，分武装基干民兵、基干民兵和普通民兵。组织形式上，普通民兵以公社编团，大队编营，生产队编排。基干民兵则相对集中，以大队编排，生产队编班。陶厂、关镇两公社民兵编为2个团22个营66个连236个排708个班，民兵总数6398人。1969年8月28日，国务院、中央军委下发《关于县组建武装民兵独立团的命令》，县组建一个武装基干民兵独立团，各公社都组建一个武装基干民兵连。1981年7月，中共巢湖地委、巢湖军分区根据中共中央《关于调整民兵组织问题的指示》，在含山进行民兵组织调整试点工作，缩小民兵组织范围、调整参加民兵的年龄、简化组织层次。经调整，1985年陶厂、关镇两乡（镇）有普通民兵营16个，基干民兵连2个，排18个，班60个。民兵总数3181名，其中基干民兵703名，普通民兵2478名。1986年5月，依据省军区和巢湖军分区指示，陶厂、关镇将基干民兵总数减少到400名。1988年，两乡（镇）基干民兵人数与1985年相比，下降近57%。从1989年起，基干民兵人数相对上升，到1996年，基干民兵人数一直保持在1990年人数的86.6%左右。1997年，根据中央军委文件精神，当年末，全镇民兵组织规模与调整前相比，基干民兵人数下降21.2%。到1999年，基干民兵人数在1997年的基础上又下降17%。

1988年末，陶厂、关镇两乡镇武装部都配备了专职武装干部。1992年撤区并乡，撤销区人民武装部，陶厂、关镇两乡镇武装部合并为陶厂镇武装部。2014年，围绕党管武装八项制度要求，镇党委书记兼任同级人民武装部政治教导员，10个村（社区）民兵营长参加村（社区）党支部委员会。镇党委书记每年进行一次党管武装工作述职，使武装工作迈入正规化轨道。

（二）重要活动

抗日战争和解放战争中，陶厂地区民兵不仅为主力部队和地方武装运送弹药、粮草、救护伤员，侦察敌情，维护地方治安，而且拿起武器，配合主力部队歼灭敌人。民国三十四年（1945年）8月，陶厂民兵参加党组织发动的破坏敌人交通线战斗，扒掉淮南铁路林头至铜闸间20千米路段铁轨，砍断沿线电话杆，切断日伪军交通和通信线路。23日，全区、乡民兵全体出动，配合新四军第七师向淮南铁路沿线敌伪各据点全面出击，收复含南大片土地。民国三十七年（1948年）2月21日，陶厂民兵在巢无独立营掩护下，率领400多名群众，将国民党储存在陶、葛两姓祠堂内的150吨军粮全部运出，发放给贫苦群众。民国三十七年上半年，陶厂民兵配合华东野战军南下先遣队全歼国民党保六团。民国三十八年（1949年）2月，中共含山县委成立支前指挥部，陶厂区以民兵为骨干，组织担运团，支援解放军渡江作战。新中国成立初期，广大民兵积极投入剿匪、反霸、镇反、土改等斗争。

从20世纪60年代开始，陶厂公社武装部带领广大民兵认真开展战备教育和植树造林、积肥等活动。仅1968年，累计参加活动人数6200人次，植树92万多株，积肥2655担，参加军训1337人，评选出“五好”民兵182人。改革开放以后，陶厂镇武装部围绕不同时期的中心工作，认真开展兵员征集、民兵训练、抗旱防汛、抢险救灾、国防教育、军民共建等活动。1995年，陶厂镇武装部被县人民武装部评为武装工作总评第一名、以劳养武先进单位、国防教育先进单位、民兵训练先进单位。1997年，陶厂镇武装部和武装部部长黄三美分别受到县人民武装部通报表彰，1998年受到省政府、省军区抗洪抢险先进个人表彰。

2018年，镇党委严格按照干部任用条件，选拔专职武装干部和民兵干部。在“两委”换届之际，对各村民兵营长进行调整，选拔年龄较轻、文化程度较高、责任性强、热爱武装事业镇专职武装干部2人，村（社区）民兵营长10人。

2018—2021年，镇党委确保党管武装这一根本原则贯彻落实，每年年初召开一次党委议军会议，对上一年武装工作进行总结，对当年工作进行谋划。在民兵整组和兵员征集等重要阶段，党委班子齐抓共管推动工作顺利进展。每年春节期间，提前开展新兵摸底、政策宣传，严把审查关，做到公正公平公开，顺利完成征兵任务，向部队输送高素质兵员。2020年全镇征兵任务指标11名，超额完成征集任务，完

组织民兵抗洪抢险

成率为172.7%。从2021年开始，实行兵役“一年两征”。是年征集任务指标12名，超额完成任务66.7%，其中大学毕业生占完成任务数的45%，大学在校生占完成任务数的35%。每年对民兵组织整顿进行精心安排，以基干民兵为骨干，对民兵干部和民兵队伍开展业务培训和军事训练。每年3月至7月，先后组织民兵营长暨情报信息员集中培训、应急连集中训练、防汛骨干集训和水上抢险分队训练、应急排重要目标防卫分队训练、公路护路连道路抢修排训练。每年民兵点验期间开展军事日活动，组织镇、村干部观摩民兵应急排演练，形成“关爱武装、情注国防”氛围。

加强武装部基础设施规范化建设和民兵预备役工作经费保障。镇武装部硬件实现“两室一库”规范化标准，后勤应急保障器材配备齐全；建立人武部和专武干部“五个一”等各项制度，村级民兵营基础设施按照“六个一”标准建设，做到有办公室、有门牌、有旗帜、有办公设施、有制度、有文体活动器材，“青年民兵之家”已陆续建成使用。加强拥军优属工作，每年八一、国庆和春节期间，开展对军烈属和困难退伍军人的走访慰问。积极将退伍军人中优秀人员吸收入党，并推上镇、村组织的重要岗位。

五、政法工作

（一）组织机构

政法工作委员会是党组织为了加强对司法工作的领导，设置于公、检、法、司等政法机关之上的党内职能部门。镇党委政法委员会是党领导、管理政法工作的职能部门。改革开放后，县级以上政法委陆续设立，乡镇政法工作也得到重视和加强。1982年5月，陶厂镇设立政法干事1名，负责政法工作的汇报、协调工作。1992年撤区并乡后，陶厂镇设立政法委，政法委书记由一名党委副书记兼任。1994年9月设立法治办公室，镇党委副书记兼任法治办主任，另配工作人员1名。2011年6月设立镇社会治安综合治理办公室，主任由镇政法委书记兼任，并设立一名专职副主任（副科级），另配工作人员1名。2019年中央颁发《政法工作条例》后，乡镇政法工作得到进一步加强。按照上级要求，2019年10月，镇配备一名党委委员任政法委员，兼任镇综治办主任，另配工作人员1名。

（二）主要工作

1983年8月，中共中央《关于严厉打击刑事犯罪活动的决定》发出后，县政法委员会牵头组成7个调查组，于是年8月开始到1986年11月打了3个战役11仗，收捕人犯814人，其中陶厂共收捕70余人。1987年9月，在全县开展打击盗窃、强奸、流氓滋扰、贩卖儿童等集中统一行动。1988年9月，在全县开展“反盗窃，追逃犯，禁赌博，查隐患”为主要内容的统一行动，抓获犯罪分子20人，破获刑事案件10起。1991年2月，陶厂发生一起向敌特机关投寄挂号信案件，被及时破获。1990年和1996年，根据中央政法委的统一部署，开展“严打”专项斗争，陶厂镇政法委积极配合当地派出所加强案件侦破和追逃工作。2018年以来，陶厂镇政法工作以建设“平安陶厂”为总体目标，按照“抓基层，打基础，抓重点，带全面、抓落实，出实效”的工作思路，先后开展了“综治宣传月”“平安陶厂建设”以及每年的“宪法宣传日”等法治宣传活动，促进了全镇综治和维稳工作健康发展的新局面。2018—2020年，根据中央的统一部署和要求，全县上下开展扫黑除恶专项斗争。陶厂镇政法委发动群众，全力排查，深入开展各项扫黑除恶工作，共发现有关线索7条，及时上报；配合上级公安机关对2起涉黑案件进行协助调查，有力推进了陶厂“扫黑除恶”专项斗争。

（三）司法行政

机构　陶厂镇法律服务所前身为陶厂镇司法办公室，建立于1987年，主要协助政府做好民事调解工作。1995年10月，设立陶厂镇法律服务所，为国家设在基层的二级事业单位，配备司法助理员2人。主要职责是为农村基层单位和人民群众提供有偿法律服务，单位实行自收自支。1998年12月，陶厂镇法律服务所被批准为二级法律服务所。

陶厂镇司法所

2004年8月，根据县编委文件，设立陶厂镇司法所，为司法局派驻机构，副科建制。同时撤销陶厂镇法律服务所。司法所主要职能为：协调镇政府开展依法治理的行政执法检查、监督，指导人民调解，管理基层法律服务，代表镇政府处理民间纠纷，组织开展对刑释解教人员的安置帮教，组织开展普法和法制宣传教育，参与社会治安综合治理，负责上级司法行政部门和镇政府交办的其他工作。

普法教育　1986—1990年，在全县公民中开展第一个五年法制宣传教育活动，重点普及《中华人民共和国宪法》《刑事诉讼法》《民事诉讼法》《治安管理处罚条例》等“十一法一例”。全镇2万余名普法对象基本学完普法内容。1991—1995年，在全镇公民中开展第二个五年法制宣传教育活动，重点普及《国旗法》《义务教育法》《行政诉讼法》《婚姻法》《安徽省计划生育条例》等“十三法一例”，全镇3.6万名普法对象基本学完“十三法一例”内容。1996—2000年，在全镇公民中开展第三个五年法制宣传教育活动，重点普及《劳动法》《经济合同法》《行政处罚法》《国家赔偿法》《安徽省老年人合法权益保障法》《安徽省未成年人保护条例》等法律法规。1998年，组织全镇党员干部开展法律法规知识考试。1999年7月，配合县对全镇依法治村工作进行验收，达标率70%。2001—2005年，在全镇公民中开展第四个五年法制宣传教育活动，先后开展“法律援助服务提升年”“综治宣传月”“法律援助走村串户专项宣传”“深化三项重点工作实战大练兵”等活动。2004年，陶厂镇官塘村被省司法厅、民政厅、省依法治省领导小组办公室联合授予“安徽省民主法治示范村”称号。2006年7月，陶厂镇被省委、省政府授予“2001—2005年全省依法治省和法制宣传教育先进集体”荣誉称号。2006—2010年，在全镇公民中开展第五个五年法制宣传教育活动，围绕《治安处罚法》《公证法》《监督法》的贯彻实施，五年中，全镇普法宣传教育面达97%以上，受教育群众4000多人次。陶厂镇综治信访维稳矛盾纠纷调处工作中心被授予含山县"'五五'普法先进集体"称号。2011—2015年，在全镇公民中开展第六个五年法制宣传教育活动，召开"六五"普法和法治陶厂建设动员大会，全面部署并启动"六五"普法工作。司法所在新浪微博上开通了陶厂司法所官方政务微博，受到省司法厅微博和外省关注。2016—2020年，在全镇公民中开展第七个五年法制宣传教育活动，开展法治宣传活动40多次，受教育人员1.4万人次。

人民调解　1989年6月17日，国务院《人民调解委员会组织条例》发布施行。当年，县司法局在全县构建以乡镇、村(街道居委会)和自然村为体系的三级调解网络。1991年，陶厂镇遭遇历史上特大洪涝灾害，民间矛盾突出，全镇人民调解员积极化解民间矛盾纠纷，至年末，共受理各类民事纠纷184起。1995—1997年，人民调解委员会共调解各类纠纷336起。根据中央文件精神，2003年8月，陶厂将镇司法调解中心改为镇人民调解委员会。全镇共建立各类人民调解委员会26个，调解员104人，当年调处各类纠纷23起。2004年，开展矛盾纠纷大排查8次，调解各类纠纷22起，调解结案率达92.8%，成功率达97%。2005年调解各类纠纷14起，调解结案率达92.7%，成功率达98%。

2006年，全镇建立各类人民调解委员会13个，有调解员54人，当年调处各类纠纷19起。2007年，共开展矛盾纠纷大排查12次，调解各类纠纷56起，调解结案率达98.8%。2008年，全镇各类调解组织调解民事纠纷112起，调解成功111起，移交法院处理1起。2009—2010年，全镇开展矛盾纠纷排查12次，预防纠纷13起。全镇11个调解委调处各类纠纷251起，涉及金额达110余万元。调解成功率和结案率均达100%。2011年，各类调解组织调解民事纠纷189起，调解成功187起，移交法院处理2起，避免集体越级上访案件5起。针对受理案件数量呈上升趋势，尤其是损害赔偿纠纷较多，导致群体性上访增多，陶厂设立专门行业调解委员会。2013年，开展大排查14次，预防纠纷16起；全镇11个调解委调处各类纠纷289起，涉及金额达120余万元。调解成功率和结案率均达100%。2014—2015年，全镇10个调解委受理化解民事纠纷500起，全部调解成功。司法所主持化解各类民事纠纷33起，全部调解成功，其中重大疑难复杂纠纷10起；累计处理信访矛盾纠纷53件，防止集体上访9起。2016—2017年，全镇建有村(社区)调解委10个，镇调解委1个，有调解员60名。当年，全镇各类调解组织调解民事纠纷456起，全部调解成功。其中镇司法所调解57起，全部调解成功。村调委会调解206起，申请人民调解协议司法确认3例。2018年，司法所公共法律服务站建成并投入使用，同时与县信访局信访接待中心设立"访调对接"工作室，以便及时掌握和了解信访动态。2019年，全镇开展"大排查、早调解、护稳定、迎国庆"专项活动。全年调解各类矛盾纠纷182起，成功率达100%。其中司法所调解70起，调解成功70起。2020年，全镇各类调解组织发现纠纷178起，预防纠纷6起；调处各类纠纷172起，调处成功169起，成功率98.3%。2021年底，全镇调解各类矛盾纠纷127起，调解成功127起，成功率达100%。

法律服务　1992年前，陶厂镇、关镇乡设立法律服务所，与乡镇司法办合署办公，两块牌子一套人马。1992年撤区并乡，陶厂镇设立法律服务所，配备1名司法助理员，聘用2名法律工作者。1992—2000年，法律服务不仅调解纠纷，还办理见证2634件，协办公证3件，民事、经济、行政诉讼代理43件，非诉讼法律事务代理251件，解答法律咨询969人次，提供法律援助11件，代写法律事务文书76份，担任常年法律顾问84家次，参与经济项目谈判6次、帮助草拟审查修改经济合同12份，提出建议23次，挽回和避免经济损失120余万元。

2001—2010年，镇法律服务所担任常年法律顾问211家次，参与经济项目谈判15次，帮助草拟审查修改经济合同27份，民事、经济、行政诉讼代理131件，非诉讼法律事务代理473件，调解纠纷251件，协办公证10件，办理见证5709件，解答法律咨询1760人次，代写法律事务文书392份，提供法律援助59件。

2011—2017年，镇法律服务所对老年人、残疾人、农民工、五保户、低保户等困难群众的信息进行全面清理调查，分门别类建立法律援助资料库，随时提供法律援助，做到应援尽援。2011年，为老年人、残疾人等困难群众提供法律援助20起。2012年，法律援助、人民调解首次列入民生工程，当年免费开展法律援助案件18起，为当事人获得各种经济补偿200余万元。2013年，免费解答法律咨询269件，代写法律文书57份，法律援助103件。2016年，法律援助再次被列为省民生工程。全年为当事人获得各种经济补偿累计50余万元。2017年，为当事人获得各种经济补偿累计60余万元。

2018—2020年，镇法律服务所为困难群众办理法律援助案件48件，接受法律援助咨询86次，为当事人获得各种经济补偿共计80余万元。2021年，完成法律援助3件，接受法律援助咨询16次，为当事人获得各种经济补偿共计9.2万元。

矫正工作　2010年8月，陶厂镇司法所与派出所进行社区服刑人员矫正对接，按照社区矫正管理条例对相关人员进行严格管理。至2012年，全镇社区服刑人员从9人增至50人，解除社区矫正转安置帮教人员16人，在矫34人。经矫正所有服刑人员认罪服法态度良好，未发生一起收监和加重处罚现象，社会矫正工作取得了良好的法律效果和社会效果。2013年，接收矫正社区服刑人员25人，解除社区矫正2人，开展社区矫正集中教育活动1次，对其中1名社区矫正人员在服刑期间有违法乱纪行为建议收监。2014年，有矫正对象52人，其中当年新接收21人，全年累计解除矫正对象19人。对所有社区矫正对象口头警告2人，书面建议撤销缓刑1人，开展集中教育4次。2015年，新接收社区矫正人员16人，2014年接转21人，共计37人，全年解除矫正对象18人，在册人数19人，其中口头警告2人，撤销缓刑1人，全年开展集中教育4次。2016年，接收和接转社区服刑人员27人，当年解除矫正8人，对2015年1名已撤销缓刑的人员进行收监执行。2017年，接收入矫人员23人，解除矫正13人，对有违规现象的服刑人员给予书面警告处罚4次，训诫谈话5次，开展集中教育11次。2018年，镇法律服务所坚持每月对社区矫正对象进行走访，全年接收矫正人员24人，给予社区矫正对象书面警告处罚4次，训诫谈话6次。

2019年接收社区服刑人员19人，解除14人。2020年，接收社区矫正对象21人、解除15人。2021年，接收社区矫正对象11人、解除14人，至年末，在册社区矫正对象14人，手机定位13人。

安置帮教　1999年7月，陶厂镇成立安置帮教工作站。2000—2010年，全镇对刑满释放和解除劳教人员210人分别制订帮教方案，落实帮教人员；有9名回归人员回原单位安置，帮助落实责任田46人，帮助介绍工作3人，解决临时困难补助4人，帮助协调户口入户2人，调解家庭矛盾纠纷2人次。帮教率和安置率达100%，无一人重新犯罪。通过落实责任田、介绍到企业做工或输送到外地打工等途径，使刑满释放和解除劳教人员回归社会后有房住、有衣穿、有饭吃、有事做。2011—2021年，全镇安置帮教期内的有99人，其中重点帮教对象9人、一般帮教对象90人。镇、村、组均成立帮教领导小组，形成三级帮教网络，实现安置帮教“安其身，暖其心，用其长，育其人，正其本”的回归目的。对所有刑释解教人员及时建立安置帮教档案，无人员脱管漏管，无刑满释放人员重新违法犯罪，安置率、帮教率均达100%。

（四）公安派出所

陶厂派出所

机构沿革　清宣统元年（1909年），县设巡警署，县内10个乡镇设分局。陶厂设巡警分局，局长1人，巡警3人。民国三年（1914年），县改设团防局，行使巡警职能。县团防局局长由县长兼任，陶厂镇设团防分局，有巡警6人。民国七年（1918年），改设县警察所，各集镇设警佐，后改为警察分驻所。民国十七年（1928年），改设县公安局，全县划为10个巡逻区，陶厂为其中之一。1949年3月，成立含山县人民政府公安局，10月陶厂区政府设治安区员（又称公安区员）。1950年末，治安区员统一称公安特派员。1951年冬，各乡政府组建治安保卫委员会（简称“治保会”），行政村组建治保小组，治保会设主任1人，委员若干人，成员通过选举产生。治保会组织群众打更放哨，防匪、防盗、防火、防特。1982年9月，陶厂公安派出所成立，副科级建制，配警员4人。负责管理本镇的刑事案件侦破和社会治安等工作。1985年，陶厂镇建立专职治安联防队，实行群防群治。2000年，陶厂派出所由原老镇政府办公地迁往新建的办公大楼，建筑面积1400多平方米，办公、办案条件得到根本改善。2021年配有警员8人，其中所长1人、教导员1人、副所长1人、警员5人，警车2辆，派出所人、财、物归县公安局管理。多年来，陶厂派出所在县局业务考核中名列前茅，曾荣获集体三等功2次、个人三等功8人次，其中原副所长张建军在2019年荣获全省“百名优秀青年干警”称号。

主要工作　陶厂派出所成立近40年来，干警坚持每日24小时值班、接处警、调解纠纷、出差抓捕等工作。工作上主动与镇政法委联系沟通，争取镇党委支持协助。1983年8月，在“严打”斗争中，陶厂派出所前后出警300多人次，主办和协助调查案件36件，提供各类案件信息20余份，收捕70余人。1987年9月，在全县开展打击盗窃、强奸、流氓滋扰、贩卖儿童等集中统一行动中，陶厂派出所主办和协办案件5件。1988年9月9日，在全县开展以“反盗窃，追逃犯，禁赌博，查隐患”为主要内容的统一行动，陶厂派出所抓获犯罪分子10人，破获刑事案件5起。1991年2月，陶厂发生一起向敌特机关投寄挂号信案件，陶厂派出所积极配合县局刑警大队侦查取证，使该案及时破获。1996年3月，“严打整治”斗争中，陶厂派出所加强案件侦破和追逃工作，办理该类案件5件。2002年4月，在严打整治“春潮行动”中，办理盗窃、故意伤害、侵权等危害人民群众人身和财产安全案件6件。2018—2020年，开展扫黑除恶专项斗争，发现有关线索7条，及时上报；积极配合上级公安机关对2起涉黑案件进行协助调查。

陶厂派出所在查禁赌博等方面也发挥重要作用。1982年，结合第三次人口普查对全镇户口进行全面整顿，更换户口底册，换发户口簿。1986年，全镇非农业户口由派出所集中统一管理。派出所同时对辖区的农村户口管理业务，进行经常督促和指导。按城镇户口、农业户口类型，按户发给城镇居民户口簿；农业户口管理实行乡（镇）、行政村两级户口管理制度，按自然村建立户口登记册，由乡、村各持使用，每年12月月底统计一次人口总数。1988年9月，含山县开始颁发居民身份证，至1990年末为全镇首批16周岁以上居民全部颁发了身份证。2005年下半年开始为居民颁发第二代身份证。1993年实行农村户口城镇化管理，原由乡（镇）管理的农业户口全部移交给所在地公安派出所管理，实行一村一图一册、一户一簿一牌。1995年进一步推进农业户口规范化管理，在调查核对户口的基础上，核发农村住户门牌，填发户口簿，一户一牌、一户一簿。2000年后，人口基本信息录入微机，实现计算机前台办公。2003年，实现办理居民身份证、居民户口簿、户籍等“六项变动”全部用计算机来完成。

（五）铜闸法庭

新中国成立初期，陶厂审判工作由县法院管理。1979年2月，设立铜闸法庭，负责陶厂、运漕、铜闸3镇的审判工作。2007年12月铜闸法庭迁址塔岗，改名塔岗法庭。2010年以来，审判案件大幅度上升。现每年审判陶厂案件150多件，包括债务纠纷、婚姻、合同纠纷、侵权、交通事故等案件。

（六）交警中队

1995年6月，陶厂交警中队成立。统一管理陶厂镇、铜闸镇、运漕镇及环峰镇茅林路段的道路交通安全。中队成立初有警员4人，股级建制。2000年，陶厂交警中队由陶厂南大街迁往在关镇新建成的办公大楼，建筑面积1300多平方米，办公、办案条件得到根本改善。2010年后，逐步实现现代化办公办案。至2021年末，有正式警员5人，其中中队长

1人、辅警7人，警车3辆。

为了交通安全，减少事故，每逢节日和季节交替时，陶厂交警中队组织人员深入到有车辆单位进行安全宣传，到重点路段对往来车辆进行检查和指挥，维护交通秩序，并经常派出宣传车，宣传交通法规和交通安全常识。在抗洪抢险和新冠疫情防控中，有2人获市级先进个人表彰，3名干警获县级个人三等功表彰。

陶厂交警中队

六、党委重大事项纪略

（一）土地改革运动

中华人民共和国成立初期，陶厂区总户数6338户，总人口3.16万人，其中农业人口2.97万人，耕地4687公顷。据1950年土改资料统计，陶厂区地主和富农占农户总数4.5%，占有土地占耕地总面积的31.7%。土地改革前，全区耕地多集中在地主、富农手中，贫苦农民只持有少量土地，且大部分荒远贫瘠。此外，公堂、宗族、寺庙也占有一小部分土地。

1950年，根据中央人民政府政务院发布的《关于新解放区土地改革及征收公粮的指示》及《中华人民共和国土地改革法》，含山县委、县政府领导全县人民开展土地改革运动。全县土改分三批进行：陶厂区的龙梅、关镇乡为第一批，从1950年11月20日开始到12月30日基本结束；陶厂、云塘、祁鲁、司徒、铜庙、三官、张公乡为第二批，从1951年1月初开始到2月初基本结束。区委抽调56名干部（其中巢湖工作队43名）进村宣传发动、指导各乡土改工作，全区土改工作历时70天；接着处理少数乡村土改中遗留问题。至1952年初，全区土改工作全部顺利结束。

经过土地改革，全区划出地主111户，富农172户，贫雇农5592户。没收地主、富农土地131.66公顷，房屋175间，耕畜29头，犁、耙、风车等农具111件，粮食28.3吨。除后来退还给土改中错划、漏划成分的15户土地12.51公顷，房屋38间，粮食14.5吨外，其余的土地、房屋、粮食全部分给穷苦农民。县人民政府发给每个农户《土地所有证》，真正做到"耕者有其田"，农民的生活有了最基本的保障。陶厂区还在土改中对18名罪大恶极分子处以极刑，34人判刑，64人劳动管教。

土地改革从根本上改变了农村土地所有关系，农民生产积极性空前高涨，掀起了修塘、筑坝、修圩、施肥、植树高潮。1952年春，祁鲁乡张夏村张学明办起了全县第一个初级农业生产合作社。广大农民踊跃参加农会、民兵、青年团、妇联等群众组织，农村逐步呈现欣欣向荣、蓬勃发展的新气象。

1951年陶厂区没收、征收五大财产统计表

表4-2　　　　　　　　　　　　　　　　　　　　　　　　　　1951年12月30日

成分		户数	人口	土地		房屋	耕畜		农具					粮食
				本乡	外乡		牛	驴	犁耙	风车水车	斛桶大盆	其他	小计	
没收	地主	104	438	2972	19324	1833	28		72	48	21	1		100535
	其他成分兼地主	7	38	75	483	7								
	反动富农2人 反革命分子1人		3	9										
	小计	111	479	3056	19807	1840								
征收	半地主式富农	41	204	571	33									
	富农	131	431	507	108									
	工商业者	2	8	9	24									
	公地			1555	240	18								
	小土地出租者	139	360	792	873									
	小计	313	1003	3434	1278	18								

说明：1.本乡土地系指村乡业主在本乡出租的土地，土地在外乡者不统计在内；外乡土地系指外乡业主在本乡应没收、征收之土地，外乡被没收、征收之业主户数人口不统计。

2.粮食应折成一种粮食计算，加以注明，并以斤为计算单位。

陶厂区土改中惩办反动势力统计表

表4-3

类别	极刑	判刑	管制	释放	备注
恶霸	6	2	8		
不法分子	3	10	36	13	
惯匪	2	3	4	4	
特务	3	6		1	
反动会门头目		2		1	
反革命分子	4	9	14	6	
反动富农		1	1	2	
劣绅		1	1	1	
合计	18	34	64	28	

（二）支援抗美援朝运动

1950年6月25日，朝鲜战争爆发。美国派兵侵入朝鲜，严重地威胁新中国的安全。10月19日，中国人民志愿军跨过鸭绿江，开赴朝鲜前线，同朝鲜人民一道同侵略者作战。与此同时，全国掀起了轰轰烈烈的抗美援朝、保家卫国运动。含山人民以极大的热情投身于这场如火如荼的爱国运动中。11月中旬，根据巢湖地委指示精神，县委成立"中国人民保卫世界和平反对侵略者委员会含山分会"（简称"县抗美援朝分会"），各乡（镇）也相应成立了抗美援朝支会。各乡（镇）分别召开干部群众大会，街道及农村利用标语、土广播、黑板报、文艺演出等形式广泛宣传抗美援朝重要意义，激发干部群众爱国热情。是年"五一"国际劳动节，陶厂镇组织七八百人参加支援抗美援朝大游行，周边农村群众也自发赶到参加游行。

抗美援朝期间，陶厂区各乡（镇）、村党组织积极动员适龄青年报名参军。全区不少村庄出现父母送子、妻子送丈夫、兄弟参军的动人情景。据县1953年3月统计，陶厂区自愿报名适龄青年317人，送检218人，批准入伍87人。陶厂区各界人士捐款2.75亿元（旧币值）。

（三）个体手工业、私营工商业社会主义改造

新中国成立初期，陶厂区工业落后，只有一些小手工业。1949—1952年，县委、县政府开展试办手工业合作社（组）工作，对手工业进行社会主义改造，通过从手工业供销小组、手工业供销合作社再到手工业生产合作社，由小到大、由低级到高级逐步推进。1952年，陶厂镇成立手工业合作小组，关镇、铜庙也都成立了铁、木业生产合作小组。合作组织的成立，提高了生产水平和产品质量，打开了销路，增加了收入。1953年末，中央确定了对手工业进行社会主义改造的方针和政策。陶厂区委成立私营改造领导小组，结合实际，制订私营改造工作计划，进行宣传发动、调查摸底、逐户登记造册、分类进行改造。

县委在稳步推动手工业合作化进程的同时，开展对私营工商业的社会主义改造。这一改造，经历先将私营企业纳入各种初级合作组织，再发展到公私合营，最后完成全行业的社会主义改造过程。1954年，陶厂区将原有171户私营商业，870名从业人员，合并为12个店（组）、经营户，从业人员分别减至99户140人。其中：杂货业商店3个14户，从业人员31人；百货业商店1个5户，从业人员9人；中药店1个3户，从业人员8人；酱作业1个12户，从业人员17人；合作食堂1个7户，从业人员14人；油点业小组1个5户，从业人员8人；水炉业小组1个4户，从业人员4人；理发业小组1个11户，从业人员11人；屠宰业小组1个6户，从业人员6人；农民交易所1个32户，从业人员32人。至1955年1月，全区有铁、木、篾、铜、白铁匠等108户私营手工业店铺。通过撤并整合、重新划分，建立生产合作社4个，从业人员298人，占手工业人员总数572人的52.1%；成立合作小组16个，从业人员274人，占手工业人员总数的47.9%；当年实现年产值1355.28元（旧币值）。到1956年2月，陶厂、关镇、铜庙三个集镇私营商业全部实现合作化。

（四）宣传贯彻社会主义总路线

1958年6月2日，省委发出《关于大张旗鼓地开展总路线宣传运动的通知》。6月，铜闸区委决定用1个月时间，在全区范围内大张旗鼓开展“鼓足干劲、力争上游、多快好省地建设社会主义”总路线的宣传运动。区委要求宣传声势大、规模大，切实达到“家喻户晓，人人皆知”。陶厂镇领导干部亲自挂帅，统一安排，划片负责。宣传队伍采取多种形式，各尽其才，能讲的讲，能唱的唱，能写的写，能画的画，形成一个人人受教育的热烈氛围。据不完全统计，全区培训宣传骨干2189人，组织宣传队11个，成立读报组263个，组织业余剧团12个，开办农民夜校9个，累计出黑板报36期、大字报614张、快报12期，土广播18次，标语1725张，受教育群众达1.2万人，占总人口的43.2%。

（五）社会主义教育运动

1962年11月，根据中共八届十中全会精神，中央要求在全国开展一次普遍的社会主义教育运动。县委提出以开展社会主义教育运动为纲，以加强党的基层组织建设、生产队建设和安排好群众生活为保证，以农业生产为中心等10多项工作任务。1963年1月，陶厂公社党委举办由214名骨干党员参加的训练班，同时成立13个基层学习小组，从8月下旬开始到9月中旬，每天下午为学习时间，采取集中报告、学习文件、分组讨论的方法进行。

1963年12月初，县委决定全县“社教”运动分7批完成。陶厂公社“社教”运动于1964年1月初开始，计划到3月上旬结束。根据上级要求，农村大队社会主义教育运动以清理账目、清理仓库、清理财物、清理工分“四清”为主要内容，公社机关、街道、企事业单位组织开展以反对贪污盗窃、反对投机倒把、反对铺张浪费、反对分散主义、反对官僚主义“五反”为内容的“社教”运动。陶厂公社“五反”运动采取全面部署，交叉进行，从1月1日开始到3月5日结束。整个运动分三步进行：第一步了解情况，开展宣传，认真宣读讲解中央文件；第二步开展自我批评，大胆揭发坏人坏事，成立“四清”小组，打击投机倒把，组织赃款赃物退赔；第三步进一步贯彻60条，整顿组织，健全制度，完善后续工作。

关镇公社“社教”运动于1964年9月6日开始，12月上旬结束。公社党委分别召开了党委扩大会议和三级干部会议，提高与会人员对开展“社教”运动目的和意义的认识，主动开展自我批评。公社书记代表党委作检查，带头“洗手洗澡”，发动大家揭露问题，并成立“四清”小组，组织退赔。

“四清”和“五反”运动，取得了显著成效。据统计，陶厂公社生产队长以上干部599人，有“四不清”的干部402人，贪污现金1693元、粮食1573.5千克、布票151尺，盗窃耕牛1头、农具2件，私分粮食3968.5千克，私分布票492尺，私分现金192元，多占劳动工分251个，不合理开支3850元，挪借公款2.71万元。关镇公社揭露“四不清”干部253人，贪污现金433元、粮票520.5千克、布票37尺，实物折款164元，挪用公款1.02万元，多占私分现金526元，私分粮票3304千克，私分布票981尺，私分棉花40千克，实物折款665元，多占工分681个。

陶厂、关镇公社机关和企事业单位在“五反”运动基础上，进行以清思想为中心的“四清”运动。公社党委在县委“四清”运动工作队的帮助下，对1962年以来的工作情况进行检查，并向县委作出报告。针对暴露出来的问题，组织专题讨论，提高思想觉悟。各企事业单位通过“五反”运动，普遍从反对铺张浪费入手，开展增产节约运动。

（六）创建国家级生态乡镇

改革开放后，特别是21世纪初，陶厂镇在加快经济发展的同时，牢固树立“生态立镇”意识，大力倡导生态兴镇。至2021年末，建成省级无公害养殖基地，无公害生姜、大蒜基地，设立近千亩湿地保护区。加大绿化投入，美化镇容镇貌，街道、厂（场）做到“四季有花、四季长青”。街道日常保洁，垃圾无害处理率达100%，城镇生活污水日处理能力400吨。

2004年1月10日，陶厂镇党委、政府根据安徽省环保局《关于深入开展创建全国优美乡镇活动的通知》精神，决定开展创建全国优美乡镇活动，成立创建工作领导小组，制定《陶厂镇关于创建生态镇工作计划及实施方案》，层层落实工作责任，先后制定了考核细则，确保工作有人抓，责任有人担，后果有人负。

2004年5月，陶厂镇邀请安徽农业大学资源与环境科学学院编制《含山县陶厂镇环境规划》。邀请专家对全镇干部进行环保政策法规培训，同时加大宣传力度，营造环保宣传氛围，使生态创建工作、创建意识深入人心。以此为契机全面启动农村生态环境综合整治、镇容镇貌和镇区河道整治等系列创建工程。全镇辖区内道路、通信、供水、供电及文化体育设施等基础配套设施日趋完善，生态建设取得了较好成绩。2005年7月27日，县人民政府同意陶厂镇申报“全国环境优美乡镇”。2005年8月19日，巢湖市环保局向省环保局申报陶厂镇为“全国环境优美乡镇”。

2006年6月5日，陶厂镇顺利通过国家环境保护局评审。2010年5月27日，陶厂镇被国家环境保护局授予第四批“全国环境优美镇”荣誉称号（2010年7月“全国环境优美镇”更名为“国家级生态乡镇”）。2013年陶厂镇顺利通过国家级生态镇复审。

（七）脱贫攻坚圆满收官

扶贫干部给贫困户发放低保

陶厂镇党委、政府始终把脱贫攻坚作为首要政治任务，认真贯彻落实中央和省市县各项决策部署，坚持精准扶贫方针，扎实开展脱贫攻坚各项工作。

2016年，镇党政主要负责同志深入一线指挥，带头深入开展遍访活动。成立产业金融、资金项目、健康脱贫等9个脱贫攻坚专项工作推进组，由镇分管负责人任组长，专题研究解决行业扶贫重点工作。围绕脱贫攻坚“八大工程”，制定出台一批配套政策文件，全面覆盖了健康、教育、住房、安全饮水等多方面工作。选派11名镇干部驻村帮扶，强化基层扶贫工作力量；安排71名镇村干部结对帮扶贫困户。

陶厂镇几年内累计发放各类教育补助1278人次157万元。开展“先诊疗后付费”和“一站式”服务，实现贫困人口家庭医生签约全覆盖；实施危房改造237户，“四改一亮”700余户；建成产业扶贫基地2个、集中式光伏发电站1个和村级光伏电站2个；为218户贫困户办理发展生产小额贷款1029.5万元；争取各类扶贫资金2971万元，实施扶贫项目49个。至2020年末，实现全镇625户贫困户1224名贫困人口全部稳定脱贫，贫困村司徒村顺利脱贫出列。

（八）美好乡村建设

2006年3月，县委、县政府根据上级精神出台《含山县关于社会主义新农村建设的实施意见》和《含山县建设社会主义新农村示范工程方案》，按照“全面部署、重点突破、示范带动、因地制宜、分步实施”的总体思路，每年选择一批示范自然村，开展“三清、三改、三整顿、三集中”村庄整治活动。建立以政府为主导、农民为主体，部门帮扶、社会参与的工作机制。2006年6月，陶厂镇被列入安徽省首批新农村建设示范镇，云塘村被列入首批省级示范村。

2006—2021年底，含山县共组织实施10批新农村（美好乡村）建设示范工程。在示范工程建设过程中，2013年9月，陶厂镇启动安全饮用水工程，涉及官塘、司徒等7个村。从2013年到2016年，陶厂镇加大环境整治力度，改善农村人居环境，打造生态陶厂。2017年4月，镇党委、政府出台《陶厂镇全域环境整治提升工作督查考核办法》，加大考核力度，成立农村环境卫生综合整治工作领导小组，制定《陶厂镇农村环境卫生综合整治工作实施方案》，按照分片管理、分人负责的原则，将全镇划分为10个片，包保到人、定责到人、追责到人，形成了层层有人抓、事事有人管的机制。陶厂镇还实行“周督查、月评比”制度，对各村每周进行一次整体检查，发现问题、指出问题、限定时限解决问题；每月进行评比，排出名次，对排名前三名的给予奖励，对排名后二名的在全镇通报。

环境优美的关镇中心村

美好乡村示范村潘村

2017—2021年，深入推进农村人居环境整治，对全镇210个自然村全面开展“五清一改”清洁行动，实施村庄污水管网、污水处理站、道路硬化、旱厕改造、饮水安全巩固提升、村庄绿化亮化等工程，沿主干道、美丽乡村、中心村打造节点35个，打造“村+景、美景+民宿”的乡村环境。投入280余万元专项资金用于村庄清洁行动。全镇配有垃圾中转运输车1辆，垃圾收运车3辆，各类垃圾桶近2000个，配备生活垃圾收集员91名。镇内主干道沿线23个村庄全面完成整治。先后完成79.73千米乡村道路建设、33.78千米生命防护工程。引导农民参与改厕，至2021年完成农村改厕3349户。建成云塘村、西山村、司徒村文化大舞台，建成官塘村运动广场、大舞台、公厕。推进环保问题整改，完成2家铸造企业停产整改，持续推进集镇及中心村污水处理、大渔滩自然保护地违规建设、牛屯河饮用水源地保护区拦网、“散乱污”企业整治。严格落实“河长制”“林长制”等，秸秆禁烧工作成效显著。

第二节　陶厂镇人民代表大会

一、代表选举

民国时期，国民党政府迫于民主潮流，成立选举委员会，选举乡民代表、参议员。选举经过由户长会议选出甲长，甲长会议选出保长，乡民代表会议选出乡长。在选举中，各方拉拢人员，收买选票，丑闻百出。

中华人民共和国成立初，1950年1月至1954年9月实行各界人民代表会议制度。1951年11月，陶厂镇、关镇乡分别召开了一届各界人民代表会议，通过民主协商、民主选举产生乡镇人民委员会。各界人民代表会议代行人民代表大会职权。1954年《中华人民共和国宪法》正式实施后，各乡、镇进行含山县历史上第一次普选。城镇以单位、居民小组，农村划分若干选区，进行选民登记，审查选民资格，公布选民名单，核发选票。统一选举时间，召开选举大会，选民以无记名投票形式选出乡、镇人民代表，再选出乡、镇长和委员，并选举出席县人大代表。候选人由单位推荐和选民10人以上提名确定。“文化大革命”期间，普选工作中断，人民代表大会停止活动。1981年12月，恢复人民代表大会制度，乡镇成立选举委员会，重新开展普选工作。在指定的换届选举日，召开选举大会、设立投票站、流动投票箱等形式进行差额选举。县、镇（乡）人大代表，候选人获得过半数的选票，方可当选。

二、乡、镇人大会议

1950年1月至1954年9月，实行各界人民代表大会制度。

（一）各界人民代表会议

陶厂镇

1951年11月，在陶厂镇会议室召开，出席会议代表112人。会议选举高开中为陶厂镇人民政府镇长。

关镇乡

1951年11月，在关镇乡会议室召开，出席会议代表110人。会议听取并审议通过黄静安所作的政府工作报告，选举黄静安为关镇乡人民政府乡长。

（二）历界人民代表大会

1954年9月20日，第一届全国人民代表大会第一次会议通过的《中华人民共和国宪法》颁布后，在基层选举的基础上，逐级召开人民代表大会。

1954年12月至1983年4月恢复乡镇政权，改人民公社为乡、镇人民政府时，陶厂镇（公社）共召开6届（第一届至第六届）人民代表大会。

陶厂镇（公社）

第一届人民代表大会

1954年12月，一届一次会议在陶厂镇会议室召开，出席会议代表138人。会议听取并审议通过高开中所作的政府工作报告，选举高开中为陶厂镇人民政府镇长。

一届期间，共召开4次人民代表大会。在第三次会议上，选举江从美为陶厂镇人民政府镇长。

第二届人民代表大会

1958年4月，二届一次会议在陶厂镇会议室召开，出席会议代表126人。会议听取并审议通过刘作标所作的人民委员会工作报告，选举刘作标为陶厂镇人民委员会镇长。

二届期间，共召开3次人民代表大会。在第二次大会上，选举戴学泉为陶厂镇人民公社管委会主任。

第三届人民（社员）代表大会

1961年4月，三届一次会议在陶厂公社会议室召开，出席会议代表97人。会议听取并审议通过戴学泉所作的人民公社工作报告，选举戴学泉为陶厂人民公社管委会主任。

三届期间，共召开3次人民代表大会。在第二次会议上，选举刘正开为陶厂人民公社管委会主任。

第四届人民（社员）代表大会

1963年5月，四届一次会议在陶厂公社会议室召开，出席会议代表85人。会议听取并审议通过刘正开所作的人民委员会工作报告，选举刘正开为陶厂人民公社社长。

四届期间，共召开3次人民代表大会。无选举任务。

第五届人民（社员）代表大会

1965年11月15日至17日，五届一次会议在陶厂公社会议室召开，出席会议代表110人。会议听取并审议通过刘长福所作的人民委员会工作报告，选举刘长福为陶厂人民公社社长，选举人民委员会委员17人、监察委员会委员7人。

五届期间，共召开7次人民代表大会。在第二、第三次会议上，先后选举季学林、何良岳为陶厂公社社长。在第四次至第七次会议上，先后选举宫壁、刘焕兰、黄香远、周效明为陶厂公社革委会主任。

第六届人民(社员)代表大会

1981年12月,六届一次会议在陶厂公社电影院召开,出席会议代表120人。会议听取并审议通过葛世文所作的革命委员会工作报告,选举葛世文为陶厂人民公社管委会主任。

六届期间,共召开3次人民代表大会。在第二次会议上,选举杨以来为陶厂人民公社管委会主任。在第三次会议上,选举杨以来为陶厂乡人民政府乡长。

从1983年4月恢复乡镇政权,改人民公社为乡、镇人民政府到撤区并乡后的2021年12月,陶厂镇共召开11届(第一届至第十一届)人民代表大会。其中撤区并乡前召开了3届(第一届至第三届)。

第一届人民代表大会

1984年10月13日至14日,一届一次会议在陶厂乡电影院召开,出席会议代表64人。会议听取并审议通过陈昌树所作的政府工作报告,选举陈昌树为陶厂乡乡长,葛圣刚、周能权、唐国峰3人为副乡长。

一届期间,共召开3次人民代表大会。在第二次会议上,选举陈昌树为陶厂镇人民政府镇长。第三次会议无选举任务。

第二届人民代表大会

1987年2月,二届一次会议在陶厂镇会议室召开,出席会议代表76人。会议听取并审议通过胡兴荣所作的政府工作报告,选举陈昌树任陶厂镇人大主席(兼);选举胡兴荣为陶厂镇人民政府镇长,葛圣刚、周能泉为副镇长。

二届期间,共召开3次人民代表大会。在第二次大会上,选举葛圣刚为陶厂镇人民政府镇长。

第三届人民代表大会

1990年4月,三届一次会议在陶厂镇会议室召开,出席会议代表76人。会议听取并审议通过马晓毅所作的政府工作报告,选举殷裕民任陶厂镇人大主席(兼),选举马晓毅为陶厂镇人民政府镇长,陈敏、马金水为副镇长。1991年,全县乡镇设专职人大主席。

三届期间,共召开2次人民代表大会。在第二次大会上,选举昂开俊为陶厂镇专职人大主席。

关镇乡(公社)

新中国成立后的1954年至1992年撤区并乡前,关镇乡(公社)共召开了8届(第一届至第八届)人民代表大会。

第一届人民代表大会

1954年12月,一届一次会议在关镇乡会议室召开,出席会议代表136人。会议听取并审议通过张年来所作的政府工作报告,选举张年来为关镇乡乡长。

一届期间,共召开4次人民代表大会。第二、第三、第四次大会无选举任务。(1958年

11月至1961年9月属陶厂人民公社）

第二届人民（社员）代表大会

1961年9月，二届一次会议在关镇公社会议室召开，出席会议代表162人。会议听取并审议通过王仁喜所作的关镇人民公社工作报告，选举王仁喜为关镇公社管委会主任。

二届期间，共召开3次人民代表大会。在第二次会议上，选举潘运喜为关镇公社管委会主任。

第三届人民（社员）代表大会

1963年5月28日，三届一次会议在关镇公社会议室召开，出席会议代表164人。会议听取并审议通过贾明文所作的关镇人民公社工作报告；讨论并通过1963年全社工农业生产和其他各项工作计划的报告，选举潘运喜为关镇人民公社社长，选举产生公社人民委员会委员，监察委员会委员。

三届期间，共召开3次人民代表大会。在第二次会议上，选举季学林为关镇人民公社社长。

第四届人民（社员）代表大会

1965年11月15日，四届一次会议在关镇公社会议室召开，出席会议代表156人。会议听取并审议通过人民公社工作报告；讨论并通过全社农、副业生产和其他各项工作任务的报告。选举季学林为关镇公社社长，选举产生公社人民委员会委员，监察委员会委员。

四届期间，共召开7次人民代表大会。在第二次至第七次会议上，先后选举严联松、贾华长、潘运喜、李忠兰、周效明、陈信伙为关镇人民公社社长。

第五届人民（社员）代表大会

1981年12月，五届一次会议在关镇公社电影院召开，出席会议代表212人。会议听取并审议通过陈信伙所作的革命委员会工作报告，选举陈信伙为关镇公社管委会主任。

五届期间，共召开3次人民代表大会。在第二次、第三次大会上，先后选举杨师友为关镇人民公社管委会主任，吕修龙为关镇乡乡长。

第六届人民代表大会

1984年10月，六届一次会议在关镇乡电影院召开，出席会议代表223人。会议听取并审议通过潘运厚所作的政府工作报告，选举潘运厚为关镇乡人民政府乡长。

六届期间，共召开3次人民代表大会。在第二次会议上，选举路志斌为关镇乡乡长。

第七届人民代表大会

1987年4月，七届一次会议在关镇乡电影院召开，出席会议代表234人。会议听取并审议通过杨本善所作的政府工作报告，选举潘运厚为关镇乡人大主席（兼）；选举杨本善为关镇乡乡长，曹贵阳、陈克玲为副乡长。

七届期间，共召开3次人民代表大会。在第二次大会上，选举曹贵阳为关镇乡乡长。

第八届人民代表大会

1990年3月，八届一次会议在关镇乡电影院召开，出席会议代表246人。会议听取并审议通过曹贵阳所作的政府工作报告，选举杨本善为关镇乡人大主席（兼）；选举曹贵阳为关镇乡乡长，孙维堂、陈克玲为副乡长。

八届期间，共召开2次人民代表大会。在第二次大会上，选举葛圣刚为关镇乡专职人大主席；选举马金水为关镇乡副乡长。

三、陶厂镇人民代表大会

1992年2月撤区并乡后，陶厂镇共召开了8届（第四届至第十一届）人民代表大会。

陶厂镇人大筹备组（1992.2—1992.10）

组　长：杨本善

陶厂镇人民政府筹备组（1992.2—1992.10）

组　长：马晓毅

副组长：张其梅（女）

第四届人民代表大会

1992年10月，四届一次会议在陶厂镇电影院召开，出席会议代表72人。会议听取并审议通过曹贵阳所作的政府工作报告。大会选举杨本善为陶厂镇人大主席，戚林友为副主席；选举曹贵阳为陶厂镇人民政府镇长，王德义、曹以来、孙维堂3人为副镇长。

四届期间，共召开4次人民代表大会。在第二次至第四次大会上，先后选举邹晓流、黄敬龙、左年文、宫含生、左年敏、宋定禄为副镇长。

第五届人民代表大会

1996年3月8日至9日，五届一次会议在陶厂镇会议室召开，出席会议代表72人。会议听取并审议通过王昌来所作的政府工作报告。大会选举杨本善为陶厂镇人大主席；选举王昌来为陶厂镇人民政府镇长，左年文、左年敏、宋定禄、胡家喜4人为副镇长。

五届期间，共召开3次人民代表大会。第二、第三次大会无选举任务。

第六届人民代表大会

1999年1月28日至29日，六届一次会议在陶厂镇会议室召开，出席会议代表70人。会议听取并审议通过政府工作报告、财政工作报告和镇人大工作报告。大会选举罗兆好为陶厂镇人大主席（兼），胡家喜为人大专职副主席；选举程孝文为陶厂镇人民政府镇长，左年敏、王茂明、孙维堂3人为副镇长。

六届期间，共召开3次人民代表大会。在第二、第三次大会上，分别选举程荣武、张峰刚为副镇长。

第七届人民代表大会

2002年2月，七届一次会议在陶厂镇会议室召开，出席会议代表67人。会议听取并审议通过窦念华所作的政府工作报告，以及镇人大工作报告、镇财政工作报告。大会选举孙维堂为陶厂镇人大主席，选举窦念华为镇人民政府镇长，徐爱华、程荣武为副镇长。

七届期间，共召开5次人民代表大会。在第二次大会上，选举张峰刚、柴平为副镇长；在第四次大会上，选举张峰刚为陶厂镇人民政府镇长，王广付、马军、宋传新为副镇长；在第五次大会上选举张宏明为镇人民政府镇长。

第八届人民代表大会

2007年1月，八届一次会议在陶厂镇会议室召开，出席会议代表65人。会议听取并审议通过窦念华所作的政府工作报告。大会选举张宏民为陶厂镇人大主席，选举窦念华为镇人民政府镇长，马军、柴平为副镇长。

八届期间，共召开5次人民代表大会。在第二次会议上，选举马恒生为陶厂镇人大主席，选举张宏明为陶厂镇人民政府镇长，李相开、过寿仁、肖鹏美为副镇长。在第五次大会上，选举刁节喜为副镇长。

陶厂镇第八届人代会第三次会议

第九届人民代表大会

2011年12月，九届一次会议在陶厂镇会议室召开，出席会议代表63人。会议听取并审议通过杨文旭所作的政府工作报告。大会选举张宏明为陶厂镇人大主席(兼)，选举杨文旭为镇人民政府镇长，刁节喜、张先文、刘仕成、李相开4人为副镇长。

九届期间，共召开5次人民代表大会。在第二次大会上，选举杨文旭为陶厂镇人大主席(兼)；在第三次大会上，选举潘学祥为陶厂镇人民政府镇长，张龙为副镇长。在第四次大会上，选举干方好为镇人大副主席。在第五次大会上，选举卜华斌、李晓峰为副镇长。

陶厂镇第九届人代会第一次会议

第十届人民代表大会

2016年3月16日，十届一次会议在陶厂镇会议室召开，出席会议代表63人，列席和特邀代表24人。会议听取并审议通过政府工作报告，以及镇人大工作报告和

陶厂镇第十届人代会第三次会议

财政工作报告。大会选举黄荣华为陶厂镇人大主席，干方好为副主席；刘亚丽为镇人民政府镇长，刘仕成、卜华斌、李晓峰3人为副镇长。

2016年12月，县十七届一次人民代表大会后，镇人民代表大会调整为每年召开2次。陶厂镇第十届期间，共召开11次人民代表大会。在第五次大会上，选举蒋德祥为陶厂镇人民政府镇长。在第十次、第十一次大会上，先后选举黄大顺、张亮为陶厂镇人民政府镇长。在第六次、第十一次大会上，分别选举张翔、袁健为副镇长。

第十一届人民代表大会

2021年12月14日至15日，十一届一次会议在陶厂镇会议室召开，出席会议代表65人，列席代表50多人。会议听取并审议通过张亮作的政府工作报告，以及财政工作报告和镇人大工作报告。大会选举卜华斌为陶厂镇人大主席，选举张亮为镇人民政府镇长，李晓峰、陈振援、范守明、袁健4人为副镇长。

四、镇人大主席团

（一）镇人大主席团组成

1988年，区设立人大工作联络组，配备组长1人。乡、镇设立人大主席团，由乡、镇党委书记兼任人大主席，配备常务主席，负责处理乡、镇人大日常工作。配备1名兼职人大工作人员。1992年撤区并乡，陶厂镇、关镇乡合并为新的陶厂镇，设主席1名。1993年1月，陶厂镇人大挂牌为“陶厂镇人民代表大会主席团”。1995年12月，根据安徽省人大常委会统一规定，陶厂镇人大统一规范挂牌为“含山县陶厂镇人民代表大会”。1997年机构改革“三定”方案规定，镇人大设专职主席1人。1999年1月，陶厂镇人大设专职副主席1人，主席由党委书记兼任。2002年2月，陶厂镇第七届人民代表大会设专职主席1人。镇人大主席团由镇人大代表选举出主席、副主席和秘书组成。镇人大第一届至第六届，每届任期3年，从第七届开始每届任期依法改为5年。镇人民代表大会及其主席团在镇党委领导下，依法履行职权，发挥地方国家权力机关的职能作用。

历届乡镇人大主席团主席、副主席、秘书名录

表4-4

乡 镇	职 务	姓 名	任职时间
陶厂镇	主 席	陈昌树	（兼，1987.2—1990.4）
		殷裕民	（兼，1990.4—1991.10）
		昂开俊	（1991.10—1992.1）
关镇乡	主 席	潘运厚	（兼，1987.4—1990.2）
		杨本善	（兼，1990.2—1991.10）
		葛圣刚	（1991.10—1992.1）

续表

乡 镇	职 务	姓 名	任职时间
陶厂镇	主 席	杨本善	（1992.10—1999.1）
		罗兆好	（兼，1999.1—2002.2）
		孙维堂	（2002.2—2006.12）
		张宏民	（2007.1—2008.12）
		马恒生	（2008.12—2011.12）
		张宏民	（兼，2011.12—2012.7）
		杨文旭	（兼，2012.11—2016.12）
		黄荣华	（2016.12—2021.12）
		卜华斌	（2021.12— ）
	副主席	胡家喜	（1991.1—1999.10）
		戚林友	（1992.10—1996.3）
		胡家喜	（1999.1—2003.4）
		干方好	（2016.12—2021.12）
		何佳伟	（2021.12— ）
	秘 书	黄荣华	（1992.12—2002.1）
		於春年	（2002.2—2006.12）
		裴家翠	（2011.9—2016.11）
		葛英柱	（2016.12—2021.12）
		薛兆来	（2021.12— ）
		张 岚	（2022.12— ）

（二）办事机构

1984年前，历届镇人民代表大会皆无常设机构，其职权由人民政府代为行使。1984年10月，镇第一届人民代表大会根据《地方组织法》《选举法》规定，成立镇人民代表大会主席团，配备专职人员，负责处理大会闭会期间具体事务。主席团成员由每届人代会选举产生，原则上每季度召开一次会议，由主席主持。

（三）代表联系制度

从1984年镇第一届人民代表大会开始，人大代表在闭会期间，区、镇建立代表中心组，村、街道及镇机关建立代表小组，正、副组长由代表推选产生。代表小组主要职责是加强同镇人大主席团、县人大常委会的联系，组织代表参加代表组和镇人大主席团、县人大常委会举行的各项活动。组织代表学习宣传党的政策和国家法律、法令，组织实施县、镇人民代表大会和县人大常委会的决议、决定。代表中心组指导和帮助所属代表小组开展活动，搜集整理代表小组的意见和要求，及时向镇人大主席团汇报。代表小组和代表经常同选民取得联系，了解并及时反映选民的意见和要求。代表小组每季度组织代表活动一次，代表中心组每季度召开一次代表小组长会议，听取汇报，布置工作任务。

五、主要工作

(一)依法监督

行使监督权。镇第一届至第十一届人代会除听取、审议政府工作报告外，还听取了镇属企业财政包干、农业综合区划、生产救灾、扶贫、兴修水利、小城镇规划建设、工商物价、经济合同法执行、自来水改建工程、粮油合同订购和“三挂钩”物资落实、乡镇企业发展、农村新型合作医疗、旅游开发等方面的报告，逐项进行认真审议，并提出意见和建议。组织代表、委员对农村专业户、大渔滩湿地建设、古塔路建设、“村村通”道路建设、生态环境建设、美好乡村建设开展专项视察和专题调查，召开座谈会进行论证，向镇党委、政府建言献策。

行使决定权。镇第一届至第十一届人大对全镇政治、经济、文教卫、民政、民族等工作的重大事项定期作了认真的讨论，并作出相应的决议，付诸实施。如动员全镇人民讨论《宪法修改草案》，实施《安徽省普及初等义务教育的若干规定》，普及法律常识，组织执法检查。发展商品生产、进行经济体制改革，保护村级企业自主权，扩大陶厂镇行政管辖范围，贯彻《土地管理法》，查处非农业违法占地行为，治理经济环境、整顿经济秩序等。对每年镇级财政执行情况和下年财政预算安排进行表决，提出意见。

(二)议案建议办理

镇人民代表大会闭会期间，人大主席团立足地方实际，积极组织县、镇人大代表开展调研视察活动，提出议案、意见和建议。1984年后，镇人大主席团将县镇人大代表就地合并，划分为24个人大代表活动小组，其中镇直单位1个、街道1个、村22个。按代表类型选定不同议题，镇直代表小组活动议题是审议政府工作报告、计划，对古塔路陶厂、关镇段建设，大渔滩湿地建设，污水处理厂建设，加速农村城镇化建设工作进行审议等。街道代表活动小组，活动议题是集镇建设，提高城镇绿化和亮化水平，文明创建，加快城镇公共文化设施建设，提高镇区街道管理水平等。农村代表活动小组，活动议题是加快水利实施建设，村村通建设，提高农村电网改造质量，农村道路安全建设，提高农村医疗卫生水平，农村学校儿童食品安全，提高“三农”服务水平，加强对村级后备干部培养等。议题关注社会热点和难点问题。小组活动代表参与的积极性高，个个踊跃发表意见，充分行使人大代表的职责。2010—2021年，镇人大主席团累计组织代表活动小组开展活动46次，基本做到每季度开展一次活动，认真梳理人大代表的议案和建议，检查督促相关单位认真办理代表提出的议案和建议。

（三）视察调研

镇人大主席团每年组织代表开展视察、调研活动。如连续多年对水利兴修的视察、调研，促使全镇采取以奖代补形式鼓励挖塘清淤。到2005年，全镇累计投入资金421万元，共清淤挖塘162口，其中5000立方米21口，万方大塘9口，新挖塘7口、计5000立方米，整修抗旱渠9.4千米，共完成土方107万立方米，新增灌溉面积566.67公顷。

镇人大组织代表开展视察活动

2003年11月，组织代表对农业产业结构调整开展考察调研活动。全镇优质粮、棉、油种植面积达95%以上，种植、养殖结构实现向规模、效益、特色经营转变。全镇种植优质生姜133.33公顷，魔芋13.34公顷，日本南瓜13.34公顷，蔬菜100多公顷。引进开发新胜圩低产田养蟹40公顷，实施稻改棉533公顷，订单油菜667公顷。全镇饲养杂交猪2.5万头，百头以上专业户100多户；饲养山羊6000余只，养殖水禽20万只。

2010年3月，组织代表对集镇建设开展视察调研活动。集镇建设一直是陶厂镇的特色工作，经过多年努力，一任接着一任干，陶厂集镇建设特色明显，功能日趋完美。但仍存在集镇规模小，常住人口少，房产、商贸对全镇经济的贡献薄弱等问题。针对这些问题，镇人大主席团向镇党委、政府提出“统筹规划编制、加快集镇发展”的建议和意见，被镇党委、政府采纳。

2016年12月，镇人大主席团组织代表对农村道路畅通工程开展考察调研活动。协助政府争取项目资金近1140万元，完成撤并建制村道路硬化7条，贫困自然村道路硬化5条，老村道加宽8条，全长累计26.4千米,道路施工基本完成。完成2条县级公路改建及拓宽项目，其中汤徐路改造9.46千米，投资1350万元。和陶路路面加宽2.5米，全长2.99千米，投资700万元。

2021年3月，镇人大主席团会同镇政协活动组，组织部分人大代表和政协委员，对潘村中心村创建AAA级旅游村项目建设进行调研。现场察看了新建的160米风车廊架和正在施工的民宿房、曲径步道等项目建设，提出项目建设在保证质量的前提下，加快多功能旅游项目建设进度，把创建活动融入大渔滩全域旅游环境建设，力争在大渔滩荷花观赏期前全部交付运营的建议，被镇政府采纳。

第三节　陶厂镇人民政府

一、政府领导产生

镇政府由镇长、副镇长和政府组成部门的负责人组成。镇政府实行镇长负责制，镇长领导镇政府全面工作，副镇长按照分工负责处理分管工作，镇政府组成部门的各办主任负责本部门工作。

2002年前，镇政府任期为3年一届，设镇长1人，副镇长2～3人（其中常务副镇长1人）。2002年后，调整为5年一届，设镇长1人，副镇长2～3人（其中常务副镇长1人）。镇长、副镇长由镇人民代表大会按照规定选举产生。

历届陶厂区、镇（乡）人民政府主要负责人名录

表4-5

<table>
<tr><th>时期</th><th>组织名称</th><th>职务</th><th>姓名</th><th>任职时间</th></tr>
<tr><td rowspan="20">一、抗日战争时期（1939.2—1945.9）</td><td rowspan="6">司徒乡人民政府</td><td rowspan="6">乡长</td><td>王　铨</td><td>1942年春在职</td></tr>
<tr><td>胡　恺</td><td>1942年5月前在职</td></tr>
<tr><td>张文祥</td><td>兼，1942.5—1943年春</td></tr>
<tr><td>洪　涛</td><td>吴光恺，1943.5—1943.9</td></tr>
<tr><td>司有成</td><td>1943.10—1944.5</td></tr>
<tr><td>钱　锋</td><td>1944.5—1945.6</td></tr>
<tr><td rowspan="2">陶运区人民政府</td><td></td><td></td><td>1942年2月成立</td></tr>
<tr><td>区长</td><td>张克林</td><td>1942.2—1942.4</td></tr>
<tr><td rowspan="4">陶厂乡（镇、市）人民政府</td><td rowspan="3">镇长</td><td>陈治安</td><td>1941年下半年—1942年春</td></tr>
<tr><td>尹圣堂</td><td>1944年5月</td></tr>
<tr><td>洪　波</td><td>1944.6—1944.8</td></tr>
<tr><td>市长</td><td>蒋　云</td><td>1944.8—1945.6</td></tr>
<tr><td rowspan="3">关镇乡人民政府</td><td rowspan="3">乡长</td><td>唐　虞</td><td>1942年春夏之交时在职</td></tr>
<tr><td>胡　恺</td><td>1942年9月前在职</td></tr>
<tr><td>王　铨</td><td>1942.9—1943年春</td></tr>
<tr><td>陶铜乡人民政府</td><td>乡长</td><td>尹盛虞</td><td>1942年春—1942年夏</td></tr>
<tr><td>陶运（陶东）区人民政府</td><td>区长</td><td>张克林</td><td>1942.4—1943.2</td></tr>
</table>

续表

时 期	组织名称	职 务	姓 名	任职时间
	龙梅乡人民政府	乡长	杨少华	1942年上半年在职
			何堃尧	1942年上半年—1943年初
			刘富有	1944.3—1944.11
			胡益民	1944.11—1945.8
	祁鲁乡人民政府	乡长	杨辑三	1942年在职
			曹　镛	1943年下半年—1944年上半年
			李德和	兼,1944—1945.年春
			汤正明	1945.4—1945.6
	云塘乡人民政府	乡长	郑慰农	1942年冬在职
			张家发	晋静,1943年春在职
			李德和	1943年春—1944年春
			汤正明	1945.1—1945.5
	陶西乡人民政府	乡长	洪　涛	1943年秋—1944年底
			钱昌彬	1944.1—1944.11
			王　健	1945年春—1945.8
	梅山区人民政府			1943.11—1945.9
		区长	蔡传云	兼,1943.11—1945.9
	关帝乡人民政府	乡长	刘宝洲	兼,1943.11—1945.5
	崇字乡人民政府	乡长	胡守云	1943.11—1945.9
二、解放战争时期（1945.9—1949.9）	陶新区工委会（1948年6月成立）	区长	曹植三	1948.6—1948.10
			魏向明	1948.10—1948年冬
	陶厂镇人民政府（1948年6月设立）	镇长	鲁大年	1948.6—1948年冬
			葛文增	1948年冬—1949.1
			周竣彦	1949年2月在职
			严芳柏	1949.5—1949.6
			卜正普	1949年7月在职
	关镇乡人民政府（1948年9月设立）	乡长	尹盛锐	1948年9月在职
			张忍忠	1949年3月在职
			宫成彬	1949年2月在职

续表

时 期	组织名称	职 务	姓 名	任职时间
	司徒乡人民政府（1948年6月设立）	乡长	张仁和	1948.6—1948年冬
			孙传信	1949年3月后在职
			张仁和	1949年6月在职
			黄荣良	1949年8月在职
			郭德榜	1949年1月在职
	云塘乡人民政府（陶新区建立后设立）	乡长	陈之傲 王卫民	1949年1月在职
			邵敬春	1949年2月在职
			卜正甫	1949年8月在职
	梅山乡人民政府（陶新区建立后设立）	乡长		
	崇字乡人民政府（1948年7月设立）	乡长	严芳柏	1948.7—1948年冬
			吴良玉	1949年1月在职
			过春涛	1949.7—1949.9
	祁鲁乡人民政府(陶新区建立后设立,1949年2月撤销)	乡长	胡长锐	1948年冬—1949.2
	太湖乡人民政府（1948年6月设立）	乡长	曹家岭	1948.6—1949.2年
			孙少堂	1949年7月在职
	陶厂区人民政府（1948年冬—1949.9）	区长	刘镇华	1948年11月在职
			张 涛	1948年冬—1949.2
			司绍华	1949.2—1949.3
			江 平	1949.3—1949.5
			束鸣九	1949.6—1949.7
	铜庙乡人民政府（1949年2月建立）	乡 长	王庆华	1949.2—1949.7
			葛文增	1949.2—1949.7
	龙梅乡人民政府（1949年7月划属陶厂区）	乡长	张治民 刘富有	1949年1月在职
				1949.3—1949.9

续表

时 期	组织名称	职 务	姓 名	任职时间
三、新中国成立初期（1949.10—1955.12）	陶厂区人民政府（1949.10—1955.12辖14个乡、镇）	区长	金 忠	1950.6—1951.12
			严芳柏	1952.12—1955.12
	陶厂镇人民政府（1949.10—1955.12）	镇长	严芳柏	1949.10—1950.6
			卜正甫	1950.7—1950.9
			高开中	1950.10—1955.2
			江从美	1955.3—1955.12
	龙梅乡人民政府（1949.10—1955.12）	乡长	刘昌茂	1949.10—1952.9
			刘必贵	1952.9—1954.1
			韩敬修	1954.1—1955.2
			裴吉升	1955.2—1955.12
	云塘乡人民政府（1949.10—1955.12）	乡长	卜正甫	1949.10—1950.6
			刘富有	1950.6—1951.10
			张修报	1951.10—1955.12
	铜庙乡人民政府（1949.10—1955.12）	乡长	王庆华	1949.10—1949.11
			黄静安	1949.11—1951.4
			李荣钊	1951. 3—1952.4
			卜元标	1952.5—1955.4
			颜家龙	1955.5—1955.12
	关镇乡人民政府（1949.10—1955.12）	乡长	张忍中	1949.10—1949.12
			周子承	1949.12—1951.2
			黄静安	1951.3—1952.8
			张年来	1952.9—1955.12
	司徒乡人民政府（1949.10—1955.12）	乡 长	黄荣良	1949.10—1950.3
			干承新	1950.3—1952.8
			郭志华	1952.8—1954.1
			江从美	1954.2—1955.3

续表

时期	组织名称	职务	姓名	任职时间
	祁鲁乡人民政府（1950.3—1955.12）	乡长	李咸标	1955.4—1955.12
			严芳柏	1950.3—1951.10
			毛明贵	1951.10—1955.12
	张公乡人民政府（1950.3—1955.12）	乡长	刘富有	1950.3—1950.6
			高开中	1950.6—1953.4
			颜家龙	1953.4—1953.10
			冯兴荣	1953.10—1955.12
	西河乡人民政府（1951.3—1955.12）	乡长	卜伯威	1951.3—1952.9
			孙中桂	1952.9—1952.12
			郭志保	1953.1—1953.4
			刘　超	1953.4—1955.12
	西山乡人民政府（1952.7—1955.12）	乡长	刘富有	1952.7—1952.9
			陶中茂	1952.10—1953.1
			司宗雨	1953.1—1954.3
			李荣超	1954.3—1955.12
	刘武乡人民政府（1951.11—1955.12）	乡长	李贵模	1951.11—1955.12
	关帝乡人民政府（1951.11—1955.12）	乡长	孙文熙	1951.11—1955.12
	陶西乡人民政府（1952.7—1955.12）	乡长	马永木	1952.7—1953.9
			王本富	1953.9—1955.12
四、小乡并大乡时期（1956.1—1958.10）	铜闸区公所(1956.1—1958.10辖9个乡、镇）	区长	倪受尧	1956.1—1956.4
			谷大云	1956.4—1956.9
			孙锡旺	1956.9—1957.4
	铜闸镇人民委员会（1956.1—1958.10）	镇长	李可兴	1956.1—1956.10
			陈道泉	1956.10—1957.1
			戴庆国	1957.1—1957.9
			黄明月	1957.9—1958.10

续表

时期	组织名称	职务	姓名	任职时间
	陶厂镇人民委员会（1956.1—1958.10）	镇长	江从美	1956.1—1956.5
			刘作标	1956.5—1958.10
	司徒乡人民委员会（1956.1—1958.10）	乡长	李咸标	1956.1—1957.11
			陶同馀	1957.11—1958.10
	铜庙乡人民委员会（1956.1—1958.10）	乡长	颜家龙	1956.1—1956.3
			张年来	1956.4—1958.10
五、大公社时期（1958.11—1961.9）	陶厂（东风）人民公社（1958.11—1961.9）	主任	戴学泉	1958.11—1961.9
六、大公社划小公社时期（1961.9—1966.5）	1961年9月全县设立19个公社管委会，1963年5月将公社管委会主任改称为社长			
	陶厂公社管委会（1961.9—1966.5）	主任	刘正开	1961.9—1963.5
		社长	刘正开	1963.5—1965.9
			刘长福	1965.9任职
	关镇公社管委会（1961.9—1966.5）	主任	王仁喜	1961.9—1962.7
			潘运喜	1962.7—1963.5
		社长	潘运喜	1963.5—1964.8
			季学林	1964.9—1966.3
			严联松	1966.3任职
七、“文化大革命”时期（1966.5—1976.10）	1968年3月，县革命委员会成立后，全县24个公社（镇）相继成立了革命委员会，从而取代了原公社管委会的职权			
	关镇公社革委会（1968.4—1976.10）	社长	严联松	1968.4—1969.4
			贾华长	1969.4—1969.12
			潘运喜	1969.12—1975.12
			李忠兰	女，1975.12—1976.10
	陶厂公社革委会（1968.3—1976.10）	社长	刘长福	1968.3—1969.9
			季学林	1969.9—1973.3
			何良岳	1973.3—1974.10
			宫　璧	1974.10—1976.4
			刘焕兰	女，1976.4—1976.10

续表

时期	组织名称	职务	姓名	任职时间
八、改革开放时期（1976.10—1999.2）	铜闸区公所（1982.4—1987.10）			
	1982年4月设立区公所，隶属县人民政府，辖铜闸、长岗、关镇、陶厂、黄墩、海口6个公社（乡、镇）。1986年4月黄墩、海口两乡划归运漕镇管辖			
		区长	刘雨亭	1982.4—1984.10
			俞仕修	1984.10—1987.2
			张运金	1987.2—1987.10
	关镇公社革委会（1976.10—1981.12）	社长	李忠兰	女，1976.10—1978.1
			周效明	1978.1—1980.2
			陈信伙	1980.2—1981.12
	关镇公社管委会（1981.12—1983.4）	社长	陈信伙	1981.12—1982.2
			杨师友	1982.2—1983.4
	关镇乡人民政府（1983.4—1987.10）	乡长	吕修龙	1983.4—1984.10
			潘运厚	1984.10—1985.11
			路志斌	1985.11—1987.4
			杨本善	1987.4—1987.10
	陶厂公社革委会（1976.10—1981.12）	社长	刘焕兰	女，1976.10—1978.1
			黄香远	1978.1—1979.11
			周效明	1979.11—1981.12
	陶厂公社管委会（1981.12—1983.4）	社长	葛世文	1981.12—1982.9
			杨以来	1982.4—1983.4
	陶厂乡人民政府（1983.4—1985.4）	乡长	杨以来	1983.4—1984.10
			陈昌树	1984.10—1985.4
	陶厂镇人民政府（1985.4—1987.10）	镇长	陈昌树	1985.4—1987.2
			胡兴荣	1987.2—1987.10

续表

时 期	组织名称	职 务	姓 名	任职时间
	陶厂镇人民政府（1987.11—1992.1）	镇长	胡兴荣	1987.11—1988.3
			葛圣刚	1988.3—1990.1
			马晓毅	1990.3—1992.1
	关镇乡人民政府（1987.11—1992.1）	乡长	杨本善	1987.11—1988.2
			曹贵阳	1988.2—1992.1
九、撤区并乡后（1992.2—2021.12）	陶厂镇人民政府筹备组（1992.2—1992.10）	组长	马晓毅	1992.3—1992.10
	陶厂镇人民政府（1992.10—2021.12）	镇长	曹贵阳	1992.10—1995.3 兼，1995.3—1996.3
			王昌来	1996.3—1999.3
			程孝文	1999.1—2002.1
			窦念华	2002.1—2005.4
			张峰刚	2005.4—2006.1
			张宏明	2006.1—2006.12
			窦念华	2007.1—2008.11
			张宏明	2008.12—2011.11
			杨文旭	2011.12—2012.11
			潘学祥	2013.6—2016.3
			刘亚丽	女，2016.3—2018.11
			蒋德祥	2018.12—2020.11
			黄大顺	2020.12—2021.12
			张 亮	2021.12—

二、政府工作机构

中华人民共和国成立初期，设立陶厂镇人民政府，配备干部3名，分别为镇长、办事员、指导员。

1956年1月，陶厂镇人民委员会配备正、副镇长，文书委员、组织委员、宣传委员、财贸委员、妇联主任、团委书记、民兵中队长等，编制7～9人。

1958年11月，撤销区、乡(镇)建制，成立农村人民公社。公社实行政社合一，既是生产单位又是政权机构。设公社党委会、管理委员会，下设办公室、组织部、宣传部、监委会、监察室、农工部、林业部、水利部、工交部、财贸部、多种经济部、民政部、治安保卫部、人民武装部、妇联、团委、计委、科学研究所等，编制32～35人。

1979年5月，增加配备计划生育助理员。

1988年，镇政府工作机购增加配备秘书、生产委员、粮食管理员，编制包括党委部门的组织、宣传、纪检、武装共13人。

1992年，撤区并乡，陶厂镇政府设办公室，与党委办公室合署办公，简称党政办、计生办、财贸办、土地所、农水办，党政部门编制限额45人。另设财政所、农林站、广播电视站等二级机构。

1997年，根据“三定”方案规定，设镇长1人、副镇长3人。工作机构有党政、司法、财经、建设、农业、社会事务6大办公室，编制限额26人(不包括10名领导职数)。

2005年，镇长由党委书记兼任，副镇长4人，设行政服务中心、党政办、社会事务办、经济建设办、武装部、财政所、司法所，行政编制40人，事业编制35人。同年12月，乡镇实行机构改革。陶厂镇为正科级建制镇，领导职数9人。镇机关统一设置“三大办”，即党政办公室、经济发展办公室、社会事务管理办公室。原农税所、农村经济服务中心、农经站组建为农业技术服务中心(加挂林业工作站和畜牧兽医站牌子)；设立社会事业服务中心，将文化广播站、新型农村合作医疗服务所与劳动和社会保障事务所的相关服务职能划入；保留计划生育服务所和垂直管理的财政所，将原农经站承担的农村集体经济组织会计核算业务职能划入财政所；土地建设管理所更名为国土资源所。事业单位由11个(不含中小学、卫生院)减至5个，精简54.5%。改革后的镇级事业单位均为股级建制，人员编制合计为35人，其中，财政所8人、国土资源所6人、农业技术服务中心9人、社会事业服务中心5人、计划生育服务所7人。2011年，原在镇社会事务管理办公室挂牌的综合治理办公室划出单设，设立镇农业技术推广服务站、农产品质量安全监管站，均在农业技术服务中心挂牌。2012年，增设民政事务服务所，挂牌于镇社会事业服务中心。2013年5月，镇农业水利办人、财、物上划县农业农村局，镇设农业技术服务站。2021年9月，县城市管理执法大队下设派驻陶厂镇中队，为全额拨款事业编制，定编5人。12月22日，镇设自然资源和规划管理所，编制8人。12月30日，根据县编办文件，镇设立社会治理办公室(含综治中心、网格化服务中心)，编制3人。

三、政府重要施政纪略

(一)组织重大救灾

1954年5月至8月，陶厂区(含12个乡)遭受历史上罕见的特大洪灾，洪水淹没农田

1907.27公顷，倒塌房屋2470余间，受灾人口2.95万人，损失十分严重。灾情发生后，各乡镇党委、政府立即发动群众，开展生产自救，组织劳力到丘陵山区开荒种地，推广栽插双季稻，弥补水灾损失。除救济大批衣物外，全区发放各种救灾款1.5亿多元（旧币值），用于房屋修建、粮食补助等，累计救助3721户12643人。此后的1969年洪水，1978年、1990年大旱和1991年、1998年、2016年、2020年洪水，镇政府全力以赴组织领导全体干群奋力抗洪、抗旱，发挥了重要作用。

（二）“共产风”纠偏退赔工作

从1958年起，在“大跃进”运动中刮起一股“共产风”。陶厂公社向大队、生产队和社员平调房屋52间，土地229亩，耕牛56头，农具、家具237件，家禽243只，家畜23头，劳动日39573个，粮食种子384.2吨，木材1787根，交通工具5辆，果树1.1万株，现金1257元，连同实物折合现金20.02万元。

1960年，在整风整社运动中，根据上级指示要求，陶厂公社开展清算“共产风”平调账目工作。针对有些干部惜疼护痒不愿退赔的想法，在县委整风整社工作组帮助下，公社采取两头挤的办法促进退赔。首先挤公社的退赔，摸清公社全部家底，督促先将现有的全部退出，再发动大队、生产队和社员向上要账，直接向公社指名指物要东西。能马上退赔的全部退光，不能及时退的，通过协商限期退赔。在退赔的实物中，都是赔好的留旧的，社员高兴地说：“公社赔来的东西，比姑娘陪嫁还好。”公社还将1.1万株梨树追粪后，退还给西塔、唐庄两个大队。截至1961年3月5日，分两次将未退赔的实物折合现金20.02万元全部赔偿到位，此举得到陶厂群众的赞扬。

（三）加强水利基础设施建设

陶厂镇地形复杂，有山有圩有丘陵，历史上是个易旱易涝的地方。历届政府始终把增强抗旱防涝能力放在工作首位。

1990年，为解决庆丰圩易涝问题，陶厂镇政府投资93万元，以7米高程，开挖环山渠6.2千米，建排灌两用1米斗门两副，排灌站1座，装机2台110千瓦。1990—1992年，牛屯河纳入国家重点淠史杭水利工程综合整治，堤顶高程由原约10米提升到13.5米，能抗百年一遇洪水。从1994年开始，镇政府以奖代补鼓励挖塘清淤。多年来，新开挖当家塘坝102口，其中万方以上大塘29口；对新胜圩、十联圩、新胜圩撇洪渠和30口当家塘进行清淤；在新胜圩新修了马山河桥拦水坝，整修治理了二郎庙水库、规山蛇洼水库、横山小王庄水库；对圩区7座涵闸和4座排灌站进行整修，排除了隐患，保证了机械的正常运转，所有排涝电站完好率和开机率均为100%。三年间，陶厂镇在水利基础设施建设上，共投入资金总额达900万元，劳力8000人次，完成各种土石方120万立方米。1996—1998年，镇政府本着以“团结治水，山圩协作，推磨转圈，分期实施，整体推进，全面整治”为目标，高标准高质量地完成了庆丰圩、十联圩、苏滩、垱圩张宋三段险埂加固工程，共完成土方39万立方米；对新胜圩泄洪沟进行清淤（西山，汤徐段），完成土方7万立方米。1991年、1998年大洪涝时，这些水利设施发挥了巨大作用。2011年，实施南二过圩、南滩圩两处圩堤加固，完成土方9万立方米；祁首、张宋和庆丰圩4座排灌站进行改造。2012年，镇政府争取水利建设项目资金2500万元，对6个村和社区14.95千米圩堤进行除险加固；对鲁桥河流域19座电站涵闸进行改造新建；对总投入300万元的县重点工程南二过圩2587米圩堤进行加固，总土方14.5万立方米。对江老和洪份两座水库进行除险加固。2013年，镇政府争取上级重点水利工程项目投资1000多万元，新建电站5座，翻修电站25座，新挖和清淤当家塘135口，加固河堤10千米，区域内25千米河堤全部加固达标。2014年，新建电站3座，涵闸3座，沟渠15条，总长13千米，完成官塘村狮子山水库除险加固项目，和官塘村电站建筑工程。2015年，大易圩加固圩堤1200米，土石方6.2万立方米。2017年，完成县重点水利项目十联圩挡圩段堤防除险加固工程。自2017年开始的“八小工程”于2018年末全部完工，该项目共挖塘、清淤49口，清淤渠道10条，新建节制涵闸3座，改造涵闸1座、电站2座；完成防汛道路建设3.5千米。

（四）实行村账镇管

1997年4月，含山县决定在全县范围内实行村级财务账目由乡（镇）农经站代管的农村财务管理体制改革。陶厂制定文件，明确规定镇农经站负责“村账镇管”具体业务。实行“村账镇管”后，每个行政村只设1名出纳员，不设主办会计。1998年6月，镇政府就健全账目、民主理财、财务公开、处理好债权债务、实行村企财务分开、禁止村账外账作出硬性规定；同时成立“陶厂镇村务公开和民主管理工作领导组”，镇村齐抓共管，把村务公开和民主管理工作落到实处。2003年11月，镇政府根据上级精神下发了《陶厂镇“村账镇管”有关制度》的通知，制度共七章三十五条，对资金管理、支出审批、招待费管理、票据管理、核算会计岗位责任、总出纳会计岗位责任都作出详细的规定。随后镇政府又制定了“村账镇管”实施方案，推进了村级财务管理制度化、规范化、法治化建设。通过“村账镇管”的实施，保护了农民经济利益，减轻了农民负担，密切了干群关系，取得明显成效。首先是健全账目。各村按照经济业务往来的要求设置现金日记账、银行存款日记账、承包合同分户明细账。各村全年各项收入、支出、财产、债权债务、收益分配、农户承担的集资款、以资代劳等都建立详细完整的账目，杜绝了账外账、不入账和乱收费行为。其次严格控制非建设性开支，执行差旅费包干使用制度。建设性开支实行集体审议制度，支出发票实行集体审批制度。再次实行民主理财。各村均设立统一样式的“财务公开栏”，同时各村成立由5～10名村民代表参加的理财监督小组。最后实行村、企财务分开，各村办企业实行独立核算，自主经营，自负盈亏。村办企业的收支与村各项收支分别做账，分人管理。

（五）创办工业集中区

2000年，陶厂镇决定在镇西南建立工业集中区。集中区占地面积26.57万平方米，镇政府投资铺设水泥路1000米，铺设供水排水管道5000米，安装路灯30盏。至2005年，入驻工业集中区企业8家，建成厂房13栋，总建筑面积4.98万平方米，总投资2.67亿元。其中恒泰公司投资1.85亿元，银丰棉业、江淮粉丝厂分别投资35万元、200万元，其他5家企业投资600万元至3000万元不等。工业区主要产品为粉刷石膏、超细石膏粉、办公桌椅、汽车坐靠垫、工业砂轮、塑钢门窗、墙体保温材料、食用粉丝和粮油加工。工业区年均实现产值7850万元，利税1860万元，从业总人数165人。另有招商引资小企业16家。至2015年，入园工业企业32家，其中规上企业12家，实现营业收入10.9亿元。由于多种因素的影响，至2021年，入园工业企业减至9家，员工人数408人，实现年产值2.56亿元，税收3163万元。

2010年，陶厂为充分利用合巢芜高速公路关镇道口的交通优势，在道口附近创办工业集中区（也称“道口工业园区”）。集中区规划面积500万平方米，内设三大产业区：一是建材工业区，主要生产新型建材；二是金属制品工业区，主要生产汽车刹车片、各类砂轮磨具、建筑钢模板及轻钢；三是轻工业区，主要产品有针织服装、羽毛体育制品、玻璃制品等。2010年镇政府投入2000万元，对园区内基础设施进行配套建设，提高园区承载力。至2011年末，入园企业14家，年产值2.3亿元，实现利税4000万元。2012年，引进项目9个，实际到位资金5.2亿元，全年实现规模以上工业增加值1.2亿元。至2021年末，集中区建成面积200万平方米，有入园工业企业15家，员工人数1031人，年创产值1.39亿元，实现税收548万元。

（六）招商引资工作

陶厂镇政府始终把招商引资作为实现全镇经济跨越式发展重要工作来抓。2003年，以工业集中区为依托，采用无门槛和低门槛政策，实行全方位招商。全年引进江苏自然食品加工、半湖联户养殖、利民自来水厂、顺达棉业公司、幼儿园、加油站、石膏板材等一批中小项目，总投资9200万元。2005年，根据县政府要求，镇政府成立招商引资项目领导组，确定负责人和办事人员。对落户的招商项目，实行“一站式”服务，涉及的相关手续跟踪落实，直至全部手续办理完毕。2009年，在全县项目和争资工作评选中，陶厂镇被评为“项目和争资工作先进集体”第一名，受到县政府表彰。2010年，陶厂镇抓住皖江城市带承接产业转移示范区建设机遇，瞄准长三角等重点地区，将招商任务层层分解，跟踪落实引进项目。2010—2013年，共引进项目42个，其中千万元以上外资项目12个，重点项目6个，引进资金10.66亿元；利用外资项目1个，引进外资600万美元。2014—2016年，引进安徽驰安消防高档气雾消防设备项目等千万元以上项目11个，总投资4.08亿元。2017—2020年，引进安徽万利方环保节能科技公司年产10万立方米均质改性保温板项目、安徽裕溪河农业发展公司年产10万吨精制大米及仓储物流等项目12个，实际到位资金5.2亿元。一批大项目、好项目先后落户陶厂。如马鞍山市龙腾机电科技公司新上年产5000套精密铸件项目，含山正前三农业科技公司大米加工储存和年产20万吨生物有机肥项目，安徽省金田米业公司新上年产1万吨稻谷生产线及1号粮食仓库项目，锐斯特公司新建年产3万立方米匀质墙体温材料项目，陶阳新能源科技公司新建100兆瓦光伏复合发电项目，总投资8.4亿元。

四、民生工程

2007—2008年，陶厂镇政府认真贯彻落实市、县关于实施20项民生工程意见的文件精神，制定《陶厂镇20项民生工程实施方案》文件，全面启动和实施20项民生工程。为确保民生工程顺利实施，镇政府成立以镇长为组长，分管负责人为副组长、各办主任为成员的民生工程领导小组，下设办公室，负责民生工程具体工作。

2009年，陶厂实施完成省民生工程35项；2010年，陶厂实施省民生工程33项；2011年，全县实施省民生工程33项，陶厂9项无任务，实际实施24项。根据《含山县农村居民最低生活保障实施办法》《“五保户”补助资金管理办法》规定的政策和标准，通过“一卡通”向1386名农村低保对象、351名农村五保户补助资金全部发放到位。83人享受计生奖励（特别）扶助，发放补助资金6.4万元。新型农民技术工程培训240人，农民工技能培训195人。完成5所小学校舍安全加固工程，新建陶厂中心小学综合楼及附属工程，建成农村留守儿童之家4个。全镇参加新农合总计3.51万人，参合率达97.48%；参保城镇居民基本医疗保险1023人（户籍任务数910人），上缴参保资金19万元，有32人享受城乡医疗救助，发放大病救助资金8.9万元；完成政策性农业保险任务，上缴参保资金18.5万元；加强农村文化建设，建成西山、官塘、南峰3个农家书屋；办理家电下乡产品1528台，兑付补贴资金41万元；家电以旧换新83台，补贴2.89万元。

2012年，全县实施省民生工程38项，陶厂镇8项无任务，实际实施30项。其中，新发放低保补助资金180万元，五保户补助资金81万元：救助重度残疾人328人，发放救助金21.6万元；完成危房改造230户，完成农村安全饮用水改造1300户；培训新型农民工2517人；91人享受计生奖励（特别）扶助，发放补助资金11.5万元；发放医疗救助资金9.36万元；城乡居民养老保险2.13万人，参保率89%；全镇参加新农合36089人，参合率100%；办理家电下乡产品1983台，兑付补贴资金61.53万元；“农家书屋”和公共电子阅览室全部建成投入使用。

2013年，全县实施省民生工程37项，陶厂镇5项无任务，实际实施32项。其中，发放1376人农村低保219.5万元，379人五保户补助资金89.2万元，6名生活无着人员社会救助6.3万元；贫困重度残疾人生活救助406人，发放救助资金27.8万元；参加新农合3.66万人，参合率100%；参保城镇居民基本医疗1200人；198人享受城乡医疗救助；99人享受计生奖励（特别）扶助，发放补助资金12.5万元；完成危房改造220户；培训新型农民工2300人。

2014年，全县实施省民生工程33项，陶厂镇8项无任务，实际实施25项。其中，通过“一卡通”发放惠农补贴资金965.8万元；发放331名农村五保户分散供养资金125万元；重新审核城乡低保对象954户1489人，发放低保金401.2万元；发放抚恤定补和老年生活补助103.5万元；参加新型农村合作医疗3.73万人，参合率100%；新型农村居民养老保险续保率达99.82%，位居全县第一；向155人发放计划生育奖扶资金9.4万元；向821户发放独生子女保健费16.3万元；救助6名贫困大学生，发放资金1.8万元；救助10户贫困母亲及困难家庭，发放资金2万元；完成危房改造75户，补贴资金65.6万元；开展“三线三边”整治活动，投入110万元，完善城乡卫生设施。

2015年，全县实施省民生工程33项，陶厂镇全面实施33项。其中，为331名农村分散供养五保户打卡发放资金125万元；向享受城乡低保对象1508人，全年发放低保金382.3万元；发放抚恤定补和老年生活补助124.6万元；实施医疗救助186人，发放救助金50.8万元；向330名贫困残疾人发放生活救助金24.7万元；新型农村居民养老保险续保率99.82%；参加新型农村合作医疗37251人，参合率100%。

2016年，全县实施省民生工程33项，陶厂镇4项无任务，实际实施29项。其中，发放低保、五保金475.5万元；向165人发放医疗救助款45万元；发放贫困残疾人救助金44.8万元；发放各类抚恤金146.9万元；发放各类计生奖特扶补助28.9万元；发放救灾大米4500千克、食用油300桶等；发放倒损农房救助资金5.3万元；城乡居民基本养老保险续保14406人，完成续保任务；参加新型农村合作医疗37205人，参合率100%。全镇2733.33公顷水稻购买政策性农业保险，收缴保费20.1万元；发放小麦赔款61.3万元、水稻绝收赔款150余万元。

2017年，全县实施省民生工程33项，陶厂镇5项无任务，实际实施28项。其中，向享受农村低保政策722人，发放补贴413万元；向五保供养对象247人，发放补贴122.4万元；向14名孤儿发放救助补贴12.8万元；对符合政策规定的困难残疾人，根据伤残等级发放补贴22.4万元；对522名重度残疾人发放护理补贴32.2万元；新型农村合作医疗参合人数3.72万人；城乡居民基本养老保险续保人数1.29万人，养老金发放率达100%；全年兑现计划生育奖扶资金29.6万元。

2018年，全县实施省民生工程33项，陶厂镇4项无任务，实际实施29项。其中，对享受农村低保政策922人，发放补贴534.5万元；向五保供养对象303人，发放补贴165.2万元；向418名困难残疾人发放补贴30.8万元；向668名重度残疾人发放护理补贴46.9万元；累计发放各种抚恤金269.4万元；发放计划生育家庭特别扶助资金38.9万元；完成39户农村危房改造并通过验收；实施政策性水稻大灾保险，投保面积2933.33公顷，收缴保费42万元；新型合作医疗参合人数3.26万人，参合率108.85%；城乡居民社会养老保险参续保人数1.21万人。

2019年，全县实施省民生工程33项，陶厂镇5项无任务，实际实施28项。向310人兑现计划生育奖扶资金44.34万元；向享受最低生活保障对象951户1419人，发放保障金744万元；向五保供养对象发放补贴161万元；发放孤儿补贴16.2万元；发放高龄老人健康生活补助26.9万元；向432名贫困残疾人发放生活救助29.6万元；向654名重度残疾人发放护理补贴45.5万元；向85人发放贫困精神残疾药费补助8.5万元；大病救助76人，发放补贴27万元；全年新农合医保费收缴3.65万人，收费853.4万元，其中政府代缴2316人；城乡居民社会养老保险完成续保1.28万人，占全年任务数103.26%；临时救助128人、发放资金14.5万元；全年发放各类优抚对象的抚恤补助优待经费171万元。

2020年，全县实施省民生工程33项，陶厂镇8项无任务，实际实施25项。其中，向享受最低生活保障对象1001户1504人，发放保障金822.5万元；发放五保供养对象补贴金186.8万元；孤儿生活补贴20.5万元；发放高龄老人健康生活补助28.7万元；向507名贫困残疾人发放生活救助35.7万元；向744名重度残疾人发放护理补贴52.7万元；向158名贫困精神残疾人补贴药费15.8万元；实施大病救助176人次，发放补贴72.98万元；完成全年新农合医保费收缴3.65万人，收费850.5万元，其中政府代缴人数2316人；城乡居民社会养老保险完成续保1.27万人，占全年任务数103.2%；向347户兑现计划生育奖扶资金46.8万元；全年发放各种抚恤金174万元。

2021年，全县实施省民生工程33项，陶厂镇5项无任务，实际实施28项。改造伏陶路、耿谢路、前杜路3条共1.73千米公路建设；实施祁首路3.39千米，苏滩村路0.55千米农村公路养护工程，完成3.94千米公路养护任务；完成高标准农田建设项目投资850万元，占合同总投资85%；完成农村改厕任务265户；完成农村危房改造9户，发放补助资金9.6万元；城乡居民基本医疗保险参保3.63万人，参保率99.7%；城乡居民大病保险报销191人次、87.38万元；完成城乡居民基本养老保险完成续保11685人，完成任务数102.47%；实施医疗兜底保障658人次，补助资金498万元；向170名贫困精神残疾人发放药费补助1.7万元；开发公益性岗位63个，帮助解决63名贫困劳动者就业；向享受最低生活保障对象928户1403人，发放补贴819万元；向五保对象259人，发放补贴204万元；发放15名孤儿生活救助金20.7万元；困难残疾人生活救助474人，发放补贴金31.1万元；重度残疾人护理695人，发放补贴金45.7万元；城乡医疗救助203人，发放补助金14.7万元；实施文化惠民工程，免费开放镇级文化站，在10个行政村开展多种形式的文化娱乐活动，元宵节组织舞龙灯民俗展演；五一期间，在关镇潘村举行“生态大渔滩，偶遇民宿村”文化活动。

第四节　政协组织

一、工作机构

1981年12月12日，中国人民政治协商会议含山县委员会正式成立，至1986年7月，全县（区）镇逐步设立基层政协委员学习组。1986年7月，县政协主席会议研究、报县委同意，将林头区、仙踪区、铜闸区、运漕镇、东关镇5个基层政协委员学习组改为政协联络组。铜闸区政协联络组组长童基仙（女），副组长韩荣光。1987年4月，铜闸区政协联络组组长调整为程书骏，副组长为茅望黎。1990年4月，县政协四届一次常委会会议决定设立运漕镇、东关镇、环峰镇、铜闸区、仙踪区、林头区、环峰区、清溪区8个政协联络组。铜闸区政协联络组组长陈信伙，副组长程书骏。1992年，随着撤区并乡、行政区划调整，全县设运漕镇、环峰镇、清溪镇、东关镇、铜闸镇、陶厂镇、林头镇、仙踪镇8个政协联络组。

各联络组只设组长，不设副组长。陶厂镇政协联络组组长葛圣刚。

1995年1月20日，县委决定乡镇政协联络组更名为乡镇政协工作委员会。县政协五届至六届期间，陶厂镇政协工作委员会主任先后由葛圣刚、王德义担任，副主任由姜基田担任。2002年3月，县政协六届十八次常委会会议决定，将乡镇政协工作委员会改为乡镇政协委员活动组。陶厂镇政协委员活动组组长、副组长分别由左年敏和王德义、黄荣华担任。2003年3月，陶厂镇政协委员活动组组长左年敏，副组长黄荣华。2004年5月，陶厂镇政协委员活动组正、副组长分别由左年敏、於春年（女）担任。

2007年2月，县政协八届一次常委会会议决定，将分驻在各镇的县政协委员编入各镇政协委员活动组，聘任该镇政协委员身份的党委副书记、宣传统战委员为组长、副组长。陶厂镇政协委员活动组组长先后由原洪、王广付担任，副组长先后由於春年（女）、黄荣华担任。2012年1月，县政协九届一次常委会议通过对各镇政协委员活动组组长、副组长调整。陶厂镇政协委员活动组组长过寿仁，副组长黄荣华。2016年12月，县政协十届一次常委会议协商通过对各镇政协委员活动组组长、副组长进行调整。陶厂镇政协委员活动组组长甘荣贵，副组长胡迎春。2022年3月，县政协十一届一次常委会议协商通过对各镇政协委员活动组组长、副组长进行调整。陶厂镇政协委员活动组组长冯键，副组长谢为宝。

二、主要工作

（一）提案办理

提案是人民政协履行职能的一种重要方式。自1982年12月县政协一届一次会议至2022年3月县政协十一届一次会议，陶厂镇政协组织委员共提交提案192件，年均4.7件，多件提案被县委、县政府及相关部门采纳。如二届县政协期间，韩荣光委员提出“建议制止乱占良田盖房”提案，县政府经过研究，制定并颁发《关于加强土地管理制止乱占耕地的布告》。六届县政协期间，李之祥委员提出“建议修通陶新路”提案，陶厂镇党委、政府研究决定，2002年投资80万元，将3.2千米含山段改建成四级沥青碎石油路。该提案在县政协六届四次会议上，被评为优秀提案。七届县政协期间，左年敏委员提出“建议开通合巢芜高速公路关镇道口”提案、赵尤亮委员提出的“建议对关镇中学加大资金投入解决学生拥挤教室少问题”提案，在县政协七届一次会议上分别被评为优秀提案。经县委、县政府争取，关镇道口于2004年1月1日正式开通。於春年等委员提出“建议尽快制定社会主义新农村建设规划”提案，在县政协七届五次会议上被评为优秀提案。八届县政协期间，李之祥等委员提出“关于建立城镇居民医疗保险制度的建议”提案，被确定为重点提案之一。经县政府批准，《含山县城镇居民医疗保险试行办法》于2007年7月1日施行，该提案在县政协八届一次会议上被评为优秀提案。郭丽委员提出“关于尽快处置农村闲置校舍的建议”提案。县政协专门组织视察，县教育局会同县财政局拿出闲置校舍处置方案，县政府常务会议决定，采取一校一策处置闲置校舍。该提案在县政协八届二次会议上被评为优秀提案。同时，郭丽委员提出的“关于加强校车安全监管的建议”提案，在县政协八届四次会议上也被评为优秀提案。2013年，过寿仁委员提出“关于规范土地流转市场的建议”和郭传保委员提出“关于多措并举加快我县美好乡村建设的建议”提案，在县政协九届三次会议上被评为优秀提案，该提案加快推进了陶厂镇美好乡村建设步伐。2016年，王峰委员提出的“关于扶持、帮助本县铸造企业转型升级的建议”提案，在县政协十届一次会议上被评为优秀提案。2020年，张庆会委员提出的“关于解决企业闲置土地问题和进一步盘活使用的建议”提案，得到了镇党委、政府的重视。该提案在县政协十届五次会议上被评为优秀提案。

1999年，县政协从六届二次会议始，开展提案办理先进单位评选、表彰活动。陶厂镇政府分别在县政协六届四次会议、七届一次会议上被评为提案办理先进单位。

（二）视察调研

历届镇政协组织把开展视察活动作为履行职能一项重要工作。视察方式主要有二：一是镇政协组织委员视察，通过实地察看，听取介绍，座谈讨论，提出意见和建议，供镇党委、政府决策时参考；二是参与县政协组织的视察活动。

1988年10月，铜闸区政协联络组组织部分委员视察陶厂镇（包括关镇乡）部分镇办企业，为镇办企业发展献计出力。1990年8月，区政协联络组组织部分委员视察陶厂、关镇旱情严重的村庄补种“双晚”情况。1991年7月，组织委员视察洪灾后十联圩、新胜圩、大易圩等灾区群众生活和生产自救情况。1996年7月，组织部分委员视察水利建设和林业二次创业情况，针对村级林场存在的问题，提出建议和措施被镇政府采纳。1999年10月，组织委员实地察看农业产业结构调整、农田基本建设、工业小区建设、公路建设，听取相关领导情况介绍，提出一些建设性意见和建议。2000年12月，组织委员视察小城镇建设情况，建议搞好规划，加快步伐，拓宽资金投入渠道，依法建设和管理。2002年9月，组织委员视察陶厂石膏矿，听取情况介绍，提出意见建议。2003年11月，组织委员视察村级债务消化遏制工作，提出进一步消化和遏制村级债务意见和建议。2005年11月，组织委员开展全镇私立幼儿园视察，对私立幼儿园存在的资金不足、管理不善等问题，提出改进措施和意见建议。2008年10月，组织委员开展新农村建设情况视察活动，视察在肯定两批新农村示范点建设成绩的同时，针对存在村庄规划执行难度大，少数群众积极性不高，长效机制建立难等问题提出意见和建议。2009年5月，组织委员开展农民专业合作社建设情况视察活动，建议加大对农民专业合作社扶持力度；2010年9月，参与县政协组织的对陶厂城乡居民自来水安全饮用情况视察活动，建议镇党委、政府高度重视饮水安全工作，加强饮用水源地保护。2011年11月，组织委员开展陶厂集镇建设情况视察活动，提出完善配套设施等意见和建议。2012年10月，组织委员开展农业综合开发项目建设情况视察活动，针对该项目争取到水利建设项目资金2500万元，提出统筹合理地使用好项目资金，加快工程进度，确保工程质量等意见和建议。2014年1月，组织委员开展大渔滩现代农业园建设情况视察活动，提出做好项目规划的意见和建议。2015年10月，组织委员对大渔滩生态旅游项目建设情况再视察，实地察看大渔滩湿地公园配套工程，建议政府加大资金投入，加快工程进度。2017年11月，组织委员对司徒村乡村旅游工程建设进行视察，提出加大投入，贯通旅游道路建设的意见和建议，被镇政府及时采纳。2018年10月，组织委员开展农村畅通重点工程项目建设情况的视察，提出保质保量完成道路建设等意见和建议。2019年8月，组织委员对新农村建设情况进行视察，实地察看省级中心村潘村、铜庙村，市级中心村松陶村、童嘴宋村，提出加大项目建设速度，争取尽快通过省、市验收的意见和建议。

调研是人民政协一项基础性工作。历届镇政协组织每年均选择2～3项事关全局的重大问题，组织委员深入基层调查研究，广泛听取意见，集中进行研讨，提出意见和建议，为镇党委、政府科学民主决策提供参考依据。

1983年12月，组织委员调研全镇扫盲工作，实地察看街道、西塔、云塘、祁首4个大队，听取情况介绍。全镇10个大队（包括街道）都做到利用日校办夜校，既扫文盲又扫科盲。1985年6月，组织委员调查3个大队4个不同类型专业户和联合体，总结养殖业经验，提出改进意见。1988年6月，组织委员调查全镇录像放映情况，提出加强录像放映内容审查的建议。1989年8月，组织委员调查镇卫生院建设和医疗情况，提出增加卫生投资，增加服务项目等建议。1990年10月，参与县政协文教卫生委员会调查陶厂农业职业技术学校办学情况，发现存在的困难和问题，提出改进工作的建议。1994年11月，组织委员调查陶厂农业职业技术学校、陶厂小学、关镇初中、关镇小学、祁首小学、铜庙小学等6所学校开展爱国主义教育情况，针对存在问题，提出建议。1996年11月，参与县政协组织调查陶厂卫生院情况，针对存在问题提出加大对基层卫生院的经费投入，加快医药卫生人才培养，加强医药市场的规范化管理等建议。1999年4月，参与县政协组织的大渔滩旅游资源开发情况的调查，建议进一步科学规划，加大投入，优化环境。2000年7月，参与县政协开展的经济发展环境调研，听取情况介绍，召开座谈会，发放问卷调查表，针对发展环境中存在的问题，提出对策和建议。2002年6月，参与县政协组织的调查组，调研陶厂镇城镇化建设情况。2003年6月，参与县政协组织的调查组，调研陶厂镇优化石膏矿建设环境的调研。2012年5月，组织委员对南周、杨府城两个市级美好乡村示范村建设情况进行调研，提出加大投入，以“道路硬化、塘坝净化、卫生洁化、村庄美化”为标准加快美好乡村建设的建议被镇政府采纳。2016年12月，组织委员对乡村生态旅游进行调研，提出将陶厂乡村旅游景点纳入县整体旅游规划的建议。2018年12月，组织委员对3户新成立的家庭农场进行调研，建议培育更多的种粮大户、家庭农场，大力培训新型职业农民。2020年11月，组织委员对新引进的4家企业进行调研，针对“四送一服”双千工程存在的问题，现场解答有关政策。2021年3月，会同镇人大代表对潘村中心村创建AAA级旅游村项目建设进行调研。

第五节　群团组织

一、工　会

(一)机构沿革

民国时期,陶厂镇商业成立有各类同业公会,有米业、杂货业、酱作业、布业、京广业、药业、浴业、油坊业、竹木业、铁器业、百货业等。同业公会组织,自行推选董事长、执委、委员会,同业公会制定章程,互帮互助,自我约束。

1951年下半年,县工会配合区委筹建陶厂镇工会1952年初正式建立工会组织,镇党委会指导员兼主任,有会员72人。1953年2月,全镇有职工250人,其中工会会员108人,工会委员会6个,小组28个。1954年,遵照全国第七次工会代表大会精神,县工会将陶厂等5个镇工会划归所属镇党委领导。1955年6月,全镇有基层工会委员会2个,小组17个,有职工278人,其中工会会员184人。"一化三改造"时,陶厂镇工会撤销。1956年3月,县成立工会联合会,基层工会得以恢复。是年对私营工商业进行社会主义改造基本结束,全县商业机构进行重组、合并,单位职工整编精减,因此基层工会组织随之合并,会员逐年减少。到1957年10月,全县工会组织换发会员证后统计,全镇有陶厂教育工会、陶厂公社工会和大卜畜牧工会,有会员86人。1959年体制改革,大部分基层工会被撤销,到1961年8月,经过调整,陶厂有基层工会委员会2个,分会2个,会员总数133人,其中发展新会员46人。

1964年,全县工会组织再次进行整顿,至"文化大革命"时期,工会组织一度陷于瘫痪。1969年,撤销工会组织,以工人代表大会(简称工代会)取代工会组织。陶厂公社"工代会"与"贫代会""红代会"合并办公。1973年5月,恢复基层工会组织,陶厂建立基层工会组织4个,发展新会员145人,全社会员总数278人。1979年2月,建立工会组织6个,会员438人,工会小组34个。1985年,全镇5个工会组织经过改选成立新的工作委员会和小组,建立"职工之家"5个,组建女职工工作委员会1个。1988年底,全镇基层工会组织4个,会员576人。1996年6月,陶厂镇工会成立,挂牌为"陶厂镇工会工作委员会",设工委主任1名,由副镇长兼任。8月20日,县委组织部发文,对14个乡镇工委主任进行确认,左年文兼任陶厂镇工会工作委员会主任。2000年12月,根据上级总工会布置,成立"陶厂镇集体企业工会联合会"和"陶厂镇私营企业工会联合会"。2002年4月,孙维堂兼任陶厂镇工会主任。2003年5月,程荣武兼任陶厂镇工会主任。2004年10月,经县总工会批准同意,成立陶厂镇花山石料矿工会、陶厂镇轮窑厂工会、陶厂镇舒乐海绵厂工会。同年9月10日陶厂镇南峰社区工会召开的第一届代表大会,选举卜华斌任主席。2006年8月,县总工会批准左年敏任陶厂镇工会主席,王广付任副主席。2007年下半年开始,工会组织向村(社区)延伸,拓展基层工会组织覆盖面。2008年3月,陶厂镇成立官塘村、云塘村、南峰社区3个工会组织。至年末，全镇有工会组织12个，会员764人。2018年6月，陶厂镇工会召开第一届会员代表大会，选举产生工会委员会和财经审查委员会。甘荣贵任陶厂镇工会主席，孙支兵、张庆会任副主席，李伏森任财经审查委员会主任。2021年，冯键继任工会主席，全镇有基层工会28个、会员189人。

（二）活动纪略

1951年下半年，陶厂镇工会筹建期间，在文化站配合下创办业余工人学校1所，有30多人参加学习。到1953年2月，学校有专职教师1人，兼职教师5人，参加学习的学员113人，占职工总数45.2%：其中，普通班49人，中级班43人，高级班21人。1952年工会成立后，组织了秧歌队、腰鼓队、歌咏队、业余剧团，配合工会中心工作，开展工人喜闻乐见的文娱活动。是年，陶厂工会积极稳妥解决纺织业劳资双方工资福利不合理问题，通过协商，达到了劳资双方均满意的结果。在“三反”“五反”运动中，陶厂纺织业工人揭发，资方有偷税行为，陶厂工会通过登门说服教育，资方补缴税款100多万元（旧币值）。同时，组织粮食、百货、合作商业等单位开展爱国主义红旗劳动竞赛。1957年，县总工会在全县开展增产节约运动。通过竞赛，陶厂涌现出县级先进单位4个，先进工作者27人，先进生产者5人。

1973年，在职工中开展“五比、五赛”活动（比学习、赛觉悟，比团结、赛协作，比干劲、赛贡献，比任务、赛指标，比安全、赛质量）。1981年，广泛开展“五讲四美”文明礼貌活动，着重对职工进行职业道德教育，涌现出陶厂粮站、陶厂供销社等县级先进单位和陶厂农具厂周昌杰等先进个人。1984—1988年，组织职工开展“振兴中华读书活动”，推行“职工代表大会制”。各基层工会组织职工参政议政，参加民主管理和民主监督。陶厂中学职代会定期组织代表评议校领导班子成员，审议学校重大事项，较好地发挥了职代会作用。1992年，在全省评选劳动模范活动中，西塔村农民易厚掌荣获安徽省劳动模范称号。1994年，在深入开展社会主义劳动竞赛、创建“职工小家”等活动中，陶厂粮食公司工会被县总工会授予劳动竞赛先进单位称号；陶厂供销社陶方友、陶厂粮站刘金生被评为优秀个人；陶厂供电所工会小组被授予先进“职工小家”称号。1998年，在开展“建家活动”、民主评议干部、送温暖工程等项工作中，陶厂供销社工会主席吴宗水被评为先进个人，受到县总工会表彰。2001年，各基层工会开展送温暖活动和劳动竞赛，陶厂粮站严成华被评为工会工作先进个人，受到县总工会表彰。2003—2005年，陶厂工会组织86名职工参加失业保险，207人参加职工医疗保险。2005年3月，陶厂镇工会被授予2004年度先进集体称号。2011年，全镇有34家单位建立健全职代会，占应建数的87%。陶厂工会审议通过企业重大改革方案、年度工作报告及有关职工切身利益的事项方案32件。是年，全镇实行厂务公开单位29家，民主评议企业领导干部148人次。2013年，全镇各基层工会组织开展劳动竞赛15次，参赛职工500多人次；征集职工合理化建议80多条。同年5月，卜李村党支部书记李先华荣获马鞍山市劳动模范称号。2015年，推进“春季要约行动”，推动企业建立集体协商制度，全镇签订区域性集体合同28个。2018年1月，发放会员卡103

张，将生活类优惠服务送到持卡会员身边。2017年启动工会会员信息采集和录入工作。3月，镇工会深入私营企业宣传成立企业工会政策，要求企业应建必建。全年成立企业工会12家，发展会员568人，做到企业工会全覆盖。2019年，根据上级总工会布置，助力脱贫攻坚，为12名困难会员家庭学生争取并发放补助金1.6万元。2020年，全年两次组织困难职工家庭情况摸排，为8名困难职工争取并发放帮扶补助资金1.8万元。2021年春节前后，镇工会联合社保所、企业办开展新春送岗位活动，组织现场招聘会5场，解决了100多人就业问题，同时也缓解了企业用工难问题。8月，配合县总工会开展夏送清凉活动，看望慰问高温天气下坚守岗位的一线职工，为职工送去防暑降温物品。10月，发动各基层工会开展冬送温暖活动，为4名困难职工向县总工会申报困难救助资金。镇工会还对全镇劳动模范逐户进行走访，了解劳模的生活状况，并帮助2名困难劳模申报救助资金。

二、共青团

（一）机构沿革

民国二十八年（1939年），铜庙、关镇地区成立青年抗敌协会，部分成员参加铜关游击队。是年，中共含山县委活动的主要地点福山、陶厂、龙梅成立“共产儿童团”（地下秘密组织），组织少年儿童为地下党组织传送情报。民国三十年（1941年），陶厂民主政府组建抗日儿童团，组织儿童学文化，唱革命歌曲，向儿童讲革命道理。儿童团设团长、分队长、小队长，并有红缨枪、手榴弹，协助地方民兵站岗放哨。1949年10月，成立中国新民主主义青年团含山县工作委员会，县委书记兼任团委书记。1950年，各区相继成立新民主主义青年团区工委。1950年春，县中国新民主主义青年团在县内小学建立少年儿童组织。1952年更名为“中国少年儿童队”，1953年改称“中国少年先锋队”。1957年6月，中国新民主主义青年团含山县工作委员会，改称“中国共产主义青年团含山县委员会”。1965年“文化大革命”开始，各级团组织活动停止。1972年恢复团县委。1980年，全县县、乡（社）两级建立团支部组织。1985年1月，中国共产主义青年团陶厂镇委员会成立。

（二）共青团代表大会

1985年1月，共青团陶厂镇第一次代表大会召开，选举於春年为镇团委书记。当年，陶厂、关镇两乡镇有团委2个、团支部25个，团员876人，其中陶厂公社有团员432人。

1991年4月，共青团陶厂镇第二次代表大会召开，选举王怀国为镇团委书记。当年，陶厂、关镇两乡镇有团委2个、团支部25个，团员893人，其中陶厂公社有团员451人。

1992年4月，共青团陶厂镇第三次代表大会召开，选举陈传标为镇团委书记。当年有团委1个、团支部23个，团员842人。1993年4月王怀国继任镇团委书记。

1998年6月6日，共青团陶厂镇第四次代表大会召开，选举撒小东为镇团委书记。全镇有团员794人。

2000年9月5日，共青团陶厂镇第五次代表大会召开，选举黄泽红为镇团委书记。全镇有团员778人。2001年9月，章道权继任团委书记。

2003年6月，共青团陶厂镇第六次代表大会召开，选举鲍晓军为镇团委书记。全镇有团员685人。

2005年6月，共青团陶厂镇第七次代表大会召开，选举周琳为镇团委书记。全镇有团委1个、团支部10个，团员643人。2007年8月，胡敏继任镇团委书记；2009年8月，胡家祥继任镇团委书记。

2010年6月，共青团陶厂镇第八次代表大会召开，选举汤玉伟为镇团委书记。全镇有团员528人。2011年5月，过孝健继任镇团委书记。

2014年6月，共青团陶厂镇第九次代表大会召开，选举王峻为镇团委书记。全镇有团员495人。

2017年6月，共青团陶厂镇第十次代表大会召开，选举汪忠敏为镇团委书记。全镇有团员423人。

（三）活动纪略

1959年，陶厂公社团委结合整社运动，带领广大团员积极开展整团工作，发动团员以“六好团员”为标准，积极开展红旗竞赛、争创红旗支部活动。在抗旱突击战中，带领近4000名青年与全社人民一道，日夜奋战，保证了粮食丰收。当年粮食总产量比1958年增长11.6%，棉花增长15.5%。在发展山区多种经济及绿化中，发动团员青年开垦荒地334公顷，营造青年果木林47公顷。在大搞技术革命运动中，公社团委提出“人人献计，个个献策，实行农具改良化”的口号，改良生产工具2779件。

1963年，公社团委在团员青年中掀起学雷锋运动热潮，组织学雷锋小组23个，活动中涌现出学雷锋模范小组8个和一批学雷锋模范团员、模范青年。

1981年，全县在广大少年中开展“学雷锋、树新风”活动。陶厂和关镇有4名学生被表彰为全县“学雷锋、树新风”优秀少年。

1983年，全县开展“五讲四美、三热爱”和第二个“全民文明礼貌月”活动。陶厂公社团委组织团员青年和少先队员将全长8000米的陶厂街巷全部清扫一遍。关镇中学48名团员青年到公社敬老院开展“送温暖”活动。陶厂粮站团支部坚持每天打扫站内外卫生；陶厂供销社团支部努力改善服务态度，受到顾客好评。在第二个“全民文明礼貌月”活动中，陶厂中心小学团支部、关镇中心小学团支部等7个学校团支部被团县委表彰为先进集体称号，邱宏开、李军、黄方平等12人被表彰为先进个人。

1997年，镇团委在窗口行业开展“青年文明号”创建活动，陶厂供电所、县国税局陶厂分局被县委宣传部、团县委授予“青年文明号”称号。

1998年，在全县共青团系统工作考评中，陶厂镇团委被授予“先进团委”称号，授予撒小东“优秀团委书记”称号。1999年3月，陶厂国税分局局长张唯斌被县委宣传部、县关工委、团县委授予“十佳青年”称号，陶厂中心小学学生曹磊被授予“十佳少年”称号。

1999—2000年，在全县共青团系统考评中，团县委授予陶厂镇少先总队“先进少先总队”称号，授予张武华“优秀少先总队辅导员”称号，授予唐仁才、季道祥“优秀少先队辅导员”称号；有3名小学生被授予“优秀少先队员”称号。全年新建“留守儿童之家”5处。

2016年，镇团委在全镇青少年中开展法治知识普及教育，发放宣传手册200多份，接受咨询20余人。

2018年4月，镇团委组织团员青年和社区青年志愿者100多人开展打扫卫生志愿服务活动，以实际行动参与创建省级卫生城镇。

2023年4月，陶厂镇团组织在学校开展防溺水教育

2020—2021年，镇团委动员各级团组织开展“青年大学习”活动，全镇参加青年大学习人数累计突破2.3万人次。开展演讲比赛等主题活动8场次，参加120余人次；组织开展“迎国庆红领巾讲解员比赛”8场次，参加300余人次。两年发放助学金近1.5万元，受惠儿童36人。发动全镇团员青年开展农村人居环境整治、倡导厉行节约等各类乡村志愿服务活动10余场次。在脱贫攻坚工作中，动员22个团支部组织人员深入全镇各村，帮助年老体弱贫困户清扫居住环境；司徒村团支部组织开展“青春扶贫 青心助农”直播带货、扶贫产品线上展示等活动，助力贫困村农特产品销售和旅游消费。发动全镇团员青年投身疫情防控阻击战，配合社区、卡口、企业开展疫情防控志愿服务工作。防汛期间，组成青年志愿者突击队，到险埂要段参与巡堤查险，协助团县委组织志愿者100余人次在关镇学校等安置点参与物资发放、秩序维护、卫生清理等志愿服务工作。联合团县委举办“潘村和你有约”青年户外交友活动，吸引500多人前来参与；积极申报青檬励学金，情暖童心助学金，受惠儿童达12人，受惠金额超过5000元。以“智慧团建”为抓手，推进团组织规范化建设。完成10个团组织换届工作，健全每个支部组织。换届后村（社区）团组织书记平均年龄27岁，团组织力量得到加强。至2021年底，全镇共有团支部34个，团员总数380人。

三、妇女联合会

（一）机构沿革

1950年3月22日，含山县成立县民主妇女联合会筹备委员会，全县8个区（镇）相继成立妇女组织，配备专职妇女主任，乡设不脱产妇女干事。1951年陶厂区（镇）妇女组织有专兼职干部17人，汪永玲任妇女副主任。1957年11月29日，县民主妇女联合会改名为“含山县妇女联合会”，各区乡镇成立妇联。1968年7月，陶厂公社革命委员会成立后，妇联工作归属革命委员会政工组。1973年4月，恢复妇女联合会组织活动。到1974年底，各农村大队、街道及单位成立妇代会组织14个，均配有妇代会主任。1988年至1991

年，镇配备专职妇女主任，10个村（街道）配齐妇代会主任。1992年撤区并乡后，陶厂镇妇女工作由镇党委副书记分管，22个村和1个社区均配齐妇代会主任。2017年2月，根据《含山县妇联改革实施方案》的要求，全县村（社区）妇代会统一改为妇联。随后陶厂镇10个村（社区）妇代会改名为村（社区）妇联，每个村（社区）配备妇联主席1名，专、兼职副主席各1名，执委8～10人。至2021年，镇直3个单位组建妇委会，有1个非公有制单位建立妇委会。

（二）妇女代表大会

1951年2月，陶厂区第一届妇女代表大会召开，选举汪永玲为区妇联副主任，蔡桂珍为干事。

1953年11月，陶厂区第二届妇女代表大会召开，选举石世英为区妇联主任，蔡桂珍为干事；席礼英为陶厂镇妇女主任，陶少竞为副主任。

1956年8月，铜闸区第三届妇女代表大会召开，选举朱礼英为区妇女主任；尹圣兰为陶厂镇妇女主任，过书英为司徒乡妇女主任，陈道珍为铜庙乡妇女主任。

1964年2月，陶厂公社第四届妇女代表大会召开，选举过书英为公社妇联主任。

1973年4月，陶厂公社第五届妇女代表大会召开，选举顾慧君为公社妇联主任。

1978年11月，陶厂公社第六届妇女代表大会召开，选举汤学香为公社妇联主任。

1983年4月，陶厂乡第七届妇女代表大会召开，选举陶庭萍为镇妇联主任，胡兰为副主任；1985年葛世霞继任镇妇联主任。

1991年4月，陶厂镇第八届妇女代表大会召开，选举王瑞霞为镇妇联主任。

1993年8月，陶厂镇第九届妇女代表大会召开，选举陶庭萍为镇妇联主任，王瑞霞为副主任。

1999年11月，陶厂镇第十届妇女代表大会召开，选举陶庭萍为镇妇联主席。

2005年5月，陶厂镇第十一届妇女代表大会召开，选举周琳为镇妇联主席。

2011年3月，陶厂镇第十二届妇女代表大会召开，选举陈茂华为镇妇联主席。

2016年5月，陶厂镇第十三届妇女代表大会召开，选举胡观华为镇妇联主席，谢雨辰为副主席。

2021年12月，陶厂镇第十四届妇女代表大会召开，选举汪俊为镇妇联主席。

（三）活动纪略

新中国成立初期，陶厂乡各界妇女积极参加土地改革，开展支援抗美援朝活动，宣传贯彻《婚姻法》，宣传“三反”“五反”重大意义。1957年7月至11月，陶厂乡妇联发动妇女2450人，以社为单位开展积肥运动，5个月共积肥1100吨。是年，在区委统一布置下，陶厂镇妇联全年召开宣传新法接生大会4次，宣传普及新法接生知识，参会妇女420多人。镇妇联协助陶厂医院接生站举办为期3天的新法接生培训班，除原有4名接产员外，新培训接产员3名，街道和各生产大队妇女主任参加培训。7月，镇妇联干部积极动员广大妇女踊跃报名参加扫盲学习，参学妇女109人，通过学习，能看简单书报、能记工账的妇女占

96%。1985年，参加学习的妇女264人。

1958年春，全镇有11个圩口进行水利兴修，在镇、社妇女组织号召下，全镇2550名妇女奋战在各个圩口上，出工妇女人数占妇女总数一半以上，她们和男劳力一样打硪、挑土方，发挥了“妇女能顶半边天”的作用。在增产节约运动中，广大妇女积极开荒种瓜菜、旱粮，发展家庭养殖业。

1959年，妇联在全社范围内建设妇幼保健和教育机构，陶厂公社75个大队，恢复和新建产院6个（1个中心产院、5个分产院）。仅陶厂中心产院，全年进院分娩妇女711人。建成幼儿园8个、托儿所157个，妇女保育员221人，入园（托）儿童845人。

1964年，在比学赶帮超群众运动中，全社广大妇女积极参加各项竞赛活动。唐庄大队白庙生产队妇女为解决队里肥料不足的困难，打秧草48吨，解决3公顷田的肥料。唐庄大队官塘二队耕牛不足，18名妇女劳力，用7天时间，用大耙翻地2公顷。是年，镇妇联在全社开展了“双五好”评选活动。据九联大队统计，全大队计评出“五好社员”317人，其中妇女109人，占总数的34.38%。

1975年3月，祁首大队钱丽华被巢湖地区妇联表彰为“先进个人”。1978年3月，在全县“三八”红旗手、“五好家庭”评比表彰中，陶厂卫生院孙维珍、陶厂小学童基仙、陶厂供销社詹应兰、陶厂公社孙义兰、关镇乡孙巧云被评为全县“三八”红旗手称号。

1980—1984年，在五年普法教育活动中，陶厂镇、关镇乡妇联组织《宪法》《新婚姻法》《继承法》的宣传，发放宣传资料400多份，举办法律知识培训班6期，接受培训的基层妇女干部及骨干人员520多人次；对因婚姻家庭问题受虐待的8名妇女，妇联参与调查调解。

1985年，陶厂镇、关镇乡妇联共举办各种实用技术培训班35期，组织农业技术讲座2次，经验交流会1次，参加妇女1840人次。举办妇女扫盲班15个，农村妇女参加学习3950余人，脱盲300余人。两乡、镇兴办以妇女为主体的专业户、联合体26户，关镇乡养兔致富的周善英成为全县劳动致富的女代表。在精神文明建设活动中，被评选为县级以上“五好家庭”152户。陶厂医院孙维珍，关镇敬老院张萍分别于1981年和1983年被全国妇联评为“三八”红旗手。

1989年，根据全国妇联倡议，两乡镇妇联在农村妇女中开展“双学双比”（学文化、学技术，比成绩、比贡献）竞赛活动。

1991年，在特大洪灾中，两乡镇妇联组织妇女参加抗洪救险，袁科兰、贾来英被县政府授予“防汛抗洪先进个人”称号。灾后开办家禽养殖、果树栽培等技术培训班8期。当年，关镇乡妇联被县妇联授予“先进妇联组织”称号。

1992年，陶厂、关镇两乡镇合并。镇妇联动员5000余名妇女参与“双学双比”活动。自办和与相关部门联办各类实用技术培训班16期，培训妇女480多人，营造“三八林”2个。1993年，镇妇联举办“双学双比”培训班18期，培训妇女350多人。

1994—1995年，陶厂镇李琴、饶家凤，关镇村卫年被县妇联授予“双学双比”竞赛女能手称号；陶厂镇唐庄村妇代会被县授予“先进基层妇代会”标兵称号。

从1996年开始，镇妇联联合共青团在全镇中小学学生中，持久地开展“爱中华、学科学、讲科学”的读书竞赛活动，陶厂中心小学一学生获全国特别优秀奖。1997年，西塔村郭庆英被授予“双学双比”女能手称号。在全县开展的“百家婚育新风文明户”创建活动中，陶厂有10对夫妇被县授予“百家婚育新风文明户”称号。

1998—2002年，镇妇联把发动妇女积极参与经济发展，深入开展“双学双比”“巾帼建功”“维护妇女儿童权益”等活动。在“希望工程”“春蕾计划”的实施资助下，镇妇联申报的26名失学儿童和贫困女童受到资助，重返校园。举办了第二期“绿证班”，结合本地的经济发展特点，选择了渔业、水产、畜禽、水稻、经济林木五个专业，举办培训班8次，培训学员300余人次，培养一批妇女养殖大户和妇女水稻种植大户。“三八”节期间，镇妇联组织400多名妇女开展植树造林活动，建设妇女“三八林”“三八绿化工程基地”。利用广播、宣传栏等形式，宣传《妇女法》《婚姻法》等有关法律知识，向全镇各村发放《妇女法》《婚姻法》《儿童三优》知识宣传材料，解答妇女热点难点问题30多人次。开展“让孩子远离网吧，筑起家庭防护墙”为主题的家庭教育活动，在陶厂中心小学邀请近百名家长听专家讲课，引导孩子正确上网。

2011年，陶厂镇建立留守儿童活动室，并成立了关爱留守儿童领导组。活动室坚持每周免费向儿童开放两天，在全镇招募爱心妈妈和巾帼志愿者30多人，关爱留守儿童成长。

2011年，镇妇联组织的关爱留守儿童活动

2012年，依托村级党员活动室，按照“1+3”（1个妇女之家+1个妇女学校和1个妇女维权站及1个心语室）、“五有”（有固定活动场所，有开展活动必要设备，有健全管理制度，有丰富多彩活动，有统一标识牌子）标准，全镇建立10个村级“妇女之家”，对妇女开展技术培训、法律和卫生知识宣传等。

2013年，镇妇联配合学校开展“小候鸟”进京与爸爸妈妈团聚活动，护送157名学生及其监护人前往北京与亲人团聚。

2014年4月，在留守儿童最多的关镇小学创建全县第一个留守儿童学习互助组——“大卜村留守儿童学习互助组”。互助组使得留守小学生课余缺辅导、缺沟通、缺快乐的“三缺”问题得到有效解决。

2015年3月，镇妇联开展“维护妇女儿童权益”综合集中宣传月活动，设立咨询台接待妇女群众法律咨询70多人次，散发《妇女权益保障法》等宣传单500多份。在全镇开展“三八”红旗集体、“三八”红旗手、“五好”文明家庭示范户、“平安家庭示范户”、“好婆婆”

2015年，镇妇联举办女性保健知识讲座

“好媳妇”、“好丈夫”表彰活动。2019年防汛期间，发动组织妇干和巾帼志愿者200多人参加巡埂查险，为安置点灾民提供服务。在脱贫攻坚中通过项目实施带动贫困村妇女创业就业脱贫，组织志愿者1000多人次，开展贫困户环境卫生集中整治行动。在全镇范围内开展“最美巾帼脱贫攻坚人”推选活动，评选扶贫巾帼先进典型，成立巾帼志愿者服务队伍23支350多人，选出“美丽庭院”示范户，助推乡村振兴。

2020年，镇妇联在疫情期间，动员全体女干部和巾帼志愿者200多人参与抗击新冠疫情工作。开设“家庭教育”公益课堂，举办《民法典》《反家庭暴力法》等法律知识讲座。以10个村（社区）儿童之家为载体，开展结对关爱活动25次。

2021年，镇妇联组织全镇女职工观看“两癌”筛查宣传片，开展“两癌妇女摸底工作”，为3名“两癌”患者申请救助资金3万元。配合其他部门举办大型普法宣传活动5次，增强了妇女儿童的维权意识。在全镇妇女中开展“美丽庭院”创建活动，居家环境得到明显改善。开展“关爱贫困母亲”走访慰问活动，给官塘村一户贫困母亲送去慰问费；给10名单亲特困母亲送去慰问金。镇妇联通过“妇联+新时代文明实践站+团委+巾帼志愿者”模式，开展防溺水宣传、环境整治、党史学习等一系列志愿服务活动。是年，陶厂镇卫健办被县妇联授予“巾帼文明岗”荣誉称号，王锦被授予县“三八红旗手”称号。

第五章　农村农业

陶厂镇位于巢湖流域，是个宜农地区，相距10千米之外的凌家滩遗址考古表明，早在5300年前，这里就开始种植稻谷，饲养家畜，农业历史悠久。

陶厂农村由新中国成立前一家一户的小农经济模式，逐步过渡到互助组、农业合作社和人民公社集体经济模式，虽然带来了集中力量办大事的好处，但也严重束缚了生产力，尤其是不按经济规律办事，急于求成，造成了农村经济严重困难，农民生活长期没有明显改善。改革开放后，农村实行家庭联产承包责任制，极大地解放了生产力，农村发生翻天覆地的巨大变化。经过40多年的发展，陶厂农民生活基本达到小康水平。

陶厂地貌特征是圩区、山区、岗坡各三分之一。陶厂农业主要种植水稻、油菜、小麦、山芋等作物。其优质大米、山芋和经济作物生姜无论是产量还是品质都是含山有名的农产品。新中国成立后，陶厂的农业基础设施建设不断得到加强。进入21世纪，随着土地大规模流转，新型农业生产合作社和种粮大户的涌现，把农民彻底从繁重的体力劳动中解放出来，农业新技术得到更加普及应用，农业整个生产过程基本实现了机械化。

第一节　农村生产关系变革

一、中华人民共和国成立前的农业生产力

中华人民共和国成立以前，陶厂地区除少数庙田、祠堂田外，其余土地都为私人所有。封建土地制度，允许土地自由买卖，出卖土地者，多为贫苦农民，买者一般为地主、富农。地主阶级少数人占有大量土地，广大贫苦农民只有少量薄田山地，有些贫雇农更无立锥之地。

民国时期，陶厂地区地主约占3%，富农约占4%，中农约占11%，贫雇农约占82%。地主阶级剥削农民的方式主要是出租土地收地租和高利贷盘剥。1945年11月3日《含山导报》载：陶厂乡农民大半是佃农，因遭水淹，平均只有七成收，佃东却要收全租。同时农民还受到商行的另一层盘剥。运漕李万兴、聚兴两仓房派管事上庄收租，不仅使用大斛（每石比厂斛大4升），还另向佃户每石租抽取100元至200元法币，称为“小租”。同时，陶厂地区9家粮行也垄断、操纵粮价，盘剥农民。

旧时，陶厂地区延用传统的耕作制度，主要是一季稻连作制，冬季多数稻田放水沤

田，少数种油菜、小麦、绿肥。旱地基本是冬闲或秋闲，土壤条件好的，冬种麦、菜及豆类，夏种杂粮（山芋、玉米、豆类）、棉花或花生、芝麻，耕作粗放。劳动生产力非常低下，农田作业全靠传统工具，人畜劳作。耕田用牛拉犁耙，甚至人力拉犁；中耕、培土用锄头、板耙、坞头；挖土用铁锹、四齿耙；排灌用龙骨水车；收割用锯镰刀，脱粒用禾桶、连枷；扬净用风车、木锨；稻谷加工用木砻、土砻、碓窝、篾筛。菜籽加工用木榨出油，小麦面粉用石磨加工。农业生产都是“挑担靠肩头，插秧靠指头，灌溉靠车头，耕田靠犁头”重体力劳动。由于生产力十分低下，水稻亩产正常年景只有100余千克，除了缴纳地租和高利贷以外，所剩无几，因此农民在收获后常叹“镰刀挂上墙，家里断口粮，镰刀用得像银子，衣服穿得像鳞子（布丁套布丁），租债交清后，落个扁担绳子”。旧时，农业生产还经常遭受病虫害和水旱自然灾害，农民往往束手无策，处于“靠天吃饭”的困境。

旧时，统治阶级只顾压迫和剥削广大人民，并不关心农业发展和农田水利基本建设。民国时期，陶厂、关镇圩小堤薄，塘坝年久失修，河渠淤塞崩塌，加上肥源不足，农民生产情绪低落，土地荒芜，当时仅水洞山一处荒掉的田亩有2公顷多。1929年，陶厂发生严重的蝗虫灾害，许多田地几乎颗粒无收，再加上苛捐杂税，兵匪战乱，农民被迫背井离乡，外流乞讨。

二、土地改革运动

1950年6月，中央人民政府颁布《中华人民共和国土地改革法》，开始了土地改革。含山县土地改革于当年11月16日开始，1952年1月全面结束。时全县有城区、陶厂、运漕、东林、仙踪5区63个乡镇，除运漕镇、环峰镇无土改任务外，其余乡镇均实行土地改革。为加强对土改工作领导，县委成立土改委员会，土改具体指挥机关为县、区、乡各级农民协会。县委共派出土改工作队509人。全县土改分三批进行，第一批15个乡，有陶厂区的龙梅乡、关镇乡；第二批42个乡，有陶厂区的张公、三官、祁鲁、陶厂、云塘、司徒、铜庙7个乡。县划分的土改类型乡中，陶厂区的祁鲁乡、云塘乡、司徒乡、张公乡、三官乡、铜庙乡属于充分发动的乡，走在全县土改工作前列。陶厂地区土改中的农会是由战争年代的农抗会改组而成，30户左右的自然

20世纪60年代农业生产完全依靠畜力人力

20世纪70年代陶厂人工插秧

村成立农会小组，百户以上的村设村农会，各乡成立乡农会。

土改中，各地执行中央"依靠贫农、雇农，团结中农，中立富农，有步骤地分别消灭封建剥削制度，发展农业生产"总方针。根据政务院颁布的《关于划分农村阶级成分的决定》，农会对地主的斗争，分为三个阶段：（一）对各家各户划分阶级成分；（二）对划分为地主的进行出租田地和财产清算；（三）根据地主罪恶大小轻重，确定处理程度：罪小的斗争教育，管制生产；罪大的逮捕法办；罪恶严重的枪毙镇压，个别开明地主免于处分。农会对地主的财产处理方法是没收其土地、房屋、耕牛、农具及粮食、家具、衣服等，称为"浮财"，浮财全部分配给各家各户农民。地主也同样分配与农民相等的一份财产。

经过土地改革，全区划出地主111户472人；富农172户274人；贫雇农5592户2.06万人。没收地主土地39.53公顷（593亩）；没收富农土地92.13公顷（1382亩）；没收地主、富农房屋175间，耕畜29头，犁、耙、风车等农具111件，粮食28.3吨。后来退还给土改中划错成分的6户土地10.11公顷；漏划成分9户、土地2.4公顷外，其余的土地、房屋、粮食、农具等全部分给穷苦农民。

陶厂区土改前各阶层占有土地统计表

表5-1　　　　1951年12月30日

成份	户数	人口	占有土地亩数	自耕亩数	出租情况			
					户数	人口	本乡业主在本乡出租的土地	外乡业主出租在本乡的土地
地主	104	471	2972	648	82	399	1323	19324
其他成分兼地主	7	46	75	11	5	38	64	483
半地主式富农	41	221	1080	588	38	198	552	33
富农	131	732	2340	1839	74	405	500	108
中农	2538	12893	11079	16968	44	191	103	22
贫农	5325	19963	1088	10690	33	124	138	9
雇农	267	664	106	106				
小土地出租者	225	536	2159	710	227	526	1448	391
公地			1555				1555	240
其他	369	1342	18	6	3	10	12	4
合计	9007	36868	22472	31566	506	1891	5695	20614

说明：1.为便于统计及数字正确，凡本乡业主在外乡土地不统计在内。

2.外乡业主在本乡出租土地，均须统计在外乡业主在本乡出租情况栏。外乡业主人口不须统计，另在备注内按阶级成分说明外乡业主户数。

3.地主兼其他成分者，亦填入其他成分兼地主栏内。

4.成分较复杂之地区可在补空白栏内，注明成分，不可写"其他"二字。

5.公地栏须在备注内说明族田、庙田、农场、公地等各有多少。

6.占有土地亩数与自耕亩数是指自有田亩，有田底权、产权，如贫雇农无田则不填。

陶厂区土改后各阶层占有土地统计表

表5-2　　1951年12月30日

成 份	户数	人口	占有土地亩数	自耕亩数	出租情况			
					户数	人口	本乡业主在本乡出租的土地	外乡业主出租在本乡的土地
地 主	104	472	556	556				
其他成分兼地主	7	54	37	37				
半地主式富农	41	220	508	508				
富 农	131	733	1874	1874				
中 农	2537	12925	24208	24176	10	39	31	22
贫 农	5325	19974	28207	28063	43	120	143	9
雇 农	267	663	897	892	1	3	5	
小土地出租者	225	540	1371	1028	88	158	343	117
公 地			926				986	
其 他	369	1344	10	9	1			
合 计	9006	36925	58594	57143	143	320	1508	148

说明：1.为便于统计及数字正确，凡本乡业主在外乡土地不统计在内。
2.外乡业主在本乡出租土地，均须统计在外乡业主在本乡出租情况栏。外乡业主人口不须统计，另在备注内按阶级成分说明外乡业主户数。
3.地主兼其他成分者，亦填入其他成分兼地主栏内。
4.成分较复杂之地区可在补空白栏内，注明成分，不可写“其他”二字。
5.公地栏须在备注内说明族田、庙田、农场、公地等各有多少。
6.占有土地亩数与自耕亩数是指自有田亩，有田底权、产权，如贫雇农无田则不填。

土改运动激发了农民对党和政府的拥护和热爱之情，调动了农民热爱土地、努力生产的积极性。以云塘乡张李自然村情况为例：土改前这个村6户中农27口人，有田4公顷，年收获粮食6219千克，支出10611千克，缺粮4392千克，每人缺粮145天；18户贫农90口人，有田10.3公顷，年收获粮食15434千克，支出29411千克，缺粮13977千克，每人缺粮163天。土改时，该村贫下中农分得土地9.87公顷，自有田亩4.4公顷，共计14.3公顷，在全乡中属于中等村，农民勤劳，生产积极性很高。土改后秋耕秋种情况是：种小麦21亩，占10%；种大麦0.67公顷，占5%；种油菜1.4亩，占10%；种绿肥1.67公顷，占12%；合计占总田亩37%。水稻田翻了二次，麦田翻一次，午季全部种完，另开荒0.24公顷。副业生产：养猪11头，养鸡120只，养鸭30只，耕牛9头，放鱼苗5000尾，砍草100担。村中赌博绝迹，农民家庭开始重视教育和学习文化，当年入学儿童有6人。

三、从互助组到农业合作社

（一）互助组

1952年土地改革胜利完成，但国民经济中还存在大量非社会主义经济成分，农业方面占统治地位的还是个体小农经济。土改后，农村经济虽然有了较快的恢复和发展，但一些农户由于劳力不足、家底薄、生产资料缺乏，加上江河圩堤年久失修，每年局部地区不断发生自然灾害，生活仍很艰辛。为了维持生计，一些农户只好借贷、卖田，而另一些比较富裕的农民趁机放债、雇工、买田置地，农村中又出现了两极分化。同时，土改后，农村依然是私有、分散和脆弱的个体经济，商品率低，无法满足社会主义工业化对粮食和工业原料作物迅速增长的需要。此时，农民也有互助合作的愿望。1953年春，中央发布了《中共中央关于农业互助合作的决议》，县委在全县农村按照积极发展、稳步前进的方针和自愿互助的原则，引导农民组织农业生产互助组。

互助组一般由几户或十几户组成，实行共同劳动，分散经营。土地、耕畜、家具等生产资料和收获的农产品仍归私人所有。由于换工互助，在一定程度上提高了劳动效率，解决了劳力不足的困难。加入互助组的农户产量一般高于个体农户。互助组坚持"自愿互利，等价交换"原则，主要以换工方式进行。临时互助组采取忙时互助，闲时不互助；大事互助，小事不互助的方式。常年互助组生产组织较为稳定，有少量公共财产，如耕牛、大型农具等；实行合理评工记分、按时结算、欠工补资、余工进款的组织方式。互助组组长由大家推选信得过的人担任，不取报酬，其工作为义务性质。

以陶西乡小陶自然村陶方胜互助组为例：春耕生长即将开始，政府号召开展互助合作，小陶村村长组织大家自愿报名，自由组合。全村39户，有26户贫农、13户中农。贫农都踊跃报名，中农对互助政策不明，虽有顾虑迟疑，但怕被人说落后，也随着报了名。全村39户全部参加了互助组，并选举出互助组组长。中农报名参加互助组后，感到组内穷人太多，怕自家耕牛负担太重，农具被人用坏，不想分组。如中农童××自家水车用后，就把车辅子拆下来。中农彭××使用组里劳力收获菜籽，但不愿付给贫农工资。这两户后经全组会议劝退出互助组，其后形成的16户互助组比较稳定，齐心协力、生产积极性高涨。全组16户中有2户中农、14户贫农共55人，男劳力15人、女劳力10人。旱田2.3公顷，水田2.06公顷，耕牛一条半，水车6张半，犁6张，耙4张，斛桶2张，一般小农具够用。全组16户中有7户在土改中分到部分田地，8户完全分到田地，有篾匠1人、木匠1人、铜匠2人。但春耕生产一开始，全组就有13户缺粮，组内只有一条半耕牛，因此组员们感到为难。区政府知道他们的困难后及时奖给他们一条耕牛、27.5千克香油、200千克大米、副业资本金200万元（旧币值），并发救济金14万元（旧币值），同时派人到组内帮助开磨坊、贩米，让木匠修理农具，篾匠编竹篮，共赚大米800千克，解决了大家口粮问题。全组在爱国增产号召下修好6口塘坝，40多天未下雨，保证了全组庄稼都有水浇地，并且比往年多上了一倍的肥料。当年产量比往年增加二成以上。中农彭××退出互助组后，家里只有1

个半劳力，结果稻田里草没人除又受旱。组员吕××和彭家田埂相连，但彭家比吕××少收四成稻。

据1954年10月统计，陶厂区临时季节性互助组414个，户数3957户，田亩2789公顷，常年互助组166个，户数1938户，田亩1450公顷。

(二)初级农业生产合作社

互助组虽然打破了个体经济的局限性，但规模小，经营分散，很难有效地利用土地、劳力和资金。1952年春，中共安徽省委根据《中共中央关于农村农业合作化的决议(草案)》，开始试办初级农业生产合作社，要求各地从农村工作基础情况和农民要求的实际出发，采取临时互助组、常年互助组、初级农业社和高级农业社等多种形式由低级到高级逐步发展。1952年春，陶厂区祁鲁乡张夏村张学明办起了全县第一个初级社。陶厂地区初级社是农民以私有的土地、耕牛、大农具折价作股入社，折价款按土地多少分摊，土地所有权仍归农民所有。农业社统一安排种植计划，统一调配劳力、耕畜，统一大分配。社员参加集体劳动，评工计分。分配按"劳六田四"比例进行，即扣除开支后，劳动报酬占60%，土地报酬占40%。集体副业纯收入按人、劳比例"三七开"。初级社成立管委会、监委会，由社员选举产生。这个阶段初级社发展健康、普遍增产，表现出一定的优越性。

祁鲁乡的张夏村是距陶厂镇约1000米远的两个小庄子，1952年时全村36户，人口143人，土改前土地只有7.4公顷，土改中分得土地5.4公顷，时共有土地12.8公顷。据调查，全村有自耕田的7户、捕鱼为生的2户、做小买卖的4户、外出帮工的24户，其余只有少许薄田或当佃户，有的靠开荒种点棉花、旱粮度日。全村只有4条耕牛，除7户中农有简单农具外，其余农户都缺少农具。土改后，为提高生产，改善生活，组织起来，解决耕牛、农具困难成为该村农民的迫切要求。

含山县第一个初级农业合作社诞生地——张夏村

中共党员张学明，1951年在县参加农代会回来后，组织8户成立初级社。在陶厂区政府的直接帮助下，张学明初级社当年春组织12辆水车灌满了12口水塘，并修好大塘6口，1951年秋张学明初级社受到上级表彰，奖励两张大犁。此后，该社受到县里重视，成为典型试点的农业生产合作社。第二年，全社集中男女劳力鼓足干劲，大打积肥之战，积绿肥30多担，加上墙土，每亩施肥70余担，过去一贯不施肥的田地都施了肥。在40天无雨的旱情下，社员起早带晚车水一个多月，保障了2公顷低产田获得丰收。当年收获水稻28.9吨，亩产平均175千克，比上年每亩增产24千克。副业上，社里办起磨坊，养了10头肥猪，8头母猪，产小猪17只，养鸭500余只，副业积累的资金经社员民主讨论确定，留作合作社公积金，购置农业生产资料，当年就添购了1条耕牛。

合作社充分显示出人多力量大的优势。1954年春，陶厂区发动各合作社开展水利兴修工程，整修陡门16道，涵子28道，小闸两道。山区1851口塘中，春修动工的池塘有566口、圩堤119道、沟渠13条。春修工程动员民工16.87万人次，完成土方20.77万立方米，技工（石匠）660个，石方未统计。除修好上述陡门涵闸外，还消除险埂共550米。全区19个大小圩，受益田亩扩大到1599公顷。1954年末统计，陶厂区各乡共成立农业生产合作社25个，其中当年成立18个。同时，组织高级形式的信用互助组16个，参加组员有531人，筹股484股。根据各乡经济条件不同，每股股金有2万元、1.5万元和1万元（旧币值）不等，筹集股金657万元。全区有257户参加了信用互助组，参加者多是贫、雇农和中农。

1952年10月张夏村农业生产合作社分红表

表5-3

收入部分				投资部分					劳六田四分红数		总做劳动日数	每个劳动日所得数
土地亩数	水稻	棉豆（折水稻）	小计	肥料	耕牛	农具	杂支	小计	土地	劳力		
168.6	57133	660	57793	2633	4000	1064	384	8081	19912	29800	2624	11.4

说明：1.单位为稻谷市斤。
2.晚稻、豆子、棉花、午季作物、折水稻3885市斤预算在内。
3.一切开支（物资）、分红所得数均折成水稻市斤计算。

（三）高级农业生产合作社

随着农业合作化继续发展，初级社转高级社，小社并大社成为趋势。1956年6月，全国人大通过《关于高级农业生产合作示范章程》，全县绝大多数农户加入高级社，基本实现了农业合作化。这种高级农业生产合作社是以生产资料集体所有制为基础的社会主义集体经济组织。高级社为管委会主任负责制，下设生产队、作业组两级生产组织。生产计划由社统一安排，劳动管理实行包工制，按生产任务大小，确定劳动定额，包给生产队或者作业组。开始推行"田间管理包工制"，后改为"三包一奖罚"办法。高级社取消土地分红，将社员私有的土地无代价地转为集体所有，耕畜、大型农具按自愿互利原则折价归社，实现了土地、耕畜、大型农具等主要生产资料的公有化。社员私有的生活资料和零星树木、家禽、小农具不入社，允许社员利用工余耕种自留地和经营家庭副业，作为集体经济的补充。实行"按劳分配"制度，在缴纳农业税，完成国家统购任务，扣除生产费用、公积金、公益金后，所余现金和实物采取劳动工分按劳分配。实行"两级分配"，社按包产分配到队，队按社员工分和收获产量分配到户。分配制实行夏熟预分和年终决分制度。

1956年1月，县委对全县乡作了适当调整，以适应农业合作化生产的发展。时陶厂乡有32个选区（相当于后来的行政村），自然村117个，户数2354户，耕地1646公顷；有初级农业生产合作社18个，入社户数1109户；高级农业生产合作社3个，入社户数968户。

1956年3月至5月10日，全县少雨干旱。陶厂地区85%以上塘坝、沟渠干涸。陶厂乡统一抽调各合作社劳力组织青年突击队，连日带夜采取换人不停车方法及时提水浇灌，抗旱中发挥了主力军作用。

1956年冬至1957年春，全县开展整社工作，坚持民主办社和勤俭办社方针，检查处理经营管理和年终分配中的问题。陶厂乡在整社工作中，首先坚持先党内后党外，先干部后群众，发动干群畅所欲言。群众意见主要集中在粮食上交多，以及生产改革、财务管理、干部工作作风、工农关系、党政领导和法制等方面。如西山社财务很混乱，1956年、1957年两年账目未清理，群众意见很大，整改阶段专门抽出2个会计清理两个多月，社员反映很好。个体农户看到合作社新气象，都积极地申请入社。到1958年，陶厂乡共有九联、三庄、云塘、唐庄、西山5个高级农业合作社。5个高级社共有耕牛509条，养猪2198头，养鸡13074只，养鹅鸭2471只。

至1958年10月，陶厂乡5个高级社，入社农户2272户，入社人口9334人。司徒乡成立高级社4个，入社农户2396户，入社人口5914人。铜庙乡成立高级社5个，入社农户2400户，入社人口10467人。

陶厂乡自1957年11月至1958年3月组织各合作社冬修水利，共修池塘454口、水坝29道、沟渠5条、小水库8个、临时蓄水库27处，挖蓄水坑275个，治涝7个圩口，整修圩堤8处2700米，共完成土方57.7万立方米。

为统一解决农业合作社生产所需肥料，1958年1月，陶厂乡创办两个颗粒肥料厂。经过曲折发展，坚持为农服务，有力地促进了农业生产。生产的发展改善了人们的生活，这一年春节时，家家磨豆腐、做米糖、杀年猪、做米酒，采购多样副食品，展现了农民生活新气象。

1958年陶厂乡农业合作社（高级）基本情况

表5-4

社别	入社总户数	成分（户）					人口（人）			劳力（人）					生产小队情况（个）				自然村数（个）
											男女								
		贫农	下中农	中农	富农	地主	合计	男	女	合计	正	半	正	半	小队总数	10至15户	16至20户	21至25户	
九联	478	257	93	121	12	7	1948	956	992	956	332	142	289	193	36	17	12	7	22
三庄	437	232	172	14	13	2	1803	961	842	843	399	46	353	45	25	12	4	9	18
云塘	447	214	93	121	11	7	1808	925	883	872	430	43	319	80	22	10	9	3	17
唐山	356	166	131	44	10	5	1510	761	749	694	316	42	276	50	32	18	14		17

续表

社别	入社总户数	成分(户)					人口(人)			劳力(人)					生产小队情况(个)				自然村数(个)
		贫农	下中农	中农	富农	地主	合计	男	女	合计	男女				小队总数	10至15户	16至20户	21至25户	
											正	半	正	半					
西山	534	191	313	32	14	4	2265	1209	1056	1153	612	43	493	5	33	14	12	7	56
合计	2272	1060	802	332	60	25	9334	4812	4522	4508	2089	316	1730	373	148	71	51	26	130

注:1.享受五保户74户,人口110人。

2.单干户10户(24人),其中贫农3户、下中农4户、中农3户。

1958年陶厂乡农业社粮食生产情况统计表

表5-5

社别	1958年计划		逐年比较								农业人口(人)
	包产量		三定常产		1955年实产		1957年实产		1958年		
	总产(千斤)	亩产(千斤)	总产(千斤)	亩产(千斤)	总产(千斤)	亩产(千斤)	总产(千斤)	亩产(千斤)	征购任务(千斤)	包产户每人留用量(千斤)	
九联	1837	483	1821	427	1405	329	1774	416	540	665	1948
三庄	2092	374	2021	362	1885	336	1986	345	890	633	1803
云塘	2172	374	2160	376	1950	340	2247	392	1030	637	1791
唐庄	1446	405	1445	393	1440	390	1423	386	540	607	1492
西山	2916	373	2815	319	2764	313	2683	303	1410	665	2262
陶厂乡合计	10463	402	10262	375.4	9444	342	10113	368.4	4410	641.4	9296

四、人民公社时期

1958年8月,毛泽东在视察山东时说:“还是办人民公社好。”紧接着,中共中央政治局在北戴河举行的扩大会议上作出了《关于在农村建立人民公社的决议》(以下简称《决议》),决议指出“在目前形势下,建立农林牧副渔全面发展,工农商学兵互相结合的人民公社,是指导农民加速社会主义建设,提前建成社会主义并逐步过渡到共产主义所必须采取的基本方针”。《决议》之后,含山县闻风而动,“跑步进入共产主义”。1958年11月13日,全县撤销3个区所属的32个乡(镇)建制,成立7个农村人民公社。

(一)陶厂人民公社建立

1958年秋后,铜闸区成立筹备委员会,经过全体社员的讨论,陶厂、司徒、铜庙3个乡的西山、云塘、九联、祁鲁、规山、司徒、关镇、铜庙8个高级农业社联合成立一个人民公社,社名为东风人民公社(后改为"陶厂人民公社"),社址设在陶厂。10月27日,东风公社给广大群众发出公开信,宣讲成立人民公社的意义和特征,交代经济政策和具体问题的处理办法。陶厂人民公社成立后设8个大队63个生产队309个生产组,入社户数6520户人口23850人、劳力12006人。

1958年9月,陶厂人民公社(原东风人民公社)筹备成立

人民公社成立后,原有的区、镇、乡建制撤销,实行"工、农、商、学、兵"五位一体的"政社合一"体制。公社成立管理委员会和党委会,公社下面以原来高级社成立生产大队,以自然村或原作业组成立生产队。在"一大二公"(管理规模大、公有化程度高)的思想指导下,以公社为核算单位,社员自留地、私有牲畜和庭院周围树木一律收归社有。为兴修水利和兴办公社集体事业,可任意抽调生产队人力、物资,平调生产队土地。劳动组织按公社、大队、生产队分别编成团、营、连、排、班,实行组织军事化、行动战斗化、生产集体化以自然村办集体食堂,按人分等定量,吃饭不要钱。

陶厂人民公社的分配制度是:半供给制半工资制,柴米油盐统一由人民公社供应,工资分等级暂时预支,年终结账兑现(由于公社经济来源不足,没有坚持多久)。后来社员主要是按劳动取酬,年终分红。经济收入以大队为单位平均分配。至1959年,陶厂公社下属集体经营的有农场、畜牧场、鱼苗场、家禽养殖场、林场、果园、菜场,创办的企业有农具厂、石灰窑、砖瓦厂、针织厂、缝纫社、被服厂、综合商店等。公社还开办了5所幼儿园,191所托儿所,112个洗衣组,1个缝纫组,2个澡堂。

(二)"大跃进"时期

在中央"大跃进"和"全民大办钢铁"的号召下,1958年夏季到冬季陶厂全社60%的劳

人民公社时期陶厂镇农民用坞头稻田除草

动力都抽调到铜闸从事炼铁生产，完成炼铁1000余吨。与此同时，该年下半年又抽调圩区劳力30%以上支援山区抗旱和水利兴修，规山口、二郎庙、江家老等中小型水库就是当时兴建的。

1958年，农业生产遭遇严重自然灾害，从5月2日到8月13日，有104天未下过透雨，塘坝和小水库都干涸见底，牛屯河由于水位大幅下降，河水无法放进圩内。在县委“人定胜天”的号召下，陶厂公社发动抗旱保丰收战斗。当时社员干劲儿冲天，夜晚当白天，一天不下雨抗一天，百日无雨抗百日，调动水车两千余辆，靠人力将河水抽过山冈灌溉。此外，少数确实无水可车的地方组织了老年黄忠队、少年罗成队，挑水救苗。据统计，靠挑水救苗上千余亩，终于战胜了大旱灾，取得了较好的收成。

兴修水利上，90%的劳动力在春耕生产前不分昼夜，将水坝、渠道普遍加高培厚。这一年唐庄大队把本队原有的龙眼等3个塘口扩建成一座小型水库，完成土方2.2万多立方米。公社提出过一个革命化春节，大年初一打破常规，开展声势浩大，千军万马忙积肥运动。当时的情景是男人肩头不离扁担和粪筐，妇女不离扫帚锅膛灰，老人不离粪耙拾粪。家家拆灶土、换屋墙，田埂荒坡草皮几乎铲光。每天清晨街镇上挑肥的社员川流不息。耕作上，要求犁得深，耙得细，栽插推行3×5和4×5的间距行距密植。据8个典型大队调查统计，一般每亩上肥达500千克，最多的每亩近1000千克。当年的生产劳动情景是田头、山野白天劳动歌声响，晚上场基汽灯亮。当时提出的豪迈口号是：“男女老少齐上阵，男人个个是赵云，少年儿童像罗成，老人不老比黄忠，妇女赛过穆桂英。叫高山低头，要河水让路，坚决实现亩产800斤。”民谣唱道：“自古水往低处流，如今江水上山头，只要有党来领导，一年无雨也丰收。”

在那个火热的年代，不但农田水利建设成果显著，农业技术改革也显著提高了作物产量。当时主要是旱改水和水改旱，即把有条件的旱地改种水稻，把有条件的水田改造成麦、稻两收。选、改良种，推广高产作物，如“胜利百号”山芋广泛推广，双季稻栽种的普及，小田联成大田。水稻单季亩产圩区250千克左右，山区200千克左右。小麦亩产圩区100千克左右，山区75～100千克；油菜亩产一般在50～65千克；大麦亩产100～125千克；元麦和豌豆亩产100千克左右；山芋亩产品种改良前在500千克以内，“胜利百号”品种750千克左右。

唐庄大队位于陶厂公社北面，地处丘陵地带，土质大部分为黄土、白土，历史上从未大面积种植过旱稻。1959年在“大跃进”的形势鼓舞下，放弃保守思想，根据“多种高产多收”的方针，旱稻实栽面积32.4公顷，获得均产316.5千克的好收成，比上年均产246

千克增产28.8%，其中出现千斤（500千克）以上高产田3公顷，创造了陶厂公社早稻亩产最高纪录。全大队划为五个片，大队干部包片，片干部包生产队，党团员明确包干责任，层层做点，培育丰产田，共有丰产田1.87公顷，亩产均在千斤以上。同时开展红旗循环竞赛，互相支援，先进帮后进等措施。这一年，唐庄大队被评为出席安徽省群英会先进单位。

1959年陶厂公社主要粮食作物产量统计表

表5-6

品种	收获面积（亩）	亩产（斤）	总产量（斤）
早稻	10410	505	5257050
中稻	4256	527	2242912
单晚	17610	432	7607520
小麦	6520	194	1264880
大麦	1685	170	286450
豌豆	391	175	68425
蚕豆	93	153	14229

1959年陶厂公社耕地面积、耕牛、农具统计表

表5-7

总耕地面积					
原来土地面积（亩）			现折老亩（亩）		
水稻田	旱地	合计	水稻田	旱地	合计
63147	7957	71104	35546	4982	40528

耕牛情况									
黄牛（头）					水牛（头）				合计
能耕田	不能耕田	乳牛	小计	其中种牛	能耕田	乳牛	小计	其中种牛	
38	62	168	268	6	1101	126	1227	33	1495

主要农具情况								
水车（台）	水犁（个）	旱犁（个）	桶（个）	大盆（个）	耙（个）	双盆（个）	推泥盆（个）	船（只）
1515	1066	933	934	334	939	231	220	8

(三)从经济困难到"文革"运动的曲折经历

1958年秋收季节开始大办公共食堂,全社开办了161个大食堂,社员"敞开肚皮吃饭",随到随吃,开流水席,浪费很大。当年,因男女社员大炼钢铁,耽误农时,粮食减产;加上各地放"卫星",虚报粮食产量,征过头粮,生产队的粮食很快耗空。当年冬天,各地都发生严重的粮荒。陶厂许多食堂只能供应放着青菜、萝卜缨、山芋藤和各种野菜的稀粥和米糠粑粑。随后两年连续干旱,加上生产上瞎指挥、强迫命令、共产风、浮夸风,社员生产积极性受到严重挫伤。从1959年下半年开始,农村严重缺粮,只能吃野菜,出现浮肿病,人口大量外流,非正常死亡严重。为渡过经济难关,1960年陶厂公社落实县委指示,动员全社干群大搞"小秋收",广开替代食品,以"低标准、瓜菜代"的办法,充饥度荒。为了扭转当时农村严重的困难局面,1960年11月,中央发出《关于农村人民公社当前政策问题的紧急指示信》,这一年冬至第二年春,全县开展整风整社运动,开始纠正"左"倾错误。县委抽调696名干部组成工作队,分赴全县农村社队,解决"五风"问题(生产瞎指挥风、强迫命令风、浮夸风、共产风、干部特殊化风),解散农村食堂,对1958年以来,平调集体、社员的实物进行折款退赔。同时恢复区建制,调整公社规模,实行"三级所有,队为基础"制度,将土地、劳力、耕牛、农具固定给生产队,以生产队为基本核算单位,允许社员经营少量自留地和家庭副业,恢复农村经济。1961年上半年,县委抽调10名干部到关镇进行宣传贯彻中央《关于农村人民公社工作条例》试点工作。全县通过宣传贯彻《六十条》,干部作风有了转变,干群关系有所改善。1961年农业上又遭受自然灾害,粮油总产是新中国成立后最低的一年,农民生活依然困苦。县委根据省委指示精神,在环峰公社一统碑大队进行"责任田"试点,"包产到户、定田到户,责任到人"(简称"责任田"),下半年在全县推广,农村形势渐趋稳定。

1961年9月,全县原7个农村人民公社重新划分为19个公社,关镇从陶厂公社划开,成立关镇人民公社。时陶厂公社下辖10个大队,关镇公社下辖12个大队。

1961年陶厂、关镇两公社分设后人口与耕地统计表

表5-8

社别	总户数(户)	人口总数(人)	其中		农业户数(户)	农业人口(人)	非农业户数(户)	非农业人口(人)	耕地总面积(亩)	其中			
			男(人)	女(人)						水田(亩)	旱地(亩)	菜园地(亩)	社员自留地(亩)
陶厂公社	3244	11088	5442	5646	2854	10401	390	687	16578	14710	1543	325	671
关镇公社	3268	11289	5507	5773	3234	11190	34	90	20176	18970	1206	263	1242

注:"耕地总面积"陶厂和关镇统计口径不同。关镇将菜园地不统计在内,陶厂统计在内,但自留地不统计在内。

1961年陶厂和关镇两公社分设后农具设备和主要牲畜统计表

表5-9

社别	犁(个)	其中	耙(个)	其中	大盆(个)	戽桶(个)	水车(个)	喷粉器(个)	喷雾器(个)	运输工具(个)	其中		水牛(头)	黄牛(头)	猪(头)	马(匹)	骡(匹)	羊(只)
		双轮双铧犁(个)		圆盘耙(个)							胶轮板车(个)	平板车(个)						
陶厂公社	649	4	305	9	14	271	266	14	14	14	8	6	522	8	443	3	1	
关镇公社	741		261		43	363	459	2	2				562	134	640			85

1962年，政治风向又开始转变，中央认为搞“责任田”是犯了方向性错误，相关部门受到批评。1963年，县委派出工作队进驻社队，纠正“责任田”。陶厂公社143个生产队和关镇公社148个生产队，分春秋两批全部取消“责任田”，土地重新收归集体经营。

1964年，根据中央《关于进一步巩固人民公社集体经济发展农业生产的决定》和《农村人民公社工作条例修正草案》，全县农村开展大规模社会主义教育运动(全县从1964夏季开始到1966年春结束)，1965年上半年还结合开展为期5个月的“四清”运动(清政治、清经济、清组织、清思想)。农村的社会主义教育运动和“四清”运动教育了农村广大干部，提高了社员的社会主义思想觉悟。陶厂、关镇公社采取抓好水利、大搞积肥、土壤改良、合理密植、作物保护、田间管理、扩大耕种面积、增加复种套种指数、细打细收等多方面措施，增加粮食产量。1965年，两公社农业生产都获得丰收。关镇公社铜庙大队在两公社率先亩产超纲要(400千克)。

从1964年起，全国逐步掀起“农业学大寨”运动。1965年直至7月中旬，未下透雨，全县遭遇严重旱情，其特点是发生早、时间长。陶厂公社全体干群发扬大寨艰苦奋斗精神与自然灾害做斗争，完成播种计划99%，做到适时早播、上足基肥、加强管理，除中稻减产外，早稻、午季和晚秋作物都获得较好收成。关镇公社同样在旱情情况下，仍然保持粮食的稳定增长。

1966年下半年，全国掀起了“文化大革命”运动，两公社建立了很多“××战斗队、××指挥部”群众性革命组织，严重影响正常的农业生产。一年后，公社、大队都建立起“三结合”临时权力机构——革命委员会。为完成“抓革命、促生产”的任务，1967年3月17日，关镇公社革命委员会发出通告，全社革命群众组织的各种战斗队立即撤销，所有人员回到原生产队、原单位参加生产劳动。陶厂公社同样进行群众组织整顿、统一归公社、大队革委会领导，农村生产得以逐步恢复正常。

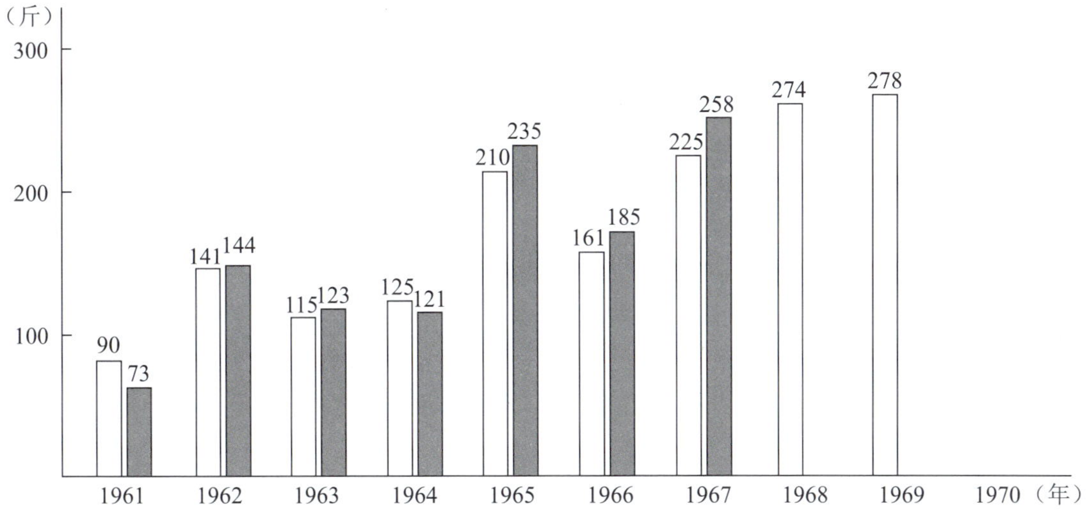

图 5-1 陶厂、关镇两公社 1961 年至 1970 年夏收粮食亩产数量图

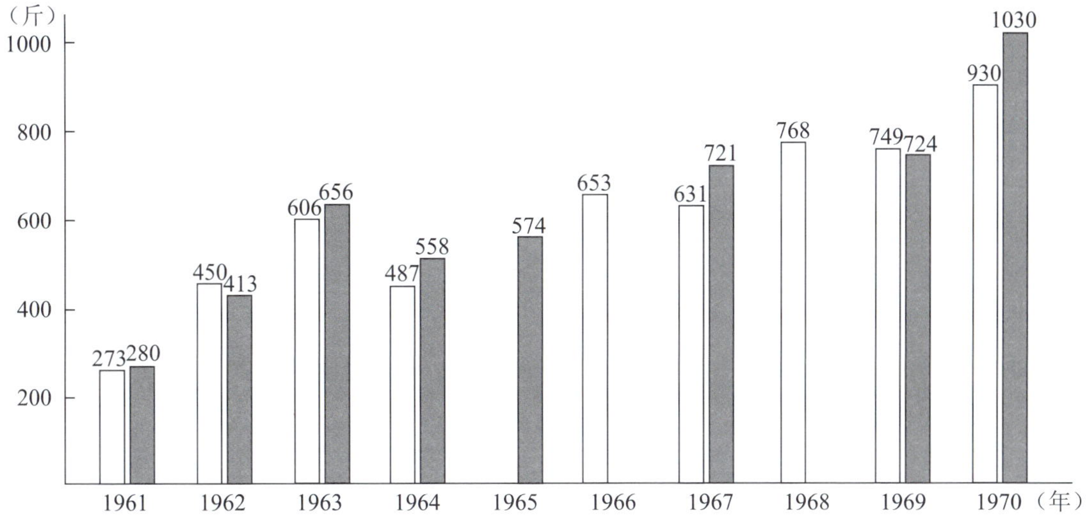

图 5-2 陶厂、关镇两公社 1961 年至 1970 年秋收粮食亩产数量图

说明：图 5-1、图 5-2 空心柱为陶厂，实心柱为关镇。

（四）农业学大寨运动

发端于1964年的农业学大寨运动在中央大力推动下，逐渐在全国铺开并渐入高潮。从1970年起，县委每年抽调干部组成农业学大寨宣传队到社队，抓典型，帮后进。1974年，县委召开四级干部学大赛会议，贯彻全国农业学大寨会议精神，对照“大寨县”六条标准，提出“苦战两年，建成大寨县”。陶厂公社、关镇公社在学大寨运动中，坚持大搞农田基本建设，山水田林路综合治理。在“以粮为纲”思想指导下，粮食生产有较大发展。至1976年，陶厂公社农田基本建设完成土石方31万立方米，完成新胜圩七圩联并工程，165公顷易涝易旱的圩田变成旱涝保收的高产田。完成金易村东风圩三圩联并工程，施工土石方48万立方米，增加稳产高产田107公顷。同时，对向阳、青山等几个水库进行加高培厚扩建，新建陶厂至各大队主干公路7条18.5千米，机耕路34条。粮食总产实现1.66万吨，比1965年增产4180吨，每亩平均增产178千克。由于粮、棉、猪都大幅增产，陶厂公社农科站成为全县学大寨典型。该农科站大搞科学种田，全站4.4公顷试验田，平均亩产1247千克，超了“三纲”。关镇公社粮食生产1976年比1975年增产4300吨，增长24.6%。有1个大队14个生产队亩产超“双纲”。生猪总饲养量1.06万头，比上年增加2500多头，户均3.19头。农田基本建设上开挖长9千米的山河2条，扩建水库1座，修建塘坝99座，修主干公路16条，机耕路16条，渠道13条，格田成方18.2公顷，改岗造田5.7公顷，旱改水12.7公顷，建高产稳产田840公顷，初步改变了后进面貌。1976年11月，省、地组织检查验收。1977年2月12日，安徽省委批准含山县列为1976年农业学大寨先进县。陶厂、关镇也达到大寨社的标准。

陶厂、关镇两公社农业学大寨运动农作物产量统计表

表5-10

年度	社别	全年粮食总计			棉　花			油　料		
		收获面积（亩）	平均亩产（市斤）	总产（担）	面积（亩）	亩产（市斤）	总产（担）	面积（亩）	亩产（市斤）	总产（担）
1971	陶厂	14800	897	13275600	88	100	8800	1072	163	174736
	关镇	16260	945	15365700	81	85.5	6926	1664	167	277888
1973	陶厂	14799	1048	15509352	70	114	7980	1528	109	166552
	关镇	15353	1148	17625244						
1975	陶厂	12080	1157	13976560	1990	61.6	122584			
	关镇	15640	1116	17454240	14	100	1400	2030	154	312620

注：1.根据两公社年报数据综合整理。

2.空白处为查无资料。

（五）农民收入和生活

中华人民共和国成立后，经过土地改革和合作化运动，农民生活初步安定并有一定提高。1952年，全县农民人均年收入6.4万元（旧币值，相当于后来的6.4元），1957年达到91元。1951—1957年，陶厂地区农村一般能一天吃上两粥一饭。人民公社化以后，初期还度过一段半供给制生活，吃大食堂，基本是衣食无忧。但是由于浮夸风、共产风、“大跃进”等一系列因素，造成1959—1961年三年经济出现严重困难，群众生活十分困苦。从1962年推行责任田，开放集市贸易后，社员生活逐步得到改善。1963年，关镇公社社员标准口粮年113千克（自留地自产除外）。如铜庙大队垱子圩三队共有15户人家，社员共有住房33间，生猪16头，家禽200只，热水瓶16个，搪瓷脸盆17个，解放胶鞋20双，回力鞋10双，卫生衣26件，卫生裤11件，棉毛衫8件、灯芯绒衣裳3件、夏布帐11顶，毯子10床，二五大氅3件、钢精锅2只、架子床3张等。1964年，关镇公社社员年平均口粮227.5千克，比上一年翻一番。经济状况最好的关镇大队杨北生产队，每个工分值1.21元，平均每

个劳动力年终分现金162.59元，平均每户分205.08元，每人44元。

在粮食分配问题上，县委落实上级制定的粮食征购政策一定三年（1971年改为一定五年）不变，兼顾国家、集体、个人三者关系。生产队完成征购任务后的余粮分配比例为3∶4∶3，即国家超购30%，集体储备40%，其余30%用于生产队集体事业开支和分配给社员改善生活或作家庭储备，保证不征购过头粮。1973年，陶厂农村人均粮食248千克，人均分配现金67元；关镇人均粮食258千克，人均分配现金80元。

五、农村经济体制改革

中共十一届三中全会以后，安徽在全国农村率先推行以包产到户为内容的家庭联产承包责任制，拉开了中国农村改革的大幕。这场改革经过40多年的不断推进完善，一直延续至今，农村农业呈现出前所未有的崭新面貌。

1978年，含山县持续8个月未下透雨，秋种无法进行，县委根据省委指示精神，决定在干旱地区借地给农民种麦、种油菜。1979年底，县委要求过小的生产队合并，定产到田，责任到人的只限于小宗作物（油菜、麦子），一律不准分田到户，已经到户的要纠正。1980年，中共中央《关于进一步加强完善农业生产责任制的几个问题》的文件下达后，广大干部才吃了定心丸，坚定了推行生产承包责任制的信心。是年底，陶厂、关镇两公社放手实行包干到户、包产到户。实行家庭联产承包责任制后，生产队将耕地按人口和劳动力分配到户，与农民签订承包合同，各项任务落实到户，改原来生产队统一核算、统一分配为农民自负盈亏经营。农户除向国家缴纳农业税和向集体缴纳公积金、公益金等提留外，其余全部归自己。1983年冬至1984年4月，根据上级通知，全县将人民公社改为乡（镇），将生产大队改为村委会，从1982年开始，中央连发5个有关农业的“一号文件”，一步步确立和巩固了家庭承包责任制。1985年后，陶厂镇耕地仍归生产队集体所有，耕牛、大农具分到户管理，或作价归农户。

1980年至1981年陶厂公社云塘大队农业生产对比表

表5-11

品名	1981年实绩			1980年实绩			1981年与1980年比较			总产增减（%）
	面积（亩）	亩产（斤）	总产（担）	面积（亩）	亩产（斤）	总产（担）	面积（亩）	亩产（斤）	总产（担）	
粮食	1038	1513	15705	1208	1231	14871	-170	282	834	5.6
油料	286	214	612	71	184	131	215	30	481	367.2
棉花	85	105	89	160	81	130	-75	-24	-41	-31.5
大牲畜	1981年86头，1980年70头，两比增16头									
生猪	存栏数：1981年213头，1980年250头，两比减37头 出栏数：1981年73头，1980年149头，两比减76头 种母猪：1981年9头，1980年4头，两比增5头									

实行农业生产责任制后，极大调动农民的生产积极性，农村发生很大变化，绝大部分都是队队超定产，组组超包产，户户皆增收。尤其一些后进的生产队，改变面貌的干劲十足，增产尤为显著。县、乡政府开始按照经济规律指导生产，用政策调动农民的生产积极性，人民公社时期不切实际的行政命令式管理制度得以废除。当时，陶厂公社云塘大队被列为全县6个农业生产观察点之一。

中共十一届三中全会之后的1980年，安徽省委召开全省农业区划会议，部署开展全省农业自然资源调查和农业区划工作。含山县经过三年的深入调查研究工作，1983年11月29日，县第八届人大常委会第十二次会议通过了《含山县综合农业区划报告》，陶厂、关镇地区被划为“含南粮棉渔油区”（Ⅰ区）。随后陶厂、关镇将“以粮为纲、全面发展、因地制宜、适当集中”作为农业发展的指导思想，农牧副渔有了全面发展。

从1984年开始，含南地区陶厂、关镇根据生产现状，把发展粮食生产的重点放在夏粮和双季稻方面，采取五条具体措施：稳定粮食种植面积；继续推行联产承包合同；种植粮食和种植经济作物一样，每年由国家按粮田面积供应平价标准化肥（县里支持每亩20千克）；每年召开表彰大会奖励粮食种植重点户（万斤贡献户），支持和鼓励粮食生产。同时根据县里指导意见，陶厂、关镇还采取措施：一是大力发展粮食专业户、重点户（其标准是粮食商品率70%以上，户均贡献3500千克以上为专业户；粮食商品率60%以上，户均贡献2500千克以上为重点户）。二是建立乡级粮食生产产前、产中、产后服务中心，向广大农民提供技术和经济等信息。三是加强经营管理和财务辅导，降低粮食生产成本，提高经济效益，对有条件的专业户，帮助其进行经济核算，解决好农民不合理负担问题。四是完善承包合同，一定三年（1984—1986年）不变。五是搞活流通，允许农民长途贩运，切实解决卖粮难问题。六是允许粮食专业户请零工、月工或雇帮手。七是鼓励农民向土地投资，不断提高土地利用率和粮食单位面积产量。

通过改革，农村劳动生产力虽然得到充分释放，但由于农产品价格低加上人多田少，农民的收入仍然不高，外出务工挣钱逐渐成为趋势。由于务工收入远比种田高，陶厂、关镇的农民通过亲带亲、邻帮邻方式，进城务工人数不断增多，一些村庄主要劳力的大多数都外出。全镇外出务工1.2万人，一方面打工挣钱带回家乡改善生活条件；另一方面，承包的田地出现抛荒，村委会无法按户收缴各项农业税费。1988年12月，县农业部门对全县抛荒面积较大的黄墩、海口、陶厂及东关等乡镇进行重点调查，分析抛荒原因：一是种田的农业税费负担重；二是土壤肥力低、地势低，易受涝害，农业收入低；三是青壮劳力外出务工，留乡的妇女、老人力不胜任，低产田和偏远田被放弃。对此，县、乡两级政府也采取一些措施，取得一些初步成效。1993年5月，陶厂镇政府转发县政府《关于切实解决农村耕地抛荒的紧急通知》，落实7条措施，进一步解决耕地抛荒问题：一是广泛宣传《土地管理法》，增强农民惜地种粮意识；二是依法完善农业承包合同，切实减轻农民负担；三是积极创办小农场，吸收抛荒田；四是采取经济合同形式，进行土地转包、代耕；五是调整作物布局，减少农忙时间；六是建立健全社会化服务体系，服务于农民；七是采取相应行政手段和优惠政策，控制耕地抛荒。此后，土地抛荒现象得到一定程度的减少，但并没有从根本上得到扭转。

1993年7月，县政府贯彻执行上级减轻农民负担文件精神，针对含山实际情况，取消县内18项负担项目，具体是：农村基本建设费、农广校办学经费由农民筹集的部分、儿童计划免疫保偿费、农村宅基地有偿使用费、土地登记费在农村收取的部分、农村用电规划费、县乡两级农村水利建设发展基金、预备农业生产费、有线广播网络维护费、农机管理有偿服务费、林政管理费等。此举使得农民负担从最高的1992年开始逐年下降。

1994年，县政府制定了《关于稳定完善农村土地承包制度改革的实施意见》，布置全县二轮土地承包工作，基本原则是强化所有权、稳定承包权、放活经营权，在原定耕地承包到期之后30年不变。对集体所有的荒山、荒地、荒滩、荒水实行招标承包、拍卖或有偿转让使用权，期限是50年到70年。承包期内，实行"增人不增地、减人不减地"的原则，允许土地使用权依法有偿转让、出租、抵押、入股。陶厂镇通过核对人口、劳力、耕地、空闲地、水面、荒块等资源，登记造册，签订合同，颁发土地使用证。坚持"大稳定、小调整"的原则，在原来基础上签订合同。到1995年底，陶厂镇农户土地二轮承包工作全部结束。

2000年5月，根据中央和省委文件精神，县委、县政府下发《中共含山县委、含山县人民政府关于农村税费改革工作意见》，县政府下发《含山县农村税费改革实施方案》。税费改革主要内容为"三个取消、一个逐步取消、两个调整、一项改革"，即：取消乡统筹等专门面向农民征收的行政事业性收费和政府性基金，取消农村教育集资、取消屠宰费；逐步取消统一规定的劳动积累工和义务工；调整农业税政策，调整农业特产税政策，改革村提留征收和使用办法。改革后，农民负担总额下降幅度46.66%。

2004年，国家宣布全面取消农业税，并且不再向农民征收其他税费。取消农业税是中国几千年农业史上第一次，从根本上减轻了农民经济负担。与此同时，国家实行按田亩发放粮食补贴制度，农民种粮积极性被充分激发出来。

2006年，国家又增加农业综合补贴，对粮农柴油、化肥、农药等农业生产资料增支实行综合直补。这些惠农政策极大地调动了农民生产经营的积极性，有力推动了农业生产向商品化、专业化合作经营方向发展。困扰多年的抛荒田问题开始得到彻底解决。

2012年，陶厂镇在确保农户承包权的同时，开始将部分土地经营权进行转让，实行土地流转，出现了一批种田大户和专业生产合作社。先后出现正前水稻、瑞利小麦、云塘水产、绿业蔬菜等81个各类农业种植、养殖专业合作社。截至2021年，全镇流转土地2907公顷。这些新型农业生产主体有利于土地适度规模经营，推动了农业由粗放经营向集约经营转变；农业产业化有利于把一家一户分散经营的农户组织起来，与千变万化的大市场相衔接。通过经营方式重大变革，促进了农民增收和农村经济快速发展。

1984年陶厂镇、关镇乡粮食作物面积和产量

表5-12

乡别	粮食大豆合计			夏收			秋收			稻谷			薯类			其他杂粮			大豆		
	播种面积（亩）	亩产（斤）	总产量（担）	播种面积（亩）	亩产（斤）	总产量（担）	播种面积（亩）	亩产（斤）	总产量（担）	播种面积（亩）	亩产（斤）	总产量（担）	播种面积（亩）	亩产（斤）	总产量（担）	播种面积（亩）	亩产（斤）	总产量（担）	播种面积（亩）	亩产（斤）	总产量（担）
陶厂	24116	887	213909	3145	460	14467	20956	951	199292	20509	961	197091	793	593	4702	66	388	256	88	352	310
关镇	25903	850	220176	3832	510	19543	25074	922	231182	23771	980	232956	1182	980	11584	86	585	503	35	457	160

1984年陶厂镇、关镇乡经济作物面积和产量

表5-13

乡别	棉花			油料作物			麻类			糖类			蔬菜面积（亩）	瓜类面积（亩）	绿肥面积（亩）	茶叶产量	水果产量	莲藕产量	柴草采集量（担）
	播种面积（亩）	亩产（斤）	总产量（担）	播种面积（亩）	亩产（斤）	总产量（担）	播种面积（亩）	亩产（斤）	总产量（担）	播种面积（亩）	亩产（斤）	总产量（担）							
陶厂	183	224	410	3490	296	10330	17	493	84	19	493	94	125.5	13	4510	2	1333	2734	10480
关镇	3	100	3	4933	265	13072							540	80	4659	52		1420	50600

1984年陶厂镇、关镇乡农村经济收益分配情况

表5-14　　单元:元

乡别	一、总收入	其中	(一)按经营方式分组			(二)按收入来源分组						
		专业户收入	1.统一经营和承包经营收入	2.新经济联合体收入	3.社员自营收入	1.农业收入	2.林业收入	3.牧业收入	4.副业收入	5.渔业收入	6.乡镇企业下拨收入	7.其他收入
关镇	7053898	189720	5143222	53000	1857676	5436262	20000	674730	547802	119600		255504
陶厂	5110224	41950	3522569	38500	1549155	3645137	15520	91500	826637	82530	99100	350800

乡别		国家税金	其中:专业户税金	二、纯收入	其中		社员所得	其中:干部报酬	三、社员从乡镇企业直接得到工资	四、社员所得总额	每人平均
					公积金	公益金					
关镇	5841114	112190	600	168250	104520	63730	5560674	22480	53980	5614654	350.40
陶厂	4271071	111608	2700	12250	3000	4250	4147213	18470	19950	4167163	257

注:1.生产成本费用略。

2.填报单位:铜闸区公所。

附：

以户分田以田定产以亩交产按产记工

——陶厂竹园李东队试行以户“小包干”的调查

注：此文是1979年12月22日，由当时的含山县农村工作研究室周刚、周道玉同志调查并撰稿，以含山县委调查组名义上报安徽省委。次年春，文章在中央《大内参》上全文发表。文章从竹园李东队一个点反映出改革开放初期农村家庭联产承包责任制的由来和做法。

陶厂公社西山大队竹园李东队原来是一个年年要贷款，年年吃回销粮的后进队，今年实行了以劳分田，以田定产，以亩交产，包干使用的生产责任制后，出现了增产、增收、增积累、增贡献，生产生活都有较大的变化。

一、穷则思变

李东队是一个土地瘠薄（大多是淀白土），水利条件差的穷队、后进队。全队22户96口人，103亩耕地，4头耕牛，公房10间。这个队从1971年以来，每年的生产费用都要靠国家贷款解决，最近5年计要贷款3373元，平均每年要贷款660多元，除1976年外，每年吃国家回销粮一万斤上下，私人借粮食更是还陈押新债打滚。社员李德勇一家3口，1977年到1978年共借粮984斤，吃回销粮542斤，全队除李井炎老头外，家家户户口粮过冬不过春，经济上十分困难。据了解，1974年以来，社员经济收入（包括实物折价），每人平均只有61.50元，最高的1976年，人均收入81.30元，最低的1978年，人均收入33.50元，是一个缺吃少穿的穷队、后进队。

穷则思变。今年春，在贯彻中央两个农业文件时，该队干群反复讨论，为改变缺吃少穿的长期贫穷落后面貌，决定实行分组作业，搞联系产量的责任制。将土地、劳力、耕牛、农具等划分为5个作业组，实行“五固定”（土地、劳力、耕牛、农具、征购任务）；五统一：统一领导，统一分配，统一管用水，统一生产计划，统一经营副业。开始试行的头两个月，群众满意，生产积极性高。到早稻开秧门时，个别小组由于个别人要分田单干，劳力强的户想甩开膀子大干，劳力弱少的户，怕吃亏，也主动要求改变，以组“大包干”转为以户“小包干”，经过反复讨论，5个组中有2个组继续坚持以组搞“大包干”，3个组以户搞“小包干”。但是，队与组、队与户之间应遵守的各项规定都是一样的，以户包干同样执行以组包干的各项制度。

二、具体做法

“小包干”的具体做法是“八统一”“四到户”“一交产”“小分红”。

八统一是：

(1)土地、公房由队统一支配。

(2)生产计划(粮、棉茬口)由队统一安排。

(3)粮食征购、贷款、电费由队统一缴纳。

(4)副业(小竹园)由队统一经营核算和分配。

(5)耕牛、农具由队统一购置、维修。

(6)兴修水利和集体用工由队统一调度。

(7)抗旱排涝由队统一指挥。

(8)在正副队长、会计、排长等7人组成的队委会统一领导下行使职权，各负其责。

四到户是：

(1)土地。按人七、劳三比例分配到户，时间一年，户有耕种收获权，无转让或出租权。

(2)耕牛。按牛力强弱，评定可耕面积，3～5户的相当亩数，拼凑成一个用牛小组。组向队实行“三包”：包放养、包膘不跌、包用不死，正常死亡归队，非正常死亡由用牛组赔偿。

(3)农具。犁、耙、禾桶、打稻机等大农具搭配固定到组使用，正常损耗归队，非正常损坏由个人或小组赔偿。

(4)种子。按田亩借种子到户(组)，每亩水稻面积，由队里借给75斤种子(其中，早稻45斤)，秋后归还给队(现已全部归还)。

一交产：粮食每亩向队交产300斤，队里给记15个工分，棉花每亩向队交产69斤(皮棉)，交不齐包产数量的，拿200斤粮食抵交一亩田棉花任务。

小分红：队里向国家交售统购粮价款、副业收入(小竹园间伐出售)除支付贷款、电费、五保户粮款、干部开会、大农活用工、勤杂工的工资款，预留下年生产费用外，多余资金按交产记工工分分配。

三、试行结果

(一)粮产超历史。全年总产136500斤，按粮田面积83亩计算，亩产1644斤，总产比1977年净增5万斤，亩产净增602斤，比最高的1976年总产净增2.48万斤，是合作化以来的超历史最高纪录。

(二)棉花达定产。计划20亩，实种15亩，每亩向户定产60斤(皮棉)，除张庆丰一户因管理不善减产外，其余皆超过定产指标。

(三)口粮超标准。社员计交出包产粮食30900斤，归还三稻种子6200斤，自留下年种子7000斤，下年余口粮92400斤，每人平均口粮962斤，而1977年人均口粮是480斤，最高1976年也只有608斤。今年口粮最高的户是易邦银家4口人，实得口粮(除交产、留种)7030斤，每人平均1757斤，中等户李德好家5口人，除交产、留种，实有口粮5877斤，每人平均1175斤，较差的户李有怀家8口人，实有口粮6521斤，人均815斤，社员李德勇说：“责任制有奔头，吃穿不用愁，再干两年锅巴枕墙头。”

（四）全队无超支。该队1971年以来，除1976年，每年都有40%～60%的户超支，年年分配不能兑现，最高的年份1971年超支户15户，占68%，超支金额达1235元，户均80元。今年，由于粮食产量超历史，家家卖超产，户户都进款，1976年社员分配，包括实物折价人均收入81.75元，1978年只有33.50元。今年人均收入达185.93元（自留地，家庭副业收入不在内），最高户易邦银家人均收入达305.30元（不包括自留地，家庭副业收入），中等户李德勇3口人，人均收入194.50元（不包括自留地家庭副业收入）。

（五）贡献大增加。今年已向国家交售粮食52400斤，其中公粮7306斤，统购粮17700斤，1977年只交售20600斤。交售棉花200斤（皮），油料556斤，生猪10头。贷款612元，电费471元已全部交清。

（六）集体生产资料、资金有增加。今年队里增购一头小牯牛，价值540元，更新一头老牛，贴价160元，新买铁耙一张，价值75元，其他农具皆维修一新，除当年交产工7030个，工值0.24元，分红现金1687.20元外，还预留下年生产资金488.30元。

四、几个具体问题的处理

（一）集体粮食处理。队向户（组）收交的30900斤粮处理：完成征购25162斤，上交大队干部工分粮360斤；给3个“五保户”口粮1800斤（每人600斤），“五保户”不分田，口粮不要钱；派购生猪10头，奖励粮1700斤。队里尚存1878斤作滁河民工补贴或集体使用的机动粮。

（二）队委干部、党员以及因公误工的报酬实行固定工值制度，每误一个工，发给工分报酬0.60元，由队里单独记账，按月发钱，不再参加集体分红。

（三）生猪派购任务按田亩分摊到户，卖一头猪，队里给奖励粮170斤，不卖的，户里缴纳200斤粮给队，两不付款。

（四）电费负担。全队照明费由集体负担，打水用电电费按田亩分摊到户（组），由队里按户收交。

（五）滁河民工补助。队里每天补贴现金0.60元，大米2斤，记工分一个（工值0.80元），来回车票由队报销，每方土粮款归个人所有。

（六）由于粮、棉购价悬殊，群众怕卖棉吃亏，有的社员不愿按计划交产，队里规定，凡棉花包产交不齐的，按每亩200斤粮食卖给国家抵数。

五、明年打算

该队1980年将划分为一个叫李前生产队，一个叫李后生产队。前队打算收回24亩上等田，归集体耕种，还有30亩田借给户里耕种抵口粮，不再交产。后队打算继续实行1979年的“小包干”办法，户向队每亩产量由300斤增加到400斤，副业（竹园）仍归集体经营。

1979年12月

专记

陶厂镇脱贫攻坚工作

陶厂镇共有贫困村1个,建档立卡贫困户625户1224人。其中一般贫困户65户303人,低保贫困户402户739人,五保贫困户158户182人;致贫原因中因病致贫187户397人,因残致贫225户471人,缺劳动力130户187人,缺资金68户138人,缺技术4户8人,其他11户23人。2014年脱贫134户280人,2015年脱贫70户111人,2016年脱贫206户339人,2017年脱贫206户463人,贫困村司徒村顺利出列。2018年脱贫6户20人,2019年最后3户11人脱贫。2020年末,陶厂镇所有贫困人口均已脱贫。

从扶贫工作启动始,镇党委、政府高度重视精准扶贫工作,定期召开镇村扶贫专题调度会,成立6个工作推进组,各围绕一个方面抓落实;选派11名镇干部驻村,抽调71名镇村干部包户,明确帮扶责任人,实施结对帮扶。根据贫困户需求,入户走访,实地查看贫困户生产、生活状态,认真咨询贫困户需求,调查贫困户致贫原因、发展能力、个人意愿,从产业扶贫、教育扶贫、医疗扶贫、就业扶贫等方面制定符合贫困户需要的菜单式扶贫项目。

一、教育扶贫

加大贫困学生资助力度,对建档立卡的贫困生落实享受现有国家济困助学政策,落实义务教育阶段"两免一补"政策,从幼儿园到大学对贫困学生实行不同级别补助,防止贫困生因学返贫、因贫退学,推进教育扶贫。2017年,全镇发放困难家庭学生补助金50.31万元;2018年,及时足额兑现169名在校学生教育扶贫补助资金;2019年,实施贫困学生"成长导师制",全年发放教育补助22.8万元;2020年,为143名贫困家庭在校学生落实义务教育保障补助资金。至2021年末,累计发放各类教育补助157万元,享受学生1278人次。

二、医疗扶贫

大力实施健康扶贫,2017年,陶厂镇落实健康扶贫政策,享受健康脱贫兜底"351"工程有1493人次,补贴资金44万元;享受建档立卡贫困患者慢性病费用补充医疗保障"180"工程,享受补贴1754人次,补贴资金7.3万元。2018年落实社保兜底扶贫政策,帮助9户无劳动能力、无稳定收入的贫困户申请社保兜底,确保收入得到保障。2019年在全面实行省健康扶贫"三保障一兜底一补充""两免两降四提高"政策,在"351""180"政策基础上,将2014—2015年已脱贫人口全部纳入健康扶贫综合保障范围。提高低保金和五保供养标准,高标准完成全镇低保贫困户402户897人、五保贫困户169户200人的社保兜底工作。2020年,陶厂镇完成贫困家庭医生签约服务1027人;办理慢性病证629人,贫困人口医疗费应报尽报,报销比例达89.15%。

三、“四改一亮”和危房改造工程

陶厂镇认真实施贫困户户容户貌“四改一亮”（改水、改厕、改灶、改线和内墙粉白增亮）提升工程。针对房屋功能不全、居住环境较差的贫困户，根据各自实际情况，按照贫困户申请、村审查公示、镇审核确认的程序，实施住房改造工程，做到贫困户住房改水、改厕、改灶、改线和内墙粉白增亮一次完成，改善了贫困户居住环境和生活质量。2017年，161户实施“四改一亮”工程，119户贫困户实施危房改造，共补助资金148.4万元。2018年，实施贫困户危房改造30户，补助资金33.8万元。2019年，对61户贫困户实施“四改一亮”改造工程。2020年，对154户居住条件较差的贫困户实施“四改一亮”改造工程，为11户贫困户接通自来水。至2021年末，共实施“四改一亮”700余户，实施危房改造237户。

为贫困户进行住房改造

四、产业扶贫

2016年，帮助127户贫困户发展产业扶持项目，落实产业扶贫资金33万元，菜单式扶贫资金58.6万元，发放小额贷款480万元，实现贫困户产业扶贫全覆盖。以特色种养、乡村旅游、光伏发电为具体扶贫项目，发放创业贷款100万元。2018年，开展就业扶贫，为43名有劳动能力、有就业愿望的贫困人口介绍就业，安排公益岗位50个。2020年，全镇有劳动能力的贫困户从事自种自养达到省定标准的有120户，申报扶贫产品23种，年销售额534万元。通过开展“抗疫消费扶贫”专项行动，帮助贫困村、贫困户销售农副土特产品6.1万元。开发公益性岗位148个，帮助贫困人口务工就业391人。2020年，陶厂镇大力实施电商扶贫，通过淘宝网店和微信小程序等线上平台宣传推介陶厂农特产品，司徒村电商年销售额56万元。至2021年末，全镇争取各类产业扶持资金2971万元，建成产业扶贫基地2个、集中式光伏发电站1个和村级光伏电站2个。

扶贫干部为贫困户发放参股正前水稻种植合作社股权证书

五、发展特色种养

2018年，陶厂镇为284户贫困户补助种苗扶贫资金73.84万元，为55户贫困户申请扶贫两免小额贷款249.5万元。实行“户联互助”抱团发展，成立“含山县聚特鲜苗木种植专业合作社”，栽植黄桃16公顷。全面落实乡村旅游“绿游游”扶贫政策，帮助200户贫困户申请“绿游游”产业补助资金60万元。发展稻虾养殖266.67公顷，带动贫困户增收。2019年在全镇推广“金稻渔”稻虾、稻蟹养殖新模式333.33公顷。利用两免小额贷款248万元，成立“聚特鲜”农民专业合作社，发展黄桃种植20公顷，并以黄桃园为核心，建成“休闲+观光+采摘”一体化综合基地。发展山芋加工粉丝传统产业，由司徒品为先食品公司牵头成立山芋种植合作社，流转带动50户贫困户种植山芋，推动司徒粉丝走规模化、产业化、品牌化之路。成立“含山县众力养羊专业合作社”，带动全镇200户贫困户合作养羊1200只，推动养殖产业快速发展。2020年，陶厂镇7家经营主体带动598户贫困户参与发展特色产业，全年发放小额扶贫贷款300万元，在官塘村流转种植茶叶土地20公顷，成立含山县茶青苗木种植专业合作社。至2021年末，共为218户贫困户办理小额贷款1029.5万元，争取各类资金2971万元，实施扶贫项目49个。

司徒村扶贫农产品展卖活动

六、发展乡村旅游

2016年，司徒村被列入全国乡村旅游扶贫重点村，同时列入含山县“绿游游”乡村旅游扶贫示范村。县文化旅游部门帮助该村实施旅游扶贫“八个一”，即帮助建设一个游客服务中心、一个旅游停车场、一座旅游公厕、一个旅游点、一家农家乐（乡村客栈）、一组标识标牌、一篇导游词、一名导游员。司徒村围绕旅游做文章，积极发展观光体验农业，引入外地种植大户种植油牡丹、锦绣黄桃、蓝莓、水果花卉共554公顷、11万株。2018年，陶厂镇立足自身生态资源优势，大力发展民宿、风景观赏、户外拓展等乡村旅游景区。结合大渔滩湿地和省级美丽乡村潘村建设，发展民宿旅游。经过几年建设，至2021年末，两处乡村景区现已初具规模，开始接待各地游客。

七、基础设施脱贫

2019年，推进农村道路畅通工程，为西山等5个村修建、改造道路22条，年底全部完工，交付使用。“聚特鲜”黄桃园排涝站建设项目，6月竣工并投入使用。2020年，陶厂镇加快实施农村道路扩面延伸工程，全年投入财政专项扶贫资金430万元，完成5.5千米农村道路建设，有效地改善了贫困地区群众的出行条件。

陶厂农村道路畅通工程现场

第二节　种植业

陶厂农作物分布特点是，圩区种植水稻，兼种油菜、棉花；山区和丘岗以旱粮作物为主，种植小麦、油菜、山芋、生姜等。

中华人民共和国成立前，陶厂地区种植业以水稻为主，加上一些小杂粮和少量经济作物。中华人民共和国成立后，种植结构有所调整，但仍以水稻、小麦生产为主；棉花、油料作物有所扩大，山芋、大豆、生姜、花生、药材、瓜果、蔬菜也有较大比例增长。

据2003年统计，全镇农作物总播种面积4927公顷，其中粮食作物为2187公顷，占44.2%；油料1273公顷，占25.7%；棉花393公顷，占8%；药材140公顷，占2.9%；生姜667公顷，占13.5%；蔬菜及其他作物分别占2.6%、3.1%。2021年，粮食种植面积4234公顷。水稻产地主要分布在圩区的苏滩、张宋、垱圩、铜庙、关镇、圣河、马山、祁首、三庄、金易、九联、汤徐、西山等13个村，并建立了陶南和陶北两个基本农田保护区，10个基本农田保护片，保护区内耕地主要用于种植粮食、油菜。进入21世纪，陶厂镇牢固树立“生态立镇”战略意识，在新胜圩等地兴建无公害粮油基地，在祁首等地兴建生姜生产基地，在西塔等地兴建大蒜生产基地，在司徒兴建山芋粉丝生产基地。

一、主要农作物品种和种植面积

（一）粮食作物

水稻　由于灌溉便利，气候适宜，陶厂种植水稻历史悠久。旧时水稻品种主要有五十子、六十子、红尖、大尖壳、三粒寸、小红稻。由于水稻品种老化，科学种田水平低，正常年景收成亩产只有100～150千克。20世纪60年代良种开始普及，由籼稻型逐渐转向粳稻型：早稻品种普及南特号，中稻普及中农4号、洋籼和湖南籼，晚稻有小红稻、小冬稻、晚粳58号等。20世纪70年代水稻由高秆型向矮秆型转变。早熟品种有二九南、二九青、朝阳、青茎；中熟品种有辐矮、六五一、七〇五、广六早、圭陆矮、竹莲矮；迟熟品种有广解9

号、文选、先锋一号、矮先锋等。1978年，含山县全面推广杂交水稻，由于杂交水稻具有根系发达、茎秆粗壮、分蘖力强、穗大粒多，且耐旱、耐肥、耐瘦、再生力强等许多优点，群众很快接受新品种。杂交水稻作为双晚栽植，生长期120天左右，成熟早，10月上旬收获，有利于秋种茬口安排，适应于“油稻稻”“麦稻稻”三熟制栽培。陶厂公社南优6号种植较多，关镇公社南优6号、威优6号都有栽种。双晚亩产达到500千克，单晚达到550千克。比单、双晚老品种农垦58普遍增产二至三成。21世纪以来，水稻主要种植品种有中籼稻华浙优261、丫两优1998，粳稻有南粳46。2021年全镇水稻种植面积3173公顷，总产23019吨。

小麦、大麦　小麦和大麦是陶厂地区历史上作为夏秋季主要粮食作物，民国时期，种植面积占有较大比例。大麦品种主要有三月黄、迟大麦、米大麦；小麦品种有和尚头、三月黄、大黄皮、别马一号。新中国成立后，仍沿用这些品种，但种植面积随着耕作制度变化较大。目前小麦主要品种为引进的宁麦13、宁麦26、扬麦11、扬麦25、郑麦9号等。

大麦种植面积在20世纪50年代有一定规模。60年代后，随着绿肥和双季稻的发展，大麦产量低，已不作为口粮之用，逐渐消失。70年代中期是双季稻大发展时期，小麦种植面积也进一步缩减，主要种植于山冈地。1978年实行联产承包责任制后，双季稻面积有所压缩，小麦种植面积又有增加。1988年陶厂小麦种植面积约167公顷，亩产在300千克以上。2009年以后，随着种粮大户不断涌现，其种植模式以一稻一麦为主，加上国家有粮贴，小麦种植面积迅速扩大。2010年以后，小麦机播、机收的技术推广，机械化程度明显高于油菜，已成为水稻后第二大粮食主导作物。2021年陶厂小麦种植面积1060公顷，总产5263吨。

山芋　山芋作为耐旱作物，耕作粗放，产量高，是丘陵地区重要的粮食替代作物之一。山芋在陶厂历史上种植时间较早，群众习惯作为粗粮食用，部分作为猪饲料。新中国成立以后，大力发展养猪事业，群众种植山芋热情很高，胜利百号品种最受欢迎。20世纪60年代初，粮食困难时期，山芋作为群众口粮，对度过粮荒起到重要作用。1988年，陶厂和关镇山芋种植面积134公顷，是全县种植面积最多的乡镇。陶厂山芋亩产最高达500千克，产地集中在司徒等地。当地还将山芋加工成粉丝出售，成为农民一项重要副业收入。21世纪以来，山芋引进新的品种徐薯18号，现在种植较多，亩产在500千克以上。2021年陶厂山芋种植面积104公顷。

豆类　陶厂种植的豆类主要有大豆、蚕豆和豌豆，属于旱粮作物。根据不同年景，种植面积在6.7～13.5公顷，其中大豆种植占豆类总量的四分之三以上，有小粒型和大粒型，分早熟、中熟和晚熟三类品种。20世纪70年代以前，大豆品种有八月八、望山枯、大果豆。80年代后引进了不少新品种，大粒型有沈鲜一号、沈鲜三号，小粒型有巨丰、中黄13等。蚕豆以本地小青豆为主，豌豆有大白花、小白，豌豆有中豌4号。绿豆和红小豆也有少量种植。豆类在50年代以前，亩产一般不足50千克，随着生产力水平提高和新品种推广，亩产约100千克，丰年时大豆亩产可达200千克。

玉米　陶厂地区旧时种植玉米较少，以农户鲜食为主。2017年始有成片种植，面积7公顷，亩产390千克。2018年种植面积28.6公顷，亩产260千克。2019年种植面积28公顷，亩产285千克。品种有近年流行的糯玉米和甜玉米，有苏糯1号、苏糯3号、甜糯1号。栽培时间发展到早春玉米。

(二)经济作物

油菜　油菜是秋冬季种植的主要油料作物。早年栽培品种为白菜型油菜，品种有含山黄鳝籽、巢湖大乌籽、大黄籽。20世纪60年代后期开始推广甘蓝型油菜，示范种植甘蓝型胜利青梗、胜利52等品种。70年代推广滁油1号、202-203、铁秆青等。70年代末至80年代初，引进甘蓝型广德761、宁油1号、当油早1号品种，因移栽技术和茬口等原因种植面积不大，仍以传统的黄鳝籽为主。80年代早中期推广种植秦油系列。杂交油菜“秦油2号”，单产高，亩产150千克左右，全镇种植面积一度达533.3公顷。但“秦油2号”易受冻害和菌核病危害，因此，2000年以后大面积推广双低油菜，品种为秦油系列，现主要品种有沣油737、邡油777、滁核0503。2003年，含山先后实施了“全省双低油菜良种补贴试点县项目”和“农业部油菜高产创建活动”，通过抓点建片，基本形成以秋冬栽培为主的技术体系，测土配方施肥、油菜机直播、机收等技术得到大面积推广应用。2017年油菜种植面积382公顷，亩产180千克左右。2021年种植面积687公顷，总产2000吨。

花生　花生属传统的油料作物。陶厂地区花生老品种有站花生、睡花生、一窝猴等。1970年以前，陶厂、关镇地区花生种植面积在6～7公顷，亩产100多千克。20世纪80年代以后，种植面积有一定增长，但多时也仅20公顷，亩产150千克。近几年由于市场需求较大，花生种植面积扩大。花生栽培模式以“麦—花生”和“油菜—花生”为主。90年代以后，地膜覆盖提高地温，播种期和成熟期均提前20天左右。花生品种以白沙1016为主。2019年花生种植面积35.4公顷，总产量达203吨。2021年种植面积35.7公顷。

芝麻　芝麻作为油料作物，在陶厂种植历史悠久，多以户家在岗地种植自用为主。过去老品种为豫芝4号。20世纪70年代以前陶厂和关镇地区只有零星种植，常年不过5～7公顷。80年代以后，种植面积有所扩大，1987年，陶厂种植面积20公顷。2017年陶厂镇芝麻种植面积高达121公顷。70年代以前，芝麻亩产只有30千克左右，以后品种改进，亩产逐年提高到五六十千克，最高达100千克以上。栽培品种以豫芝系列为主，由早期的豫芝4号逐步发展到现在的豫芝8号。

棉花　棉花是农村主要经济作物之一，民国时期陶厂就种植名为大花的棉花。20世纪60年代以前，陶厂和关镇棉花种植面积40公顷左右。1975年农业学大寨高潮中，实行粮棉“五定”政策和良种配套，棉花面积曾猛增到133.3公顷。80年代出现卖棉难，面积最低下降到20公顷以下。进入90年代，棉花行情好转，良种青苗移栽技术得到推广，全县各大圩区掀起一股“稻改棉”热潮，行情刺激了农民种棉积极性，棉花种植面积急剧扩大，2016年陶厂棉花种植面积达到409公顷。后随着国际低价棉花的猛烈冲击，市场行情一落千丈，棉花种植面积又直线下降，“稻改棉”变成了“棉改稻”。2021年全镇棉花种植面积仅22.7公顷。20世纪70年代前，棉花品种皆为非抗虫棉，主推品种为徐州553、泗棉3号、皖杂40等。90年代前，陶厂棉花当家品种为泗棉2号，以后大力推广徐州553，在棉花重病区推广中棉12，有效改善了皮棉品质，提高了单产。1997年后保铃棉品种面积迅速扩大，成为棉花主打品种。2001年后，抗虫杂交棉逐步占据主导地位。2002—2004年，引进品种有南抗3号、皖杂40、南农6号、当杂3号。2005年以后又引进有南农98-7、湘杂棉3号等，目前的棉花品种以皖杂8号、鄂杂棉29、湘杂棉7号为主。

2008年至2019年陶厂镇棉花生产情况统计表

表5-15

年份	2008	2009	2010	2011	2013	2014	2015	2016	2018	2019
面积（公顷）	776	804	809	831	403	322	425	409	135	202
总产（吨）	827	1073	1141	1209	750	579	733	491	201	209

注：来自县统计局统计数（年份不完全）。

蔬菜　陶厂蔬菜品种繁多，分为13大类，近100个品种。根茎类主要有萝卜、胡萝卜、马铃薯、生姜；白菜类有白菜、大白菜、芥菜、莴笋；叶菜类有菠菜、茼蒿、芹菜、苋菜、叶甜菜；葱蒜类有韭菜、分葱、香葱、洋葱、大蒜；茄果类有番茄、辣椒、茄子；瓜类有黄瓜、菜瓜、瓠瓜、冬瓜、南瓜、笋瓜、西葫芦；豆类有豇豆、菜豆、毛豆、扁豆、刀豆；水生类有莲藕、芋头、茭白、慈姑、菱角；食作菌类有平菇、香菇、金针菇、茶树菇；其他蔬菜类有黄花菜、香椿，以及半野生、野生蔬菜等。

2008年至2019年陶厂镇蔬菜种植面积和产量统计

表5-16

年份	2008	2009	2011	2013	2015	2017	2019
面积（公顷）	100	101	105	169	161	169	203
总产（吨）	4482	4560	4846	5064	7341	8264	10620

注：来自县统计局数据，不完全年份统计。

陶厂蔬菜种植面积20世纪六七十年代常年在20多公顷；其中，瓜类近5.4公顷，田藕近3.4公顷，荸荠0.7公顷。1970年，陶厂菱角产量7吨，1975年关镇收购芡实1吨。20世纪90年代以后，政府大力建设菜篮子工程，推广大棚种植技术，蔬菜面积有了大幅度增长。近年来，陶厂建成生姜、黄花菜、大蒜大面积种植基地，形成特色。

2008年至2019年陶厂镇茶叶、甘蔗、瓜果面积、产量统计

表5-17

年份		2008	2009	2010	2011	2013	2015	2017	2019
茶叶	面积(公顷)	25	21	21	21	24	18	14	
	产量(吨)	27	14	5	26	3	6		
甘蔗	面积(公顷)	15	12	13	10	9	9	9	4.1
	产量(吨)	992	437	546	421	137	419		
瓜果	面积(公顷)	19	19	19	10	9	9	7.8	12.2
	产量(吨)	1073	1047	1083	581	452	204		

注:来自县统计局数据,不完全年份统计。

二、耕作制度和肥料

(一)耕作

中华人民共和国成立前,水稻传统耕作方式主要是一季稻连作制。秋收之后,稻田冬沤或冬晒,也有部分土质好的种植小麦、油菜、大麦、蚕豆、绿肥。旱地基本是冬闲或秋闲。土壤条件好则冬种麦,夏种杂粮、棉花、花生或芝麻,耕作粗放。

中华人民共和国成立后,水稻种植经历过五个阶段发展变化:1954年之前,沿袭过去的一沤一稻制度,以一季中稻为主的单一生产形式。1955—1965年是双季稻发展初期;1955年,安徽省委提出农业三项改革,开展改一年一熟为一年二熟、三熟,扩大午、秋季种植面积,并在全省推广实施。1966—1970年,双季稻发展中期,这时绿肥面积扩大,水稻品种比较配套,产量明显提高。1971—1976年,双季稻发展快速时期,全国掀起农业学大寨高潮,大搞农田基本建设,粮食品种进一步得到改良,双季稻面积占粮食总播种面积80%以上,但肥、水、劳、畜力等条件跟不上,粮食难以大幅增产。1978年以后,双季稻面积减少,午粮、油菜面积扩大,尤其是油菜面积大幅度上升。推行联产承包责任制后,双季稻面积一般稳定在粮食总播种面积的50%~60%。稻田复种方式,有"一旱两水""两旱一水""一旱一水"等形式。一年三熟的有"油—稻—稻""肥—稻—稻""麦(豆)—稻—稻"。两熟有"油—稻""麦—稻"等,农作物种植平均一年两熟。

旱地耕作方式变化较少,基本沿袭传统一年一熟或两熟制。在水利和生产条件较好的地方,夏种方式主要有:一熟制是冬绿肥、夏旱粮或花生;两熟制是小麦、花生或小麦、棉花;三熟制是:小麦(油菜)—春玉米—秋旱粮、油菜—春玉米或秋芝麻。

(二)改土施肥

20世纪50—70年代,改土施肥占农事管理的重要位置。土壤改良上,1976年4月,陶厂公社开展土壤调查,由安徽师范大学地理系赴含土壤普查队陶厂—关镇组提交调查报告。

- 自然土壤——黄棕壤
- 耕作土壤
  - 旱地土壤——黄泥土、灰黄土
  - 水田土壤
    - 红筋土
    - 油乌土
    - 黑土——狗肝土
    - 青泥——狗肝土
    - 白土
      - 白土
      - 灰白土
      - 淀白土

在科学调查的基础上，根据各类土壤的基本特性两公社采取措施，一是对白土、淀白土施用有机肥料，掺和熟化黄泥土改造白土、淀白土。二是根据土壤酸碱度合理使用氮肥、磷肥，用石灰改良碱性土壤、偏酸性的土壤，尽量不施酸铵。三是发展腐殖酸肥料和5406菌肥（腐殖酸肥料是一种多功能有机肥料，可以改良土壤结构、提高土壤肥力、刺激作物生长）。陶厂公社祁首、三庄等地有丰富的泥炭资源，为发展腐殖酸肥料提供了充足的资源。四是对白土和淀白土大力增施有机肥料、提高土壤有机质含量，同时改变这类田地排灌方式，克服漫长走水、串灌串排的旧习惯。

施肥上除了传统农家肥，现代化学肥料逐步占据主要地位。肥料大体划分为：

有机肥料　传统的农家肥，主要是人畜类粪便、土杂肥、绿肥、饼肥（菜籽饼、棉籽饼）及草木灰等。陶厂农民素有施用农家肥的经验。《含山风土志》记载“施肥则山田用人畜粪，圩田用盆捞沟泥”。农村春、夏、秋季都有“打秧草”的习惯，将秧草直接撒到水田中，或堆闷腐熟后施到田中，还有烧制焦土灰的习惯。农村施用有机肥以人畜类粪便和土杂肥为主，绿肥秧草占一定比例。

土杂肥　包括各种土肥、泥肥、墙土、骨粉、草木灰、垃圾等，种类多，来源广，是不可忽视的一大肥源。

绿肥　冬绿肥主要有红花草，其次是豌豆、蚕豆、苜蓿、兰花草。夏绿肥主要有柽麻、绿豆苗、紫穗槐、水生绿肥等。技术上推广“以磷增氮”“以小肥增大肥”以及间、套、混作等方式。

水生绿肥　为了完善绿肥布局，提高鲜草量，1964年，含山县从浙江引进了“三水一红”（水浮莲、水葫芦、水花生、红萍）用作肥料。通过试验、示范，增产效果很好。陶厂、关镇两公社都有繁殖基地，队队有放养，广为施用。有机肥有利于改良土质，肥力持久，但劳动量大。

化学肥料　据记载，含山使用化肥最早始于民国三十五年（1946年），当时，国民政府分配给含山20吨化学肥料。民国三十六年(1947年),含山从国外输入肥田粉(化肥)10吨。1955年,陶厂地区有少数人施用硫酸铵(白色肥田粉)、过磷酸钙。1959年,县成立土化肥生产指挥部,时各公社队队办厂生产土化肥。20世纪70年代后,由于化肥供应不足,农业学大寨运动中大力积肥,社员几乎天天都忙着打秧草、捞水草、换墙土、捞塘泥、烧土肥,进城拾粪。1975年,陶厂知青创办了菌肥厂,制造5406菌肥供全公社使用。祁首、三庄等大队制成75吨腐酸肥料,有机肥和化肥相结合,千方百计增加产量。当时使用的化学肥料主要种类是氮素化肥。1970年以前以硫酸铵为主,之后以硫酸氢铵和氨水为主,其次是硝酸铵、尿素。20世纪80年代,氮素化肥使用量较大,平均每亩用量70千克。

磷肥 1955年含山第一次供应磷肥,增施磷肥特别对午季粮、油料作物增产效果更为明显,平均每亩用量30千克,受到农民喜爱。

钾肥 传统的钾肥以有机肥和草木灰为主,使用钾素化肥并不普遍。经第二次土壤普查化验分析测定,陶厂有部分土壤钾素营养不足。为此,通过在棉花上使用磷酸二氢钾,结果增产10%～20%。20世纪80年代以来,对钾肥的施用,开始引起重视。1988年,陶厂水稻发生大面积白叶枯病,农民通过增施钾素化肥,不仅增产,而且有效防治了病害。

大体来看,自20世纪50年代以后,农业肥料结构经历了土杂肥由多到少,化肥由少到多的变化过程。70年代以后,化肥生产发展迅速,增产明显,出现重化肥、轻有机肥倾向。80年代以后,化肥施用量日益增长,在化肥使用中存在重氮、轻磷、少钾的现象,直至后来复合肥的出现,才在一定程度上纠正了三者比例失调的状况。

三、病虫害防治

(一)农作物主要病虫害

民国时期,水稻主要病虫有蝗虫、稻苞虫、螟虫等。1950年后,耕作制度改变,复种指数高,病虫种类增多。各时期虫害大致情况有:1950—1969年,水稻有螟虫(二、三化螟)、稻苞虫、蝗虫、稻瘟病;小麦有蚜虫、粘虫、吸浆虫、线虫病、锈病、散黑穗病;大麦有黑穗病;棉花有蚜虫、红铃虫、金刚钻、小地老虎、炭疽病、立枯病。1970年后,水稻有三化螟、稻纵卷叶螟、稻飞虱、稻瘟病、白叶枯病、纹枯病;油菜有菌核病;棉花有红铃虫、小地老虎。尤其是水稻三化螟危害面积大,是防治重点。1981年后,威胁农作物病虫害由虫害为主转为病害为主,原来常发生的螟虫、棉花红铃虫降为次要地位,水稻白叶枯病、纹枯病、稻瘟病、小麦赤雷病、白粉病逐年加重。由于采取防治措施,1990年后,白叶枯病和稻瘟病危害逐年减轻,但纹枯病仍是一种常发性病害。2004年在少数粳稻、糯稻的田块内发生条纹叶枯病,发病重的田块产量损失在45%左右。稻飞虱一般年份发生程度中等,1993年程度严重。1997年受11号强台风影响,外地虫源大量迁入、繁殖,致使稻飞虱虫情呈特大暴发。稻纵卷叶螟在1993年以前为中等发生,1995—2001年为轻发。2005—

2006年水稻“两迁”害虫总体为偏重发生，2007年为大发生。二化螟常年表现为一代偏重发生，二代中等发生，三代偏重发生；三化螟随着种植制度的改变发生程度和面积逐年下降。棉蚜虫、棉叶螨随着棉花品种的改良有加重趋势。自1999年，含山开始推广抗虫棉，2000—2003年，棉铃虫发生程度呈下降态势。2001年以后，棉蓟马、棉盲蝽蟓的发生与危害呈上升趋势，棉花红铃虫常年为零星发生。棉红叶茎枯病在未推广抗虫棉以前，主要在山冈地发生较重。2002年，抗虫棉大面积推广种植后，发生程度呈下降趋势。

(二)病虫测报与防治

1954年，县成立农业技术推广站，下设植保组。1963年成立县病虫测报站，陶厂、关镇公社设有测报员。1970年以前，测报以常见多发病为对象，1975年列出12种害虫作为监测对象，1979年扩大到18种病虫害。系统的测报对象有二化螟、三化螟、稻飞虱、稻纵卷叶螟、稻苞虫、棉铃虫、红蜘蛛、棉蚜、油菜菌核病、小麦赤霉病、纹枯病。预报有中长期预报和短期预报。1979年三化螟发生严重，由于测报准确，及时防治，水稻受害损失大为降低。

水稻病虫防治　民国时期采取人工捕捉、扑打和冬季烧田埂办法。群众说：“蝗虫打、结虫(稻苞虫)梳、剜心虫(螟虫)没奈何。”新中国成立后一段时间，仍以人工防治为主，但办法较多，冬季捡稻根、灌水冬沤、轮作换茬、泥水选种、拔除病株、采摘卵块、放鸭吃虫等，结合喷土农药。当时土农药主要用石灰、草木灰、鱼藤精、烟草、煤油等配制。1958年，用土农药“91合剂液”防治稻苞虫、稻蝽蟓、飞虱等，杀虫率高达80%。从1958年开始使用化学农药防治，主要是六六六粉和波尔多液；1960年以后，普遍采用栽培防治、人工防治和化学防治相结合办法，开展冬季治虫压低虫口基数，合理安排茬口，减少传播病虫桥梁田，推广优良品种，加强田间管理等措施。1965年，螟虫大发生，县成立治螟指挥部，采取“诱、采、治”土洋结合办法，螟害率控制在1%以下。1970年，推广温汤浸种，采用黑光灯、糖醋、扎草把诱虫等办法防治螟虫、小地老虎、小麦粘虫、叶蝉、飞虱等，收到较好效果。1980年后，六六六粉和波尔多液禁止使用，水稻杀虫剂主要为甲胺磷、1065、杀虫双、杀虫单。2000年后大力推广使用高效、低毒、低残留农药，病虫害防治上更加注重生态效益和食品安全。近年由于大力推广无公害农产品、绿色农产品，采取优质优价手段，陶厂种植户大幅度减少农药使用量，采取生物或物理防治，如“含山大米”种植区普遍使用灯光诱蛾、稻田养鸭等方式治虫，严格控制农药使用剂量，收到良好效果。

棉花病虫防治　从1956年开始试用“1059”“苏化203”等有机磷农药，防治棉蚜虫、棉红蜘蛛、叶跳虫、棉铃虫，效果达100%。1978年后，鉴于昆虫产生抗药性，采用更换、交替使用不同农药以及生物防治。生物防治效果虽然很好，但费工费时，较难推广。2007年，为了用药安全，国家全面禁止销售和使用甲胺磷等5种剧毒有机磷农药。棉花苗期病害是防治一大重点，历年都有不同程度发生。从1970年起采取选种晒种、温汤浸种、用草木灰或药剂拌种，提高播种质量，确保苗全、苗壮。同时实行轮作，用多菌灵等药剂防治，控制危害，增强抗性。1980年以后，棉花枯萎病发生面积逐年扩大，防治措施采取使用抗病品种，硫酸脱绒、药液浸种、拔除病株、进行土壤消毒，实行换茬轮作等方式。

草害和鼠害防治　从1964年开始使用化学除草剂，1985年后，使用面积迅速扩大。1990年后，除草剂使用已经普及，水稻、棉花使用除草剂达100%。1986—1988年，全镇连续三年开展灭鼠活动，统一领导、统一时间、统一配方、统一行动，达到较好的灭鼠效果。

第三节　养殖业

含山养殖业主要包括畜牧饲养、家禽饲养和水产养殖三个方面。中国农业自古把“五谷”和“六畜”放在同等重要位置，“五谷丰登 六畜兴旺”历来是农民的最大期盼。六畜通常是指“猪、牛、马、羊、鸡、狗”，这是中国古代饲养的主要动物，由于地域不同，这六种动物各地饲养数量和饲养习惯也不尽相同。

陶厂自古是以水稻种植为主的农业地区，以牛、猪和家禽养殖为主。20世纪50年代，由于政府大力号召养猪，生猪饲养量大幅上升。80年代时陶厂、关镇曾超一万多头，家禽也是户户都养，数量庞大。之后由于大批劳力进城务工，家禽家畜饲养量开始不断下降。2017年之后环保要求提高，陶厂养殖业更是急剧萎缩，养殖大户被迫关停。农户一般只养少量鸡、鸭供自家食用。1999年，出现特种动物养殖户，曾经饲养过北极狐、长毛兔、肉狗、水貂，但由于缺少资金，养殖技术不过关，最终都自生自灭，没有形成规模。

一、主要家禽家畜饲养

(一)水牛

21世纪以前，水牛一直是本地农业耕作的重要生产资料，农民视牛为宝，向来有崇拜“牛神”的风俗。含山的水牛多为当地品种，属亚洲水牛，温驯耐劳，耕地为主。黄牛主要在丘陵山地少量饲养，与大别山黄牛同一品系，四肢强壮，适宜爬山放牧、肉役兼用，以肉为主。

1949年以前，陶厂地区养牛长期沿袭传统的饲养方法，即夏、秋两季放牧以青草为主，冬春因枯草季节，以饲喂稻草为主。一般谷雨开始放青，寒露、霜降则入室内饲养，大户人家设有牛屋，多数农户人、牛同屋，白天拴喂于屋外的避风向阳处，晚间拴于堂屋或锅灶旁，入屋前驯牛排尿，或半夜起床用粪瓢接尿，养成习惯，以免地面污秽，雨雪天气全日舍饲，每天给草3次，吃剩的稻草作为牛床垫草，不湿不换。冬季注意保暖，三饮三喂，晚间补草一次。有农谚曰：“若要耕牛放得好，棚干食饱露水草”“老牛难过冬，顶(最)怕西北风”。一般农户耕作1公顷田地，饲养1头牛；耕地少的农户，则几户合养一头，轮流喂养。有的丘陵贫困地区，一村只雇一个牛倌群牧，早上由牛倌敲梆集中各家耕牛放牧，黄昏收牧散归各户。每年年终，有牛农户给牛倌米面作为报酬。

中华人民共和国成立后，牛依然是重要的农业生产资料，属于保护对象，不能随便宰杀、贩运。对牛的饲养更注重科学管理，如集体饲养、专人负责。农忙四喂五饮，农闲时三喂四饮，冬季二喂三饮，定时定量，先草后料（加料有糖糟麦芽、蚕豆、骨粉等）。1955年，一场大雪曾造成含山多地耕牛死亡，陶厂区死亡大牛5头、小牛3头，引起含山县委、县政府极大重视，进行全县大检查，深刻总结教训。时含山县给各区下达畜牧计划，陶厂区分配任务是水牛156头（比原有数增加85头），黄牛311头（比原有数增加32头），驴11头（增加1头），山羊44头（增加10头），猪2750头（增加367头），并要求配备兽医进行预防病害，培养民营配种户2户。1959年，陶厂公社要求各队繁殖要做到"四全"，即各大队所有能繁殖的母牛要全配、全准、全过（生养）、全活，有成绩给予奖励。1960年公社召开耕牛保养经验交流会，介绍马山大队养牛先进做法。1961年，陶厂公社有耕牛525头，关镇公社有耕牛607头。

1963年，关镇公社根据本社山区和圩区耕牛不平衡的问题，采取价格优惠互相调剂。山区调剂4头耕牛给圩区，缺牛的生产队筹资买牛，季节性租用临时代耕；缺牛的西河、苏滩等6个大队55个圩区生产队组织450张人拉犁。同时采取耕牛专养专用、养用合一的管理制度。

1964年，陶厂全社有耕牛483头，其中母牛153头。关镇全社有耕牛588头，其中母牛184头。是年6月10日，陶厂公社在金易大队大易村召开耕牛繁殖现场会，介绍了该队精心饲养保胎保产的经验。该大队自1962年以来，仅有9头母牛就繁殖小牛10头，达到每头牛两年能繁殖1头小牛的要求，并出售5头小牛支援邻队。进入21世纪，农业生产普遍采用机械化，耕地全部使用拖拉机，养牛的价值主要为肉用。几千年作为重要农业生产资料的耕牛逐渐退出历史舞台。

1982年陶厂、关镇两公社大牲畜统计表

表5-18　　　　单位：头

社别	耕牛总数	其中		性别		繁殖情况			种公牛数	私人养牛	役牛	老牛	死亡数	其中		驴
		水牛	黄牛	公	母	能繁殖母牛	现有孕牛	今年产崽						正常	非正常	
关镇	927	881	46	558	369	276		20	69		853		24	13	11	11
陶厂	826	826		537	289	246	33	20	42	38	746	70	19	12		

（二）生猪

猪是一种杂食性哺乳动物，它产肉为主，一胎多崽，杂食性，粪便是农业主要的肥源之一。1955年，全县有地方品种母猪227头。1956年县农业部门又引进外国品种巴克夏猪36头，其后，引进的品种繁多。20世纪70年代，张公、姚庙、骆集是饲养公、母猪集中

地，不仅满足本县的需要，部分销往外地。那时陶厂常在这些地区采购猪崽，一般农户养1～2头，富户养4～5头，民间有杀年猪的习俗。

陶厂地区的土猪为肉脂兼用型江淮黑猪，毛黑、面平、嘴直长、颈细长、额头呈流线型，大耳下垂至嘴角处，四肢坚实，体质健壮，乳头8对以上，成年公猪90～140千克，成年母猪80～130千克，每窝产崽9～13头。其他主要品种还有圩猪、内江猪、荣昌猪、太湖猪等。引进品种有杜洛克种猪、巴克夏种猪、长白种猪，还有约克夏种猪（又称大白猪），属腌肉型代表品种。体重6月龄约90千克，一年增160～190千克，成年猪体重可增350～380千克，每窝产崽10头左右。

陶厂公社1959年有生猪110头，在政府养猪号召下，当年就猛增到1085头；其中，出生仔猪775头，购入仔猪310头。当年屠宰131头自食，调（卖）出650头，死亡23头。年末实有头数391头，其中集体饲养156头，机关、企业、学校饲养43头，个体饲养192头。

1962年，关镇公社生猪饲养量979头，当年收购15头，自食17头，死亡132头，年末实有815头；能繁殖母猪135头，种公猪10头，其中集体猪场饲养192头。其他单位饲养21头，个体饲养602头。

1972年，关镇公社革委会在《关于发展生猪的意见》中要求：贯彻两条腿走路的方针，集体养猪和社员养猪同步并举，大力提倡圈养，加强生猪管理。1974年，公社又做出《关于大力发展生猪生产的决定》，对社员养猪提出奖励政策：社员每向国家出售1头肥猪，除国家奖给饲料外，生产队可在超产自留上奖给一部分粮食，65千克以上的（猪）奖励30千克粮食，100千克以上奖40千克粮食；提倡以猪造肥，以肥计工（猪粪20千克计1个工分）；对集体猪场饲养员采取“六定”办法：“定人员、定繁殖小猪任务、定饲料、定肥料、定报酬、定奖励”；对各行各业大力支援养猪事业都有具体要求。

20世纪70年代，关镇公社养猪工作涌现出一批典型，如马山大队大兴庄坚持自筹资金、自筹材料、自想办法，集体猪场前有饲料地，后有蓄粪池，饲养母猪和仔猪共11头，还派人到外地购买胡萝卜种子，种植猪饲料。马山大队周东队饲养员60多岁的老党员周金龙，队里猪生了病，他怕传染到别的猪，把病猪带回家单独饲养。关镇大队潘二队饲养员潘成龙为养好猪，吃住在猪场，以场为家。铜庙大队挡圩等5个生产队联办猪场，坚持了5～6年。当时全公社每户养猪平均达2.5 头，母猪每5户1头，实现队队有规模猪场目标。1975年9月上旬，县委在关镇公社召开养猪工作会议，总结先进经验推广。

1977年初，陶厂公社集体养猪量2141头，个体饲养量5599头；同年3月，公社召开牲畜饲养工作先进代表大会，推广饲养工作新技术、新经验，表彰饲养工作先进工作者，提出了新的奋斗目标。

1978年10月10日，县革委会决定：为了鼓励社员养猪，凡集体和社员养的公母猪，每头可划给1～2分饲料地，育肥猪每头划给5厘饲料地。

1982年，陶厂公社生猪饲养量5586头，其中能繁母猪95头，年末存栏4766头，户均养猪1.5头，当年出售生猪185头，农民自食635头。关镇公社生猪饲养量4829头，其中能繁母猪134头，年末存栏4003头，户均养猪1.4头，当年出售生猪401头，农民自食425头。

20世纪80年代以后，农村实行家庭联产承包制，农民注重种植业的发展，大量使用化肥，养猪积肥的观念淡化，畜牧养殖一度陷入低潮。进入21世纪，随着农业产业结构的调整，畜禽养殖开始受到重视，一度猪市行情看好，农民养猪积极性高涨。1999年，县给陶厂镇下达的养猪计划为1500头，重点发展三元杂交猪。2003年全镇生猪出栏3862头，年末存栏8792头，其中养殖专业户近百户。陶厂镇杨尚财养猪300头，种猪30头。据统计，陶厂镇养猪产值，2007年达到2455万元，2008年达到2600万元，2009年达到2892万元，2010年达到2939万元。到2015年时，养猪逐渐冷落，全镇饲养量约1500头。2017年开始，由于受非洲猪瘟的影响，特别是环保要求提高，不断督查，对本就脆弱的养殖业形成更大打击，养殖业急剧萎缩，全镇关停4个养殖场；其中1户养牛，减少水牛10头，3户养猪，减少饲养量350多头。2021年全镇年出栏生猪仅182头。

（三）山羊

山羊在陶厂山区有养殖传统。陶厂农民积累了丰富的养羊经验，如“春放洼、秋放沟、六月七月放岗头”“春放平川免毒草、夏放高山避日焦、秋天满山好吃草、冬天应放阳坡好”。民国时期至中华人民共和国成立之初，陶厂地区养羊都是散户饲养，数量较少。1958年，陶厂乡有山羊117只，1961年有山羊143只，1964年有山羊100只；关镇公社有40只。1968年，陶厂西山大队饲养山羊392只，之后山羊养殖逐渐萎缩。到20世纪80年代以后，养羊的已经很少。

1999年，县委、县政府提出加强农业生产结构调整的要求，提出畜牧业要加快发展山羊，将养羊作为重要的经济增长点，力求3～5年取得突破性进展。2000年陶厂镇政府发出《关于加快发展养羊业的通知》，承诺对养羊超过20头以上的农户，按每头羊给予10元的奖励。2004年，陶厂养羊达到6000余只。2005年引进波尔山羊、马头羊1000只，在西塔、规山、唐庄等地饲养，一度发展到9800只。2013年全镇山羊饲养量下降，存栏数1235只。2021年全镇山羊出栏量510只。

（四）家禽

家禽饲养是最为普遍的农家副业，以鸡、鸭、鹅为主。1973年，陶厂公社家禽饲养量4.17万只，关镇公社家禽饲养量4.37万只。1997年，陶厂镇提出规模化养殖肉鸡20万只、肉鸭30万只、土鸡20万只目标，并将任务分配至各行政村，当年家禽饲养量大幅增长。2012年全镇家禽出栏8.9万只，2013年家禽出栏8.5万只。之后，由于大量劳力进城务工，土地大量流转，农民饲养家禽数量大幅下降，基本上少量养殖仅供自家食用。2021年，全镇家禽存栏量下降到1万只左右。

鸡　20世纪80年代前，多是饲养本地传统品种。多数家庭饲养几只至十几只，以散放在房前屋后为主。成鸡体重在2～2.5千克，母鸡6～7月龄开始产蛋，年产蛋120～160枚。阉割的公鸡是传统的育肥方法，阉后增肥速度快，体重超过自然生长的30%，且肉质细嫩。20世纪70年代曾引进白色来杭肉鸡。80年代后期，规模养鸡成为养鸡业主流，

大李自然村农民李牛牛野鸡养殖场

并引进西德罗曼蛋鸡、星架579良种鸡、白洛克肉鸡等，40天左右体重就达1.5千克。90年代又引进三黄鸡、乌骨鸡、青脚麻鸡等品种。市场上农户自家散养的传统品种鸡口味要比引进的品种好，价格也高很多。2013年为养鸡最高年份时，全镇养鸡量6万只。司徒村的项贤国自2014年开始饲养土鸡，坚持至今，正常数量在2000只，是土鸡养殖大户。在他示范带动下，2021年陶厂镇有养鸡大户5户，养鸡9000只。2010年，陶厂镇孙逸民还饲养七彩山鸡2.1万只。2021年全镇农户自养鸡2.43万只。

鸭 陶厂素来有养鸭传统，著名品种有巢湖麻鸭。20世纪80年代，养鸭专业户专门放养巢湖麻鸭，从秋收时起，沿着收割稻田，向市场所在的城市（主要是南京、芜湖等地）一路放牧。到了目的地，鸭子已育肥，就地销售，被形象地称为“游牧一族”。巢湖麻鸭具有觅食力强、耐寒，产蛋较多，皮薄肉嫩，骨细味鲜，适宜放牧等优点。巢湖麻鸭生长较快，幼鸭生长百日之后，体重便有2～3千克，母鸭长大后，每年产蛋180枚左右。巢湖麻鸭是无为板鸭、南京板鸭、庐州烤鸭、运漕松枝烤鸭的优质原料。后期引进的鸭子品种有绍兴鸭，又称“百日红”，顾名思义饲养100天就可产蛋，属蛋用型鸭，体形较小，重1～1.5千克，常随鸡群生活。引进的北京鸭，毛色白、善潜水，生长快，觅食能力强，一般作为棚鸭放牧，两个月可达2.5千克，其肉味不及本地鸭，但育肥时间短，羽毛的经济价值高，因此饲养量最大。养鸭专业户一般一年养两棚鸭，即“麦鸭”“稻鸭”。春季鸭以圈养为主，秋季鸭以放牧为主。春季鸭大多是鲜吃，一般在7月上市；秋季鸭大多为“腌鸭”，一般集中在10月后上市，成鸭体重可达2.5千克。1999年，县下达陶厂镇规模养禽30万只，当年汤徐、苏滩两村规模养鸭20万只，保证了陶厂完成县下达的任务。养鸭最高峰期是2017年，当年有8家养鸭专业户，饲养量10万只。2021年，下滑到仅有1户，养鸭5000只。

鹅 陶厂当地传统品种为巢湖白鹅，头有肉瘤，体躯宽而长，体重3～4千克，肉和蛋营养丰富，既能鲜吃，又能腌制。1986年，含山县引进四川白鹅、六安白鹅，具有体形大、生长快、产蛋多等特点，目前已完全取代当地巢湖白鹅，已成为当家品种。陶厂养鹅以散户形式，一般在20只左右，家庭自食为主。2021年有1户专业养鹅，饲养量4000只，全镇白鹅饲养量6600只。

1958年至1964年陶厂公社家禽饲养统计表

表5-19　　单位：只

年别	1958	1959	1960	1961	1962	1964
鸡	13074		36734	10162	19341	家禽共80000只，国家收购2000只
鸭	1143		17549	7393	1343	
鹅	1328		5100	985	7322	
家兔	86		1904			
鸽子	102					

1984年陶厂镇、关镇乡畜牧家禽数量统计表

表5-20

乡别	当年出栏肉猪（头）	年末存栏生猪（头）	年末存栏牛数（头）	年末存栏羊数（只）	驴存栏数（头）	当年出售和自宰家禽（只）	家禽存栏（只）	蜂蜜产量（担）
陶厂	1557	4015	1061	30	2	53225	23196	55
关镇	2357	5166	1101（黄牛37）	43	5	179260	57430	

二、水产养殖

陶厂镇属巢湖流域牛屯河水系，境内主要河流有陶厂河、铜庙河和功桥河。全镇共有水库7座，大小圩口14个，水域面积1160公顷，占全镇土地总面积的10.6%。镇境水域水质优良、无污染，为水产业的发展提供了有利条件。鱼类品种主要有鲢、鳙、鲤、鲫、草、鳊，名贵鱼类有鳜鱼、鳗鲡、黄颡、黄鳝等。甲壳类主要有青虾、小龙虾与河蟹。20世纪60年代以后，由于拦河建闸，阻碍了鱼类的洄游路线，加上滥捕，水产资源大幅减少。

中华人民共和国成立之初，农民养鱼仍是老办法，塘跟田走，联户养殖，既管水又管鱼。人民公社化后水面由公社、大队、生产队集体放养。关镇公社1973年鱼类捕捞量11.15吨，虾蟹类5.5吨，贝类500千克；1977年鱼类产量13.5吨，其中池塘养殖10吨，水库养殖1.25吨，社员个体捕捞2.2吨。20世纪70年代，关镇公社铜庙大队是县农林局抓的科学养鱼点，这个大队不仅消灭了空白水面，而且在科学养鱼上创造了一些经验，主要是培育大规格鱼种，投放饵料，清除野杂鱼，轮捕轮放，建立严格的管理制度，成鱼产量大幅提高（亩产100～125千克）。该大队的挡圩5个生产队，坚持10年集体养鱼，集体每年收

入5000元以上。县局多次召开水产工作现场会，推广他们的经验。1981年冬至1982年春，为贯彻落实渔业生产责任制，县政府在全县开展水面"三定"工作（稳定水面所有权、划定水面使用权、确定渔业生产责任制），县、区、乡（镇）共抽300多名干部组成工作队，落实全县可养水面使用权，发放使用权证书。这一政策一直延续下来，有效提高了农民养殖积极性，出现许多承包养鱼户。水面承包总的原则是评定正常年产量，几年不变，固定上缴，自负盈亏。1985年，关镇挡圩可养水面24公顷，投放鱼种16.8万尾，产成鱼30多吨。

养殖上主要有池塘养殖，水库养殖，河沟养殖，围网、网箱养殖几种形式。20世纪80年代前后，主要利用池塘粗养，放养鱼种规格小，加上管理不善，单产只有（每亩水面）25～40千克。从90年代开始，有农户或几人合伙承包生产队的池塘、河沟，勤于管理和看护，亩产增加到50千克以上。从1990年起，陶厂河推广拦网、围网养鱼，继后拦网、围网延伸到天然河道、沟渠，面积不断扩大。多数拦、围网只投放鱼种，不投喂饵料，属于人工放流，天然养殖，亩产一般在30～50千克，经济效益不高。1990年以后，水库养鱼被重视，大多由集体经营，品种以四大家鱼为主。至2021年，稳定的水库养殖有狮子山水库、江老水库、二郎庙水库、大戚水库和规山水库，亩产都在75千克左右。

1998年，陶厂镇注重水产养殖规模效益，建立起一批精养鱼塘、蟹塘，精养面积47公顷。1999年，在大渔滩、陶厂河、苏滩、金易等地发展精养面积74公顷。2003年，引资开发新胜圩、十联圩低产田养蟹67公顷，养鱼面积134公顷。2005年，开展无公害河蟹养殖基地建设，面积82公顷，其中精养面积40公顷。2012年，水产养殖面积377.7公顷，由60人承包，户均年收入6万元以上。2013年水产养殖面积290.27公顷；其中，池塘养殖面积131.2公顷，产量404吨；水库养殖面积159.1公顷，产量452吨。2019年，全镇推广"金稻渔"稻虾、稻蟹养殖新模式333.33公顷。2021年，稻虾混合种养面积400公倾，销售额1800万元。2021年，云塘村发展稻虾混合种养面积8公顷，为该村带来12.4万元集体经济收入。混合种养与传统种植相比，大大减少了水稻农药和化肥的使用量，虽然水稻产量下降，但由于是绿色农产品，价格提升，加上小龙虾的收益，亩均经济效益明显增加。

云塘水产专业合作社小金滩养殖基地

随着家庭农场和专业合作社的出现，截至2021年末，陶厂镇共有18家水产养殖合作社，其中以陶厂镇云塘水产养殖合作社规模最大，效益最佳。这家养殖基地东靠和县，河汊多、水系发达，生态环境好。养殖基地前身是20世纪90年代由含山县委组织部和县东关水泥厂共建扶持的一个村办企业。2009年成立含山县云塘水产养殖专业合作社，并组织65户农民集中承包115公顷后河水面进行水产养殖，注册资金468万元。合作社成立后，在县农委和镇政府扶持下，到2020年参加合作社的农户发展到115户，由原来的分散养殖改变为集中科学养殖，主要养殖品种有太阳鱼、美国班点鮰鱼、青鱼、鳊鱼、甲鱼等12种鱼类。2022年，合作社水产品总产量800吨，远销南京、合肥、芜湖和浙江嘉兴等地市场，总产值1300万元，户均产值在11.5万元。2011年该合作社被评定为省级示范合作社和国家级示范合作社，这是含山县第一家也是唯一一家国家级水产养殖专业示范合作社；2015年被农业部评定为国家级水产健康养殖示范场；2018年再次被评定为国家级示范合作社；2020年被全国供销合作总社评定为供销系统全国示范标准合作社；2022年被国家农业农村部评为绿色水产品养殖基地。

1984年淡水珍珠市场价格高升，铜庙行政村垱圩自然村有农户联合养珍珠20公顷，后随着珍珠价格波动时养时停，至2021年，全镇珍珠养殖面积13.4公顷，产量1.5千克/亩。

1984年陶厂镇、关镇乡水产养殖面积与产量统计表

表5-21

乡别	养殖面积合计（亩）	池塘（亩）	湖泊（亩）	水库（亩）	河沟（亩）	稻田养成鱼（亩）	家庭养鱼户		
							户数（户）	面积（亩）	产量（担）
陶厂	775	297	30	346	100	2	1510	292	713
关镇	2379	401		78	1887	13	838	125	580

乡别	养鱼专业户			水产品	水产品总产量中			
	户数（户）	养殖面积（亩）	产量（担）	总产量（担）	鱼类（担）	虾类（担）	蟹类（担）	贝类(担)
陶厂	5	32	32	830	830			
关镇	21	305	330	1267	1196	54	5	12

注：1担为50千克。

三、畜禽防疫

1950年以前，农户个体饲养的畜禽防疫，主要依靠自己经验处治，如遇瘟疫发生，往往损失惨重。1951年以后，政府农业管理部门设有专门疫情防治机构。疫情发生一般有

两种情况：一种是畜禽零散病情，检疫人员上门诊治；另一种是流行疫情发生，各级政府采取果断措施，阻断传染，减少损失。1970年，关镇公社发生猪瘟流行，县革委会及时做出指示，公社组织3个防疫队，由县级兽医、公社兽医站人员、社队干部以及食品站工作人员组成，3个队分片负责，迅速阻止了疫情的蔓延。

1980年，全县建立县、社、队三级防治网，推广畜禽疫病合作防治制度。1981—1983年，含山县耕牛流行锥虫病。据不完全统计，全县22个乡镇耕牛发病3650头，死亡1380头，关镇乡是9个疫情严重乡之一。防疫上采取定期检查检疫，注射药物治疗；同时消灭传播媒介钉螺，清除塘坝河沟、污水坑杂草污物，重疫区在牛身上喷洒杀虫药，消灭牛虻蝇叮咬，有效地控制了疫情。

1990年，县农牧渔业局组织全县560名防疫人员，开展畜禽防疫大会战，共防疫生猪5.91万头，防疫密度达80%以上；注射鸡新城疫苗56万只，禽霍乱疫苗8万只。在全县设检疫点12个，陶厂设点1处。全县共检疫生猪8740头，检疫出病猪27头，检疫耕牛176头，检疫蜜蜂341箱，检疫苗禽460担；运输检疫苗禽11.7万只，成禽3.4万只；检疫羽绒4吨，兽皮68张，白条肉1.12万头，检疫出病猪肉48头。通过检疫，严格控制了畜禽疫病的传播，保障了人畜健康安全。1991年发生特大水灾，灾后开展全县范围大规模畜禽防疫检疫工作。由于检疫措施得力，大灾之年，陶厂镇没有发生畜禽瘟疫流行。

1999年，陶厂镇部分村庄发生牲畜W病，并呈暴发蔓延趋势。疫情扩散快、来势凶猛，以水牛发病多，之后生猪也相继发病。10月20日，陶厂镇政府通知各村对牛、猪实行强制免疫，形成免疫隔离带，扩大免疫覆盖率，全镇疫情很快得到有效控制。

2003年，陶厂镇利用广播、病虫情报和技术下乡等宣传形式，及时发布疫情病虫情报24期，牲畜疾病预防工作成效显著，在全县基层动物防疫工作中获得先进乡镇第二名。2004年暴发禽流感，政府及时发布疫情报告，密切关注疫情动态。铜庙行政村东堡自然村近百只鹅被感染，陶厂果断采取全部扑杀深埋和消毒措施，阻断传染链，制止再扩散。2015年，动物防疫工作中，全镇共防疫9300户，防疫家畜545头，防疫家禽3.38万只，未出现一例疫情，防疫工作顺利通过县检查组检查验收。2018年，防控非洲猪瘟暴发，陶厂配合县防疫部门在高速道口设立“防非”临时检查站，安排专人24小时值班，对境内进行全面排查，无一例非洲猪瘟发生。

1972年陶厂、关镇两公社春季畜禽防疫任务表

表5-22　　　　单位：头、只

社别	生猪存栏	防疫任务	猪瘟	丹毒	肺疫	副伤寒	鸡瘟Ⅰ系	鸡瘟Ⅱ系
关镇	4737	4000	4000	2000	800	400	12000	4000
陶厂	4293	3400	3400	2400	900	500	1300	4000

第四节　农业技术与农业机械

中华人民共和国成立后，大力宣传、普及农业科技知识，开展农、林、牧、副、渔各业技术普及培训。中共十一届三中全会后，县政府提出“科技兴农”“科技兴县”等口号，农业科技队伍不断壮大，科技对农业经济增长贡献日渐明显。农机使用率不断提高，进入21世纪，在国家购买农机补贴政策扶持下，农机更加普及，农业生产各个环节基本实现机械化。

一、农技管理机构

中华人民共和国成立之初，县农业科技管理由县政府农林科负责。1961年3月，成立“含山县农业科学研究所”，简称“农科所”，地址设在横龙埠繁殖场。1982年，农科所改名为县农业技术推广所，主要负责选育、引种、推广农作物新品种，以及农作物病虫害防治研究等。1962年，全县成立包括陶厂在内7个农技服务站。1964年陶厂站撤销，建铜闸区站。1968年农技服务站全部撤销。1971年恢复5个区农技服务站，陶厂、关镇农业科技服务由铜闸区农科站负责。

1974年，县开展四级农科网建网工作，县级成立农科所、种子站、病虫测报站等专业科研机构，公社成立农技站、畜牧兽医站；大队配备不脱产的农业技术员、生猪防疫员；生产队配备种子员、植保员、管水员。基层的测报点、气象哨等也相继建立。1976年1月，公社农机站改为农科站，大队建立农科队，生产队建立农科组，并且都有农业科研基地。县相关部门对各级农科人员培训218次，受训4.7万人次，内容有育秧、育种、植保等。至此，全县形成四级农科网。1976年，县科技局成立情报室，陶厂、关镇公社的农科站配备兼职情报员，由一名公社领导负责兼管。

1976年关镇公社生产大队农科组织统计表

表5-23

大队名称	大队农科队人数（人）	已建农科组的生产队（个）	科技员人数（人）	实验基地（亩）	主要农作物良种面积（亩）	占总耕地面积（%）
合计	10	47	89	227	183	1.1
官塘		13	39	30	80	5.5
圣河	10				19	0.8
关镇		18	18	170		
司徒		16	32	27	84	7.3

注：1977年，随后的6个大队也相继建立了农科队或农科组，有试验田73亩，种子田279亩，丰产田183亩。

1980年，县委提出要求，公社农科站要配齐三员（技术员、植保员、种子员），专人专职从事技术推广普及工作，要求健全良种繁殖（育）体系，做到县有良种场，社有良种队，队有良种田。

实行家庭联产承包责任制后，社（镇）农科站改为农业技术推广服务站，生产队科技小组基本消失，取而代之的是植保员和家庭示范户以及科技专业户。1982年，陶厂、关镇成立科协组织，5～7人组成，由公社分管农业负责人兼主任，农技站站长兼副主任，在县科协领导下从事农业科技工作。

1987年以后，为落实中央《关于科学技术体制改革的决定》等有关文件精神，县、乡农机部门开展有偿服务，改过去单纯的产中技术指导、只开处方不卖药的服务方式，为供产、储运、加工等方面提供系列化服务，做到指导栽培结合供应良种，防治病虫结合供应农药，配方施肥指导结合供应化肥，宣传推广哪种新技术就结合供应有关农用物资，不仅弥补了供销渠道的不足，又为农民提供了方便，保障了农资质量。农技推广的方式也由过去行政指导型向技术服务型转变。陶厂镇在杂交水稻、化学除草、地膜栽培、推广甘蓝型油菜等方面都受到农技部门产前、产中、产后系列化服务，取得了良好成效。

1992年撤区并乡，新建的11个乡镇分别设立农技站和畜牧站。1998年，镇、村、组三级配备专职或兼职农技员。2021年，陶厂镇农业技术推广服务站应编5人，在编3人，主要工作职责是负责农业新技术的推广，新品种的引进、试验、示范，病虫害的预测预报，指导基层农民合作社、家庭农场、专业大户开展科学种田等。

二、农技宣传培训

中华人民共和国成立后，各级政府十分重视农业科技宣传普及工作。20世纪50年代初，陶厂乡组织科技人员走乡串户，向广大农民传授农业新技术，在农村蹲点建“三田”（丰产田、种子田、试验田），宣传使用化肥和防治病虫害的方法。1958年，县在陶厂镇创办一所初级农校，教授农业基础知识，培养了一批初级农业技术人员。同时乡政府还利用讲座、广播、展览、放映幻灯、出黑板报等各种形式开展农业科普宣传。

农技培训

1960年9月，县油菜方块育苗和各种新农具推广会在含山农机厂召开。10月，县召开“沼气点灯烧饭现场会”，陶厂、关镇公社参会人员回来后，及时向群众宣传普及。20世纪70年代各大队都普遍安装了广播喇叭，“农业科技专题广播节目”是主要广播内容之一。80年代初，各大队都订有县农科部门不定期编印的《科技交流》杂志。1978—1985年底，全县共举办科技培训班40期，陶厂、关镇两公社有700多人受训。1986年县改“陶厂中学”为“含山县农业技术学校”，专门培养农业技术人员。

20世纪90年代中后期，县农业局多次对区、乡农技干部和种植、养殖专业户进行系统培训，农业局还协同棉麻公司、农机局、科协等单位举办专项培训，连同陶厂镇农技站举行的各种培训。据不完全统计，陶厂镇参加人员400多人次。

2016年以来，陶厂镇培训新型职业农民34人，其中畜牧家禽生产经营型职业农民15人。

三、新品种推广应用

良种普及是农业技术推广的重头戏。1958年以前，陶厂地区以一季稻为主，当家品种是洋籼、湖南籼等地方老品种，产量低，抗病力差。县农业科学研究所通过多次试验研究，决定推广胜利籼、二九九等中稻良种。陶厂通过种植新品种，单产由过去的160千克提高到215千克，同时还选育了“含选1号”水稻新品种，初步改变了多年低产面貌。20世纪60年代，早稻五十子、六十子、大叶早等品种种性退化、产量降低。经试验研究比较，早稻淘汰退化品种，示范推广莲塘早、陆才号、南特号等高秆良种，晚稻推广农垦58号等耐肥、高产的粳稻品种。1966年水稻单产提高约350千克。同期，胜利百号山芋，细绒棉（德字棉）、小麦的碧玛一号、南大2419、中农28号都在陶厂、关镇一带基本普及。70年代，两公社通过试验（农科站共进行19种良种试验），示范推广早稻二九南1号、二九青、先锋1号等中矮秆耐肥高产良种。晚稻淘汰小红稻、麻壳籼等耐寒差、产量低的老品种。1978年，全县大力推广杂交水稻，当年陶厂公社有制种田6.7公顷，其中南优6号3公顷，威优6号3.7公顷；关镇公社有制种田8.3公顷，全部为威优6号。80年代以后，陶厂镇普及推广甘蓝型油菜、宁麦3号小麦、浙辐802和鄂宜105水稻等优良品种。进入21世纪，陶厂水稻当家品种：中籼稻是华浙优261和Y两优1998，粳稻是南粳46；小麦品种有宁麦13、宁麦26、扬麦1、扬麦25、镇麦9号等；油菜品种有沣油737、郧油777、滁核0503以及秦油系列；棉花有皖杂8号、鄂杂棉29、湘杂棉7号等；山芋主要以徐薯18号为主；花生以白沙1016为主。主要农作物品种全部实现更新换代。

陶厂镇农技人员深入田间指导服务

1986年陶厂、关镇水稻良种推广统计表

表5-24

乡别	总计		早稻						中稻		单双晚				示范片					
			浙福202		二九丰		HA-7		皖引2号		杂交稻		湖北105		早		中		晚	
	种子（斤）	亩数（亩）	种子（斤）	亩数（亩）	种子（斤）	亩数（亩）	种子（斤）	亩数（亩）	种子（斤）	亩数（亩）	种子（斤）	亩数（亩）	种子（斤）	亩数（亩）	处数（处）	面积（亩）	处数（处）	面积（亩）	处数（处）	面积（亩）
陶厂	2.7万	1241	0.91万	202	929	20	1070	46			0.15万	616	1.4万	357	1	45	1	13.3	1	45
关镇	2万	3200	1万	2500			130	5	1600	160	0.2万	400	0.54万	135					2	31.5

农作物病虫害防治上，20世纪70年代，采用黑光灯诱蛾，是当时植保一项新技术。陶厂、关镇广泛采用，每50亩农田安装一盏黑光灯，好处是能诱杀多种农作物的害虫，如大螟、二化螟、三化螟、稻苞虫、稻叶蝉、稻飞虱、棉铃虫、红铃虫、地老虎等，使害虫没有产卵就死亡。同时该技术省工、省药，虫害集中，便于围歼。为提高病虫害的测报质量，镇农业情报人员和县测报部门加强沟通联系，做到信息准确及时。如1988年，病虫害发生的特点是多类暴发，镇农技站扩大测报对象，将县局编发的《病虫草鼠情报》散发到农户手中，张贴村头街巷，及时提供对症农药，当年植保工作取得明显成效。2003年，镇农技站采取技术下乡的形式，及时发布科技种植、养殖和动、植物防病治病信息，全年发布病虫情报24期。当年稻飞虱肆虐时，还邀请县专家到田间指导群众进行防治，大大减轻了灾害损失。

耕作方法上，20世纪60年代，推广早撒早栽，稀播育秧，普遍推广合式秧田，实行精耕细作，要求深耕程度在50年代2.5～3寸的基础上逐年加深到5～6寸；选种普遍采用泥水、盐水选种、温汤浸种、化肥、药剂和根瘤菌拌种；栽培实行合理密植（行距4～6寸，每棵10～12根），旱粮采取合理间作、适时追肥等方法。1972年，陶厂金易大队在三个圩口18公顷水田改种油菜效果很好，在全社作经验介绍。90年代初，大力宣传推广早稻、棉花等薄（地）膜育秧，发展大棚蔬菜和二段育秧、油棉二育二栽、杂交油菜育苗移栽技术等。虽然两段育秧多费几个工，但栽秧要节省几个工，产量却大大提高，终被群众接受。1996年陶厂镇推广旱育稀植1200公顷，其中早稻534公顷、中稻667公顷，油菜高产攻关467公顷、大棚蔬菜推广到60公顷。

正前水稻种植合作社育秧工厂

改土制肥上，1973年7月，陶厂公社在县科技部门支持下办起了以知识青年为主体的用微生物发酵母的“5406”菌肥厂，到1975年共生产菌肥5.5万千克，三年里粮食亩产平均超千斤。1976年4月，陶厂、关镇根据土壤酸碱度合理使用氮肥、磷肥，用石灰改良碱性土质，利用丰富的泥炭资源，土制腐殖酸肥料，大力改善低产田。1976年以后两公社农科站把“三水一萍”放养当作重要课题，采用春繁红萍、夏放水浮莲、秋放水葫芦、水花生的方法育种苗，兴建“三水一萍”越冬池16个，为公社各大队提供绿肥种苗。为解决群众燃料问题，同时开辟新的肥源，农科站从1976年就开始进行沼气试验，在站内建沼气池11个，还饲养生猪108头。镇村农技员和科技示范户通过试验示范把技术成果摆在群众面前，镇政府抓住时机召开现场会，让群众看得见、摸得着，消除他们的顾虑，提高了他们接受农业新技术的信心和能力。

2000年至2021年陶厂镇农业科技动态统计表

表5-25

项目名称	时　间	简　情
三元杂交猪	2003年统计	共2.5万头，专业户达百家
秸秆利用	2004年统计	通过留高桩还田，覆盖还田，过腹还田，粉碎还田，秸秆气化利用等方式，秸秆利用总量72770吨
沼气池建设	2004年以来	专业技术人员承建，统一标准化建设，科学安全使用，至2021年全镇共建1213座(户)
无公害农产基地	2004—2021年	总面积700公顷：包括绿色粮油基地、生姜基地、水产基地、粉丝基地、蔬菜基地、蓝莓基地、黄桃基地、油菜基地
测土配方施肥	2006年以来	做好土样采集、化验、配方、供肥、发放施肥建议卡，并向农户示范
病虫测报	2015年	县植保站在陶厂设立一个县级病虫测报点，增加测报准确度
养殖防疫	2015年	全镇共防疫9300户，防疫家畜545头、家禽33759只，当年没有一例疫情
包户指导	2015年以来	镇农业办技术人员每人包10户示范户，常态化农业生产技术指导
农产品监督站	2016年	建成农产品质量安全监管站，当年完成年度蔬菜样品和水产品检测任务
育秧工厂	2016—2021年	多家家庭农场建设标准化育秧工厂，除本场使用，并为其他经营户提供社会化服务

四、农具农机的发展

中华人民共和国成立前，农业生产工具都是千百年流传下来的传统工具。中华人民

机械化耕田

机械化插秧

陶厂农机收割会战场面

共和国成立后，农民分得土地，初期还是依靠传统农具，人畜劳作。1956年2月，陶厂成立铁木竹综合生产合作社，主要生产大锹、镰刀、锄头、水车、犁、耙等农具。1960年，综合生产合作社改名为陶厂农具厂，设有铁业、木业、竹业、翻砂四个车间，仿造圆滚耙、双华犁、双层犁、打稻机、牛拉简易水车、风畜两用水车、快速收割机等生产工具，提高了工效，节省了劳力。陶厂农具厂还仿照江西五九型插秧机制造出自己的插秧机，使用轻便，工效是手工插秧的12倍。当年秋收前接受县下达任务，赶制刀齿圆盘滚耙87张。

2000年，陶厂组织开展全镇农机会战“三秋”工作，当时全镇共有旋耕机、收割机10多台(套)投入会战。经过近10天的会战，机耕机收面积250公顷。当年陶厂西塔村农民陶庭进个人第一个购买了太湖1450号联合收割机，起到了示范引领作用。

2005年，国家实施农机购置补贴政策，推动农业机械化。含山县争取农机补贴资金46.6万元。陶厂镇当年购置收割机、旋耕机有7台，争取到补贴资金近20万元，为当年全县购置农机最多的乡镇。2008年，在国家农机购置补贴政策扶持下，陶厂农民购置大型拖拉机及配套机具5台(套)。

2015年5月26日，全省油菜连作生产全程机械化现场会在陶厂镇祁首村召开，现场展示了喷洒农药无人飞机、新型插秧机械等多种新型农机设备，深受种粮大户欢迎。其后每年都有家庭农场、种粮大户购置各类农机具。至2021年，陶厂镇有耕地、播种、收割、插秧、排灌、植保、加工等各类机械共216台(套)。目前，陶厂农业机械化生产面积保持在3252公顷左右，占总耕地面积87.7%，基本实现农业生产全程机械化。

1973年陶厂、关镇两公社农业机械统计表

表5-26

社别	耕作机械						排灌机械							
	大拖拉机		手扶拖拉机		机引农具		柴油机		电动机		农用水泵	机动脱粒机		带挂汽车
	台	马力	台	马力	犁	耙	台	马力	台	千瓦	台	台	马力	
陶厂	1	35	3	34	3	2	5	225	142	1082	106	74	57.5	
关镇	2	68	1	11	农用船3条		2	50	117	1301.6	124	41	34	2

社别	农产品加工机械						半机械化农具及大型农具								
	饲料粉碎机（台）	碾米机（台）	磨粉机（台）	轧花机（台）	弹花机（台）	榨油机（台）	插秧机（台）	打稻机（台）	板车（辆）	喷雾器（只）	农用船（艘）	泥盆（个）	步犁（个）	木耙（个）	水车（台）
陶厂	10	10	14	13	9	4	5	23	89	20	5	108	1080	365	360
关镇	1	11	5	7						423		117	334	317	271

五、农机管理及维修

1974年陶厂、关镇公社都成立了农机管理站，并确定一名副书记或副乡长任站长，另配一名副站长主持日常工作。1977年县革委会给每站事业编制一名，业务属县农机局指导，行政属各公社管理。1979年，全县5个区成立农机管理站，配一名国家干部为专职站长（陶厂归铜闸区）。1984年各区乡站改名为农机管理所。1993年乡镇机构改革变动，乡镇农机管理所（站）撤销，相关业务归属乡镇农技站。

正前水稻种植合作社的农业机械设备

农机维修上，人民公社时期，为了贯彻中央提出的“大修不出县，中修不出社，小修不出队”的要求，1979年陶厂、关镇公社都设有维修网点，基本能保证当地农机具修理。大队农机修理点，主要由部分老机手和能工巧匠组成，承担修理任务，做到随到随修。1988年，出现个体农机修理户，这些个体修理户技术较全面，服务灵活，一个电话就能带上工具赶到田头修理，方便快捷又不误农时。

第五节　农业开发

历史上农业开发主要是土地开发。含山县经历明清两代大规模移民，土地大面积被开垦。1949年末，陶厂区有耕地1500公顷，随着行政区划调整变化，1957年末陶厂乡有耕地694公顷。1962年，陶厂公社有耕地1287公顷，关镇公社1767公顷。1974年，陶厂公社改岗造田20公顷，关镇公社改岗造田21公顷。1977年陶厂公社为发展合作医疗，开垦荒地种植中草药5.53公顷，除祁首、西塔两大队外，其他各大队都建立了自己的小药园，特别是西山大队种植药材3.33公顷。公社1978年下达各大队药材种植计划共3.33公顷。

一、土地保护与开发

含山县现代农业开发始于1988年，当年，根据省委、省政府的决定，县委、县政府作出《关于加强开发性农业建设的决定》，确定"八五"期间全县开发性农业建设的六大战略重点，即"两水一牧"（水果、水产、畜牧业）、蔬菜、蚕桑和名优特稀农产品开发。开发领域更加广泛。之后，农业开发涵盖的范围扩大到土地保护、名优特稀产品、能源、旅游、产业规模等方面。

司徒片高标准农田整治

祁首村许李自然村整治农田和沟渠

1996年，县政府下发《关于进一步加强耕地保护工作通知》，明确要求加大土地开发复垦力度。随后，陶厂镇下达各村落实基本农田保护指标，全镇合计耕地总面积4120.04公顷，基本农田保护面积3493.79公顷，耕地保护率84.80%。2006年，完成总投入850万元的十联圩农业综合开发项目。2007年，陶厂镇争取西塔、卜李村的土地整理项目，共投资2300万元，整治农田867公顷，实施的项目有沟渠清淤35千米、塘坝开挖135口、新建电站6座、铺设砂石路18千米、农田整治734公顷。通过治理，两个项目区真正实现了渠相通、路相连、林成网，项目区的生产条件得到极大改善，为农业增产、农民增收奠定了良好的基础。2011年，完成县第16批次先行复垦置换建设用地项目2.83公顷。2012年，县殡仪馆搬迁到陶厂，项目所在地的山头、山口两自然村105户全部签订

云塘村翁圩圩内沟渠整治

拆迁安置协议并补偿到位。完成城乡建设用地增减挂11公顷任务，完成占补平衡30公顷项目区的选址立项工作。同年，陶厂农业综合开发项目总投资2450万元，治理面积1487公顷，涉及6个村和社区工程全部竣工。2013年，废弃矿山整治新增土地9公顷，土地增减挂项目，拆除5个偏远村庄、新增土地6公顷，完成占补平衡14.33公顷。含山县第19批次先行复垦置换建设用地项目，涉及陶厂10个村庄500余户1500余人，拆迁安置土地复垦23.33公顷。当年农田整治项目，完成整治高标准农田666.87公顷，平整土地200多公顷。2014年，农业综合开发项目，平整土地286.67公顷；工矿废弃地整治项目5个，总面积4.83公顷，复垦后新增耕地2.63公顷；完成补充耕地项目，新增耕地12.47公顷。

2016—2021年六年时间，全镇完成2667公顷农田整治工程，实施增减挂项目18.4公顷，补充耕地14.7公顷，复垦大黑山工矿废弃地2.22公顷，此外对1000余处废弃圩塘、沟渠进行整治，新增耕地67.86公顷，大力实施土地补充平衡，其中2021年新增耕地16.16公顷。镇与行政村签订了《永久基本农田保护目标责任书》，设立了永久基本农田保护标识牌，镇国土所坚持做好耕地保护日常记录。至2021年末，全镇有耕地总面积3706公顷。

二、名优特稀产品开发

1999年，陶厂镇落实县政府实施农业重点项目，种植优质油料1067公顷、优质粳稻433.33公顷、大棚蔬菜6.67公顷、地膜五旱瓜类6.67公顷、五旱薯类6.67公顷（五旱指旱玉米、旱花生、旱豆类、旱山芋、旱瓜类），规模养猪1500头，规模养禽30万只，河蟹养殖面积186.67公顷，青虾养殖面积66.66公顷，甲鱼养殖面积1.33公顷，鳜鱼养殖面积40公顷，其他名特优面积33.33公顷，放养量2000千克。同年，为落实县委、县政府《关于农业生产结构调整实施方案》，力争建成古塔路特种动物养殖走廊，陶厂镇探索狐、兔、鹿、七彩山鸡、鸵鸟、肉狗等特色养殖，但大部分养殖品种缺少技术和资金，之后都以失败告终。2002年，陶厂镇实施“五旱”地膜工程，镇成立工程领导组，抓“五旱”落实面积、品种以及向种养户提供产、供、销信息和技术，各村都建立了不少于

陶厂正前牌含山大米

6.67公顷的示范片。

2004年农业结构调整明显扩大，全镇优质粮、棉、油种植面积达95%以上。优质生姜面积扩大到133.34公顷，日本南瓜13.34公顷，其他特色蔬菜100多公顷。引资开发新胜圩低产田养蟹100多户、养殖山羊6000余只，养殖水禽20万只，其中大户养殖10万多只。该年，陶厂请县技术监督局制定生姜标准化生产规程，以三庄、祁首、西塔、云塘、九联等5个行政村为中心创建无公害生姜生产基地，大力推广多施农家有机肥等绿色种植方式。至2005年，全镇生姜种植面积发展到667公顷，农民人均增收1800元；建成无公害河蟹养殖基地面积82公顷，其中精养面积40公顷；推广红打瓜、日本南瓜、荷兰豆面积共达86.67公顷；引进波尔山羊、马头羊共1000只，西塔、规山、唐庄等村养殖规模达9800头。圣河村建成经果林示范片，唐庄、西塔种植大白桃、杏、柿等优质经果林。全镇经果林面积133.34公顷，大棚蔬菜发展到533公顷以上。2007年，县农委在新胜圩引导扶持小龙虾池塘养殖，并以此推广，取得较好效益。

2012年，陶厂特色农业主要是生姜种植和粉丝加工，生姜种植约26.67公顷，产量约600吨，总收入达170多万元；粉丝加工年产3.4吨。2013年，引入客商投资5000万元，建设以桂花和红枫为主的苗木花卉基地、以蓝莓和山核桃为主的特色林果业基地，以油茶和牡丹为主的经济基地。2017年，全镇推广绿色生产技术，种植优质水稻1334公顷。长新家庭农场生产的大米被中国绿色食品发展中心认证为“绿色食品”称号。2018年，幸福家庭农场成功申报市级优质粮油标准化示范基地建设项目，当年该农场和正前家庭农场生产的大米获中国绿色食品发展中心“绿色食品”认证。同年，陶厂还通过招商引资，引种油牡丹面积210公顷。

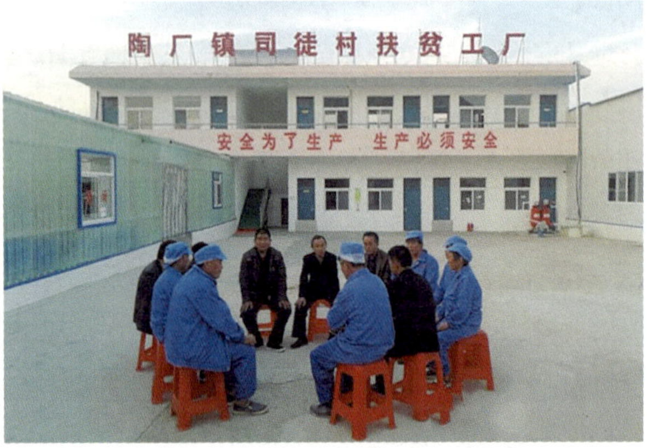

司徒村通过电商网上销售粉丝

2019年，引资55万元种植黄桃。申报水稻绿色高质高效示范片面积106.67公顷，再生稻示范片面积26.67公顷，经测产达到亩产664.72千克，经济效益十分明显。当年名优产品销售洪胜豆制品25吨，鸿泰麻油5吨，“穗子香”大米750吨。2020年，成立含山县荣青苗木种植专业合作社，在官塘村流转土地20公顷，发展种植无害茶叶基地。投资300万元实施省财政扶持的优质水稻项目示范片334公顷。2021年，全镇取得绿色食品认证4家。“含山大米”种植面积223公顷，绿野供销社被选为“含山大米”订单收购企业。司徒村形成“品为先粉丝”“锦绣黄桃”等特色产业，村集体经济收入和电商年销售额实现双百万。全镇年销售蜂恋蕊蜂蜜131吨、蜂胶11.3吨、雄蜂蛹7吨；司徒黄桃150吨，“品为先”粉丝65吨；计家牛肉15吨、蒋家猪蹄10吨；稻田养虾225吨；大渔滩绿色有机大米850吨，生态特色农产品和名优商品销售收入超过3000万元。

三、能源开发

1984年，县成立农村能源办公室。20世纪90年代前期能源开发主要以推广省柴节煤炉灶为主，21世纪初以沼气利用为主，最近十多年以太阳能开发利用为主。

2012年5月，司徒村付村沼气建设现场

沼气利用　2004年3月，陶厂镇下发《陶厂镇农村沼气国债项目实施方案》，通知各村将沼气建设列入村级重要议事工程，并与镇政府签订责任书。沼气池实施"一池三改"（改厨、改厕、改圈），采用"猪—沼—果（或菜、鱼、粮等）"的生态农业模式，发展高效庭院经济，实现家居温暖清洁化、庭院经济高效化、农业生产无害化目标。镇政府组织沼气利用专业技术队伍，深入村庄农户实行统一设计施工沼气池，为农户提供从建池到安全使用、管理一条龙服务。每建成一个8立方米沼气池，政府给予800元补助。2012年，镇建成沼气服务网点，对本镇沼气用户建立档案，做好联系和服务工作。至2021年，全镇农村建有沼气池1213户，其中上苏村家家建池，户户用沼气，村庄环境优美，被授予市级生态家园示范村。

太阳能利用　20世纪90年代后期，太阳能以其一次性投资、方便、安全等优点在城乡得到快速发展，陶厂镇和农村居民普遍安装太阳能热水器。扶贫攻坚中，有关部门帮助陶厂司徒村建成光伏发电站（村级自主运营）和收益由县里统一分配的卜李村光伏电站、云塘村光伏电站。3座电站自建成投产至2021年末，累计发电2332万千瓦时，上网电量2299万千瓦时。2021年，司徒村电站发电收入9.02万元；卜李和云塘两电站户均收益1020.8元。2020年，镇引进的陶阳新能源科技公司投资4.24亿元新建100兆瓦光伏发电项目，实现当年开工、当年建成、当年投产。

四、农业产业化

进入21世纪，陶厂镇的农业基础建设大为改善，机械化程度普遍提高、科技在农业生产中得到广泛应用，为农业向产业化发展、提高农业生产综合效益奠定了基础。2003年实现引资开发和改造新胜圩、十联圩低产田，养蟹67公顷，实施稻改棉534公顷；全镇生猪年出栏2.5万头，其中百头以上专业户100多户；山羊6000多只；水禽养殖20万只，其中大户养殖达10万只。2003年9月，陶厂镇开始实施小麦产业现代化发展项目，项目总投资1100万元，其中中央财政投资500万元。项目区主要位于基础较好的卜李村，实施核心区面积33.33公顷，辐射区面积666.67公顷，实施内容主要包括推广优良品种、科学配方施肥、病虫害统防统治等先进农业技术。2005年，全镇形成绿色粮油基地，其中优质水

正前水稻种植合作社

王付平兴园家庭农场生产基地

稻播种率达90%以上，杂交油菜1334公顷，建成无公害粉丝基地、无公害河蟹养殖基地和无公害生姜生产基地。通过基地建设推进标准化生产，通过申报绿色食品、网上信息发布促进了产品销售。陶厂镇在抓好农业规模生产的同时，以优质生态农产品为突破口，除120公顷的无公害农产品基地外，在全镇范围内取样80个点，经检测有72个点样本农产品、农药残留符合标准规定，合格率达90%。2015年，推广秸秆还田技术、免费发放秸秆促腐剂130吨，提高了耕地土壤质量。2016年新建的农产品质量安全监管站正式运行。2017年，全镇有9家标准化育秧工厂，4座谷物烘干房。2018年，全镇有专业合作社66个，家庭农场48个，专业合作联社3个。2021年，培训新型职业农民86人、新型电商人才7人、畜牧家禽生产经营型职业农民5人，培育发展新型农业经营主体96个，其中国家级1家、省级8家、市级11家。取得绿色产品认证农产品4家，其中国家地理标志“含山大米”种植面积230公顷，绿野供销社被选为“含山大米”订单收购企业。实施省财政优质水稻项目示范片334公顷，新增稻虾共养137公顷。

2021年陶厂镇农业生产合作社统计表

表5-27

序号	企业名称	法定代表人	经营地址	备注
1	含山县云塘水产养殖专业合作社	韩超	陶厂镇云塘村	水产养殖
2	含山县蜂恋蕊养蜂专业合作社	潘运兵	陶厂合芜高速含山关镇工业集中区	养蜂
3	含山县绿野供销合作社有限公司	李军	陶厂镇	大米加工收购
4	含山县瑞利小麦种植专业合作社	李琴	陶厂镇云塘村	粮油种植
5	含山县正前水稻种植专业合作社	付正前	陶厂镇云塘村	粮油种植

续表

序号	企业名称	法定代表人	经营地址	备注
6	含山县十连圩水稻种植专业合作社	李静波	陶厂镇铜庙村东堡村	水稻种植
7	含山县双和水稻种植专业合作社	胡延祥	陶厂镇西塔村	粮油种植
8	含山县鸿坤粮油种植专业合作社	过申元	陶厂镇云塘村南二过自然村	粮油种植
9	含山县盛林苗木种植专业合作社	付克祥	陶厂镇陶南新街	苗木花卉
10	含山县小飞水稻种植专业合作社	过长新	陶厂镇祁首村	粮油种植
11	含山县众鑫谷物种植专业合作社联合社	付正前	陶厂镇云塘村	粮油种植
12	含山县恒艺油牡丹种植专业合作社	周厚和	陶厂镇司徒村庙刘自然村	经果林种植
13	含山县永龙水稻种植专业合作社	李永龙	陶厂镇关镇村王庄自然村	粮油种植
14	含山县高峰谷物种植专业合作社	李高峰	陶厂镇司徒村	粮油种植
15	含山县聚稔谷物种植专业合作社	王付平	陶厂镇西山村徐关自然村	粮油种植
16	含山县旺丰达水稻种植专业合作社	卜洪彬	陶厂镇司徒村	粮油种植
17	含山县海龙王河虾养殖专业合作社	许玉江	陶厂镇关镇村顾庄自然村	水产养殖
18	含山县规山果木种植专业合作社	李兆虎	陶厂镇司徒社区林庄自然村	经果林种植
19	含山县裕民种植技术服务专业合作社联合	付正前	陶厂镇南峰社区步行街1号	粮油种植
20	含山县裕丰粮油种植专业合作社	蔡昌喜	陶厂镇云塘村	粮油种植
21	含山县南二过圩水产养殖专业合作社	过申元	陶厂镇云塘村	水产养殖
22	含山县前程农机技术服务专业合作社	付正前	陶厂镇云塘村	粮油种植
23	含山县苏滩圩谷物种植专业合作社	陈世平	陶厂镇铜庙村卫鲁自然村	粮油种植
24	含山县穗子香粮油种植专业合作社	范燕燕	陶厂镇关镇村王庄自然村	粮油种植

续表

序号	企业名称	法定代表人	经营地址	备注
25	马鞍山马场水果种植专业合作社	贾佑生	陶厂镇官塘村马场自然村	粮油种植和经果林
26	含山县海缘水产养殖专业合作社	周德礼	陶厂镇西山村闸口自然村	水产养殖
27	含山县水中鲜龙虾养殖专业合作社	吕才和	陶厂镇西塔村	水产养殖
28	含山县聚特鲜苗木种植专业合作社	吕才和	陶厂镇西塔村	经果林种植
29	含山县平荣水产养殖专业合作社	贾斯平	陶厂镇九联村夏村	水产养殖
30	含山县聚龙稻虾养殖专业合作社	赵献正	陶厂镇关镇大渔滩潘村	水产养殖
31	含山县蓝果蓝莓种植专业合作社	吴牧民	陶厂镇卜李村	经果林种植
32	含山县弘丰稻虾养殖专业合作社	章昌书	陶厂镇卜李村	稻虾共养
33	含山县荣远稻虾养殖专业合作社	倪小五	陶厂镇铜庙村黄嘴自然村	稻虾共养
34	含山县小东水稻种植专业合作社	张东	陶厂镇卜李村小李自然村	粮油种植
35	含山县谢正香水稻种植专业合作社	谢为福	陶厂镇关镇村散水滩自然村	粮油种植
36	含山县金涛水产品养殖专业合作社	韩道平	陶厂镇关镇村	粮油种植
37	含山县中子山家禽养殖专业合作社	陆邦文	陶厂镇关镇村	畜牧养殖
38	含山县张明水产养殖专业合作社	张丹桂	陶厂镇祁首村	水产养殖
39	含山县南滩水产品养殖专业合作社	祁从武	陶厂镇祁首村祁首岗自然村	水产养殖
40	含山县畅畅水产养殖专业合作社	过寿光	陶厂镇祁首村小过自然村	稻虾共养
41	含山县张永奇水稻种植专业合作社	张永奇	陶厂镇官塘村马口自然村	粮油种植
42	含山县陈杰水稻种植专业合作社	陈杰	陶厂镇官塘村	粮油种植
43	含山县圣德柱水稻种植专业合作社	圣德柱	陶厂镇官塘村汪庄自然村	粮油种植

续表

序号	企业名称	法定代表人	经营地址	备注
44	含山县毛华谷物种植专业合作社	毛华	陶厂镇云塘村尹毛自然村	粮油种植
45	含山县斯荣水稻种植专业合作社	贾斯荣	陶厂镇铜庙村垱圩自然村	粮油种植
46	含山县锡军水稻种植专业合作社	王锡军	陶厂镇司徒村小王自然村	粮油种植
47	含山县万之源中草药种植专业合作社	刘祥水	陶厂镇司徒村庙刘自然村	中草药种植
48	含山县之来稻虾养殖专业合作社	杜之来	陶厂镇西山村郑庄自然村	稻虾共养
49	含山县卫鲁稻虾养殖专业合作社	卫传华	陶厂镇铜庙村卫鲁自然村	稻虾共养
50	含山县张永道水稻种植专业合作社	张永道	陶厂镇官塘村马口自然村	粮油种植
51	含山县家顺林木种植专业合作社	过凌志	陶厂镇司徒村小李自然村	经果林种植
52	含山县小四稻虾养殖专业合作社	杜小四	陶厂镇西山村向阳自然村	稻虾共养
53	含山县忠好稻虾养殖专业合作社	徐忠好	陶厂镇西山村徐关自然村	稻虾共养
54	含山县启好稻虾养殖专业合作社	贾启好	陶厂镇铜庙村	稻虾共养
55	含山县葛世兵水稻种植专业合作社	葛世兵	陶厂镇云塘村孙庄自然村	粮油种植
56	含山县太平庄红薯种植专业合作社	卜秀雨	陶厂镇司徒村	粮油种植
57	含山县喜悦农机服务专业合作社	李永龙	陶厂镇关镇村	农机服务
58	含山县硕丰源水产养殖专业合作社	娄伟	陶厂镇坊塘路电商园	水产养殖
59	含山县广源谷物种植农民专业合作社	宋化军	陶厂镇关镇村黄庄自然村	粮油种植
60	含山县丰陶农业专业合作社联合社	娄伟	陶厂镇商业街坊塘路2号	电商园
61	含山县丰勇全家禽养殖专业合作社	祁家丰	陶厂镇卜李村小童自然村	畜牧养殖
62	含山县茶青苗木种植专业合作社	鲁从元	陶厂镇官塘村	村集体茶果园

2021年陶厂镇家庭农场统计表

表5-28

序号	经营名称	负责人	经营地址
1	含山县陶厂镇张丹桂家庭农场	张丹桂	陶厂镇祁首村大过自然村
2	含山县陶厂镇张天文家庭农场	张天文	陶厂镇铜庙村铜庙街道
3	含山县陶厂镇付正前家庭农场	付正前	陶厂镇商业街坊塘路
4	含山县陶厂镇王义成家庭农场	王义成	陶厂镇西塔村冯王自然村
5	含山县陶厂镇许玉江家庭农场	许玉江	陶厂镇关镇村顾庄自然村
6	含山县陶厂镇易后长家庭农场	易成兵	陶厂镇西塔村
7	含山县陶厂镇长新家庭农场	过长新	陶厂镇祁首村祁首岗自然村
8	含山县陶厂镇启元现代家庭农场	贾启元	陶厂镇官塘村马厂自然村
9	含山县陶厂镇延祥家庭农场	胡延祥	陶厂镇商业街坊塘路
10	含山县陶厂镇云塘过申元家庭农场	过申元	陶厂镇云塘村南二过自然村
11	含山县陶厂镇世清家庭农场	葛世清	陶厂镇云塘村曹坊自然村
12	含山县陶厂镇开心家庭农场	杨基志	陶厂镇卜李村水洞自然村
13	含山县陶厂镇李静波家庭农场	李静波	陶厂镇商业街坊塘路
14	含山县陶厂镇永安来子家庭农场	李仁来	陶厂镇关镇村苏滩自然村
15	含山县陶厂镇兴园家庭农场	王付平	陶厂镇西山村徐关自然村
16	含山县陶厂镇鑫丰家庭农场	毛华	陶厂镇云塘村尹毛自然村
17	含山县陶厂镇幸福家庭农场	李永龙	陶厂镇商业街坊塘路
18	含山县陶厂镇道平家庭农场	韩道平	陶厂镇铜庙村童嘴自然村
19	含山县陶厂镇锦绣家庭农场	范燕燕	陶厂镇关镇村王庄自然村
20	含山县陶厂镇关镇谢为福家庭农场	谢为福	陶厂镇关镇村散水滩自然村
21	含山县陶厂镇荣旺家庭农场	沈宗荣	陶厂镇西山村
22	含山县陶厂镇尚才家庭农场	杨尚才	陶厂镇司徒村三卜自然村
23	含山县陶厂镇栗树家庭农场	童助前	陶厂镇卜李村栗树庄自然村
24	含山县陶厂镇宇斌家庭农场	张贵丹	陶厂镇卜李村水洞自然村
25	含山县陶厂镇森泰家庭农场	韩超	陶厂镇商业街坊塘路

续表

序号	经营名称	负责人	经营地址
26	含山县陶厂镇蔡必红家庭农场	张尚珍	陶厂镇云塘村唐庄自然村
27	含山县陶厂镇锦绣私园家庭农场	过凌志	陶厂镇司徒村小李自然村
28	含山县陶厂镇锡军家庭农场	王锡军	陶厂镇司徒村小王自然村
29	含山县陶厂镇佑富家庭农场	贾佑富	陶厂镇铜庙村垱圩自然村
30	含山县陶厂镇高峰家庭农场	李高峰	陶厂镇司徒村蒋庄自然村
31	含山县陶厂镇正华家庭农场	赖正华	陶厂镇下胡自然村
32	含山县陶厂镇张永奇家庭农场	张永奇	陶厂镇司徒村花山张自然村
33	含山县陶厂镇周明家庭农场	周明	陶厂镇关镇村
34	含山县陶厂镇荣华家庭农场	汤荣生	陶厂镇西山村徐关自然村
35	含山县陶厂镇关镇卫传华家庭农场	卫传华	陶厂镇卫鲁自然村
36	含山县陶厂镇龙发家庭农场	过寿光	陶厂镇祁首村小过自然村
37	含山县陶厂镇圣丰家庭农场	赵献正	陶厂镇关镇村潘村自然村
38	含山县陶厂镇二好家庭农场	贾启好	陶厂镇铜庙村东堡自然村
39	含山县陶厂镇王根平家庭农场	沈玉兰	陶厂镇铜庙村卫鲁自然村
40	含山县陶厂镇大圩家庭农场	李荣山	陶厂镇铜庙村东堡自然村
41	含山县陶厂镇秀雨家庭农场	卜秀雨	陶厂镇司徒村太平庄自然村
42	含山县陶厂镇同心家庭农场	朱兵友	陶厂镇卜李村旱地庄自然村、鲁桥自然村
43	含山县陶厂镇老三家庭农场	左宗友	陶厂镇关镇村上左自然村
44	含山县陶厂镇盛丰家庭农场	蔡昌喜	陶厂镇云塘村松桃自然村
45	含山县陶厂镇鑫渔家庭农场	张斌	陶厂镇关镇村
46	含山县陶厂镇贾启兵家庭农场	贾启兵	陶厂镇关镇村高庄自然村
47	含山县陶厂镇贾启宝家庭农场	贾启宝	陶厂镇关镇村东王自然村
48	含山县陶厂镇官塘三道坝家庭农场	贾启月	陶厂镇官塘村马场自然村
49	含山县陶厂镇申龙家庭农场	章昌书	陶厂镇祁首村王圩自然村
50	含山县陶厂镇曹喆家庭农场	曹喆	陶厂镇关镇村
51	含山县陶厂镇祁首云诚家庭农场	祁家丰	陶厂镇祁首村南滩自然村

专记：

含山县永龙水稻种植专业合作社

李永龙原为陶厂镇云塘村松陶自然村人，从部队转业回乡后，2015年1月8日在县工商局注册成立永龙水稻种植专业合作社，注册资金118万元。合作社基地分布在关镇、卜李两村，流转土地140公顷，现有社员192人，主要从事水稻、小麦、油菜等粮油作物的种植与销售。2020年，合作社收获水稻85吨，稻田养殖小龙虾收获50吨，年销售总收入370万元，利润56万元，带动和服务农户360余户，其中贫困户30户。

永龙水稻种植专业合作社

合作社自成立之初，就制定了规范的专业合作社章程，建立健全成员代表大会、理事会等制度，实行独立核算，严格落实财务会计制度，保障了成员的经济利益。

合作社在关镇村王庄自然村建有育秧工厂、晒场、仓储及培训、办公用房，购置有大型拖拉机4台、旋耕机4台、联合收割机4台、施肥机3台、灭茬机2台、小型拖拉机3台、插秧机2台、育秧流水线2台套、台架式喷雾器4台、背负式喷雾器30台、静电喷雾器10台，其他农机具22台，基本实现农业生产机械化，并为合作社社员及周边农户提供社会化服务。

合作社立足于生产绿色有机稻米，引进新品种、新技术，对广大社员进行技术培训，对农药、化肥从购进到使用全过程进行生态控制，病虫害做到统防统治责任到人。

2017年，合作社注册了大米品牌商标“穗子香”，获含山县“地方名牌”称号，合作社获得“省级示范农民专业合作社”称号。2018年其大米获得国家农业农村部“绿色食品”认证。2019年合作社种植的33.4公顷水稻，全部采取“稻虾共养”模式，不施任何农药化肥，其大米取得国家绿色有机食品认证。“穗子香”为含山大米地方品牌，米粒饱满肥厚，晶莹剔透，自然清香，含有锌和硒等微量元素，营养丰富，口感极佳有韧性。永龙水稻种植合作社2021年获“部级示范农民专业合作社”称号。

永龙水稻种植专业合作社组织机械收割

第六章　林业水利

陶厂山地和丘陵约占土地面积的三分之二，具备较好的造林条件。中华人民共和国成立后大力开展植树造林活动，陶厂镇几十年坚持荒山造林，改革开放后，实行林业“三定”政策，极大调动了社会力量发展林业的积极性。特别是1989年，省委、省政府实施“五•八”绿化规划和含山县实施“四•七”绿化规划，将造林绿化工作推上了快车道。其后实施的林业二次创业、林权制度改革和退耕还林工程、绿色长廊工程等一系列造林项目，使得林业建设突飞猛进。全镇经过多年努力基本消灭了荒山，全面绿化愿望变为现实。2013年，陶厂镇创建成功安徽省森林城镇。

陶厂是个易旱易涝地区，水旱灾害千百年来一直如影随形，成为陶厂人民的心腹大患。新中国成立后，水利建设全面启动，高潮不断。从20世纪50年代中后期开始，全镇人民在极为艰苦的条件下修建了一批水库塘坝，将众多堤单埂薄的小圩联并加固，为农业稳产高产奠定了坚实基础。随着社会经济的发展，水利投入不断加大，机电排灌全面普及，主要河道经过大规模治理，圩堤建设全部达标，抗灾能力大幅提升，基本消除了重大水旱灾害对农业生产毁灭性的影响，有力保障了农业生产和人民群众生活安全。

第一节　林　业

一、植树造林

(一)森林资源

陶厂历史上林木繁茂，苍松古树甚多，有大片茂密的森林。史载清康熙元年陶厂六宕山“有竹树参天之势”“云雾山新篁古柏，倍极幽赏”。林地土壤主要是阔叶混交林下形成的山地棕壤，土层较厚，偏酸性，并夹杂15%～30%风化石砾，通气、透水性好，适宜林木生长。中华人民共和国成立前，山场主要分属三类：一为官山，二为私山，三为地方公有。山场多为私人占有，森林覆盖率不高。中华人民共和国成立后，县政府建设科管理含山林业，下设昭关林业工作站和二郎庙苗圃场。到20世纪50年代后期，含山建成昭关、八佛庵、二郎庙、老庵、小庵林场5处。1958年11月，经省林业厅批准组建国营苍山林场，初建时场部设在二郎庙苗圃场，1960年搬迁至茅草垅新场部。

1972年12月，国家农林部革命委员会决定，全国在“四五”期间进行一次森林资源清查。含山县根据《安徽省森林资源清查实施方案》规定，于1975年对全县森林资源普查统计，陶厂公社森林资源共138公顷，其中杉树0.93公顷，松树135.9公顷，硬阔叶树木0.73公顷，软阔叶树木0.13公顷；经济林39公顷，其中果树37.3公顷，油桐1.3公顷，核桃0.46公顷，枣树0.13公顷。关镇公社森林资源共177.7公顷，其中杉树0.54公顷，松树171公顷，硬阔叶树木6.4公顷；经济林69.8公顷，其中果树62.6公顷，油桐4.6公顷，核桃2.6公顷。

从森林资源普查情况看，陶厂、关镇两地有林地只占林业用地20%以下，荒山、荒坡较多。20世纪70年代，在农业学大寨运动中，各地掀起造林热潮，尤其是关镇公社新造幼林面积占宜林用地面积34%以上。树种以马尾松和黑松为主，占用材林的90%以上，这两种松树实用价值不大。森林资源表现为薪材林多，用材林和经济林少；人工林多，天然林少；针叶林多，阔叶林少；幼龄林多，中成龄少；树林多，竹林少。

20世纪70年代陶厂、关镇两公社各类林地面积统计表

表6-1　　单位：亩

单位名称	权属	总面积	林业用地									非林业用地	备注		
			合计	小计	有林地				新造幼林地	苗圃地	荒山荒地		岩裸	茶苗	苗场
					用材林	竹林		经济林							
						毛竹	元竹								
陶厂	集体	63879	13730	2688	2066	7	26	589	4100	1	6941	50149	285	36	371
关镇	集体	80620	22034	3753	2665	15	25	1048	7686	9	10586	58586	1055	240	624

（二）植树造林

1949年以前，陶厂地区少有山场造林，群众一般在房前屋后零星种些树木。新中国成立后，县委、县政府抓住林业生产不放松，制定一系列鼓励植树造林政策。陶厂党委、政府积极组织发动群众，采取集体、林场、个人等多种经营方式，大力植树造林，取得了较好成绩。

20世纪50年代，陶厂对境内次生林及残林采用封山育林和补植造林措施，使大部分荒山绿化渐有起色。60年代，在坚持封山育林同时，发动乡村和群众自采树种、自育苗、自造林，造林面积不断增加。70年代，全面实行封山护林，实施全县境内森林资源普查，县、乡（镇）两级摸清了林业家底，植树造林目标明确。

1952年，县政府划拨3.34公顷土地，在陶厂建立国营二郎庙苗圃，专门从事造林育苗，同时发动群众育苗，要求每个乡育苗0.2公顷以上。陶厂以互助合作的方式集体造林，育苗群众以土地、种子、劳力入股参加分红。1952年统计，陶厂区群众育苗1公顷，植

树10万株。

1954年，陶厂全乡营造用材林松树28.33万株，其中朴树20.51万株、洋槐41.31万株、中槐7.49万株、柜柳7.25万株、油桐200株、楝树1.12万株、乌桕7824株。西山乡育苗1.34公顷，品种有马尾松、金钱松、杉木、洋槐、榉树。当年，二郎庙造林站完成造林26.7公顷。该年因发生特大水灾，灾民为开荒度日损毁树苗4.09万株，面积53公顷，涉及陶西、西山、刘武、司徒4乡的山地。

卜李村大李山植树造林

1955年陶厂区种植马尾松71公顷、油茶树54公顷，二郎庙造林站育苗9.7公顷。1956年党中央提出12年绿化祖国，安徽省提出7年绿化安徽的口号。县委制定了绿化含山规划方案，采取五包造林办法，即“包栽、包活、包护、包抚育、包成林”，广泛发动各行各业参加植树造林。群众参加造林的，根据植苗数和秋后成活率，确定工分，参加农业社分红。是年，二郎庙造林站栽植马尾松17.2公顷、13.8万株，育苗5.2公顷，苗种有桑、松、洋槐、中槐、苦楝、白杨、杉木、金钱松。

1957年，陶厂乡栽植油桐23.3公顷、成活率88%，栽植洋槐3.47万株、苦楝3.64万株。1958年，芜湖地委为迅速发展蚕丝生产，分配含山县1958—1960年发展桑园面积3333.4公顷任务。县分配给陶厂乡扩大桑园面积134公顷任务。是年，陶厂乡完成66.7公顷，培育桑苗2.7公顷。

1959年12月，县政府抽调陶厂、林头、长岗、运漕4公社600名劳力会战太湖山，造林867公顷，成活600公顷。1960年，陶厂公社提出苦战一冬春，实现“人人千棵树、千人万亩林”口号，完成全公社绿化任务。当年全公社采种5500千克，育苗37公顷，造林1000公顷，“四旁”植树103万株。1961年，关镇公社育苗34公顷，栽植用材林134公顷。

1963年上半年，全县为生产队颁发山林权执证，同时划给群众少量自留山。造林生产上，实行按劳定额，评分记工，参加当年分红。山林管理实行划片分段，包给社员以固定工分加奖励，或按比例分成的办法付给报酬。当年陶厂公社四旁植树9500株，插柳1.38万株。

1966年，陶厂公社新造马尾松林217公顷，成活率80%；栽元竹1.5公顷，成活率达85%；育苗1.2公顷，品种为楝树、马尾松、洋槐。关镇公社新造油桐林6.7公顷、果树16公顷、茶树2.7公顷、桑树0.53公顷、元竹1.67公顷、毛竹1公顷，共计28.6公顷。“四旁”植树12.13万株。

1967年，陶厂培育苗木有马尾松8万株、刺槐6000株、榆树2000株、桃苗1500株、柿苗200株、茶苗4000株，这些苗木全部提供给集体林场植树造林之用。

1972年冬天至1973年春，陶厂荒山造林共200公顷，其中松树149公顷、杉木20公顷、经济林31公顷。关镇荒山造林共334公顷，其中松树262公顷、杉木40公顷、经济林32公顷。同时两个公社还“四旁”植树20万株。

1973年冬，关镇公社继续大抓造林，发动男女老少6000多人上山，大干半个月，造林267公顷。1974年春节期间，陶厂组织全社干群冒着纷飞的大雪，大干15天，造林100多公顷，其中杉木林62公顷。1976年，陶厂成片造林70公顷，育苗2.1公顷，造经济林4000株，“四旁”植树21万株。境内的机耕路和县级公路两旁全部栽上大官杨，并配有专职护林员，制定了严格的管护措施。1976年，关镇公社召开山区大队和林场负责人会议，分配任务，落实措施，要求山区所有荒山除留一定牧场外全部种上树，当年要消灭荒山。通过大干一冬一春，全社共绿化荒山234公顷。

1974年冬，上级号召学习湖北广济，山丘区大造杉木林。陶厂公社唐庄大队在徐家山、林场、冯王山等处；云塘大队在鹿宕山鸡心洼；西山大队在竹园李山、大李山等处；卜李大队在水洞孙山、大卜山等处；司徒大队在各山场，组织大批劳力开山营造杉木林。

20世纪70年代末，陶厂公社本着造林与改岗造田相结合的原则，先造林后造田，第一步先消灭荒山秃岭，第二步密补疏林。山上造薪炭林，山腰造杉木林，山下造经济林，山岱造竹林。对当时45处岗垅和六宕山脉，凡有水源条件的逐步改造成粮田。1979年末，在植树的同时改岗造田近千亩。

2005年，全镇山林面积2151公顷，林木蓄积量12.9万立方米，森林覆盖率11.8%。2013年，全年完成荒山造林33.33公顷、石质山造林17.33公顷、农田林网8公顷、森林长廊11千米、水系造林5千米。2003—2011年，陶厂镇完成退耕还林植树造林面积121.7公顷。2014年，完成111.33公顷新造林的小班抚育工作。全年造林整地84公顷，完成造林62.67公顷。在祁首村实施农田林网工程，栽植高秆女贞1.6万多株。全镇封山育林66.67公顷。建成官塘黄泥岗村义务植树基地，面积33.33公顷，发放造林资金补贴70多万元。

2015年，陶厂完成千万亩森林增长工程110公顷造林任务。2016年，完成工程122公顷造林任务。2017年，完成工程120.67公顷造林任务，完成退化林修复28.67公顷，中幼林抚育466.67公顷，一般封山育林80公顷。2018年，封山育林53.33公顷，完成退化林修复20公顷，抚育幼林306.67公顷。2019年，加快推进“林长制”，新增人工造林33.33公顷，完成森林抚育333.33公顷。2020年，新增造林面积43.33公顷，森林抚育333.33公顷，完成213省道绿化长廊陶厂7.8千米建设任务。2021年，营造经果林122.4公顷。

2021年，陶厂镇基本消灭荒山，林地总面积24平方千米，林木蓄积量18.6万立方米，农田林网面积660公顷，森林覆盖率28%。

1962年陶厂、关镇两公社成片造林统计表

表6-2　　　　　　　　　　　　　　　　　　　　　　　　　　单位：亩

公社	累计	用材林				经济林					果木林			
		小计	松	杉	杂	小计	油茶	油桐	板栗	其他	小计	苹果	梨	其他
陶厂	388	266	38	74	154	122	108	2	2	10				
关镇	93	81	60	6	15	3	2	1			9	3		6

1979年陶厂、关镇两公社植树造林统计表

表6-3　　　　　　　　　　　　　　　　　　　　　　　　　　单位：亩

社别	合计数（亩）	分树种									四旁植树（万株）
		松	杉	毛竹	元竹	油桐	油茶	茶叶	果树	杂树	
关镇	2300	700	150	10	10	300	400	30	10	690	10
陶厂	900	200	100	5	12	150	200	90	10	133	10

二、集体林场

林场是植树造林的主要阵地，除国营林场（权属县管）外，乡镇（公社）的社队集体林场在群众性造林中发挥重要作用。1958年，陶厂公社有铜庙、关镇、司徒、规山、云塘、西山6个大队办起林场。1977年，陶厂公社除街道大队没有林场外，其余9个大队全部建立了自己的林场，加上公社的社办林场，全社有10家集体林场。

关镇公社1970年前后5个山区大队都陆续办有林场，即官塘茶林场、卜李林场、规山林场、司徒林场、圣河林场。5个山区大队有4个山场面积超过耕地面积，其中规山大队山场面积是耕地的3倍，司徒大队山场面积是耕地的4倍。1972年，5个林场两年造林267公顷，其中栽植杉木54公顷，改变了关镇林业一直无杉木的历史。官塘茶林场两年采制干茶500多千克，增加了集体收入。到1976年，关镇公社集体林场发展到9个。20世纪80年代，实行林业“三定”后，原村办林场全部陆续停办，并发给个人承包经营。

到2021年末，陶厂镇有官塘林场，面积20公顷；关镇林场，面积47公顷；卜李林场，面积74公顷；西塔六宕山林场，面积60公顷；西塔林场，面积227公顷；官塘林洲苗木公司，面积44公顷；司徒巢湖恒艺苗木公司，面积187公顷；司徒松崴苗木公司，面积37公顷；司徒天缘绿都苗木公司，面积40公顷；司徒锦绣黄桃园基地，面积18公顷。这些林场和公司均为私人承包经营。

历史上经营较好的村办林场有以下几家：

（一）旱洞山林园场

1961年，唐庄大队抽人组建临时的副业队，属集体生产企业。副业队主要从事果林

官塘村抖云山集体茶场

经营，后在此基础上成立园艺生产队。1965年4月，陶厂公社将原唐庄大队队办园艺生产队、冯王村三队林场合并为社办“旱洞山林园场”。林园场有山地面积35.5公顷，其中荒山约22.7公顷、良田5.4公顷、果树3.4公顷，有果树2540余株，品种主要为桃树、梨树、柿树、杏树、油桐。林园场有32户103人，男女正半劳动力60个，耕牛2条，水车4辆，斛桶4张，水旱耙5张，水旱犁6张，房屋22间，以及中小农具数十件。该场实行单独核算，自负盈亏。成立的当年，林园场就种植油桐0.7公顷。

1987年3月13日，唐庄大队集体将林园场发包给村民葛世山、晏利民承包经营，承包年限40年，并签订承包协议书，镇政府给予鉴证。1990年9月25日承包方又与原唐庄大队签订了补充协议，由县含南片林头区林业技术推广站给予鉴证，附有林业部门测绘的小班图，县公证处办理有公证手续。

（二）西塔林场

西塔村林场

易厚掌林场（原西塔村办林场）

西塔林场组建于20世纪60年代，林场有张家大山、姑娘坟山、牛肚子山等山场，有宜林面积86公顷。1962年，西塔大队调动各生产小队派出劳力参加植树造林。1968年，20多名知青下放到西塔。大队将这批知青安排在林场，并为他们建造住房18间，知青参加林场生产劳动，直至1978年知青离开回城后，西塔林场一直由西塔大队经营管理。

1985年西塔大队将林场经营权发包给易厚掌承包经营，1993年双方签订了承包协议书并经公证。之后易厚掌带领全家人接过村办林场，继续从事造林生产，现在整个林场荒山绿化率98%。易厚掌承包后，原西塔林场剩余资产卖给村民，林场关闭。如今西塔林场资产全部属于易厚掌，共有茶叶8公顷，油茶8.7公顷，杉木4.7公顷，还有桂花、玉兰、红枫等各种苗木花卉，榆朴树1.4公顷500多棵，国外松20公顷5万多棵，马尾松40公顷1.1万棵，资产总价值900多万元。

（三）卜李林场

卜李林场成立于1965年，位于卜李村北边，总面积160公顷，主要用于安置上山下乡的知识青年。1978年知青返城后，林场权属归卜李行政村集体所有。

卜李村林场（现为私人承包）

1967年，卜李林场共投入资金和劳力折合人民币60万元，栽植20万棵黑松、马尾松以及5万棵毛竹，林场建造有房屋7间，常住下放知识青年15人。

2003年，鲁晨光（原户籍陶厂镇，现国籍加拿大）承包卜李林场，主要种植经果林。行政村将林木和林场房屋等资产一次性作价6万元处理给鲁晨光，对外仍然使用卜李林场名称。鲁晨光承包后引进新品种新技术，培育五星蓝莓园23.4公顷，带动周边脱贫户再就业，每个脱贫户年增收5万余元。同时栽培特色竹林，生产大量鲜竹笋，增加了经济效益。林场从2010年至2012年又陆续增加蓝莓27公顷。蓝莓园作为低产林改造得到上级部门的肯定，在省农科院专家的指导下，蓝莓生长良好，每年蓝莓鲜果大量上市期间，通过物流发送到华东地区各大水果批发市场，具有较好的经济效益。

（四）规山林场

规山林场，坐落于司徒村小卜自然村和太平庄村北边，1966年成立，总面积186公顷，为当时规山大队集体林场。时任场长带领广大群众1000多人，历时8年在林场内栽植了40多万株黑松和6万多株乡土树种。当时，林场有两排15间房屋，安置上山下乡知识青年20多人。由于种植大量松树，经济价值不高，1972年，村委会研究决定改种苹果树等经济林种，种植面积74公顷5万多棵，因土壤和环境不适合种植苹果树，结的果实既小口感也差，于1978年苹果树被逐渐淘汰。

原镇办规山口林场（现为私人承包）

从20世纪90年代，规山林场基本荒废。2013年，行政村将林场山地52公顷发包给过凌志承包种植黄桃和风景林木。现种植黄桃34公顷2万多棵，年产1000吨鲜果黄桃，带动周边30多户100多人就业。同年3月，行政村又将67公顷山地发包给奚昌武天缘绿都苗木有限公司承包，公司投资680万元，将荒山改造成景观苗木基地，已栽植红枫、桂花、玉兰、紫薇、樱花等花卉苗木6万多株。

1959年陶厂公社集体林场统计表

表6-4

林场名称	管理体制	林场性质	林场人员（人）		经营面积（亩）			
			干部	固定劳力	小计	已有林	新造林	宜林地
铜庙	大队办	林园	3	10	2000	500	500	1000
关镇	大队办	林园	3	7	3000	1500	500	1000
司徒	大队办	林园	1	4	3000	900	100	2000
规山	大队办	林园	2	30	2000	1000		1000
云塘	大队办	园艺	2	18	2350	1750	100	500
西山	大队办	林场	2	16	2500	1800	200	500

1976年关镇公社集体林场统计表

表6-5

单位名称	尚有荒山（亩）	社队林场情况			
		宜林面积（亩）	有林面积（亩）	林业劳力（人）	林场房间（间）
官塘		900	900	40	25
圣河	167	600	433	18	8
张宋		130	130	18	8
关镇		407	407	27	7
卜李马山	23	150	127	20	6
卜李	220	1200	980	31	12
规山	185	4500	4305	30	12
司徒	1195	4730	3535		11
社办	657	750	93	7	6
合计	2447	13367	10910	191	95

三、林业改革

1981年下半年，根据中央文件精神，全县开展林业“三定”工作，即定山权、林权，划定自留山，确定林业生产责任制。同时，安徽省委下发《关于加快林业发展的决定》，要求到1985年实现平原丘陵地区绿化，到1990年实现宜林荒山绿化。县委、县政府结合林业“三定”政策，派出300多人的工作组，到1982年5月，“三定”工作基本结束。政府给农户发放山林权执证和自留山使用证，限期造林，林权和林木收益归农户所有，划分自留山和责任山。

1989年3月，省委、省政府出台“五·八”造林绿化规划（五年消灭荒山，八年绿化安徽），含山县9月出台“四·七”造林规划（四年消灭荒山，七年绿化含山）。1996年，县政府又下达了林业建设二次创业目标任务和林业基地建设任务，进一步明确林业建设的具体要求，实行国有、集体、个人一起上，造、封、管并举的方针，林业发展进入快车道。

1981年4月至1982年3月，含山县进行了第二次森林资源普查。普查统计结果显示：关镇公社有林面积792公顷，占土地面积5.59%。陶厂公社有林面积402.3公顷，占土地面积2.84%。森林资源特点仍然为森林资源少、覆盖率低，幼龄林比重大、成熟林比重小。小径材多，中、大径材少。原因是自新中国成立以来，虽然大力植树造林，荒山减少，但是造林质量不高、保存率低，林木不正常消耗仍然大量存在（主要为乱砍滥伐、森林火灾、森林病虫害，特别是松毛虫为害严重；牛、羊糟蹋等）。

林业“三定”政策极大地调动了社员个人造林积极性。大部分社员在自留山上造林，树种主要有松树、杉木、油桐、毛竹、果树等。集体林场增加营造混交林和经济林比例，克服以往单纯栽植松树。由于实行造林检查验收制度，普遍提高了造林质量。杉木、油桐、国外松、桑树等做到先整地、后造林。特别是引进了速生树种国外松，也称“火炬松”，减少老品种马尾松、黑松栽植，提高造林经济效益。从1981年起，国家对造林实行补贴钱、粮政策，每造一亩林，经验收合格，平均给予补助费9元，粮食10千克。

1986年陶厂镇整地造林国外松31公顷、松树58公顷、“四旁”植树3万株；关镇乡整地造林国外松17公顷、松树20公顷、侧柏3.4公顷、“四旁”植树3万株。1988年陶厂镇春季造林国外松8.7公顷、松树6.7公顷、“四旁”植树4万株、义务植树1.3万株；关镇乡造林松树2.7公顷、果树6.7公顷、“四旁”植树4万株、义务植树1.2万株。1990年陶厂镇造林国外松28.8公顷、黑松25.7公顷、杉木8.4公顷、马尾松3.4公顷、“四旁”植树2.2万株。1991年春，关镇荒山造林47公顷，其中杉木7.3公顷，马尾松17公顷，国外松21公顷，经果林2公顷；陶厂荒山造林60公顷，杉木17

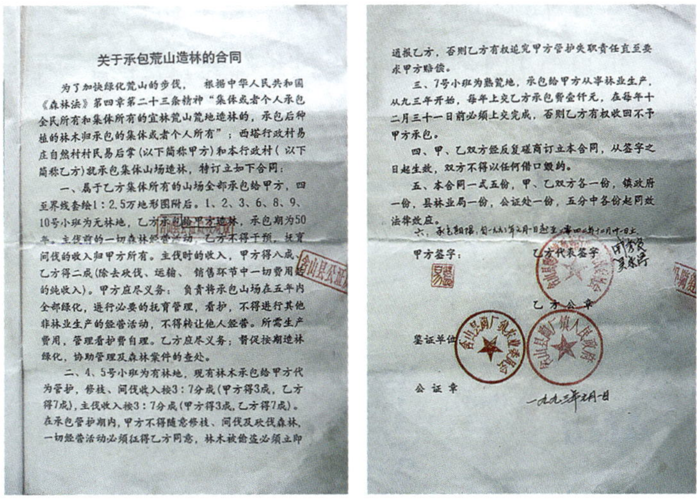
关于承包荒山造林的合同

为了加快绿化荒山的步伐，根据中华人民共和国《森林法》第四章第二十三条精神“集体或者个人承包全民所有和集体所有的宜林荒山荒地造林的，承包后种植的林木归承包的集体或者个人所有”；西塔行政村易庄自然村村民易后掌（以下简称甲方）和本行政村（以下简称乙方）就承包集体山场造林，特订立如下合同：

一、属于乙方集体所有的山场全部承包给甲方，四至界线套绘1：2.5万地形图附后。1、2、3、6、8、9、10号小班为无林地，乙方承包给甲方造林，承包期为50年。主伐前的一切森林经营活动，乙方不得干预，抚育间伐的收入归甲方所有。主伐时的收入，甲方得八成、乙方得二成（除去砍伐、运输、销售环节中一切费用后的纯收入）。甲方应尽义务：负责将承包山场在五年内全部绿化，进行必要的抚育管理，看护，不得进行其他非林业生产的经营活动，不得转让他人经营。所需生产费用，管理看护费自理。乙方应尽义务：督促按期造林绿化，协助管理及森林案件的查处。

二、4、5号小班为有林地，现有林木承包给甲方代为管护，修枝、间伐收入按3：7分成（甲方得3成，乙方得7成），主伐收入按3：7分成（甲方得3成，乙方得7成）。在承包管护期内，甲方不得随意修枝、间伐及砍伐森林，一切经营活动必须征得乙方同意，林木被偷盗必须立即通报乙方，否则乙方有权追究甲方管护失职责任直至要求甲方赔偿。

三、7号小班为熟荒地，承包给甲方从事林业生产，从九三年开始，每年上交乙方承包费壹仟元，在每年十二月三十一日前必须上交完成，否则乙方有权收回不予甲方承包。

四、甲、乙双方经反复磋商订立本合同，从签字之日起生效，双方不得以任何借口毁约。

五、本合同一式五份，甲、乙双方各一份，镇政府一份，县林业局一份，公证处一份，五分中各份起同效法律效应。

甲方签字：　　　乙方代表签字

乙方公章

鉴证单位

公证章

西塔村易厚掌承包荒山造林合同

公顷，马尾松40公顷，经果林4公顷。

1993年是含山林业生产历史上不平常的一年，这一年是实现县政府“四·七”绿化目标最后一年，也是完成省“五·八”规划目标关键一年。这次规划目标要求严格，非兑现不可。省委宣布如期不能完成目标的地方领导要引咎辞职，并且层层签订了责任书。含山为加强对消灭荒山的领导，要求“八长”齐上阵，八长是：县长（包括县委书记）、乡镇长（包括书记）、局长、股长、农林水站主任、乡镇林业站长、行政村主任（包括支部书记）、自然村长。县成立消灭荒山指挥部，县委书记和县长任指挥长。各乡镇相应成立消灭荒山领导组，镇党委书记为第一责任人。全县以片分三个指导组，含南片（林头、陶厂、铜闸、东关），组长由副县长靳清渠兼任。陶厂镇领导干部深入各村、组织发动、检查督促，农林科技人员现场进行技术指导，检查栽植质量。村“两委”干部包自然村、包山头，逐块造林、补植，逐个消灭，不丢一处，不漏一亩。1993年11月，经省、地核查验收，含山县植树造林面积核实率、面积合格率均达到100%；综合平均成活率91%，幼林抚育率90.7%；年平均高生长杉木0.25米，国外松0.35米，马尾松0.21米，分别超省定速生丰产林标准。全县基本消灭存在多年的荒山。

“八五”期间，含山县于1993年提前一年实现省政府“五年消灭荒山，八年绿化安徽”的规划要求。消荒后，省委、省政府在“九五”期间作出林业第二次创业的决定。县委、县政府及时提出含山县林业发展新思路，总体目标是：实施“54321”山区林业致富工程，即到2010年全县经果林发展到3333公顷（5万亩），21世纪末新造商品用材林2666公顷（4万亩），2010年实现林业产值3亿元，财政收入2000万元，山区农民人均收入1000元。“九五”末建成以巨兴为中心的长山1000公顷经果林基地一个，陶厂和林头、谢集和环峰、清溪三大片，合计发展1000公顷经果林，使全县经果林面积达到2000公顷。

陶厂镇为实施林业二次创业，把造林绿化摆在农村工作的重要位置，拿出具体造林方案，层层落实到位。1994年，陶厂镇面临的造林绿化任务仍很艰巨，因为还有一部分零星荒山、火烧地仍需造林；灌木林、低产林占比大，亟待改造；林政管理任务繁重，尤其森林防火，乱砍滥伐、病虫害防治需要加强；林种树种结构急需调整；中幼林抚育任务重。

2000—2001年实施的绿色长廊建设（全省万里绿色长廊工程建设），含山境内的公路沿线完成绿化任务近60千米。2002年，280公顷的长江防护林工程在含山正式实施。这些工程的建设提高了全县的森林资源总量。

2003年，陶厂将73公顷荒山、325公顷林地向外发包，有效地利用社会力量植树造林，绿化荒山。

2007年，含山县按照上级要求，开展以“明晰产权，减轻税费，规范流转，放活经营”为主要内容的林业产权制度改革。9月，《含山县集体林权制度改革实施方案》出台。这些包括“三定”在内的一系列林业改革政策，进一步放开搞活了陶厂林业，并且一直延续至今。

陶厂镇"五·八"造林绿化消灭荒山自查验收情况

表6-6 单位：亩

山场总面积	"八五"规划核减后应消灭荒山任务	1990—1993年完成情况				现有宜林荒山情况			
		合计	人工造林有效面积	其中：人工造林需补植面积	封山育林面积	合计	占应消灭荒山任务（%）	其中：15亩以上	
								面积	占应消灭荒山任务（%）
33012	2817	2696	1858	326	838	121	4.2	91	3.2

注：不列为1993年消灭荒山范围指岩裸、浅土层、牧场、采石矿区、征占林地，当年烧迹地，县交界纠纷山场。

2000年陶厂镇林业生产统计表

表6-7

一、人工造林			二、现有林培育、间伐面积（亩）										三、种苗生产			四、幼林抚育面积（万亩）	五、四旁植树（万株）	六、义务植树（万株）	七、农田林网				八、绿色长廊林带建设
总计（亩）	其中		商品用材林				经济林			竹林			育苗面积（亩）	其中					合计		其中 新建		
	经济林	商品用材林	小计	未成林抚育	重点间伐	一般间伐	小计	重点培育	一般培育	小计	重点培育	一般培育		本年育苗（亩）	容器育苗（万株）				面积（亩）	栽植苗木	面积（万亩）	栽植苗木（万株）	
1200	500	700	2500	500	500	1500	300	100	200	50	30	20	10	7	1	0.7	18	9	0.1	0.7	0.1	0.7	6千米

四、退耕还林

从2002年开始国家实施退耕还林政策。退耕还林工程是党中央、国务院改善生态环境的一项重大决策。省林业厅下达含山县退耕还林工程建设任务5473.32公顷（坡耕地退耕还林3606.66公顷，更新造林1866.66公顷）。退耕还林工程政策性强，涉及造林经费投入、钱粮及生活费补贴标准、土地权属变动、林权证发放等多项工作。县退耕还林办公室对全县已开垦种粮需还林的山冈、坡地及荒冈荒坡进行调查后，编制了总体施工方案和分年度施工作业计划，将任务分解下达9个乡镇、4个国营林场苗圃组织施工。含山县退耕还林工程从2003年开始实施，到2011年建设基本结束。

陶厂镇接到任务后，成立以镇长为组长的退耕还林工作领导组，研究部署工作，规划落实到山坡地块、工作落实到村到户，印发了《致山区群众的一封信》3000多份，广泛宣传"退耕还林、以粮代赈、个体承包"的政策，投入80多万元资金，由镇长带领苗木采购小组赴合肥、繁昌、山西等地深入苗圃购苗。为保证苗木质量，镇农技站举办造林培训班，请专家现场指导。苗木管护上镇干部实行包村包片，包打宕包栽植、包管护验收。全镇做到“三个统一”，即统一放线、统一打宕、统一栽植。栽植时，还请省林科所专家现场示范指导。

2016年10月，陶厂镇根据县政府千万亩森林增长工程补植补造会议精神，对全镇历年退耕还林工程各个小班，进行全面自查验收。全镇历年实施退耕还林总面积123.7公顷，其中，退耕还林实施面积105.1公顷、经济林面积18.5公顷、保存率97%以上。

退耕还林政策性很强，镇政府认真落实四项权利：一是落实退耕还林优惠政策（退耕还林验收合格，给予每亩20元抚育费、每亩50元种苗费、每亩150千克原粮）。二是落实土地承包权。农户二轮承包的土地实行退耕还林需要转让的，办好转让手续，变更土地承包合同，明确退耕还林地土地承包权，承包期一律延长到50年，并允许依法继承转让。三是落实林木经营权，对退耕还林的林木与农户签订好经营合同，明确经营责任，经营技术要求和经营权利，鼓励农户舍得投入，明确“造得上，管得好”，发挥效益。四是落实林木受益权，明确“谁造林、谁经营、谁受益”。退耕还林的政策得到了广大林农的支持，达到“资源增长，农民增收、社会增效”的改革效果。至2011年陶厂镇在司徒、关镇、官塘、卜李、西塔、西山6个村，完成退耕还林面积121.7公顷。通过退耕还林，全镇森林覆盖率上升到28%。

2003年陶厂镇退耕还林坡耕地基本情况

表6-8

已山坡改梯田		坡耕地坡度						经营坡耕地的劳动力（人）
		6～15度		16～25度		大于25度		
面积（亩）	粮食总产量（万斤）	面积（亩）	农产量（万斤）	面积（亩）	农产量（万斤）	面积（亩）	农产量（万斤）	
5908	281.5316	4004	208.6084	784	33.1632	1120	39.76	1607

2009年陶厂镇秋季植树造林自查验收面积统计表

表6-9 单位：亩

人工造林							退耕还林补植补造			2006年退耕还林荒山荒地保存面积			森林经营者			义务植树（万株）	四旁植树（万株）
合计	退耕还林专项规划造林				长防林		合计	退耕地补植	荒山荒地补植	合计	生态林	经济林	合计	退耕还林	现有林培育		
	小计	丰产林	经济林	风景林	计	国债									退耕还林专项规划培育		
3493	93	93			3400	3400	500	250	250	935	935		410	200	210	14	60

注：人工造林分优势树种（3493亩）：松类3195亩，软阔91亩，茶、桑40亩。

五、林业多种经营

林业也是重要经济来源。陶厂历来有种植果树传统。1958年，陶厂乡有果树740棵、面积1.54公顷，主要是农户房前屋后种植的梨、桃、杏，仅供自家食用。

1962年，陶厂公社有经果林3.6公顷，主要品种为梨、桃、柿，年产量2.72吨。关镇经果林仅有0.2公顷。1976年，关镇公社经济林有元竹1.7公顷、毛竹0.6公顷、油桐4公顷、油茶13.34公顷、核桃1.34公顷，其他果树1.6公顷。1977年，陶厂公社经果林面积53.5公顷，当年产果面积15.46公顷，水果产量15.27吨。

1987年陶厂镇、关镇乡水果生产情况

表6-10　　面积：亩；　产量：千克

社别	水果总计		其中											
			苹果		桃		梨		葡萄		红枣		柿子	
	面积	产量	面积	产量	面积	产量	面积	产量	面积	产量	面积	产量	面积	产量
关镇	5	11450					5	4900		200				6850
陶厂	265	67150	51	2000	70	13250	144	46900				200		4800

注：没有统计面积的果树，为零星种植。

2005年，陶厂以圣河经果林为示范，在唐庄、西塔、西山发展大白桃、杏、柿等经果林，全镇经果林面积达134公顷。当年全部消灭了低产林黑松，改植高产、速生的国外松、马尾松和经果林。

鲁晨光于2010秋在卜李林场投资建成6.7公顷蓝莓园，至2012年发展至23.4公顷，主要栽植南高和兔眼两个系列品种蓝莓。园内配套有分选厂房及冷库，采摘期间大量配送至周边各大水果批发市场和超市，同时接待游客入园采摘。

司徒村恒艺油用牡丹种植专业合作社种植油用牡丹、油茶、山核桃和黄金梨等，面积186.7公顷。官塘林洲苗木公司栽植有罗汉松、银杏、玉兰、龙爪槐等各种风景园林苗木。

2013年，陶厂镇重点发展经济林木和观赏林业，至年末，初步形成以桂花和红枫为主的苗木花卉基地，以蓝莓和山核桃为主的特色林果业基地，以油茶和牡丹为主的经济基地。

卜李村蓝莓园

司徒村种植的黄金梨

司徒村恒艺油牡丹种植园

2014年，全镇栽植黄金梨15.33公顷、薄皮核桃7.33公顷、油牡丹40公顷。2018年，55户贫困户申请扶贫两免小额贷款249.5万元，实行“户联互助”抱团发展，成立“含山县聚特鲜苗木种植专业合作社”，栽植黄桃16公顷。2021年，陶厂引进优质油茶品种，全镇建设茶果园122.4公顷。

茶叶是丘陵山区传统的重要经济林。1971年，关镇公社官塘大队茶叶收入就达到8522元。1975年，关镇公社的卜李、规山、司徒3个大队和公社林场共新增茶园1.34公顷。1977年，汤徐大队有茶园2.7公顷，产茶叶100千克。1978年，关镇新增茶园2公顷，陶厂新增6公顷。关镇公社还在官塘大队办起茶叶机制厂。

1979年，关镇公社有茶园16.6公顷，其中官塘林场12.5公顷、卜李林场0.6公顷、规山林场1.47公顷、司徒林场0.53公顷、圣河林场1.47公顷。陶厂公社有茶园2.4公顷，其中，唐庄林场0.2公顷、西山林场0.34公顷、汤徐林场1.87公顷。

1982年，关镇公社茶园面积10.7公顷，当年新增1.34公顷。1984年，关镇公社茶叶产量2600千克，陶厂公社茶叶产量100千克。1986年关镇公社产茶7500千克，陶厂公社茶园面积2.33公顷，产茶400千克。1990年，陶厂镇西山新增茶园面积0.34公顷，产量300千克。2021年，陶厂共有茶园面积20公顷。

2005年至2017年部分年份陶厂镇茶叶面积和产量统计表

表6-11

年 份	2005	2008	2009	2010	2011	2013	2015	2017
面积（公顷）	86	25	21	21	21	39	42	14
产量（吨）		27	14	5	26	34	35	

六、森林保护

森林保护主要是封山护林、山林防火、病虫害防治和防乱砍滥伐四个方面。

(一)封山护林

20世纪70年代初,全县仍有大面积荒山存在。1972年11月,县革委会做出《关于实行封山护林的决定》,对全县山林实行全面封山。规定国家和集体的山林权不容侵犯,社与社之间、队与队之间、国营与集体之间山场界限不清的,协商解决,或由县派人参加协商处理,明确界限,发给执照。封山范围:国营林场的山场全面进行封山;社队所属山场除留必要的牧场外(牧场也要实行轮牧轮封),其余一律实行封山,所封山场都要垒石立界,标明界限。

陶厂、关镇公社落实县革委会的决定,对所有林地实行封山并规定七不准:不准放火烧山、不准乱砍滥伐、不准牛羊进山、不准毁林开荒、不准毁林搞副业、不准上山打秧草、不准毁林种粮。集体林木需砍伐的,报公社批准。进山采药草、采树种或搞其他土特产的,需经护林人员同意。为了解决烧草问题,每年只在秋后开放一次上山砍草,社队的山场由公社决定开放时限,并由大队划定范围,生产队采取集体砍草,由干部带队,统一记工、统一分配。发现损坏苗木的要罚款罚栽。对新造幼林山场,实行一封几年不动。当时形成封山护林人人有责的氛围,不论山区、圩区、城镇、农村、厂矿、学校,几乎都订立护林公约。学生损坏,教师有责;儿童损坏,家长有责;牲畜践踏,养主有责。陶厂实行严格奖惩制度,对积极检举揭发偷砍和毁坏树苗者,奖励人民币5元;当面抓获扭送的,奖励5～10元。毁坏幼苗者,一棵罚款3～5元,罚栽活10棵树。偷窃1棵成材树,除追回原物外,罚款30元,罚栽活30棵树,罚劳动工30天。两公社的大队、生产队普遍建立封山护林组织,配备专职(或兼职)护林员。相邻的社实行联防联护。由于采取严厉的封山护林措施,陶厂、关镇的山林得到有效保护,车过山口串就可看到大片茂盛的森林。

(二)山林防火

过去由于森林较少,荒山连片,群众认为冬天一把火,春天一片青,既好放牧,又好打秧草(积绿肥),对森林火灾不重视。引起森林火灾主要是人为火源,如上坟烧纸、烧荒、烧田埂、行人吸烟、野外用火、儿童玩火、干旱高温自燃等。从1962年起,陶厂、关镇两个公社在林区修建土公路兼作防火隔离道。在开辟的防火道边栽植具有防火、隔离火源作用的油茶、木荷等常绿性树种。1988年,陶厂镇成立护林防火领导组,每年11月初至次年4月30日森林防火期间,采取负责人值班制。成立以基干民兵为主的灭火专业队,配置防火服、通信工具、风力灭火机等设备。在防火警戒期,社、队实行24小时值班制度,一遇火

2021年,陶厂镇森林防火演练

情，立即报告。在火灾易发处派专人看守，对林区坟茔造册登记，在山区交通要道口设立固定护林防火宣传牌。随着国家《森林防火条例》和《安徽省森林防火办法》的颁布施行，层层建立护林防火组织，陶厂镇有山林的各村都建立防火组织，配备专职护林员。有林村的村干部全部分片包干到山场，杜绝一切火源上山入林。

自20世纪60年代以来，全镇共发生山林火灾6起。如1991年，唐庄村山口串村民俞某某上坟引起山火，过火面积4.4公顷，有林面积1.13公顷，对俞某某处以行政拘留10天，经济处罚2250元（包括赔损）。1993年2月2日中午，唐庄村村民吸烟引起火灾，烧毁唐庄山场和国营苍山林场大面积山林。5日下午，铜庙村村民上坟引起横山林场大面积山林失火。2004年2月6日，陶厂、林头两镇相连的山林发生火灾，陶厂过火面积55公顷，其中有林面积8.7公顷。1994年，镇政府作出《关于林区坟地的管理规定》，对在林区上坟引发火灾的，要其恢复造林，一切费用由坟主负担。2014年，陶厂镇总投资6万多元，在关镇、西塔、西山三处山场新建护林防火点4个，完成森林防火护林点10个棚点建设。2018年，陶厂镇建立了镇、村、组三级森林防火监控网，各有林村和个体林场都成立防火领导小组，有专门火情瞭望员和扑火队伍，村“两委”干部分片包干到各个山头。每67公顷面积配一名野外火源管理员，不定期上山巡视，具体负责辖区内野外火源管理。2021年全镇建设防火道长22千米，平均宽10米。现有半专业扑火队伍35人，风力灭火机26台、水枪4个、2号工具200把、电动喷雾器12台、防火服装40套、防火头盔10顶。自2004年的火灾以后，陶厂镇没再发生过大的森林火灾。

（三）病虫害防治

中华人民共和国成立初期，由于大范围栽植马尾松，忽视了针阔混交，松毛虫大面积发生，由于当时大量使用农药，虽然病虫害在一定程度上得到了抑制，但益鸟、益虫及病虫天敌菌类也遭大量杀伤，致使森林、树木自防自治能力大大下降，造成病虫害大量发生，特别是松毛虫，几乎连年大发生，造成很大损失。

对马尾松毛虫的防治，早期主要使用剧毒化学农药“1605”“1059”“六六六”“223”“夫兰丹”等，同时人工捉幼虫、摘茧采卵一齐上。但由于虫株率高、虫口密度大，防治效率不高。20世纪60年代中期至80年代初，转向使用高效低毒农药“90%敌百虫”“溴氰菊酯”“除虫菊酯”防治，后松毛虫防治采用10%杀虫灵烟剂，达到满意效果。70年代，为了减少马尾松毛虫的危害程度，造林树种主要为黑松，之后改为营造杉木、茶叶，四旁植树大规模引进泡桐、大官杨等来阻止害虫的蔓延。

20世纪70年代后期，开始由综合防治转向生物防治，特别是1982年含山县被省林业厅列为全省三年综合防治松毛虫示范重点县后，含山制订了综合防治松毛虫的实施方案。1981年，陶厂、关镇公社各按林区面积大小设配1～2名测报员，对越冬前松毛虫进行虫情调查，分析病虫害发生的趋势。对越冬代松毛虫采用天上飞机喷洒化学农药、地面人工喷化学农药及白僵菌、人工捉幼虫和茧卵，多法齐上，围歼松毛虫。由于使用白僵菌防治效果好，官塘大队在70年代中期由县农林局给原料、设备、资金办起了白僵菌厂，为森林灭虫提供原料。为巩固和拓宽生物防治手段，改变白僵菌防治单一喷粉为喷粉、喷雾、挂袋、放粉孢、撒带菌僵虫多管齐下。设法增加和保护林区益鸟益虫种群，如红头小茧蜂、瘦姬蜂、赤卵蜂、黑蚁、灰喜鹊等。1983—1984年，陶厂、关镇林区先后人工挂鸟笼引益鸟，益鸟的入笼做巢率20%～30%，取得了有虫不成灾的良好防治效果。同时在植树造林中注意针阔混交，改善森林环境。2000年10月，在森林病虫害普查中，发现县境内包括陶厂镇汤徐村等地有松材线虫害病疫点，其后全县松材线虫病大面积发生，局部地区松树出现大面积死亡。松材线虫病的媒介昆虫主要是松褐天牛、松材线虫病，寄主死亡速度快，传播快，一旦发生，治理难度极大，是松林资源的最大威胁。2002年初，含山制订松材线虫病综合治理方案。陶厂镇对病死松木采取伐木根除、枝丫焚烧、伐桩抹药，病木材一律售至经省林业厅批准的疫木安全处理的木材加工企业。各项工作达到拔点防治技术规程要求，并验收合格。2016年，全部完成镇域内松材线虫病除治工作。

（四）防乱砍滥伐

陶厂境内森林遭受过三次较大的破坏性砍伐，第一次是1954年特大洪灾后，境内外大批灾民上山毁林种植度荒。第二次是1958年大炼钢铁，山上和路边村旁的大树几乎被砍光，用来支援大炼钢铁。第三次是“文化大革命”期间，由于基层政权遭冲击瘫痪，一些群众进入林区乱砍滥伐，放牧践踏，山林受到较大破坏。

20世纪70年代以后，陶厂镇把保护林木放在林业工作的重要位置，坚持“三分造七分管，一时造长期管”方针，对破坏林木的一经发现及时立案查处。20世纪90年代以后，县公安森林派出所在陶厂镇有关部门配合下，开展了“山情、林情、社情”调查，建立了“三情”档案资料，全面掌握了陶厂辖区的基本情况，为打击各类森林犯罪活动奠定了基础。

2007年，为贯彻落实《含山县林业执法和治理整顿专项行动“绿盾二号行动”实施方案》，严厉打击破坏森林资源违法犯罪活动，陶厂镇印发贯彻落实“绿盾二号行动”实施方案给各村委会（社区）。至2017年配合县森林公安打击采挖盗挖大树案件3起。

林长制公示牌

2018年3月，含山县在林业保护上全面实行“林长制”，这项制度的建立有利强化林业保护责任制。各级林长的职责是：加强生态保护修复，提高森林质量效益，依法保护野生动、植物资源，依法打击破坏森林资源行为，预防治理森林灾害，维护生物多样性。根据职责要求，县级林长巡查每年不少于6次；镇级林长巡查每月不少于1次；村级林长巡查每周不少于1次。陶厂有镇级林长12人，村级林长20人。

专记：

全国劳动模范易厚掌

西塔村全国劳动模范易厚掌

易厚掌，1948年出生，含山县陶厂镇西塔村人，全国劳动模范、全国绿化标兵。

1985年春，农村推行荒山荒水承包制，西塔村生产队队长易厚掌与村签订了荒山造林合同，成为全县第一批承包荒山大户。西塔山是座光秃秃的山，除了石头就是茅草。这里山高坡陡，石多土薄，栽树非常不易。附近的国营苍山林场，多少年努力，也仅仅在山口串一带低缓坡地上栽上马尾松，而大片山场依旧处在原始状态。

易厚掌签订合同的第二天就把家里一头牛和3头肥猪卖掉，将仅有的家当全部投入购买树苗，带着全家老小，扛着铁镐上了西塔山。为了节省往返时间，他全家每天带着干粮、咸菜，中午在山上随便填下肚子。每天踏着露水上山，顶着星星下山。硬是用铁镐打出一个个树宕，栽下树苗，又从山涧小水宕挑水浇灌。寒来暑往、春秋易序，全家蚂蚁啃骨头一般，终于把5个山头、134公顷荒山全部栽上了树。

1996年1月2日，一场山火从大山的背后烧过来。那天下午，易厚掌在家门口，猛然发现山头上冒出滚滚黑烟，全家人疯狂地朝山上跑去，用铁锹、树枝和衣服拼命扑打着山火。然而，那天刮着猛烈的山风，大火地毯式从山头向下推进，犹如一条火龙，势不可当。易厚掌头发烧光了，脸熏黑了，最后整个人累倒在山上。老母亲和妻子都哭哑了嗓子。县委、县政府组织2000多人赶来救火，但面对凶猛的火势，也是力不从心。大火从下午一直烧到次日凌晨，134公顷郁郁葱葱的山林被烧毁114公顷，10年心血就这样毁于一旦。

易厚掌入选2021年全国百名
“最美生态环保志愿者”

易厚掌痛定思痛，他不服输，决心二次创业，一切从零开始，再造青山。他索性把家搬到山脚下，用黄泥、稻草搭起了草棚，与荒山为伍，与野兔为伴。易厚掌自己育树苗，重新上山打宕栽树，带着老母亲、妻子、儿子和进门不久的媳妇，整天忙碌在山上。

1998年4月底的一天，他70多岁的老母亲因劳累过度去世了。易厚掌还没来得及擦干眼泪，仅仅相隔4天，他的妻子宋安英在苗圃里干活，突然一头栽倒，再也没有站起来，临死时手里还握着一把树苗。从那以后，老易领着儿子、媳妇继续着他的造林大业。2004年

易厚掌带领全家在高山乱石中植树造林

正月的一天，易厚掌在山上劳动了一天，浑身汗透了，晚上回来便到镇上一家老澡堂去泡澡，不慎跌入滚烫的开水锅中。全身82%面积为重度烫伤。几个月后，他出院了，又扛着铁锹走向山林。现在只要阴雨天，他就浑身酸痛，举手投足，伤疤拉扯着肌肉，疼得他直冒冷汗。

西塔山最高峰叫犁头尖，山高岩陡。县苍山林场主动找到老易，请他把犁头尖承包下来栽上树。面对这根难啃的硬骨头，老易带着全家，硬是用铁镐在石头缝中掏出坑，垫上土，再栽上树苗。全家人苦干了一个冬春，终于把犁头尖全部栽上了树。

到2005年，易厚掌又用10年时间完成了二次创业，再一次让家乡的荒山披上了绿装。几十年来，他植树造林140多公顷，完成了他人生的绿色梦想。这些年，老易在山坡上栽种的5.4公顷茶园成了主要经济来源，每年收入好几万元。易厚掌说："下一步，除了继续维护好山林外，逐步对茶园进行产品更新，同时向苗木花卉发展。"

2005年4月，易厚掌当选全国劳动模范，进京参加表彰大会，受到胡锦涛总书记的亲切接见。2012年5月，他荣获诚实守信类"中国好人"称号。2016年，由中宣部、中组部、中央文明办联合在全国开展"四个100"先进典型评选活动，易厚掌当选"最美志愿者"。2021年6月，易厚掌当选安徽省文明委命名表彰的第七届省道德模范诚实守信类道德模范。如今，他儿子易成兵继承了他植树造林的事业，并当选安徽省劳动模范。

2019年，陶厂镇建成"陶厂党性教育基地"展览馆，展馆以全国劳模、优秀共产党员易厚掌为典型。通过易厚掌先进事迹的展示，对广大党员进行生动的党性教育。

第二节　水　利

一、水系圩口

流经陶厂地区的牛屯河，源出含山县陶厂太湖山、乌龟山、石门山等地，系天然河流，属古濡须水支津，其入江口称"牛渚"，为古代战略要地。牛屯河主河道起自铜闸镇南水姑庙，北流至挡子圩，折向东，经姑庙桥进入和县境内，经白渡桥、盛家圩入长江，全长35千米，含山县境内河道长7.54千米，流域面积123.1平方千米。牛屯河南支通过铜闸与裕溪河相接，1986年冬开挖套河，分排裕溪河水，使巢湖水有了第二条入江通道。牛屯河支流有功桥河、陶厂河、铜庙河，流域形成陶厂广阔肥沃的圩区。

功桥河全长5.2千米，河底高程7.8～8米，流经云塘村南二过和大葛两自然村境内，

十联圩

新胜圩

是新胜圩、庆丰圩排灌主要河流。

陶厂河全长8.5千米，河底高程5.5～6米，上自卜李村的河南，为司徒村的山河入口处，自上而下，汇祁首村等几个圩口水源，经关镇村的苏滩、铜庙村的垱圩下牛屯河入江。1954年特大洪灾前，陶厂（包括过去的关镇乡）有大小圩口、垸子几十个，撇洪渠总长27.23千米，沿河堤长约32千米。

1984年，县农业区划办公室调查显示：牛屯河流域涉及关镇公社10个大队，其中山区3个，面积24.3平方千米；丘陵3个，面积17.92平方千米；圩区4个，面积17.29平方千米。涉及陶厂公社9个大队，其中山区4个，面积17.56平方千米；丘陵3个，面积20.91平方千米；圩区2个，面积11.61平方千米。

陶厂、关镇历史上圩区有众多小圩。明清时期，移民到来后通常会几户联合围堰造田，由于人少力薄，圩口都很小，抗灾能力弱。1951年统计有圩口23个。1984年，陶厂、关镇在牛屯河流域内有圩口17个，堤长63.72千米，耕地面积1148公顷。经过几十年持续不断的水利建设，到2005年，陶厂有大小圩口14个，圩内总田亩700公顷，千亩以上圩口2个，分别为十联圩和新胜圩，圩堤总长度52.5千米，其中沿河堤长25.28千米。2021年统计，陶厂有圩口9个，分别是十联圩、新胜圩、庆丰圩、南二过圩、梅圩、王圩、祁首联圩、五联圩、西塔域。其中，十联圩为万亩大圩，五联圩、西塔域为百亩小圩，其余都是千亩圩口，圩内总耕地面积1577公顷。

1931年陶厂主要圩口统计表

表6-12

圩口名称	设计标准（米）				圩堤总长（米）	平均断面（平方米）	土方（万立方米）	实际高程（米）
	高程	顶宽	内坡	外坡				
谢圩	12.5	3	3	2	2600	30.4	7.904	10.5～11.0
翁圩	12.5	3	3	2	950	54.0	5.1300	9.7～10.2
南二过圩	12.5	3	3	2	2665	55.1	14.6842	10～10.7

续表

圩口名称	设计标准（米）				圩堤总长（米）	平均断面（平方米）	土方（万立方米）	实际高程（米）
	高程	顶宽	内坡	外坡				
豆圩	12.5	3	3	2	1900	29.9	5.6810	10～10.7
金易圩	12.5	3	3	2	950	25.8	2.4510	10.6左右
合计					9065		35.8502	

1973年陶厂公社圩口统计表

表6-13

水系	陶厂河系								功桥河系						
圩口名	大申圩	梅圩	王圩	永安圩	西滩	上南滩	下南滩	小垸子	永胜圩	尹毛圩	南二过	大易圩	金小滩	高坝垸	翁小圩
所属大队	三庄	祁首	三庄	祁首	三庄	三庄	祁首	九联	汤徐	金易	金易	金易	金易	西山	金易
圩堤长（公里）	4.48	0.45	2.22		0.86	0.96	1.02	0.41	2.6	1.28	2.65	0.95	0.81	1.1	0.73
面积（亩）	415	365	300	258	70	40	50	25	600	280	220	160	80	65	62

1988年陶厂镇、关镇乡圩口统计表

表6-14

圩名	位置		水系	圩内耕地（亩）	迎河堤			内含原有小圩
	乡镇	行政村			起点	终点	堤长（千米）	
新胜圩	陶厂	金易	牛屯河	1250			5.45	
大易圩	陶厂	金易	牛屯河	500			3.4	大易圩、南二过圩
翁小圩	陶厂	金易	牛屯河	62			0.73	
尹毛圩	陶厂	三庄	牛屯河	280			1.28	
大申圩	陶厂	三庄	牛屯河	418			4.48	大申圩、石井圩
西滩	陶厂	祁首	牛屯河	70			0.86	
下南滩	陶厂	祁首	牛屯河	50			1.02	
小堰子	陶厂	祁首	牛屯河	25			0.41	
小王圩	关镇	马山	牛屯河	300			2.22	

续表

圩名	位置		水系	圩内耕地（亩）	迎河堤			内含原有小圩
	乡镇	行政村			起点	终点	堤长（千米）	
十联圩	关镇	马山	牛屯河	7072			8.9	
五联圩	关镇	铜庙	牛屯河	470			4.3	四联圩、外滩
上南滩	陶厂	三庄	牛屯河	40			0.96	

2021年陶厂镇圩口情况一览表

表6-15

序号	圩 名	水 系	堤防长度（千米）	圩内耕地（公顷）	堤顶高程（米）	备 注
1	十联圩	牛屯河	9.5	733.33	13.5	含原：车埠圩、朱小圩、季小圩、武良圩、康定圩、庆力圩、厢城圩、童小圩、垱子圩、东堡圩
2	新胜圩	牛屯河	2.3	253.33	12.8	辖：云塘、西山两村
3	庆丰圩	牛屯河	1	180	12.8	辖：祁首、云塘两村及南峰社区
4	南二过圩	牛屯河	2.5	73.33	12.4	辖：云塘村南二过自然村
5	梅 圩	牛屯河	1.7	73.33	13.5	辖祁首村，含：永安圩
6	王 圩	牛屯河	2.3	86.67	13	辖：卜李、祁首两村及南峰社区
7	祁首联圩	牛屯河	3.8	90	12.3	含：祁圩、南滩、谢圩
8	五联圩	牛屯河	2.5	40	12.3	含原：上王圩、下王圩、外域、厨房域、大坝域
9	西塔域	牛屯河	0.8	46.67	12.5	辖：卜李、西塔两村
合 计：			26.4	1576.66		

二、圩堤整修

陶厂圩区水灾多发，沿河平畈区，历代筑堤围圩，抵御洪水侵袭。旧时，水利基本建设十分简陋，往往十年九灾，人称“家住陶厂地，灾害年年见，洪水刚过去，旱灾又出现”。

中华人民共和国成立后，人民政府发动群众加高培厚圩堤、联并小圩、增强防洪能力。1950年，铜庙、关镇两乡开始沿东堡、黄嘴、盛河、上左、张宋等村高地开挖撇洪沟，在大坝、小坝建闸，堵支汊河，将东堡小圩、垱子圩、厢城圩、武良圩、康定圩、庆力圩、童小圩、朱小圩、季小圩、东埠圩等10个圩联并成大圩，取名为“十联圩”，并建大坝闸。1953年工程基本完成。

1951年7月，陶厂区有圩口23个，因连续大雨，山洪暴发，7月13日，陶厂区祁鲁乡卓埠圩外坡新土塌方65丈，申家圩外坡新土塌陷3丈，关镇乡九联圩新开山河处崩塌20多丈，云塘乡大易圩、南二过圩、和尚圩均因大雨遭受内涝。1953年，陶厂区对圩堤出险情况进行调查，发现圩埂坝塌主要原因是春修中未能严格工程标准，缺乏捶工、硪工，致使新旧土不能紧合，久晴晒裂，遭到连续大雨而坍塌。为此，政府全面开展水利建设，力求改变水利落后面貌。

1953年至1957年陶厂区水利工程汇总表

表6-16

1.圩堤工程

年度	圩名	总堤长（米）	工程名称	备注
1953	各圩	52044	消灭险埂	自筹自办
1954	各圩	52044	消灭险埂	自筹自办
1955	各圩	52044	加高培厚	自筹自办
1956	各圩	52044	加高培厚	自筹自办
1957	各圩	52044	整并圩堤	自筹自办

2.防治内涝

年份	工程地点	工程名称	土方（立方米）	田亩（公顷）
1953	和尚圩	串花水埂	825	8
1954	麻湖圩	花水沟	750	57

3.灌溉工程

年份	工程类型	地点	灌溉田亩（公顷）	蓄水量（立方米）
1953	水库	二郎庙	167	
1954	谷坊	黄泥庵	10	15984
1955	谷坊	二郎庙	100	19980
	谷坊	龟山刘山	11.3	10656
1956	谷坊	曹大山	9.3	10650

4.大型涵闸工程

年份	堤埂类型	工程名称	地点	修改建	形状尺寸	受益田亩（公顷）
1953	河堤	涵闸	十联圩	建	2.0单孔朝天	467
1954	河堤	涵闸	十联圩	建	2×1.4拱形	367

5. 小型涵闸工程

年份	工程名称	地点	修改建	形状尺寸	受益田亩
1953	陡门	十联圩	建	1.5×1.2×23	10000
	陡门	大西圩	改建	0.6×0.6×24	3000
	陡门	麻湖圩	改建	0.6×0.6×24	230
1954	陡门	大西圩王桥	改建	0.7×0.7×23	580
	陡门	垱子圩东堡村	建	0.7×0.7×25	840

6. 整修和新建涵闸陡门

年份	整修名称	数量	新建名称	数量
1953	陡门	7	陡门	1
1954	陡门	5	涵	3
	涵	6	涵	5
1955	陡门	6	陡门	1
	涵	5	涵	3
1956	陡门	3	陡门	2
1957	涵	6	陡门	1
	涵	3	涵	4

1959年，陶厂公社动员劳力1.32万人夏修夏防，完成防旱工程土方5.8万立方米，治涝土方3.3万立方米，加高埂头土方3.3万立方米，消灭险埂完成土方7.4万立方米、水保土方1万立方米。

1964—1965年，关镇公社兴修水利工程266处，其中沟渠14处、水坝56处、水塘14处、治涝16处、涵闸22处、电站3处；整修12个圩口，26处圩堤，总长10.5千米，完成土方11.95万立方米，石方1375立方米，混凝土38立方米。

1965年，在农业学大寨的背景下，广大群众兴修水利热情高涨。县水利和农业部门组织一个6人规划组，以关镇公社为试点，以期取得经验后在全县推广。关镇公社山丘、圩区兼有，12个大队中山区大队4个、圩区大队3个、山丘圩区兼有的5个。全社耕地面积1388.2公顷，有排灌设施保收的仅567.4公顷。全社虽有大小塘627口、坝134道、小水库3座、沟渠25条、电力排灌站10处、装机容量635千瓦，但远不能满足农业生产需要。通过勘察调查了解，发现主要问题：一是过去兴修农田水利工程带有很大盲目性，缺乏全面规划，加之一般只顾本队利益，因此工程布局不合理，电站过于分散，机泵配套不合理。二是江老（姜家垴，下同）水库工程标准低、效益不大；规山口水库工程管理不严，造成塘坝淤浅、涵洞淤塞。三是很多水利工程不配套、渠道未挖通，影响充分发挥效益，此现象较为普遍。针对存在的问题，工程建设中坚持领导、技术人员和群众三结合原则，吸取群众的治水经验。如官塘大队利用山丘冲田蓄水等高截流，花工少、收益大。周卫生产队把所有塘坝相互串联，形成一个完整的长藤结瓜式水利系统，扩大了蓄水量，解决小塘小坝水量不足的问题。

1966年关镇公社规划的水利工程有水库7处、山塘30口、塘坝3处、涵闸10处、沟渠23条、渡漕1处。当年完成电站渠道17条，总长度23.51千米。实际完成土方4.44万立方米，新建渡槽1处、分水闸5个。

1996—1998年，陶厂镇在水利基础设施建设中，采取“团结治水，山圩协作，推磨转圈，分期实施，整体推进，全面整治”的方针，高标准、高质量地完成庆丰圩、十联圩、苏滩、裆圩张宋段险埂加固工程，共完成土方39万立方米，投入资金400万元；完成新胜圩泄洪沟清淤（西山、汤徐段），完成土方7万立方米。

2001年春，陶厂镇自筹资金20万元，投入劳力1300人次，对功桥河南二过圩长1500米堤防进行加固，完成土方3.75万立方米。

2003年，全镇水利建设投入200万元，着重实施7大工程，13处重点项目，共完成土方42万立方米。7大工程即裆子圩造地工程，十联圩电站迁址工程，裆圩段圩堤加固工程，狮子山水库防险加固工程，规山和司徒塘坝开挖工程，以及新胜圩电站、三庄电站改造工程。

2006—2010年，全镇在水利建设上累计投入2400万元，完成了十联圩、小王圩、南滩除险加固和十联圩苏滩改造的达标工程，清淤十联圩、新胜圩、庆丰圩、谢圩撇洪渠道共5.4千米。山区开展蓄水工程，先后完成二郎庙、江老、大戚水库的加固改造，清淤开挖45口山区当家塘，改造大易圩闸、张宋电站、张宋闸涵闸陡门。

2013年，庆丰圩加固工程列入县重点工程，完成圩堤长1160米，土方6.5万立方米，总投资150万元（含穿堤涵闸1座）。工程于2013年10月动工，2014年竣工。

2016年，虽然遭遇洪水灾害，由于水利工程发挥作用，陶厂13个圩口没有一个溃破。灾后对7处圩口水毁堤段进行修复，加固十联圩堤防长2.3千米，总投入390万元；开挖塘坝35口、清淤13处，总投资142万元。

2017年，陶厂镇投入450万元对十联圩裆圩段进行除险加固工程，8月竣工。投入176万元对十联圩孙湾段进行吹填，9月竣工。投入35万元对庆丰闸进行改造。投资25万元进行西塔大塘开挖工程，12月开工，次年竣工。

2018年，投资80万元，对翁圩水毁地段修复，当年竣工。投资162万元的“八小”工程全部完工，该项目共挖塘49口，清淤渠道3条，新建过水涵闸3座，完成梅圩1.7千米、庆丰圩1.8千米防汛道路建设，完成黄桃园电站改造工程。

2019年，投资15万元的庆丰圩防汛道路工程、投资25万元的小杜电站改造工程均于年底竣工。完成投资55万元的二郎庙水库防汛道路工程和涵闸电站维修改造。2020

年，争取陶厂河上游项目资金665万元，对铜庙五联圩进行填塘固基，祁首联圩配套、西塔堤防加固、卜李杨府坝改造、新建栗树庄排涝站。同时对1000余处废弃圩塘、沟渠塘坝进行清淤提升，新增耕地68公顷。

2020年陶厂镇涵闸统计表

表6-17　　单位：米

编号	涵闸名称	所属圩口	管护村别	基本情况				备注
				涵长	孔径	底板高程	结构	
HZ201501	新胜圩闸	新胜圩	云塘	19	1.3×1.5	7.3	浆砌石	1976年建设
HZ201502	大易闸	南二过圩	云塘	20	1×1.2	7.3	压力涵管	2015年改造
HZ201503	南二过圩	南二过圩	云塘	20	1×1	6.7	钢筋砼箱涵	2012年改造
HZ201504	翁庄闸	南二过圩	云塘					报废
HZ201505	庆丰圩闸	庆丰圩	云塘	12	1.8×1.8	8	浆砌石	1990年建设，2016年改造
HZ201506	尹毛闸	庆丰圩	云塘	24	1×1	6.7	钢筋砼箱涵	1989年建设，2013年改造
HZ201507	庆丰山河西闸	庆丰圩	云塘	5.5	1.6×1.2×2	9.5	钢筋砼箱桥闸	2014年建
HZ201508	庆丰山河东闸	庆丰圩	云塘	5.5	1.6×1.2×2	10	钢筋砼箱桥闸	2014年建
HZ201509	邱蒋涵	陶西域	西塔	12	300	9	压力涵管	1990年建设
HZ201510	南滩闸	南滩域	祁首	16	400	7	压力涵管	2012年改造
HZ201511	鲁桥闸	旱地庄域	卜李	16	1×1	7	钢筋砼箱涵	2008年改造
HZ201512	旱地庄1闸	旱地庄域	卜李	15	1×1	7.5	钢筋砼箱涵	1990年建设，2019年改造
HZ201513	高涵	十联圩	关镇	22	1.2×1.5	7	钢筋砼箱涵	1970年建设，2019年改造
HZ201514	前杜闸	十联圩	关镇	23	1×1	6.7	钢筋砼箱涵	1990年建设，2012年改造
HZ201515	挡圩闸	十联圩	铜庙	23	1×1.2	6.7	钢筋砼箱涵	2012年迁址改造

续表

编号	涵闸名称	所属圩口	管护村别	基本情况				备注
				涵长	孔径	底板高程	结构	
HZ201516	大斗门	十联圩	铜庙	26	1.2×1.5	6.5	钢筋砼箱涵	2002年改建，2019年改造
HZ201517	张宋闸	十联圩	关镇	22	1×1.2	6.7	钢筋砼箱涵	2010年迁址改造
HZ201518	小坝闸	十联圩	关镇	22	1×1.2	6.7	钢筋砼箱涵	2012年迁址改造
HZ201519	圩湾闸	十联圩	铜庙	26	1.2×1.5	6.7	钢筋砼箱涵	1990年改建，2019年改造
HZ201520	彭滩涵	五联圩	铜庙	16	300	7	压力涵管	1990年建
HZ201521	高速涵	五联圩	铜庙	16	300	6.8	压力涵管	1970年建设
HZ201522	排路闸	五联圩	铜庙	16	300	6.8	压力涵管	1970年建设
HZ201523	五队闸	十联圩	铜庙	5	1.5×1.5	7	浆砌石	2004年建设
HZ201524	旱地庄2闸	旱地庄域	卜李	13	1×1	7.5	钢筋砼箱涵	2019年报废
HZ201525	谢圩闸	谢圩	祁首	32	1×1	7	钢筋砼箱涵	1990年建设，2012年改造
HZ201526	梅圩闸	梅圩	祁首	22	1×1	6.7	钢筋砼箱涵	1990年建设，2012年改造
HZ201527	胡子冲闸	胡子冲	祁首	22	1×1	7.3	钢筋砼箱涵	1990年建设，2012年改造
HZ201528	王圩闸	王圩	关镇	22	1×1	7	钢筋砼箱涵	1990年建设，2012年改造
HZ201529	永安圩闸	永安圩	关镇	22	1×1	6.7	钢筋砼箱涵	1990年建设，2012年改造

三、塘坝整修

中华人民共和国成立前，由于生产力低下，社会动荡，农民对塘坝只能小修小补。1949年统计，陶厂区有大小塘坝沟渠1872处，多数淤积、渗漏、堤埂坍塌，一旦发生山洪无法导蓄，严重影响农业生产。

中华人民共和国成立后，政府贯彻“小蓄为主、小型为主、群众自办为主”的治水方

十联圩整治后的中心渠

祁首村宋村整修后的当家大塘

针，20世纪五六十年代发动丘陵山区人民大力兴修塘坝。1953年10月，建设的杨府坝是陶厂最大塘坝，也是当时县内为数不多的千亩以上自流灌溉工程之一，其蓄水量14万立方米，灌溉面积85.3公顷。

1953—1957年，陶厂区新建塘坝沟渠59个，受益田亩138公顷。1959年，陶厂公社山区整修塘口1807个，总容量537.5万立方米，其中水坝容量68.7万立方米，水沟容量0.45万立方米。4个小水库容量14.5万立方米，灌溉面积水田1541公顷，旱地面积354公顷。1966年，关镇公社整修山塘505处，蓄水377.8万立方米；整修水坝82处，蓄水量76.4万立方米。1966年，县水利部门调查统计，陶厂、关镇整修塘坝共1746处。

1988年，陶厂建有塘坝787处，其中万方大塘123口，总面积226.8万平方米，蓄水量468.2万立方米，灌溉田亩327公顷。关镇建有塘坝453处，其中万方大塘69口，总面积158万平方米，蓄水量290万立方米，灌溉田亩近200公顷。

2000年，含山遭遇严重旱灾后，县政府组织以抗促修的“双千”会战，县、乡两级采取以奖代补“一事一议”和小型水利工程产权制度改革等方式筹集资金，开展挖千口塘、打千眼井大会战。2002年，陶厂提出“百塘千井”号召，共新挖、拓挖山塘150余口，打井1500余口。2005年全镇有塘坝1087口，其中万方大塘达180口，蓄水量近310万立方米，灌溉粮田733.3公顷。

2013年，陶厂利用农业开发项目工程，实施土地平整、沟渠配套、塘坝扩挖、涵闸改造项目，共挖塘153口，总土方85万立方米。工程于2013年10月动工，2014年竣工。

2020年，陶厂争取到农田水利“最后一公里”项目资金，对司徒、西山、关镇等村的塘坝进行扩挖、沟渠硬化、电站、桥梁改造等，总投资720万元。

2021年，全镇共有塘坝1098口，其中万方以上大塘143口。近年来清淤、加固、扩挖塘坝457口。通过整治，有的万方大塘达到小（二）型水库标准，较大的塘坝有9口，正在申报小（二）型水库。

陶厂镇历任党委、政府始终把兴修水利放在重要位置，一茬接一茬地干，久久为功，在历年水利兴修工程中都走在全县前列，全镇水利条件得到极大改善，抗灾能力不断增强。

2005年，陶厂镇获“2003—2004年度全县农田水利基本建设先进乡镇”第二名（奖励1.5万元）；2012年获“马鞍山市第十五届‘江东杯’水利兴修竞赛”二等奖（奖励9万元），2013年获“马鞍山市第十六届‘江东杯’水利兴修竞赛”三等奖（奖励5万元），2014年获“马鞍山市第十七届‘江东杯’水利兴修竞赛”一等奖（奖励15万元），2016年获“马鞍山市第十九届‘江东杯’水利兴修竞赛”一等奖（奖励15万元），2018年获“2016—2017年度含山县农田水利基本建设先进镇”第一名（奖励20万元），2018年关镇村获得农田水利基本建设先进村表彰（奖励2000元），2019年，陶厂镇司徒村获得“2017—2018年县农田水利基本建设先进村”表彰（奖励2000元）。

四、水库建设

清代和民国时期，陶厂地区没有水库。由于缺少水库调节，无法做到旱涝保收。1958年“大跃进”期间，全县掀起兴建水库热潮，关镇修建狮子山水库，1959年竣工，总库容13万立方米，有效灌溉面积19公顷。1958年，关镇新建江老水库，1960年竣工，总库容56万立方米，为小（二）型水库，有效灌溉面积70公顷。1959年10月，在陶厂东北修建洪份水库，1964年5月竣工，总库容42万立方米，有效灌溉面积66.6公顷。1960年，修建上二郎庙水库，1965年竣工，库容24万立方米，有效灌溉面积70公顷。同年，修建下二郎水库，1965年竣工，库容78万立方米，有效灌溉面积210.26公顷。1966年，关镇公社司徒大队修建小水库2座，蓄水28.8万立方米。圣河大队修建小水库1座，蓄水12万立方米。

江老水库

二郎庙水库是陶厂公社从1960年开始修建的最大水库，直到1965年才完全竣工。水库位于牛屯河水系上游山区。修建二郎庙水库时没有地质钻探资料，边规划、边设计、边施工，因此初期工程质量较差，通过后期建设，每年除险加固，逐步达到水库标准。二郎庙水库总库容102万立方米，集水面积4.6平方千米，为小（二）型水库。水库大坝为心墙坝，坝顶高程45.4米，顶宽3.5米，坝顶长度170米，最大坝高18米。该水库是一座以灌溉为主，兼防洪和水产养殖综合性水库，水库有效灌溉面积280公顷，其中水田246公顷，旱地30.4公顷，分布在汤徐、西山、唐庄3个大队。

2012年，江老水库维修加固工地

二郎庙水库

规山口水库

这3个丘陵易旱大队生产生活长期缺水，该库自建造以来，虽修建了傍田灌溉渠道，但由于无高涵，造成有沟无水，水库虽有水无高涵，解决不了傍田灌溉问题。为充分发挥该库效益，迫切需要增建高涵和溢洪道护砌。1982年，县水利局向巢湖行署水电局报送《二郎庙水库续建工程简要设计》报告。二郎庙水库续建工程由陶厂公社负责组织施工，县水利局负责技术指导，两年施工完成，第一年拓宽溢洪道及大坝加高培厚，第二年护砌溢洪道和增做高涵。工程完成大坝加高土方2.4万立方米，总土方3万立方米，干砌块石100万立方米，砌块石20.87万立方米，浇筑混凝土602万立方米，总经费11.77万元。1984年，县水利局验收确认二郎庙水库为小（二）型库，集水面积4.6平方千米，可养鱼面积4.5万平方米。1999年，国家投资28.4万元，对二郎庙水库再次进行除险加固。此次除险加固工程由县水务局绘制施工图纸，组织施工指派技术人员现场指导。工程历时90天结束。

2021年陶厂镇水库情况一览表

表6-18

名称	总库容	大坝				溢洪道		放水涵		改造年份
	万立方米	大坝长（米）	坝顶宽（米）	坝顶高程（米）	坝高（米）	宽（米）	高程（米）	涵底高程（米）	尺寸（m×m）	
二郎庙	102	200	5	46	15.38	30	41		1*1.5	1982
狮子山	20	187	4	52.11	8.1	4	49.5	46.3	0.8*1.2	2014
江老	52.97	246	5	60.35	12	10.5	57.3	51.3	0.6*0.8	2012
规山口	24.8	69	5	30.7	8	4	29	23.4	8*1.2	2017
大戚	11.1	411	4	50.23	7.8	8.4	48.32	44.04	1*1.2	2019

五、排灌站建设

1958年，在铜庙乡新建十联圩机械排灌站，有柴油排灌设备6台，150马力，排灌面积856.6公顷。

1959年11月，新建陶厂固定灌溉机械站三庄站，有柴油机8台，480马力，排灌面积666.6公顷。同年，在十联圩大坝新建抽水机站，安装柴油机3台，总马力75匹。每台每小时出水量640立方米，受益面积750公顷。

1960年，关镇公社在铜庙新建黄家嘴一级排灌站，总动力565马力，灌溉面积1780公顷；陶厂公社在三庄大队的河上庄南新建河上庄二级排灌站，总动力170马力，灌溉面积593公顷。

1965年，关镇公社新建排灌站有：铜庙大队江王桥堆子圩电站，安装电动机1台、40千瓦，受益面积61公顷；铜庙大队五联玥二级站，安装电动机1台、28千瓦，柴油机1台、马力25匹，变压器1台，受益面积132公顷；张宋排灌闸电站，安装电动机1台、40千瓦，柴油机3台、145马力，受益面积113公顷；圣河大坝电站，安装电动机1台、40千瓦，变压器1台，受益面积53.3公顷。

垱圩排灌站

1966年，陶厂、关镇两公社许多大队都购置了机械排灌设备，使得排灌不再完全依赖人力水车。陶厂公社三庄大队有电动机3台、总功率150千瓦；有柴油机1台、16马力。祁首大队有电动机1台、40千瓦，有柴油机9台、总功率516马力。汤徐大队有柴油机1台、60马力。西塔大队有柴油机1台、60马力。九联大队有柴油机1台、80马力。金易大队有柴油机5台、总功率300马力。同时，陶厂公社修建排涝沟渠22条，总长1.08万米，排涝面积79公顷；灌溉渠道32条，总长度8670米，灌溉面积37公顷。

新胜圩排灌站

关镇公社马山大队有电动机1台、20千瓦，灌溉面积18公顷。姜王大队有电动机1台、20千瓦，灌溉面积11.4公顷。西河大队有电动机3台、95千瓦，灌溉面积127公顷。关镇大队有电动机1台、55千瓦，灌溉面积46公顷。圣河大队有电动机1台、22千瓦，灌溉面积6.7公顷。苏滩大队有电动机4台、146千瓦，灌溉面积80公顷。张宋大队

苏滩排灌站

祁首村三庄排灌站

新胜圩排灌站出水渠道

有电动机1台、55千瓦，灌溉面积40公顷。铜庙大队有电动机3台、150千瓦，灌溉面积33.3公顷。全社修有排涝沟渠53条，总长2.56万米，排涝面积525公顷；灌溉渠道18条，总长1.81万米，灌溉面积431公顷。

1967年陶厂公社建成西塔一级站，安装电动机1台、40千瓦，扬程8米；年末建西塔二级站，装电动机1台、40千瓦，扬程10米，受益面积107公顷。三庄建三级站（配套原有1962年建成的一、二级站），安装电动机1台、40千瓦，扬程7.5米，受益面积200公顷。

1973年，陶厂公社共有排灌柴油机5台、225马力；电动排灌机142台、1083千瓦。关镇公社有排灌柴油机2台、50马力；排灌电动机117台、1302千瓦；锅驼机8台、1685马力；农用水泵124台。

1986年，陶厂镇建有排灌站5座，抗旱站9座，总装机14台、总功率109千瓦，同时有柴油机15台、总功率300马力。建有涵闸陡门46处。关镇乡有排灌站5座，抗旱站5座，总装机台21台、总功率995千瓦，同时有柴油机6台、总功率72马力。建有涵闸陡门26处。

1988年陶厂镇分别在梅圩、新胜圩、大葛圩、南二过圩、大易圩建有电灌站5座，总装机台8台，总功率440千瓦，受益面积200公顷。关镇乡分别在黄嘴、大坝、垱子圩、张宋、盛河、潘庄、朱墩、苏滩、五联圩、永安圩建有电灌站10座，总装机16台、总功率960千瓦，受益面积629公顷。

从1996年到1998年，陶厂镇掀起水利建设高潮。这期间除对圩区险埂加固外，山区新开挖当家塘坝27处，对马山河桥拦水坝、规山蛇洼水库、二郎庙水库、横山小王庄水库进行整修，同时对圩区7座控制涵闸和4个排灌电站进行了整修，排除了隐患和险病情，保证了机械的正常运转。

2005年，陶厂改造小型电力排灌站31座。2011年，陶厂实施农田水利"12334工程"，即1块土地平整，2处圩堤加固（南二过圩土方6万立方米、南滩圩土方3万立方米），3条渠道清淤（新胜圩、十联圩、新胜圩撇洪渠），30口当家塘清淤，4座排灌站改造（新胜圩站、祁首站、张宋站、庆丰圩站）。

2014年，全镇建有排灌站33座、安装电机52台套，总功率2455千瓦；更新改造排灌站28座；修建沿河涵闸21座，改造16座。

2020年陶厂镇电力排灌站统计表

表6-19

编号	泵站名称	村名	建站时间	改造时间	水泵型号	电机型号	台套	装机（kw）	流量（m^3/s）	扬程（米）	泵房（m^2）	备注
1	挡圩	铜庙	1989.1	2003.11	650HW-7	YJS355-12-100	3	300	3.18	7.6	164	铜庙原大坝站迁址改造，十联圩排涝站
2	黄嘴站	铜庙	1965.12	2006.5	300HW-8	Y250M-8	1	22	0.3	8.2	46.2	铜庙十联圩，灌溉站
3	铜庙站	铜庙	2012.11	2012.11	300HW-8	Y250-8	1	55	0.45	6.2	64.5	铜庙五联圩，排涝站
4	卫鲁站	铜庙	1975.1	2012.11	400HW-7	Y250M-8	2	60	0.7	6.8	55	铜庙十联圩，灌排站
5	排路站	铜庙	1973.2	2015.1	400HW-7	Y250M-8	1	30	0.35	7.2	33.5	铜庙五联圩，排涝站
6	梅圩站	祁首	1990.6	2014.6	400HW-8	Y315-10	1	55	0.45	6.2	45.5	祁首梅圩，排涝站
7	三庄站	祁首	1965.7	2012.5	300-S19	YX3-250M-4	2	110	0.25	19	75	祁首灌溉站
8	祁圩站	祁首	1990.5	2020.12	500HW-8	Y315-10	2	110	1	7.6	21	祁首2020年报废，与南滩站合建
9	胡子冲站	祁首	1990.5	2012.11	400HW-7	Y250-8	1	30	0.35	7	112	排涝站
10	谢圩站	祁首	1990.5	2012.12	400HW-7	Y250-8	1	30	0.35	7	42.5	排涝站
11	南滩站	祁首	1990.5	2012.12	400HW-7	Y250-8	1	30	0.35	7	25	联圩后2020年报废
12	三庄二级站	祁首	1978.8	2015.1	200HWC-8	TYPE-YKP180M-6	1	18.5	0.15	9	20	灌溉
13	大过站	祁首	2014.5	2014.5	200HW-12	TYPE-YKP180M-4	1	18.5	0.12	12	11.5	灌溉
14	李庄站	祁首	1990.5	2015.12	300HW-7	Y250M-8	1	22	0.2	6.8	13	排涝站
15	陶园站	西塔	2019.12	2019.12	500HW-8	Y315-10	1	55	0.45	7.2	15	排涝站
16	小陶站	西塔	1978.8	2008.5	KSP350-300-300B	Y250M-4	1	55	0.22	20	47.9	灌溉站

续表

编号	泵站名称	村名	建站时间	改造时间	水泵型号	电机型号	台套	装机（kw）	流量（m^3/s）	扬程（米）	泵房（m^2）	备注
17	冯王站	西塔	1978.1	2011.11	200HW-12	Y1000C2-4	1	30	0.15	8	33	灌溉站
18	邱蒋站	西塔	1978.11	2007.11	350QZB-100	YQGN160-4-22	1	30	0.35	3.2	17.6	灌溉站
19	立树庄站	卜李	2008.5		KSP250-200-320KB	Y250M-4	1	55	0.18	22.6	41.6	灌溉站
20	杨府坝站	卜李	2008.5		KSP250-200-320KB	Y225S-4	1	37	0.15	17	41.6	灌溉站
21	杨府城站	卜李	2008.5		KSP200-150-290B	Y180L-4	1	22	0.1	15	31.5	灌溉站
22	鲁桥站	卜李	2008.5		500QZB-125	YQGN160-4-37	1	55	0.79	3.5	17.6	排涝站
23	旱地庄站	卜李	2013.5		500HW-7	Y315-10	2	110	0.9	6.2	67.2	排涝站
24	张宋站	关镇	1978.8	2013.6	500HW-10	Y315S-8	1	55	0.5	9.94	42.5	灌溉站
25	潘村站	关镇	1978.9	2015.12	400丰产泵	j093-6	3	200	1.01	7.2/9.8	156	1台90千瓦灌溉，2台110千瓦排涝
26	高程站	关镇	2006.5		200HW-8	Y160M-8	1	11	0.1	6.8	12.5	灌溉站
27	苏滩1站	关镇	2005.12		650HW-7	JS-13-12	2	200	2.02	7.6	58.9	排涝站
28	季村站	关镇	1978.1	2011.4	300HW-8	Y250-8	1	22	0.25	8.2	23.2	灌溉站
29	上左灌溉站	关镇	2006.5		200HW-8	Y160M-8	1	11	0.1	6.8	12.5	灌溉站
30	潘村二级站	关镇	1982.3	2006.5	300HW-8	Y250-8	1	30	0.25	8.2	30	灌溉站
31	苏滩2站	关镇	1970.1	2012.12	500HW-7	JS-116-10	2	110	1	6.2	84.5	排涝站
32	王圩站	关镇	1990.11	2012.11	500HW-6	Y315-10	1	55	0.35	6.2	112	排涝站
33	永安圩站	关镇	1990.11	2009.12	300HW-8	Y250-8	1	22	0.25	8	35	排涝站
34	庆丰圩1站	云塘	1990.6	2012.4	500HW-8	JS-116-10	2	110	0.85	6	88	排涝站

续表

编号	泵站名称	村名	建站时间	改造时间	水泵型号	电机型号	台套	装机（kw）	流量（m^3/s）	扬程（米）	泵房（m^2）	备　注
35	庆丰圩2站	云塘	2013.12		650HW-8	JS-13-12	2	200	1.9	7.5	80	排涝站
36	大葛站	云塘	1978.5	2014.6	300HW-12.5	Y250M-6	1	37	0.25	12.5	32	灌溉站
37	金易站	云塘	1969.5	2011.12	500HW-8	Y315-10	2	110	1	7	52	2011年迁址改造、排涝站
38	南二过站	云塘	1969.3	2015.1	400HW-8	Y250-8	1	55	0.3	7	45	灌溉站
39	云塘二级站	云塘	1973.5	2015.4	300HW-12.5	Y200L2-6B3	1	37	0.3	12.5	35	灌溉站
40	新胜圩站	云塘	1976.11	2012.6	650HW-8	JS-136-12	3	300	3.16	7.6	82.2	2012年改造
41	大易站	云塘	1968.3	1990.5	300HW-8	Y160M-8	1	22	0.25		13	报废
42	张李站	云塘	2015.3		300HW-8	Y160M-8	1	22	0.2	7	13	灌溉站
43	破鸡南站	社区	2015.3		300HW-8	Y160M-8	1	22	0.2	8	13	灌溉站
44	小葛站	西山	2015.3		300HW-8	Y160M-8	1	22	0.2	8	13	灌溉站
45	吴庄站	官塘	2014.12		200HW-12	YE3-180-4	1	18.5	0.1	12.5	21	灌溉站
46	下左站	关正	2006.5		200HW-8	Y160M-8	1	11	0.1	6.8	12.5	灌溉站
47	大过站	祁首	2014.4		200HW-12	TYPE-YKP180M-4	1	18.5	0.1	12.5	10	灌溉站
48	朱村站	关正	2017.9		200HW-8	Y160M-8	1	11	0.1	6.8	12.5	灌溉站
49	铜庙灌溉站	铜庙	1978.8		200HW-8	Y160M-8	1	11	0.1	6.8	12.5	灌溉站
50	大李站	卜李	1965.1	2018.6	200HW-8	Y160M-8	1	11	0.1	6.8	12.5	灌溉站
	合计						64	3063				

六、河道治理

1984年，巢湖地区把牛屯河分洪道工程列入淠史杭——巢湖农业引用外资项目。1986年冬至1988年春，进行一、二期治理工程，工程全部在和县境内。1988年冬至1989年春，三期工程进入含山境内。陶厂镇、铜闸镇位于牛屯河流域，牛屯河分洪道工程对这两个镇尤为重要。

2021年，功桥河治理施工现场

1989年冬，牛屯河四期工程开工，主要工程任务是整修陶厂河和功桥河。两河土方总任务108.37万立方米，工段总长13.48千米。其中，陶厂河从陶厂河口至鲁桥，河道中心长7.8千米，右岸施工工段长8.26千米，左堤5.71千米，土方任务97.05万立方米。功桥河施工工段总长5.21千米，土方任务10.32万立方米。第四期牛屯河工程任务，仍然依据1986年9月县政府决定的“由全县各乡、镇负担，任务分配按农村人口和田亩各一半负担”政策。1989年11月11日工程全面开工，12月底竣工，工期50天。

1989年冬，实施功桥河支汊河铜庙垱子圩治理工程。陶厂镇组织民工对功桥河大易至小金滩河道进行治理，全长2.75千米，河堤加高增厚，完成土方8.5万立方米，投入劳力1600人次，加固后堤顶高程11.5～12.9米，顶宽3米，迎水坡1∶2，背水坡1∶2.5。同时自筹资金13万元，治理鲁桥至垱子圩段河道，长7.75千米，完成土方17.5万立方米，投入劳力2700人次。加固后堤顶高程12.8～12.9米，顶宽3～4.5米，迎水坡1∶2，背水坡1∶3。

1990年冬，牛屯河治理第五期工程开工，工程任务是完成陶厂河、铜庙河、向日方、珠投岗、凌滩东、凌滩西和黄滩7条牛屯河支汊河的治理。河道总长23.49千米，土方105万立方米。参加施工的包括陶厂镇5个区(镇)14个乡镇。工程从11月16日开工，经过6.5万驻堤民工40多天的奋战，到12月25日全部结束，共完成土方134.8万立方米，占计划的128%。所治理的7条支汊河堤普遍加高培厚2～3米，其中陶厂河床高程由原来的7米降为5米，施工和工程质量标准均超过省地规定。7条支汊河的防洪标准由原来的不到10年一遇提高到20年一遇，整个工程受益面积达3733公顷。

1997年冬至1998年春天，陶厂镇自筹资金26万元，组织民工对功桥河庆丰圩段1400米堤防加固，完成土方4.9万立方米。加固后堤顶宽3.5米，迎水坡1∶2，背水坡1∶3。

2002年，陶厂镇自筹资金35万元，对铜庙至垱子圩1.75千米堤防加固，投入机械11台套，投入劳力870人次，完成土方7.5万立方米。加固后堤顶高程平均11.8米，堤顶宽3～4.5米，迎水坡1∶1.5，背水坡1∶2.5。

2012年，陶厂河治理工程，总投资2500万元，加固圩堤14.95千米，对流域内19座电站涵闸进行改造或重建，涉及全镇6个村和社区。治理工程于2013年5月竣工。

2018—2019年，含山县争取到牛屯河流域治理工程项目，总投资6200万元，对境内的陶厂河、铜庙河的十联圩、王圩、旱地庄圩进行达标升级，对部分老旧涵闸进行改造。该工程于2019年底竣工，在2020年的防汛中该项目发挥了重大作用。

2021年陶厂主要河流治理情况一览表

表6-20

名称	长度（千米）	河底高程（米）	河底宽（米）	改造年份	投入资金（万元）	实施单位
陶厂河	9.7	5/3.5	50/150	2012/2018	1600/2400	县水务局
铜庙河	2.7	7.5/4.8	50/250	2018	1600/2400	县水利局
功桥河	5.5	7.5/6	40/330	2022	1200	陶厂镇政府

七、防汛抗旱

自古以来，陶厂地区水多则涝，水少则旱，灾害频繁。针对陶厂镇易旱易涝的特点，为更加有效地组织防汛抗旱，及时应对灾情，2008年，陶厂镇制定了《陶厂镇防汛抗旱预案》。预案内容有：①全面开展汛前检查，有四项具体工作；②当外河水位达到设防水位时，有五条具体工作任务；③当外河水位达警戒水位，并继续上涨时，有三项准备工作；④当外河水位继续上涨，达到保证水位时，有三条措施；⑤当超历史最高水位时，有四项应急措施。预案对抢险队伍组织安排、防汛物资筹备、防汛经费落实都作了具体安排。预案还细分为水库防汛预案和万亩大圩——十联圩防汛预案等。

2016年新胜圩受灾状况

抗旱预案中，包括蓄水工程、提水工程、引水工程检查，具体抗旱措施细化若干条。同时还制定了《陶厂镇防台风和山洪灾害应急预案》。

2011年，县防汛抗旱指挥部将修订后的《二郎庙水库防汛抢险应急预案》《十联圩防汛抢险应急预案》印发给陶厂镇执行。至此，陶厂在重大自然灾害发生时能够从容、有效应对，彻底改变了过去防灾时混乱无序状况。

（一）陶厂地区洪涝灾害

1954年水灾　这一年5月至7月，陶厂地区3个月降雨56天，降雨量946.9毫米，大水为百年一遇级别。5月底，翁小圩、南二过圩溃破。7月上旬，水位达到1931年水位时，陶厂最大圩口十联圩溃破。7月下旬，水位超过1931年10厘米，铜闸火车站东边铁路崩口，汹涌的洪水直灌牛屯河。虽经广大干群奋力抢险，终因人力不能抗拒，圩口尽破，损失十分严重。至8月初，陶厂区10个乡淹没农田1907.27公顷，冲毁圩口19处，钻山淹35处，倒塌房屋2470间。后统计，陶厂、关镇两乡40多个大小圩口、冲、月子全部溃破。8月秋收时，有40天未下雨，出现夹秋旱。冬季天寒地冻，大雪封门。

1969年水灾　这一年7月5—16日，全县平均降雨量610毫米，关镇、陶厂地区超过平均降雨量，其中7月14日8时至15日8时，24小时降雨330毫米，降雨量之集中，雨量之大，来势之猛，均为历史上所罕见。牛屯河、陶厂河水位一度超过1954年的最高水位。7月14日夜，十联圩张宋站处突然溃破。紧急关头，关镇公社干群连夜奔赴抗洪抢险保圩第一线，与洪水搏斗两天两夜，终于封堵住缺口，保住大堤。但由于雨急量大，圩内庄稼仍遭内涝淹没，关镇公社受灾面积达660公顷。

1952年至1976年关镇洪涝旱灾统计表

表6—21

年份	1952	1954	1958	1959	1960	1961	1962	1965	1969	1972	1975	1976
灾情类别	旱灾	水灾	旱灾	涝灾	旱涝灾	旱涝灾	旱涝灾	旱涝灾	水灾	涝灾	洪灾	洪灾
受灾面积（公顷）	170.2	794.4	454	283.7	340.5	396.6	396.6	197	624	56.4	49	226

1969年陶厂公社洪涝灾害情况统计表

表6–22

队别	春夏作物成灾情况									倒塌房屋（座）
	灾前实种面积（亩）	成灾总面积（亩）	特重灾（亩）	重灾（亩）	轻灾（亩）	灾前计划产量（斤）	灾后减产粮食（斤）	灾后抢种		
								晚秋作物面积（亩）	预计可产粮食（斤）	
汤徐	708	472				1323200	975200	150	4500	4
祁首	1477	890	691	102	97	1177900	846820	191	68600	5

续表

队别	春夏作物成灾情况									倒塌房屋（座）
	灾前实种面积（亩）	成灾总面积（亩）				灾前计划产量（斤）	灾后减产粮食（斤）	灾后抢种		
			特重灾（亩）	重灾（亩）	轻灾（亩）			晚秋作物面积（亩）	预计可产粮食（斤）	
三庄	849.5	479	381	98		385350	294113	103	41200	
九联	86.8	48	42	6		33600	32600			
西山	705	250	162	52	36	584595	315000	49	13500	
云塘	347	193	117	5	71	319000	181300	17	5100	
金易	1625	861	645	150	66	1289740	582590	219.8	67210	

1991年水灾　这一年开春以后，一直阴雨绵绵。自5月中旬起大雨不断，提前进入汛期。6—8月，出现3次大范围降雨过程，降雨量共达1030毫米。尤其是7月1日24小时降雨量达253毫米，致使牛屯河水位猛涨，各支汊河水位高达11.60米。由于连降暴雨，山洪汹涌而下，全镇1240个大小塘坝满溢，4口水库和2条主河道均超危险水位。十联圩、庆丰圩等千亩以上的圩口相继出现险情，南二过圩等7个中小圩口相继溃破。祁首村除梅圩外全部淹没，新胜圩内耕地淹没60%。关镇片各大圩口全部内涝，虽然开动所有机械排水，但损失仍很严重，受灾面积643.73公顷，倒塌房屋45间，冲毁水利设施85处，直接经济损失515.36万元。

1998年水灾　这一年6月下旬，降雨量达230多毫米，全镇险情频发，祁首村的小南滩、梅圩、谢圩全部溃破。垱子圩和铜庙湾、南二过圩多处险象环生。全镇累计受灾面积752.33公顷，山区塘坝冲毁42处，直接经济损失704.55万元。

2016年，抗洪十联圩抢险现场

2016年水灾　这一年是超级厄尔尼诺现象发生最严重的一年。7月1日，陶厂镇24小时降雨量297毫米，一周降雨量达595毫米。7月5日，牛屯河水位涨至11.73米，超保证水位0.23米，短期降雨量之大，水位上涨之高，创历史纪录。一时山洪暴发，水库、塘坝全部超汛限水位，圩区内涝严重，大小圩纷纷告急，全镇防汛工作受到巨大压力。镇防汛抗旱指挥部根据应急预案，立即启动相关级别的响应程序，全镇干部、党员和群众紧急投入抗洪第一线。从4月下旬开始，按照镇防汛岗位责任制的要求，全体机关分工干部和村“两委”成员对各自防汛责任点进行仔细排查，针对存在的问题，各防汛点安排专人限期治理到位，隐患得到及时排除。同时，汛前镇财政拿出20万元用于购置雨布、塑编袋、木料、铁丝、投影灯等物资，保障了防汛物资需要。在防汛关键时期，后勤组在各个防汛点、过境道路、村庄等地点安排了大量的红旗、宣传横幅，宣传报道模范人物、先进事迹鼓舞人们抗洪斗志。汛期共发生大小险情25处，其中大的险情有9处，包括十联圩、南二过圩、南滩、旱地庄圩等圩口，出现了不同程度的塌方、滑坡、管涌等险情，最大塌方长达40米。县镇技术人员现场会诊，拿出科学的抢险方案。由于方法得当，处置到位，效果明显，险情全部得到及时控制。经全镇干群近一个月的奋战，全填12个圩口无一溃破，防汛工作取得了全面胜利。2016年，陶厂防汛抢险工作受到省委、省政府通报表彰。

2020年洪灾　是年入汛以后，陶厂共遭遇14场强降水过程，单日最大降雨量132.4毫米。同时受长江流域持续强降水、巢湖泄洪影响，牛屯河水位涨至12.1米，且长达10天时间维持超保证水位运行，极大增加除险保圩的难度。祁首5个中小圩口全部告急。陶厂镇组织人力临时加高圩埂0.5～1米，长1.5千米。鉴于巢湖闸将开闸泄洪，牛屯河水位还将上涨，且全流域已连续多天超保证水位，7月18日陶厂河水位高达13.15米，市、县防汛指挥部要求铜庙、关镇、卜李3个村17个圩区自然村，在19日17时到22时之前，村民全部紧急撤离到安全地区。陶厂镇迅速应对，科学调度，采取自行转移和集中安置相结合方式，迅速安全转移1500多人，在陶厂小学集中安置百余人，并且做到服务到位。防汛最紧张的时候，省长李国英到陶厂十联圩东堡段查看陶厂防汛工作，称赞陶厂防汛组织有力、准备充分、方法得当、保障有力。

（二）陶厂地区旱灾

1978年旱灾　这一年旱情发生早，持续时间长。从上年冬旱持续到当年春旱、夏旱直至秋旱，持续8个月之久。1—7月，降雨量仅355.6毫米，而蒸发量达1054毫米。8月1日至11月4日，90多天基本无雨。全年降雨量505.4毫米，为常年平均降雨量的一半，为70多年未遇的特大干旱。陶厂河、功桥河、铜庙河7月中旬就完全断流。县内受旱严重的关镇、陶厂等7个公社、41个大队、300个生产队无水可提。关镇、陶厂两公社除开动所有能用的提水灌溉机械，还动用水车100多辆，挖土井200口，砖砌井30口，优先解决山丘区人畜饮用水困难。

1990年旱灾　这一年6月1日至8月10日，全县旱情十分严重，塘坝干涸达96%，部分地区人畜饮用水断绝。陶厂镇为全县旱情最严重的乡镇之一，14个行政村累计成灾面积1842公顷，绝收面积达1000公顷，直接经济损失833万元。陶厂镇陶西、西塔、唐庄、金易、云塘、西山、汤徐7村和关镇乡的官塘、圣河、铜庙、关镇、司徒、规山、卜李、马山8村旱情最为严重，受灾面积和受灾程度达70%以上。西塔村大戚自然村一带、唐庄村山口自然村一带，人畜饮用水困难，生产无法进行。陶厂镇只用7天7夜的时间，在鲁桥电站临时架设73节、每节4米长的水泥压力管，向干旱地区输水。关镇乡官塘村架起9级站提水抗旱。经过两个乡镇广大干群的共同努力，至8月10日，旱情得到缓解，双晚栽插任务基本完成。是年，陶厂镇获全国抗旱先进集体称号，受到国家防汛抗旱总指挥部通报表彰。

2022年大旱，卜李、司徒两村22级提水灌溉

1994年旱灾　这一年夏季，连续45天未下透雨，1—8月降雨量比常年减少344.4毫米，出现空梅，“夏旱、伏旱、秋旱”三旱并举，为历史少见。8月中旬山区塘坝水井及小水库全部干涸，致使人畜饮用水十分困难。自6月19日，全镇气温达35℃以上，最高气温连续10多天达39℃，蒸发量大，造成中稻，单、双晚稻、花生和棉花大面积减产。

八、水利管理

民国以前，含山县内水利仅铜闸一处设有专人管理，较大圩口设圩董、圩长，由当地有名望地主、士绅兼任，圩堤按亩划段给农民修防。民国时期，县水利工程由建设科管理。1932年，成立“含山县水利工程委员会”，各区成立分会，较大圩口成立堤工委员会，但这些组织大多有名无实，流于形式。

1952年8月，县人民政府成立水利委员会，1958年改称“水利局”。20世纪初至70年代中期，水利、电力两局两度分合，称“水电局”。全县水利工程实行四级管理，两个乡镇以上受益工程，归县水利局管理；两个大队以上受益工程，属乡（镇）管理；两个自然村以上受益工程，属大队管理，小塘、小坝归生产小村或用户管理。陶厂镇一级管理的圩口有十联圩、新胜圩。

从1966年起，陶厂、关镇两公社各配有一名水利员，负责本社水利技术工作，工资由水利局从每年农水经费中给予补助，不足部分由公社解决。另外，各乡（镇）确定专职农电工兼职站长，负责水利机械维修，机房看管和排灌时管理。

1966年10月，根据水利电力部文件规定，开始按受益田亩征收水费，亩收0.5～0.6元。1981年，亩收水费提高到1元。1985年，根据国务院文件，国营排灌站、水库在原收基本水费外，另收计量水费，促进计划用水、节约用水。乡（镇）和村委会管理的排灌工程，水费征收标准由乡（镇）、村委会自定、自收、自用。

1997年8月撤销县水利局，成立水务局。各乡镇设水务站。2019年陶厂设水利服务站，工作人员3人。

2017年，根据上级要求，陶厂镇开始全面推行“河长制”工作，成立陶厂镇“河长制”办公室，办公室设在农办，办公室主任由分管副镇长担任。推行河长制，旨在建立健全河湖保护管理机制，以保护水资源、防治水污染、改善水环境、修复水生态为主要任务。组织形式为分级设立河长。镇级设立总河长，副总河长，分别由镇党委、政府主要负责人担任。镇境内陶厂河、铜庙河、功桥河设立镇级河长，由镇级负责人担任。镇直相关部门、单位协助开展工作。各村设村级河长，由村级组织主要负责人担任。小(二)型水库河长由镇级负责人担任，当家塘、沟渠由村级组织明确河长。

河长制公示牌

分级建立河长会议制度。镇级河长会议协调解决河湖管理保护中的重点、难点问题。河长制实行定期巡查制度，镇级河长每月不少于2次，村级河长每月不少于4次。巡查重点是河湖日常保洁、违法排污、涉水违建等内容，发现问题及时联系相关村进行处理，发现重大问题或隐患，第一时间以书面形式报送有关部门，并向本级河长制办公室报告。每次巡查有记录可查。设立河长责任公示牌，明确村级“河长”和巡查人员，开展巡河、管河、治河工作，接受群众监督。

陶厂推行河长制后，列入镇级河长管理的主要河流有陶厂河、功桥河、铜庙河；列入镇级河长管理的小型水库4座，分别是规山口水库、狮子山水库、姜家堖水库、二郎庙水库；万方以上大塘110口。对陶厂河、铜庙河、功桥河分别划定了保护区，设立水源地保护标志，严格控制生活污水及企业用水排放。通过投资修建污水处理厂，定期对生活饮用水水源水质进行检测，确保饮水安全达标。组织相关单位联合对陶厂河违法围网进行强制拆除。河长制全面推行以后，镇境内河道、水库、塘坝清洁度明显提升，杂草少了，漂浮物没有了，水生态得到改善，水质全部达标。

附：

含山县民国至2020年重大自然灾害纪要

以下自然灾害虽然记录的是全县受灾简况，但十之八九陶厂地区都属于灾区。因史料不记录到乡镇，故将发生在全县的自然灾害附录在后，从中也可窥见陶厂地区受灾一斑。

民国七年(1918年)，大旱。

民国八年(1919年)，水灾。

民国十年(1921年)，大水破圩。

民国十五年(1926年)，水灾、蝗灾。

民国十六年(1927年)，旱灾、虫灾。

民国十八年(1929年)，五、六月大旱，山田无收。

民国二十年(1931年)，特大洪灾。沿江地区连续大雨3个月，芜湖水位达9.57米，为芜湖最高水文纪录，芜湖市内所有街道水深1.22米。含山县7月初大雨倾盆，昼夜不停，到7月下旬再次大雨如注，山洪齐发，势若奔马。巢湖之水陡涨一丈多，江潮倒灌，全县100多个大小圩口全部溃破。含山受灾田亩8068公顷，灾民12.1万人，死亡429人，倒塌房屋40095间，财产损失400万元。

民国二十二年(1933年)，水灾。

民国二十三年(1934年)，特大旱灾。4月中旬至7月初，近80天未下透雨，山田无收。

民国二十四年(1935年)，水灾破圩。

民国三十一年(1942年)，内涝严重。

民国三十四年(1945年)，大旱、山区无水栽秧。

民国三十七年(1948年)，大水，内涝严重。

1949年，大水，部分破圩。

1952年，大旱3个多月，山田受旱严重。

1953年，先旱后涝，同时发生虫灾。

1954年，发生百年不遇的特大洪灾，梅雨季节长达57天，降雨量大、持续时间长，为长江流域有气象记录以来最大值。含山县自6月上旬至7月下旬先后降19场大暴雨，全年降雨量达1604毫米，是常年的1.66倍，仅5月至7月降雨量就达1054.8毫米。6月末水位高达11.32米，7月23日铜城闸溃破，破堤后普遍水涨1米，8月最高水位达12.06米，超过1931年大水0.91米，全县圩口全部溃破。秋收有40多天无雨，先涝后旱；冬季大雪封门。6月17日上午10时发生地震，陶厂地区震感强烈，房屋哗哗作响。

1956年，大水，大面积圩田受涝。

1958年，特大旱灾，5月初至8月上旬90多天未下透雨。县委决定从和县金河口引长江水到含山解旱，打通昭关隧道，将江水引入旱情最为严重的含北。

1959年，大旱，从6月2日至10月3日，共124天未下透雨。

1960年，5月3日至4日，受强冷空气影响，大风7～9级，持续2个小时，大旱，全县受旱面积1.62万公顷，干塘2.99万口，坝409道。

1962年，涝灾。7月4日至7日连降暴雨，雨量达412毫米，全县破圩56个，受灾2159公顷，涝5263公顷。

1963年，小涝大风。8月19日至24日6天降雨200多毫米，受涝面积1157公顷，圩内水深1～1.5尺。6月22日刮8～9级台风，全县1362户4846人受灾，刮翻、刮倒房屋2379间，打伤10人。

1964年，大水、冰雹。是年发生水灾三次：第一次，4月3日至6日，降雨100毫米以上，同时出现冰雹和8级大风。破圩7口，淹外滩6处，受淹面积639公顷。第二次，5月15

日至17日，降雨150～180毫米，圩区一般水深0.5米，最深的达1米。破圩15个，内涝圩口76个，受涝面积7198公顷，冲毁塘坝44座，倒房43户80间。第三次，6月24日至26日，降雨300毫米，受涝面积2560公顷。6月下旬至9月上旬，近两月未下透雨，发生旱灾，受旱面积7914公顷。4月上旬和7月下旬两次发生灾害性风暴，风力7～8级。刮倒高压线杆46根，电话线杆30根，倒房65间，死1人，伤3人。6月13日下午8时，含北出现短时间特大冰雹，一般有鸡蛋大，最大的0.6千克。

1965年，大旱。中稻无水栽插面积4666公顷。

1966年，大旱。第一次从5月中旬起连旱40多天；第二次从7月中旬起连旱50多天。7—8月降雨40～50毫米，蒸发量达585毫米。得胜河断流，清溪、牛屯河接近断流，塘坝90%干涸，受旱面积7631公顷。

1968年，大旱，受旱面积5833公顷。5月23日统计全县早稻无水栽插的面积达4000公顷。7月2日降雨70～100毫米，旱情有所缓和。

1969年，发生历史罕见特大洪灾。7月上旬，全县普降大到暴雨，平均降水量610多毫米，雨量最大达740毫米；7月14日24小时内全县降雨量平均262.6毫米，超过历史上最高纪录，比1954年的雨量还集中。全县60个主要圩口，除杨柳圩、鸭西圩、义成圩、都胜圩、半湖圩、杨大圩、大西圩、麻湖圩等18个圩口力保未破外，其余圩口全部溃破，受淹、内涝面积7064公顷。

1971年4月28日，冰雹灾害，冰雹大如鸭蛋。9月23日，受23号台风影响，出现大暴雨，造成内涝。

1972年4月18日，大风成灾。大风8～10级。

1973年6月26日，冰雹灾害；7—8月出现伏旱，10—12月连续干旱，全县受旱面积7177公顷。

1974年6月17日，大风冰雹，风力8～9级，持续时间半小时。

1975年，大水。6月30日全县普降大到暴雨。陶厂公社两天降雨280多毫米，其中一次40分钟降雨达150毫米，一小时水库涨水4尺。7月24日、25日两天含北降雨300多毫米，滁河边破圩2个，1333公顷农田受淹。

1976年，先涝后旱。6月21日晚至23日晚，大雨造成涝灾，受涝面积2081公顷。6月下旬至8月2日未下透雨，受旱面积5063公顷，双晚无水栽947公顷。

1978年，发生70多年未遇特大干旱，从上年冬旱接当年春旱、夏旱直到秋旱，严重干旱持续8个月之久。据气象记载1—7月降雨量355.6毫米，蒸发量1054毫米。县内河渠断流，水库、塘坝见底。全县23个公社，有20个公社受旱严重，其中福山、昭关、骆集、姚庙、巨兴、关镇、陶厂7个公社，300多个生产队人畜饮水困难，庄稼基本无收。

1979年，先旱后涝再旱。春旱加上上年冬旱，全县大部分塘、坝干涸，4月5日统计全县无水下秧的有126个生产队，无水栽早稻秧的272个生产队，山区少数生产队人畜饮水困难。6月23日，全县下了几场大雨，一般降雨量230毫米，少数地方达300毫米，导致山洪暴发，全县2800公顷农田受灾。9—12月，3个多月未下透雨，其中10月全县点雨未下，11月降雨仅有16.5毫米，全县受旱面积4066公顷，占总耕地面积六分之一。

1980年，风灾加水灾。春季发生龙卷风和冰雹灾害，倒塌房屋1300间。7月连降暴雨，共破大小圩口13个，受灾面积4667公顷，死亡7人。

1981年，大旱。4月18日以后到5月下旬，全县一个多月没有下雨，5月又遇多年来未见的连续干热风，蒸发量大，旱情严重，不少地方缺水泡田栽秧，缺水保苗。6月20日统计全县受旱面积10473公顷。

1982年，旱灾、风灾加洪灾。开春以后，雨量偏少，到5月30日止，全县降雨273.7毫米，与常年同期相比少二成，4—5月雨水更少，5月20日统计，全县受旱面积2000公顷，棉苗受旱更为严重。7月4日16时10分至16时25分，部分地区遭受特大龙卷风和冰雹灾害，风力12级，风速达36米/秒，冰雹大的有乒乓球大，小的有蚕豆、黄豆大，全县受灾面积有2个区9个公社，其中重灾区有九连、张公、骆集等3个公社死亡9人，重伤202人；全县刮倒房屋1136间，刮断高压线电杆23根，刮断低压线电杆4435根，刮断广播线杆2010根；棉花、旱粮受灾面积4138公顷，其中绝收1522公顷。7月中旬，全县各地普降大暴雨，平均降雨量在400毫米左右，含城地区多达450毫米，形成山洪暴发，河水猛涨，全县出现严重洪涝灾害，受灾面积9110公顷。

1983年，大水加风灾。5—8月4个月降雨量约占常年降雨量900～1000毫的51%，造成裕溪河、牛屯河、清溪河、得胜河、滁河山洪暴发，水势猛涨。全县溃破29个圩口。8月7日凌晨4点，裕溪河水位11.32米时，全县最大的圩口——杨柳圩排灌站进水闸渗漏失事，终因抢险无效于4点30分溃破。全县共破圩口30个，受灾面积9918公顷，倒塌房屋3.42万间，水淹房屋3.27万间。汛期过后，山区出现夹秋旱，8月24日统计全县受旱面积6004公顷。9月1日下午3时左右，海口乡遭受暴风袭击，风力10～12级，刮起圩内外水面浪高4～5尺，时间持续半个小时。该乡8月7日破圩后，90%以上灾民转移到河埂上简易草棚居住，因风大，有1650户灾民草棚被风掀掉，圩内少数保存的砖瓦房屋，也被风暴摧毁倒塌217间，房屋倒塌打死2人，船、盆被风浪打翻淹死2人，受伤5人，刮掉牛草14万千克。

1984年，大水。1月17—18日，全县普降大雪，雪深38厘米，造成灾害。6月12日20时至13日20时，24小时全县普降大到暴雨，降雨量210～220毫米不等，由于雨量集中，山洪暴发，河水猛涨，含北义联圩缺堤溃破。全县破圩9个，受灾面积9773公顷，受灾户1.5万户。水淹村庄55个，倒塌房屋1580间，受伤31人，死亡2人，死耕牛4头；损失粮食165万千克，油菜籽2500千克，鱼苗360万尾，水毁工程46处。

1985年，水旱灾害交织。7月中旬至8月，发生大旱，山区人畜饮水困难。10月多雨内涝。

1987年是“厄尔尼诺”现象发生年，气候变化无常，灾害性气候频繁出现，春季冰雹、风灾，夏季洪水，秋季干旱，早春大雪，给农业生产造成数十年少遇的严重困难。

1988年，大旱。7月4日至20日，连续高温，全县大部分地区干旱严重。冬季，连续干旱，农业损失严重。

1989年，洪灾。7月4日至12日，全县降雨总量215毫米，造成水灾，受灾面积8581公顷；受灾人口1188万人，其中特重灾民385万人。

1991年，洪灾。6～8月出现9场大暴雨，全县发生历史罕见特大洪涝灾害，破圩42个，受灾面积17720公顷，倒塌房屋3.27万间，损坏房屋1.45万间，受灾人口240766人，死亡11人，冲毁水利设施5300多处，省道合裕路中断交通56天，全县直接经济损失3亿多元。

1997年，虫灾。8月下旬至9月上旬，全县单季稻田稻飞虱大暴发，百丛虫口达万头以上，损失稻谷1.73万吨。

1998年，水旱灾害交织。6月下旬，降雨量达230多毫米，仅25日至27日，降雨量就达133.5毫米。陶厂全镇险情频发，祁首村的小南滩、梅圩、谢圩全部溃破，挡子圩和铜庙湾、南二过圩多处出险。累计受灾面积753公顷，山区塘坝冲毁42处，直接经济损失704.6万元。9～12月，全县秋冬连旱，降雨量只有88.5毫米，山区人畜饮用水困难。

2000年，大旱，是继1978年以后又一次特大旱灾。梅天无雨，出梅后又持续高温少雨，伏秋连旱。至8月10日，全县绝大多数塘坝和小型水库干涸。全县农作物受旱面积2.58万公顷，全县149个自然村9.7万人口、4500头大牲畜发生饮用水困难；全县重旱9533公顷，绝收3600公顷。

2001年，大旱。3～6月全县总降雨量仅170毫米，不足常年同期的四成。据统计，5月1日至8月10日总蒸发量超过600毫米。由于2000年全县遭遇大旱，加之冬、春两季降水偏少，全县水库、塘坝蓄水严重不足。6月下旬，全县山丘区小型水库及塘坝普遍干涸，中型水库接近死库容。全县受灾面积2.46万公顷，水产养殖受灾面积3666公顷。全县有13个乡镇的577个自然村7.5万人口、4.7万头大牲畜及含城5万居民饮用水发生困难。全县因灾直接损失1.2亿元，其中农业直接损失1.05亿元。

2003年，大旱。至7月22日，全县农作物受旱面积2.42万公顷，其中重旱2533公顷，绝收1133公顷。

2005年，大水。受台风“泰利”的影响，9月2日20时至9月3日20时，全县普降特大暴雨，24小时平均降雨达290毫米，全县4座中型水库上游降雨量均超过300毫米以上，超汛限水位，最高超1.6米。全县农作物受灾面积2666公顷，绝收913公顷。受灾人口26万人，倒塌损坏房屋5000多间；损坏路基320千米、输电线路64千米和通信线路16千米；有12座小型水库不同程度受到损坏，冲毁塘坝39座，损坏机站95处；淹没学校34所；36家企业生产经营受到了洪水影响。全县直接经济损失达5.34亿元，其中农业损失4.1亿元。

2008年，水灾。受8号台风“凤凰”影响，全县持续普降暴雨，自7月31日20时至8月2日8时，全县平均降雨量达350毫米，其中含城地区高达494毫米，是有雨量记载以来降雨最为集中、强度最大的一次。城区平均积水0.4米，最深处达1.2米。从8月1日始，全县所有水库溢洪，5条主要河流，除裕溪河外，4条河流均超警戒水位。据统计，全县受灾面积达2万公顷，受灾人口21万人，倒塌房屋596间，紧急转移安置人口0.75万人，损坏水库9座、堤防74处5.4千米、水闸3座、灌溉设施52处、机电泵站21座，冲毁塘坝93口，水利设施毁坏损失630万元。

2011年，大旱。1～5月，全县平均降雨量只有正常年份的四成左右。5月，长江金河口节点水位不到3.5米，比1978年还低，是近50年长江出现的最低水位。由于无有效降雨和长江水位低，无水源补给，内河、水库、塘坝等抗旱水源蓄水严重不足，受旱面积达1.93万公顷，因干旱造成粮食损失360吨。

2013年，大旱。夏秋季节，出现了长时间、大面积降雨量不足，受旱面积24.47万公顷，成灾面积14.92万公顷，绝收面积5.52万公顷。

2016年，大水。入汛以后，持续普降特大暴雨，平均降雨量达840毫米，较常年多近1倍，尤其自6月30日至7月6日，全县平均降雨达484毫米。境内裕溪河、清溪河、得胜河、牛屯河等4条主要河流均超保证水位，达历史最高纪录。受强降雨和周边来水影响，境内遭受严重洪涝灾害。全县圩堤共发生险情329处，较大险情80余处，清溪半湖圩、林头后塍圩漫破。全县受灾人口34.73万人，转移安置人口1.3万余人；农作物受灾面积2.72万公顷，其中成灾1.83万公顷、绝收7333公顷。水利、交通、教育以及城市管网等基础设施遭到不同程度损毁，直接经济损失达5.62亿元。水利基础设施受损共计2291处；其中，水库19处，涵闸68处，泵站72处，护岸303处，塘坝621处，堤防450处，灌溉设施482处，安全饮水219处；损失约2亿元。8—9月再次遭受旱灾影响，近两个月时间几乎无降雨，对洪灾后抢种工作产生严重影响，造成了11.87万公顷农田受灾。

2019年，大旱。自4月后，全县持续少雨，降水为含山县有记录以来第三少。据调查统计，全县在田农作物受灾1.08万公顷、成灾7266公顷、绝收2866公顷，受灾损失3795万元。受灾人口117917人。

2020年，水灾。入汛后共遭遇14场强降水，全县16个雨情站点中有5个累计雨量超过1000毫米，单日最大降雨量132.4毫米，累计降雨量较常年多1.2倍，梅雨持续52天（常年26天），持续时间仅次于历史最高年份的1991年（57天）。境内裕溪河、牛屯河、得胜河、滁河等主要河流全部超保并长期维持超保证水位运行，刷新历史最高水位纪录。其中牛屯河连续超保10天，裕溪河连续超保17天，得胜河连续超保18天。裕溪河7月22日最高水位一度达13.2米，共发生险情354处。县政府决定主动扒开义城圩、大家圩、后塍圩3处圩口蓄洪。全县紧急转移安置人口77162人。

第七章 工交商业

中华人民共和国成立前，陶厂工业十分落后，仅有数量不多、工艺落后、产量有限的手工作坊。中华人民共和国成立后，党和政府号召大力发展工业，从初期的工商业社会主义改造到大办钢铁，从大办乡镇企业到转轨改制，再到大力招商引资，积极发展民营经济，乡镇工业走过一条曲折艰难的发展道路。陶厂拥有极为丰富的石膏矿，正在大力建设新材料产业园，发展各种石膏深加工产业，变资源优势为产业优势。同时，陶厂的农产品加工企业也颇具规模。

中华人民共和国成立之前，陶厂对外交通运输主要依赖陶厂河，几十只吨位不大的木船就是全部运输工具。陆上交通只有几条土路通向外界，镇内村落之间都是狭窄弯曲的田间土路。20世纪70年代，含山修建了塔古路后，陶厂交通才逐渐好转。改革开放之后，随着国家对交通建设的重视、不断加大投入，主干道经过多次拓宽改造，尤其是村村通工程的实施，完全打通了陶厂交通的微循环，至此，交通状况发生了颠覆性改观，物资运输和群众出行更加方便快捷。

陶厂镇在清末至民国时期，是含山南乡繁华的集镇。周边地区的粮食和农副产品都汇集于此，销往芜湖、南京等城市。城市的工业品也通过水路输入本地。随着人口增多、集镇规模不断扩大，商业贸易逐步繁荣，有各业会员商号216户，从业人员1140人，由此可见商贸繁荣，规模可观。1956年，国家对私营商业社会主义改造基本结束。1958年，关闭集市贸易，实行国营商业单一流通渠道，造成市场极其萧条。中共十一届三中全会以后，伴随着改革开放，多种经济形式、多种流通渠道、多种经营方式并存互补，集市放开，网点增多，陶厂商业在恢复中走向繁荣，成为区域商贸重镇。2021年，全镇有个体工商户1226家，从业人员2600多人。社会商品零售总额达5.77亿元。

第一节 工　业

一、中华人民共和国成立前的手工业

中华人民共和国成立前，陶厂是一个地区中型商贸集镇，工业仅有一些手工作坊，主要小作坊有糕点店、机匠店、木匠铺、篾匠铺、铁匠铺及白铁担、铜匠担。一般都是家庭作坊，从业人员大多为一至数人不等。这些手工业作坊生产的产品主要有锹、锄、耙、水车、

民国时期机匠店

桌椅、粗布等生产、生活日用品。规模较大的作坊主要有5家机匠店，一般有两三台织布机。民国晚期，以李、卜两大户为主体，联合25户创办的家庭织布坊规模最大，顶峰期有工人130多人，年产土白布6000米左右，成为含南地区规模最大的织布作坊。木匠铺有12户，主要生产犁、耙、桌椅、板凳等；皮匠铺4户，主要从事制皮，生产皮货品；铜匠铺2户，主要生产手炉、铜锁等产品；白铁铺4户，主要生产白铁桶等产品；篾匠铺6户，主要生产各种竹器产品；铁匠铺7户，主要生产锹、锄、菜刀等产品。

二、中华人民共和国成立早期的乡村工业

陶厂地区手工业除织布坊外，种类少、规模小，都是家庭作坊。据1951年末统计，有机匠店18户，铁匠铺7户，木匠铺7户，成衣店4户，豆腐店摊9户。关镇和铜庙集基本只有豆腐店。1954年统计，陶厂有成衣店16户17人，磨坊8户8人，皮匠店28户28人，木匠店12户14人，爆竹店1户1人，铜匠店2户2人，首饰店2户2人，白铁店4户4人，豆腐店12户15人，篾匠店6户7人，冶铸店1户2人，铁匠店7户13人，石匠店6户6人。主要手工业产品年产量：面条32.5吨，豆腐12万箱，千张400万张，干子100万块，煤炭756吨，石灰74.75吨，爆竹94万头，青砖1.5万块，片瓦1.5万片，棉布1.8万米，衣服2828套，大锹1700把，锄头1000把，镰刀2000把，篮子8000只，稻箩6000只，筲箕8000个，磨刀石5万块，鞋子8869双。

1952年，陶厂铁业手工业生产者开始组织铁业生产小组，1953年秋扩充为铁业社。1954年，部分木篾业手工业者组织成立木篾业生产小组，后组建为木篾业综合社。1956年国家开展社会主义工商业改造，号召个体工商者走集体化生产道路。个体工商业者响应党和国家号召，迅速组织起来成立各种行业综合生产合作社。1958年，中央号召各地大办工业，陶厂抽调大量劳力投入工业生产。当时为完成炼铁炼钢任务，抽调3000多劳力到段咀炼铁。同时先后创办了农具厂、颗粒肥料厂、针织厂、缝纫厂、被服厂、青年民兵机械厂。青年民兵机械厂土洋结合，由手工生产逐步发展为机械、半机械生产，先后仿制出钻床、车钳、活虎钳等生产工具。但由于资金、原料短

原陶厂农具厂大门

陶厂原农具厂厂房

陶厂原农具厂门市部

缺，这些企业都是规模小，技术落后，产品主要自给自足。1961年国家实施“调整、充实、巩固、提高”国民经济方针后，这些乡村企业基本都下马关闭。

在大办工业热潮中，陶厂农机厂是创办最为成功，也是延续时间最长的一家企业。陶厂农机厂前身是成立于1956年2月的陶厂铁木竹综合生产合作社，由镇铁业、木业、竹业个体生产者联合组成，有职工63人。合作社主要生产大锹、镰刀、锄头、水车、犁、耙、家具等。1957年1—9月，完成产值2.45万元，占全年计划67.9%。1959年，全厂分为铁业、木业、竹业、翻砂四个车间，有职工107人。工厂实行按件计工，按劳分配，多劳多得的分配原则。厂内开展社会主义劳动竞赛，车间、班组、个人之间开展竞赛，实行插红旗，掀起学先进、赶先进、超先进劳动热潮。是年，全厂工人大力开展技术革新，苦干40天，生产插秧机83台，牛拉石磨11副，脚踏磨1副，人工推石磨1副，水力磨1副。1960年，工厂继续坚持土法上马、土洋并举方针，经过刻苦钻研创新，仿造了圆滚耙、双华犁、双层犁、打稻机等生产工具，提高了工效，节省了劳力。1960年，综合生产合作社改名为陶厂农具厂，有职工109人，1—7月完成产值24.59万元，占全年计划15万元的163%。工厂半年生产农具56种5.73万件（部），其中牛拉简易水车60部、风畜两用水车1部、深耕犁4张、改进耙110张、滚耙2张、脱粒机2台、快速收割机67台、插秧机67台、牛拉运土车695辆、小车517辆。半年完成技术革新项目58种101件。农具厂铁业车间利用多年收集的碎铁1.75吨，熔化后制作大锹等农具1230件；木业车间用边脚木柴向有关单位换取优良木材8.7吨，解决了材料不足困难。5月23日，全县在农具厂召开现场会，陶厂农具厂被评为全县先进单位。进入20世纪90年代，由于农业机械化的发展，以犁耙、水车为主要产品的农具厂逐步失去发展生存的基础，陷入生产销售困境，90年代末不得不关门停产。

关镇公社创办的司徒小煤窑于1959年开始生产采煤。当时，该矿为地方国营企业，有井口11座，其中生产井口5座，有工人132人，日产煤60吨左右。司徒煤矿探明储量13万吨，为无烟煤，煤层为鸡窝状，不易开采。由于开采难度大，管理落后，效益不高，小煤窑时开时停，于20世纪70年代末彻底停产封井。

三、乡镇企业发展

1970年，中共中央召开北方地区农业会议，号召在农村发展“五小工业”，乡镇工业开始崭露发展苗头。中共十一届三中全会后，特别是20世纪80年代，各地纷纷创办企业，乡镇企业进入高速发展时期。

关镇小煤窑　1973年，关镇将原有的小煤窑维修后重新上马开采，当时有职工36人，厂房17间，年产煤2500吨，年收入7.6万元。后因管理落后，经济效益差而停产。

陶厂煤矿　煤矿成立于1985年。1986年煤矿发生事故，伤1人，死亡3人。1989年，产煤1700吨。该矿煤炭发热量低，煤层为鸡窝状，开采成本大，效益不高，后煤矿长期停产。2002年，县地质矿产局发文正式通知封闭该煤矿。

石料厂　20世70代末80年代初，陶厂镇、村利用当地丰富的石料资源，相继兴办了花山石料矿、规山石料矿、西山石料矿、关镇石料矿、司徒石料矿等11家石料矿。这些石料矿虽能给集体带来一定利益，但大多管理落后，影响环境，安全难以保证。1999年7月，陶厂卜李石料矿发生一起事故，造成1人死亡。2000年5月，陶厂镇石料矿发生事故，造成1人死亡。21世纪初，随着国家环境整治力度的加大，这些石料矿先后被关闭。2002年8月，西山石料矿、仙洞山石料矿、司徒石料矿被关闭。2008年9月，巢湖市整顿和规范矿产资源开发办公室发文通知陶厂花山石料矿、关镇石料矿、唐庄石料矿关闭。

轮窑厂　陶厂地区20世纪80年代先后创办有陶厂轮窑厂、铜庙轮窑厂、三庄窑厂。3座窑厂曾经给集体带来一定的经济效益，如陶厂轮窑厂1989年生产红砖650万块，按1980年不变价计算产值71.8万元。但这些轮窑厂管理落后，设备陈旧，严重毁坏农田，经济效益不高，20世纪90年代末至21世纪初，铜庙、三庄、关镇轮窑厂相继停产关闭。2011年，陶厂轮窑厂关闭。

米厂、油厂　陶厂米厂成立于1965年。20世纪90年代初，由于经营管理不善、经济效益差等原因停产。陶厂油厂最早成立于1956年，2003年卖给私人经营，因管理失误，发生较大亏损，被迫停产。20世纪七八十年代，几乎每个行政村（大队）都办过大米加工点，为群众加工大米，因加工的质量不高，后都相继停产。关镇油厂成立于1955年，年加工菜籽600吨。1986年投资8万元，单独成立“江淮粉丝厂”，利用山芋资源生产淀粉，年生产淀粉200吨。2003年企业亏损严重，拍卖给私人经营，一直运营至今。

乡镇企业——江淮粉丝厂旧址

钢材加工厂　20世纪90年代初，关镇、陶厂兴办过拉丝厂，虽然满足了当地农村建房需要，但产品质量不高，在国家打击地条钢生产中，拉丝厂相继被关停。2004年6月，陶厂境内最后一家拉丝厂——巢湖常烁延压厂被责令停止利用地条钢进行生产，强行关闭。

乡镇企业——江淮柠檬酸钠厂

江淮柠檬酸钠厂 企业由陶厂镇1993年11月创办，1994年8月建成，占地0.94公顷，产品主要利用本地种植的山芋生产柠檬酸钠。柠檬酸钠广泛应用于食品工业。柠檬酸钠厂总投资869万元，其中大部分为省相关部门投资，小部分为银行贷款。1994年9月投产后不久，生产技术一直不能过关，产量低、质量不稳定，生产时断时续。2003年5月，柠檬酸钠厂被迫实施破产。

陶厂建筑公司 公司于1974年组建，经营状况最好时有职工300多人，主要在本地及合肥、芜湖、巢湖等地承揽民用建筑。20世纪80年代末，公司实行承包经营。撤区并乡后，关镇建筑队与陶厂建筑公司合并，组建新的陶厂建筑公司。由于市场竞争激烈，公司技术、设备、管理落后，无法适应市场需要，被迫停止运营。

1993年陶厂镇办企业生产计划安排表

表7-1　　单位：万元

企业名称	总产值		工业产值	收入	利润	备注
	任务数	争取目标				
陶厂轮窑厂	100	120	100	100	12	红砖1000万块
关镇立窑厂	100	110	100	100	12	红砖1000万块
陶厂油厂	100	100	100	100	4	油脂230吨
陶厂关正油厂	80	85	80	80	3	油脂180吨
陶厂石料一矿	40	40	40	40	3	砂石4万吨
陶厂石料二矿	80	90	80	80	5	砂石8万吨
陶厂花山石料矿	120	150	120	120	9	砂石12万吨
陶厂砂厂	30	40	30	30	3	黄砂4万吨
陶厂预制厂	40	50	40	40	3.5	水泥预制件1500立方米
关镇元钉厂	150	160	150	150	7	拉丝500吨
关镇拉丝厂	150	160	150	150	8	拉丝500吨
陶厂马山拉丝厂	150	160	150	150	9	拉丝500吨

续表

企业名称	总产值		工业产值	收入	利润	备　注
	任务数	争取目标				
陶厂江淮粉丝厂	100	120	100	100	10	粉丝300吨
陶厂棉织厂	80	100	80	80	4	布50万米
陶厂自来水厂	3	3	3	3	0.3	
含山县江淮柠檬酸钠厂	160	180	160	130	40	柠檬酸钠240吨
陶厂建筑公司	300			200	20	建筑面积900平方米
陶厂旱洞山石料矿						
合　计	1783	1968	1783	1653	152.8	

1993年陶厂镇村及村以下企业生产计划安排表

表7–2　　单位：万元

行政村	村办企业				村以下企业			
	总产值	工业产值	收入	利税	总产值	工业产值	收入	利税
汤徐	30	30	20	3	120	40	70	11
西山	30	20	10	2	120	40	70	11
金易	50	50	30	4	210	50	140	19
云塘	100	100	70	8	210	50	140	20
唐庄	60	60	40	5	150	80	100	15
西塔	30	20	10	2	170	100	120	16
陶西	10	10	5	1	100	20	60	10
九联	20	20	10	2	150	50	100	16
祁首	30	30	20	3	120	30	70	13
三庄	10	10	5	2	150	30	90	14
官塘	50	40	35	3	150	40	100	15
铜庙	100	100	60	7	240	120	170	25
垱圩	20	20	10	1.5	130	40	90	13
圣河	10	10	5	1	120	30	80	13
横山	40	30	25	2	150	30	100	14
关镇	230	230	140	105	230	120	160	25

续表

行政村	村办企业				村以下企业			
	总产值	工业产值	收入	利税	总产值	工业产值	收入	利税
张宋	120	120	80	10	170	120	100	19
苏滩	20	20	10	1.5	120	40	70	13
马山	30	20	20	3	130	80	80	13
卜李	30	20	10	2	210	150	150	23
司徒	40	20	10	2	210	150	150	23
规山	50	40	10	2	210	150	150	23
街道	20	20	10	3	200	100	150	21
合计	1130	1040	645	175	3770	1660	2510	385

四、乡镇企业改制

20世纪80年代中后期至90代中期，陶厂、关镇乡镇企业在大环境推动下步入发展快车道，镇集体企业发展到20多家，一些村也办起了小企业。但因为管理、资金、技术、资源、市场、国家产业政策的调整等诸多因素的影响，绝大多数企业都出现了经营困难，有的产品落后，没有市场；有的资不抵债，被迫停产；有的资金困难，生产停滞；有的效益不佳，企业难以为继；等等，乡镇企业发展带来的弊端开始集中爆发。根据国家相关文件要求，自20世纪80年代末，乡镇政府开始在企业推行经营体制改革。自1988年开始，镇村企业开始推行生产经营承包制，承包一般为期3年，承包制有效调动了广大职工的积极性。1990年，在总结第一轮承包责任制的基础上，又组织实施了第二轮承包，并努力完善经营承包责任制，进一步强化激励机制、风险机制和约束机制。承包形式一般以厂长（经理）负责制为主，改变上一轮承包单独考核产值、利润的简单做法，建立以产值、销售、利润提留上交为内容的效益指标，以技改投入、资产增值、新产品开发为内容的发展指标的新的承包机制。承包制有效提高了企业经营者、生产者的积极性，推动了镇村企业的发展和效益提高。

但承包制仍然未能解决企业的深层次矛盾，相当一部分企业依然陷入困境，有的时干时停，有的停产歇业。1996年，乡镇企业开始急速走下坡路，1996年20个镇办企业，到1997年剩下10个，停产9个，拍卖1个，剩下的10个也都是负债经营。造成这种后果主要原因是由计划经济转入市场经济，乡镇小企业难以适应；企业规模小，产品落后，质量不高，难以占领市场；管理人员缺乏经验、能力不强，难以胜任；企业工资低，难以留住管理人员和技术人员；乡镇企业底子薄、技术和设备落后、没有创新能力，难以推动企业高质量发展；政府直接管理企业，大包大揽，企业失去活力；收取企业上缴过头，杀鸡取卵损害了企业发展动力。多重因素造成了乡镇企业发展困难重重。1997年6月，陶厂成立企业改革领导组及工作队，镇党委书记洪少华任组长，副镇长左年文任副组长，组织工作队进入企业推进改革，制订出台《陶厂镇企业改革实施方案》，提出以股份制、股份合作制为主要形式，全面推行镇办企业产权制度改革和企业内部配套制度改革，因地制宜，采取租赁、兼并、拍卖、全员风险抵押、承包等形式，使企业真正成为自主经营、自负盈亏、自我发展、自我约束的法人实体和市场竞争主体。镇成立改革工作队，进驻轮窑厂、自来水厂、粮油厂、仙洞山石料矿、建安公司等镇办企业。1997年底，镇办集体企业全部完成清产核资、资产评估，部分企业停产，部分企业实行股份制或股份合作制，部分企业实行租赁承包，企业改制工作全部完成。镇党委、政府发文规定：连续工龄20年、55周岁（女50周岁）以上行管干部享受退休待遇；非党委下文的行管干部享受退职待遇。

2003年6月，镇政府决定继续深化企业改革，通过"破、卖、送"，进一步将集体企业民营化，将陶厂自来水厂及二水厂无偿送给芜湖民营企业家经营，将陶厂油厂、关镇油厂、关镇粉丝厂、关镇拉丝厂4个企业按保底价拍卖；对柠檬酸钠厂实施破产。

陶厂镇乡镇企业改制情况一览表

表7-3

企业名称	改制时间	负债情况（万元）	改制形式	改制结果
陶厂轮窑厂	1997.6	25	承包	2011年关闭
关镇轮窑厂				1996年停产
陶厂油厂	1997.6		承包	2003年拍卖
关镇油厂	1997.6	12.3	承包	2003年拍卖
陶厂石料矿				1996年停产
含山轧钢厂				1996年停产
陶厂花山石料矿			承包	2008年关闭
陶厂沙厂				1996年停产
陶厂预制厂				1996年停产
关镇元钉厂				1996年停产
关镇拉丝厂				1996年停产
陶厂江淮粉丝厂			承包	2003年拍卖
陶厂棉织厂	1997.6		承包	1999年停产
陶厂自来水厂	1997.6		承包	2003年无偿转让外地私企经营
陶厂石灰矿				1996年停产

续表

企业名称	改制时间	负债情况（万元）	改制形式	改制结果
含山县江淮柠檬酸钠厂				1996年停产　2003年破产
陶厂建筑公司	1997.6		承包	21世纪初停产
陶厂旱洞山石料矿	1997.6		承包	2002年关闭
陶厂马山拉丝厂				1996年停产
关镇石料矿	1997.6		承包	2008年关闭

五、乡镇企业管理

改革开放后，全国逐步掀起大办乡镇企业的热潮。为加强对集体企业的管理，20世纪70年代末，陶厂、关镇公社都成立了社队企业办公室，简称“企业办”。企业办归乡镇经委领导，经委主任由乡镇分管经济的副镇（乡）长兼任，办公室一般由4～5人组成，设主任、副主任、主办会计、出纳会计、干事等。1983年，公社改乡镇，社队企业办公室更名为“乡镇企业办公室”。

企业办的主要职责是负责管理集体企业资产，根据乡镇经济指标，年初下达生产计划，平时对企业生产情况进行监督，年终对企业产值、利润、盈亏进行核算，收取企业上缴提留。企业办有权提名各企业厂长、经理、主办会计等人选，报党委研究任命，有权决定企业人员工资晋升。

1992年2月撤区并乡，关镇并入陶厂，两乡镇企业办人员合署办公，挂“陶厂镇企业办公室”牌子。1996年4月，含山县进行乡镇机构改革，乡镇设立六大办公室，企业办划归六大办之一的财经办公室管理。1996年按照上级部署，乡镇企业进行改制，通过租赁承包、拍卖、停产等形式，乡镇企业大为减少，余下的企业也先后由集体转为民营。企业办人员减少，主要任务是按时上报企业报表，配合开展招商引资，为企业提供服务。

六、新时期工业发展

乡镇企业改制后，陶厂镇党委、政府继续积极发展各类经济，开展招商引资。镇党政主要领导每年都带队外出招商，先后引进10多家企业入驻陶厂。如2019年引进江苏林洋新能源股份有限公司建设100兆瓦光伏发电项目，总投资4亿元；2020年9月该项目一期工程开工建设，3个月完成建设并网发电。2021年引进安徽东昊纸制品有限公司、安徽晨致食品公司两个项目。新时期陶厂工业发展具有一些明显的特点，主要表现为企业规模普遍较大，技术水平较高，产品能够适应市场需要，具有一定的市场竞争力，经济效益较好。2021年，陶厂镇实现地区生产总值9.4亿元，同比增长3.3%；规上工业增加值7768万元，同比增长97.6%。2021年，陶厂镇有民营企业239户，个体工商户1206户。

陶厂镇经过多年发展，已形成3个工业比较集中的区域，正在创建新材料产业园。关镇道口工业集中区总体规划面积36.7公顷，自21世纪初开始筹划建设，投入资金1840万元用于“四通一平”工程。至2021年末，该集中区入驻铸造企业4家，建筑材料企业5家，消防器材生产企业2家，木材加工企业2家。陶厂粮食加工集中区，规划占地面积20公顷，自20世纪90年代开始筹建。至2021年末，集中区入驻粮食仓储及加工企业3家，并有目前唯一产值上亿元的石膏开采加工企业——安徽恒泰新材料有限公司。镇北民营工业集中区，规划占地13.3公顷，自2018年开始筹建，投入资金480万元，完成“四通一平”工程。至2021年末，入驻企业4家，分别是陶阳新能源科技有限公司、谊和商品建筑材料公司、瑞祥汽车检验服务公司、海泰橡胶有限公司。新材料产业园。根据含山县“十四五”发展规划，结合陶厂镇实际，镇党委、政府采取近期招引集聚和远期规划“两步走”思路，推进石膏新材料产业园筹建。以奥发公司厂区作为镇新材料产业孵化园，重点招引石膏新材料、建筑新材料等石膏产业下游企业入园，力争三年初步形成产业集聚效应，并辐射关镇集中区，盘活闲置工业用地。同时，预留关镇道口工业集中区5.3公顷用地，招引有实力的企业100家左右。未来陶厂镇围绕新材料产业园发展规划，加大优质石膏产业下游企业招引力度，充分利用陶厂镇优质石膏矿资源，争取到2025年产业园入驻新材料企业15家，实现年产值5亿元，税收5000万元。

2021年，镇政府会同恒泰公司谋划产业发展，恒泰公司积极争取总部支持，提升产能，逐步由年产60万吨扩能为年产300万吨，新增一条石膏粉精深加工生产线，提升石膏制品附加值。新材料产业园中的奥发建筑制品公司，占地面积6.7公顷，有标准化厂房2.6万平方米。2021年厂房租赁给3家新材料企业，其中拓远环保、锐斯特2家已投产运营，1家已获批，正在投产建设。

七、现有重点企业简介

含山县平盛铸造厂 企业成立于2000年11月，企业位于陶厂镇关镇道口工业集中区，占地面积2万平方米。企业有职工45人，主要生产通用阀门、汽车配件。2021年实现产值1600万元，纳税60万元。

含山县平盛铸造厂

安徽省恒泰新材料有限公司 公司是安徽省皖北煤电集团投资创办的一家企业，是当前国内最大的以优质硬石膏为原料的绿色新型建材、化工原料生产企业之一。公司从2001年开始建设，注册资金1亿元，项目总投资2亿元。公司为安徽省高新技术企业，通过ISO 9001:2000质量体系认证。公司拥有国内最大的陶厂优质石膏矿床，矿产资源储量58亿吨，主要产品包括非金属原矿、新型建筑材料、超细粉体化工填料、土壤改良剂等四大类数十个产品，广泛应用于建筑、建材、化工、农业、造纸、塑料等行业。公司已在全国各地建立庞大的营销网络，部分产品出口国外。2021年，开采石膏原料60万吨、生产石膏粉体30万吨，创产值1.3亿元，实现利润4000多万元，创税2800多万元。公司与清华大学、同济大学、合肥工业大学等建立了长期合作关系，成立了国内唯一一家硬石膏应用研究所、恒泰—同济非金属材料研究开发中心、恒泰—合工大非金属材料工程中心。公司的主要研发方向为硬石膏建材产品技术、超细粉体材料制备技术和化工填料的应用开发，在硬石膏的研究、技术开发方面处于国际领先地位，研发生产的“无水型粉刷石膏”“石膏自流平砂浆”，填补了国内和国际的空白，具有绿色环保、节能保温、隔音等优良性能，是水泥砂浆等传统高能耗建材的理想更新换代产品。

恒泰新材料有限公司（石膏矿）

安徽奥发高铁桥梁模板有限公司　公司成立于2006年11月，位于陶厂镇关镇道口工业园区内，占地面积6.65万平方米，有员工8名。公司固定资产5000万元，厂房面积2.6万平方米。公司主要生产钢结构、桥梁模板等产品。2021年，创产值1200万元，创税110余万元。

安徽奥发高铁桥梁模板公司

马鞍山龙腾机电有限公司　公司成立于2006年，是一家股份制有限公司，位于陶厂镇关镇高速道口工业园区，占地面积1.99万平方米，主要产品有特种电机外壳和汽车主体车位变速箱。公司有员工70余人，精密车床16台。生产的毛坯铸件采用德国覆膜砂壳型工艺铸造而成，保证了铸件产品外观光滑、加工尺寸小和加工尺寸稳定。2017年公司引进一套全自动黏土砂生产线、水平无箱造型生产线及两套除尘设备，彻底解决环保和生产落后技术问题，提高了生产效率。公司2015年成为全国铸造准入企业，2018年获得“小巨人”科技企业称号。2021年，公司生产产

马鞍山市龙腾机电公司

品1万吨，创产值2700万元，创税140万元。

安徽省含山县伟峰通用配件铸造厂　企业始建于1993年，原坐落在林头镇鼓山村，2003年成为规模以上企业，位于林头镇纳税排名前十位。随着企业不断扩大，原有的厂房不能满足生产需要，企业于2007年搬迁至陶厂镇关镇高速道口工业区内，占地面积1.03万平方米，厂房面积5000平方米，年铸造产能1万吨。企业有员工50多人，技术人员8人。企业2007—2014年为普通灰铁和球墨铸铁生产，2015—2017年改造成石蜡融模铸钢生产。后因环保要求，企业又新上新型覆膜砂铸钢生产线，并投资建起铸钢化验室，采用德国进口光谱仪、光学金相仪、硬度仪及探伤仪等先进设备。企业产品受到广大客户认可，包括汉德车桥、瑞江集团、南京轴承总厂都是其重要客户。2021年，企业通过技术更新，添加热处理工艺，成功取得瑞江集团汽车底盘件成品供货资格。2021年，企业创产值2300万元，创税80万元。

含山县伟峰通用配件铸造厂

安徽省驰安消防设备制造公司　公司成立于2009年8月，位于陶厂镇关镇道口工业集中区，占地1.33万平方米，有员工36人，主营业务为消防柜、防火门、消防水带、灭火器，多年一直保持正常生产经营。2021年，创产值1300万元，创税70万元。

含山县谊和商品混凝土有限公司　公司成立于2011年5月，是陶厂引进的一家民营企业，位于镇北民营工业集中区。公司总投资6000万元，注册资金1000万元，占地面积2.66万平方米，公司有员工37人，是一家专业从事商品混凝土生产的大型企业。公司拥有ZHZS180B自动化混凝土搅拌生产线2台套，年生产商砼能力60万～80万立方米，运输搅拌车20台，大型装载机2台，中联汽车输送泵51米、47米、38米及固定泵各一台。2021年，创产值3500万元，创税260万元。

含山县谊和商品混凝土公司

安徽中兴流体装备有限公司　公司成立于2015年10月，占地面积2.13万平方米，厂房面积1.6万平方米。公司总投资5000万元。公司按照EN 545、ISO 2531、GB 13295及ISO 9001等产品/体系认证标准，主要生产阀门、管件及电机类产品。公司有员工56人，技术骨干10余人，拥有两台750公斤中频电炉、两台1吨的中频电炉，树脂砂生产线一条，潮模砂水平造型、浇注生产线一条，冷芯盒机两

安徽中兴流体装备公司

台。公司检测设备精良，有光谱仪、拉力机、金相分析仪、型砂检测仪器等。2021年，创产值1945万元，创税78万元。

含山县陶阳新能源科技有限公司　公司成立于2019年11月，位于陶厂镇镇北民营工业园，一期投资2.07亿元，建设65.47万平方米光伏发电区，13座小型逆变器，以及光伏电站综合服务区。企业在光伏发电的同时配合农业种植及水产养殖，是一家绿色环保新能源公司。2021年，创产值2400万元，创税120万元。

安徽马鞍山陶厂光伏电站

含山县裕溪河农业发展公司　公司成立于2021年，位于陶厂粮食加工集中区，占地面积1.47万平方米，项目总投资3485万元，总建筑面积1.54万平方米，有烘干除尘车间，两个大型仓库，堆场占地面积2090平方米。公司建有大米加工储存基地，引进国外先进加工设备，生产绿色有机大米。公司实行“基地+科技+农户”的产业化生产经营管理模式，统一标准、统一供种、统一供肥、统一技术规程、统一销售，通过订单式带动1500个农户种植优质水稻。2021年，创产值1200万元。

含山县裕溪河农业发展公司

2021年陶厂镇企业统计表

表7-4

企业名称	法人代表	企业性质	厂区位置	占地面积（亩）	产品种类	产品名称	员工数（包含管理人员）	年产值（万元）	税收（万元）	备注
安徽省含山县谊和商品混凝土有限公司	杨校保	工业	陶厂镇北工业园区	40	建筑材料	商品混凝土	37	3500	260	民营
安徽省恒泰新材料有限公司（安徽省皖北煤电集团有限责任公司）	潘四海	工业	陶厂镇恒泰大道	70	石膏新材料	石膏原石、石膏粉	300	13000	2800	国营
马鞍山市龙腾机电科技有限公司	黄荣敏	工业	陶厂镇关镇工业园	30	铸造	电机外壳、停车位变速箱	69	2700	140	民营
含山县瑞祥汽车检验服务有限公司	汤慧莲	工业	陶厂镇S213西侧镇区北面	14	服务	机动车安检、尾气检测	13	340	无	民营
马鞍山市友成包装制口有限公司	赵必友	工业	陶厂镇关镇工业园奥发厂内	4	泡沫材料	蔬菜、水果、海鲜泡沫包装箱	40	300	10	民营
含山县森工木业有限公司	李大荣	工业	陶厂镇关镇工业园	18	木材	木托盘、木盖板	10	520	22	民营
安徽奥发高铁桥梁模板有限公司	周忠华	工业	陶厂镇关镇工业园	99.8	建材	钢构	8	1200	110	民营
安徽海泰橡胶有限公司	邵大琴	工业	陶厂镇镇北民营工业园	9	轻工业	橡胶半成品	5	200	3	民营

续表

企业名称	法人代表	企业性质	厂区位置	占地面积（亩）	产品种类	产品名称	员工数（包含管理人员）	年产值（万元）	税收（万元）	备注
含山县文羽羽毛制品有限公司	王谢顺	工业	陶厂镇关镇工业园	13	轻工业	羽毛分拣	17	200	6	民营
安徽驰安消防设备制造有限公司	贾启贵	工业	陶厂镇关镇工业园	20	消防	消防柜、防火门、消防水带、灭火器	36	1300	70	民营
安徽省含山县伟峰通用配件铸造厂	郑焕芝	工业	陶厂镇关镇工业园	15.7	铸造	重卡汽车车轿配件、纺织机配件、履带式交通轨道车车轮、船用减震器、小汽车转向节	40	2300	80	民营
安徽中兴流体装备有限责任公司	万甫云	工业	陶厂镇关镇工业园	32	铸造	阀门、管件、方向机、汽车配件	56	1945	78	民营
含山县平盛铸造厂	孙广程	工业	陶厂镇关镇工业园	30	铸造	通用阀门、汽车配件	45	1600	60	民营
安徽科贝克摩擦材料有限公司	胡以强	工业	陶厂镇关镇道高速口	10	铸造	重式汽车刹车片	30	400	10	民营
含山县陶阳新能源科技有限公司	聂刚	工业	陶厂镇S213西侧镇区北面	10	新能源	电能	10	2400	120	民营
安徽省祥鸿贸易有限公司	张国庆	工业	陶厂镇关镇工业园	10	木材	木托盘、木盖板	8	350	12	民营

续表

企业名称	法人代表	企业性质	厂区位置	占地面积（亩）	产品种类	产品名称	员工数（包含管理人员）	年产值（万元）	税收（万元）	备注
含山远强消防设备制造有限公司	鲁智强	工业	陶厂镇关镇工业园	10	消防	消防器材	12	500	20	民营
安徽锐斯特新型材料有限公司	甘荣友	工业	陶厂镇关镇工业园	7.4	建筑材料	墙体保温材料	15	700	21	民营
安徽拓远环保科技有限公司	江洪	工业	陶厂镇关镇工业园	20	建筑材料	室内粉刷材料	36	1300	70	民营
安徽乐晨纸制品有限公司	张华荣	工业	陶厂镇关镇工业园	15.7	劳务出口工业	纸托盘	14	400	12	民营
含山县绿野供销合作社有限公司	李军	农业	陶厂镇关镇工业园	1.8	农业	粮食加工	10	3000	0	民营
含山县前三农业科技有限公司	付正前	农业	陶厂镇关镇工业园	5.62	农业	粮食储存	6	1200	0	民营
安徽裕溪河农业发展有限公司	施德扣	农业	陶厂镇关镇工业园		农业	粮食储存	6	1800	0	民营
含山县南方粮食购销有限公司	王仁保	工业	陶厂镇街道		农业	粮食储存	20	1600	0	民营
含山县关镇机械厂	圣金农	工业	陶厂镇道口工业园		机械制造	雷顿破碎机	8	140	2	民营

专记：

安徽恒泰新材料有限公司

陶厂石膏矿经省地矿部门勘探确认，矿床面积约5.2平方千米，埋深地下185.2～443.7米，已探明储量18.85亿吨，控制储量37亿吨，外推储量58亿吨。该石膏为工业硬石膏，是亚洲第一大硬石膏矿，品位极高，硫酸钙含量平均95%，最高达99%。

石膏矿车下井

硬石膏产品在多种行业中有着非常广泛的用途。硬石膏硬度高，具有防水、防腐、隔音等特殊性能，是理想的新型绿色环保建筑材料。硬石膏产品主要在建材、化工、造纸等方面作为缓凝剂、矿化剂、膨胀剂，还可以制造特种水泥。石膏晶须（纤维硫酸钙）即硫酸钙晶须，主要用于树脂、橡胶、涂料、造纸中的增强剂或功能型填料，又可用于摩擦材料、密封材料、保温材料等，作为增强剂可提高强度30%左右，可替代石棉，是一种绿色环保材料。

2001年，安徽省皖北煤电集团与含山县签订开采协议，投资创办安徽恒泰新材料有限公司（简称“陶厂石膏矿”），项目总投资2亿元。为将丰富的石膏资源优势转化为产业优势，把石膏产业做大做强，含山县政府规划建设陶厂新材料产业园。新材料产业园主要进行各种石膏深加工，规划面积2平方千米，分石膏矿石生产研发区、石膏加工区和科研、产品服务区。石膏产业城将以中高档模具石膏粉生产为龙头，重点发展超细粉、粉刷石膏、石膏砌块、石膏晶须、PVC异型材等绿色建材产品，主要建设30万吨PVC异型材、石膏复合墙体、石膏装饰材料、粉刷硬石膏生产线；建设混凝土膨胀剂和白水泥，无尘粉笔和石膏浮雕材料等项目。力争到2025年后，园区内石膏生产能力达到500万吨、石膏粉类100万吨、PVC异型材30万吨，石膏工业总产值180亿元，纳税40亿元的一流石膏产业城。

石膏矿地下采矿生产

陶厂新材料产业园2021年有3家企业进驻：其中安徽恒泰新材料有限公司集开采和加工于一体。公司有两个井口，一为通风井，一为综合井，年采石膏原料60万吨，加工石膏粉30万吨。安徽拓远环保科技有限公司，总投资3600万元，是省建设厅研发推广的轻抹灰石膏厂家，也是华东地区第一家以原水石膏为主要原材料的新型内墙材料。2021年，公司与碧桂园达成协议，承接巢湖碧桂园安置小区项目。2021年，公司实现产值600万元。安徽锐斯特新型材料有限公司，投资2300万元，是集研发、生产、销售于一体的新型材料企业，专业研发、生产、销售均质改性保温板。

石膏破碎车间

第二节　交　通

一、水上运输

中华人民共和国成立前直至成立后的相当长一段时间里，由于陆路交通运输落后，人们只得依赖水路交通运输。明清至民国几百年间，陶厂主要依赖陶厂河对外运输。陶厂河长15千米，从铜闸汇入牛屯河入江。陶厂河河道狭窄水浅，自鲁桥至垱子圩段7.5千米，可常年通航15吨船舶，丰水期最大不超过30吨。垱子圩至铜闸河道长7.5千米。1966年以前航线为鲁桥—垱子圩—铜闸—裕溪口。1966年，在老铜城闸上游2千米的牛屯河口水姑庙建一座节制闸——铜城新闸。1973年，在下游和县建新桥大闸，两闸均无渡船设施，江河为之阻隔，不能直航，航线仅为鲁桥—垱子圩—铜闸。到20世纪60年代，陶厂河内船舶全部为木质帆船，1972年后才出现柴油机动船。民国时期，陶厂水路运输较为繁荣，陶厂河沿岸有大小船只20多只从事运输，年货运量万吨。陶厂通过水路运出的货物主要有稻、麦、山芋、油菜籽等农产品；从外地运进的货物主要有食盐、洋布、百货等群众生活用品。中华人民共和国成立后，在陆路交通未发展起来之前，陶厂当时从事水路运输的船民主要为沿河村民，如小毛村毛明知等3户有2条30吨大船，是当时陶厂最大的船老板。当时有9户18人专门从事水运，共有5吨木帆船5条，10吨船2条，30吨船2条。同时也有铜闸的船民到陶厂河招揽生意。

旧时，陶厂河有简易港口，鲁桥码头为自然岸坡码头，岸线长50米，有松散的挑夫。陶厂周边的农副产品由人工挑运至鲁桥码头，集中装船发往芜湖及下江等城市。外地货物运抵鲁桥码头后，再用人力分送各地。1956年为便于货物运送，政府投资维修鲁桥简易码头，乡供销社、粮站在河边建造了仓库，方便临时存放货物。

1950年6月，含山县成立运漕航管所，陶厂为其下属港口。1950年，继运漕成立搬运工会之后，陶厂也成立了搬运工会。1956年8月，含山县成立搬运站，下辖含南、含北两

鲁桥(前石桥为老桥,后水泥桥为新桥)

个搬运中队,在陶厂设立搬运分队,1959年撤销陶厂搬运队,成立黄墩搬运队。

民国时期,从事水上客运的船只均为小木船,一般载客20人左右,客满即走,从陶厂河到铜闸,直达长江边裕溪口。为方便陶厂河两岸群众往来,沿河两岸的祁首岗、垱子圩、苏滩等村庄都设有简易渡口,这些渡口一般不收费或仅收很少费用。1965年后,随着陆路交通的发展,至20世纪80年代,陶厂河水路运输逐渐停止。陶厂农副产品和生活用品的运输逐步转为以公路运输为主。2010年,随着最后一个渡口——祁首岗渡口停运,陶厂数百年水运历史就此结束。

二、公路运输

民国时期,陶厂与全县一样,没有一条像样的等级公路,当时只有古道昭(关)芜(湖)道经过陶厂,此道从九连带信庙村、大朴树村、石门山口、陶家厂、关门镇、铜城庙、铜城闸,至裕溪口过江抵达芜湖。除此道外,镇内村庄通往集镇的都是简易土路,甚至是田埂。人们到县城、运漕、铜闸、林头一般都是沿土路步行,少数富户骑毛驴,费力耗时。新中国成立后,虽然也组织人力进行道路建设,但因财力物力不足,交通落后状况很长一段时间没有根本改变。

(一)主干公路建设

国道合巢芜高速公路含山段　合(肥)巢(湖)芜(湖)高速公路于1992年12月开工建设,路基宽24.5米,行车道宽15米,双向四车道,中间分隔带2.5米,混凝土路面。该路通过清溪、林头、陶厂、铜闸4镇,含山段全长26.8千米。陶厂境内途经司徒、官塘和铜庙3村。1995年12月,一期工程竣工通车。含山境内在陶厂官塘村曹庄自然村设关镇进出道口,始称关镇道口,后改称含山道口。该路2020年4月开始拓宽工程,由原双向4车道拓宽为双向8车道,工程于2022年12月全部竣工。2023年初,省交通厅将“含山”道口再次更名为“凌家滩”道口。

含铜路　1963年,县委、县政府决定修建含(山)铜(闸)路,含铜路全长28.25千米。当时,筑路没有机械设备,基本依靠人工,路基由沿途公社分段组织民工施工。陶厂负责山口串至鲁桥段施工,关镇负责施工5.5千米,其余路段由三官、长岗、运漕等公社分段承担,路面为土石路。1963年11月开始动工,年底路基全部完成。含铜路修有桥梁4座,大小涵洞106道。陶厂、关镇段建有鲁桥及涵洞73个,路面为砂石路。1964年1月,含山县续建含(山)铜(闸)路,路基拓宽至9米,路面拓宽至6米,为砂石路面,等级标准为4级道路。鲁桥是含铜(塔岗)路上一座重要桥梁。清末民国时期,鲁桥是用麻条石修建的石桥。1938年，日军入侵含山时，为阻击日军前进，抗日军民将石桥拆毁一段。后为方便群众通行，鲁桥一度建为木桥。1963年，修建含(山)铜(闸)路时，鲁桥修建为三孔石拱桥，桥长35米，宽6米。1969年，由于交通承载量渐大，将石拱桥改为钢筋混凝土桥。2001年，古(河)塔(岗)路扩建时，鲁桥改扩建为4车道桥梁，长63米，宽12米。

古塔路　古(河)塔(岗)路由含古路、含塔路两部分组成，经过陶厂、关镇至塔岗。含古路1949年修建时路基宽9米，路面宽3～5米，为泥土路。1965年、1975年两次进行改造，升级为砂石路面。1991年前路面加宽到7米。1991年，江淮地区发生特大洪灾，其他道路交通一度中断，古塔路经水毁抢修后成为连接合肥与江南地区的唯一通道，由此受到省市交通部门重视。1992年，在省交通部门资金支持下，县政府组织力量对道路泥夹石层增强补厚25厘米，表面沥青增厚4厘米。1998年，该路被省交通厅定名为S226线，即省级公路网大塔路(全椒县大墅—含山县塔岗)。含山县从发展区域经济出发，计划将古塔路改造成路基宽12～17米，路面宽9米二级混凝土路。1999年，古塔路获批列为国债项目，县乡筹集配套资金计1.47亿元，2000年2月开工兴建，2001年12月建成通车。为利于陶厂、关镇发展，古塔路修建时避开陶厂、关镇集镇街道，绕镇通过。同时对山口串进行大幅度降坡，最高处降幅3米多。扩建后路基宽12米(城镇段17米)，路面宽9米(城镇段14米)，全长59.93千米，其中昭关至塔岗34.6千米。古塔路全程含山段南起塔子岗，北至全椒县古河镇交界的滁河大桥，设计时速80千米。2012年，县政府再次对古塔路进行升级改造，全线总投资7.2亿元，当年12月动工，2017年9月竣工，含山至塔岗段改建成双向四车道二级公路，原S226线路改名S213线。S213线从全椒县古河镇至含山县运漕镇裕溪河大桥，全长67.57千米。

老古塔路南周至杨府城段

改造后的古塔路陶厂段

古塔路拓宽后的山口串段

（二）县界、镇界公路建设

改造前的陶南路

陶南路含山段　陶厂至和县功桥镇南义社区，含山段8.5千米，路面宽6.5米。该路始建于20世纪70年代，为土石路，80年代改建成砂石路。2003年，陶厂镇投资100万元分段对陶厂镇至云塘村金村大桥铺设沥青路面和水泥路面，全长3.1千米，路宽5.5米。2009年，由于道路破损严重，该段路面全部改成水泥路面。2012年，对云塘村金村大桥至和县南义社区接壤处全长4千米按"村村通"道路建设，路宽3.5米。2019年，陶南路升为县道，后又升格为省道。从云塘村金村大桥向东与和县南义社区接壤，北与环峰镇三龙村相连，共投资1200万元，建成宽6.5米的沥青路。

改造后陶南路新胜圩段

陶新路含山段　陶厂至和县功桥（新塘）镇，含山段长4.5千米，路面宽6.5米。2001年，陶厂镇投资80万元，将陶新路含山段改建成四级沥青路。2003年，陶厂石膏矿投资120万元，将陶新路连接古塔路（原省道226线，现改为S213线）至南峰社区路段改建成水泥路面（矿区进出路段），全长350米，宽12米。陶南路和陶新路的贯通，打通了陶厂与和县相邻乡镇的交通瓶颈，促进了陶厂经济发展，方便了两县群众的运输和出行。

陶新路

拓宽后的关林路孙杨树村段

关林路　陶厂关镇经司徒至林头镇杨山路段，全长12.51千米，路面宽5米，2005年以前为砂石路面。2006年，镇政府争取和整合各项资金，将关镇至司徒村花山张自然村路面改造成宽5米的水泥路面；花山张自然村至曹保冯和江老、鲁庄两个自然村砂石路改造为宽3.5米的水泥路面。关林路是陶厂至林头的一条便捷乡镇道路。2021年前为砂石路，路况较差，通行比较困难。2022年，陶厂镇利用乡村振兴资金，按“村村通”道路标准，建成路宽4.5米的水泥路，彻底解决了困扰山区群众多年的路况差问题。

陶厂镇2021年公路交通表（国、省、县）

表7-5

名称（起终点）	里程（千米）	建设（修建）时间	路面状况
大（墅）—塔（子岗）路（经陶厂）S226（省道）	54.43	1949年、1963年、1991年、2000年	6米（砂石路）、9～17米（二级混凝土路）
关（镇）—林（林头镇杨山）（经规山、司徒）（镇道）	12.51	1994年、2017年	5米（砂石路）、5米（混凝土路）
陶（厂）—南（和县）义（县道）	6.78（含山段）	20世纪70年代、2003年	6米（砂石路）、6米（四级沥青油路）
陶（厂）—姥（和县）桥（县道）	3.20（含山段）	20世纪70年代、2001年	6米（砂石路）、6米（四级沥青油路）
合（肥）—巢（湖）—芜（湖）高速（国道）	26.77（含山段）	1992年、2020年	42米（双向八车道）
陶厂—金村大桥	3.10	2002年	路面宽5.5米，柏油路面后改为水泥路面

（三）陆路交通工具

清代民国时期，陶厂地区交通工具十分落后。当时，运送货物一般由人挑或独轮车拉，一辆独轮车可载150～250千克货物。人员往来除了步行外，有毛驴可供客人骑乘，赶脚夫跟在后面赶驴。富贵人家出门雇轿夫抬送。

1965年前，县搬运合作社有职工254人、板车124辆，分布于全县8个主要集镇。陶厂搬运合作社仅有一辆板车，直到20世纪60年代中后期才有了敞篷汽车和拖拉机。1965年6月，含城至陶厂首次开通客运班车，晴通雨阻，上下午各开一班。车辆为敞篷汽车，车厢罩有帆布篷，十分简陋，旅客只能站着或者席地而坐，往往满身灰尘，直到70年代中期才更换成客车运输。80年代后期，陶厂农民形成外出务工热潮，主要集中在北京、上海等大城市。1989—1990年，陶厂夏修才购买一辆19座中巴，专开上海线路；毛学元购买一辆40座大客车，专开北京线路；至1994年，因条件限制无法拿到上海、北京线路使用权，被迫停运。1996年8月，毛学元等5人筹资，分别购买了5辆最新款的扬州“亚星牌”卧铺大客车，专门跑陶厂至北京的长途客运。由于没有线路使用权，一年后有3辆车被迫停运。为了保障线路正常运营，2000年，毛学元等人合伙挂靠含山县汽车站，终于拿到含山至北京跨省长途客运线路牌照，其后，他们又将原来的“亚星”卧铺车改换成更加宽敞高档的“金龙牌”卧铺车，平时每3天双向对开一班，春节返乡回程、暑假留守儿童去北京父母身边的高峰期每天对开一班。后来随着交通运输的高速发展，动车、高铁更加方便快捷，2016年末，陶厂至北京专线客车全部停开，结束了20年的运营历史。

2003年，镇内有出租车3辆、面包车5辆、各种货车17辆、私家车15辆。2021年末，全镇有客运小客车、中巴车16辆，出租小轿车29辆，各种货车73辆，私家小轿车3398辆（含在城市务工人员购买的私家车），摩托车、电动车2187辆。

第三节　商　业

老街南关口商业街

清代末年到民国期间，江苏苏北、安徽江南及定远、肥东等地商贩纷纷来陶厂经商定居，其中以肥东人最多。他们来到陶厂后，以摆小摊、开饭店、机匠店（机织土布）和染坊、糖坊等业维生，使得陶厂集镇规模得到扩大，人口逐渐增多。民国时期，陶厂老街有大小商贩、店铺近170家，从业人员600多人，带商号的店铺就有120多家。陶厂每月初二、初七、十二、十七、二十二、二十七逢集，西至肥东梁园，南至沈家巷、裕溪口一带，县内关镇、福山、张公、仙踪、姚庙以及临近的和县南义、新塘、功桥一带都来此赶集。每到逢集时，街上车水马龙，熙熙攘攘，从上午7点到11点，下街北份路口、上街南关口、鸭蛋巷这些地方狭窄的街道到处是人挤人。主要交易场所在老街、鸭蛋巷、集场、牛市、米市。老街主要交易农副产品、日杂货；鸭蛋巷主要交易禽蛋；集场是农副产品、农具及水产品集中销售的地方；牛市和小猪行在含和南乡一带最为有名，买牛卖牛、买猪卖猪都纷纷赶到陶厂交易，每次逢集上市交易的耕牛有30头左右，小猪崽百余只。牛市主要是牛站市，中介人以牛论价，有些并不卖牛，论价后对自家牛好差有个估价标准。米市在南关口，主要交易五谷杂粮，以米、糠交易量最大。南关口外是竹木行，每到逢集方圆几十里做竹木交易的、购买农具、家具的人挤满了竹木行，生意非常火爆。集市里小戏园唱小倒戏的、卖艺杂耍的、讲评词、说鼓书的样样皆有，加上各种风味小吃，引来各方人士购物会友，街上人头攒动，热闹非凡。

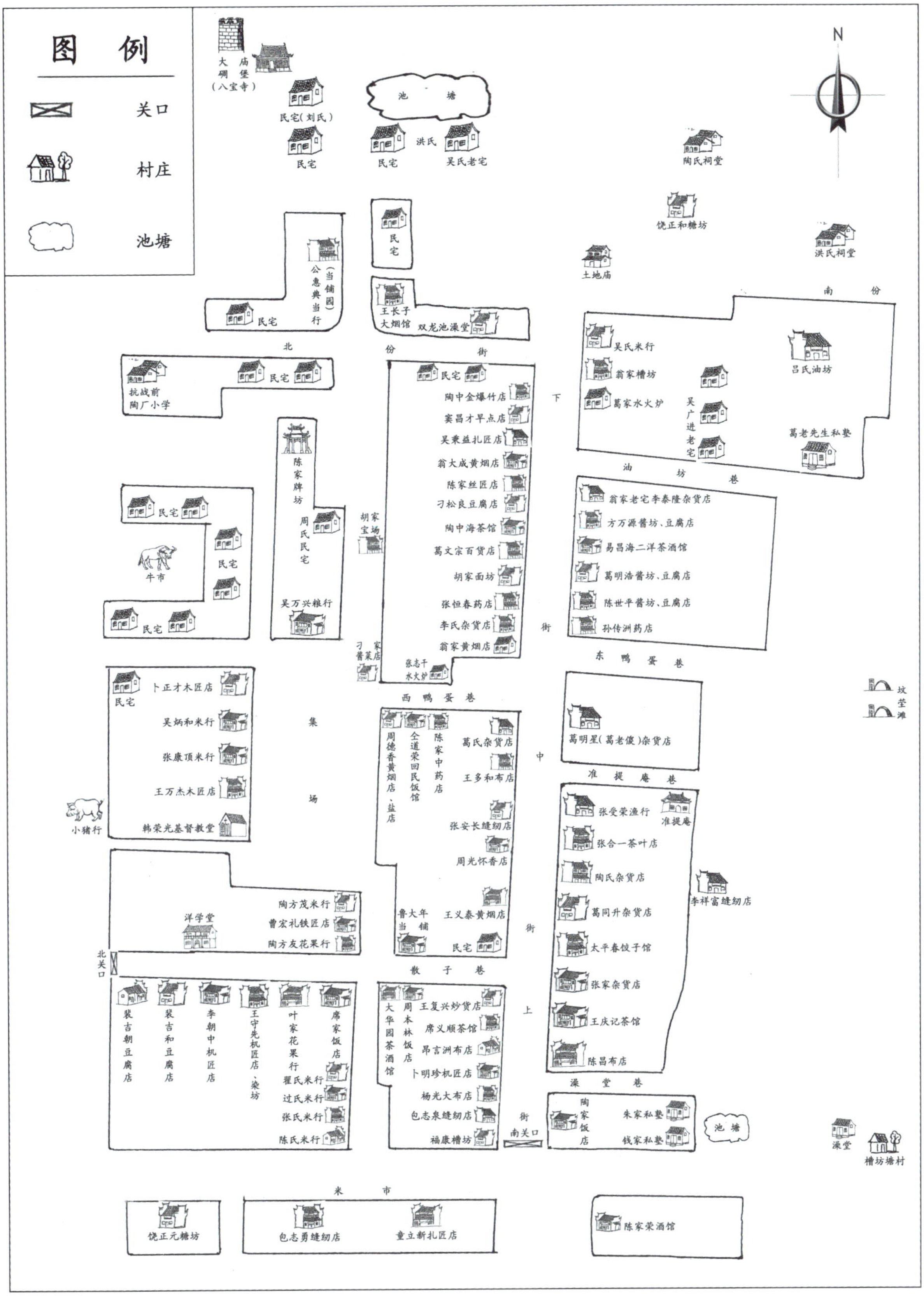

陶厂老街旧时主要商号分布图

一、历史上的特色商业

陶厂老街店铺有杂货店、百货店、布店、银匠店、中药店、茶叶店、黄烟店、香店等。这些店铺的货物一般从运漕或芜湖进货，但高档的日用百货和绫罗绸缎主要还是直接从芜湖进货。过去陶厂有种叫“跑江”职业，他们专门为商家从芜湖进货，货进到后乘轮船过江到裕溪口，再乘木船从牛屯河过新塘、垱子圩到毛坝，翻船到鲁桥靠岸，然后用独轮车运到陶厂，颇费周折。为了节省费用，有的跑江人甚至不雇独轮车，肩挑步行回陶厂。商家需要进什么货，只要给“跑江”人说一声，三五天他们就会把货送到，方便快捷。除此之外，集镇上还有豆腐店、裁缝店、铁匠店、木匠店、篾匠店、炒货店、糖坊、槽坊、酱坊、染坊、茶酒馆、澡堂等。

王义泰黄烟店旧址

（一）陶厂集市商业

粮行　陶厂老街有大小粮行14家，其中规模最大的有两家，一处是位于下街街头吴作礼父辈开设的吴氏粮行，三大间铺面坐东朝西；一处是位于鸭蛋巷朝西的集场内，吴作林父亲开设的吴万兴粮行，坐北朝南，四开间门面。2家吴姓粮行都雇用伙计三五人，生意十分兴隆，每到逢集门口都摆有四五口大米缸，陶厂周边以及和县南乡一带的农民都赶来进行米、糠交易。小粮行由于资金少，收来的粮食都是转卖给大粮行。大粮行将收来的粮食从鲁桥河装船运往芜湖、南京销售，赚取更大差价。

杂货店　陶厂老街上有大小杂货店24家，规模最大、带有商号、有一定影响的是位于上、中街集合部的葛同升杂货店。葛家五进大院，二、三进为两层木楼，后设仓库，十分气派。沿街三大间门面，店中间是过道，两边是木制柜台，靠墙两排货架，各种生活用品应有尽有，生意十分火红，特别是逢集，两边柜台前挤满人，人头上付钱购物，直到中午时分，顾客才逐渐减少。葛同升杂货店常年请有伙计6人，站柜、打杂、外出进货，分工明确，进货大多直接从芜湖、南京采购。葛同升家也是当时陶厂最富有的大户。

大商号还有外号“葛老傻”的杂货店，由葛文锦开设，坐落在中街，坐东朝西，前后五进，内有走马楼，为砖瓦木梁结构，一、二进有天井小院，三进后有个大院，朝东开有后门。该店五开间门面，一进为店铺，门面大，货物全，除了粮油布匹不卖外，几乎样样都有，常年雇有3名伙计。由于地处通往县城必经之路鸭蛋巷口，生意尤为兴隆，特别是逢集日，顾客进一屋出一屋，店家忙得不亦乐乎。葛家第五进开设有糕饼作坊，雇请2名大师傅，3名杂工，生产大麻饼、方片糕、绿豆糕、寸金糖等各种食品销售，由于质量上乘，广受喜爱。抗战时期，日军飞机轰炸陶厂，葛老傻杂货店不幸中弹被炸，燃起的大火将走马楼烧毁，葛家匿藏在夹墙里的银圆、铜板全部被熔化成块，损失惨重，元气大伤。此后，葛家缩小经营规模，将五进改为三进。中华人民共和国成立后一进被充公，二、三进由葛家后人居住。

葛文宗杂货店规模也较大，坐落在下街，三大间门面，坐西朝东，前后四进，中有天井小院。一进为铺面，长长的柜台后面货架上陈列着各种日用百货。由于店铺位于下街，陶厂东北乡赶集的人较多，生意也十分红火。此外还有位于下街吕家油坊巷口、坐东朝西的李泰隆杂货店，生意也很兴旺。

布店　镇上有大小布店12家，规模较大且带有商号的有三家。分别是：昂言洲布店，其规模最大，坐西朝东，砖瓦木梁结构房屋，前后三进，一、二进之间有明瓦天井罩，二、三进之间是庭院，青石条铺路直通前后。房屋布局为前店后堂。布店经销的品种齐全，有手纺的土大布，也有扬州、苏州、杭州出产的香云纱、花旗纱等各种绫罗绸缎，特别受到有身份的富户和官员的喜爱。杨光大布店，位于陶厂老街南关口内侧50米处，坐西朝东，四大间门面，前后四进，中有天井小院，一进为铺面，青石板地面，经营品种较多，丝绸、洋布、夏布、自纺的土布一应俱全，此外，还经营山窑货物。各种布料主要从芜湖、南京进货，经水路到鲁桥，再雇人挑回。陈昌布店位于南关口内侧约80米处，坐东朝西，由陶方才开设，门面虽不大，但销售的都是高档布匹，大多是从无锡、苏州、杭州采购来的绫罗绸缎和高档的花布、洋布，很少销售自织的土布。

机匠店　陶厂有机匠店多达18家，其中14家是合肥、肥东人开设的。各有木制的穿梳织布机2～4台，纱线有自纺和在外地购买的两种，纱线先浆后织，织出的土大布虽比不上白洋布，但也光亮洁白，结实耐用，由于价格便宜，深受生活条件一般的百姓青睐，当时绝大多数农村人都是用土大布做衣服、被子。规模较大的机匠店是位于上街的卜珍明机匠店，前后四进，每进之间有天井院，青石板路面连接前后屋，4台织布机整天不停，生意红火。机匠店织出来的布一般自己在家销售，逢集时拿到门前临时摆摊销售。

糖坊　陶厂有炒货店兼糖坊4家，分别是洪份街后的饶正和糖坊、南关口西南角的饶正元糖坊、南关口外100米处的王朝文炒货店和坐落在上街馓子巷口，由王昌盛开设的王复兴炒货店兼糖坊。规模最大的要数王复兴炒货店，一大间门面，前后两进，中间北边为直筒屋连接一、二进，上面是小阁楼，中间南边为卧室，卧室与后进之间是天井小院。店铺门面有柜台、山架，制作成品对外销售。披厦至后进为糕点作坊，请有师傅伙计4人，产品主要有芝麻糖、花生酥、花生糖、焦切、玉条、欢团等，糕点制作配料考究，熬制糖稀是他家的独门绝技，成品糖稀香甜可口，深受顾客喜爱。炒货店制作糕点除在门面销售外，还批发给小商贩下乡兜售。同时，每到过年前腊月，还熬制糖稀供应四乡八邻自己加工糖食年货。

槽坊　陶厂老街有槽坊两家，一家是位于下街与北份街口交会处由翁家三兄弟开设的翁家槽坊；一家是位于上街南关口内侧，坐西朝东的福康槽坊。两家槽坊均为三开间铺面，二进住家，三进作坊，生产泡子酒。铺面柜台内一排摆放着三四口装满泡子酒的大缸，沿街的柜台上陈列着几个装满酒的大坛。平时街坊四邻喜欢喝酒的人光顾的较多，每到逢集生意更加兴隆，十里八乡的农民上街买卖，很多人带着小坛，下集时都去槽坊打酒带回家；有的还先买上几块臭干或一包五香花生米，打上几两酒靠在柜台边先过过酒瘾，然后才买酒回家。

翁家槽坊旧址

酱坊　陶厂酱坊有3家，分别为葛明浩开设的葛家酱坊，方世太父亲开设的方万源酱坊和陈世平酱坊。3家都坐落在老街下街，均坐东朝西一字形摆开。方万源酱坊规模最大，房屋前后三进，成扇形，铺面两大间，二、三进均为三开间，一、二进之间有天井，三进后为一个大院子，院内排列数十口晒酱的大缸，晒制各种酱菜和原板酱。他家酱菜脆鲜可口，备受喜爱，供不应求。此外，铺面还兼营杂货。葛家酱坊由葛明浩后人葛圣元接手后扩大店面，为五进四大间门面，三进后全部为晒场和仓库。葛家主要生产酱油、酱板、米醋、酱萝卜、酱瓜等，风味独特，广受欢迎。当年，酱坊都附带豆腐店。除此之外，还有3家专营豆腐店，分别是位于下街，坐西朝东的刁松良豆腐店，位于北关口内坐南朝北的裴吉朝豆腐店、裴吉和豆腐店。几家豆腐店在工艺和质量上互相竞争，因此陶厂豆制品在周边一带颇有名气，特别是香干最受喜爱。陶厂香干以花椒、丁香、肉桂等多种配料制作，干子压得板，一块干子可剖成十几层薄片，切成干丝细而不断，是茶馆拌干丝必备之品。

茶酒馆　旧时陶厂街上有茶酒馆多达13家。那时进茶馆遇见熟人，便走向桌边招呼点头，并从口袋里掏出两个以上铜板（当时一个银圆兑300个铜板）往桌上一掷，以示代为付账，或代付跑堂小二的小费。如遇见带小孩的还要买上两包花生米，然后双方作简短寒暄，再找座位落座、泡茶。坐定之后，原先被接受铜板的熟人，必以同样的方式予以还礼，这是当时含山流行的一种早茶礼俗。陶厂街上的茶馆一般是在大门口支口大油锅，专炸油条、糍粑、酥饺、春卷、大麻团和糯米锅巴。客人坐定，跑堂的先送上一壶茶，摆上杯、筷，再端上一碟拌干丝。干丝有荤有素，根据需要也可上一碗有肉丝、虾米、鸡汤煮的干丝，然后再上油条或小笼包等。

大华园茶馆旧址

陶厂茶馆铺面最大是位于上街王大荣开设的王庆记茶馆。茶馆坐东朝西，四开间门面，前后四进，进深60多米，一、二进之间有天井罩，二进至四进是敞开的，能摆几十张桌子，既是陶厂街上最大的茶馆，也是集会、赌博的场所。王庆记茶馆的早点除拌干丝外，以大麻团、酥饺、发糕最为有名。

席老三茶馆由席顺义开设（因其排行老二，人们习惯这样称呼），坐落在上街，与王庆记茶馆斜对面，两间门面，前后三进，一、二进营业，三进住家，能摆十来张桌子。席家以酥饺、春卷、烧卖、大麻团、方糕为特色早点，尤其以猪油炸酥饺为一绝，虽然门面不大，但早上的生意红火。

张瑞鼎开设的大华园茶酒馆名气最大，茶酒馆位于散子巷中段，坐南朝北，四开间门面，前后两进，中间天井院，两边有厢房。二进面积较大，设有雅座，宽大的店堂能摆20张方桌。他家早上是茶馆，中、晚是酒馆，炒菜卖饭，供应泡子酒。早点有煮干丝、小笼包、酥饺、春卷、锅贴、烧卖、大麻团等，还供应茶叶、五香花生米，逢集生意格外红火。大华园茶酒馆菜肴分不同档次，高档的有八碗八碟、四冷四热，便宜的有各种小炒、青菜豆腐等。过去，陶厂东南乡步行到含山县城的人，大多在这里吃顿中饭再赶路。每到逢集时大华园人进人出，生意尤为火爆。老板张瑞鼎有几道拿手好菜，如红烧狮子头、红烧肉、清蒸老鳖，尤其以肉团子外面滚上糯米蒸成，既鲜美可口又洁白如银，食客赞不绝口。计鸣凤、张居友都是大华园培养出来的含山红案名厨。新中国成立后，大华园改为陶厂合作食堂。

太平春饺子馆为计鸣凤开设，位于上街通往县城的散子巷口对面，坐东朝西。饺子馆两小间门面，饺子个大馅多，配上葱花、胡椒等调料，再浇上骨头汤，香味四溢，成为南来北往的过路人非常喜爱的一种美食，生意也很不错。

民国后期，陶厂老街还有一家回民清真餐馆，位于集场西鸭蛋巷内，由和县戚桥回民仝道荣开设。他家专营牛羊肉菜，最有特色的是牛肉汤、羊肉汤、红烧牛肉、红烧牛杂等，风味独特，极受欢迎。他家的卤牛肚、卤牛肉也堪称一绝。

澡堂　陶厂老街有澡堂两家，均为男性澡堂，分别位于北份街和南关口街东。双龙池澡堂位于北份街，坐北朝南，由陶中海开设。该澡堂最早开设于清代末年，占地面积200多平方米，大厅面积约140平方米，内设4个池子和20多个睡炕。服务项目有擦背、捶背、修脚、泡茶等，但需另外加钱。当时陶厂没有电灯，澡堂里用的是玻璃罩马灯。澡堂用的是池塘水，人力挑来倒在大池中，燃料是农民挑上街卖的柴草。双龙池澡堂为了避免发生意外和池水污染，特意在门口贴上“酒醉年高莫入池，麻风疥疮请出门”的告示。进澡堂洗澡，不单是洁身、取暖，还可进行人际交流。这里可以谈生意、会客。白天来澡堂的农村人较多，到了晚上大多是本街商家或住户。谁家来了男客，吃

民国时期双龙池澡堂旧址

过晚饭免不了带客人进澡堂洗澡。澡堂里都是闷箱式水池，说是洗澡，实际是泡澡，人泡水中，全身放松。洗完澡跑堂的会用热毛巾帮忙擦背，然后裹上大毛巾，躺在炕上休息，两铺睡炕共一个茶几，澡堂里有五香花生米、茶干、油炸馓子售卖，还能让跑堂的帮忙喊来馄饨、元宵，送进来吃。洗完澡出门前，伙计递上雪花膏擦脸，并将客人送到门口。

客栈　旧时，陶厂的人流量大主要集中在逢集，平时留宿在陶厂的商贩很少，所以没有专门的客栈。每到逢集的头一天下午，各路商贩集聚陶厂，目的是第二天赶个早市。到了晚上南关口外的陈家茶酒馆清场后，大方桌一并，再租几床被子就成了临时客栈，还有两家澡堂的睡炕也提供夜宿服务。

茶水炉　茶水炉也叫老虎灶，旧时陶厂有7家，除两家澡堂和3家茶酒馆兼开茶水炉外，还有鸭蛋巷内张志千茶水炉和下街葛家茶水炉。老虎灶式样与其他集镇相同，屋内一边是老虎灶，灶台上安装几个铁水罐，木头盖子，共一个火膛，火炉以稻壳、松毛为燃料，火膛后是两口大闷子锅，专门利用余热来焐水，再后面是一个烟囱直通屋顶，好似老虎的尾巴，灶门很大，好像老虎的大嘴，故称为“老虎灶”。灶边是一排几口特大的水缸，用水都是从附近池塘雇人挑来。干旱时，下街茶水炉从洪份水井打水，上街茶水炉请人从2000米外的鲁桥河挑水。茶水炉都是凌晨两三点钟起床，生火起炉，全天供应开水。旧时没有热水瓶，老街上居民用热水都习惯到茶水炉去买，比自己在家烧水节省燃料。

陶厂老街上老茶水炉

（二）关镇、铜庙旧时市井商业

关镇旧时称为“关门镇”，民国时期集镇面积不大，商铺和人口不多，虽然没有陶厂繁华，但也有杂货店、豆腐店、中药店、炒货店、黄烟店、铁匠店、木匠店、面坊、槽坊、茶酒馆、澡堂、牛行、鱼行等。关镇也有逢集习俗，与陶厂逢集错开，每月初四、初九、十四、十九、二十四、二十九逢集，周边十里八乡的农民都到这里赶集，进行农副产品交易。

粮行　关镇老街有宋万杰开设的协和粮行和上街左学才开设的左信丰粮行两家。这两家粮行平时生意一般，每到逢集生意较为火红。收购的粮食装袋打包，从鲁桥码头上船运往铜闸销售，或直接运往芜湖米市销售。

槽坊　有两家，一家唐本钱槽坊位于下街，坐西朝东，另一家季家荣槽坊位于上中街。两家槽坊均为两开间铺面。季家槽坊三进大院，一进为门面，二进住家，三进为作坊。唐家槽坊前后四进，尤其是四进的作坊面积很大，生产的泡子酒产量大、销量大。

杂货店　有3家，唐本和杂货店位于下街，坐东朝西，曹贵朝杂货店和朱良荣杂货店。规模最大，生意最好要数唐本和杂货店，唐家前后三进，深宅大院，两开间门面，青砖小瓦木梁结构。其生意好主要是日用百货齐全，大多是从芜湖直接进货；同时关镇老街的下街大多与店主同姓，人说关镇老街一半都姓唐。因此，本家人照顾本家生意也就顺理成章。

茶酒馆　有4家，宋万杰开设的太平春茶酒馆位于上中街，吕道荣开设的吕顺兴茶酒馆位于中街，唐本其酒馆位于中下街。太平春茶酒馆为二进，二开间门面，中间为两层小楼；吕顺兴茶酒馆为小瓦平房三开间，深院内有两间草房；唐本其酒馆为三进砖瓦结构平房，三开间门面。几家茶酒馆均能摆设十来张酒桌，菜肴以中低档为主，为南来北往的行人提供大众化的服务，客流量大主要集中在逢集当日。吕顺兴茶酒馆的卤菜、板鸭味道鲜美，很有名气，深受本街居民喜爱。

豆腐店　有两家，唐本钱豆腐店是关镇最早开设的一家老字号豆腐店兼槽坊，另外一家是贾万江豆腐店。规模和销量最大的是唐本钱老字号豆腐店，不仅干子、千张、豆腐做工好，还有豆浆挑的皮子和蒲包干子出售。两家豆腐店的豆制品不仅在门面销售，还兑给小贩下乡逐村兜售。

澡堂　有1家，位于下街，坐东朝西，由唐本玉开设，前后房屋十来间，浴池三间，一次能容纳四五十人，设有3个水池，白天主要做周边农村的生意，晚上做街坊生意，逢集当日生意较好。澡堂内的服务项目同其他澡堂一样，应有尽有。

铜庙集旧时也称“铜城庙”，清末形成集市。铜庙老街是去往铜闸、运漕、芜湖、无为的必经之路，街道全长150多米，街南头有一道石闸门。由于过往商旅较多，小街上饭店有2家，茶馆有3家。民国三十七年（1948年）时，铜庙街上仅有32户人家，就有22家做生意，有杂货店、肉案、猪行、鱼行等。吴本善茶馆开设最早，其祖父从民国初期开张，三代人一直坚持经营，卖油条、烧卖、包子等各种大众点心。街上还有杨福林、王良旺两家饭店。王明富豆腐店从民国三十五年（1946年）开始经营，直到1955年公私合营时收编进供销社。黄仁明槽坊从民国三十三年（1944年）开始做生意，到1950年停业。刘作明家开设的粮行，公私合营后被收编进国营粮站。铜庙街上还有一家保康药房，由贾介侯开设，其后人贾斯来拜师学习中医，给人开方看病，公私合营后药房并入关镇医院。1952年到1958年，刘作明还创办一所私人代办邮政所，直到政府设立邮政所才停业。

二、工商业社会主义改造

自清末民初陶厂集贸市场形成以后，经过三四十年的发展，至新中国成立初期，已具有一定规模。1951年11月，根据国务院颁布的《私营企业暂行条例》，陶厂商会对境内商号进行摸底调查，填写《陶厂镇工商联合会现有会员商号调查登记表》。中华人民共和国成立后，对资本主义工商业采取限制、利用、改造政策。一是限制。1951年，陶厂镇成立了集体性质的供销合作社，使得原来分散经营的私商有了统一的进货地点，同时也限制私商出售商品价格，规定利润空间，禁止囤积居奇，操纵、垄断市场。如果私商不遵守市场价格，群众就会和合作社进行商品交易，让私商货物滞销，无利可图。二是利用。中华

陶厂老街现存的20世纪50年代原合作商业门面房

20世纪50年代陶厂合作商业杂货店旧址

人民共和国成立初期，由于集体性质的工商业还很幼小、薄弱，为了适应农民销售产品的需求，利用私商繁荣市面，进行物资交换。三是改造。鼓励引导私营商业成立营业小组，组建联营商店。改造工作于1954年开始，分三步走：第一步宣传发动。召开商民大会，宣传私营工商业改造方针政策，解除顾虑；第二步划分阶级成分。镇内没有资本家，均系中小商贩；第三步组织改造。私营商业参加合作组织，以流动资金入股，固定资产根据营业需要折价入股或由企业租用。合营企业，不论盈亏均按5%付给私股定息，合作商店根据情况实行股金分红。

私营商业改造前，陶厂街道（不包括关镇、铜庙）有各类商号171户，其中布业12户、手工纺织业18户、杂货业24户、米业14户、槽酱业6户、茶酒业13户、茶水炉7户、铁木铺业14户、鱼牛猪业13户、理发成衣业8户、香烟摊业26户。经过私营商业改造，1954年，陶厂区将原有171户私营商业，870名从业人员，合并为12个店（组）、经营户，从业人员分别减至99户140人。到1956年，陶厂镇私营合作商店（组）的基本架构为：什货合作商店1个，户数12个，从业人员19人；百货合作商店1个，户数5户，从业人员9人；中药合作商店1个，户数3户，从业人员8人；酱料合作商店1个，户数12户，从业人员17人；合作食堂1个，户数7户，从业人员14人；油点合作组1个，户数5户，从业人员8人；水炉合作组1个，户数4户，从业人员4人；理发合作组1个，户数11户，从业人员11人；屠宰合作组1个，户数6户，从业人员6人；农民交易所1个，户数32户，从业人员32人。到1956年2月，陶厂、关镇、铜庙三个集镇私营商业全部实现合作化。

从私营商业改造前后陶厂街道商业户数对比可以看出，私营商业完成社会主义改造后，商号数量、从业人员大幅减少，但经营更加规范有序。同时，还出现了农民交易所这样的新鲜事物，满足人民群众生产生活基本需求。

1956年底至1957年初，在商民中开展为期40天的整风学习活动，成立9个小组，参加学习的商民214人。他们都是商店、小组的店员和组员，也有少数个体自负盈亏的商民，还有东闸、北关两个选区的代表。商民们在学习讨论中提出意见1028条，其中，中百公司58条、粮站69条、供销社40条、工商联33条、统购统销90条。所提意见包括商店经营管理不严，食堂点心不合规格质量，粮站应设公平秤，中百公司、合作社、合作商店营业员服务态度差等方面，并要求逐一进行整改。

1958年，全镇有416户各种形式的商业网点。工商业者通过全面整风运动，59人主动参加店外生产，在积肥送肥、工业投资与认购公债等方面表现积极。

1959年，陶厂商业组发动职工送货下乡，使社员不出村就能买到所需商品。1960年，陶厂镇对农村集贸市场加强管理，本着活而不乱、管而不死的原则，大力宣传国家经济政策，教育引导商户不抬价、不争购、不贩运，制止投机倒把行为。

1962年，市场管理委员会加强对私营商业教育、检查，防止他们克斤扣两，掺杂兑水。同时，积极扩大货源，对生产资料如农肥、农具、农药等做到及时供应，送货下乡，不误农时。

20世纪50年代陶厂合作商业豆腐店旧址

20世纪50年代陶厂合作商业大澡堂旧址

中华人民共和国成立初期，为繁荣集市贸易，根据上级要求，1952年秋收后，陶厂举办初级市场物资交流大会活跃了市场，其后不久开展的工商业社会主义改造运动，对私营工商业和个体商贩采取限制、压缩政策，形成国营商业单一经营的局面，造成市场萧条。粮油统购统销，家禽家畜饲养量由人民公社统一下达计划给生产大队，农副产品采购按计划分配，屠宰销售由食品站独家经营，日用杂货、生产资料由供销社统一采购和销售，形成国营粮站、食品站、供销社三家一统天下的单一商业供销体系。

1951年陶厂镇工商联合会布业会员商号调查登记表

表7-6　　　　填表时间:1951年12月

职别	商号名称	营业种类	经理人姓名	年龄	籍贯	成分	独资或合资	开业时间	营业地点	备注
理事长		布业	卜英学	25	含山	商	独资	1941	下街	
会员		布业	易瑶珍	28	含山	商	独资	1947	下街	
会员		布业	吴继才	34	含山	商	独资	1944	下街	
会员		布业	卜珍兴	24	含山	商	独资	1940	下街	

续表

职别	商号名称	营业种类	经理人姓名	年龄	籍贯	成分	独资或合资	开业时间	营业地点	备注
会员	王同泰	布业	王多文	58	含山	工商业兼地主	独资	1926	中街	
会员		布业	卜正芳	34	含山	商	独资	1944	中街	1951年9月停业
会员	杨复盛	布业	杨贵贤	40	含山	商	独资	1943	中街	
会员	安记	布业	葛文安	52	含山	商	独资	1944	中街	
会员	卜英才	布业	卜英才	49	含山	商	独资	1944	上街	
会员		布业	卜正为	53	含山	商	独资	1943	上街	
会员	昂裕丰	布业	昂荣洲	58	含山	商	独资	1927	上街	
理事长		手工纺织	王亚南	25	合肥	工	独资	1945	北关口	兼镇工商联合会主任
理事长		手工纺织	梁怀江	39	合肥	工	独资	1946	北份街	
组长		手工纺织	王作福	29	合肥	工	独资	1941	北份街	
会员		手工纺织	梁英法	53	合肥	工	独资	1944	北份街	
会员		手工纺织	黄海峰	24	合肥	工	独资	1944	北份街	
会员		手工纺织	梁作宏	62	合肥	工	独资	1941	北份街	

1951年陶厂镇工商联合会手工纺织业会员商号调查登记表

表7-7　　填表时间:1951年12月

职别	商号名称	营业种类	经理人姓名	年龄	籍贯	成分	独资或合资	开业时间	营业地点	备注
会员		手工纺织	杜克盛	24	和县	工	独资	1943	北份街	
会员		手工纺织	卜家传	41	合肥	工	独资	1943	北份街	
会员		手工纺织	卜英正	25	合肥	工	独资	1946	牛市	
会员		手工纺织	郁家富	31	合肥	工	独资	1941	牛市	
会员		手工纺织	卜珍铭	37	合肥	工	独资	1945	北份街	
会员		手工纺织	王作恒	53	合肥	工	独资	1936	上街	
会员		手工纺织	卜英俊	38	合肥	工	独资	1951	下街	
会员		手工纺织	王作厚	37	合肥	工	独资	1941	上街	
会员		手工纺织	卜加凤	43	合肥	工	独资	1931	槽坊塘	

续表

职别	商号名称	营业种类	经理人姓名	年龄	籍贯	成分	独资或合资	开业时间	营业地点	备注
会员		手工纺织	蔡传芳	35	含山	工	独资	1947	槽坊塘	
会员		手工纺织	卜月英							
会员		手工纺织	李才佐							

1951年陶厂镇工商联合会杂货业会员商号调查登记表

表7-8　　填表时间:1951年12月

职别	商号名称	营业种类	经理人姓名	年龄	籍贯	成分	独资或合资	开业时间	营业地点	备注
理事长	李泰隆	杂货	陈国玉	38	含山	商	独资	1942	下街	
会员	陈顺丰	杂货	陈宗林	41	含山	商	独资	1948	下街	
会员	王恒兴	杂货	王钧才	48	含山	商	独资	1937	下街	
会员	江永昌	杂货	江天信	41	含山	商	独资	1937	下街	
会员	葛恒森	杂货	葛明星	57	含山	商	独资	1900	下街	
会员	张义昌	杂货	张学勋	61	含山	地主	独资	1948	上街	
会员	陶民记	杂货	陶泽民	34	含山	商	独资	1943	上街	
会员	方万源	杂货	方世太	26	含山	工商业兼地主	独资	1937	下街	
会员	胡复兴	杂货	胡长刚	24	含山	商	独资	1948	上街	镇工商联合会副主任
会员	张合益	杂货	张修坤	58	含山	商	独资	1933	上街	
会员		烟摊	葛明书	51	含山	商	独资	1936	中街	
会员		百货摊	俞志金	37	含山	商	独资	1946	下街	
会员	复泰	盐店	周德相	36	含山	商	独资	1948	中街	
会员	王泰和	盐油	王廷和	40	含山	商	独资	1945	中街	
会员	谢元龙	山窑货	谢元龙	49	含山	商	独资	1945	中街	并归杂货
会员	翁永和	黄烟	翁大成	41	含山	商	独资	1937	下街	
会员	源泰	黄烟	赵绍乡	33	含山	商	合资	1949	中街	
会员	翁瑞和	黄烟	翁召南	61	含山	商	独资	1921	中街	

1951年陶厂镇工商联合会米行业会员商号调查登记表

表7-9　　填表时间:1951年12月

职别	商号名称	营业种类	经理人姓名	年龄	籍贯	成分	独资或合资	开业时间	营业地点	备注
理事长	张源丰	米行	张康鼎	44	含山	商	独资	1913	集厂	
会员	过庆丰	米行	过伦藩	55	含山	商	独资	1941	北关街	
会员	杨复兴	米行	杨贵林	33	含山	商	独资	1950	北关街	
会员	王志成	米行	王昌喜	26	含山	商	独资	1949	北关街	
会员	王正昌	米行	王礼之	63	含山	商	独资	1950	北关街	
会员	复泰丰	米行	陶方见	48	含山	商	独资	1940	北关街	
会员	张利生	米行	张存之	48	含山	商	独资	1946	北关街	
会员	陶恒顺	米行	陶方树	54	含山	商	独资	1904	集厂	
会员	陶万隆	米行	陶庭佩	22	含山	商	独资	1951	中街	
会员	顺泰	米行	吴作银	34	含山	商	合资	1950	下街	
会员	振兴	米行	吴秉才	43	含山	商	独资	1950	下街	
会员	同和祥	米行	吴秉和	41	含山	商	独资	1913	集厂	
理事长	陶恒泰	米行	陶方海	43	含山	商	独资	1943	集厂	
会员	吴万兴	米行	吴作霖	26	含山	商	独资	1871	集厂	

1951年陶厂镇工商联合会京货业会员商号调查登记表

表7-10　　填表时间:1951年12月

职别	商号名称	营业种类	经理人姓名	年龄	籍贯	成分	独资或合资	开业时间	营业地点	备注
理事长	葛祥泰	京货	葛明修	37	含山	商	独资	1930	下街	
会员	陈林记	京货	陈金林	30	含山	商	独资	1946	中街	
会员	蒋永丰	京货	蒋竹亭	46	含山	商	独资	1941	中街	
会员		京货	过礼应	35	含山	商	独资	1946	中街	
会员		京货	闵尚应	33	含山	商	独资	1946	中街	
会员	陶正大	京货	陶中森	15	含山	商	独资	1946	中街	
会员		百货摊	刘源清	25	含山	商	独资	1951	中街	

1951年陶厂镇工商联合会药酱业会员商号调查登记表

表7-11　　填表时间:1951年12月

职别	商号名称	营业种类	经理人姓名	年龄	籍贯	成分	独资或合资	开业时间	营业地点	备注
理事长	延寿春	药业	张永恭	37	含山	商	独资	1944	下街	
会员	长春生	药业	孙传洲	37	含山	商	独资	1938	下街	
会员	济生堂	药业	盛传金	33	含山	商	独资	1944	中街	1951年10月移至铜庙
会员	朱生和	药业	朱良权	31	含山	商	独资	1911	上街	
会员	益寿春	药业	丁加玉	26	含山	商	独资	1950	中街	
理事长	葛恒茂	豆腐店	葛明浩	49	含山	商	独资	1921	下街	
会员	源康	豆腐店	昂开猷	33	含山	商	独资	1948	下街	
会员	葛恒茂	豆腐店	葛明润	40	含山	商	独资	1945	中街	
会员	源茂	豆腐店	袁道清	44	含山	商	独资	1947	上街	
会员	刁盛森	豆腐店	刁松良	34	含山	商	独资	1945	东街	
会员	刁方宽	豆腐摊	刁方宽	46	含山	商	独资	1948	中街	
会员	裴吉朝	豆腐摊	裴吉朝	40	含山	商	独资	1926	中街	
会员	高荣典	豆腐摊	高荣典	26	含山	商	独资	1943	下街	
会员	成章	豆腐摊	陶方松	32	含山	商	独资	1903	上街	

1951年陶厂镇工商联合会茶酒业会员商号调查登记表

表7-12　　填表时间:1951年12月

职别	商号名称	营业种类	经理人姓名	年龄	籍贯	成分	独资或合资	开业时间	营业地点	备注
理事长	席顺兴	茶酒	席文才	50	含山	商	独资	1929	上街	
会员	王复兴	饭店	王少炎	42	含山	商	独资	1932	东街	
组长	太平春	茶酒	计鸣凤	32	含山	商	独资	1943	上街	
会员	同义	牛肉馆	刘金泉	27	含山	商	独资	1951	上街	
会员	大华园	茶酒	张瑞鼎	44	含山	商	独资	1940	北关口	
会员	席顺兴	饭店	席文道	53	含山	商	独资	1940	北关口	
会员	万和园	饭店	万兴义	54	含山	商	独资	1940	北关口	

续表

职别	商号名称	营业种类	经理人姓名	年龄	籍贯	成分	独资或合资	开业时间	营业地点	备注
会员	申复兴	茶酒	申广泉	36	含山	商	独资	1941	中街	
会员	申复园	茶酒	申广福	40	含山	商	独资	1951	东街	
会员	易顺兴	茶酒	易昌荣	52	含山	商	独资	1911	东街	
会员	周森和	茶酒	周本林	46	含山	商	独资	1936	北关口	
会员	刘义和	茶酒	刘加模	30	含山	商	独资	1950	鸭蛋巷	
会员	易顺兴	茶酒	易昌海	57	含山	商	独资	1911	中街	

1951年陶厂镇工商联合会铁木铺业会员商号调查登记表

表7-13　　填表时间:1951年12月

职别	商号名称	营业种类	经理人姓名	年龄	籍贯	成分	独资或合资	开业时间	营业地点	备注
理事长	徐隆泰	铁铺	徐义和	30	含山	商	独资	1948	集厂	
会员	同丰	铁铺	曹宏礼	30	含山	商	合资	1948	集厂	
会员	孙义发	铁铺	孙方玉	37	含山	商	独资	1947	集厂	
会员	顺兴	铁铺	经延朝	45	含山	商	合资	1916	鸭蛋巷	
会员	陶顺兴	铁铺	陶同顺	34	含山	商	独资	1936	北关口	
会员	陶广源	铁铺	陶同孝	37	含山	商	独资	1950	北关街	
会员	童义兴	铁铺	童立旺	49	含山	商	独资	1945	西关口	
理事长	盛泰	木铺	陶中成	47	含山	工	独资	1941	东闸	
会员	万源	木铺	王荣杰	58	含山	工	独资	1943	集厂	
会员	恒泰	木铺	濮正才	42	含山	工	独资	1941	集厂	
会员	鸿财	木铺	陶保有	48	含山	工	独资	1941	集厂	
会员	源兴	木铺	陈世金	49	含山	工	独资	1944	集厂	
会员		木铺	翟宗盛	41	含山	工	合资	1941	集厂	
会员		木铺	濮正祥	47	含山	工	合资	1941	集厂	

1951年陶厂镇工商联合会百货行业会员商号调查登记表

表7-14　　　　填表时间:1951年12月

职别	商号名称	营业种类	经理人姓名	年龄	籍贯	成分	独资或合资	开业时间	营业地点	备注
理事长	易顺兴	百货行	易宏宝	31	含山	商	独资	1916	北关口	
会员	陶复兴	百货行	陶方有	42	含山	商	独资	1917	北关口	
会员	童义盛	百货行	童吉元	66	含山	商	独资	1915	南关口	
会员	三兴	百货行	童立兴	45	含山	商	独资	1935	南关口	
会员	陶柳村	百货行	陶方年	33	含山	商	独资	1914	西关口	
会员	张复兴	草行	张兆鼎	49	含山	商	独资	1911	西关口	
会员	同利	草行	陶中凯	56	含山	商	独资	1911	西关口	
会员	周兴隆	绸行	周光淮	48	含山	商	独资	1910	中街	
会员	王楷记	油店	王仁楷	47	含山	商	独资	1936	下街	
会员	合义	鸡鸭行	陶方华	27	含山	商	独资	1912	集厂	
会员	胡谦记	糠行	胡克谦	60	含山	商	独资	1931	下街	
会员	坤发记	糠行	陶同发	49	含山	商	合资	1911	集厂	
会员	举记	糠行	胡兴仁	50	含山	商	合资	1936	西关口	
会员	陶村记	鸡鸭行	陶孝村	50	含山	商	独资	1945	西关口	
会员	周宝丰	百货	周耀海	38	含山	商	合资	1931	上街	

1951年陶厂镇工商联合会鱼牛猪业会员商号调查登记表

表7-15　　　　填表时间:1951年12月

职别	商号名称	营业种类	经理人姓名	年龄	籍贯	成分	独资或合资	开业时间	营业地点	备注
理事长	卜复兴	猪行	卜东屏		含山	商	独资	1942	北关街	
会员	陶信记	猪行	陶方坤	38	含山	商	合资	1940	北关街	
会员	万宗成	猪行	陶中林	43	含山	商	独资	1930	北关街	
会员	胡永兴	猪行	胡延庆	23	含山	商	独资	1931	北关街	
会员	林记	牛行	陶子林	54	含山	商	独资	1935	牛市	
会员	永茂	牛行	陶方林	52	含山	商	独资	1945	牛市	
会员	顺兴	牛行	张茂鼎	57	含山	商	合资	1947	牛市	

续表

职别	商号名称	营业种类	经理人姓名	年龄	籍贯	成分	独资或合资	开业时间	营业地点	备注
会员	顺兴	牛行	刘金泉	27	含山	商	合资	1950	牛市	
理事长	吴义发	鱼行	吴光进	44	含山	中农	独资	1931	东街	
会员	张源和	鱼行	张九鼎	60	含山	商	合资	1946	中街	
会员	过陶记	鱼行	过长清	60	含山	中农	合资	1911	中街	
会员	过兴太	鱼行	过升友	29	含山	贫农	合资	1948	中街	
会员	苏大成	鱼行	苏孝甫	65	含山	商	独资	1925	东街	

1951年陶厂镇工商联合会理发成衣业会员商号调查登记表

表7-16　　填表时间:1951年12月

职别	商号名称	营业种类	经理人姓名	年龄	籍贯	成分	独资或合资	开业时间	营业地点	备注
理事长	包义兴	成衣	包志勇	32	含山	工	独资	1933	中街	
会员	张泰丰	成衣	张安常	59	含山	工	独资	1914	中街	
会员	李顺兴	成衣	李廷怀	47	含山	工	独资	1917	中街	
会员	义和	成衣	陈文经	41	含山	工	合资	1924	中街	
会员		理发	谢元国	37	含山	工	独资	1938	下街	
会员	大中华	理发	金毓馨	49	含山	工	独资	1940	北关口	
会员	人民	理发	王锡银	42	含山	工	独资	1950	中街	
理事长		理发	朱华庆	55	含山	工	独资	1940	下街	

1951年陶厂镇工商联合会香烟摊业会员商号调查登记表

表7-17　　填表时间:1951年12月

职别	商号名称	营业种类	经理人姓名	年龄	籍贯	成分	独资或合资	开业时间	营业地点	备注
会员		香烟摊	王加海	48	含山	商	独资	1945	集厂	
会员		香烟摊	张志干	30	含山	商	独资	1951	集厂	1951年8月停业
会员		香烟摊	刘金祥	19	含山	商	独资	1947	集厂	1952年1月移至仙踪
会员		小店	吴顺龙	50	含山	商	独资	1950	集厂	

续表

职别	商号名称	营业种类	经理人姓名	年龄	籍贯	成分	独资或合资	开业时间	营业地点	备注
会员		香烟摊	黄氏	70	含山	商	独资	1945	集厂	1951年7月停业
会员		香烟摊	郭佑平	40	合肥	商	独资	1947	北关口	
会员		香烟摊	郭善文	38	含山	商	独资	1948	北关口	1951年8月停业
会员		香烟摊	过士信	17	含山	商	独资	1950	北关口	
会员		香烟摊	贾佑春	25	含山	商	独资	1946	上街	
会员		香烟摊	晏道林	34	含山	商	独资	1950	上街	
会员		香烟摊	陶中秀	45	含山	商	独资	1951	上街	1951年9月停业
会员		香烟摊	陶方煦	23	含山	商	独资	1943	上街	
会员		香烟摊	陶同举	20	含山	商	独资	1950	上街	1951年1月停业
会员		香烟摊	许金明	21	含山	商	独资	1950	上街	
会员		香烟摊	陈锡才	37	含山	商	独资	1949	上街	1951年停业
会员		香烟摊	吴光长	48	含山	商	独资	1950	上街	
会员		香烟摊	王大志	60	含山	商	独资	1951	上街	
会员		香烟摊	陈正波	19	含山	商	独资	1951	上街	
会员		香烟店	胡玉清	66	含山	商	独资	1951	中街	
会员		烟摊	申光应	43	含山	商	独资	1948	中街	1951年12月停业
会员		烟摊	葛维才	25	含山	商	独资	1946	中街	1951年12月停业
会员		小店	杜修深	28	含山	商	独资	1950	中街	
会员		摊贩	陈锡古	23	含山	商	独资	1950	鸭蛋巷	
会员		摊贩	濮正兴	30	含山	商	独资	1951	集厂	
会员		摊贩	张康景	45	含山	商	独资	1952	集厂	
会员		摊贩	金毓新	51	含山	商	独资	1951	鸭蛋巷	

1951年陶厂镇工商联合会关门镇各业会员商号调查登记表

表7-18　　　　填表时间:1951年12月

职别	商号名称	营业种类	经理人姓名	年龄	籍贯	成分	独资或合资	开业时间	营业地点	备注
理事长	周复兴	杂货	周本和	34	含山	商	独资	1943	下街	
会员	曹复泰	杂货	曹贵朝	35	含山	商	独资	1945	中街	
会员	蒋复兴	杂货	蒋其柱	35	含山	商	独资	1941	中街	
会员	李源泰	烟杂	李永发	33	含山	商	独资	1941	中街	
会员	协和	粮行	宋有清	55	含山	商	独资	1947	上街	
会员	左信丰	粮行	左学才	37	含山	商	独资	1944	上街	
会员	吕顺兴	饭店	吕道银	43	含山	商	独资	1931	上街	
会员	张顺兴	饭店	张寿华	40	含山	商	独资	1931	上街	
会员	唐巨丰	饭店	唐本其	35	含山	商	独资	1936	下街	
会员	庆昌玉	饭店	庆昌玉	55	含山	商	独资	1944	上街	
会员	刘义发	铁铺	刘忠堂	60	含山	商	独资	1936	上街	
会员	唐春和	药店	唐本藩	38	含山	商	独资	1933	上街	
会员	黄顺兴	面坊	黄仁发	42	含山	商	独资	1941	上街	
会员	张公申	面坊	张公申	21	含山	商	独资	1951	下街	
会员	唐巨丰	豆腐店	唐绍富	13	含山	商	独资	1944	下街	
会员	贾复兴	豆腐店	贾佑功	46	含山	商	独资	1919	中街	
会员	曹言东	草行	曹言东	57	含山	商	独资	1941	中街	
会员	孙立堂	炒货	孙立堂	60	含山	商	独资	1950	中街	
会员	王义兴	理发	王而兴	38	含山	商	独资	1946	中街	
会员	复兴	油店	戴茂林	35	含山	商	独资	1950	中街	
会员	吴佑琪	烟摊	吴佑琪	52	含山	商	独资	1951	中街	
会员	鸿发	猪行	唐本金	38	含山	商	独资	1941	中街	
会员	周义兴	木铺	周本宏	38	含山	商	独资	1950	中街	
会员	合兴	牛行	吴明盛	52	含山	商	合资	1948	下街	
会员	公记	鱼行	吴明福	46	含山	商	合资	1936	下街	
会员	同兴	屠业	周茂钊	52	含山	商	合资	1936	下街	

1951年陶厂镇工商联合会铜城庙各业会员商号调查登记表

表7-19 填表时间:1951年12月

职别	商号名称	营业种类	经理人姓名	年龄	籍贯	成分	独资或合资	开业时间	营业地点	备注
理事长	同兴	屠业	张仁祥	54	含山	屠	独资	1947	中街	
会员		屠业	贾斯世	42	含山	贫农	独资	1939	上街	
会员	盛昌	豆腐店	吴本钊	27	含山	贫农	独资	1941	下街	
会员		豆腐店	贾斯海	54	含山	中农	独资	1947	中街	
会员		豆腐店	张志宽	42	含山	商	独资	1945	上街	
会员		豆腐店	杨延金	40	含山	贫农	独资	1936	中街	
会员	和兴	杂货摊	贾启厚	38	含山	贫农	独资	1945	下街	
会员		杂货摊	贾裕湘	55	含山	地主	独资	1936	中街	
会员		杂货摊	凤宏全	28	含山	中农	独资	1943	中街	
会员		杂货摊	刘正发	60	含山	贫农	独资	1946	上街	
会员		杂货摊	贾斯旺	33	含山	中农	独资	1945	下街	
会员	庆和园	茶园	吴本善	53	含山	中农	独资	1931	下街	
会员		茶园	贾斯章	22	含山	中农	独资	1931	中街	
会员		茶园	张志宗	17	含山	中农	独资	1930	上街	
会员	王顺兴	酒馆	王良旺	29	含山	中农	独资	1941	中街	
会员		酒馆	杨福林	38	含山	中农	独资	1936	上街	
会员		木铺	孙仁海	54	含山	中农	独资	1951	下街	
会员	保康	药店	贾介侯	39	含山	自由职业	独资	1936	上街	
会员		鱼行	张修富	52	含山	中富农	独资	1940	中街	
会员		猪行	张仁春	43	含山	贫农	独资	1936	中街	

三、陶厂粮站

中华人民共和国成立前,陶厂粮行采用收取行佣、折价收购、放稻钱及高利贷、囤积等手段,操纵和垄断市场,造成粮食价格波动,严重影响民众生活。如粮食青黄不接时涨价,秋收登场后跌价。民国十三年(1924年)中秋节前,陶厂米价每元1斗5升,农历8月27日上午每元2斗,下午跌至每元2斗3升尚难售出。

中华人民共和国成立初期，政府对粮商采取限制措施，平抑粮价，打击囤积和投机倒把行为，限制利润和手续费，改粮商为代销点。1952年国家开始公私合营，同年10月，含山县政府粮食局和中粮公司运漕办事处合并成立新的县粮食局，为县人民政府组成部门之一。公私合营时，将铜庙街刘作明家的粮食交易所合并进刚成立的国营铜庙粮站。其时，粮仓为10多个篾囤，囤是用竹篾扎成圆形结构，里外用稻草和泥巴糊实，囤顶为篾扎成人字形盖顶，可上下搬卸。每个粮囤可容10吨稻谷。1953年秋收以后，政府正式取缔全部粮行，粮食统一由国家粮站经营收购和销售，以掌握粮食源头，保障群众生活。

20世纪70年代陶厂粮站建造的土粮仓

20世纪70年代陶厂粮站建造的粮仓

中华人民共和国成立前，含山县油料全部由私人榨油坊生产加工，生产设备为牛力、石碾与人工木榨。县供销合作社分别通过赎买与没收的办法接收部分私人油坊，建立起小型国营土榨油厂。

1953年11月，中央制定在全国实行粮食计划收购与计划供应政策。1954年1月，县粮食局下属的6个粮库改名为区粮食管理站，同时增设了陶厂、杨柳区粮食管理站。区粮食管理站是粮食经营和管理单位，为区人民政府组成部门之一，实行双重领导，主要职能为粮食收购、销售、加工、保管、调运和市场管理，保证粮食统购、统销政策的实施。是年，陶厂在南关口设立粮站，有一排五间瓦房仓库，后盖一排草房作为粮食加工场。1954年10月，棉花棉布也实行统购统销，全体居民凭票购买布匹。

20世纪70年代陶厂农民踊跃交售公粮

在保证粮食统购统销的同时，国家又出台三大保障政策。一是定产。按亩订出常年产量，农民增产多留，减产赔偿。二是订购。国家订下产量后，除去口粮、种子、饲料，每年向农民购进一定量的粮食，除本省、邻省、邻县、本县受灾外，一般做到增产不增购。三是订销。政府对居民采取计口售粮，分等定量，节约粮食。

陶厂粮站全貌

1955年6月，原陶厂区粮食管理站更名为陶厂区粮油管理站。1956年6月，县供销社将油厂归口移交粮食部门接管。1956年12月，县内行政区划变动，设铜闸区，将原陶厂区和太湖区合并，设立铜闸区粮油管理站。

1957年下半年，含山县成立12个直属县粮食局管理的中心粮油管理站，陶厂粮油管理中心站成立。1959年，陶厂油厂创造喷盐水高温榨油法，每百千克菜籽出毛油42千克，荣获全国财贸部门技术革新和技术革命表演大会奖状。1959年，铜庙粮站拆除粮囤建造一栋砖瓦结构的粮库。1961年6月，增设关镇粮油管理站。1963年初，含山县对基层粮站的设置进行部分调整，关镇粮油管理站改为陶厂粮油管理站下属分站。1984年4月，根据机构改革精神，含山县将陶厂、铜闸合并，成立铜闸粮油管理站，设立陶厂粮油分站。1985年7月，为利于企业管理，陶厂粮油分站改为粮油管理站，同时下辖3个分站，即陶厂分站、关镇分站和铜庙分站。2014年7月，成立含山县南方粮食购销有限公司，其中辖有陶厂分站、关镇分站、铜庙分站、铜闸分公司(独立核算)，控股运丰粮食购销有限公司51%股权。截至2021年底，南方粮食购销有限公司有员工49人，其中陶厂分站、关镇分站、铜庙分站共计31人，铜闸分公司18人。

含山县南方粮食购销公司(现今的陶厂粮站)

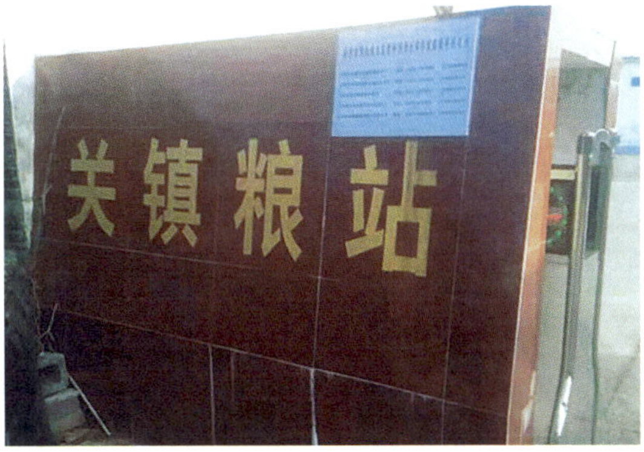

关镇粮站

关镇粮站仓库和晒场

随着粮站体制的不断演变，粮食收购政策也发生多次调整。从1953年11月起，粮食实行统购统销，油料实行随粮统购。1971年1月，粮食征购任务由一定3年改为一定5年，油料征购任务开始实行一定3年不变。1979年4月，农产品收购价格提高20%。1983年，油料收购按倒四六的比例计价，原定的“三油”统购

铜庙粮站

包干废除。1984年，含山县对粮油加工方式进行改革，废除委托加工，实行价拨加工。1985年4月取消粮油统购，实行粮油合同订购和市场收购并行的双轨制。2003年8月，实行粮食生产补贴。2004年1月，全国实行托市价收购，即保证以不低于最低价收购粮食，目的是保护农民种粮积极性。

近年来，粮食储存模式也发生根本性变化。截至2021年底，南方粮食购销有限公司共有仓容量3.56万吨，其中陶厂分站9100吨，关镇分站1.1万吨，铜庙分站3500吨，铜闸分公司1.2万吨。2021年末，粮食库存量2.8万吨。粮食实行挂网销售，销往中粮集团、中化农业（安徽）粮谷有限公司以及江苏、福建等市场。

四、陶厂食品站

陶厂食品站创建于1962年，属于国营企业，人员、业务由县食品公司直接管理，所有的任务按照县食品公司下达计划执行，经营范围是收购、调拨、销售猪、牛、禽、蛋等农副产品，当时还零售香烟、白糖等商品。

陶厂食品站下设3个食品组，即陶厂食品组（站）、关镇食品组和铜庙食品组。陶厂食品组（站）经营场所原先位于陶厂老街中段，租赁县房管所的公房经营，1979年迁址到北关大横塘附近自建房屋经营，2019年7月关闭停业。关镇食品组位于关镇村原关镇信用社对面，2008年关闭停业。铜庙食品组位于铜庙村原铜庙供销社对面，2006年关闭停业。1972—1977年，陶厂食品站还办有一个种猪场，专门为母猪配种之用，以保证猪源供应，种猪场位于陶厂老自来水厂对面。

20世纪80年代的陶厂食品站

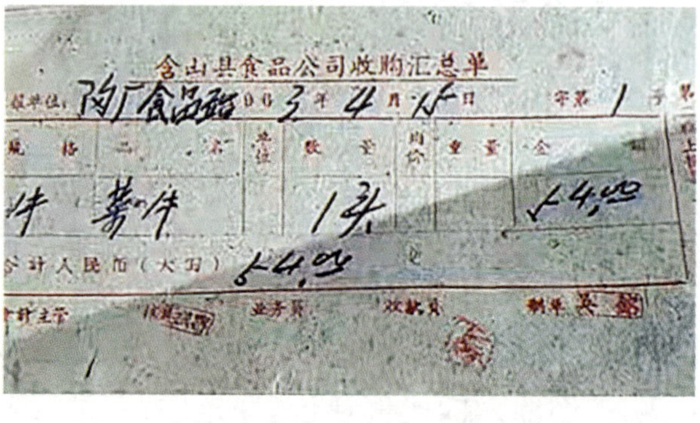

20世纪60年代陶厂食品站收购单

陶厂食品站的发展变化分为三个阶段。第一阶段（1962—1984年）1962年组建，专营收购陶厂地区畜、禽、蛋类农副产品。收购程序是：陶厂公社将收购任务数下达给各生产大队，生产大队再分配到生

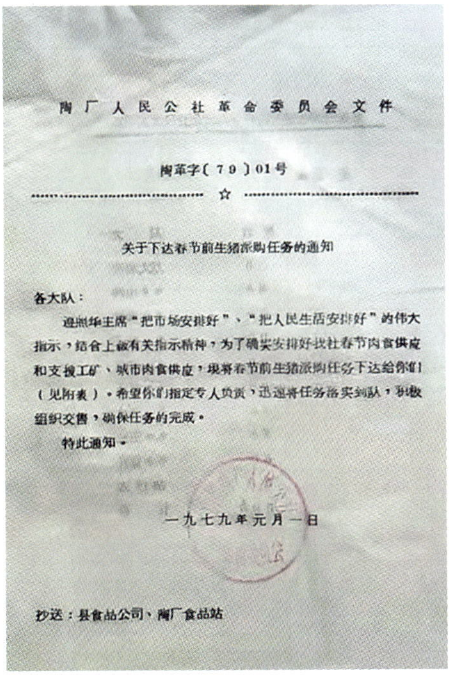
陶厂人民公社革命委员会文件

陶革字〔79〕01号

关于下达春节前生猪派购任务的通知

各大队：

遵照华主席"把市场安排好"、"把人民生活安排好"的伟大指示，结合上级有关指示精神，为了确实安排好我社春节肉食供应和支援工矿、城市肉食供应，现将春节前生猪派购任务下达给你们（见附表）。希望你们指定专人负责，迅速将任务落实到队，积极组织交售，确保任务的完成。

特此通知。

一九七九年元月一日

抄送：县食品公司、陶厂食品站

1979年陶厂公社生猪派购文件

产队，食品站评价员根据收购的生猪大小、肥瘦、出肉率报出等级，每个等级的级差在3～4元/百斤。收购来的猪、牛、蛋类产品80%根据调拨计划调运至芜湖、马鞍山、巢湖、合肥等地。运输方式早先走水路，由陶厂河上船，船运到芜湖、马鞍山，或运到铜闸火车站，再由火车运往合肥、巢湖肉联厂。还有一种运输方式是走旱路，人工赶着猪、牛到马鞍山或芜湖，顺利的话二至三天能送到目的地。后来随着公路交通的发展，生猪逐渐用汽车运输，但菜牛还是以人工赶运为主。菜牛国家管控很严，没有收购任务，只能收购没有耕田能力的老弱病残老牛，由公社兽医站详细检查确认后，开出准宰证，食品站才能收购。一年也只能收购40～50头，只有4～5头供应本地居民，其余都调出供应城市。食品站宰牛时，先通知本地回族居民，造出购买计划，优先保障他们的供应，剩余的牛肉才供应其他居民。牛肉不需要凭票供应，那个年代能够吃上牛肉的人不多。收购的猪、牛、蛋产品除了外运，剩余的20%凭票供应本地居民。

1980年陶厂食品站发行的猪肉票

1966年陶厂公社饮食市场价格调查表

表7-20

类别	品名	成品规格		耗用原材料		议价				备注
		单位	重量	品名及数量	金额（元）	单位	成本单价（元）	售价（元）	毛利（%）	
米面类	大米饭	碗	0.25斤	大米一斤（4碗）	0.20	每碗	0.1125	0.14	24.4	
	光面	碗	0.32斤	生面0.32斤	1.06	每碗	0.12	0.15	25	
	饺子	碗		生面三分，生肉五分	0.08	每碗	0.12	0.15	25	每碗饺子12粒
	肉包子	个		生面一斤，猪肉一角五分	0.39	14个	0.47	0.56	19.8	议价每个四分
	糖包子	个		生面一斤，糖三两	0.46	14个	0.48	0.56	17	议价每个四分
	烧饼	个		生面一斤，糖0.18斤	0.42	14个	0.47	0.56	19.8	议价每个四分

续表

类别	品名	成品规格		耗用原材料		议价				备注
		单位	重量	品名及数量	金额（元）	单位	成本单价（元）	售价（元）	毛利（%）	
油点类	糍粑锅巴	斤	1斤糯米	糍粑8块，每块重0.12，锅巴6块，每块重0.08	0.25	14个	0.48	0.56	11	议价每个四分
	小馓子	支		一斤面	0.24	46支	0.70	0.92	31	议价每支二分
	油条	支		一斤面，油四两	0.62	28支	0.70	0.84	20	议价每支三分
	锅贴饺	个		一斤面，猪肉二斤	1.70	60个	2.00	2.40	20	议价每支四分
	黏糖米饺	个		米一斤，糖二两，油一两五	0.53	16个	0.55	0.64	18	议价每支四分

类别	品名	成品规格		耗用原材料		成本合计额（元）	单价		
		单位	重量	品名数量	金额（元）	单位	单位	售价（元）	毛利（%）
炒菜类	炒肉丝	大碟		净生肉四两	0.40	0.64	大	0.80	25
	炒肉丝	中碟		净生肉三两	0.30	0.49	中	0.60	23
	蛋炒肉丝	大碟		净生肉四两，鸡蛋三个	0.56	0.80	大	1.00	25
	杂烩汤	大碟		生肉一两五，熟肉二两	0.45	0.65	大	0.80	22
	豆腐汤	大碟		生熟肉各一两，豆腐五分	0.35	0.48	大	0.60	25
	中号杂烩汤	中碟		净生肉一两，熟肉一两五	0.40	0.52	中	0.60	16
	中号豆腐汤	中碟		热肉一肉，豆腐五分	0.25	0.33	中	0.40	20
	清汤圆	碗		净生肉五两	0.50	0.65	碗	0.80	22
	大号红烧肉	碗		生肉一斤	0.73	0.80	碗	1.00	25
	小号红烧肉	碗		生肉五两	0.365	0.40	碗	0.50	25
	炒蛋	中碟		鸡蛋五个	0.265	0.41	中碟	0.50	22.4
	红烧剔骨牛肉	中碟		熟牛肉六两五	0.39	0.42	中碟	0.50	19
	小号红烧剔骨牛肉	小号		熟牛肉四两	0.24	0.26	小号	0.30	15.4

续表

类别	品名	成品规格		耗用原材料		成本合计额（元）	单　价		
		单位	重量	品名数量	金额（元）	单位	单位	售价（元）	毛利（%）
卤菜类	卤鸭	斤		生鸭子二斤	1.00	1.04	斤	1.20	15.4
	卤鹅	斤		生鹅子二斤	0.90	0.94	斤	1.10	17
	卤鸡	斤		生鸡子二斤	1.00	1.04	斤	1.20	15.4
	五香鱼	斤		生鱼二斤	1.00	1.04	斤	1.20	15.4
	卤牛肉	斤		生牛肉二斤	0.80	0.85	斤	1.00	18
	卤猪肉	斤		生猪肉1斤半	1.095	1.13	斤	1.30	15
	卤猪头肉	斤		生猪头肉二斤	0.70	0.80	斤	1.00	25
	卤肠肚	斤		生肠肚1斤六两	0.60	0.67	斤	0.80	19.8

第二阶段（1984—1996年）：1984年，国家取消了统购统销政策，银行停止贷款，食品站有了危机感。陶厂食品站积极开展多种经营，将收购的鹅鸭贩卖到上海、浙江湖州等地赚取差价；还先后办起养鸡场、养鸭场、养兔场、煤球厂、加油站，卖过木材，开展多种经营业务。20世纪80年代中期，铜庙食品站养兔场颇有特色，时任省委书记黄璜还前往视察，给予充分肯定。但由于缺乏养殖技术，防疫手段跟不上，食品站创办的养鸡场、养鸭场、养兔场先后倒闭，加油站、煤球厂也因为效益不佳，2010年终止经营。

第三阶段（1996—2019年6月）：1996年之前，由于全国生猪屠宰缺乏监督管理，生猪产品安全事故频发，严重危害人民群众身体健康，引起中央高度重视，决定对生猪屠宰市场进行整顿。国务院颁布了《生猪屠宰管理条例》，实行定点屠宰、集中检疫、统一纳税、分散经营的十六字方针。陶厂食品站对原有的屠宰场进行改造，作为定点屠宰场所，进行生猪统一屠宰管理，加大生猪私宰稽查力度，驻站动物检疫人员进行检疫检验，杜绝病死猪肉流入市场，让人民群众吃上放心肉。2019年6月，县政府关闭全县所有屠宰场，只保留含城一家屠宰场，对生猪进行定点屠宰。至此，运行60年的陶厂食品站终结。

原食品站屠宰厂

五、陶厂供销社

供销合作社曾经是农村商业的主阵地。1952年，根据上级关于“以集镇为中心建立大社”的指示精神，成立陶厂供销社。供销社按上级编制要求，配备正副主任、会计、出纳、计统（兼物价）、文书等管理人员，经营杂货、山窑、生资、日用工业品和农副产品。与此同时，关镇街道10余户餐饮、零售业主组织起来，成立关镇合作商业。从1957年起，在远离集镇的地区设立供销部，私营小组在农村巡回买卖，合作社和国营公司也派人送货下乡和收购废品。1958年，全县社社设立供销部，司徒、西山、祁鲁等供销部销售的商品品种和陶厂供销社基本相同。1958年4月，根据县财贸部整编方案精神，陶厂供销社并入铜闸供销社。1961年，国营公司和合作社分开，恢复陶厂供销社，增设关镇供销社。1962年2月16日，含山百货公司陶厂百货分销处移交给含山专卖事业公司陶厂分销处，5月12日，移交给陶厂供销社。1964年6月，关镇供销社并入陶厂供销社，增配政治指导员1人。同时，为支持和指导农村社队发展副业生产，增设副业组。1972年8月，恢复关镇供销社。1978年9月，按经济区域，全县设9个基层供销社，陶厂供销社为其中之一，后鉴于关镇一半属于山区，发展多种经营潜力大，仍保留独立核算。

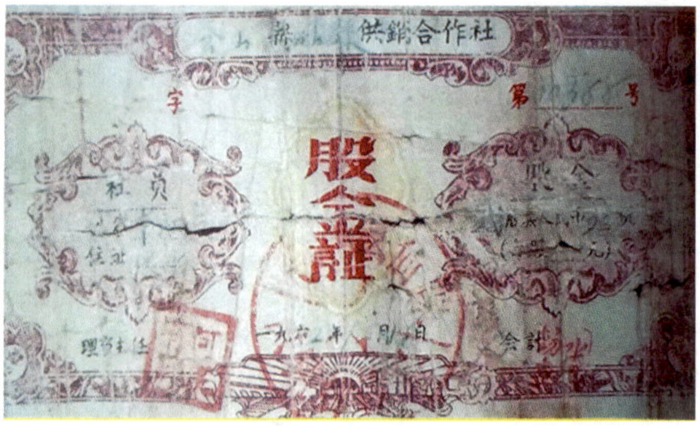

1962年含山农民参加供销合作社入股“股金证”

20世纪50年代陶厂合作商业杂货店旧址

20世纪70年代陶厂原供销社门市部

平抑物价是供销合作社的重要工作。中华人民共和国成立前，物价飞涨，通货膨胀，民不聊生，如布匹一般5升米一尺，但有时甚至高到斗米尺布，食盐每斤3升米。中华人民共和国成立后，政府通过供销社大量低价供应商品，平抑物价。如布匹价格平均降低50%，食盐平均降低60%，煤油平均降低40%，一般日常用品价格都降了40%～60%不等。

搞好商业，支援农业，是贯彻“鼓足干劲，力争上游，多快好省建设社会主义”总路线的重要任务。1963年，为改善经营管理，全国供销社制定了《改善经营管理暂行办法》。每年春耕大生产前，陶厂供销社都储备好农业生产资料，采取送货下乡，收购上门，增加亦商亦农供销店，延长营业时间等措施保障供给。

20世纪70年代陶厂老供销社旧址

2015年时陶厂供销社大院

随着改革开放深入推进，商品销售和价格逐步全面放开，基层供销社的经营受到了严重冲击。为避免企业亏损，基层供销社在20世纪80年代后期普遍推行“四放开”政策，即经营放开、价格放开、用工放开、分配放开。到90年代，基层供销社因为亏损，经营形式由单位集体经营转变为门市部、柜组承包经营，同时经营范围进一步扩大，以此增加基层社效益。关镇供销社新建轧钢厂，后因经营不善，1994年停产，供销社反而增加了债务负担。陶厂供销社1989年建立加油站，增加企业效益。该社加强企业管理，经营灵活，2005年、2006年两次被评为全省先进基层供销社。进入21世纪，根据体制改革的要求，基层供销社逐步推进“双置换”企业改制，即资产置换、职工人员身份置换。县供销社成立改制工作组，指导基层社改制。基层社通过收回欠款、变现商品及出售门面房资产等筹集改制资金，为职工补交养老保险金、失业保险金，发放职工工龄补偿金，解除与职工的劳动关系。关镇供销社于2003年进行改制，31名在职职工与企业解除劳动关系，领取工龄补偿金；对距离退休时间不足5年的5名职工办理内部退养手续，发放内退生活费和养老保险补贴；对10名已退休人员发放了一次性医药费补贴。陶厂供销社于2007年进行改制，37名在职职工与企业解除劳动关系，领取工龄补偿金；对26名已退休人员企业为每人交纳1万元医保金，使退休人员享受终身医疗保险。陶厂供销社改制后，基层社的剩余资产加油站、中街门面房等交由县供销社资产管理中心集中管理。

六、农贸市场

中华人民共和国成立前，陶厂集市贸易以老街道和集场为主。20世纪90年代，古塔路穿街而过。镇政府决定扩大集市面积，方便交易，从南关口开始，拆掉21户居民房屋，形成街心广场。集场农贸市场从老街移至古塔路两侧，成为骑路集市。每到逢年过节时刻，各种商品占满街道，人头攒动，造成交通阻塞，影响市容市貌。建设新的农贸市场势在必行。2001年12月，陶厂镇启动农贸市场建设工程，新址选在南峰社区（原九连村委会）谢村、关口两自然村靠近老镇区的边缘地块。建设用地由镇政府征用，占地面积3400平方米，同时废弃位于老街道中心的集场小农贸市场。新农贸市场由政府管理，群众免费使用。2003年底，镇政府通过招商引资方式，引进环峰镇客商蔡某投资300万元对农贸市场进行二期改造。新扩建的农贸市场占地面积1万平方米，建筑面积6000平方米，设置摊位300个。根据协议规定，客商自主投资，自主经营，依法管理，无偿经营期限为10年后交由政府经营管理。

新扩建的镇农贸市场

七、电子商务

2018年，陶厂镇打通电商众创平台渠道，引进南京常润有限公司和江苏淮安华润农业科技有限公司投资，利用闲置的原陶厂中学宿舍楼和食堂，建立“食宝含山乐淘陶电商创业园”，销售“上山下水进厂”地方特色产品。2018年11月22日，马鞍山市第三届“马上创业”创新创业大赛在陶厂电商园举办。2019年，建成镇级乐淘陶电商创业园，引外带内，示范推动20余家电商企业入驻，带动地方农特产品销售，促进贫困户本地就业和进城务工农民返乡创业。在贫困村司徒村，引导推广“电商企业+基地+合作社+贫困户”“你种我销、你养我卖”等电商扶贫模式，开设“司徒农特产”小店，开展线上销售贫困户家中的山芋、南瓜、粉丝、鸡鸭鹅、菜籽油等农副产品，年销售额50多万元。司徒村、卜李村被评为2019年全省“农村电商巩固提升工作示范村”。2020年，政府大力实施电商扶贫，通过淘宝网店和微信小程序等线上平台宣传推介陶厂农特产品，当年司徒村电商销售额56万元。2021年10月，司徒村利用县乡村振兴70万元项目扶持资金建造

司徒村电商室

的1栋电商大楼竣工投入运营，该楼建筑面积170多平方米，设有直播间、展示厅、冷库、升降机、打包间、分检室、仓库等。10名村干部骑着小黄车走村入户，建立农户鸡鸭鹅台账。仅当年11月至12月，司徒电商就为农户销售鸡蛋4万多枚，全年电商销售额104万元，带动当地粉丝、瓜蒌子、油茶、碧根果等产业发展，依托电商全村栽种油茶面积40公顷、碧根果87公顷、黄桃34公顷，农民人均年增收1000多元。

八、商会与市场监管

（一）陶厂商会

民国时期，陶厂就成立商会。商会不仅管理本镇商业，还管理关镇、铜庙的商业。商会下辖11个同业公会，有百货业、杂货业、京货业、米行业、茶酒业、药酱业、布业、铁木业、鱼牛猪业、理发成衣业、手工纺织业。中华人民共和国成立初期，陶厂成立商会组织。1951年，陶厂工商联合会主任王亚南，系原镇手工纺织业理事长；副主任胡长刚，系杂货业会员。是年，陶厂商会对境内各业会员商号进行详细的调查登记，摸清全镇商业基本情况，为公私合营做好准备。计划经济时代，商会工作基本停滞。1999年，陶厂镇重新成立商会组织，张寿贵任会长。2004年3月，陶厂商会新一届领导班子成立，左年敏任名誉会长，张寿贵继任会长，於春年任秘书长。2012年，商会召开换届大会，选举张庆会为会长，会员单位由原来的20多家发展至52家。2013年9月，陶厂商会与含山盛大建设公司合作，成立含山盛大建设公司陶厂分公司。2014年，陶厂商会牵头成立陶厂镇劳动服务运输公司，当年实现盈利18万元，争取友好商会支持资金100多万元。为解决会员单位融资难、融资贵问题，陶厂商会成立融资小组，协调调度发展资金6000多万元，通过融资平台，帮助会员单位融资1亿多元，收取1%的手续费，这一举措既服务了会员，又增加了商会收入。2013—2014年，陶厂商会连续两年被马鞍山市工商联（总商会）授予全市工商联系统先进商会和“四好”商会称号。2014年以来，陶厂商会先后获县“五好”关工委、市妇联关爱留守儿童先进集体、市光彩之星、市光彩贡献奖等称号。2013年，陶厂商会成立“爱心基金”，陶厂籍北京青年餐厅总经理易宏进、奥发公司总经理周忠华等纷纷向基金捐款。截至2021年底，结对帮扶贫困学生、困难群众200多名，历年用于光彩事业资金100多万元。

2013年，陶厂商会创新模式，在全省率先实行“商会+司法”模式，成立调解委员会，调解商会成员以及各类民事纠纷。截至2021年底，调处各类商务、民事纠纷100多起。截至2021年底，陶厂商会共有会员87家。

（二）陶厂市场监督管理所

陶厂市场监督管理所的前身为陶厂工商行政管理所。1977年3月28日，含山县工商行政管理局正式成立，同时在全县设立8个基层工商所，陶厂工商行政管理所应运而生。改革开放以后，工商行政部门的工作职能不断拓宽，由原来单纯管理集市贸易的小市场，发展到管理整个流通领域的大市场；从维护单一的流通渠道，发展到管理多种经济形式、

陶厂市场监管所

多种流通渠道的经济活动；从单纯管理个人经营活动，发展到管理工商企业的经营活动和市场购销活动。日常工作主要是市场管理、个体工商户登记、经济合同、商标、广告管理和经济检查等。2014年1月，按照上级有关文件精神，成立含山县市场监督管理局，同时在全县设立8个市场监督管理所，为县市场监督管理局派出机构，陶厂市场监督管理所是其中之一。

陶厂市场监督管理所现有员工6人，承担的主要职责有10项：一是负责所在辖区食品、药品、医疗器械、特种设备安全的日常监管工作；二是负责辖区内新设立的企业、个体工商户、农民专业合作社的市场准入工作，依法做好营业执照、食品经营许可证等行政审批的办理、企业注册登记材料的初审等工作；三是指导辖区内企业、个体工商户、农民专业合作社的年度报告和公示工作，做好上述经营业户的经济户口(档案)管理，并依法对辖区内在册经营业户的市场主体活动进行监督管理；四是依法承担消费者权益保护责任，组织指导消费维权工作；五是做好辖区内涉及工商行政管理、质量技术监督、食品药品监督管理的申诉和举报的受理工作；六是依法承担对各类市场经营秩序监管责任，维护公平竞争的市场经营秩序；七是开展企业信用体系建设，实施信用分类管理；八是依法对辖区内违反工商行政管理、质量技术监督、食品药品监督管理法律、法规、规章的行为进行立案查处；九是依法承担对各类市场经营秩序监管责任，维护公平竞争的市场经营秩序；十是承办上级交办的其他工作。

陶厂市场监督管理所自设立以来，不断加大市场监管力度，积极开展维权活动，维护公平竞争的市场经营秩序，为经济社会发展提供优质高效服务。2021年，共进行个体工商户设立、变更、注销登记127户次(含全程电子化设立9户)，各类食品经营许可证核发、延续、注销28户次。积极开展维权打假活动。2021年4月，卜李村一名养鹅大户反映从和县西埠购买的饲料有问题，导致鹅生病。陶厂市场管理监督所接到报案后，及时到现场解决纠纷，责令饲料供应方赔偿养鹅大户经济损失2万元。截至2021年底，陶厂镇在册登记的个体工商户1226家，从业人员2600多人。

第八章　财税金融

明清至民国时期，陶厂地区人民负担的税种主要有地丁税和人头税，集镇上商家和手工业者承担税负更多。晚清太平天国运动爆发，清廷为镇压太平军设立厘金局，商家从芜湖、南京进货经过铜城闸厘卡时，都要交纳厘金。民国后期苛捐杂税名目繁多，百姓苦不堪言。中华人民共和国成立后，农民主要缴纳农业税。进入集体经济时代，农民个人基本不承担税负，农业税由生产队按照货币折算成粮食缴纳。改革开放后，由于实行家庭联产承包责任制，农业税由各家各户承担，同时增加了农业特产税、耕地占用税、营业税、产品税、契税、教育费附加等税种，加上镇村各种统筹提留，农民负担逐渐加重，各级政府也不断采取措施努力减轻农民负担，直到2005年，国家全面取消农业税，延续2000多年的皇粮国税才画上句号。此后国家不断加大种粮各种补贴，加大农村基础设施建设投入，实施多项民生工程，农民生活实现了由温饱向小康转变。陶厂镇级财政税收也随着经济发展不断增长，可用财力逐年提高，用于集镇、乡村建设以及民生工程成为主要支出项目，有力改善了农业生产条件和农村人居环境。

陶厂伴随着商贸繁荣，农村金融业也有很大发展，设立了多家金融机构，多年来为乡村工业、商贸和集镇建设提供资金支持。

第一节　财　政

一、镇级财政机构变迁

1958年冬，县财政科与税务局合并，改为财政局。1960年6月财税分设。1961年12月，县委决定，县设财政局，在环峰、仙踪、清溪、林头4区和长岗、运漕、关镇、陶厂、含城5公社设立财务管理科。1968年3月，县革命委员会生产指挥组财贸小组领导全县财政税收金融工作。1970年11月，财税再次合并，成立财政税务局。1978年10月，财税再次分开。

1984年9月，陶厂财政所成立。1992年撤区并乡，将原陶厂财政所、关镇财政所合并，成立新的陶厂财政所。为建立和完善乡镇财政体制，按照“一级政府一级财政”的要求和县政府《关于改革乡镇财政管理体制的决定》，1994年10月，县政府将财政所人、财、物“三权”下放给乡镇管理。为适应农村税费改革工作的需要，根据省编委文件要求，县委、县政府决定在各乡镇财政所加挂农业税务所牌子。2003年，财政所“三权”收回县财政局管理。2004年7月，陶厂财政所获巢湖市财政系统2003年度全市“人民满意的财政所”称号。2004年12月，陶厂财政所获全省财政系统“先进集体”称号。

陶厂镇财政所

二、镇级财政收支

(一)收入

20世纪五六十年代，陶厂镇财政收入主要靠农业税。1949年，全镇农业税占财政收入总额99.06%。之后随着工商业逐步繁荣，工商税占财政收入总额比例由1949年的0.94%逐渐增至74.3%。1988—1991年含山县实行“核定收支、收支挂钩，短收自补、超收分成，逐年递增、一定两年”的包干财政管理体制。1992年后，根据中央出台分税制试点办法，采取“三分一返”办法，即划分支出范围、按税种划分收入、分设税务机构征税、实施税收返还。

1993年，陶厂镇财政包干收入基数为76.99万元。1994年，国家实行“分税制”财政体制改革，将适合地方征管的税种划为地方税。财政收入由增值税(25%)、营业税、农业税、企业所得税等18个税种组成。实行分税制财政体制后，财政收入增幅明显加大。到1995年，县对乡镇财政收支基数进行调整，陶厂镇财政收入基数为164.02万元，支出基数为118.03万元，收支相抵，定额上交28.38万元。1998年，县对乡镇推行“三分一返一转”财政管理体制，即收入分税、征收分管、管理分权，税收返还，转移支付。全县14个乡镇划分为四类，陶厂镇为二类乡镇，上缴递增比例为18%。1999年，相应调减乡镇上缴年递增比例，二类乡镇定额上缴年递增比例调至9%。2000年，县财政将乡镇上缴年递增比例进一步下调，二类乡镇上缴年递增比例调减为4.5%。取消县财政集中乡镇农村教育费附加10%财力的做法。2002年，中央出台所得税分享改革政策，规定比例为中央60%、地方40%。含山县针对企业改制，重新界定和明确县乡收入范围，建筑安装营业税实行代扣代缴。2003年，结合乡财县管改革，调整乡镇财政体制，取消乡镇定额上缴、定额补助按比例的做法，实行体制定额上缴和定额补助。从2004年1月1日起，对乡镇财政供给人员实行县财政统发。设立乡镇财政总预算代理会计岗位，集中核算乡镇财政预算内外收支业务，乡镇支出基数进一步缩小。2013—2021年，镇财政收入主要来自税收收入、基金收入、专项补助、非税收入。2020年实现财政实收入5100万元，2021年实现财政收入5570万元。

2013—2015年，陶厂镇级财政总收入12267万元，其中税收收入7941万元，占总额65%；基金收入1645万元，占总额13%；上级补助收入2159万元，占总额17%。非税收入522万元。

2016—2018年，陶厂镇级财政总收入15183万元；其中，税收收入10206万元，占总额67%；基金收入1140万元，占总额7%；上级补助收入 3571万元，占总额23%。与前三年相比增长23%。非税收入266万元。

2019—2021年，陶厂镇财政总收入24638万元；其中，税收收入15120万元，占总额61%；基金收入5353万元，占总额22%；上级补助收入4164万元，占总额17%。与前三年相比增长62%。

2013年至2021年陶厂镇财政总收入统计表

表8-1 单位：万元

年度	财政总收入合计	税收收入	上级补助收入	非税收入	基金收入
2013	3969	2600	604	167	598
2014	4547	2743	731	46	1027
2015	3751	2598	824	309	20
2016	3886	2200	1184	46	456
2017	5750	3821	1789	140	
2018	5547	4185	598	80	684
2019	6095	4450	557	1	1087
2020	9923	5100	1920		2903
2021	8620	5570	1687		1363

（二）支出

1988—1993年，根据当时的包干制财政管理体制，地方财政收支自求平衡，多收多支，少收少支。这一时期，财政支出主要项目是行政管理和文教卫支出，其次是经济建设和社会救济支出。1994年实行分税制后，镇级财政支出规模迅速增加，重点是经济建设支出和行政管理支出增幅加快。2013年，陶厂财政支出2980万元；2021年，陶厂财政支出5961万元。

2013—2015年，陶厂镇三年累计完成支出9410万元；其中，一般公共服务支出2312万元，占总支出的25%；教育支出61万元，占支出的1%；科学技术支出125万元，占支出的6%；文化体育与传媒支出16万元，占支出1%；社会保障和就业支出1103万元，占支出的12%；城乡社区事务支出1029万元，占支出的11%；农林水事务支出 1682万元，占支出的18%；上解上级支出309万元，占支出的3%。

2016—2018年，陶厂镇三年累计完成支出10878万元；其中，一般公共服务支出1690万元，占总支出的16%；教育支出76万元，占支出的1%；科学技术支出269万元，占支出的2.5%；文化体育与传媒支出27万元，占支出1%；社会保障和就业支出1341万元，占支出的12%;城乡社区事务支出1406万元,占支出的 13%;农林水事务支出2242万元,占支出的21%;上解上级支出552万元,占支出的5%。

2019—2021年,陶厂镇三年累计完成支出17702万元;其中,一般公共服务支出898万元,占总支出的5%;教育支出97万元,占支出的1%;社会保障和就业支出1508万元,占支出的9%;城乡社区事务支出3974万元,占支出的 22%;农林水事务支出3055万元,占支出的17%;上解上级支出1711万元,占支出的10%。

2013年至2021年陶厂镇财政支出统计表

表8-2　　单位:万元

年度	合计	一般预算支出	基金预算支出	上解上级支出	其他支出
2013	2980	2322	598	60	
2014	3660	2516	1027	117	
2015	2756	2604	20	132	
2016	3124	2583	456	85	
2017	4056	3850		206	
2018	3698	2753	684	261	
2019	4056	2712	1087	257	
2020	7685	3769	2903	1013	
2021	5961	4157	1363	441	
合计	37976	27266	8138	2572	

三、财政监管

2011年,含山县被确定为全省首批创建镇级财政规范化管理示范县。在高标准推进规范化财政所创建工作中,陶厂财政所全面加强自身建设,各项工作始终保持领先地位,2012年获市级先进单位称号。

2012年,全面深化医药卫生体制改革,完善陶厂医院等基层医疗卫生机构预算编制。支持公立医院改革,超前落实国家基本药物零差率销售。2013年,对美好乡村建设资金实行专户管理、专账核算、封闭运行、专款专用,严格执行招投标、政府采购、工程监理和竣工验收等制度,规范专项资金管理;委托中介机构对村级财务进行审计;在财政所服务大厅安装“阳光村务”查询触摸屏,促进村级财务公开透明。2014—2016年,镇级财政资金监管和惠农补贴资金管理工作顺利通过县局、省厅检查验收。全面推行镇包村干部监管涉农资金,促进惠农政策落到实处;全面开展镇级“四清一建”工作(清财、清物、清人、清车,建章立制),制定镇预算、备用金、固定资产和村级财务管理4项制度;积极参与服务型财政所创建,建立镇财政权力、责任、服务“三个清单”制度。

从2017年1月1日起，全面实施新一轮镇级财政管理体制改革，实行收入激励政策，调动镇级谋发展、管税源、抓收入和服务企业的积极性。全年陶厂镇级财政收入完成5611万元，同比增长48.87%。全年对村和社区财务进行了审计，进一步规范村级集体财务管理。2019—2021年，规范政府性投资项目资金运行，依法及时公开预决算。常态化开展扶贫资金和惠民补贴“一卡通”专项治理，实行扶贫、民生等重点项目绩效目标运行监控。强化直达资金监管，加强抗疫特别国债和转移支付等直达资金管理，建立实名台账，通过信息系统全链条、全过程监控资金使用，确保资金“一竿子插到底”。加强税源培植，及时调整安远劳务、安诚劳务、吴楚物流等企业激励措施，支持企业做大做强。强化税源管控，重点加强合芜高速改扩建工程税收管理，积极协调两个工程标段与其他镇之间的税收分享比例，建立税源台账，确保应收尽收足额入库，两标段2021年陶厂入库税款260多万元。

第二节　税　务

一、组织机构

1961年12月，含山县在含城（包括环峰）、仙踪、运漕、陶厂（包括关镇）等7个重点集镇设立税务所。1968年3月，含山县撤销税务局，县革命委员会生产指挥组财贸小组领导全县财政税收金融工作。1970年11月，财税再次合并，成立财政税务局。1978年10月财税分开。1988—1994年，县税务局下设环峰、东关两个税务分局，建林头、运漕、陶厂等7个税务所。

陶厂镇税务所

1994年6月税制改革，县税务局分设为国家税务局（简称“县国税局”，垂直管理）和地方税务局（简称“县地税局”隶属县政府管理）。乡镇税务所也顺应分设。1997年7月，国税局陶厂税务所更名为国税局陶厂税务分局，2005年9月撤销，税费征收职能移交东关分局。

1998年1月，根据省政府规定，县地税局实行上级税务机关和同级政府双重领导，以上级税务机关领导为主的管理体制，地税陶厂分局重新更名为“陶厂税务征收分局”。2001年5月，改为地税陶厂分局。

2018年7月，根据中央征管体制改革方案，含山县国家税务局、含山县地方税务局合并，成立国家税务总局含山县税务局。7月20日，陶厂镇挂牌“国家税务总局含山县税务局陶厂税务分局”。

二、税种及税制改革

（一）分税制

中华人民共和国成立后，国家税制改革经历了统一税收、改革工商税制、统一农业税、利改税、以及1994—2005年的税收制度改革和2018年深化增值税制度改革。

1988—1994年，陶厂工商税收由陶厂税务所统一征收管理。县局下达陶厂税务所税收任务，并逐年递增，每年的增加幅度在10%～15%。所征的工商税款统一由县税务局交县财政支配。

1994年，国家对工商税制进行全面改革。含山于6月实行分税制，原陶厂税务所分设为两套机构即陶厂国家税务所、陶厂地方税务所，原征收权限也一分为二。将原工商税制中的32个税种简化为18个，并按税种分为中央税、地方税和中央地方共享税。其中，增值税、消费税、企业所得税由国税所负责征收，营业税、城乡维护建设税、资源税、土地增值税、个人所得税、房产税、车船税、固定资产投资方向调节税、印花税、土地使用税、屠宰税、筵席税、证券交易税、遗产和赠予税由地税所负责征收。

1994年，国税所征管范围为增值税、消费税、企业所得税、外商投资企业所得税、个人所得税。从2000年起，新办企业营业税由国税分局征收管理。

1998年，地税分局为了配套镇财政管理体制改革，明确了征管范围为镇内国有企业及其兴办的附属企业（不包括基层粮站、基层食品站）、三权在上的大集体企业（不包括基层供销社、基层信用社）、行政事业单位、社会团体及其兴办的经济实体、社会团体。

（二）所得税

按照国家要求，地税陶厂分局从2002年起，实行所得税分享体制改革。由国家邮政、各家银行信用社缴纳的所得税继续作为中央收入，其他企业所得税和个人所得税收入由中央与地方按比例分享。2002年所得税收入中央和地方各分享50%；2003年所得税收入中央分享60%，地方分享40%；2004年所得税收入中央分享60%，省级分享15%，县级分享25%。

（三）农业税

1989年，农业税折征代金价格每50千克籼稻提高5元，同时将省核定含山的农业税价格由原来每百千克33.8元调增为44.2元。1990年，农业税任务根据全镇计税土地面积、计税常产、依平均税率5.49%，计征税额20.68万元。1991年，陶厂镇农业税平均税率调升为5.6%，征收价格每百千克44.2元，依率计征农业税金额20.34万元。1992年，根据国务院规定，按每百千克籼稻51.2元计征，即1992年农业税比1991年每百元提高13.91元。全年按5.49%平均税率，计征税额23.90万元。1993年，陶厂镇依率计征税额45.52万元。1994年，根据省财政厅规定，农业税征收价格由每百千克51.2元调整为94元计算。当年陶厂镇依率计征税额80.74万元，超额完成任务64.74%。1995年由于市场粮价的变动，农业税折征代金计税价格由上年每百千克94元调整为每百千克120元，增幅

27.66%。当年，陶厂镇依率计征税额为97.90万元。1996年，根据省财政厅《关于调整农业税计税价格的通知》精神，农业税计税价格由上年每百千克110元调整为每百千克142元，增幅29.09%。陶厂镇依率计征税额为129.03万元，超额完成任务2.16%，达到历史顶峰。1997年，陶厂镇依率计征税额为126.26万元。1998年是含山县实行完全乡财政的第一年，全省粮食订购价格作了下调，农业税征收价格相应调减，由原来每百千克142元调整为每百千克128元，调减幅度为9.5%。1998年，陶厂镇依率计征税额为122.55万元，超额完成任务4.7%。1999年，陶厂镇依率计征税额为110.82万元。

2000年，实施农村税费改革。根据上级批准全县取消乡统筹、村提留等专门面向农民征收的行政事业性收费和政府性基金；取消农村教育集资和涉及农民的政府性集资，中、小学危房改造资金由财政预算安排；取消屠宰税；逐步取消统一规定的劳动积累工和义务工；调整农业税政策和农业特产税政策，农业税税率最高不得超过常产的7%；改革村提留征收和使用办法，村干部报酬、五保户供养、办公经费采取农业税附加和农业特产税附加的方式收取，最高不超过农业税正税的20%。是年，县政府下达陶厂镇任务是：计税面积2086.67公顷，计税常产3163万千克，税率7%，依率计征税额221万千克，征收价格每百千克114元，折合税金252万元。陶厂镇全年实际征收农业税额239.75万元，按照税改方案规定直接缴入镇财政专户。2001年，陶厂镇任务为计税土地面积1887公顷，计税常产2775.95万千克，税率7%，依率计征税额194.32万千克，扣除社会减免97.2千克，正税184.6千克，附加36.92千克，按每百千克114元计算，折合金额252.53万元。2001年、2002年实际征收农业税税额均为239.75万元，与2000年持平。2003年，全省农业税税率降低2.2个百分点，由7%降为4.8%，当年陶厂镇实征农业税额238.17万元，农业税附加47.55万元，直接缴入镇财政专户，用于村级支出。2004年，为巩固、深化农村税费改革，安徽省在全国率先取消农业税附加，农业税率由4.8%降为4.48%。减后实征农业税税额163.04万元。取消农业税附加后，村级组织减少的村级资金由省政府通过财政转移支付给予保证。2005年，全部取消农业税征收，广大农民结束了延续2600多年种田缴税的沉重负担。

（四）农业特产税

1989年，根据国务院通知规定，加大全镇农林特产税征收力度，开展税源调查，建立纳税档案，实行统一税率，规范减免程序，采取征收代金的办法。1994年工商税制改革，原税务部门征收的一部分农业产品税划归农业特产税，并由镇财政所征收。当年，陶厂镇完成农业特产税1.31万元。1995年，完成农业特产税2.8万元。1996年，受征收范围调整及农业税政策性调价等因素影响，当年全镇完成农业特产税10.8万元，超额完成任务9%。1997年完成农业特产税12.45万元，1998年完成13.71万元，1999年完成0.6万元。

2000年，安徽省开展农村税费改革，当年县下达陶厂镇农业特产税任务基数为4万元，实际征收农业特产税4.03万元。2001年，完成农业特产税4.08万元。2002年，实际完成4万元。2003年，按照省政府部署，将全县农业特产税任务改为农业税征收。2005年随着全部取消农业税征收，农业特产税也不复存在。

三、税收收入

1990—1994年，陶厂税务所累计组织各项税收总收入462.91万元。1994年税收收入为118.61万元，比1990年税收收入65.82万元增收52.79万元，增长80%。

1995—1999年，陶厂国税所（分局）累计组织税收总收入469.43万元。1999年税收收入为220.97万元，比1995年税收收入55.56万元增收165.41万元，增长3倍。

2000年，陶厂国税分局组织税收收入62.37万元，比1996年税收收入59.94万元增收2.43万元，增长4%。此后，税收收入年度计划逐年大幅增长，到2012年，国税税收收入增至626万元，比2000年增长9倍，比2011年增长36%。

2017年，陶厂国、地税税收总收入为5611万元，比2013年税收收入3531万元增收2080万元，增长58%。其中，2013年至2017年，国税税收总收入5032万元。

1994—1998年，陶厂地税所（分局）累计组织各种税收总收入409.56万元，1998年税收收入为99.38万元，比1994年税收收入43.16万元增收56.22万元，增长1.3倍。

1999—2003年，陶厂地税分局累计组织各种税收总收入393万元，2003年税收收入为203万元，比1999年税收收入144万元增收59万元，增长1.4倍。

2005年，陶厂地税分局组织各种税收收入201.07万元，比2004年税收收入183.36万元增收17.71万元，增长9.7%。

2007—2009年，陶厂地税分局累计组织各种税收总收入1870.18万元，2009年税收收入为750.93万元，比2007年税收收入452.95万元增收297.98万元，增长65.79%。随着地税年度计划的逐年增长，到2012年，地税分局累计组织各种税收收入1714万元，比2009年增长128.25%，比2011年增长36%。

2013—2017年，陶厂地税分局累计组织各种税收总收入7222 万元。2018—2021年，陶厂地税分局累计组织各项税收总收入17879万元。2021年税收总收入为5351万元，比2018年税收收入3736万元增收1615万元，增长43.23%。

2018年至2021年陶厂税务分局税收分税种统计表

表8-3　　单位：万元

年份	增值税	资源税	个人所得税	土地使用税	城镇建设税	印花税	房产税	企业所得税	教育费附加	合计
2018	1019	223	808	186	298	62	92	857	191	3736
2019	2758	346	247	94	136	25	39	28	81	3754
2020	3989	341	232	72	197	40	35	15	117	5038
2021	3935	265	245	110	195	39	47	394	121	5351

四、税务服务与管理

2018年，陶厂分局按照深化增值税改革的要求，认真做好一般纳税人转登记小规模纳税人工作，严把增值税发票关，全年减征增值税594万元，办理退税55万元。推进个税改革，累计培训扣缴义务人94人次，自然人268人次，对重点纳税人进行上门辅导，完善自然人信息152条。2019年，构建“一揽子统筹、一竿子到底”的减税降费工作机制，细化分解8项重点任务，设立“减税降费服务专岗”、纳税人“小课堂”，累计为企业提供服务95户次。为纳税人提供送政策、送服务、问需求、解困难包保服务30户。做好批量集中退税工作，核实信息89条，退还税费11万元。全年减免税费 289万元，惠及445名纳税人、缴费人。2020—2021年，为企业提供服务176户次，核实信息276条，退还税费 15万元；减免税费1576万元，惠及626名纳税人、缴费人。

认真落实“三证合一”登记制度改革，提高税务登记完整率、财务报表采集率等基础考评指标。对照税收征管规范与现行征管系统差异，规范统一表证单书。2018—2021年，陶厂分局办理税务登记证327户。根据县国税局制定的《增值税发票管理实施办法》，严把发票领、用、存关，并对小规模纳税人实行增值税发票由税务机关代开的规定。从2001年起，推广使用税控装置试点工作。至2021年，陶厂镇使用税控收款机42户。

专记：

陶厂镇农民负担前后变化概述

1997年前，陶厂农民负担主要表现在以各种名目向农民乱收费、乱集资、乱涨价、乱罚款和乱摊派；虚报农民收入，超限额提取村提留、乡统筹费（公积金、公益金、管理费，教育费附加、计划生育费、优抚、民兵训练费、修建乡村道路费，简称“三提五统”），强迫农民以资代劳；个别干部以权谋私，侵吞集体和农民的资财，甚至目无法纪，采取强制性手段向农民收钱收物，加重了农民负担。

陶厂公社农业税负担自1963年调减后，到1975年核定数一直未变，全社农业税占农业实产量由1963年的12%下降到1975年的6.7%。由于十几年来农村经济发展变化很大，农业税负担随之出现新的不平衡。根据安徽省革命委员会〔1977〕24号文件精神，县委、县政府对陶厂公社“五五”期间农业税进行调整：调整前的任务为计税常产363.67万千克，税率10.2%，依率计征正附税合计47.14万千克；调整后的任务为计税常产705.25万千克，税率5.8%，依率计征正附税合计47.14万千克。虽然正附税合计数未变，但计税常产增加了341.58万千克，减少税收近35万千克。

改革开放初期，全社农业和农村经济稳定发展，农民收入稳步增加，生活逐步改善。但是从20世纪80年代中后期开始出现农民负担较重，特别是进入90年代农民负担重的问题更加突出，影响农村的改革、发展和稳定。1990年，陶厂镇农业税任务206825元。

到1992年，根据国务院规定，农业税税额由原来按每百千克籼稻44.20元调增至51.20元。因此，1992年农业税比1991年每百元提高13.91元。由于1992年粮食价格的增长，4月，县政府以陶厂镇1991年底决算后任务金额468.06万元，粮额1058.95万千克测算1992年农业税任务，调整后的任务金额533.12万元，粮额1041.24万千克，其中调增农业税金额65.06万元，上浮13.9%。当年全镇总人口30529人，人均承担农业税金额174.63元，粮额341千克。外加"三提五统"310万元，水费29216元，教育费附加170029元，水资源费10723.39元，合计331万元，人均负担108.40元。两项合计人均负担283.03元，达到历史最高峰。

1993年，陶厂镇农业税任务数下调幅度较大，全年任务数为496649元，扣除3%社会减免数14900元后，全年任务数为481749元。因各项公益、公共建设投入增加，农村各项统筹、提留中部分收费项目标准上调幅度较大，如教育费附加由1992年170029元猛增至270244元，增长58.94%。1991年，教育费附加实际征收63640.43元(其中包括1990年征收33333.51元)；1992年，实际征收52753.82元(其中包括1991年征收的部分教育费附加)。两年合计征收116394.25元。

1994年，根据县政府〔1994〕28号文件精神，按全省现行市场粮食价格，由1993年的每百千克51.2元，调整为每百千克94元计算标准。农业税任务由1993年的496649元提高到899824元，净增403175元，增幅81.2%。同年3月，陶厂镇根据县政府《关于1994年农业承包合同和农民负担工作的通知》精神，制发《关于下达1994年农村提留统筹款的通知》，提留统筹项目由1993年的9项调至10项，并提高了部分收费标准。如教育费附加由1993年的270244元增加到352720元，增长30.52%。1994年各项提留统筹款分解为：公积金70544元，公益金70544元，管理费105816元，教育费附加352720元，计划生育费17141元，优抚费70544元，民兵训练费12345元，修路费141088元，水费61606元，机械维修费46210元，合计948558元。

1995年，根据上级文件精神，县政府对陶厂农业税征收任务进行调整，由原税额1148357元，粮额956964千克，调整为税额1052660元，粮额不变，扣除3%社会减免数31500元后，全年任务数为1021160元，粮额956964千克。1990—1995年，外资还贷1466255元，其中1995年440011元。1993—1995年，每年的农民负担人均在280元左右，包括农业税、提留统筹款、水资源费、水利外资还贷等。

1996年3月，县政府印发《关于做好1996年农民负担监督管理工作的通知》，明确提出要认真落实党和国家一系列减轻农民负担政策、坚决扼制农民负担"反弹"，切实加强监督管理，严格把农民税外负担控制在5%之内。同时规定，劳动积累工劳均10～20个标准工日，义务工劳均5～10个标准工日。农村劳动积累工和义务工以出劳为主，本人要求以资代劳的和因病或伤残不能承担积累工和义务工的，需经乡镇合作经济组织批准，方可以资代劳或减免；对低于本乡镇人均收入水平的革命烈军属、伤残军人，失去劳动能力的复员退伍军人和特别困难户可适当减免村提留、乡统筹费。4月，县政府下发《关于下达1996年农业四税征收任务的通知》，陶厂镇农业税任务1358501元，农业税粮额956691千克，农业特产税9.9万元，耕地占用税2.8万元，契税0.5万元。四项合计1490501元；外资还贷585389元，“三提五统”305万元，总计5125890元，农民人均负担162.73元，农业税粮额30.37千克。与1995年前相比降幅41.88%。

1997年2月，中共中央、国务院作出《关于切实做好减轻农民负担工作的决定》(以下简称《决定》)。《决定》对减轻农民负担工作提出总的要求，农民应该承担哪些合理负担，农业税收政策，完善村提留乡统筹费的计提办法和管理监督，义务工和劳动积累工制度，控制面向农村的集资，禁止乱收费、乱涨价和乱罚款等都作出强性规定，是指导这一时期减轻农民负担的重要文件。

1998年4月，县下达陶厂镇农业税、农业特产税任务为：农业税总任务粮额952569千克，税额1352645元；农业特产税任务137092元。农民人均负担42.24元，粮额27千克。同月，县减轻农民负担领导小组根据各乡镇申报的“三提五统”农民负担预算方案，下发《关于1998年农民负担预算方案批复的通知》，要求必须按县领导小组审批的预算方案分解到村到户，不得增项加码。按农民应承担的合理比例，陶厂镇任务分解为：公积金总额387981元，人均11元；公益金总额387981元，人均11元；管理费总额740108元，人均21元；乡村办学费总额1092819元，人均31元；计划生育费总额123449元，人均3.5元；优抚费总额141084元，人均4元；民兵训练费总额17635元，人均0.5元；修路费总额141084元，人均4元，合计3032141元，人均负担86元，占上年人均纯收入4.4%。两项合计，农民人均共负担128.24元，农业税粮额27千克。与1992年相比，减幅54.69%；与1996年相比，减幅21.19%。

1999年5月，陶厂镇政府下发《关于下达1999年度“三提五统”任务的通知》，按1997年人均负担标准下达1999年任务：公积金11元，公益金11元，管理费21元，乡村办学费31元，计划生育费4.5元，优抚费3.5元，民兵训练费1元，修路费3.5元，合计3065093元。当年，全镇总人口35650人，人均负担86元，与1998年农民负担数持平。同时，镇政府根据县政府有关文件精神，下达1999年农业税、外资还贷及水费任务的通知：农业税135.22万元、外资还贷59.18万元，水费24.45万元，三项合计218.85万元，人均负担61.39元。两项合计，农民人均负担金额147.39元。当年5月16日，镇政府根据上级文件精神，下发《关于调减一九九九年农业税任务的通知》，陶厂镇农业税由原任务135.22万元调减为121.85万元，实际调减13.37万元。农业税计税价格由原每百千克142元下调至每百千克128元，实际下调0.14元。

2000年3月，根据安徽省批准的《含山县农村税费改革实施方案》，含山县开始实施农村税费改革。5月31日，县政府批复陶厂镇农村税费改革实施方案，对有关指标核定如下：农业税计税土地面积3.13万亩；农业税计税常产3163万千克，税率7%，依率计征税额221万千克，依率计征金额252万元，农业税附加率20%，农业税附加金额50万元；农业特产税应征税额4万元，农业特产税附加率10%，农业特产税附加金额0.4万元。批复强调指出，镇送审方案中如有与县核定的有关指标数不符的，一律按县核定数调整。之后，陶厂镇改革历经了宣传发动、方案修改审批和总结验收等三个阶段，至当年11月底完成。税费改革中，严格按照“三个取消，一个逐步取消，两个调整、一项改革”的要求进行，即取消乡统筹、村提留等专门面向农民征收的行政事业性收费和政府性基金；取消农村教育集资和涉及农民的政府性集资，中、小学危房改造资金由财政预算安排；取消屠宰税；逐步取消统一规定的劳动积累工和义务工；调整农业税政策和农业特产税政策，农业税税率最高不得超过常产的7%；改革村提留征收和使用办法，村干部报酬、“五保户”供养、办公经费采取农业税附加和农业特产税附加的方式收取，最高不超过农业税正税的20%。农村税费改革，减轻了农民负担，维护了农民利益。改革前后相比较，陶厂镇农民负担总额下降了46.55%，亩均减负68.3元，人均减负62.7元。

12月，县财政局在陶厂张宋村进行调研，调研报告中记述：张宋行政村土地总面积1916亩，其中耕地1024亩，山场150亩，可养水面300亩。全村9个自然村，19个村民组，360户，总人口1370人，其中劳力660人。1999年，张宋行政村农业税费亩均负担266元（实际征收按人均113元，亩均115元）、外资还贷亩均30元、水费亩均4元，合计亩均300元。2000年，农业税及附加亩均117.6元、以资代劳亩均83.8元（按130元劳力标准，660个劳力1024亩计算）、外资还贷亩均30元、水费亩均4元，合计亩均235.4元。两者相比，2000年亩均减负64.6元，人均减负48.3元。税费改革确实减轻了农民负担，得到广大农民的拥护。

2001年6月，镇政府根据《安徽省农村税费改革方案》和《安徽省劳动积累工、义务工和村内兴办集体生产公益事业筹资筹劳管理暂行办法》及县委、县政府文件精神，制定了《关于严肃税费政策的紧急通知》，就农业税纳税通知书、农民负担明白袋、监督卡的发放，农业税“三定”征收，村办事业“一事一议”，规范“两工”操作方法等作出明确规定。税费改革后，增强了税费透明度，简化了征管程序，镇村干部从催粮要款中解脱，干群关系逐步走向融洽。改革后，“五统筹”进入农业税，实行预算管理和“零户管理”，财政总揽收支，人大监督审批，有效避免支出的随意性，发挥资金的使用效益；随税代征的附加，实行“专户管理，镇管村用”，建立健全“村账镇管”制度，提高了村级资金管理使用透明度。

2003年，陶厂镇继续深化农村税费改革，进一步落实减轻农民负担的政策措施，切实保护和调动农民生产积极性。6月，按照上级文件规定，全面取消农业特产税，改征农业税。之后，对从事农业特产品生产的集体单位，取得农业税特产收入的，不再征收农业特产税，统一按照农业税计税方式核定计征税额征收农业税。是年，按照县政府部署，根据“统一税制，减轻税负、规范征管、促进发展”的税改基本原则，在调查测算的基础上，将全镇农业特产税任务改为农业税，当年税收29.93万元。

2003年，国家开始对种粮户实行补贴。9月18日，全县粮食补助资金兑付现场会在陶厂镇召开。镇财政所纳税服务大厅门外设置了粮补政策宣传栏、兑付流程图和宣传标语；大厅内开设3个粮补兑付窗口，按照每天一个行政村顺序发放。农户凭身份证、粮补通知书、农业税完税证即可到粮补兑付窗口领取补贴资金。当天，为马山行政村298户农户发放粮补资金25253.1元，在全县率先兑付国家粮补资金。

2004年，推行农业税征收办法改革。安徽省在全国率先取消农业税附加，农业税率由7%降为4.48%。农业税附加取消后，村级组织减少的村级资金收入由省政府通过财政转移支付给予保证。2005年，中央宣布在全国取消农业税征收，延续2600年之久的“皇粮国税”就此成为历史。

第三节　金　融

陶厂商贸繁荣，因此早在明代后期就出现当铺和钱庄，但到清末至民国时期，陶厂商家普遍规模不大，稍大一点的粮行，其收购资金也基本由芜湖米市上的粮商提供，因此金融业难以立足发展。据老人回忆，明代成化年间镇上姓包的开设一家当铺，洪份街上姓吕的开有一家钱庄。后来在修建东岳庙时，他们的后人都捐过银两，大庙功道碑上有记载。由于年代久远，现已无从了解具体经营情况。民国十三年（1924年）11月，陶厂开设“公惠号”典当行，当地人习惯称为“当铺园”，位于北份街中段，经理叶良之。现今陶厂老人只回忆说当时当铺面积不小。民国后期，在陶厂散子巷中段有一家小当铺，由鲁大年开设，为三等级别当铺。老板将物品低价收下后，转到和州、南京等地再当，从中赚取手续费，经营状况一般，抗战时期关门歇业。

一、中华人民共和国成立后的金融事业

中华人民共和国成立后，在国家过渡时期总路线方针指引下，群众觉悟显著提高，国家在群众自愿的基础上帮助建立信用互助合作组织，目的是解决群众生产资金不足的困难。据1954年统计，陶厂地区组织高级形式的信用互助组16个，参加组员531人，筹股484股；根据各乡经济条件不同，每股股金有2万元、1.5万元和1万元不等，以2万元为大多数，收集股金657万元（旧币值）。全区有257户参加了信用互助组，一般都为贫雇农和中农。信用组的存款利率为一分五厘至二分五厘，放款利率二分至三分，由组员讨论决定。1954年4月统计，信用互助组吸收农村闲散资金657万元（股金），吸收组员和非组员14户存款474万元（旧币值），放款837.4万元（旧币值），解决组内51户204人及非组员2户9人的生产生活资金困难。

1958年，根据上级党委要求，各地的农村信用社全部改为信用部，划归农业社领导。计划经济时代，农村信用社在及时发放各类支农资金，支持农业生产方面起到积极作用。如1975年，关镇信用社发放支农资金18万元，其中国家支农资金8万元、信用社支农资金10万元，帮助全社生产队购买耕牛30头、化肥20吨、农药20吨、种子30吨；帮助5个生产队购买小拖拉机5台，脱粒机35台，水泵18台，电动机20台；发展集体养猪330头，养鱼2万尾，养鸭1500只，种植红打瓜27公顷，烧石灰6窑，支援社办五小企业5万元。同时帮

助社队提高财务水平，1975年春，关镇信用社举办第二次账改训练班，将全社生产队账务全部改为新账，并坚持互查互审制度，做到公社每季度检查一次，大队每月互审一次。组织大队会计和部分生产队会计一共25人，分为5个小组，对全社大队生产队1974年财务进行全面检查，取得较好效果。

1979年，含山县农业银行陶厂营业所成立。1997年，农行陶厂营业所根据本地进京务工人多的特点，选派业务能力强的工作人员常住北京，吸收存款345万元。同时，该所还在年底外出打工者返乡过年期间，大力吸收存款，1997年度完成存款2452.5万元，被县支行评为先进集体，揽储员谢维海被评为省、地、县揽储状元。2003年，由于金融机构改革，陶厂营业所撤销。

二、金融机构

截至2021年底，陶厂境内一共有金融机构4家，分别是农村商业银行含山县陶厂支行、关镇支行，邮政储蓄银行含山县陶厂支行，惠民村镇银行含山县陶厂支行。

(一)农村商业银行含山县陶厂支行

农商银行含山县陶厂支行

农村商业银行股份有限公司含山县陶厂支行，前身为含山县信用联社陶厂信用社。陶厂信用社始建于1954年，最初由农民入股，信用社干部由社员选举，保持合作制性质，主要业务是组织农村集体存款和个人储蓄，发放和回收各种农业贷款。成立初期，存贷款额仅有数万元。经过多年发展，信用社由二级法人发展为一级法人。2014年9月，县信用联社改为县农村商业银行股份有限公司，陶厂信用社随之改为农商行含山县陶厂支行。近年来，电子银行产品不断更新，存贷款业务得以迅猛发展。为加大支持地方经济发展力度，陶厂支行着力打造“三行”服务体系：一是乡村振兴的“实践银行”。主动与辖内10个村(社区)委会互联互通，政银联手建设“信用村”，以“整村授信”为发力点，对辖内农户给予资金支持，助力他们发展产业、增加收入。自2021年启动以来，已授信300多户、发放资金3000多万元。二是老百姓的“免费银行”。免费给全镇约3万名农户制作社会保障卡，以及代理发放各类涉农补贴，每年代发资金1000多万元，还为他们免费开通短信通知和手机银行等便捷服务，同时免去一些服务手续费。三是支持品牌创建的“保障银行”。作为“含山大米”的主产地陶厂，陶厂支行积极为“含山大米”农户、加工销售企业提供资金支持，累计1000多万元。2020年，陶厂支行存款余额近4亿元，贷款余额1亿多元。2021年，存款余额近4.4亿元，贷款余额1.2亿元。

（二）农村商业银行含山县关镇支行

农村商业银行股份有限公司含山县关镇支行，前身为含山县信用联社关镇信用社。关镇信用社始建于20世纪60年代初期，2014年9月改制为农商银行含山县关镇支行，现有员工4人，主要承担关镇、铜庙片存贷款、办理国内结算、票据承兑与贴现等业务。2021年末，关镇支行存款余额1.9亿元。

农村商业银行含山县关镇支行

（三）邮政储蓄银行含山县陶厂支行

中国邮政储蓄银行股份有限公司陶厂支行成立于2008年7月23日，隶属含山县支行，在职员工7人。在支持地方经济发展方面：一是持续开办系列贷款产品。把符合规模化、专业化、标准化要求的专业大户、家庭农场、农民专业合作社等新型农业经营主体作为支持重点，为他们解决融资难问题；二是探索利用网络为三农领域提供金融支持。邮储银行实现线上与线下业务渠道联动，贷款申请、支用、还款全部可线上完成，日常转账汇款、存款理财、水电费缴纳线上也可全部办理。2021年，支行存款余额6亿余元，理财规模2000多万元，累计代收代付民生类资金10万人次。

邮储银行含山县陶厂支行

（四）惠民村镇银行含山县陶厂支行

惠民村镇银行是由中国银保监会批准，由吉林九台农商行独家发起的新型农村金融机构。2015年12月，惠民村镇银行含山县陶厂支行正式成立运营。近年来，为加大支持地方经济发展，存贷款业务得到迅猛发展。2021年末，存款余额1.3亿元，贷款余额7000万元。

惠民村镇银行含山县陶厂支行

第九章　社会事业

民国时期，陶厂虽然缺少资金雄厚的商贾，文化也较落后，但是乡村教育尚较发达。公立学校最早可以追溯到清代光绪年间，私塾水平普遍较高，甚至有全县规模最大、办学最正规的曹氏私立恩光学校。医药行业也较为发达。民国时期，陶厂老街上就有5家药房，最早的朱生和药房创办于清宣统三年(1911年)；民间医术发达，出现不少地方专科名医和疗效神奇的单方，上门求医问药者络绎不绝。集镇和乡村各类行医卖药者有20多家，这在全县是绝无仅有的。中华人民共和国成立后，陶厂镇紧跟时代步伐，文化生活极大丰富，传统民俗表演成为一绝。陶厂是全市有名的书画之乡，涌现出一批书画名家，仅国家级和省级的书画会员就有17人。卫生面貌焕然一新，尤其是通过新农村建设，生态环境大为改善，社会保障体系逐渐完备。教育事业上陶厂农业初级中学几十年曲折的办学经历，使之成为县内办学最早也最有特色的一所职业学校。这些都彰显出陶厂与众不同的文化底蕴和鲜明的地域特色。

第一节　教　育

一、中华人民共和国成立前的教育

中华人民共和国成立前，陶厂镇教育只有十几所私塾，私立学校规模小，学生数少。据清代《皖政辑要》记载，清光绪年间，含山县初等小学堂“计八所，官立四所……公立者四，一在南乡陶家厂镇，(光绪)三十四年由知县任寿彭开办，以文昌宫田租，本镇猪、牛、柴、米、土业、肉铺捐为常年经费，学生十七名”。这是陶厂镇出现的最早的公立新式学校。

(一)私塾

旧时，陶厂集镇上有4家私塾，分别是南关口街东朱老先生私塾、钱老先生私塾，下街油厂巷葛老先生私塾，槽坊塘村陶老先生私塾。这几所私塾均为蒙馆，收学童都在十几二十人。南关口街东由钱昌海父亲钱老先生开办的私塾，场地较大，学童也较多。钱老塾师以教授识字和写作基本功为主。学童入学后，首先由家长用竹纸裁订成册，再由塾师用毛笔写上大字，俗称“字干书”，其内容为“金木水火土、天地人三才”等常用字。一本“字干书”约500个生字，限3个月内识完，然后开始读《三字经》《百家姓》《千字文》。钱老塾师这种循序渐进的教学方法，以及他对学童和蔼可亲的态度，深受学童家长的尊重，因此他收的学童总比其他蒙馆多一些。1949年前后，大毛村有张承志私塾，陶厂镇有陶子林私塾，西山村有王以慎私塾，马山村有李世民、童宜治私塾。这些私塾，办学时间不长，规模一般由十几个学生到三四十个学生，所授学科基本是语文、数学等。

祁首岗村祁家振私塾　1937年抗日战争爆发，祁家振从芜湖市高中辍学回乡，以教书为业，收留农家子弟入学。祁家振所创办的私塾是新式学校性质私塾。他根据学生念书程度，把二十几个学生分成几个班，采取复式教学。教学内容也不是传统教材，而是语文、数学、自然、英语等现代学科。下午开设课外活动，鼓励学生踢球、做游戏。大小同学吃住在一起，互教互学。祁家振学识很高，知识面广，授课时旁征博引、妙趣横生，深受学生喜爱，在周边颇有名气。此外，祁家振思想活跃，虽然居于一隅教授学生，却时刻关注时局，甚至在课堂上传播马克思列宁主义进步思想，揭露国民党统治的腐败、黑暗，逐渐引起国民党当局注意，并被逮捕入狱。1948年陶厂解放前夕，祁家振投笔从戎，投身革命。中华人民共和国成立后不久，他担任和县县政府文教科长，1952年调至含山中学担任校长多年。

河南村张一举私塾　张一举，1927年毕业于安徽大学中文系，后改名张梦萍。因当时含山没有中学，张梦萍毕业后到陶厂小学教书，曾任陶厂小学校长。日军占领含山后，张梦萍带着家中几个大一点的孩子逃难到武汉，后又辗转到武汉下面的一个小县城教书，一年后返回陶厂。从1942年开始，他先后在陶厂、林头等地开办私塾，有学生20人左右。1948年，张梦萍与祁家振在祁首岗南城合办私塾，有学生近40人。1949年春渡江战役开始，张梦萍到已解放的和县，在县人民政府做文书工作。1951年秋，张梦萍重返教育岗位，先后在和县中学、和县师范学校和安徽省干部学校任教。1961年调回含山中学任教，直至退休。20世纪80年代，因三代从事教育事业，张梦萍被县政府授予“教育世家”称号。

关镇私塾有林洼村的赵平中（1945年、1946年）、李庄的刘贤志（1947年、1948年）、王庄谢惠民（1949年）、杨府城戴俭柱（1947年）等几家私塾，学生一般十几人。

（二）私立学校

含山县陶厂小学　学校成立于民国十七年（1928年）1月，位于陶厂镇北份街西。抗日战争时期，陶厂一带一度是新四军游击队活动根据地，经常有中共地下党员到陶厂小学向师生宣传革命道理。当时学校校长吕其榜（又名吕斌），教员有钱子犹、包志聪、陶子林、蔡雨亭等人。学生七八十人，编为两个复式班。学校挂孙中山像，使用新四军七师编写的油印课本。1950年，在校学生49人，开设初级班一至四年级，高级班五、六年级，教室7间。1951年，学生数89人。1952年学生数286人（含幼儿班68人），在校教师13人，勤杂人员1人。

曹氏私立恩光小学　民国二十四年（1935年），关镇乡曹庄的曹氏家族基督教信徒曹贵礼、曹贵成、曹贵春、曹贵庆四兄弟联手在本村创建“曹氏恩光小学”。建校资金来源于他们在芜湖做生意赚取的利润加上村里公田收入。学校于民国二十六年（1937年）建成，有教室18间，操场、篮球场、足球场各1个，楼1栋；四周有围墙，中心有花园，课桌凳、教具齐全。学校开设6个年级，学生200多人，教师是从芜湖等地高薪聘请来。该校是民国时期含山县最大、最正规的私立学校。民国三十五年（1946年）学校停办。

中山民校 民国二十八年（1939年），含山县实施国民政府推行的特种教育，要让人人能“自治治事”“自信信道”“自养养人”“自卫卫国”，以期达到所谓“管、教、养、卫”目的。这一年，县内开办中山民校2所：一所在清溪，名“含山县第一中山民校”，3个班，学生157人；一所在陶厂，名“含山县第二中山民校”，3个班，学生147人。

含山县私立陶厂小学 学校位于陶厂镇北关街，抗日战争前就是完全小学，后被伪军破坏摧毁。1949年秋重新创办，是陶厂开办的第一所新式学堂，原名为含山县陶厂镇私立新民小学。学校大门左侧有一排四间教室，朝北一小巷东西各有三间教室，中间为篮球场。建校初教务主任王文光兼代校长，另有教员3人，学生数82人，开设一至六年级，四、五、六年级并班上课，教材由县宣教科编印。

司徒小学 民国三十一年（1942年），宫有全（当时是敌伪和新四军两方面的保长）在陶厂镇（原关镇乡）司徒保大卜村开办了一所小学，取名“司徒小学”。1943—1945年，新四军在这里建立民主政权成立司徒乡，并在司徒小学设立秘密交通站，利用宫有全的特殊身份搜集、传递情报。司徒小学当时有学生30多人，教授国文、算学、历史、地理等课程，课本使用新四军油印的教材。学校根据学生年龄大小和成绩高低，分编成高、中、低三个年级。每个星期六下午组织学生做游戏、做体操和教唱革命歌曲。民国三十三年（1944年），该校与凌庄村郭立三办的另一司徒小学合并，一直延续到新四军北撤时才停办。

和含中学 民国三十三年冬，新四军七师在陶厂南城村（当时该村属于祁鲁乡，1949年10月划归和县管辖）成立和含中学，学生主要由根据地各地方机构介绍来，这些学生一般年龄较大，其中少数学生原来是地方上不脱产干部。学校开学初在南城村举行一次编班考试，分为初一、初二和高一3个年级，两个班，其中一个班采取高、初中复式教学。学校邀请祁家振参加管理，他不仅把他的学生带过来，还带来一些社会青年。当时的学校由中共专员魏今非兼任校长，祁家振担任教导主任，负责教学工作。学校开设的课程有政治、语文、数学、社会常识（历史、地理）、自然常识（物理、化学）等，学校采用旧课本及选用、补充新教材相结合方法，政治、语文以教员自选教材为主。那时根据地条件很差，可供选择的教材来源有限，皖江地区出版的《大江报》是选材的重要来源。这个学校为半军事化管理，实行供给制，学生编入不同的训练班，经过短期训练分配到地方或部队去。和含中学在南城村办了一个多月后搬迁到和县南义镇附近的陈保子村。到6月间，由于反顽斗争形势越来越紧张，和含根据地党政军组织做撤退到无为的准备，和含中学奉命停办，前后办学仅3个多月。

陶厂区关镇乡关镇小学 学校位于关门镇上街，民国三十六年（1947年）建校，后停顿，1950年秋恢复招生，校长、教员仅俞修汉一人。1951年，政府派王多孚任校长，教员增至6人，工友1人，有教室4间，开始有学生27人，后增至59人。1952年学生数63人，开设一至五年级。1952年2月开设附设幼儿班，幼儿数45人。

附：

曹氏私立恩光小学

曹氏私立恩光小学，校址在陶厂镇关镇村曹庄自然村。曹庄是关镇附近最大的村庄，于明洪武二年（1369年）编为含邑三都民籍，村庄有记载的历史长达650年。曹贵礼兄弟是该村外出创业取得成功的典型，兄弟两凭借精湛的裁缝手艺，外出闯江湖，在芜湖开店经营，生意十分红火，积累了可观的财富。

由于长期生活在大城市，农村出身的曹氏兄弟眼界大开。他们享受着城市生活的繁华，也体味着手艺人的辛酸，对乡下人的无知和愚昧也有了更深层的感受。在芜湖，他们还受到美国基督教会的影响，于是他们决定用赚来的钱回家乡投资办学，建一所基督教式小学，为家乡孩子们提供新式教育。

小学始建于民国二十四年（1935年），民国二十六年（1937年）落成，取名曹氏私立恩光小学。学校是由曹贵礼、曹贵成、曹贵春、曹贵庆四兄弟联手创建，当时乡亲们称四兄弟为大先生、二先生、三先生、四先生。当时乡下条件极差，建筑材料短缺，他们便自己修建土窑烧制建房用的砖瓦。有些建材当地没有，建校所用的黄沙、木材以及部分砖瓦全是从芜湖通过长江、裕溪河运来。这些材料到达码头后的几十里路全靠人工搬运，建筑难度非常大。但他们不畏艰苦，克服重重困难，终于用了几年时间建成，成为当时含南条件最好的、规模最大的私立小学。

学校建有房屋前后两排共18间，前排11间，后排7间（中间5间敞开，两头两间分上下两层楼）。房屋都是砖墙瓦顶木质结构，坚固气派。学校后面还建有几间宿舍和厨房。整个学校设计合理，宽敞明亮，建筑依据中国传统又带有西洋风格，栏杆窗台上方都是圆拱形结构，装饰精美。

学校建成后，曹氏兄弟从南京、芜湖请来多名教师授课。当时，曹庄村就有曹贵和、曹高山、胡玉堂、曹高见、郭传道等人到学堂学习。由于学校具有一定程度教会性质，一些基督教的信徒也常来这里参加一些宗教活动。

曹氏私立恩光小学办学期间，正值日本发动全面侵华战争，战争也波及到这个较为偏远的村庄。当时中共规山支部常在曹庄附近活动，所以日军经常到曹庄烧杀。据说曹庄被日军烧过3次，日军一来，群众就“跑反”，学校的教学工作也无法正常开展。可能是因为这所学校带有美式教会色彩，学校没有遭受敌人大的破坏，战争中幸存下来。1946年学校停办后，基督教活动仍在继续每逢礼拜天，周围四面八方的信徒都到这里来做礼拜活动。

20世纪50年代，曹氏恩光小学前排11间校舍被拆毁。1959年农村办大食堂时，后排7大间教室改为大厨房砌起大灶，成了全村的大食堂，曹庄村的全体群众都在这里吃饭，直到1961年大食堂停办。食堂停办后，圣河大队部便设在这里。1963—1966年，村里还在此办过耕读小学。1966年为建造新大队部，后排7间校舍也被拆除，所有材料用于大队部建设，原关镇公社圣河大队的房子就是用这些拆下来的材料建成的。

大先生曹贵礼在20世纪50年代中期大鸣大放时说了些话，被打成反革命分子（后平反），1960年前后病逝于芜湖白马山劳改农场。二先生曹贵成病逝于芜湖，三先生曹贵春病逝于洛阳，四先生曹贵庆病逝于家乡曹庄。他们家的后代现在分散在合肥、芜湖、洛阳等地，还有部分后人旅居意大利等国。

二、扫盲教育

中华人民共和国成立后，我国即在农村开展大规模扫盲运动。1949年10月底，皖北学会通过《皖北1949年冬学运动计划要点》，修编通过了新编冬学农民文化课本，决定普遍开展农民识字学文化工作，以工农兵为主要普及对象，以识字教育和基本政治文化教育为主要内容。1950年，含山县政府要求每个小学办好1所冬学，陶厂成为全县9所重点冬学之一。县成立工农业余教育委员会，区、乡、村成立冬学委员会。冬学课本有《农民文化课本》。1952年，含山县将有条件的冬学和识字班转为常年民校，即农民业余学校。学员多为青年男女、民兵骨干、乡村干部。1955年，县成立扫盲委员会，乡成立扫盲协会。1958年，发动所有全日制小学划片包干，组织中年级小学生送字上门，包教包学，这一年脱盲人数是新中国成立后历年最高的。

扫盲教育有办“五七”民校、夜校等方式。各地因陋就简，因地制宜，勤俭办学。无课桌、讲台、办公桌，就用土基砌成土课桌、土讲台、土办公桌。许多村子还利用中午休息和田间地头休息时间开展扫盲。做到“农闲多学，农忙少学。晴天晚上学，雨天根据具体情况坚持学”。教师主要来自公、民办教师，政府要求他们利用业余时间教学。教师不足还通过退伍军人、回乡知识青年以及识字多的教识字少的方式开展扫盲。对于青壮年文盲，要求认识常用字1500个，做到会认、会写、会用，能看懂报纸，能写简单便条，会进行一些简单的实用运算。三年困难时期，农民业余教育停办。1963年，逐步得到恢复，冬学改为耕读小学，每天晚上上课，由学校教师教课。

改革开放以后的1980年，陶厂公社12～40岁文盲、半文盲人数4653人，应组织入学1675人；关镇公社12～40岁文盲、半文盲人数4960人，应组织入学1785人。由于党政部门对扫盲教育的重视，铜闸区一期办了88个扫盲班，所属的陶厂、关镇两公社有2079人参加学习。关镇公社还办了一个农民讲习所，入学人数大幅度增加。1996年含山县通过省、地“两基”达标验收后，陶厂镇青壮年文盲率为4.13%。1998年，陶厂镇青壮年文盲率降至2.7%，至此基本扫除了青壮年文盲。

三、小学教育

（一）陶厂公社小学教育

中华人民共和国成立初期，陶厂教育艰难发展。1950—1951年先后又新办云塘、铜庙两所小学。1950年全区在校学生数197人，1951年学生数达到396人，1952年学生数超过500人。1963年陶厂有公立小学6所，到1965年增加到8所，其中3所完小。耕读小学1963年还是空白，1965年发展至74所。全公社适龄儿童1107人，入学930人，入学率达81%。1972年，全公社小学33所，其中完小11所，基本达到队队有完小。在校学生数达1846人，在校教师达71人，其中37人是民办教师。

1966年8月，“文化大革命”席卷全国，各地学校开始“停课闹革命”。含山县教育局派工作组进驻学校，学生开始“大串联”。从1967年开始“就地闹革命”，校长、老师纷纷被打倒，陶厂地区学校全部被迫停课。1971年，陶厂公社要求普及教育入学率达90%，青壮年文盲入学率达85%。

“文化大革命”以后，陶厂镇努力普及小学教育。1982年，陶厂公社有适龄儿童1895人，入学儿童1512人，入学率80%。1977年，陶厂公社小学招生658人，1982年毕业301人，巩固率45.7%。

1984年8月，县委、县政府要求积极发展农职业技术教育，巩固办好含山农业技术学校，为含山县农村经济发展定向培养人才。1984年10月，含山县确立到1987年普及初等教育的奋斗目标，并根据情况把全县小学普及教育分三批完成，其中要求陶厂、关镇于1986年第二批实现目标。凡年龄在7～15周岁的少年儿童都要接受初等教育。7～11周岁应学完五年，达到小学毕业水平；12～15周岁应学完三年，达到小学三年级以上水平。对不入学者，由乡教育管理委员会向其家长征收社会教育费，每人30～50元，中途辍学者增收30%。到1986年底，陶厂镇、关镇乡儿童入学率上升到89.2%，初等义务教育普及率都达88%以上。

“文化大革命”以后到1988年以前，陶厂镇农村学校布局都为完小，镇政府设教育委员会管理，后改为教育办公室，管理当时的陶厂镇和关镇乡22所小学和关镇初级中学教育、教学、人事等项工作。两乡镇在编教师115人，代课、民办教师183人。

（二）关镇公社小学教育

1957年，关镇公社有教职工30人，入学儿童650人。到1961年，全社教师34人，入学儿童830人。三年困难时期以后，关镇公社党委通过调查研究，倾听群众对办学的意见和要求，积极改革办学形式和教学内容，贯彻两条腿走路的方针，在国家没有增加经费、没有增加一名教师、没有增加校舍设备的情况下，小学教育得到迅速发展。

1962年3月，县文教局为了加强领导，派陈道本到关镇学区中心小学任校长。陈道本到职后，对学区的小学教育进行调查，发现学龄儿童不能入学，主要原因是学校数过少，全社12个大队有4个大队没有小学，有些村庄距离初小有四五里，离完小有十多里，并且山区狼群出没，时常伤人；圩区沟塘纵横，群众不放心孩子跑远路去上学。中心学区将这一情况向县文教局和公社党委做了汇报，在公社党委的支持下，没有小学的大队新办了6所民办小学，极大方便了儿童入学，当年入学人数增加到625人。

学生入学后，辍学现象却非常严重。中心学区摸清学生辍学原因：上学不方便，开学和放假时间不能适应农事季节；教学内容缺少针对性，不能适应农村生产的实际需要；收费过高，孩子上不起学等。为此，中心学区采取了有针对性的措施，较好地扭转了辍学现象。全社公办小学学生数由上学期期终时545人猛增到1008人，增加85%，平均每个班由19人增加到33人。

为了解决学生上学不方便的问题，关镇公社中心学区根据群众的要求调整布局，抽班设校。学区从关镇、姜王、司徒3所小学抽调3名教师，在苏滩、铜庙、江老三个村增设分班，并在司徒小学增设了五年级。这一措施受到了群众欢迎，他们主动腾出房屋、粉刷墙壁、自筹课桌，并为教师安排好食宿。分班设立后，距离初小最远的不超过1000米路程，离高小最远的不超过2000米，方便了儿童上学。江老分班未设立之前，江老、鲁村没有一个儿童上学，分班设立后，有21个儿童入学。

为了适应农事季节，解决一大部分需要参加生产和家务劳动的儿童读书问题，学区经过与群众协商，开办简易学校。孙杨村12个学龄儿童，其中有7个要给队里放牛和在家带孩子不能上学。他们在村里办了一所简易业余小学，由生产队会计当教师，利用饭前饭后时间随到随上课，学生上完了课就带着书本回家，一边放牛、带孩子，一边读书。生产队给会计补助20个工分作为报酬。这所简易小学办起来后，孩子一到时间就规规矩矩去上课，学习很正常，群众也很满意。中心学区抓住这一典型，大张旗鼓进行宣传，引起了公社党委和生产队的重视，各种简易小学纷纷创办起来。仅一个月的时间，就办了11所简易业余小学，入学儿童159人，还有珠算组16人。由公办和民办小学附设的业余小学，均由这些学校的教师兼任，公办教师不取报酬，民办教师由生产队补助一定数量的工分，教学内容都是以识字为主。

按照群众的要求，关镇公社中心学区开始改革教学内容。改革的目的就是保证学生小学毕业后能达到“四会”（会练习记工分、上工账、开便条、收据等）。学校着重加强语文、数学两科教学，从三年级开始，语文结合教应用文、百家姓、农村常用杂字等内容；数学科增加簿记、珠算，珠算在三年级教加法，四年级教减法，五、六年级教乘除法。并采取集中教学的办法，改变过去分散到全学期教，边学边用，用珠算来演算算术题，达到熟练巩固。另外，加强毛笔字教学，每天用20分钟写毛笔字，教师加以指导。家长对学校这些改进表示满意。

通过改变方法，关镇公社在校学生由1963年上半年的456人增加到1183人，增加1.6倍；学龄儿童入学率由29.6%增加到73.7%。1972年，关镇公社有学龄儿童2365人，原有公办、民办全日制学校19所，在校适龄学生1528人，占学龄儿童总数64.6%。1973年，关镇乡开办各类小学81所，其中采取多种形式办学，如早班、午班、晚班、半月制、巡回教学等51所；全日制学校从19所增加到30所，全社入学儿童达2249人，占学龄儿童总数97%。基本做到队队有小学、村村有书声；初小不出村，高小不出大队，初中不出公社。1982年，关镇公社有适龄儿童2208人，入学儿童1579人，入学率71%。巩固率上，关镇公社1977年小学招生470人，1982年毕业213人，巩固率45.3%。一个普及教育，扫除文盲的教育网初步形成。

四、恢复高考后参考情况

1977年10月，中共中央决定在全国恢复大学招生考试制度，采取自愿报名、统一考试、择优录取的办法，废除"推荐制"。这次考试招生对象是1966年停止大学招生到1977年这11年当中具有高中毕业（包括初中毕业生）学历的工人、农民、解放军战士，年龄放宽到30岁，婚否不限。陶厂镇数百名知青于当年12月10日参加全省统一高考，其中11名知青考上大学本科，录取人数居全县乡镇之首。其中陶厂当地知青8人，外地下放知青3人。

1977年恢复高考陶厂、关镇公社录取人员名单

表9-1

姓名	住址（身份）	届别	工作	考取院校
鲁晨光	陶厂公社汤徐大队二郎庙林场下放知青	1972届高中毕业	招工至马鞍山钢铁公司	南京航空学院（南京航空航天大学）
曹虹	陶厂公社唐庄大队回乡知青	1972届高中毕业		安徽师范大学
胡爱群	马鞍山随父母下放到关镇公社马山大队	1972届高中毕业	马鞍山回城青年	安徽师范大学
徐士诚	陶厂中学毕业巢县回原籍知青	1973届高中毕业		合肥工业大学
孙邦华	关镇公社关镇大队回乡知青	1973届高中毕业		蚌埠医学院
程华峰	关镇公社官塘大队	1973届高中毕业		皖南医学院
司先拯	关镇公社司徒大队	1975届高中毕业	回乡知青	安徽师范大学
祁述茂	陶厂公社祁首大队	1975届高中毕业	回乡知青	淮北煤炭师范学院
刘建伟	马鞍山市下放陶厂公社云塘大队知青			哈尔滨工业大学
祁述宏	含城下放到原籍陶厂公社祁首大队知青	1972届含山中学毕业	招工至和县乌江排灌站	安徽师范大学
程淑萍	芜湖下放原籍关镇公社知青		招工至关镇粮站	皖南医学院

1978年恢复高考后，国家决定将冬季招生恢复为秋季招生，故半年后的7月又举行大学招生考试。这次考试，陶厂公社和关镇公社考取大学本科的有：王晓林考取中国科技大学，胡进考取安徽大学中文系，李修松考入安徽师范大学历史系，孙邦水考入蚌埠医学院，张克健在马鞍山市考入蚌埠医学院，易彦宏考取安徽工学院，殷道春考入安徽农学

院淮北分院农学经济专业等。

1977—1978两年内，陶厂、关镇两公社有约30名下放知青、回乡知青，分别考取各类大专、中专、技工学校。陶厂公社西塔大队回乡知青、陶厂农业中学（陶厂初级中学前身）1968届毕业生邱声柱，1978年7月30岁时考入宿州师专中文系。

五、“两基”达标

1995年全县上下动员，全力打好“两基”（基本普及九年义务教育，基本扫除青壮年文盲）工作攻坚战，迎接1996年省地两级达标验收。为此，县政府制定的《关于加强“两基”工作的意见》。为了切实做好达标验收工作，陶厂镇连续召开会议，认真总结镇“两基”工作情况，明确工作任务，并制定一系列措施，提出具体要求。根据含山县实现“两基”硬件建设任务表、各乡镇九年制义务教育普及程度、扫盲情况等任务，镇政府将任务细化，分解到行政村和学校，让每个人心中有底。随后，政府加大投入，改善办学条件，实现校园“一无二有六配套”（无危房，有教室、有课桌，大门、道路、国旗杆、操场、厕所和校园绿化配套）。这一年全镇新建校舍投资135.6万元，总建筑面积3433平方米，新添课桌凳648套，修建道路4100米，修建围墙550米，标准旗杆20根，绿化校园面积2250平方米，新增图书4.93万册，新添教学仪器500件、实验柜88个、实验桌凳240套，添置体育器材35件等，总投资达205.3万元。其中，陶厂镇重点建设学校关镇初中投入资金60.9万元，陶厂小学投入资金3.7万元，关镇小学投入资金9.5万元，合计74.1万元。在脱盲教育中，通过多种形式脱盲和办扫盲班脱盲共计645人，巩固率为96%，实现达标。

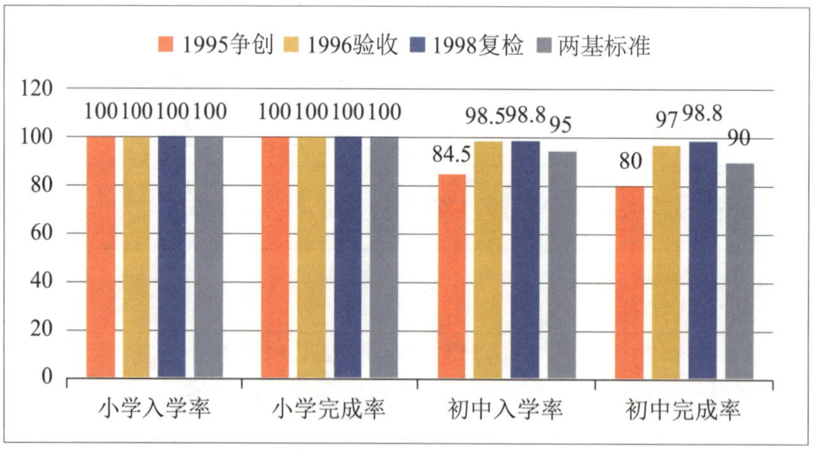

陶厂镇“两基”达标入学率、毕业率情况表

1996年，全镇小学生入学率达100%，巩固率为100%，完成率为99.2%，全部达标。1996年12月，含山县“两基”工作顺利通过省级达标验收。通过“两基”达标，基本普及了九年制义务教育，同时基本扫除了青壮年文盲。全镇6～11岁适龄儿童入学率100%，12～14岁适龄少年入学率98.5%；15岁人口720人，读完小学720人，完成率100%。17

岁人口659人，读完初中641人，完成率97%。

针对陶厂镇义务教育工作起步晚、底子薄的现状，镇人大连续三年对全镇义务教育法执行情况进行检查，检查工作一年抓一个重点，检查力度一年比一年大。1996年，历时两个星期重点对全镇教育"两基"达标工作，配合县人大、县教委进行检查，为确保省"两基"达标验收顺利通过起到积极的作用。1997年，重点对全镇中、小学的教育收费情况和教育"两基"达标后的巩固情况进行检查；全镇基本无乱收费现象，教育"两基"达标成果得到巩固。1998年，重点对全镇中、小学素质教育情况进行检查确认。各校都能按部颁标准开齐、开足课程。云塘、铜庙等学校还组织年轻骨干教师到和县师范学校进行音乐技能培训，确保素质教育上了一个新台阶。

六、教育布局调整

1988年，陶厂镇有小学22所，在校学生3521人。1993年，为进一步改善办学条件，陶厂镇进行中小学布局调整总体规划：汤徐、西山、金易、陶西、祁首、圣河、苏滩、马山、规山9所为完小建制；云塘、唐庄、西塔、王庄、官塘、黄东、张宋、垱圩、卜李、司徒10所小学改为初小建制；铜庙集镇增设完小建制，撤销其单班。西山完小迁址西山行政村小葛自然村北边。汤徐完小迁址到阚村西南处。1999年、2004年，陶厂镇小学又进行两次布局调整，到2005年，全镇有11所完小，3个单班点，在校学生2983人。

2004年前陶厂镇小学分布情况统计表

表9-2

序号	学校	地址	序号	学校	地址
1	西山小学	西山村大刘庄自然村	12	司徒小学	司徒村司徒庙自然村
2	汤徐小学	汤徐村阚村自然村	13	规山小学	规山村彭村自然村
3	金易小学	金易村南二过自然村	14	卜李小学	卜李村大卜自然村
4	云塘小学	云塘村林村自然村	15	马山小学	卜李村大行庄自然村
5	西塔小学	西塔村新房自然村	16	张宋小学	关镇村高程自然村
6	陶西小学	西塔村西荣张自然村	17	苏滩小学	关镇村下左自然村
7	大毛小学	三庄村大毛自然村	18	铜庙小学	铜庙村铜庙街
8	祁首小学	祁首村祁首岗自然村	19	圣河小学	铜庙村卫鲁自然村
9	唐庄小学	唐庄村前庄自然村	20	垱圩小学	铜庙村垱圩村
10	陶厂镇中心学校	陶厂街道	21	黄东小学	铜庙村小黄嘴自然村
11	关镇小学	关镇村陆村自然村	22	官塘小学	官塘村马厂自然村

2000年以后，由于受县城集中办学规模不断扩大、民办学校无限制招生、外出打工家庭增多、在县城购房以及家长之间攀比等因素影响，许多学生选择随亲就读、择校寄读，陶厂镇小学学生流失现象非常严重。到2014年，陶厂镇小学仅存11所，且许多学校学生数仅存二三十人。例如苏滩小学，2019年学校六个年级只有十几个学生，每个年级只有两三个人。学校为了整合资源，采用复式班上课。部分家长不能理解，向县教育局进行投诉。经多方协调，最终仍决定撤并学校。2014—2019年，陶厂镇先后撤并的学校有云塘小学、张宋小学、卜李小学、规山小学、祁首小学、西山小学、苏滩小学。经过不断撤并，到2019年陶厂镇小学教学点只剩4个：陶厂中心学校，关镇小学、铜庙小学、司徒小学。2021年，全镇小学在校学生1180人。

1997年至2019年陶厂镇撤并小学汇总表

表9-3

序号	学 校	创办时间	创办地点	撤并时间	序号	学 校	创办时间	创办地点	撤并时间
1	汤徐小学	1971	汤徐村阚村自然村	1997.2	10	西塔小学	1967	西塔村新房自然村	2009
2	金易小学	1965.2	金易村南二过自然村	1997.2	11	大毛小学	1985	三庄村大毛自然村	2014
3	官塘小学	1970	官塘村马厂自然村	1997	12	云塘小学	1950.10	云塘村林村自然村	2015.2
4	陶西小学	1990	陶西村西荣张自然村	1997	13	规山小学	1976	规山村彭村自然村	2015.9
5	垱圩小学	1967	铜庙村垱圩村	2000	14	卜李小学		卜李村大卜自然村	2015
6	黄东小学	1965	铜庙村小黄嘴自然村	2004	15	张宋小学	1968.3	张宋村朱村（高程）自然村	2015.2
7	唐庄小学	1970	唐庄村前庄自然村	2005	16	祁首小学	1950	祁首村祁首岗自然村	2018.2
8	圣河小学	1966	圣河村卫鲁自然村	2005	17	西山小学	1997	西山村大刘庄自然村	2018
9	马山小学	1955	马山村大行庄自然村	2006	18	苏滩小学	1969.5	关镇村下左（苏滩）自然村	2019.2

七、陶厂镇教育委员会

1986年，含山县委、县政府为推行教育行政改革，制定《含山县教育体制改革实施办法》，把基础教育责任分解到基层，强化地方政府责任和依法施教。1988年8月，陶厂镇和关镇乡成立教育委员会，下设办公室，办公室主任由县教委任命，同时配备1名专职会计。1992年撤区并乡，原关镇乡教办撤并到陶厂镇教办。教办办公地点设在镇政府，原陶厂镇教办主任李佑平续任主任，原关镇乡教办主任杨祖才调任含山县农业技术学校校长。合并后的教办组成人还有主办会计黄鹏程，出纳会计陶同明，教研员濮宏玉、杨东山、李凌，共6人。

陶厂镇教办职能主要负责辖区内关镇初中、23所小学、1所幼儿园的人事调配（如校长任免），资金安排，学校布局调整规划，教育教学管理，组织开展教学科研活动，协调行政村与乡镇政府对教育硬件设施的投入，执行县教育局布置和要求开展的各项工作，执行乡镇党委、政府布置开展的各项工作。除了完成本职工作外，教办还协助政府收缴财政相关税费，完成镇政府的中心工作，协助行政村"两委"班子抓好计划生育等各项工作。

陶厂镇教育办公室的财政来源从1988年到1992年由县级财政直接划拨，1993年到2004年由乡镇财政负责划拨，2005年以后重新划归县级财政。

教办的设立，使得教育行政管理有专人负责落实，陶厂基础教育开始走向规范化办学之路。特别是在"两基"验收工作中，教办做了大量工作，通过撤并村小学，优化学校布局，从根本上改变了中小学办学的硬件设施，全镇基础教育教学质量得到逐步提高。

陶厂镇教办历任主任有李佑平（任期1988年8月—1999年8月）、鲁静（任期1999年8月—2004年8月）、副主任葛世宏（任期2000年8月—2004年8月）。

根据上级部署，2004年9月陶厂镇撤销教办，陶厂小学改名为陶厂中心学校，原教办的职能由中心学校行使，关镇初中划归县教育局管理。教办撤销后，原教办主任鲁静任关镇初中校长，副主任葛世宏任陶厂中心学校校长，主办会计黄鹏程任关镇小学校长，出纳会计陶同明任陶厂中心学校教导处副主任，其他3人分流到学校任教师。

八、重点学校介绍

含山县陶厂中心学校　中心学校坐落于陶厂镇区北郊，是含山县内一所办学历史悠久的完全小学，原址位于陶厂北份街，因学校发展需要，于2012年春整体迁址至陶南新街。陶厂学区有关镇小学、铜庙小学、司徒小学3所完小。中心学校本部有18个班级，915名学生，教职工51人。学校占地面积2万余平方米，校舍建筑面积3960平方米，有一栋教学楼、一栋少年宫、一栋综合楼。校园活动场地面积1.8万平方米，建有一个200米的环形跑道和一个80米的直跑道，一个足球场，一个篮球场以及乒乓球台等运动场地。拥有科学实验室、微机室（微机160多台）、图书阅览室（图书1.2万余册）、舞蹈室、心理咨询室、档案室、阶梯教室、会议室、少年宫活动室、党员活动室等。所有班级配备"班班通"设施，管理和使用情况良好。近年来，学校办学条件不

陶厂中心学校大门

陶厂中心学校全貌

陶厂中心学校教学楼

断改善，管理日趋科学，学校面貌发生了很大的变化。在县级及以上教育主管部门举行的经典吟诵比赛、广播操比赛、六一文艺展演、合唱比赛、校园法治剧比赛、学生素养大赛、爱国主义读书征文比赛、安全知识竞赛、小学生足球联赛等各种活动中取得很好的成绩；多名教师教育教学论文、课件、优质课等在省、市、县中多次获奖；语文、数学、英语（现研究中）、德育、电教等课题先后在市级、省级立项。学校先后涌现出马鞍山市名校长工作室成员谢万平1人、高级教师15人、市级优秀乡村教师10人、市级骨干教师4人。学校先后被评为市级“关爱留守儿童工作先进集体”“马鞍山市语言文字规范化示范学校”“平安校园”，县级“五好关工委”“少儿素质教育工作先进单位”“均衡发展先进单位”“先进基层党组织”等称号。

关镇小学　学校原址在关镇老街朱子庙，始建于1951年，是一所有70年校史的完全小学。2021年，学校有8个教学班，在校学生316人，教职工18人。2011年，学校首创并坚持多年的“家校沟通、为候鸟护航”关爱留守儿童事迹被中央、省、市、县电视台多次报道。《人民日报》头版头条报道学校先进事迹，时任副省长谢广祥等省、市领导曾来关镇小学视察慰问。

陶厂初级中学　1958年，全国掀起“大跃进”热潮。为适应社会主义建设的需要，多出人才，快出人才，含山县委、县政府决定在陶厂镇创办“含山县陶厂农业初级中学”。在70多年的发展过程中，陶厂初级中学经历了农业初级中学、初级中学、完全中学、农业技术学校、职业中学和陶厂初级中学六个阶段，是全县办学历程最为曲折的一所学校。

1. 农业中学阶段（1958.8—1961.7）　1958年8月，陶厂农业初级中学开始兴建，宫能富负责建校任务。当时，学校除原陶厂区政府的17间草房和4间平瓦房外，无教室、无桌凳、无师生宿舍、无教师办公场所及教学实验室和实验基地。学校在县教育局和陶厂公社的大力支持下，很快落实了校园，并动员十几户居民搬迁，同时征用了十几亩耕地作为建设用地和教学实验基地。建校初期，教师边学边教。学校领导、教师、学生同吃同住、互教互学。学校实行半工半读，一面学习，一面劳动，利用上级拨给的有限资金，先后办起木材加工厂、砖瓦厂、石灰窑厂、小农场、养猪场、轴承厂和蔬菜种植试验基地，做到边教学，边生产，边建设。学校利用自己烧制的砖瓦新建标准教室10间，配齐12个班级的桌凳、床铺，新建了大门，打起了土围墙，开辟了体育场。学校喂养的猪、种植的蔬菜和粮食除了改善师生伙食外，还有多余的到集市上出售。1959年学校招生322人，有教职工30余人。

1960年，芜湖地委副书记王文在陶厂公社检查工作时，视察学校，对学校的办学举措给予很高评价，随后《芜湖日报》连续三次对此进行专题报道。同年底，学校被授予安徽省先进单位称号，校长宫能富被评为省先进个人，并出席安徽省第二届群英大会。1961年安徽省召开农业科技大会，学校被评为先进单位。

2.初级中学阶段（1961.8—1970.7）　1961年下半年，全国开始落实中央"调整、巩固、充实、提高"的方针。县委、县政府决定将"含山县陶厂农业初级中学"更名为"含山县陶厂初级中学"。1962年学校没有招收新生，1963年学校只招收两个班级学生。1964年学校初具规模，开设6个班级，学生300余人，教职工近40人。设施方面有教室8间，教师办公室1栋，教师住宿房3栋，学生食堂兼大礼堂1栋，理化实验室3间，体育场、篮球场各1个，学生生活菜地10亩，养猪场1个，并首次在全镇使用电灯照明。学校教育教学质量稳步提升。1963年参加中考不到20人，仍有4名学生考取中等技术学校。1965年毕业班升学考试取得优异成绩，多名学生考入芜湖一中等名牌高级中学。1966年8月，"文化大革命"运动席卷校园，教学活动停滞。1969年秋，学校恢复招生，共招收5个班，学生来自陶厂、关镇、铜闸3个公社，呈现出一派欣欣向荣的景象。两个月后，根据"村村要办初中"的指示，学校再次分散。关镇、铜闸公社的学生回到所在公社新办的中学读书，陶厂公社在祁首、西山两个大队也办起了初中班。陶厂初级中学仅留一个班，50多名学生。

3.完全中学阶段（1970.9—1982.7）　1970年，"含山县陶厂初级中学"更名为"含山县陶厂中学"，升格为完全中学建制。全校教职员工积极性空前高涨，学校教风纯正，学风浓厚，为几年后冲击高考打下良好基础。1977年恢复高考，学校当年参加高考共考取本科、大专、中专30余人，居全县同类学校之首。1978年夏，王晓林以全县总分第二名的成绩考入中国科技大学，极大地振奋了全校师生。1979年高考，考取本（专）科 12人，其中还有两名跳级学生，在全县引起轰动。一时之间，含城及周边学生纷纷托人到陶中就读，这种良好势头一直维持到80年代初。

4.农业技术学校阶段（1982.9—2004.7）　20世纪80年代初，为适应农业发展的需要，国家号召各地成立"农业技术学校"。1983年，县委、县政府决定将"含山县陶厂中学"改名为"含山县农业技术学校"，为全县农业发展定向培养人才。学校办学方向发生变化，开始在改革中曲折地前进。这一阶段，学校兼办普通初中，共有12个班，700多名学生，教职工70余人，有校舍75间。教育教学主要围绕"农"字展开，开设种植、养殖两个专业。学校有实验基地10亩，还办起良种猪场，引进良种瘦肉型兰田花猪5头。同时引进外国良种鸡，办起一个养鸡场。兽医班学生会治疗简单的猪、牛常见病，他们还设咨询服务处，为群众解答科学种田方面的有关问题。如群众询问生姜瘟病防治，他们参阅有关资料，经过实地考察，找到解决问题的方法，印成小册子散发推广。高二植保班学生还在教

1983年时含山县农业技术学校

师指导下，利用家里的农田做一些实验，如在芝麻花期进行叶面施肥使芝麻增产10%以上。学校还开设兽医门诊部，常年为民服务，利用晚上为附近专业户、居民打鸡防疫针，同时还自己培养食用菌菌种和生产食用菌。同时还尝试特色种植、养殖，积累实践经验。此外，学校重视对口高考，对部分学生进行文化课、专业课重点辅导，帮助他们参加对口高考。一批学生陆续考入安徽农业大学、安徽农业技术师范学院等高校。1999年对口高考本科达线率在巢湖市排名第一，受到县政府通令嘉奖，巢湖市教育局也在全市范围内予以通报表彰。此后10年，该校对口高考本科达线人数一直稳居全市第一，对口高考成为“农技校”阶段最大的亮点，学生数也由原来300余人增加到1000余人。与此同时，学校的办学条件也逐年得到改善。1986年建成简易实验中心，1988年建成教师办公室，安装了自来水。1996—2004年，学校建成教学楼2栋，综合楼一栋，教师公寓两栋。1995年，学校被县委、县政府授予“科学管理育人先进学校”称号。

5.职业中学阶段(2004.8—2013.8)　进入21世纪，国家开始调整教育结构，职业教育开始被提到前所未有的位置。全国职业教育工作会议后，职业教育迎来前所未有的发展机遇，学校再次转换角色。2004年，陶厂“含山县农业技术学校”改为“含山县高级职业中学”。次年，成功争创“巢湖市示范职业中学”，学校性质再次发生变化。学校转变办学观念，明确了“以服务为宗旨，以就业为导向”的办学思想，明确培养学生的综合素质和专业技能的教育教学目标。首先深化课程改革，使所有毕业生具备“八个一”(一种好品德、一个好身体、一身硬技术、一口普通话、一口常用英语、一笔好字、写一篇应用文、养一个好爱好)，从而完成与社会的无缝对接。其次根据学校实训能力差、师资力量弱的现状，积极寻求与名校、名企联合办学，先后与巢湖职业技术学院、马鞍山工业学校、芜湖技师学院、庐州卫生科技学校、江苏仪征工业学校等大中专院校以及马鞍山、芜湖、常熟等企业实行联合办学。同时，学校根据市场需求设立专业，不再只围绕“农”字做文章，先后开设了园艺、动漫、数控技术应用、汽车制造与维修、服装、机械加工、电子电工、护理等8个专业，在校生1400余人，学生就业前景好，学校也逐步呈现“出口畅，入口旺”的良好局面。为适应教育的发展，学校加强了硬件投入。2005年购置了30余万元的电脑等教学用品。2006年新建了实验楼。2007年绿化了校园环境，新建校园广播系统及远程教育网络，新

陶厂初级中学大门

陶厂初级中学教学楼

征了30亩土地。2008年新建男女生公寓、学生食堂、实习车间等设施。至此，学校面貌发生了巨大变化。

2005—2007年度，学校连续三年获得县职业高中教学成果“优秀奖”；2006—2007年连续两年获得普通高中教学成果“优秀奖”，2006年被授予市“文明单位”称号；2012年2月获马鞍山市“2010—2011年学校现代教育技术与实验工作先进集体”称号。

6. 陶厂初级中学（2013.9—　）　2013年9月，学校初中部与高中部剥离，正式成立陶厂初级中学，学校原职业高中部并入含山县职教中心（现含山电子工程学校）。学校占地面积3万多平方米，建筑面积3860平方米，各种功能室齐全；现有6个班级，261名学生，教职工35名。初中办学以来，取得了一系列成果。2014年中考取得历史性突破，2016年6月获马鞍山市“语言文字规范化示范学校”荣誉称号，教职工在教育教学方面有5人获得马鞍山市“优秀青年教师”“优秀乡村教师”“先进个人”等荣誉称号。

办学60多年来，陶厂初级中学教育经历了多次变更，从初级农业中学到陶厂中学，到含山县农业技术学校到市示范职中，再到普通初级中学，虽然几经嬗变，但始终坚持正确的办学方向，实干兴校。60多年来，学校为国家培养了2万多名建设人才，受到社会的广泛好评。

关镇学校　关镇学校原名为“含山县关镇初级中学”，创办于1965年。2012年更名为“含山县关镇学校”，成为一所九年一贯制学校。学校占地面积1.8万平方米，建筑面积2800多平方米，建有3栋楼房，其中初中、小学教学楼各1栋，行政综合楼1栋，还有幼儿园1所。学校建有篮球场2个，排球场、足球场各1个。学校配有理、化、生、科学实验室和图书室、多媒体教室、食堂等现代化功能设施。学校开

关镇学校

设12个班级，有学生468人。教师35人，其中高级教师9人，中级职称教师21人，专任教师的学历合格率达100%，3人被评为市级优秀教师，1人为市级先进个人。该校教师多篇论文获得市级表彰，2014年度学校还被评为“市级先进单位”，2018年获“市级平安校园”称号。

关镇学校教学楼

第二节　文化体育

一、文化站

中华人民共和国成立前，陶厂镇几乎没有文化设施，所谓文化活动也仅为看戏听书。1951年8月10日，陶厂镇开始设立文化站，站长葛世荣。刚建立时，文化站有瓦房4间，专职工作人员1人，文化站有图书234册，杂志2种，报纸4种，幻灯机1架，幻灯片8套，广播话筒2个，乐器2件，体育器材2件。图书和幻灯都是向县宣传科、文化馆借用。文化站下属有业余剧团1个，农村图书室1个，幻灯片站3个。这一时期为配合土改、抗美援朝、宣传新婚姻法、学雷锋等运动，文化站组织各种宣传活动，办展览、打腰鼓、扭秧歌、玩花灯，虽然条件简陋，但群众积极参与，宣传效果好，形成热潮。1971年全县学习“天津小靳庄经验”，陶厂、关镇公社办起民办公助文化站。1990年5月，因关镇乡文化站工作人员调离，文化站改设为乡办公助文化站。1992年全县撤区并乡，7月，设立陶厂镇文化站，编制2名。县文化部门将文化站人、财、物下放给镇政府管理，业务上接受县文化局指导。2001年1月，文化站与广播站合并，改称文化广播站。文化站主要承担陶厂镇社会宣传教育、科技知识普及、组织发动群众性文化活动和文物保护、文化市场管理职能。1995年，安徽省以省花命名，以乡镇文化站为龙头、农科教一体的综合文化工程——杜鹃花工程开始在全省范围组织实施。2005年，陶厂镇文化站被确定为省级“杜鹃花工程”试点单位。2008年，上级文化部门投入42.5万元，建设陶厂镇综合文化站，文化站建筑面积511平方米。2019年，在县文化部门资助下，镇政府投资20万余元建成陶厂镇文化综合楼。是年4月，陶厂镇文化站站长张敏被评为全省乡镇综

陶厂镇文化站大楼

合文化站工作先进个人，受到省文化厅表彰。2021年，文化站大楼建筑面积1200平方米，有电子阅览室，配有电脑10台；图书室、阅览室藏书8000册；另有舞蹈室、培训室、练歌厅、书画创作室、书画陈列室、乒乓球室等14个功能室。室外有篮球场和乒乓球台，有广场3500平方米、全民健身路径设备区500平方米。综合文化服务中心在编人员2人，购买服务人员3人，年活动经费20多万元。

陶厂镇文化站图书阅览室

二、影剧院、广播电视

中华人民共和国成立后，含山县电影广播得到较快发展，到1958年，有两个电影队在全县农村巡回放映，许多偏僻的农村也能看到电影，有线广播实现了乡乡通。

1979年，陶厂镇在新大街投资兴建一座电影院，1980年1月建成投入使用。1980年3月，关镇影剧院也建成投入使用。1992年，陶厂镇原电影院被改建成拉丝厂，电影院迁址至镇政府对面的桃园村重建，新电影院设有座位1050个。2001年，由于集镇规划发展需要，电影院再次拆迁移址，新影剧院傍依古塔路东侧，有座位640个。影剧院门前文化广场面积6500平方米，成为陶厂文化活动主要场所。2018年镇政府再次投资81万元对影剧院进行维修改造，设备得到更新提升，成为全县硬件设施最好、使用率最高的乡镇影剧院。

1988年前，陶厂镇建有22个村广播放大室。1999年，23个村和街道都建有广播放大室。广播覆盖率、直播率均达100%，每个农家都能听到本镇自办的广播节目。2005年撤并行政村后，23个村级放大室合并成9个村级室。但由于有线广播线路长，农村树木多，无专管人员，导致广播不能正常转播。2007年，镇投资10多万元，将9个村的广播更新为无线收扩设备，实现了广播通播、覆盖率都达到100%。2009年为巩固广播“村村通”成果，实行以钱养事，陶厂镇从社会上招聘广播维修人员，保证了农村广播的常响率。2011年末，陶厂镇无线接收户外广播村村通，实现通播，覆盖率100%，先后两次被省委宣传部、省广播电影电视厅授予“五星级广播电视站”“广播电视先进乡镇”称号。2021年3月，按照全省建设联网应急广播建设要求，全镇建成应急广播设

陶厂镇影剧院

施，9个村1个社区共布点安装188只大喇叭。

为了丰富广大人民群众的文化娱乐生活，1996—1998年，陶厂镇投资25万元，开通了光缆有线电视。到1999年2月，有线电视入户600户，有线电视用户网从陶厂向关镇、铜庙方向延伸拓展。2011年末，有线电视加盟省安广网络公司，铺设有线光缆14.5千米，有线电视主干网覆盖70%村庄，用户3500户，农民看上了高质量、高清晰度的电视。2021年末，全镇有线电视实现村村通。

三、群众文化

中华人民共和国成立后，群众文化组织发展很快，音乐、舞蹈、说唱等各种文艺形式纷纷登场。陶厂地区玩龙灯、打腰鼓、跳花灯、扭秧歌形成热潮，同时社会青年、学校师生组织业余文娱队排演节目，在街头巷尾、乡村田头进行演出。

（一）书法社团

1987年，陶厂镇一帮青年书法爱好者组织“寒青书社”，自筹资金，开展活动，举办书法展，探讨书法艺术。至1988年，书社社员创作70余幅作品参加省级以上展览，有10幅作品获国内书法大赛奖，5幅作品在国际书展中获奖。此后这些书法艺术爱好者一直活跃在国内书坛上，成绩斐然。全镇现拥有国家级、省级和市县书画协会会员30多人。2003年，陶厂镇在全县乡镇中第一个成立书法协会。2016年10月，陶厂镇被授予“马鞍山市书画名镇”荣誉称号。2017年9月23日，马鞍山市书画名镇——含山县陶厂镇、和县乌江镇、当涂县乌溪镇三镇书画作品联展在市展览馆开幕，共展出作品120多幅，同时出版《三镇书画作品集》画册。

（二）文艺演出

1997年五六月，陶厂镇妇联、共青团等单位牵头，举办了“五四”迎港归卡拉OK演唱比赛和少儿文艺表演，并参加含山县首届文化艺术节演出。2000年以后，陶厂镇平均每年开展大型文化活动5场。2000年11月，在影剧院举办南峰社区文艺晚会。2001年春节，与恒泰公司联合在含山影剧院举办春节联欢晚会。2005年12月，成功举办省广播电台“走进含山”新农村建设慰问文艺演出，观众达万人。2011年，组织陶厂镇两条滚龙参加马鞍山市第23届诗歌节开幕式表演。2012年7月，陶

2013年，首届大渔滩湿地荷花观赏节

厂镇与县文旅局联合在陶厂文化广场举办首届大渔滩荷花观赏节，节日期间举办充满地方特色的“水乡湿地、盛世荷美”大型开幕式文艺演出，盛况空前；还有书画摄影名家书荷咏荷摄荷活动、万人观荷活动、志愿者环保行动和招商项目推介会等。2019年8月，陶厂镇举办“安徽恒泰杯”生态陶厂摄影大赛，吸引了大批群众观看。

陶厂女子舞龙表演

陶厂舞龙民俗表演历史悠久，极具地方特色，在全县享有盛誉。1998年春节期间，镇文化站与铜庙、官塘两行政村共同举办传统民俗节目“玩龙灯、玩花船”活动。活动现场龙灯飞舞、彩船悠悠，精彩的表演增添了节日氛围，县电视台、电台做了专题报道。2001年9月30日晚，陶厂镇南峰社区舞龙队代表含山县到巢湖市演出。2003年，陶厂镇成立舞龙队。在县第三届文化旅游节中，陶厂镇舞龙队、彩车队参加开幕式，并举行专场晚会；同年舞龙队还参加巢湖市文化艺术节开幕式，受到广泛好评。2016年以来，陶厂舞龙队每年都受马鞍山市邀请参加新春文化惠民大展演活动。2021年5月1日，陶厂镇在潘村中心村举办“生态大渔滩、偶遇民宿村”庆“五一”系列文化活动，来自南峰社区和关镇村两支女子舞龙队表演了大头娃、蚌舞、假人驮真人、挑花灯等民俗节目，现场热闹非凡。当晚，“湿地大渔滩、美丽亮潘村”文艺晚会在潘村文化广场上演，晚会所有的节目全部由陶厂镇文艺爱好者自编自演，妙趣横生。

陶厂镇文化站还多次组织上级送文艺下乡活动，这些活动有省、市、县三级文化广电部门组织，文化站安排演出场地，组织观众以及其他后勤保障工作。同时组织各级送电影下乡放映工作。2002年8月，陶厂镇承办县文旅局送戏下乡演出，中央电视台前来采访。2018年，全年安排送戏下乡演出12场，送电影下乡70场，大型综合文艺演出3场。2021年，组织各种文艺演出21场，电影放映120场次。此外，每年冬春季节乡村民间戏剧演出也吸引了大批村民观看。

（三）文化阵地建设

1998年3月，陶厂镇私人投资开办“图书音像制品服务部”（书店），填补了陶厂镇无书店的空白。2009年，陶厂镇开始建设村级农家书屋。每个农家书屋按照规定标准建设，面积20平方米以上，统一配备6组书橱、1个牌匾、1618种（册）图书、

民俗表演

卜李村农家书屋

64种共100张（盒）音像制品、31种报纸期刊。每个农家书屋财政配套资金2万元。到2021年末，全镇共有农家书屋9个，总投资32万元。

2013年，在上级宣传、文化部门支持下，陶厂镇投资146万元建成卜李村省级农民文化乐园。从2012年至2016年，陶厂镇实施文化民生工程，进行农村文化体育设施建设，先后建设了卜李、云塘、祁首、南峰社区、官塘、司徒、西山、关镇、铜庙共9个乡村文化大舞台。文化站积极组织活动和比赛，免费开放公共文化场馆，丰富乡村业余文化生活。2018年，陶厂镇投资50万元，利用影剧院二楼建立易厚掌事迹陈列馆——含山县共产党员活动基地；投资30万元，对云塘村村部内外进行改造建设，新建初心园、党建长廊、党建文化墙等。

（四）陶厂尚画美术馆

陶厂尚画美术馆2020年3月注册成立，2021年3月启动建设，2023年3月竣工，4月23日正式开馆。美术馆占地面积2509平方米，总建筑面积1892平方米，内有移建的清代古戏台一座，面积196平方米。美术馆由祯美（上海）文化发展有限公司投资2500万元建设，是一个集艺术展示和文化交流的高端艺术平台。

尚画美术馆里迁建的清代古戏台

尚画美术馆分为两层，设古戏台演出区、两个主展厅、艺术家画室、艺术交流教学区、休息区等功能区。美术馆中常年展出112件书画作品，其中，有国画大师陆俨少、黄胄、杨善琛、卢禹舜、郑军里等创作的精品力作，也有含山籍书画家的作品。中国文学艺术基金会在此设立青少年美育基地。尚画美术馆建成后将开展书画公益培训、学术交流、举办艺术展览，还可以为地方戏公益演出提供场所。

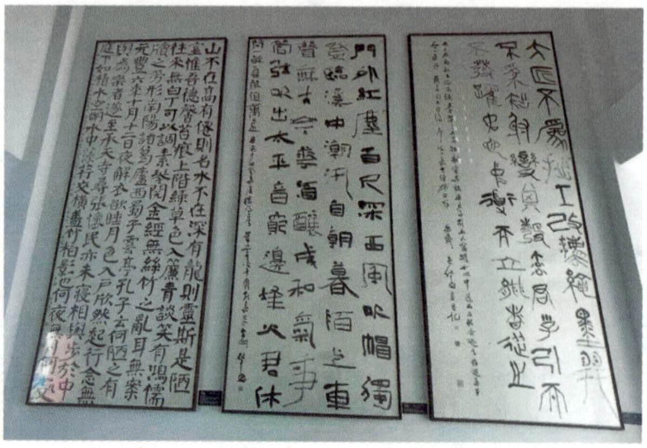

尚画美术馆里书法作品展

四、民间剧团

陶厂镇民间剧团都是由农民自发组

织，班子发起人即称之为团长，旧时称为“箱老板”。所有演职人员都由团长从周边地区聘请而来，团长负责出道具、服装、舞台和演出车辆，负责联系演出业务。演出的都是当地流行的庐剧、黄梅戏传统剧目。

1959年，陶厂公社原九联大队南份自然村村民林家厚组建“陶厂庐剧团”，剧团演员都是本地和无为、芜湖、和县聘请来的民间庐剧演员。1961年，剧团因生活困难时期，没有演出市场而解散。

1983年6月，毛由顺、陈自强组建“含山县陶厂庐剧团”。剧团属于集体所有制，有演职人员26人。1990年4月，演员毛红在含山县文化局举办的县首届民间剧团调演中获得表演奖。1994年后，剧团没有注册登记，处于歇业停顿状态。

五、群众体育

1976年，陶厂镇举办农民体育比赛，有男女篮球、男女拔河、乒乓球等8个项目。1978年，陶厂镇举办了由企事业职工参加的运动会。1998年，苏滩等行政村在端午节举办龙舟大赛，观众4000多人。此后，每年端午节前后，许多沿河村庄都自发举行划龙舟活动。2000—2003年，陶厂镇先后举办6次篮球比赛、2次钓鱼比赛。2003年，陶厂镇成立篮球队等群众体育组织，社区居民文化体育活动丰富多彩。2011年末，陶厂镇有体育场地2处，体育组织4个，各级社会体育指导员5人。镇每年不定期举办的体育活动有篮球、足球、乒乓球比赛。所有社区和村都安装了健身器材，镇文化广场早晚都有近百人跳广场舞、舞剑、打太极拳，经常参加体育活动的人员占常住人口的30%。2021年，陶厂镇有7支民间广场舞协会组织，当年参加各种演出15场次，民间社会演出13场；有3支民间花灯队组织，当年参加各种演出7场，参加民间社会演出23场。

卜李村农民文化乐园开展的体育活动

附：

书画名镇——陶厂

陶厂镇历史悠久，人文荟萃。旧时古镇上书法写得最好的是塾师葛先生和钱先生，传承国学功底深厚。中华人民共和国成立后，陶厂书法爱好者越来越多，其中陶厂农机厂邓昌根善写碑体行书，大气磅礴，书法选入县国庆书展，并刊于《安徽教育报》；陶厂农技校翁贤春的草书遒劲飞动，作品多次在安徽《书画苑》刊物上发表。

20世纪八九十年代以来，随着改革开放的深入，人民群众生活水平不断提高，书画艺术迎来了蓬勃发展的春天。陶厂书画界异军突起，作品频频展露于省市县乃至全国艺坛，蔚为大观。他们有的生活在故乡，有的生活在外地，却时时情系桑梓的发展。陶厂镇现有中国美术家协会会员2人：唐绍尧、唐智。中国书法家协会会员3人：包仕武、陈克年、贾佑宏。安徽省书法家协会会员11人：彭翔凌、王义华、刘文彬、曹虹、邓大强、司擎天、葛世彬、张义胜、陶昌松、吕东生、徐军。安徽省美术家协会会员1人：谢正华。市县级书协、美协会员10人。

一、陶厂镇书画届主要活动

1.1984年，含山农技校举办“唐绍尧书画作品汇报展”，共展出200多幅作品。

2.1987年，以包仕武为首的陶厂镇青年书法爱好者20余人成立“寒青书社”。

3.1989年，“陶厂五青年书法展”在含山县文化馆展出。五位青年为包仕武、司擎天、张义胜、葛世彬、何平。

4.1990年，陶厂镇文化站成立，包仕武、张义胜、张敏先后担任站长。

5.1992年，由陶厂文化站主办的“反腐倡廉”首届陶厂镇书法作品展在陶厂电影院展出。

6.1994年，陶厂文化站主办的第二届书法艺术作品展在陶厂文化站展出。

7.2002年，含山县书法家协会成立，邓大强、张义胜先后担任含山县书协副主席。

8.2003年，中书协会员包仕武出资2万元，出版《中国褒禅山人——含山籍书法家书法作品集》，陶厂镇有9人入编。

9.2015年11月，“含山县首届佛教书画墨宝展”在陶厂镇八宝禅寺展出。

10.2017年，“书香剑气——陈克年、周继中、童孝镛三战士书法展”在含山县博物馆展出。

11.2016年10月，陶厂镇被市文联授予“马鞍山市书画名镇”称号。

12.2017年9月，“含山县陶厂镇、和县乌江镇、当涂县乌溪镇三镇书画作品展”在马鞍山市文化馆首展，然后在三镇巡回展出。

13.2018年7月，马鞍山市首批书画名镇“翰墨歌盛世，丹青绘小康”书画联展，

2017年9月，和县乌江、含山陶厂、当涂乌溪三镇书画联展

在陶厂综合文化服务中心举行。

14.2021年3月，由包仕武引进客商，在陶厂镇投资新建尚画美术馆。美术馆2023年3月建成，4月23日开馆。

二、名家简介

唐绍尧　1947年生，陶厂镇人，现为中国美术家协会会员、文化部国韵文化书画院特聘画家、安徽省书法家协会会员、安徽省中国画协会理事、江苏省国画院特聘参展画家。作品入展第八届全国美展、首届中美协中国画精品展、第三届中美协中国画精品展、第四届和第五届当代中国山水画名家作品展、2000年全国中国画作品展、百家金陵中国画展、安徽书法作品晋京展、第六届和第七届中美协中国画精品展、“艺海融通·中泰绘画艺术展”、第16届亚运会全国中国画展、中国画精品展、相约长白山当代中国画名家邀请展、迎接新世纪当代中国画扇面展、“梦萦徽州”江苏省国画院特聘画家作品展、中欧艺术对话之旅暨中国书画斯洛伐克特展、百家金陵中国画展、徽墨山水十五家、安徽省中国画学会国画作品展等。获全国书画精品大展优秀奖、第二届中国美协会员中国画精品展优秀奖、全国中国画作品展优秀奖、中美协世纪风情中国画大展优秀奖、中美协新世纪全国书画精品展优秀奖、首届欧洲中国艺术大展银奖。曾在安徽久留米美术馆、上海陆俨少艺术馆、北京皇城美术馆举办个人书画展，2001年应邀出访韩国举办中韩书画交流展。出版作品集有《唐绍尧彩墨画集》《唐绍尧画集》《唐绍尧彩墨画集》《当代实力派画家丛书·唐绍尧》《当代写意实力派画家·唐绍尧山水画新作选》。

包仕武　1968年出生，陶厂镇人，现就职于上海嘉定区文化和旅游局，中国书法家协会会员、上海市嘉定区书法家协会副主席、尚画美术馆馆长、上海市民盟书画院嘉定分院院长、上海市嘉定区学术技术带头人、广西艺术学院客座教授、《画坛》杂志执行主编、高级美术师，曾任中国民主同盟会福建省第十届委员会委员、民盟福建省三明市第四届委员会常委、政协福建省三明市委员会常委兼文史委副主任。书法作品先后入选全国第六、七、八届中青年书法篆刻展，全国第一、二、三届楹联书法展，全国首届行草书法大展，第二届正书大展，“百年丰碑——庆祝建党100周年系列书法展”等权威大展。荣获文化部颁发的“群星奖”优秀奖；中国书法家协会最高奖——首届“兰亭奖”提名奖，入选第二届“兰亭奖”展览；获全国百家书法精品展精品奖。2018年，由中国书法家协会展览部、国家画院美术馆、国家画院书法篆刻院、民盟上海市委员会联合，在国家画院主办“纸说嘉定——包仕武书法艺术展”。多件作品被中南海及国

包仕武书法作品

内外专业机构珍藏。

陈克年　1971生，陶厂镇西塔村西荣张村人，现供职于南京市文联，中国书法家协会会员，江苏省书法家协会理事，南京市书法家协会副主席。作品先后获全国第十二届群星奖铜奖、首届“沙孟海杯”书法展全国奖、全军书法展一等奖、第二届江苏书法奖、空军蓝天文艺创作奖最高奖、首届“林散之奖”、南京书法传媒三年展提名奖、第六届南京市政府文艺奖、第五届中国书法“兰亭奖”佳作奖。作品入选全国第八届和第九届书法篆刻作品展，第二届全国行草书大展，全国第二届草书艺术大展，全国第五、六、八届楹联书法作品展，全军中国书法家协会会员优秀作品，纪念红军长征胜利70周年全国书法篆刻展，首届“王羲之奖”全国书法作品展，全国第四届扇面书法艺术展，第二届“平复帖”杯全国书法篆刻大展，首届鉴古开今全军书法大展，中国精神中国梦社会主义核心价值观书法作品主题创作暨全国基层巡展。诗书画印入展“百年西泠湖山流韵”——西泠印社诗书画印大展。论文入选当代书法创作研究暨中国书法如何走向世界国际论坛等。曾为《扬子晚报》撰写专栏文章，著有诗集《大明庐吟稿》，及《陈克年书画艺术》等书画作品集。

贾佑宏　1960年生，陶厂镇铜庙村官塘村人，现为中国书法家协会会员、结庐书社社员、安徽省孟子思想研究会秘书长、安徽孟子书画院副院长和秘书长、环巢书画院副院长。书法作品入展第二届“兰亭奖”安美杯、第八届全国楹联展、第四届全国“颜体杯”书法展、全国千字福联展、第十二届全国书法篆刻展和第一、二、三、四届安徽省书法篆刻大展。获安徽省首届临帖大展三等奖、安徽省“生态•生命•炳烛书画展”二等奖、安徽省“红星杯”书法大奖赛三等奖、安徽省家训书法大展二等奖等。书法作品入展中国书法家协会、安徽省书法家协会主办的书法展20余次，多次获奖。应邀参加日本高知县、中国香港书法家作品联展。

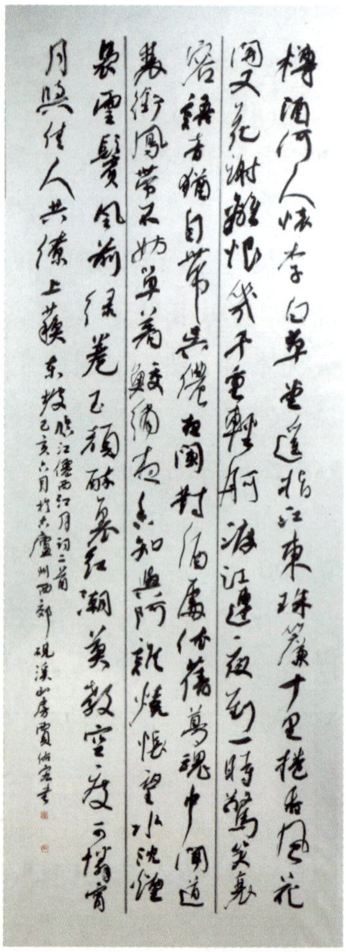

贾佑宏书法作品

王义华　1950年生，陶厂镇西塔村冯王自然村人，原地级巢湖市书法家协会副主席、诗词楹联学会副主席兼秘书长，现为合肥市政协书画院特聘书画师、安徽省书法家协会会员、中国楹联学会会员、中国榜书艺术研究会会员。作品入展全国政协委员书画扇面展、首届全国自作自书楹联展、全国第四届榜书大展。曾获全国湖湘书法大赛三等奖、全军工程兵“开路先锋”书画作品展一等奖、全国第四届老年书法展金奖等。

谢正华　1952年生，陶厂镇人。现为中国摄影家协会会员、中国少数民族美术促进会会员、安徽省美术家协会会员、“江东风采写生研究院”院长。国画、油画、版画及摄影作品

谢正华作品

数百次参加国内各层级的展览并获奖。《中国当代名家书画大观》《安徽美术五十年》《北京意象·大美房山》《清华大学美术学院王界山师生作品集》《江东风采水墨写生作品集》《中国艺术摄影作品全集》等大型画册均刊有其作品。另有诸多作品分别发表于《中国画收藏报》《美术报》《中国书画报》等报刊。2015年获得安徽美术年度庆典活动“出彩艺术家”荣誉称号。出版有《谢正华绘画作品选》。

刘文彬　1954年生，陶厂镇关镇街人，现为安徽省书法家协会会员、芜湖市书法家协会会员、芜湖市老年大学艺术顾问。作品曾获“西江月”全国书法大赛三等奖。

曹虹　1955年生，陶厂镇西塔村徐村自然村人，中华诗词学会会员、安徽省诗词学会会员、安徽省楹联学会第一届理事会理事、安徽省作家协会会员、安徽省书法家协会第五届理事会理事，曾任宣城市书法家协会常务副主席，现为宣城市市直机关书法家协会主席。先后在宣城师范、宣城日报社、宣城地委政策研究室、宣城地区工会、宣城市文联工作。安徽电视台曾专题报道其书法创作。主编宣城市多套文学、文化丛书，创办《宣城文艺报》、《敬亭山》文学杂志并担任主编。

司擎天　1962年生，陶厂镇人，安徽省书法家协会会员，享受省政府特殊津贴。书法作品曾发表于《中国教育报》《中国青年报》《青少年书法报》《安徽教育》《安徽书坛》等报刊，多次在省、市书法大赛中获奖。

葛世彬　1968年生，陶厂镇人，现为安徽省书法家协会会员、中华诗词学会会员、中国楹联学会会员。作品入展安徽省首届书法新人展、安徽省青年书画展、国家建设部纪念抗战胜利50周年书画展等。

张义胜　1969年生，陶厂镇人，安徽省书法家协会会员、中国硬笔书协理事、中外名人书法创作院院长、中国楹联学会会员、中华诗词学会会员。入选安徽皖军书法百强、安徽省百名富有潜能书法优秀人才。作品参加中书协主办的首届国际篆刻艺术交流展、首届敦煌国际书法艺术节全国书法小品展、纪念邓小平诞生100周年全国大型书法展览、第二届“羲之杯”全国书法大赛、全国书法艺术大赛“冼夫人奖”、首届“梁披云杯”全国书法大展、全国首届职工书画展、“沈商文化杯”全国书画大展等。作品入选第二届北京国际书法双年展、北京第十五届和第十七届书法篆刻精品展、中央国家机关庆祝新中国成立65周年书法展、第1～16届中国名人名家书画精品展等。获第二届北京迎奥运电视书法大奖赛一等奖、纪念长征胜利80周年书画展一等奖等。2016年11月在北京举办“纪念长征胜利80周年张义胜百幅书法精品展”。

吕东生　1970年生，陶厂镇人，安徽省书法家协会会员。曾获国际“赛克勒杯”书法大赛三等奖、安徽省职工书法大赛一等奖。

陶昌松　1970年生，陶厂镇人，安徽省书法家协会会员、含山县书法家协会副秘书长，陶昌松书画培训中心专职教师。作品入展安徽省职工书法展，获“金鹅杯”全国书法大赛三等奖。

徐军　1970年生，陶厂镇西山村徐关自然村人，安徽省书法家协会会员。作品入展安徽省第十三届书法新人展、第二届隶书展。

邓大强　1971年生，陶厂镇人，安徽省书法家协会会员、安徽省书法院特聘书法家、马鞍山市书法家协会理事、含山县书法家协会常务副主席。书法入展第二届全国流行书风展、第三届全国流行书风提名展、首届全国中青年名家百人艺术书法提名展、中国书协举办的第四届全国正书展、“纪念邓小平诞生100周年”书法展、首届“林散之奖”南京三年展、“南潮北风”书坛精英联展、第四届全国书法百强榜、首届中国书法“大厦杯”全国书法大奖赛和安徽省第一、三、四届书法大展等。曾获得中国国际文学艺术作品博览会特别等级奖、第五届“性灵杯”全国书法大赛一等奖、“改革开放40年”安徽省书法大展一等奖、首届“爱莲杯”全国书法大赛二等奖。万字论文《误读的书法史》发表于《书法研究》，硬笔书法获第十一届中国钢笔书法大赛特等奖，获首届中国毛笔与硬笔书法大展“全国双优十杰书家”称号。推动含山县一中成功申报安徽省书法教育示范学校、教育部全国中小学中华优秀传统文化传承学校。

唐智　1974年生，陶厂镇人，中国美术家协会会员、安徽省美术家协会理事、安徽省中国画学会理事、马鞍山市美术家协会副主席、马鞍山市画院专职画家。先后30多次入展中国美术家协会和国家画院举办的多种画展。入选2003年、2006年全国中国画作品展，第二届中国山水画艺术双年展，“太湖情”“草原情”中国画作品提名展，2014年当代画坛名家精品邀请展等。获新世纪首届安徽美术作品大展优秀奖、第二届青年国画年展优秀奖、第七届全国少数民族传统体育运动会美术书法作品展优秀奖。

专记：

从陶厂走出来的音乐人——张东朗

张东朗，1981年1月出生于陶厂镇，肄业于山东齐鲁音乐学校和北京现代音乐学院，中国音乐家协会流行音乐协会会员、北京市音乐家协会会员。音乐代表作有《在天涯》《兄弟辛苦了》《画里含山》等。从老家含山陶厂到异乡北漂，追寻梦想，一转眼二十载光阴过去。他上过中央电视台的星光大道，创作过100多首歌，发行过几十首单曲，也获得过诸多奖项，如今成为一名集词曲唱于一身的音乐人。

艰辛的北漂生活

《画里含山》CD封面

张东朗儿时就很喜爱唱唱跳跳，青少年时酷爱书法文学。1998年，他以艺考生参加高考，被录取到山东艺术类高校学习音乐，师从济南市歌舞团女高音郭丽珍老师学习声乐。

张东朗的北漂岁月充满曲折艰辛。他清晰地记得自己成为北漂的那一天是2001年3月7日。那天他懵懂地站在北京的街头，身上揣着76块钱，不知道自己的未来在哪里。但要搞声乐、要唱歌的坚定信念和执着追求是他不竭的动力，但是要成为一名音乐人谈何容易。他没有过硬的靠山，没有名人的提携，也没有宽裕的资金。一个从安徽农村来的年轻人，要想挤入音乐圈，简直就是天方夜谭。为了解决吃饭问题，为此他四处打工，应聘抄信封，卖DVD影碟，到地下通道唱歌，组建乐队演出，饥一顿饱一顿地生活持续了两年。张东朗说："坐车没钱就硬是靠两条腿走路，没钱买吉他就到琴行里租一把二手红棉吉他。住在郊区，零下10℃，赶不上末班车，找个楼道抱着吉他就迷糊一夜，就是这么硬着头皮挨过来了。"

从1999年底开始，立志靠自己养活自己的张东朗为谋生，随一个民间团体到处走穴演出，他负责演唱民歌兼主持人。但是民间剧团演出格调不高，甚至低俗，这对于有追求音乐梦想的人来说简直不能容忍。煎熬了三四个月后，2000年的春天，他毅然离团。之后张东朗辗转来到燕郊香河文化馆工作，成为一名应聘歌手，并在天下第一城参与大型仿古实景演出当群众演员，也就在这个时候，他利用业余时间开始学习歌词创作。工作11个月后，毅然离职决定再回北京闯荡，真正地全身心投入理想的音乐世界。他在夜里骑着单车溜达后写出了平生的第一首歌《妈妈织的毛衣》，在安定门的地下室内写出了歌曲《两个人在一起》。

到2003年，他通过驻场演唱，才解决了温饱问题。张东朗说："我是北漂分子，家乡是梦想开始的地方，北漂是接力梦想的地方。如果只是为了生存，干什么都可以有口饭吃，但以自己喜欢的方式去生活，做自己想做的事情，这才是我北漂的目的。"

踏上音乐旅途

2004年，张东朗在朋友的介绍下随中国艺术研究院、现代音乐学院声乐教授马秋华老师学习声乐，并经常到中国音乐学院当旁听生。至此，他才算正式步入音乐正途。2005年，他偶遇中国唱片公司的曾建雄，在他帮助下发行了由中唱北京时代公司出品的个人首支原创单曲《人在江湖漂》，实现了梦想之花的首次绽放。歌曲被收入中唱的音乐合辑，张东朗受到极大的鼓舞。2006年，他参加了一系列演出活动，如纪念王洛宾诞生一百周年星光现场演出，和“旭日阳刚”组合中的王旭一道参加北京公益组织为外来打工子弟学校做的公益性演出，在北京的一些知名文艺酒吧做专场演出等。2008年，他和好友知名作词人张嘉兴组建音乐创作工作室，专注于创作、制作音乐。2010年，他们又创办了北京嘉上幸福文化公司，签约制作歌手。后因投资中断，无力推广歌曲，公司亏损被迫关闭。2011年，他推出歌曲《一生要分多少次手》，和词作人张嘉兴为知名歌手贺一航打造了作品《是爱情老了还是我们老了》。

为了挣钱补贴音乐，张东朗和朋友合作经营过一家餐饮店，也曾和朋友合伙开办过一家原创音乐现场演出酒吧“醉乐坊”。因为甲方租赁场地的调整，经营一年多的餐饮店被迫关停。他冷静下来，认真整理凌乱的思绪，决定放下杂念、心无旁骛地投身于音乐事业。2013年，他转让了“醉乐坊”，彻底停止了一切经营性活动，重新全身心地投入音乐创作和演唱事业，继续拜师学艺。

2013年底，他为出彩中国人量身打造的原创歌曲《笑面人生》参加湖北卫视《谁是我家人》文艺节目演出，并出任一酒吧的演艺总监。2014年，参加央视国际频道“城市一对一”栏目的乐队表演；为北京市公安局特警刑警群体创作歌曲《爱人》；为印象中国人王军量身打造原创歌曲《好男儿》。2015年，他结识了中国微电影公司孙旭总经理。短短30分钟沟通，孙总便决定给歌曲《兄弟辛苦了》投资，并邀请了许多著名音乐人参与制作，推出了张东朗个人原创作品《兄弟辛苦了》和DJ版。2016年，他推出作品《在天涯》；2017年，推出暖心力作《想家了》。

2015—2022年，张东朗共发行个人音乐单曲专辑有《兄弟辛苦了》《月亮粑粑》《兄弟一起飞》《在天涯》《想家了》《画里含山》《维西谣》《单身税》《奋斗吧青年》《美在安徽》《你是英雄》《一生兄弟》《飞翔飞翔》《奋斗吧青年》《小村民谣》《最美的姐姐》等系列歌曲。

近年来，音乐人张东朗凭借其演唱和创作实力迅速跻身于华语乐坛，成为颇具人气的实力歌手，其代表作《爱人》《兄弟辛苦了》《陪陪老娘》等歌曲以真情、接地气，受到广大听众的喜爱，并创下不俗成绩。其力作《爱人》以及独具一格的音乐表现力，获得2015年中央电视台网络春晚一等奖、公安部“三微大赛”一等奖；唱给母亲的歌《陪陪老娘》在中国铁路总公司《列车会客厅》栏目展播；《兄弟辛苦了》成为2015华语网络热歌，荣登各大华语DJ排行榜首页，更被评为2015华语最佳中文金曲，入选2015十大车载DJ音乐。从此，他的音乐事业进入了快车道。

2017年，张东朗创作的歌曲《陪陪老娘》入选了央视心连心春节特别节目，获得了2017年公安部警营微电影歌曲大赛三等奖、北京昌平区委宣传部一等奖。同年，国防部网站及中国军网分别向全军推荐原创歌曲《兄弟辛苦了》。当年10月，他推出为全国唯一的傈僳自治县创作的歌曲《维西谣》及MV。此歌旋律优美，深得广大听众的喜爱。2018年，获得北京徽商联盟授予的“徽风皖韵”奖。同年9月，他在北京创办东朗兄弟文化传媒公司。2019年，为纪念“五四”运动一百周年推出励志歌曲《奋斗吧青年》，同年7月23日在合肥举办献给江淮父老的歌曲《美在安徽》新闻发布会。2020年，创作抗疫公益歌曲《你是英雄》，由新华社新华视点推出MV，当日微博浏览量近50万次，歌曲登上“学习强国”平台。2021年，唱作歌曲《皖美之约》登录安徽卫视元宵晚会并作为压轴歌曲；参与中国文联春晚及公安部首届110警察节晚会，并担任音乐编辑；参加CCTV2021年直通春晚节目，获当期最佳收视率；同年发布了乡村振兴歌曲《小村民谣》；参加首届“五粮液杯”全国工业原创公益歌曲大赛，创作《我是工人》获流行歌曲组全国二等奖；作为特邀嘉宾参加了2021年由中央网信办和团中央举办的《中国人的故事》融媒体节目。

深深的故乡情结

张东朗有着深厚的故乡情结，创作和演唱过多首赞美和思念家乡的歌曲。2017年，为感恩家乡、展现家乡风采，张东朗自酬资金带着导演团队回到家乡拍摄完成自己作词作曲并演唱的歌曲《画里含山》MV的制作；当年，含山县举办老鹅汤美食节，张东朗应县文化旅游局邀请从北京赶回家乡，并在开幕式上献唱《画里含山》。这首歌在网络在线试听后，短短几天内点击量急速飙升，荣登各大排行榜前列，成为当时最热门的金曲之一。同年他应邀参加央视3套的《幸福账单》节目，在60秒才艺展现环节，张东朗向全国人民放歌了《画里含山》，并且把含山老鹅汤带上央视，主持人朱迅等喝过后赞不绝口。

《月亮粑粑》是张东朗创作演唱的又一首思乡歌曲。在这首歌中，他把小时候在家乡流传的民谣的词语和弦律融入歌词创作中，创作灵感源于儿时对家乡和外婆的记忆。2015年，张东朗参加央视星光大道节目演出，凭借演唱《月亮粑粑》这首极富含山本土特色的歌谣，让全国人民认识了这个来自含山县陶厂的小伙子，也把含山带到大众的视野当中。

张东朗参加央视星光大道节目

百尺竿头，更进一步。张东朗的音乐之梦还在途中，他表示将继续不懈努力，不停创作，让生命歌唱，实现心中最初的梦想，将音乐进行到底！

第三节　医疗卫生

民国时期，陶厂医疗卫生事业落后，辖区内诊所少、规模小、缺医少药，医疗上基本还是传统的中医方式。全镇只有几家私人诊所和药店，还有一些以单方闻名的乡村游医。

民国时期，陶厂镇上有药店5家：朱良权开设的朱生和药店，张永恭开设的延寿春药店，盛传金开设的济生堂药店，孙传洲开设的长春生药店和张大福开设的张恒春药店。这几家药店的老板本身均为中医，病人前来买药，大多由他们先号脉问诊，确定病源后，对症卖药。他们都是既卖药又诊治，所售药品以中药为主。民国后期，个别药店也顺带出售一些普通常用西药。陶厂张恒春药店，是芜湖老字号“张恒春药店”开设的分店，名气大。老板张大福医术高明，医德也好，到他家就医买药的人最多，生意很好。陶厂民间行医者也很多，如翁大成用丁虫泡麻油制成的膏药治疗疔疮，手到病除；葛圣元治小儿疳积以单方妙药远近闻名。

旧时，关镇有两家中药店，分别是位于下街由唐本藩开设的中药店，由张鼎甲开设的中药店。两家药店对前来买药的人，问明病情，对症抓药，价格便宜，广受患者赞誉。下街还有一位姓朱的老医生，人称朱老先生。他不设门面，居家专以草头方治疗疑难杂症。清朝末年，关镇有位儒医刘骥良，有一套专治破伤风、口眼歪斜、牙关紧闭、肾亏、头晕目眩、中风不语、半身不遂的验方。经他医治过的病人，大多很快就能康复。关镇河桥张五老头子（排行老五），祖传三代以祖传火针疗法结合秘方，专门治疗肿毒，由于疗效显著，远至上海、江苏，近至周边县市，每年有数千人慕名赶来就医。

此外，关镇、铜庙街还有贾启来诊所、鲁大孟诊所，盛河村盛传全中药店、盛延兴诊所，林洼村林先喜的西医全科诊所。

一、医疗机构

（一）联合诊所

1953年，陶厂区将个体分散经营的医疗诊所以集体合作的方式组织起来，成立私营中西医联合诊所。陶厂区有陶厂联合诊所、铜庙联合诊所和张公桥联合诊所3家医院。其中，陶厂联合诊所设在原“吴家米行”（现在的下街吴作权家）。联合诊所因为将过去私人药店和诊所人员全部集中起来，所以医疗力量较为雄厚。当时西医有郑西布、申广文、徐中荣、周东林和周少林父子；中医有常重生、孙传洲、张永恭、朱良权、周德财，以及擅长小儿科的陈永恩等人。他们行医售药多年，经验丰富，声望很高。铜庙联合诊所有中医3人，助产士1人；张公桥联合诊所有中医1人。联合诊所以诊费低、服务好、药费合理、兼具门诊及出诊等特点，深受群众的欢迎。1957年，关镇乡成立医院；1958年陶厂公社成立医院，至此，联合诊所完成特殊阶段自己的使命。

（二）农村合作医疗

农村合作医疗是在合作化运动基础上，依靠集体经济，按照互济互助原则建立起来的一种集资医疗制度。合作医疗制度与农村社、队集体核算制度相对应，其经费主要来源于集体公益金的补助，社员看病只需要交纳少量费用。1968年，中央要求农村创办合作医疗。同年8月，县革委会下发《关于含山县半农半医学校学生学习期满开展半农半医工作的通知》，要求各区、社革委会依据“队来队去、有病看病、无病生产”的原则，迅速做好人员落实、经费筹集、药品购置等具体工作。这些半农半医卫生员，后来被称为“赤脚医生”。陶厂全社每个大队合作医疗室配有赤脚医生2～3人，每个生产队配1人。大队赤脚医生待遇以工分计，一般不低于大队干部工分。赤脚医生身背药箱跑遍村村户户，送医送药上门，深受群众欢迎。当时，一些大队还办起中草药加工厂，发挥中草药、针灸、民间验方作用。1970年，陶厂公社除街道大队外其余8个大队都办起合作医疗室，关镇10个大队全部办起合作医疗室。1976年，陶厂赤脚医生葛世文还被推荐参加在上海召开的全国赤脚医生代表大会。

合作医疗资金由地方筹集，筹集方法主要是集体和个人相结合，标准为凡参加合作医疗者每人每年收2元（个人0.8元，生产队从公益金中提取1.2元），对于经济确实困难的军烈属和“五保户”，由生产队给予适当照顾。所筹集资金主要用于医药费。合作医疗医疗手段推广“一针一草”法，“一针”即针灸治疗，“一草”即中草药治疗。当时唐庄、云塘、九联、西山大队卫生员上山采挖中草药，用于治疗常见病，深受群众欢迎。1975年，陶厂有赤脚医生24人，两个公社大多数生产队还配备不脱产的卫生员。这些赤脚医生没有经过正规学习培训，医疗技术水平普遍不高，但他们热情高，群众就医方便，成为当时农村医疗卫生的一支重要力量。

1971年，陶厂公社制定《含山县陶厂人民公社合作医疗管理办法》（草案），进一步完善合作医疗制度，对享受对象、组织管理、经济核算、医疗手续、医务人员待遇等方面作出详细的规定，目的是逐步完善合作医疗制度，彻底改变农村卫生面貌。此后几年，陶厂公社全力宣传发动，鼓励各大队、生产队村民积极参加合作医疗。汤徐大队为了办好合作医疗，在资金筹集上，每人每年2元钱，分期筹集，四五月收一部分，午季收一部分，秋收一次交清。筹集经费的方法采取发动群众卖一担草、一只鸡、几十个蛋等办法，解决经济上的困难。1976年4月底，陶厂公社卫生院抽出3人对全公社各大队的合作医疗情况摸底调查，在全社推广汤徐大队合作医疗经验。改革开放后的20世纪80年代，农村合作医疗全部解体，赤脚医生经过考核合格，达到中专水平者晋升为乡村医生，就地从事乡村医疗。到1988年，陶厂、关镇农村医疗点全部由乡村医生或个体开设。

（三）陶厂镇卫生院

1958年，陶厂公社在联合诊所基础上成立陶厂医院，设立有内科、外科、中医、产院。到1959年时，陶厂医院有医务人员16人，并在3个大队设有卫生所。1960年下半年，医院搬迁到槽坊塘村口的陶厂区政府原办公场所（区政府搬至中街）。1968年，马鞍山市毛泽东思想卫生工作队12名多科医生到陶厂医院支援工作3个月。1969年马鞍山市人民医院下放13名多科医生到陶厂医院工作4年，通过传帮

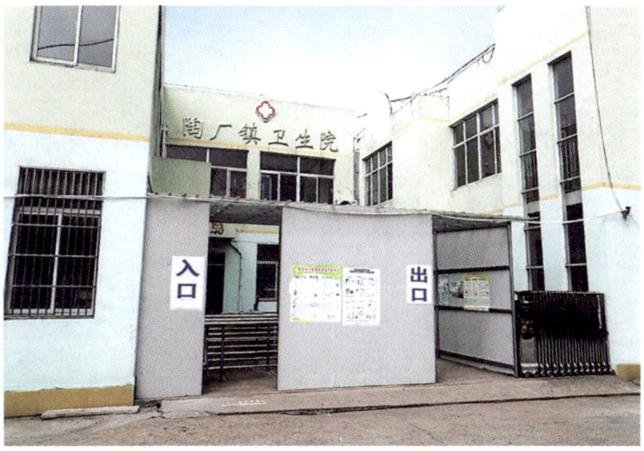

陶厂镇卫生院

带，极大提高了陶厂医院各科的医疗技术水平，成为全县乡镇卫生院整体技术水平的佼佼者。

1988年，陶厂卫生院占地面积1467平方米，建筑面积365平方米，设有内科、外科、妇产科、放射科、中医科、防保科、化验室，医护人员34人。2005年底，陶厂卫生院进行改制，员工下岗分流，只保留非营利的防保科。后根据中央和安徽省有关政策规定，从2013年开始恢复公办性质的卫生院。重建的镇卫生院占地面积608平方米，建筑面积达1000平方米，开设临床科室、预防保健科、医学检验科、内科、外科、妇产科、儿科、中医科等诊疗科室。医院有医护人员21名，其中副主任医师1人、主治医师1名、主管护师1人，执业医师6名、执业中医师2人，执业护士10名。

（四）关镇乡卫生院

1957年，关镇乡成立医院，有医生11人，到1961年，有医生22人。1975年，关镇卫生院有医护人员17人，床位数10张，门诊部面积32平方米。1979年，有医护人员和管理人员20人。医院设有小外科、中医科、妇产科、化验室、放射室、中药房、西药房，病床15张。1988年，关镇乡卫生院占地面积2100平方米，建筑面积280平方米。1992年4月，全县撤区并乡后，关镇卫生院隶属陶厂镇卫生院，名为关镇分院，由于技术和条件的制约，从1996年开始业务逐渐萧条至自然停诊。1997年，关镇卫生分院正式歇业，医疗业务全部转移至陶厂镇卫生院，行政编制保留。

（五）陶厂民间特色医疗机构

陶厂医院及河桥中医外科　医院创始人张正先，出身中医世家，自幼立志杏林，12岁随祖父张席道学习中医，17岁独立出诊，从事风湿病、肿毒、皮肤病等诊疗60余年。张正先1975年参加关镇乡合作医疗，1984年开办个人诊所，接诊中绝大多数是肿毒、风湿病及皮肤病患者。由于疗效明显，价格合理，常给予周边困难群众减免药费，逐渐形成没钱带几个鸡蛋也能看病的口碑，求诊者日增。张正先采取活血化瘀法医治痹病肿痛，他将痹病的病因概括为“虚、邪、瘀”三个字，并据此研制出多种中药系列制剂。他提出辨病辨症，配合中药外敷、针灸、药透、火针、穴位注射等多种技术综合治疗。形成治疗类风湿关节炎、强直性脊柱炎、骨关节炎、痛风、颈肩腰腿痛等疑难风湿病专病专科特色，受到社会广泛赞誉。诊疗范围包括含山、和县、无为、马鞍山、芜湖、巢湖，江苏省等地。2005年12月，张正先整体收购陶厂镇原卫生院资产，改称“陶厂医院”。2016年，经县卫生局批准建立综合性医院。医院地处陶厂镇古塔路，占地0.4公顷，建筑面积3000多平方米，设病床30张，有职工30多人。医院已走过了16年创业的历程，

陶厂医院（河桥肿毒专科）

在创始人张正先董事长及其学术继承人张道明院长带领下，已建成以河桥祖传中医科为特色，设有内科、外科、妇产科等临床科室，以诊断和治疗常见病、多发病为主的特色鲜明的综合性医院，也是一所城镇医保、农村合作医疗、妇幼保健定点医疗单位。

陶厂李之祥眼科医院　眼科医院创始人李之祥早年是陶厂乡村赤脚医生，后拜师刻苦学习眼科治疗技术，技术日益长进。医院创建于1984年，早期位于陶厂镇中街。1986年，眼科医院挂靠镇卫生院。1999年独立出来，建立私立“陶厂眼科医院”。医院建筑面积2000多平方米，设有门诊部、验光配镜部、手术室、视觉生理室等科室，并分有内、外眼科两个病区，24张病床，有主任医师1人、副主任医师3人、主治医师2人、医师5人、高级验光师1人。医疗设备有进口的日本大型双人双目手术显微镜、美国进口超声乳化仪、非接触式眼压计、数字式裂隙显微镜、眼内异物吸出等先进医疗器械，能开展白内障、超声乳化、人工晶体植入手术和各种眼外伤显微手术等。1988—2005年，医院开展各种手术总计10余万例，其中白内障人工晶体植入 4000多例，成功率达100%　。

迁入含城的李之祥眼科医院

2019年11月，医院迁址到含山县城，改名为“光明医院”，成为一所以眼科为主的综合性医院，有病床40余张。医院采用中西医结合的方法，创造性地运用穴位埋藏法治疗视网膜色素变性和视神经萎缩，取得显著成果。医院设备先进，现拥有美国产第三代冷超声乳化仪、进口手术显微镜、电脑视野仪、眼电生理检查仪、眼底照相机、YG激光机等多台高端设备。医院技术先进，能开展白内障超声乳化、折叠式人工晶体植入、青光眼小梁切除三联手术，各种抗青光眼手术、泪囊鼻腔吻合术、近视眼后巩膜加固术、逆植硅胶管治疗各种泪溢症和脓溢症、眼部美容术和各种眼病的治疗，为青少年进行近视弱视斜视诊疗，医学验光中心提供验光配镜服务。为让眼科医院后继有人，早在1999年，李之祥就将儿子李军送入安徽医科大学眼科临床专业学习5年。毕业后，李军跟随父亲继续学习眼科医疗技术，积累了丰富的临床经验。2007年李军从父亲手里接过眼科医院管理工作，担任院长。

多年来，医院治愈各种眼病患者数十万例，使3万多盲人重见光明，中央电视台和省市地方电视台曾多次以新闻形式予以报道。眼科医院里挂满了患者赠送的锦旗。

杨氏牙科诊所　诊所开办人为杨宝明主治医生。1986年，杨宝明父亲从江苏省溧阳县迁入陶厂定居，以行医为生，其父精通牙科中西医治疗技术。杨宝明得其真传后，于1995年赴芜湖弋矶山医院口腔科进修深造，2000年又赴江苏常州市学习烤瓷牙技术，目前，该诊所拥有治疗各种牙病以及洗牙、安牙、镶牙、烤瓷等多项技术和设备。

二、医疗卫生体制改革

(一)乡镇卫生院改革

1980年,陶厂镇卫生院实行分科核算,组织合理收入,实现扭亏为盈。8月,县卫生局制定下发《含山县农村镇社卫生院规章制度(试行)》,陶厂镇卫生院强化制度落实,医疗质量明显提高,医疗纠纷明显减少。到1984年,陶厂镇卫生院进一步完善多种形式的技术经济责任制,根据"独立核算,自负盈亏,按劳分配,民主管理"的原则,进行联劳计酬岗位责任制改革,逐步实现"吃饭靠自己,国家补贴搞建设",改变了过去吃"大锅饭"的问题。同时,狠抓医护人员业务技能培训,提高医疗卫生水平。卫生院除开展内外科常见病、多发病的诊治之外,还能开展胆囊、阑尾等切除手术。从1998年开始,陶厂镇卫生院进一步推行院长负责制、人员聘用制、综合目标管理制、部分工资、资金浮动制为主的管理体制。2005年12月,经县政府常务会议研究,对陶厂卫生院进行改制,其资产被个体医生张正先整体收购,改称"陶厂医院"(私营),原卫生院医务人员身份全部转换并得到妥善安置。1997年,关镇卫生院歇业停办,医护人员多数退休,个别人自办私人诊所。医院房舍、医疗设备一直闲置。

(二)村级卫生室建设

改革开放以后,大队合作医疗解体,赤脚医生经过考核合格,达中专水平者晋升为乡村医生,就地从事乡村医疗。1986年8月,为了加强农村基层卫生室的管理,陶厂镇9个行政村都建立了村卫生室。村卫生室经镇卫生院审查同意,并接受其业务指导。其主要功能是防疫,为儿童免费接种百白破、麻疹、白喉、卡介苗、甲肝、乙肝等疫苗,同时替周边村民医治小病小伤,收入归个人。2004年,陶厂镇开始实行新农村合作医疗,村卫生室功能侧重于公共卫生,对村民的高血压、糖尿病、精神病、结核病等情况进行摸排、登记,为村老人定期体检。这一时期,村卫生室实行独立核算、自主管理。

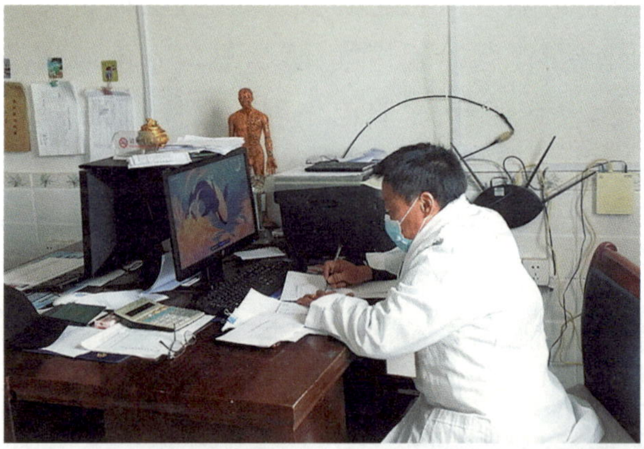

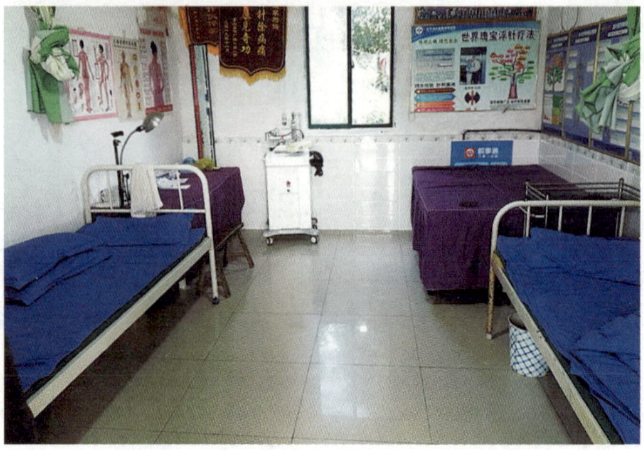

卜李村卫生室

2010年,陶厂镇村卫生室实行"五统一、两独立"模式,即乡镇卫生院对村卫生室的设置、人员、业务、药械、财务实行统一管理;村卫生室财务独立核算,自负法律责任。工作人员由乡镇卫生院选聘,所有人员必须具备相应的执业资格，实行中西医全科治疗。村卫生室人员实行按绩计酬的绩效工资制，以服务质量和服务数量为考核标准。村卫生室在乡镇卫生院组织下，接受以县为单位统一招标的药品配送服务。政府给村卫生室配备相应的医疗器械，由卫生院登记验收入库后，分发给村卫生室使用。乡镇卫生院采取工作例会、病例讨论、业务培训等方式，对村卫生室进行技术指导和业务管理。

村卫生室医治范围为一般性疾病，以感冒发烧、皮外损伤以及其他病痛的早期诊断为主。2015年前，治疗费用除上交外，卫生室留有少部分费用。之后，看病费用实行系统化管理，卫生室根据系统登记情况所收费用全部上交。新农村合作医疗实施后，参保病人按医保标准规定比例支付少许费用，其余由县医保中心承担。

2021年，陶厂镇9个村卫生室共有医务人员17人：司徒村有刘维宏、毛金花2人；卜李村有李为谱1人；官塘村有盛传武1人；铜庙村有郑良军、黄小莉2人；关镇村有王习学、左年剑、朱文龙、刘华4人；祁首村有李昌江、毛勇强2人；云塘村有王劲松1人；西山村有杜为胜1人；西塔村有颜昌权、曹应姐、徐蓉3人。

铜庙村卫生室医生黄安礼是陶厂镇乡村医生的模范。他1949年出生，1966年在含山东吴卫校学习，1968年毕业后回本村任乡村医生，1986年获乡村医生证书，一直工作到退休。黄安礼刻苦钻研业务技术，坚持撰写临床诊断日记，注意积累经验，预防保健工作突出，村卫生室达甲级标准。1986年后，黄安礼4次获县优秀共产党员、县先进医务工作者称号。该诊所1988年被县卫生局授予“文明村卫生室”称号。1998年，黄安礼被评为“全国优秀乡村医生”称号。

铜庙村医黄安礼获得“全国优秀乡村医生”称号

（三）新型农村合作医疗

2004年，国家开设逐步建立以大病统筹为主的城乡居民医疗保障制度。陶厂镇根据上级通知精神开展新农合试点工作，制订了《陶厂镇新型农村合作医疗制度实施方案》（试行）。参合人员在镇卫生院和村（社区）卫生室发生的一般诊疗费，新农合基金支付统一确定为每人次8元；在一体化管理的村卫生室和社区卫生服务站，新农合基金支付统一确定为每人次5元。一般诊疗费支付基金实行总额预付，按定点医疗机构上一年度门诊人次乘以一般诊疗费的人均报销标准，以“总额预算、分期支付”的办法支付。新农合对于参合人员设定住院补偿起付线，住院按比例补偿，对重点优抚对象、“五保户”、低保对象不设起付线；同时对于大病实行保底补偿，对于常见慢性病实行补偿；参合农民在镇级卫生院和村卫生室就医所发生的门诊医疗费用实行“按比例补偿”的费用分担共付。现在，医保平台系统日趋完善，一站式结算以及异地转诊、就医越来越方便。随着电子医保凭证的激活，参合人员一机（手机）在手，方便无忧。

相对于“旧”的农村合作医疗，新型农村合作医疗是由政府组织、引导、支持，城乡居民自愿参加，个人缴费和政府配套补贴相结合，以大病统筹为主的城乡居民医疗互助共济制度。目的主要是解决农民因病致贫、因病返贫的问题，帮助农民抵御大病风险。基本做法是，自愿参加合作医疗的农村居民，以家庭为单位按每人每年10元缴纳合作医疗资金，同级政府每人每年补助20元一起形成合作医疗基金，储存在县国有商业银行的国家财政医保基金专户内。随着经济发展，个人缴费和政府补助逐年递增。至2022年，个人年缴纳医保费320元，政府每人年补贴580元；参合农民每次到县内定点医疗机构就诊时，可直接按比例报销医药费用；定点医疗机构将就医群众所支付的资金额以及相关凭据，到县或镇合作医疗经办机构，经审核并开具申请支付凭证，由代理银行直接将资金转入相关医疗机构的银行账户，做到医保基金收支分离，管用分开，封闭运行。

为了把这项惠民政策落到实处，陶厂镇政府配备专职干部，配齐设施，将县政府提出的工作目标，层层分解落实。利用多种形式宣传，让群众充分了解参加医保后自己的权益和义务，明白看病报销的办法和程序，消除群众的疑虑和担心。2004年，镇政府成立陶厂镇新型农村合作医疗服务所，加强对基金的管理。2008年10月，陶厂镇被县政府授予“全县新型农村合作医疗工作先进镇”称号。

2011年度，陶厂镇组织开展新型农村合作医疗筹资工作，全镇参加新农合总计35058人，参合率达97.48%；参保城镇居民基本医疗1023人，上缴参保资金19万元（户籍任务数910人）；32人享受城乡医疗救助制度，发放大病救助资金8.9万元。2012年10月中旬，陶厂镇启动2013年度新农村合作医疗参保缴费工作，参加新农合总计36089人，参合率100%，城镇居民参保人数1050人；有37人享受城乡医疗救助制度，发放医疗救助资金9.36万元；12名结核病人免费看病；完成贫困白内障患者免费手术6例；对46名贫困精神病人进行医疗补助。2013年，陶厂镇参加新农合36557人，参合率100%；参保城镇居民基本医疗1200人，198人享受城乡医疗救助。2014年参加新农合37236人，参合率100%。2015年参加新农合37251人，参合率100%；城乡医疗救助186人，发放救助款50.8万元；对288名一、二级贫困残疾人和42名三级贫困残疾人进行医疗救助，救助金额24.7万元。2016年参加新农合37205人，参合率达100%；城乡医疗救助165人，发放大病救助款45万元。2017年参加新农合37151人，参合率100%。全镇享受健康脱贫兜底“351”工程1493人次，补贴金额44万元；享受“180”补偿1754人次，补贴金额7.3万元；全镇享受农村低保政策722人，发放补贴金额413万元。2018年参加新农合32597人，医疗保险收缴金额717万元，参合率108.85%。2019年参加新农合36451人，其中政府代缴2316人，医疗保险收缴金额853.4万元。实施大病救助76人，发放大病救助款27万元。2020年，全镇医保缴费36443人、保费总额850.5万元，其中政府代缴人数2316人。

从2020年1月开始，新型农村合作医疗与城镇居民医保正式合并，住院及慢性病报销由全县医共体单位转入城乡居民医保窗口(新农合窗口)。同年4月,大病救助从民政剥离并入城乡居民医保窗口。到年底,全镇城乡居民医保窗口共受理一般群众慢性病申请372人次,贫困人口慢性病申请28人次,受理住院及慢性病门诊报销2467人次,办理新生儿参保53人。2021年城乡居民参加医保37491人,2022年城乡居民参加医保35792人。2019年以后,医保参保率计算不再以完成任务率为标准,而是以全镇实际居民人数完成情况为依据,陶厂镇每年完成比率都超过95%。2021年,陶厂镇城乡居民医保参保率达到100%。

随着新型农村合作医疗工作的推进,老百姓结束"大病拖,小病扛"的历史,化解了"看病难、看病贵"的矛盾,有效防止农村"因病致贫、因病返贫",广大农民真正享受到国家惠民政策的实惠。

(四)农村残疾人救助保障

2012年8月2日,安徽省人民政府办公厅印发《关于农村残疾人扶贫开发工作的实施意见》(以下简称《意见》)。《意见》要求:到2020年,稳定实现农村残疾人不愁吃、不愁穿、不愁住,全面保障平等享受基本医疗、基本养老、教育、住房和康复服务;农村残疾人家庭收入达到或接近当地平均收入水平,基本公共服务覆盖农村残疾人并不断提高水平。残疾人生存有保障,生活有尊严,发展有基础。从此,陶厂镇农村残疾人医疗救助得到重视。

2012年,陶厂镇对贫困重度残疾人328人进行生活救助,打卡发放救助资金21.6万元。2013年,救助贫困重度残疾人生活406人,发放救助资金27.8万元;2015年对288名一、二级贫困残疾人和42名三级贫困残疾人进行生活救助,救助金额24.7万元。2016年,陶厂镇对贫困残疾人救助与康复、重度残疾人护理,发放救助金44.8万元;2018年,对418名符合政策规定的困难残疾人,根据伤残等级发放补贴金额30.8万元;对668名重度残疾人发放护理补贴46.9万元;对71名贫困精神残疾人,发放药费补助款7.1万元,共发放各种抚恤金269.4万元。2019年,向432人发放贫困残疾人生活救助金额29.6万元;向654人发放重度残疾人护理补贴款45.5万元;向85人发放贫困精神残疾药费补助款8.5

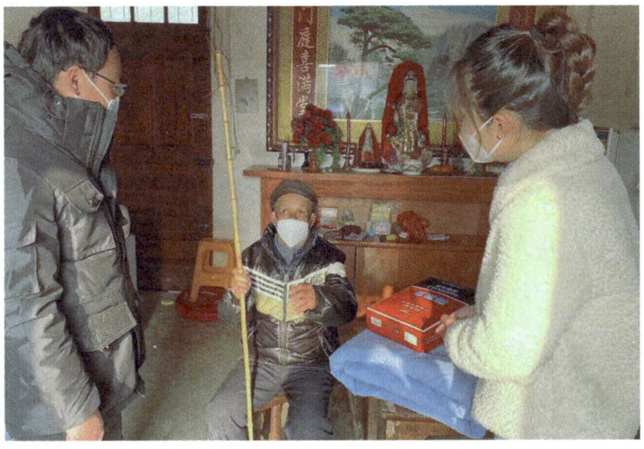

镇干部慰问残疾人

万元。2020年，陶厂镇695人享受残疾人护理补贴45.76万元，474名困难残疾人生活补贴31.11万元；170人享受贫困残疾人精神药物补助1.7万元；实施贫困残疾人水、燃气补贴救助535人、发放资金5.35万元；重度残疾人托养补助24人，发放资金1.44万元，机构托养4人，发放资金2200元；摸排上报贫困残疾人一般产业扶持4人，每人发放3000元；残疾人养老保险补贴1人1000元。2021年，陶厂镇共737人享受残疾人护理补贴25.94万元，向495名困难残疾人发放生活补贴17.46万元。142人享受贫困残疾人精神药物补助14.2万元；实施贫困残疾人水、燃气补贴救助329人，发放资金3.29万元；重度残疾人托养补助27人、发放资金3.24万元；实施贫困残疾人无障碍生活设施改造17人。向贫困残疾人子女和贫困残疾学生40人，发放救助金2.8万元。办理残疾人证41人，向39名残疾人发放残疾辅具。至此，陶厂镇农村残疾人生活、医疗都得到基本保障，省政府在实施意见中提出的目标基本实现。

三、卫生防疫

中华人民共和国成立以前，陶厂镇卫生环境恶劣，各种疾病泛滥。《含山县志》(1985年版)载，“民国二十一年、二十九年、三十五年，陶厂、关镇一带先后三次霍乱流行，铜庙孙庄孙桂植家死4人，孙长林家死5人”。

1952年，全国各地开展“预防为主，防治结合”的爱国卫生运动。陶厂地区和关镇乡都建立了卫生防疫机构，配备专职防疫员，主要普及对白喉、麻疹、牛痘疫苗接种和强化灭“四害”工作，发动群众开展以灭鼠为中心的灭“四害”运动。1957年5月，县地方病调查摸底小组对陶厂乡进行地方病及钉螺调查。结果显示，全乡居民基本都是饮用池塘水，少数居民饮用河水及井水。农村居民生活环境卫生状况很差，牲畜粪便和生活垃圾处理不当，饮用水受污染严重，农民卫生习惯差，丝虫病、头癣等广泛流行。全乡患头癣的有263人，丝虫病患者205人，麻风病患者6人，甲状腺患者8人，另有疟疾、大肚病等其他常见病，全乡患病人数占总人口的4.59%。1960年，政府将灭“四害”改成灭“八害”(老鼠、苍蝇、蚊子、麻雀、臭虫、跳蚤、蟑螂、钉螺)、灭“五病”(血吸虫、疟疾、丝虫病、钩虫、头癣)。同时加强妇幼保健工作，培训助产士和护理人员，加大卫生防疫工作的力度。

(一)血吸虫病防治

20世纪60年代初，陶厂公社10个大队139个生产队中有4个大队13个生产队流行血吸虫，钉螺分布面积6.27万平方米。1964—1965年，政府采取人工填埋、开新填旧、铲埂帮埂、药毒火烧等措施，一举歼灭了血吸虫宿主——钉螺。1970年，全社再次组织千余人进行全面大普查，将有钉螺的11条沟、4道坝、4块滩、3口塘共3.73万平方米的面积内杂草、草皮全部铲光除净，将塘坝加高培厚、填旧开新，彻底消灭钉螺滋生场所。1973年3月，陶厂公社根据上级指示要在年内彻底消灭血吸虫，达到“三无”(无钉螺、无病人、无病牛)标准，再次对社内4个流行大队进行两次钉螺排查，非流行区也进行一次排查。加强对流行区的粪水管理，做到粪便无害化、饮水卫生化，巩固血防成果。关镇公社马山、司

陶厂发动群众消灭血吸虫病

徒、卜李、规山4个大队的18个生产队流行血吸虫病。1970年以后，关镇公社用3年的时间，先后发动近万人开展5次查灭钉螺大会战，填埋了16个山洼、13条沟渠、3口水塘，喷药浸泡了所有螺田，铲草皮改变钉螺滋生环境，清理长达10千米的陶厂河，消灭血吸虫战斗取得阶段性成果。1980年，含山县宣布完全消灭血吸虫病。

（二）改善环境卫生

1977年，陶厂、关镇公社在开展血防工作的同时，努力推广“两管、五改”工作，即管水、管粪和改良水井、厕所、畜圈、炉灶、环境。根据县《“两管、五改”实施要求（试行）》的要求，1981年陶厂镇组织机关、学校、村庄清除垃圾、清除卫生死角、清理污水。1984—1985年建立“门前三包”制度，坚持定期进行清洁卫生检查。1997年2月，陶厂镇推行垃圾袋装化，实行定点定时清理垃圾。

1998年，陶厂镇政府制定了《陶厂镇城镇管理实施细则》，对陶厂镇规划区、关镇和铜庙街道范围内环境卫生进行统一要求，严禁乱倒、乱抛各种垃圾、污水，严禁随地便溺。集镇内环境卫生由城管办和街道统一管理，各单位负责卫生责任区的清扫保洁，垃圾的清运和处理由城管办负责。集贸市场卫生，由主管部门负责清扫保洁，定期消毒除害，并及时清运到指定的场地。2018年10月，陶厂镇在全镇范围内开展村容大整治专项活动。镇村干部带着村容大整治宣传手册，入户宣传整治内容，发动群众清理堆放的垃圾、杂物及污染物，清理村庄周边、水边、路边、房前屋后、树丛中的陈年垃圾。镇城管办加强对保洁公司的监督，对垃圾做到日产日清。整治过程中，把杂物乱堆乱放作为整治重点，彻底清理整顿村内公共区域、水源地周边和庭院内垃圾乱倒乱堆、柴草乱放、畜禽乱放，做到柴草、杂物在房屋背面、院内靠墙堆放整齐。

陶厂镇加强污水治理，根据生态排放的目标，首先是广泛宣传，从思想上改变群众对入河排污口治理的认识，增强全员保护水体的意识和积极性。健全入河排污监管制度，实行入河排口网络直报，从源头切断企业入河排水口违法排放。另外，对所有住户排污口进行治理。截至2021年末，全镇累计发放《给全镇广大居民朋友们的一封信》《陶厂镇保护水体公约》等宣传资料1700余份，让水体保护意识深入人心。其次开展摸底溯源。陶厂镇按照“全覆盖、重实效、能操作”的原则，将现有排口分为工业企业排口、污水处理站、雨洪径流排口、农业排口、建成区排口（混排口）五大类。组织专业力量，以陶厂河两侧岸线向陆地一侧延伸2000米为范围，划片区、分网格开展全覆盖排查，建立排污口名单，清理出全镇直接、间接入河排污口50个，查明污水来源、排放路径等基本情况。再次是设施升级。对全镇所有污水处理设施及其配套管网进行改造，对现有污水处理能力不足的问题，依照“统一规划、分步实施”原则，实施陶厂镇街道和农村污水处理设施改造计划。截至2021年末，全镇已完成污水处理设施改造10座，污水日处理能力由原有的350吨提升至1500吨，延伸管网长度7千米，有效地提高了全镇污水处理能力。

（三）抗击非典

2003年，全国发生非典型肺炎病毒疫情。4月，陶厂镇及时成立防治“非典”领导组，制订《非典防治工作实施方案》，加强“非典”防治宣传，对外来大客车经过境内的由专门机构进行检查，严格执行外出务工回乡人员登记制度，对6493名返乡人员进行逐一检查，并实行两周隔离措施；对办公场所及人流多的地方进行消毒；镇卫生院开设发热门诊；村委会组织卫生人员和计生专干对健康随访对象连续两周每天随访一次；在全镇实行“块管条包”，各单位负责随访工作，为期两周，并逐日向镇政府报告；各类中小学和幼儿园、托儿所实行晨检制度，发现有发热症状的学生和儿童立即送医院检查。由于防控措施得力，陶厂镇境内没有发生“非典”病例。

（四）防控新冠病毒肺炎疫情

2020年1月，全国新型冠状病毒疫情突然大面积暴发。疫情开始，陶厂镇将疫情防控作为压倒一切的政治任务，全面加强疫情防控工作。防疫期间，镇村包保干部每天上门观察外来返乡居家隔离人员的身体状况，每天上下午，上门测量体温；同时送购生活物资，保证日常生活所需，还为每户送去“家庭防护包”，内含联系卡、就医导示图、一封信、温度计、口罩、县疫情防控工作应急指挥部通告等物品。同时积极和他们交流，帮助他们舒缓情绪，消除恐慌心理。

2021年，陶厂镇根据县疫情防控指挥部要求及有关文件精神，升温加压、细化措施、关口前移、织密网格，从五个方面抓实精准防控。一是重“包”。村级卡点实行“双包”管理，严格落实村（社区）最小网格化管理，全镇共132个卡点由镇分工干

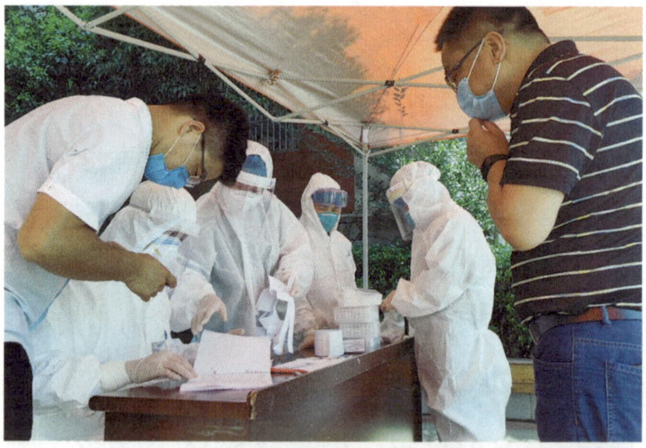

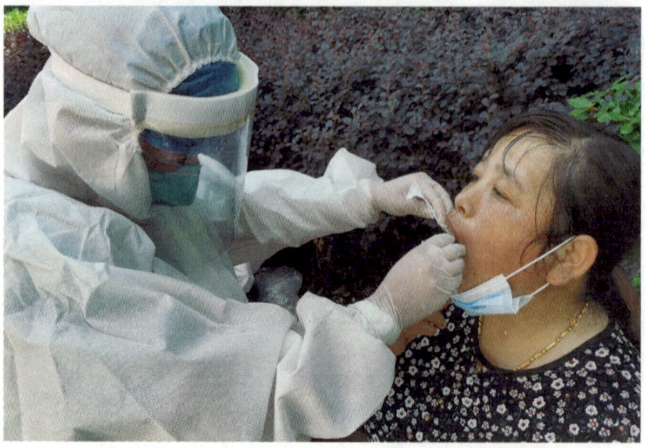

陶厂抗击新冠疫情全员核酸检测

部、村包片干部实现“双包”包保制度，规范卡点值守、交接班，确保自然村封闭管理到边到位。二是抓“巡”。每个村成立村内巡逻队，及时对村内群众聚众聊天、聚餐聚会、打牌等行为进行劝诫。成立疫情防控综合执法队，加强对集镇农贸市场、超市、餐饮等公共场所管理，对违反规定聚集和不按规定佩戴口罩等行为进行劝阻。三是强“控”。做好咳嗽发热等症状人员跟踪监测、摸排管理，所有身体有异常症状者及时送到定点医院就诊治疗，并做好登记上报；强化对从高风险地区返乡人员摸排力度，准确掌握相关人员行踪和动向，由镇村干部双包保，对于有回乡意向的第一时间报告镇指挥部，及时通过电话、家人联系等方式劝阻人员返回。成立联防巡查组，对农贸市场、关镇街道、铜庙集等公共场所实现严密管控，严格落实测体温、戴口罩等防控要求。四是力“严”。实行自然村封闭化管理，严把人员进入关。五是联“防”。实施“十户联防”机制，由网格党小组牵头，以自然村为基础单元格。自然村内每相邻10户编成1个小组，通过“十户联防”机制，及时掌握下辖的各户是否有身体状况异常人员；另外，小组长每天了解下辖的各户是否有人员从外地返乡，特别是疫情严重地区返乡人员，做到及时掌握、及时上报、及时处置。到2021年1月，对全镇返乡过春节的外来人员进行核酸检测，本地检测做到应检尽检。陶厂在外打工返乡人员没有发生一起感染病员，防控工作取得阶段性胜利。

四、计划生育

1972年7月1日，陶厂公社成立以李忠兰为组长的计划生育领导小组，各大队也相应成立计划生育领导小组。计划生育工作开始列入公社党委重要议事日程。

1973年，县计划生育委员会根据人口出生比例18‰下达陶厂公社出生人口指标284人。为此，陶厂镇革委会给各大队、社直单位下达计划生育指标，开展广泛宣传，批判“重男轻女”“养儿防老”“多子多福”等传统思想。出生人口计划下达后，出生人口凭准生证登记户口和领取口粮布票。公社卫生院做好上环、人工流产和结扎手术，同时在大队卫生员和生产队接生员中培训有关计生技术，提高节育手术质量。1974年2月，陶厂公社颁布《关于实行计划生育若干问题暂行规定》，除了宣传教育外，对于农村口粮分配标准按人分等定量、实行节育手术假期待遇、妇幼保健优先照顾和关怀等方面作出具体规定。

计划生育控制人口增长面临较大困难。据1975年陶厂公社卫生院计划生育情况汇报，全社育龄妇女1826人，共做“四项手术”1249例，综合节育率68.3%，比1971年同比上升21.5%。此外服药节育297例，使用避孕工具25例。这一年陶厂公社出生人口338人，占总人口20.69‰，超过规定指标18‰。1976年，省地县下达指标出生率为10‰以下，陶厂公社出生人口指标数为141人，但预计出生人口180多人，压力巨大。据统计，1976年全社有生育能力的妇女1922人，采取节育措施的910人，其余人处于失控状态。为此，陶厂公社把141人出生人口指标下发到各大队，超出部分一律采取措施，严格控制人口增长。在计划生育宣传过程中，陶厂公社注意抓好典型，将九联大队作为重点，推广齐抓共管经验。1971年九联大队出生93人，自然增长率55‰；1972年出生48人，自然增长率

27‰；1973年出生30人，自然增长率下降到16‰，低于规定指标18‰；1975年出生27人，自然增长率进一步下降到14.6‰。

做好关爱工作。陶厂公社在计划生育统一手术期间，对手术对象供销社供应红糖、卫生纸，食品站供应猪肉、猪肝等营养品。陶厂中学让出学生宿舍床铺给手术者休息。生产队也对手术者给予同等工分照顾。此外，发动干部带头节育，特别是妇女干部以身作则。三庄大队妇女主任谢震兰两次上环身体不服，但坚持不取，在她的带动下，全大队育龄妇女165人一次就有24人上环，全队上环123人，结扎6人，服避孕药15人。九联大队15个妇女组长除2人为刚结婚外，其余13人全部上环。向阳生产队妇女组长占应菊第一胎后主动上环，全队3个妇女也跟着上环。九联大队朝阳生产队育龄妇女周理兰婚后8年未生，后生一女孩，她主动要求上环。西山大队竹园李东队12个男劳力，犁田养猪除掉8人，只有4个男劳力，主要农活由妇女去做。这个队7位妇女组织一个铁姑娘队，坚持晚婚，集中精力搞生产，犁田车水样样来，栽秧割稻个个上，重活苦活抢在前。群众说："我们生产队，就是吃这7个姑娘的饭。"

1986年，全县人口控制指标为：人口出生率控制在11.54‰，自然增长率控制在6.54‰，一孩率68‰以上，多孩率8‰以下。为此，陶厂镇、关镇乡利用冬季开展计划生育突击会战。1989年，含山县实行逐级计划生育责任承包，陶厂镇、关镇乡较好地完成承包指标。同时，两地平战结合，常抓不懈，特别是抓计划外怀孕补救措施和一孩上环工作，不仅减轻了秋冬会战的压力，而且对控制以后几年人口出生有很大意义。

1987年至1990年陶厂、关镇人口控制指标

表9-4

单位	类别	1987年	1988年	1989年	1990年
陶厂镇	出生率(‰)	13.20	14.94	16.94	17.64
	自然增长率(‰)	8.20	9.94	11.94	12.64
	一孩率(‰)	65	68	71	71
	多孩率(‰)	8	7	6	5
关镇乡	出生率(‰)	13.20	14.64	16.64	17.30
	自然增长率(‰)	8.20	9.64	11.64	12.30
	一孩率(‰)	65	68	71	71
	多孩率(‰)	8	7	6	5

1989年陶厂、关镇四项手术完成情况统计表

表9-5　　　　时间:1—11月

单位	四项手术总任务（人）	全年完成情况			秋冬季会战情况				
		结扎	上环	人流引产	结扎（人）	上环		人流（人）	引产（人）
		完成率（%）	完成率（%）	完成率（%）		人数（人）	一孩上环（人）		
全县	9294	53.82	57.82	101.31	1311	838	428	538	46
陶厂	453	52.78	84.01	117.58	50	24	10	16	5
关镇	328	77.24	61.27	111.11	74	22	4	7	2

1990年10月，全县计划生育工作重点转向“女儿户”，要求所有“女儿户”都要结扎，一刀切。为此，陶厂镇政府采取“清、收、追、罚、拆、严、奖”等行政措施，即清理民办教师和乡镇村干部是否扎清；二女户先交押金，限期未到生育改为罚款；追查外逃结扎户，派人外出，联系当地政府就地结扎；凡计划外二胎，罚款并限期结扎；对少数外逃户，选择影响大的超生户，采取拆房子方法给予重罚；对“女儿户”结扎除实行养老保险外，还给予一定的物质奖励。由于工作力度加大，扭转了计生工作的被动局面。

1992年底，含山县计划生育工作被关进全省12个后进县的笼子。1993年在“笼子效应”的高压下，陶厂镇采取一系列超常措施和刚性政策，投入力量，行动规模、措施力度都达到前所未有程度。主要措施包括：摸清“四情”，即婚情、孕情、育情、术情；跟踪“四期”，即婚期、孕期、产期、术期；统一填写“十二簿一卡”和“三簿一卡”。这些措施，有效地控制了人口出生率。

1996年，陶厂镇由于外出务工人员多，管理难度大，导致计划生育失控，计划外生育现象严重，计生工作处于全县倒数第一位，被县委、县政府处以黄牌警告。为此，镇党委通过调查分析，首先充实镇计生办人员，由原来的8人增加到13人，调整分管负责人，全镇所有村配齐初中以上文化水平、懂业务的村级计生专干，并且给予他们村脱产干部身份，工资报酬提高到村主任档次，并保证按月由镇政府一次性发放到位。各村（街道）成立计划生育领导组，村村都成立由老党员、老干部和村民组长参加的计划生育协会，从组织上给予保证。1996—1997年镇政府投入30万元，在全镇各村建起功能齐备的计生医务室，方便群众孕检。其次强化计生政策宣传。自1997年开始，镇政府在广播电视上开辟计生专题节目，各自然村在醒目位置和交通路口书写各种计生标语、口号和规定。再次强化措施，加大计划外生育行政处罚力度，集中全镇机关干部和村干部分成若干小组，对计划外生育的进行集中跟踪上门服务，狠抓政策兑现。1997—1998年集中统一行动5次，用时6个月。集中整治期间，工作人员上门宣讲计生政策，对计划外生育的对象户实施处罚。最后加强计生“两检”服务。为方便在外地务工人员，1998年镇政府专门派人到

北京开展“两检”，还在上海、广州等地联系设立代检办理处，减少了参检对象往返费用和务工损失。

2001年3月，陶厂镇进一步明确目标任务，强化岗位责任，落实奖惩措施，确保当年计划生育工作年终考评达到全县二类乡镇水平，力争进入先进行列。对重点村、重点户做到“三抓”，即抓手术到位，抓政策兑现，抓瞒报漏报清理。对一男孩超生二孩征收2万以上计划外生育费；已有二孩超生三孩（或三孩以上）征收2万以上计划外生育费，且上不封顶。由于措施得力，2001年、2002年全镇出生率分别控制为8.55‰、8.13‰，低于全县平均水平。

2003年，陶厂镇按照计划生育“力度不减、温度不降”的要求，全年签订育龄妇女计生合同1711份，签订未婚青年计生合同536份，办理婚育证4053本；年初组织4个组进行春季计划生育突击会战，全年结扎80例，其中两女户13例，上环230例，取环42例，人流47例，引产8例，清理非婚同居36例；落实计生一票否决，年初对10个村计生工作做得好的发给三年一轮的岗位津贴3.3万元，对做得差的村书记、主任取消津贴，并罚款；兑现独生子女保健费，全年补发独生子女保健费6万多元；兑现两女户优惠政策，为两女扎对象户办理了养老保险，并对其筹资筹劳进行减免。2003年，全镇人口出生率为8.15‰。但是，由于出生错漏报现象严重，四项手术和孕环检工作严重不到位，计划外生育比例不断升高，计划外生育费征收力度不大等原因，2003年陶厂镇计划生育工作又一次全县排名倒数第一，并被县委、县政府再一次黄牌警告，进了市、县两级设置的计划生育“笼子”。

2004年2月，陶厂镇为了扭转计划生育工作被动局面，进一步强化管理，加大力度，首先决定实行计划生育工作双轨制，由计生办、计生服务所从事常抓工作，其次将镇机关全体干部编成5个组，分工到村，责任到组，全年捆绑分工，一包到底，严格兑现奖惩。为彻底厘清全镇计划生育底数，9月在全镇范围开展计划生育清理工作，主要内容包括六项：已婚育龄妇女底数，出生人口错报、漏报、虚报和重报，长效节育手术欠账，流动人口情况，社会抚育费征收，党员干部计划外生育情况。

2005年2月，陶厂镇制定《关于进一步强化计划生育工作的实施意见》，把计生“八清理”工作作为工作重点，着重解决手术错漏报、手术欠账问题。落实计生扶贫工作，上报符合扶贫政策的对象19人。2006年继续加大力度，重点抓手术，抓处罚。在政策执行中主要存在计划外生育普遍存在，手术及时到位率低，尿检工作流于形式等问题。为此，镇政府组织人员认真研究政策和镇情，狠抓手术进度，严格执行经济处罚。2008年，陶厂镇成功通过省、市、县计划生育检查。

2011年，陶厂镇充分发挥“村为主”的主观能动性作用，采取周调度、旬通报、月总结，以奖代补等工作机制，大大调动了镇村两级干部的工作积极性，一改以前被动的工作局面，全镇的计划生育各项指标明显好转，群众的计划生育意识明显增强。县委在陶厂召开全镇计划生育工作深入推进现场会，将陶厂镇的有效措施向全县推广。2012年以后，针对陶厂镇进城务工人员多这一特点，镇村计生办多措并举，加强基础信息摸排，加强与流动人口的联系、沟通，提升流动人口计生管理水平。计划生育工作各项政策得到较好的落实。

陶厂驻京流动人口计划生育协会成立大会

2015年，陶厂镇加大对计划生育工作的资金投入，一是对农村部分计划生育家庭实行奖励扶助制度，全年共兑现159人，发放金额19.32万元；扩面16人，发放金额1.61万元；特扶15人，发放金额6.23万元；手术并发症13人，发放金额1.72万元，以上共计203人，发放总金额28.87万元。二是充分发挥计生协会的作用，摸清计生家庭的基本情况。2015年全镇上报贫困母亲4人，子女教育成才6人，困难家庭2人，大病救助2人，共计兑现资金2.9万元。三是落实计划生育优待政策，兑现1994人，兑现资金7.8万元；独生子女保健费发放608人，共13.83万元；四项手术奖励42户，兑现奖励资金1.27万元。同时，加大对全镇流动人口监管力度，加强与外地相关部门的联系、沟通，提高流动人口管理水平。

2016年初，国家全面放开二孩生育政策，之后又放开三孩，取消征收超生社会抚养费，推行多年的计划生育政策迎来重大调整。当年10月末，全镇统计年度内出生520人，其中，一孩政策内出生252人，二多孩政策内出生209人，政策外出生31人。全镇计划生育政策符合率为94.08%，人口出生率为12.83‰。从年初放开二孩的政策影响看，人口出生率显著上升。全镇已婚育龄妇女8312人，其中，无孩妇女523人，一孩妇女4320人，二孩妇女3171人，多孩妇女298人。期内实行计划生育手术158例，其中女扎2例，上环117例，新技术避孕12例，人流引产27例。通过生育政策放开几年来的情况看，群众生育意愿下降明显，2021年全镇出生332人，人口出生率大幅下降为7.93‰，甚至低于计生高压政策年代的出生率。

2017—2021年陶厂镇二孩政策后人口出生统计表

表9-6

年份	出生数（人）	出生率（‰）	二孩数（人）	三孩数（人）
2017	557	13.6	270	30
2018	526	12.8	265	36
2019	487	11.9	236	23
2020	428	10.4	215	33
2021	333	8.1	168	33

第四节　社会保障

2006年底，安徽省委、省政府针对广大群众最关心、最直接、最现实的“生活难、看病难、上学难”问题，开始实施12项“民生工程”。2007年，安徽省全面建立起农村居民最低生活保障制度。2008年，安徽省在继续实施12项民生工程的同时，又新增实施6项民生工程。此后，含山县也开始实施民生工程，建立社会保障体系。陶厂镇根据县委、县政府要求，建立以新型城乡居民医保、城乡低保、城乡养老金、脱贫攻坚、特困人员供养等为核心的社会保障体系。

陶厂镇按照县民生办统一部署和要求，成立民生工程领导小组，下设办公室，简称“民生办”。民生办具体负责全镇民生工程的目标分解、协调指导、数据汇总、报表上报、资料整理、上报信息等日常事务。民生办根据县民生工程目标责任书，将目标任务分解到部门，量化指标，细化内容，落实责任人。2010年，镇政府制定了《陶厂镇民生工程实施方案》《陶厂镇民生工程监督通报制度》，由镇民生办牵头相关部门，不定时对民生工程实施情况进行督查，随时掌握民生工程项目动态，具体解决项目实施过程中出现的问题，确保民生工程顺利推进。

陶厂镇注意加强民生工程资金管理，制定《陶厂镇民生工程资金管理办法》，民生工程资金实行专款专用，规范完善资金拨付程序，严把审核关。补助类资金通过“一卡通”及时足额发放到人；工程类资金，按实施进度及时、足额拨付到专户。在含山政务公开网上公示民生工程数据、补助类项目受益对象信息及补助金额；工程类项目公示项目名称、开工及竣工时间、建设单位、监理单位、项目负责人、监督电话等，让民生工程资金在阳光下运行。

一、城乡低保

“最低生活保障（简称低保）制度”是政府根据维持最基本的生活水平需求而设立的一个最低生活保障标准。每个居民共同生活的家庭成员人均收入，低于当年最低生活保障标准之下时，通过申请审核都可以获得政府按照标准提供的救助。安徽省自1996年开始实施这一制度，经历了推广、提高和完善阶段。各地根据当地生活水平不断调整最低生活保障标准。2007年，安徽省全面建立起农村居民最低生活保障制度。陶厂镇从2006年开始到2010年底，三次提高农村低保标准，保障标准由2006年的每人260元和280元两个标准提高到每人每年577元、317元和140元三个档次；2007年全镇共办理农村低保252户，城镇低保27户。城镇低保保障标准也由2006年的每月180元提高到2010年的每月260元。2011年陶厂镇有1386人享受城乡低保。从2012年1月1日开始，城乡低保标准由原先的户年人均1400元、1350元，大幅提高至户年人均3480元。自2013年11月1日起，城乡低保标准再次提高，由户年人均3480元提高至4260元，人均年增长420元；农村困难居民基本生活水平得到有效改善。2012年，陶厂镇按时打卡发放农村低保186.6万元。2013年，陶厂镇农村低保人均月补差190元。2013年，陶厂镇发放城乡低保1376人、219.5万元。

2014年卜李村召开低保公开评议会

镇村干部在铜庙村，向申请低保户核实情况

2014年，为贯彻落实《社会救助暂行办法》，县设立“含山县社会救助管理中心”，承担城乡低保管理和信息核对工作。此后，陶厂镇启动社会救助专项整治工作，对在册的城乡低保对象逐户核实家庭成员、经济收入和财产状况，组织民主评议并公示，对不符合的对象予以核销。在政务大厅设立“社会救助”窗口，安排专人办理“社会救助”申请，为解决困难群众“求助有门、受理及时”打造“绿色通道”。自2014年12月1日起，城镇、农村低保户月人均补助分别提高到495元、395元，增幅分别达10.3%、10.2%。全镇经重新审核城乡低保，共有954户1489人享受，年发放低保款401.2万元。这项政策使得城乡困难居民生活得到有效保障。

2015年12月，陶厂镇根据马鞍山市印发的《关于调整城乡居民最低生活保障标准的通知》，再次提高城乡低保标准。其中，城镇低保标准由户月人均495元提高到520元，增幅5%；农村低保标准由户月人均395元提高到427元，增幅8%。提标后，城乡低保标准差距缩小10%。2015年，陶厂镇实施社保兜底脱贫工程，建立健全社会保障救助制度。对符合条件的贫困家庭建档立卡，全部纳入低保范围。是年，陶厂镇重新审核城乡低保对象，享受低保1508人，全年发放低保款382.3万元。

2016年，陶厂镇全面规范城乡低保和特困供养审核，共发放低保、特困金475.5万元。2017年，陶厂镇享受城乡低保政策722人，发放补贴款413万元。2018年，陶厂镇享受城乡低保922人，发放补贴款534.5万元。2019年，全镇享受城乡低保951户1419人，共发放保障金744万元。2020年全镇享受城乡低保930户1408人，共发放保障金794万元。2021年全镇享受城乡低保928户1403人，共发放保障金819.73万元。

二、城乡养老保险

实施城乡养老保险制度，国家为每个参保人员建立养老保险个人账户，参保人员按月领取养老金。1998年1月1日,《安徽省统一企业职工基本养老保险制度实施方案(试行)》开始实施。2011年,陶厂镇就业和社会保障事务所开始对全镇村(社区)60周岁以上参保人员进行登记,严格审核参保人员资格,填写参保登记表。2012年,全镇城乡居民养老保险参保2.13万人,参保率达89%。2013年11月,陶厂镇基本实现城乡养老保险制度全覆盖。2014年,新型农村居民养老保险续保率达99.82%,位居全县第一。2015年《含山县城乡居民养老保险实施办法》规定,从2015年7月1日起统一调整职工2015年度社会保险费(养老、失业、医疗、工伤、生育)缴费基数,可选择不同标准申报。2015年10月,陶厂镇按时完成缴费基数调整工作,新型农村居民养老保险续保率99.82%。

从2016年开始,陶厂镇农保所每年对享受待遇的城乡居民进行一次领取资格审核,是年新增参保人数为272人,续保14406人,完成续保90%任务。2017年,全镇续保12906人,养老金发放率100%。2018年,续保缴费12033人。2019年续保12745人,占全年任务数103.26%。2021年,陶厂城乡居民养老保险民生工程目标任务为11403人,全镇60周岁以上符合条件的参保人员,全部按规定享受了城乡居民养老保险待遇,养老金发放率为100%。

三、特困人员供养

特困供养对象是指农村中无法定扶养义务人,或者虽有法定扶养义务人,但扶养义务人无扶养能力的老年人(女55周岁、男60周岁以上)、残疾人和未成年人。政府在其吃、穿、住、医、葬方面给予特别照顾和帮助。

陶厂镇特困户办理,由本人申请或者村民小组提名,村委会初审,并在村务公开栏张榜公布一周后上报镇,镇政府审核后报县民政局,县民政局会商县财政局后审批。审批后的人员名单在村务公开栏再次张榜公布一周,如无异议,颁发由民政部门统一印制的《特困人员救助供养证》。对审核批准的特困供养对象和分散供养对象,年人均定额补助生活费3140元;集中供养对象年人均补助4260元,补助标准逐步提高。据统计,2011年、2012年,陶厂镇农村有特困户351人,发放生活补助81万元;2013年,有特困户379人,发放生活补助89.2万元;2014年、2015年,向331名特困户每年发放生活补助金125万元。

陶厂镇特困户定额补助资金实行社会化发放,由县财政部门委托陶厂镇邮政储蓄银行按季度统一发放,做到一户一折。每季度第一个月15日后特困对象就能领到补助金。2016年,国家进一步提高特困人员供养标准,其中分散供养标准由每人每年3460元大幅提高到4208元,年人均增加748元,同比增长21.6%;集中供养根据敬老院评定等级由低到高,年补助标准分别为4800元、6000元、7200元三个档次。2016年全面规范城乡低保和特困人员供养审核,311人享受特困供养,按季度打卡发放补贴资金113.1万元。2017年,全镇农村特困人员247名,发放补贴122.4万元。2018年特困对象303名,发放补贴165.2万元。2019年,特困对象200名,发放补贴161万元。2020年特困对象265名,发放补贴182.6万元。2021年特困对象255名,发放补贴185.6万元。

敬老院　1985年，陶厂、关镇两乡在全县率先建成敬老院。2005年12月，陶厂镇投资20万余元建造关镇敬老院，敬老院有宿舍16间，厨房3间。2008年，陶厂镇新敬老院正式启用，首批20多名特困老人入院，供养标准明显提高。2010年8月，含山县民政局下拨资金25.2万元，用于陶厂农村敬老院的扩建工程。至2021年，陶厂敬老院建筑面积2728平方米，有工作人员8人，供养老人32人，全部按全托养标准供养。2021年，陶厂镇又投入25万多元实施敬老院改造工程，建设通透围墙约48.5米、实心围墙255米、挡土围墙26.5米，同时投资102万元建设敬老院消防喷淋系统。有关部门按季度对辖区内养老服务机构消防安全、食品卫生进行全面检查，要求敬老院实行24小时值班制，食品留样48小时，发现问题及时整改到位。新冠疫情防疫期间，对敬老院所有住房和活动场所定期消毒，敬老院全封闭管理，确保老人安全。

陶厂镇敬老院

2018年，重阳节镇舞蹈队赴敬老院慰问演出

第十章　风土民俗

陶厂地区在漫长的历史中形成的风土民俗，有些与县内其他地区基本相同，但也有不少独特之处。由于陶厂历史上是繁华的商贸集镇，乡脚广远，一些风俗习惯、传统技艺、美食名点自然被带入当地。如20世纪五六十年代，和县回民仝道荣开设的清真饭馆，其制作的牛肉汤、羊肉汤享誉四方。张瑞鼎茶馆从民国一直经营到新中国成立后，才改为陶厂“合作食堂”。陶厂人称的“大食堂”创制了许多响誉一方的早点和菜肴。张正海独创的酥饺为含山独树一帜的早点品种，计家卤牛肉、蒋家卤猪蹄也是名扬四方的特产。全县除江北重镇运漕外，陶厂是土特产和民间技艺最为丰富的乡镇。清末民国时期，陶厂、关镇乡间单方名医发达，擅长治疗一些疑难杂症，凭借神奇的疗效而声名远扬，留下宝贵的传统技艺。陶厂的扎彩在全县堪称一绝，其制作的花船、蚌精、杂灯最为出名，乡村玩灯习俗一直延续至今。这些风土民俗不仅充分体现了陶厂地区独特的民俗风情，也体现出陶厂人民的聪明才智。

第一节　特色美食

一、茶馆早点

小笼包　陶厂茶馆小笼包选用上等面粉，加水揉和，再用擀面杖擀成纸张一般薄的包子皮，馅料以猪腿肉剁成的肉末加姜末、皮冻、盐等配制的馅料捏制而成。蒸熟后的小笼包皮薄透亮，夹起来底皮下垂而不漏汤，入口汤多味美，蘸醋食用别有一番风味。同时还有大包子、菜馅包子、粉丝包子，味美价廉，广受百姓喜爱。

小笼包

蛋锅贴饺子　加工方法是将捏制好的饺子先上笼蒸熟，然后平底锅中倒入新榨的菜籽油，将饺子煎成金黄色，再浇上搅拌成糊状的鸡蛋液，在锅中煎10分钟即可，色泽金黄，蛋香四溢，油而不腻。此早点为含山独创，远近闻名，陶厂及其他乡镇茶馆均有售卖。

蛋锅贴饺子

拌干丝　陶厂的香干质量好，一块能剖出10层左右，切后细如棉线，韧而不断。切好的干丝用开水烫好，加少许大蒜、香菜、嫩姜丝、红辣椒丝、虾米等配料，浇上酱油、麻油和少许陈醋，再撒上一些揉去皮衣的花生米即可。食之鲜香爽口，风味别致，成为含山人吃早点必点的一道美食。

拌干丝

烧卖　其制作方法是将糯米煮熟，加入盐、酱油、葱花等配料搅拌成馅待用，然后用糯米制成的面皮包上馅，捏成圆锥状，上蒸笼蒸30分钟即可。此美食为素食，入口筋道，糯香浓郁，回味悠长。

油炸狮子头　油炸狮子头是传统的早点品种。其做法是将老面发酵至切开呈均匀一致豌豆大小的蜂窝状，且闻到面香；再加上葱花，放少许盐。下锅油炸时要用本地产的菜籽油，以新榨的油最好。炸时火候的掌握是关键。出锅后的狮子头呈深黄色，放在案上像只顽皮的小狮子，故名。陶厂狮子头里外通酥，且外层不焦不煳，入口香脆。老食客拿到狮子头，双手用力一搓，搓碎后放在盘子里，一边喝茶，一边品尝。

烧卖

张正海酥饺　陶厂老街散子巷的张正海茶馆，酥饺是其独特早点品种。张正海岳父周本林，民国时期拜陶厂餐饮老师傅王大银学习红白案手艺。新中国成立后公私合营时，在陶厂合作商业所属大众食堂工作，专门从事白案手艺。早点几十种样样都制作精巧，味道鲜美。张正海虽然师承岳父周本林的白案手艺，但酥饺是他开店后在糖饺基础上改进独创的品种，一经推出便受到人们喜爱。

油炸狮子头

酥饺的面皮制作方法独特，先将锅里的水烧开，放少许食用碱、菜油烧沸使之均匀相溶，住火，将生面粉放入锅里，不停地搅拌、揣揉。揉成团后再放到案板上继续揣揉成熟面，达到需要的筋道后为止。然后切成块状摆放在案板上，再把案板上的块状面搓揉成圆柱形条状。然后左手拿着面条，右

张正海酥饺

手连续摘断成3厘米大小面块，一块块放着，撒上干面粉，用小号擀面杖，擀捻成圆弧形饺皮，放入肉馅，捏成饺子，下锅油炸。炸成焦黄色漂浮在油上，捞上滤油。酥饺趁热吃味道更好，皮酥馅鲜，回味无穷。

张正海早点铺原本在陶厂老街的鸭蛋巷，20年前他买下了现在散子巷的房子。此房子为四间老式砖瓦结构，后面有个院子。平时屋里摆4张饭桌。每到陶厂逢集，吃早点的人多时，在院里再临时加摆两三张桌子，甚至在门口加摆两张桌子。他家使用的都是传统炊具，大锅土灶，燃料是干柴、松毛、山草。蒸包子、锅贴饺子、油炸点心都是铁锅、竹蒸笼，别有一番风味。所使用的肉馅都是当天在菜市场买的猪腿肉，买回后用刀在砧板上剁烂成肉泥，再加入各种佐料拌匀，放在瓷盆里醒肉，半小时后味道出来才用于捏制饺子。

陶厂镇盖房上梁有撒糖和点心的习惯，每当有人家上梁都到他家定做上百份的点心，里面必有酥饺。农村结婚、生孩子、小孩过生日等各种喜事，早餐上更是少不了酥饺。

二、酒馆菜肴

计家卤牛肉　计家卤牛肉选用本地水牛为原料，取其精肉切成一斤左右块状，用大粒粗盐均匀抹上，码放在陶缸里腌制，每天上下翻动两次，七八天出缸。出缸后先煮去肉中血水，再将牛肉浸泡在祖传秘制卤汁中，加入20多种香料，大火烧开后改用小火煮一个半小时。其特点是卤牛肉味香耐嚼，越嚼越香，淋上麻油，蘸上胡玉美辣椒酱是下酒的好菜。

陶厂计家牛肉传承人计国宝、计平兄弟祖籍定远县蒋集乡，后计家的五爷逃难到芜湖，民国初期进了芜湖市有名的“孙记绿宝卤菜店”跟大厨学制卤菜。“孙记绿宝卤菜店”就是后来芜湖有名的“五香居熟食卤菜公司”的前身。计家老二计文君逃荒定居含山陶厂镇，后到芜湖跟五爷学会卤菜手艺，学成后回到陶厂做卤菜生意。

计家卤牛肉

陶厂计家牛肉传承人计文君三子计明龙，1958年由含山县到马鞍山钢铁公司南山矿，在大食堂里学徒烧菜，后被单位派往芜湖的“五香居”培训，专门学习卤菜制作技术。1961年，他辞去工作回到陶厂，进入合作商业所属的陶厂食堂，为红案师傅。1984年，他自主创业，开办了计明龙饭馆。他在经营中，不断征求食客意见，形成了计家卤牛肉独特风味，深受食客喜爱。现计家卤牛肉制作技艺为马鞍山市非物质文化遗产代表性项目，年销售量15吨。每年冬季，真空包装的计家卤牛肉大量销往周边各地。

蒋家卤猪蹄 蒋从喜出生在上海，1964年随父亲下放到老家陶厂西塔村邱蒋村。20世纪90年代初，他在上海亲戚家饭店里帮厨，学会了一些厨艺，主要还是自悟。后他在家开设饭店，拿手菜有红烧鱼块、白斩鸡、烧鳝段，但最为出名的还是卤猪蹄。

蒋家卤猪蹄的出名源自一个故事。1994年夏天的一个中午，一位老主顾在蒋家饭店请人吃饭，还特地带来芜湖“五香居”卤猪蹄。蒋师傅看到客人带菜来很不高兴。这位老主顾要他尝尝，并刺激他说，如果你能做出这味道，以后我每次来必点你家猪蹄，随后还叫蒋从喜上桌喝酒。他细细品尝一下“五香居”的猪蹄，吃着吃着觉得自己做的猪蹄跟人家确实不能比。他感到自己是井底之蛙，于是下决心一定要提高自己的技艺。从此他潜心研究，不断改进配方，尝试新的做法。这一年，他十多次专门去芜湖“五香居”买回卤猪蹄，与自己研制的卤猪蹄反复作比较。功夫不负有心人，一年后他终于摸索出一套卤猪蹄的配料和方法。

蒋家猪蹄

猪蹄要好吃必须有好料。蒋家皆用现宰杀的猪蹄，不用冷冻和进口猪蹄，保证材料新鲜地道。卤制前清洗干净、除去猪毛，然后下锅焯水去掉腥味，再放入自家酿制的卤水，熬煮2个小时后出锅。放置1天后的猪蹄越嚼越香，有筋道，最佳吃法是冷吃，不加任何调味料。如今，其长子蒋瑞子承父业，在街道上开办了蒋家猪蹄专卖店。为方便顾客购买携带，还使用真空包装。蒋家卤猪蹄知名度越来越高，十分畅销。

红烧鹅掌 红烧鹅掌做法是先将鹅掌外层老皮撕去，抠掉爪蹼间的污垢，洗净放入砂锅，炖到六成熟后，用刀在鹅掌轻轻直划一小口，剔除掌骨，再用鹅汤浸泡一小时左右，然后在大碗中放入冬笋、香菇、葱、姜垫底，再将泡在鹅汤中的鹅掌捞出，放入碗中，加上盐、鹅汤、少许秋油，放进蒸笼蒸10分钟取出，剔除葱、姜后，倒扣在碟子中，淋上熟鹅油，就是一盆油光红亮的红烧鹅掌。此菜营养丰富，吃起来皮软筋嫩，柔韧有劲，是下酒的上等特色佳肴。此菜由含山有名的陶厂籍红案老师傅计鸣凤创制，堪称一绝，为含山一道独特的高档经典名菜。

咸皮鸭　选用当地农村饲养两年以上的麻鸭或三道白鸭子，宰杀洗净后，用盐擦抹内外，腌制一天一夜。然后用花椒、八角、香葱、食盐，熬成卤汁，将鸭子放入卤汁浸泡一天一夜，捞出后挂起，自然风干20天左右。食用时烧一锅卤水，放入姜片、八角，卤制40分钟后即可出锅，待冷却后切片装盘。此菜越嚼越香，是下酒名菜。咸皮鸭已有六七十年制作历史，为陶厂计家酒馆独创。

咸皮鸭

爆炒鳝段　爆炒鳝段是计家酒馆一道拿手菜，也是陶厂人喜欢的一道名菜。其做法是选用当地二三两重野生黄鳝，用木锤砸扁，清洗干净后剔去脊椎骨，放入锅中用菜籽油爆炸，直到黄鳝外皮起泡。另起油锅，倒入蒜片、姜片、八角，炸香后，再倒入鳝段和咸肉片，放入豆瓣酱、料酒，最后加青红椒、洋葱或蒜苗，大火翻炒起锅。此美食不仅味道鲜美，而且营养丰富，壮精补肾，是一道民间水乡特色佳肴。

爆炒鳝段

陶厂小炒　用胡萝卜或大白菜边、香干切成丝，两份瘦猪肉、一份肥猪肉切成细丝，一道下油锅爆炒片刻，加入青红椒丝、蒜段；用一只小碗倒入盐、味精、白糖、香醋调好，快炒好时倒入小碗调料，并用山芋粉勾芡。此菜火候掌握至关重要。虽然各地都有小炒这道菜，但陶厂计家创制的小炒清脆爽口，味道鲜美，别具风味，深受食客欢迎。

陶厂熏鱼

熏鱼　选用当地草鱼或青鱼，宰杀后，切成片状，然后放入酱油、姜片、白酒、盐腌制半个小时，再放入五香粉拌开，将鱼片暴晒一天。食用时锅中倒入菜籽油，将鱼片炸至起泡捞出；另用一口锅，加入水、盐、白糖、味精、八角、香葱，烧开后倒入鱼片，改小火慢烧一小时，最后大火收汁。装盘后浇上麻油，滴上少许香醋。此菜香酥可口，是陶厂传统的下酒凉菜。

第二节　土特名产

陶厂香干　陶厂做豆腐历史悠久。旧时陶厂镇上豆腐店有6家，其中3家为酱坊兼营豆制品，另3家为下街的刁松良豆腐店和北关口的裴吉和豆腐店、裴吉朝豆腐店。祁首村有家祁氏豆腐店，开办历史可以追溯到清光绪年间。关门镇上也有3家豆腐店，以唐本钱豆腐店开设得最早，规模最大。20多年前，陶厂镇做豆腐干子的作坊最多时有30

多家。

陶厂制作的干子、豆腐、千张质量上乘，远近闻名，特别是香干最为有名。香干以花椒、丁香、肉桂等多种配料制作，板实厚重，一块可剖成10～12层薄片，切成的干丝细而不断。2022年，陶厂干子制作技艺被列入县级非物质文化遗产代表性项目。

陶厂制作的香干

陶同星制作的臭干

陶厂干子以陶同星开设的“二子豆腐店”制作的干子最受人称道。陶同星是南峰社区槽坊塘人，排行老二，人称“二子”。其岳父葛圣元早年在陶厂供销社下属的合作商业豆腐店做大师傅，其手艺好，做的干子、豆腐、千张一上市就一销而空，供不应求。葛圣元19岁时在岳父家跟着学徒，改革开放后，合作商业倒闭，他便在老街搭摊开设豆腐店。他家的干子豆腐采用传统工艺制作，味美筋道。其做法是选籽粒饱满圆润的黄豆，洗净入水浸泡。冬天浸泡时间在十五六个小时，夏天在五六个小时。泡好的黄豆磨出豆浆，盛入土灶铁锅煮沸，将食用石膏用水和匀，下锅点浆。点浆后成豆腐脑，用瓢盛入纱布滤网里滤除水即成豆腐。做干子时将豆腐切成小方块，用纱布折叠包紧，榨干黄浆水，解包晾干即成白干。“二子”家香干好吃，诀窍在其卤汁。这是他从岳父那里学来的配方，用白糖在锅里炒色，加水，烧开后再加盐、八角、丁香、桂皮等7种调味品熬出汁，将白干放入卤汁中煮四五个小时，捞出后沥干即可食用。

祁首生姜　生姜既是调味品，又是食品加工和药用原料。生姜是陶厂一项特色经济作物。陶厂种植生姜已有80多年历史，祁首、西塔、关镇、南峰社区等6个村都有种植，以祁首村最多。全镇种植面积15公顷，亩产达2000多千克，年产鲜姜500吨，每亩纯收益五六千元，年总收入100多万元。陶厂生姜特点是芽长、色白、味浓、鲜嫩、无丝无渣，是陶厂、含城、和县、芜湖及周边集市的畅销蔬菜。

祁首生产的嫩姜

生姜于立冬前种植。村民们选择土壤肥沃、能排能灌的田地，深翻，开好边沟，使其雨天不积水。生姜在同一块田地上生长的时间只有一年，第二年就会发生瘟姜死苗，所以要不停轮作。一般在来年春分前后赶晴天晒种，杀灭姜种中的有害细菌。一个月左右，姜苗就能出齐。采收前要追肥，以增加生姜品质。当生姜长到10～20根侧芽时开始采收，采收时不能碰破生姜茎块，防止水分流失和腐烂，保证生姜的新鲜度。

司徒粉丝　陶厂司徒村崇山峻岭，山冈坡地多。当地老百姓有种植山芋的传统，这为粉丝制作提供了丰富的原料。中华人民共和国成立前，地处司徒山区的农民已开始利用自产的山芋、红豆、绿豆加工粉丝，全村年产量约2吨。1962年该村从外地请来一名师傅就地加工粉丝，同年太平庄嫁到凤台县的两名妇女回乡搞山芋粉丝加工，技术在当地传开。20世纪80年代，陶厂规山、司徒、卜李等村几百户农民从事山芋加工，年产粉丝590吨，产值80万元。目前，司徒一带有28户专门制作粉丝。司徒做粉丝一般选用红旗10号山芋品种，而且必须是霜降后起获的，此时山芋出粉率高，口感好。

山芋粉丝采用传统制作工艺，经过打粉、滤粉、沉淀及揣粉、锤粉、煮条、搓条、天然汽蒸、烘干等一系列工序制作而成。司徒粉丝久煮不断、不煳，可下汤，可炒菜，可凉拌，口感独特，深受广大消费者的欢迎。

粉丝制作首先是打粉，这道工序需要4～6人协作完成。打粉地点一般在自家的田地里，旁边要有水塘，便于冲洗和筛粉。现在一般使用破碎机打粉，一人破碎，一人搬运，两人筛粉，筛子的目数一般在160～200目为宜。筛好的淀粉水淌到大池子里沉淀，两三个小时后将水放掉，挖起淀粉，二次过筛，再沉淀，再将水放掉。取出淀粉，日晒数天，晒干后收藏，待到天寒地冻时，就可以打粉丝了。一般100千克山芋出粉30千克。

元旦前夕，气温下降，此时打粉丝最佳。打粉丝，和淀粉是关键，硬了打不出粉丝，稀了粉丝不成形。干淀粉用开水冲泡，再放到电动和面机中，加少许明矾，加水搅拌，让其膨胀，不时翻动、添加干粉和水，凭经验掌握湿度，将膨胀好的淀粉放在铁锅里，两个人不停地翻动，不让淀粉板结；一人从锅里取出巴掌大的淀粉团压扁，送到铁质漏筛中，一人在漏筛旁不停地用木锤敲打，淀粉顺着筛眼漏入下面开水锅里，就成了细长的粉丝；另一人用筷子迅速将粉丝捞入另一口冷水缸中浸泡；再一人将粉丝从冷水缸中捞出运到屋外的竹架上晾晒。为保持铁锅里水的温度，还需要一人在灶口不停地添柴火，一个人在屋内给铁锅加冷水和换水，这样才能保证既让水烧开，又不滚沸。因此制作粉丝流水作业，需要多人分工协作，一气呵成。晚上，将粉丝放在村外空场地塑料薄膜上，让其自然冷冻。第二天早上解冻后再用手轻轻揉捏，让粉丝散开，待晒干后，就能上市销售。司徒山芋粉丝广受欢迎是因为完全由手工制作，不用硫黄熏制上

司徒粉丝晾晒

色，为纯天然绿色食品。

2017年6月，司徒村成立了“品为先”食品有限公司，注册了“品为先”和“司徒粉丝”两个商标，专门从事山芋粉丝生产。产品销往全省各地，以及上海、江苏、山东、北京等省市，年销售量500吨。司徒山芋粉丝不仅是陶厂有名的土特产，也成为当地百姓脱贫致富的一条重要途径。2022年，陶厂司徒粉丝制作技艺被列入县级非物质文化遗产代表项目。

“穗子香”和“正前”牌大米　“穗子香”大米由退伍军人李永龙创办的幸福家庭农场生产出品。“穗子香”大米为注册商标，并获得“含山县地方名牌”称号，2018年获得国家农业部颁发的“全国绿色农产品”证书。农场流转土地140公顷，2019年建成“稻虾共养”34公顷，并取得“有机认证”。“正前”牌大米由付正前创办的正前家庭农场生产出品，农场流转土地220公顷。这两个品牌大米都属于国家地理标志“含山大米”品牌。两种大米饱满晶莹，自然清香。蒸煮后饭粒完整，洁白有光泽，入口柔软爽滑，口感醇厚，香气绵长。其蛋白质含量8.2%～8.41%，直链淀粉含量约15%，胶稠度≥65%，含有锌和硒等微量元素，营养丰富。尤其是水稻采取灯光诱蛾灭虫，禁用化肥，种植大面积红花草作为基肥，用油饼沤腐作为追肥；禁用除草剂，完全由人工除草，从而保证了大米品质。

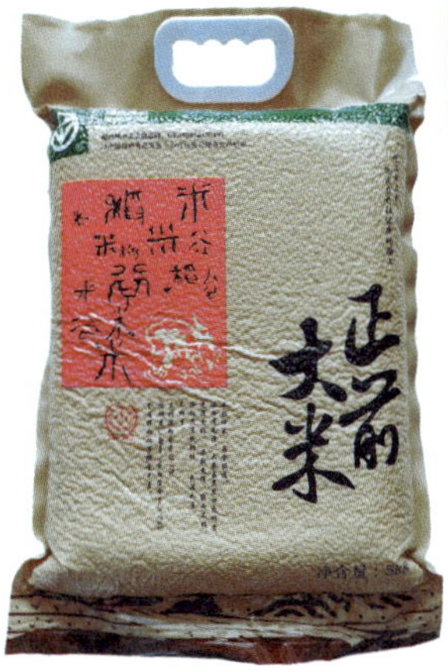

正前大米

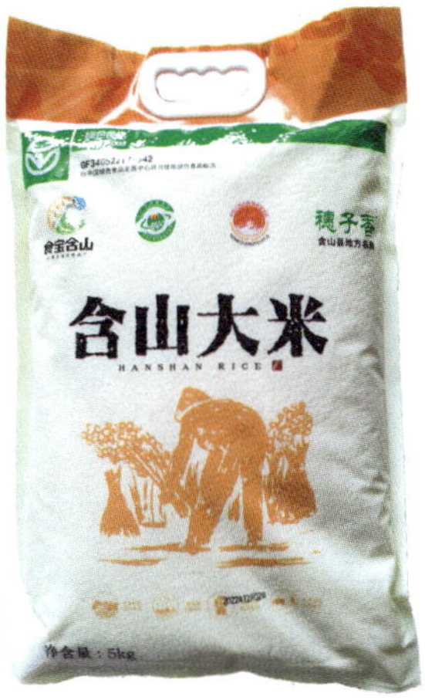

穗子香大米

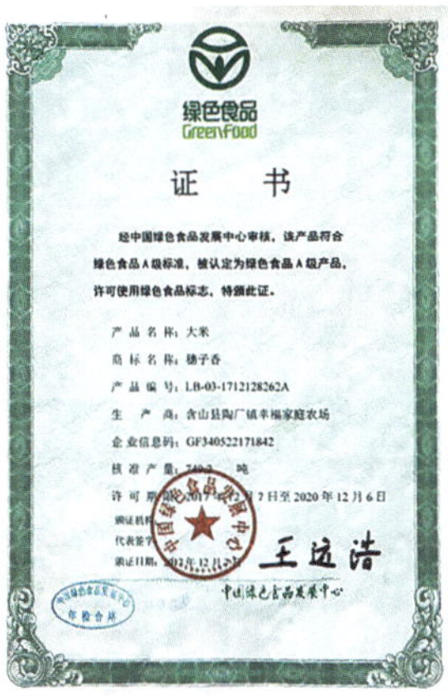

穗子香大米有机食品、绿色食品证书

十联圩莲藕　陶厂十联圩沟塘众多，盛产莲藕，村村都有栽种。莲藕有自然生长的，也有农户栽种的。过去莲藕主要是当地的土藕，品种“大白花”，其品质优良，粗大细嫩，白色如雪。尤其是初夏，刚成熟的藕又白又嫩，称为“花香藕”，嫩脆甜爽，是下酒佳品。直到20世纪70年代，当地土藕“大白花”都是人们喜爱的佳品。随着人民生活水平的提高，莲藕的市场需求量增加，经济价值不断提高，当地农民开始扩大莲藕种植面积，引进新品种“鄂莲5号”和本省合肥的“飘花莲藕”。这两种莲藕藕节粗壮，藕肉厚实，又脆又甜，质嫩无渣，生食、炒食、煲汤均佳。莲藕适宜浅水田里栽培，加上陶厂十联圩土质肥沃，特别适合莲藕生长，亩产高达3000千克左右。此品种还适宜加工藕粉，市场上备受欢迎。陶厂地区民众用藕制作出多种多样的食品，如凉拌藕、炒藕片、藕丸子、桂花甜藕、腊

十联圩莲藕

采摘下的蓝莓

肉炖藕等，为水乡特色菜肴。

卜李五星蓝莓　五星蓝莓园位于陶厂镇卜李村，投资人是含山籍加拿大华人鲁晨光。鲁晨光1972年在陶厂中学高中毕业，后考入南京航空航天大学，1981年在长沙大学任教，1992年下海经商后移民加拿大。2004年，他先后承包了原卜李、司徒两个村的山场，植树近134公顷。为了进一步提高土地利用价值，决定引种蓝莓。2010年，鲁晨光成立了含山县五星蓝莓研发有限公司，聘请安徽省农科所专家为技术顾问，并于当年栽植了第一批7公顷蓝莓。此后3年时间，共栽植了26公顷5个品种蓝莓，年产鲜果150吨以上。鲁晨光非常注重蓝莓的品质，近几年，他的公司不断改良品种，逐步淘汰老品种，改种口感好、营养价值高，市场畅销的奥尼尔、薄雾两个品种。蓝莓栽植时不使用农药，生长过程中采取人工覆盖天网来防虫、防鸟，确保果实绿色环保。

蓝莓含有丰富的花青素，能抗氧化减缓人体衰老、保护眼睛、增强人体免疫力等保健功能。蓝莓也是当今水果市场上较为畅销的高档水果品种。陶厂蓝莓主要销往上海、苏州、无锡、常州和郑州等城市，实现快摘、快分、快运，第二天面市，保证蓝莓的新鲜度。

第三节　传统技艺

扎彩　陶厂镇自古以来，每逢“春节”“元宵节”“二月二”“六月六”等传统节日都有扎彩办灯会的习俗，借以庆丰收保平安。陶厂的扎彩手艺人以周昌发、方世荣为代表。他们原是陶厂农具厂的木工和篾工，手艺高超，且都爱好文艺活动。他们扎制的品种有龙灯、花船、花灯、杂灯多种。龙灯分为滚龙、车龙，根据龙身的色泽分为青龙、黄龙、白龙等。花船又叫“旱船”“旱地行舟”。花灯又称“彩灯”，式样繁多，有和合二仙灯、福禄寿三星灯、鲤鱼灯、虾灯、蚌灯、凤凰灯、宝塔灯、走马灯等。杂灯包括花挑、花篮、花瓶等，共有四大类二三十个品种。扎彩工艺以竹篾、铁丝为骨架，辅助材料有木板、纸板、芦苇、麻绳、铁丝、色布、彩纸、糨糊等。常用的工具是篾刀、小锯、手钻、锤子之类。彩灯通常无固定式样，也无统一尺寸和色彩，全凭手艺人的悟性和精巧构思。扎匠们都有一定的美术工艺技术，制作产品一般有四道工序：首先是下尺寸，根据扎品的大小尺寸剪切木板、芦苇、篾条等；其次扎成需要的形状；再在扎品上糊上彩纸；最后调配颜料给扎品上色。晾干后扎品就算完成。以陶厂扎彩技艺为主体的含山扎彩技艺为安徽省非物质文化遗产代表性项目。

扎彩工艺

扎龙

磨豆腐　陶厂民间和县内其他乡镇一样，磨豆腐历史悠久。民国时，老街上有多家豆腐作坊，陶厂制作的豆制品质好，在含南一带十分有名。

豆腐制作主要有泡、磨、滤、煮、点、压等工序。“泡”，先将黄豆放入清水中浸泡，一般要泡一天一夜。“磨”，陶厂一直采用传统石磨，磨盘较大，由两个人用架杆推磨，将泡好的豆子加水磨成浆。“滤”，用白细布绑在两根十字形木架上，制成吊兜，把豆浆舀入吊兜，加一定量的水反复晃动，使豆浆、豆渣分离。吊兜过滤下来的的浆汁为“生汁”，吊兜内的渣子即“豆腐渣”。“煮”，将生汁放进大锅中煮沸成熟汁。烧煮时要用勺子不停搅动，防止生汁沉淀在锅底烧焦烧煳。煮生汁时，师傅用两个长长的竹筷子，将漂浮在豆汁表面的“油皮”挑起来，晾干后就成了“豆腐皮”。旧时孕妇或病人把豆腐皮当成营养品。但豆腐皮挑多了，豆腐的味道就大打折扣。“点”，这是做豆腐“画龙点睛”的关键技术。俗话说“卤水点豆腐，一物降一物”。点豆腐离不开石膏和此前点出的浆水（俗称老浆）。点豆腐关键是提搅要适度，少提一下“豆脑”就出不来，多提一下就会少出几斤豆腐。点嫩时可以再点，点过了头则无法补救。熟汁点嫩后，使豆脑与豆浆混在一起便是豆腐脑，加上白糖，便可食用，甜嫩爽口，营养滋补。“压”，将点过卤的豆脑，放进特定尺寸的方形木框中，木框内先垫上布单，装满豆脑后，勒紧布单，垫上木板再加压石块，使浆水慢慢从布单中挤压出来，最后变成豆腐块。此外，还可用模子压制成较薄的干子、千张等豆制品。其中千张的压制最费工，压的

磨豆腐

模子很小，长约30厘米、宽17厘米、高12厘米，放衬布单后，舀入一两勺豆脑，将布单折叠一次，如此反复来回加压，便可压出薄如纸张般的千张。干子分白干、香干、臭干和蒲包干几种。还有将豆腐小块下油锅炸成豆腐果。

制成的豆腐

铁艺　陶厂铁匠行业早在明代就已存在。清代光绪年间，陶厂有一位姓李的铁匠，善绘画，手艺特别精湛，能打制各种花卉、禽兽铁画条幅，还能制作铁画对联。据说民国初期和县举办百宝大赛，李氏铁匠精心打制了一把铁伞。铁伞不仅收放自如，而且伞上还运用焊接、镂空等技艺呈现出八仙过海图案，引起轰动。他手下一位姓陆的徒弟后来到芜湖发展，成为芜湖铁画的传人。清末民国年间陶厂有7家铁匠铺，铁匠铺专门锻造各种小型农具，如铁锹、锄头、砍刀(砍柴刀)等，以及日常生活用的菜刀、锅铲、火叉、枣核钉、爬钉等。陶厂铁匠铺家家都有商号，产品上都烙上店家印记，以保证质量。

铁匠铺工艺以手工锻打为主。锻打时分上下手，上手通常是师傅用立锤(小锤)，立锤不仅锻打还起指挥作用；下手一般是两把大锤，为徒弟或帮手，学徒工拉风箱做杂活。锻打时先将铁块放炉火中烧红，师傅用铁钳夹出后，放在铁砧上开始锻打，小锤打哪儿大锤跟着打哪儿。待锻打成铁器毛坯后，放入水中冷却，冷透后再回炉烧红锻打。如此多次，直至打造成需要的工具。其中，淬火也叫回火是关键，直接关系到产品耐用性。淬火技术完全由师傅凭经验掌握。

打铁

部分手工铁制品

中华人民共和国成立后，陶厂铁匠铺与竹木业合并成立陶厂农具厂。进入21世纪，农业生产基本实现机械化，传统农具逐渐退出生产领域。陶厂的铁匠行业生意逐渐萧条，如今已难寻踪影。

制衣　民国时期，陶厂裁缝店十分有名，有张安长开设的“张泰丰裁缝店”、包志勇开设的“包义兴裁缝店”、李廷怀开设的“李顺兴裁缝店”和陈文经开设的“义和

张安长裁缝店旧址

裁缝店”四大家，其中最大的要数位于中街张安常开设的“张泰丰裁缝店”。其店铺坐西朝东，为三进三大间，店铺中间设一张裁布的大案板，南北两侧设有挂成品衣裤的吊架，带有徒弟十多人。张老先生手艺精湛，当时不仅能做本装、旗袍，还能做西装。过去裁缝做衣裳都是手工缝制，每做一件衣服，都要经过量体裁剪、裁片打样、客主试穿、调整定型、手工缝制，最后到成衣熨烫。据说张老先生一手能拿7至13根穿了线的小针，每一寸要缝13针，而且针针垂直于衣边，成一条直线；缝制和尚袈裟大襟边时，一针到头，一气呵成。他制作的每件衣裳工序严谨，顾客十分满意，堪称和、含两县第一把剪子（裁缝）。当时大户人家为新娘做嫁衣或者高龄老人做寿衣，请他上工，必须先送请帖、封礼，路远的要用轿子接送。

老虎鞋　陶厂、关镇从清代就流行给婴幼儿穿老虎鞋的习俗，民间许多妇女擅长手工制作老虎鞋。老虎鞋（又称虎头鞋）是民间传统手工绣制工艺品，不仅具有实用价值也有观赏价值。陶厂民间有婴幼儿穿虎鞋能祛病驱邪、壮胆增威、消灾降福之说。人们希望婴幼儿穿虎鞋能长得虎头虎脑，强壮结实，平安吉祥等。

陶厂手工老虎鞋

制作老虎鞋先将各种破旧布片洗净晒干备用，然后用面糊一层层叠加糊实、黏结成片、晒干制成做鞋的鞋骨。厚的做鞋底，较薄的做鞋帮。一层层做出鞋底，布条滚边，再一针一线纳成鞋底；然后挖出圆口鞋帮，根据不同需要上各色面布，并用布条滚边。在鞋面先画上各种花色图案，接下来选用各种彩色丝线依图绣花。最难的地方是要显示出老虎的威猛，抓住虎嘴、眉毛、鼻眼等特点进行刺绣。最后，用彩线扎虎须，使得虎头鞋更添灵气，倍加传神。目前南峰社区的王支梅依然坚持手工制作老虎鞋，家中收藏有百余双颜色不同、大小不等、图案各异的老虎鞋。她还把制作的老虎鞋摆放在竹匾中，拿到集市上销售。一双双小巧玲珑、色彩鲜艳、生动传神的老虎鞋一亮相就受到人们喜爱，只要家里新添了孩子，特别是生了男孩，必然要购买一双老虎鞋给孩子穿上。2022年，陶厂手工老虎鞋制作技艺被列入含山县县级非物质文化遗产代表性项目。

绞脸　绞脸是农村妇女旧时一种美容方法。妇女结婚后由于体内雄性激素增加，脸上汗毛变深，感觉不够美观，于是通过绞脸的方法来清除汗毛，达到美容效果，绞过脸的女人，脸庞光洁明亮。

陶厂地区以往绞脸都是结过婚的成年妇女，一般年龄在20～40岁，未结婚的和老年妇女都不绞脸。每到逢集擅长绞脸的妇女在集市上摆摊为需要绞脸者提供服务。每次绞脸需要20分钟左右时间，收费5角钱。

绞脸第一步是扑粉；第二步用手钳将较长的汗毛拔掉；第三步是揽毛，即用一根白棉线，嘴含线头，左手拿着另一端线头，右手在中间拉起一个支点，用绕圈的方式将脸上细小绒毛绞去；第四步是剃毛，上述操作之后，脸上仍未绞干净的较深绒毛用剃刀剃干净。陶厂绞脸手艺人葛圣兰是传承婆婆胡氏的手艺。

做酱　民国时陶厂有3家酱坊，分别为葛明浩开设的“葛家酱坊”，方世太父亲开设的“方万源酱坊”以及“陈世平酱坊”。几家酱坊都坐落在老街下街。做酱是民间传统手艺，一般农户都自家做酱。酱坊做酱批量大，工艺讲究，同时用酱制作酱油，腌制酱菜。酱坊做酱选用上好的黄豆、蚕豆、小麦，一般在每年梅雨季节做酱有利于发酵。具体做法是：先将原料蒸煮熟后，摊在大簸箕上，盖上蒿草或者稻草，放置在阴湿房间，让其生长出霉菌。数天之后将霉蚕豆移至太阳下晒干，在大酱缸里倒入凉开水和盐，再放入霉蚕豆，给大缸盖上盖。经过一段时间后揭开缸盖，任其日晒夜露，每天傍晚还要搅拌缸中的蚕豆酱，但千万不能淋入雨水。经过两三个秋天，缸内浮出一层浓浓醇厚的酱油。因为都是在秋天出酱油，所以含南一带也称之为“秋油”。做酱菜时，将小黄瓜、莴笋、萝卜、生姜洗净后放入酱缸中浸泡，半个月后即可取出食用。当年陶厂酱坊一般都附带豆腐店，由于采用自酿的酱油浸泡干子，因此陶厂香干味道极好。

揾糖　旧时陶厂镇上有炒货店兼糖坊4家，分别是洪份街后的饶正和糖坊、南关口西南角的饶正元糖坊、南关口外的王朝文炒货店和上街散子巷口王昌盛开设的王复兴炒货店。

揾糖是乡村一项传统手艺，首先是制作糖稀，先将大麦用水浸透，放在盆中，用棉布盖上，让其在适宜的温度下自行发芽。待麦芽长至约半寸长时，将糯米或籼米浸泡一夜后，上甑蒸。蒸后的米饭与麦芽按一定比例掺和搅拌均匀，再放入木盆中用棉被捂上，使其发酵。约8小时后，放入烧至大响的水中继续搅拌，最后滤汁去渣。糖汁放入锅中用文火慢慢熬煮，煮沸后糖汁达到一定稠度时，便可熄火，至此，一锅糖稀就制成了。然后是蒸煮“阴米”，这是炒米糖的主料。制作阴米时先将糯米或粳米浸泡约一天时间，再上甑蒸熟，摊在簸箕或竹篾席上，吹冷后，晾至半干，把饭团搓开、摊匀，继续晾晒，待完全晒干后，收起待用。

搵糖

搵糖的操作间分为两处，一处用于各种原料的炒制，按传统方法，用砖块垒砌一座可安放两口锅的大灶，炒制的工具主要有大铁锅、特制的大锅铲、专用于搵糖的炒砂、铁筛、箩筐、盆、钵等。另一处架起一块很大的案板，配有大小厚薄不等的几个木框、糖滚子、石臼窝、石锤、切刀等必备工具。

再就是炒制米泡。首先用旺火将冷锅冷砂反复翻炒，待砂和锅炒热时，放入适量的阴米或花生米等原料，在大锅中爆炒。爆炒须精准掌控火候，一气呵成。起锅早了，米泡太嫩，搵出的糖果不够香；起锅迟了太老，颜色难看，味道显苦。起锅时师傅从锅中连砂带米泡，快速盛至早已准备好的铁筛中，一阵摇晃，将铁砂重又筛回锅中，剩下炒好的米泡或花生米。在另一口干净的锅中，放入适量糖稀，大火烧沸，将炒好的米泡倒入锅中奋力翻拌。这一工序名曰“站骨”，如果时间短了，上案板会瘫软，难以成形；时间长了，叫“老了”，食之味苦，颜色也差。须在快速翻拌，迅速起锅，盛入大盆并撒上一层米泡、防止粘上案板。倒在案板上根据不同的主料，放上不同木框。用“糖滚子”将倒在木框内的“糖骨”趁热滚实压平，撤去木框，用切刀切成寸许宽的长条，再切成约半寸宽的糖果。其他如芝麻糖、花生糖、焦切、玉条、欢团等皆如法炮制，大同小异。如制作花生酥，则将炒熟的花生米搅拌上糖稀后，放入石臼内用木锤反复锤打，将花生米完全锤碎后再上框压平切块。当年糖坊产品酥香可口，是农村主要糖食。

染布　有了土布，就必有染坊。民国时，陶厂老街上只有卜姓两家染坊，他们都是机匠织土布的，后附带染布。土布染色只有黑、蓝两种，染料从芜湖购买。为了满足妇女不同穿着需要，后期增加了刻花印染业务。方法是将一块牛皮纸先用桐油刷上两遍，晾干后刻上各种花纹图案，再在土布上平铺花板，用特制的糨糊将图案刮平，然后揭掉画板，晾干后，下锅漂染。因土布一般都是蓝色，故俗称蓝花布。漂染后晾干再刮掉粘在布上的图案糨糊，一块花布就制成了。

刘骥良专科疑难杂症　刘骥良是清代关镇的名医。20世纪三四十年代在运漕行医，诊所位于北门上，擅长小儿科治疗，其疗效享誉一方。他有一套专治破伤风、口眼歪斜、牙关紧闭、肾亏、头晕目眩、中风不语、半身不遂的验方，经他医治过的病人，大多能很快恢复健康。县志记录其治疗破伤风、口眼歪斜、牙关紧闭药方为羌活、白附子、天麻、茶菊、白芍、防风、僵虫、全虫、川芎、细叶、灸叶、生姜汁煎服。治疗肾亏头晕目眩药方为潞党参、黄耆、天麻、京子、川芎、山萸肉、茯苓、牡丹皮、细辛、熟地、山药、泽泻、天元肉煎服。

河桥张氏治肿毒秘方　关镇张正先，因在家排行老五，人们称呼他五老头子，为张氏肿毒祖传第三代传人。民间传说张家曾经救过一只狐狸。狐狸为报答救命之恩，传其秘方。张家以火针疗法结合自采自制的草药秘方，治疗各种肿毒。由于疗效显著，远至上海、江苏，近至周边县市，每年有数万人慕名上门就医。现张家在陶厂开设有私立“陶厂医院”，除专治肿毒外，还擅长治疗类风湿关节炎、强直性脊柱炎、骨关节炎、痛风、颈肩腰腿痛等疑难风湿病以及各种皮肤病，形成专病专科特色，受到社会广泛赞誉。2022年，张正先肿毒治疗技艺被列入县级非物质文化遗产代表性项目。

河桥肿毒专科传承人张正先

葛圣元治痱积秘方　陶厂葛圣元用草药煎水，再用药水和面粉敷在痱积患处，一般一天一夜就能消除，有药到病除之效，远近闻名。葛圣元去世后药方传给其妹葛永兰，葛永兰去世后又传给媳妇唐久霞，如今依然有人上门求治。

翁老六治疔秘方　此方为翁大成的父亲翁老六所创。每年春天在一种野蒿茎中每节里有一条小虫，取虫用自制的药水浸泡，然后将虫放在膏药上，虫头对着疔头，敷上两天后，疔开始消散好转，十分神奇，求医者络绎不绝。翁老六去世后其方传给儿子翁大成，现已无人继承祖业。

第四节　习俗禁忌

一、生产习俗

开秧门　旧时，陶厂农家把春季第一天栽秧叫“开秧门”。这一天下田插秧前要在田埂上燃放鞭炮，祭以酒肉，还要准备酒菜，招待来帮忙插秧的亲友。人们吃得好，秧才栽得又快又好。俗话说“早上一片白，晚上一片青”，所以这顿饭也叫“吃青”。此俗随着人民公社化后渐废，现已无此习俗。

吃黄　旧时秋季，陶厂农民开镰收割这一天也要办酒席，招待来帮忙收割的人，庆祝丰收。领镰的人要说吉利话，大都以“卷起黄金毯，金谷堆满仓”为祝词，所以这顿饭也叫“吃黄”。

青苗会　陶厂圩区每年最担心汛期，过了农历“六月六”，才算汛期安然度过。这时水稻已扬花吐穗，呈现丰收在望的景象。旧时流行请“山人”做法，祈求社稷二神保佑水稻不生虫害，不起“地火”（俗称“火烧稻”，这种火烧稻现象就是今天的白叶枯病，旧时认为是火姑娘作恶，放火烧稻所为）。同时夏种一结束，此为农闲时期。农民除了在这一时段安排划龙舟外，乡村举行青苗会，大家出钱，吃一顿庆贺丰收在望的酒饭。还有的在这一天把已出嫁的姑娘接回家，妇女也多在这天用皂角洗头，据说不会生痱子和头皮屑。

二、生活习俗

二月二　农历二月初二，民间传说这一天安眠一冬的龙苏醒抬起头来，故称龙抬头。陶厂地区这一天有不少民间习俗，如剃龙蛋、剪辫子、接姑娘等。男孩子这一天要剃头，称“二月二剃龙蛋”。旧时男孩生下来就在脑后留一小撮胎毛，扎成辫子，满10岁的孩子在二月初二这天剪掉辫子，孩子的舅舅、姑妈和已出嫁的姐姐等，都要给他送衣服送礼，祝贺孩子长大。二月初二这天，要将新出嫁的女儿接回娘家住上几天。

土地会　土地是万物之源，陶厂地区以农耕经济为主，民间对土地神的崇拜世代虔诚。几百年来，每个村庄在村前都建有祭祀土地神的小庙，俗称土地庙，这一习俗一直保存至今。农历二月初二，村里男人集中聚餐，并祭祀本方土地神，祈求风调雨顺、五谷丰登，保佑地方平安，谓之土地会。“文化大革命”运动中，土地庙、土地会被当成封建迷信产物，严加扫除。如今，许多村庄又恢复办土地会习俗。

观音会　观音又称观世音，是中国佛教四大菩萨之一。观音被敬为救苦救难、大慈大悲菩萨，信徒很多，尤以妇女为最。农历二月十九是传统的观音会。各寺庙办观音会都要举行盛大的佛事活动，随着时代的变迁，观音会逐渐淡化了宗教色彩，世俗生活的成分越来越浓。如今陶厂农村仍然举办观音会，头一天，妇女们成群集队上街买菜，当日一早信徒们从四面八方拥入就近的寺庙烧香拜佛，然后烧锅吃饭，下午打麻将、抹牌，有的还吃过晚饭才回家。观音会成了妇女们聚会聚餐日。

晒谱　农历六月初六，农家历来认为是个好日子，陶厂地区民间这一天为晒谱日子。当天，各姓家族要将珍藏的家谱拿出来晾晒。上午由同房族人中年长者衣服整洁，清水净手后，恭恭敬敬捧出谱盒，上香祭告后打开谱盒，取出家谱选一干净地方晾晒。晚餐前，将家谱收入谱盒中，燃放鞭炮。男人们负责晒谱，女人们集中至藏谱家买菜做饭。中、晚餐都要聚餐，以晚餐最为隆重。

晒霉　晒霉是传统的民间习俗。经过潮湿的梅雨季节，家中衣柜木箱都有霉味，衣服鞋子上有许多霉斑。出梅后，选择晴好天气，把家中衣服全部抱出来放在烈日下暴晒。此习俗一直延续至今。

送灶　陶厂民间习俗每年腊月二十三是送灶日子，送灶王爷上天，祈求灶王爷向玉皇大帝说下界好话。传说灶王爷是王母娘娘的女婿，王母娘娘从玉皇大帝那里为女婿求得一个管灶的闲职。谁知灶王爷尽职尽责，每年腊月二十三和妻子回娘家拜年时，总喜欢汇报人间是非之事，引得上天对下界十分不满。民间怕他多嘴多舌，就每年腊月二十三举行一个送灶仪式。这一天晚饭后，家主在锅灶上的小灶庙贴上木印的灶王爷画像，并贴上“水星高照”红纸字条，神位前摆上麦芽糖供品，为的是让麦芽糖粘住灶王爷嘴巴，让他不能胡言乱语，再燃上三炷香，备好茶叶、大米、碎稻草，作为灶王爷坐骑的饲料。然后家主燃放鞭炮，从厨房走到天井，边走边撒粮草，口中念念有词道："上天奏好事，下界保平安。"

酒席　陶厂地区酒席一般一张方桌坐10人，为满席。如坐8人每方坐两人，如10人，上下横各坐3人。入席坐法十分讲究，如大门朝南开，客厅上沿就是北方，通常是家庭摆放香案的地方。因此北为上横，南为下横，东方上首称为"首席"，西方上首称为"二席"，东方下首为"三席"，西方下首称"四席"。首席坐最尊贵的客人，二席次之，三四席以下按辈分大小而坐。一般上横坐年长者。入席时要请首席客人先坐下，然后其他人依次而坐。斟酒人俗称"酒壶把子"，坐下横右边，其右侧三席称为"龙口"，一般挑选酒量大的人坐此位置。斟酒时要按照坐位排序，先斟首席。斟酒人要站起来，左手握酒壶把，右手捧酒壶，壶嘴要对向客人斟酒。斟二席酒时，壶嘴向怀转半圈，换成右手握酒壶把，左手捧酒壶向客人斟酒，三四席均如此转换。四席斟完后，斟酒人右手提壶把，左手捧壶从右到左为上下横斟酒，最后为自己斟酒。过去农村家中来了贵重客人，一般要请"有脸面的人"作陪。

宴席　过去农村有红白喜事都在家办宴席。堂屋是主厅，摆放的是大方桌，又称"八仙桌"，一般一个堂屋能摆四张大方桌。余下的桌子或安排在其他房间或安排在院内，有的也借用邻居家的堂屋。主厅方桌的摆放最讲究，其顺序是：以东北角的为一席或首席，二席在一席的西边，三席在一席的南边，四席在三席的南边。一席是最尊贵的客人坐的。桌子为大方桌，一桌之内又分一席、二席、三席、四席、上横、下横。其中，一席坐在东北角，二席坐在一席的对面，三席坐在一席的左手、四席坐在三席对面。上横在北端，下横在南边。每桌一般坐十人，按亲戚关系的远近或辈分大小依次坐。上席时，首席开席其他桌子才能动筷子，猜拳行酒令也视首席而动。

家里办宴席，一般会请来有一定厨艺技术的人掌勺，并有一批人打下手，洗菜的、切菜的，洗刷碗盘的、拿酒递烟的、端茶送水的、跑堂端菜的、安排招待客人的等等，左邻右舍通常都来帮忙。

宴席上的美食也有讲究，从以前八大盘上升到现在的冷盘四碟、炒菜四碟、烧菜八碟。有荤素搭配，凉热搭配，荤菜多于素菜。红烧肉的肉块子还要切大一点，有的达一两重一块。

婚宴上菜过程中，一般要上两次（也称"两巡"）一人一碗的份子汤，一次是甜汤，寓意"甜甜蜜蜜"，由颇具象征意义的莲子、红枣、小元宵等组成。第二次为小肉圆汤，寓意"团团圆圆"。同时每桌必须上一盆整鸡炖汤，这是婚宴风俗。最后一道菜是肉圆子，象征着团团圆圆、圆圆满满、幸福一生。一般情况下，肉圆子上桌后，意味着酒席菜上齐了，主人"催席"了。酒席开到中途，一般要放一挂小鞭炮，主人要说几句感谢和关照的话。白喜事无以上风俗。

农村婚宴一般安排两餐，上午十点是早茶，俗称"小酒"，以各种卤菜和炒菜为主，主食是五香蛋和面条。下午五点左右为正餐。农村高龄老人去世，俗称“白喜事”，要办丧席招待前来吊唁的人。丧席上的菜不能放酱油，只能白烧，要有大碗肉和豆腐干子，不能上肉圆子和汤，席上的鱼一定要吃完，不能留着。

三、礼仪习俗

洗三　小孩生下来3天，接生婆要给孩子洗澡重新包扎，俗称“洗三”。给婴儿沐浴，换上新衣，示意欢迎婴儿来到人间。舅舅和亲友要来送礼道贺。外婆家要给孩子送衣服、尿片、首饰及一些日用品。产妇在坐月子期间、亲戚朋友都要给她送些营养品，如红糖、猪肉、老母鸡、鸡蛋、千张、油条等物品，俗称“送月子”。

做九朝　婴儿出生9天，要做“九朝”。女方娘婆两家亲戚都要来祝贺，称“送粥米”。贺礼一般为营养品、婴儿用品或银手镯等。婆家要设宴招待，并回赠红鸡蛋。现在一般都将“做九朝”挪到婴儿满月后举办，称为喝“满月酒”。

满月酒　孩子生下来一个月，产妇娘家要为孩子送摇篮、包被、衣服、鞋袜帽等。产妇家要在这一天（男孩二十八天满月，女孩三十天满月）办酒招待娘家来人和所有送月子的亲友，称为喝“满月酒”。这一天要让剃头匠为孩子剃满月头，旧时男孩要在脑后留一小撮头发称“看家毛”，俗称“鸭骚子”。

抓周　小孩满周后，要由外公外婆给外孙“抓周”。旧时，要给外孙送银手镯、脚镯、银项圈、长命锁。长命锁为银质，呈古锁状，上镌有“长命百岁”“长命富贵”等字样，以丝带系挂于胸前，认为可“避祸驱邪”。“抓周”时要在孩子面前摆放文房四宝、胭脂花粉、算盘刀剑模型等物品，让孩子随意抓取，以抓取之物品预示成年后的职业方向。如果抓了书笔本册，长辈们就分外高兴，说孩子是一块读书的料子。旧时，富裕人家对孩子“抓周”十分重视；而贫苦人家除少数男孩外，一般不办“抓周”。现在孩子“抓周”在陶厂地区十分流行，几乎家家都办。

做十岁　指孩子十岁时举办的庆祝活动。旧时人们生活贫困无此习俗，改革开放后，农村生活日益富裕，开始流行此俗。陶厂地区农村与县内其他地方一样，对孩子过十岁十分重视，尤其是家中男孩必定要做。一般在孩子十岁生日当天做，也有选择在当年春节过后或者二月里做，但只能提前，不能过了十岁做。参加做十岁的都是亲戚好友，以舅舅为主客。被邀请的人都要花钱行情，富裕的舅舅要用100元一张的钞票在红绸被面上拼成“十岁快乐”四个大字，再加一对大花炮相送。舅舅赠送的喜幛要挂在中堂中央。中午、晚上都备有丰盛的酒宴。开席前，全体人员要祝孩子十岁生日快乐，聪明健康。现在做十岁都要定做大蛋糕，晚上要燃放礼花。民间认为孩子过了十岁就告别童年进入少年期，十岁之前叫享受“洪福”，十岁之后就要劳作、读书，为成人做准备。

做寿　过去陶厂地区为老人做寿一般从60岁开始，但规矩是“做九不做十”，意思是59岁就能做寿。做寿都是由子孙出面张罗，当事人称为“寿星”。事先就要给亲友下请帖，亲友要赠送寿礼，主要有寿面、寿糕、寿匾、寿幛、衣料、鞋帽、礼金等。做寿者家里设寿堂。第一天晚上，所有亲友都来喝寿酒，称为“暖寿”。次日早晨，寿者夫妻俩坐在寿堂正中，面对大门，接受晚辈叩拜。这时一面放鞭炮一面吹喇叭，称为“拜寿”。拜寿结束要喝寿酒，主食一定要吃长寿面。过去大户人家做寿，晚上还要请戏班子唱戏。现在人健康水平提高，寿命延长，因此60岁很少有人做寿，一般到70岁或80岁做寿。现在也有一些老人不愿意做寿，担心“来日不多”，于是不做寿不记年，“糊里糊涂”安度晚年。

丧俗　陶厂地区过去对年少去世，称为“夭折”，一般丧事从简，坟墓比较小。达到50岁后去世，称为“老丧”。70岁以上的人去世，称为“过世”，可以举办白喜事。对意外事故死亡，或暴死、在外病死者，尸体都不能进村回家停放，只能在村口空地搭棚停放治丧。老人生命垂危时，子女等直系亲属要守护在其身边，听取遗言，直到亲人去世。习俗中称为“送终”，表明子女尽到最后孝心，未能为送终常常成为憾事。旧时人死的当天或第二天，把棺材抬放在堂屋中央，换老衣。老衣古制为“五领三腰”，即五件上衣，三件裤子，家贫者可以用假领假腰替代，凑足数字。换上的老鞋，必须为红布软底鞋。死者胸口放一面镜子，脸上蒙一张草纸，俗称“蒙脸纸”，口中要含一枚铜钱，俗称“含口钱”。把穿好老衣的遗体放进棺材，称“入殓”。入殓后，上覆女儿送来的盖褥。棺材放置在两条板凳上。在堂屋棺材前面设立灵堂，灵堂前放一方桌，上置死者牌位。灵牌前放一碗饭，上插一双筷并竖放一个熟鸡蛋，民间称“倒头饭，倒头蛋”。旧时大户人家还在桌子两边扎两个金童玉女纸人，手持招魂幡，为死者招魂。棺材下方，点着一盏香油灯，称“长生灯”。放置一火盆，供燃烧纸钱。死者的儿女要日夜守灵致哀，亲友轮流“坐夜”陪伴。出殡前要让亲友与亡者见最后一面，然后将棺材盖封牢，称为“封殓”。选择单日子出丧，出殡时要八人抬棺材，称为“抬重”。抬棺材的木杠称为“龙杠”，绳索称为“龙绳”。出殡时全家要穿孝服，儿子媳妇要身披麻布，儿子辈要戴黑袖标，白衣白帽；孙子辈要戴红袖标，白衣红帽；重孙辈戴绿袖标，白衣绿帽，一般亲友手臂扎白毛巾。棺材抬至墓地，清代时用稻草掩盖，三年后才入土下葬，民国后期改为直接下葬。墓穴由长子挖第一锹土，穴内燃纸钱和芝麻秸（喻意子孙兴旺），棺材入土后主持人要边撒大麦边念念有词。出殡第三天女眷要带上酒菜、纸钱至墓地祭祀，称为“复山”。老人去世49天后要举办一次祭祀活动，称为“七七”。祭祀时要给已故老人送饭，饭菜上要摆放柏树枝。现在一般选择下丧后的第七天祭祀，称为“头七”，“七七”不再举行祭祀。老人下葬结束后要宴请前来吊唁和帮忙的亲朋，称为“办白喜事”。吃过饭可以将饭碗带走，称为“讨寿”。家人给吊唁者回赠饭碗和毛巾，称为“寿碗”“寿巾”。

四、婚嫁习俗

中华人民共和国成立前，陶厂地区婚嫁习俗同含南地区类似，镇村男婚女嫁几乎都是“父母之命，媒妁之言”，讲究门当户对，其程序分为订婚、朝节、送日子、迎娶、拜堂、闹房等步骤。陶厂旧时农村婚俗有“十亲八房之说。“十亲”是：男方看中某家姑娘，托媒人去介绍叫“说亲”；男方第一次由媒人带着和姑娘见面叫“相亲”；双方父母做主为儿女订婚叫“定亲”;男方家向女方家请求给儿女完婚叫“求亲”;男方挑选好日子到女方家迎娶叫“娶亲”;男女到了择取的吉日结婚叫“成亲”;结婚当天男方家请人去女方家迎接新娘叫“接亲”;姑娘出嫁时女方家请人送新娘到男方家叫“送亲”;男方家迎接新娘和陪嫁品被人拦下讨要喜烟喜果叫“拦亲”;婚后新郎第一次陪女方回娘家,女方家请人陪同新女婿喝酒叫“陪亲”。“七房”是:结婚前一天亲戚朋友到男方家喝酒称“暖房”;结婚之日新婚夫妇的房间称“洞房”;结婚时男方家招待亲友喝酒的场所称“喜房”;新婚夫妇拜堂后进入洞房称“送房”;婚宴后亲戚朋友进入新房和新婚夫妇说笑逗乐称“闹房”;新婚之夜在窗外偷听新人讲悄悄话称“听房”;新婚期内不让寡妇和无子无孙的人进入洞房称“忌房”。

订婚　旧时一方家长(多为男方)相中另一方子女后,即请媒人说合。若双方家长都满意,即请阴阳先生为双方子女合八字。如相合,即选择吉日,男方家填好庚帖,备置聘礼,由媒人送至女方家,并带回女方家庚帖,男方即宴请亲友,宣布订婚。中华人民共和国成立后,订婚合八字程序已经被废除。男女双方确定恋爱关系后,发展到谈婚论嫁时举行一个简单的订婚仪式。送订婚礼,通常是男方给女方送新衣料、黄金首饰,再以“四色礼”即糖、酒、肉、鱼等送给女方家叔伯、母舅、姑父母、姨父母,同时男方家要给女方家一笔“礼金钱”,多少视当地生活水平和男方家经济条件而定。至此,订婚程序基本结束。

朝节　订婚后,每年春节、端午、中秋,男方带着礼品到女方家拜节。若是当年结婚,中秋节礼节尤为隆重,女方亲戚皆是送礼对象,礼品一般为月饼、鸭子、烟、酒等,谓之“朝节”。

送日子　朝节后,男方选择婚期,并请媒人(又叫“介绍人”)告之女方,如女方家同意选定的日子结婚,男方要备好礼品,由媒人和男方委派2人一道将礼品送至女方家。以“正礼”送女方家长,“代礼”送女方父母同辈亲戚,谓之“送日子”。女方在接到“日子”礼品后,根据家庭实际情况和男方礼品的多少准备嫁妆。俗话说“大户人家贴钱嫁丫头,中户人家尽钱嫁丫头,贫户人家落钱嫁丫头”。

择日结婚过去一般选择在春二月,尤其是二月二被认为是最好的日子。中华人民共和国成立后,结婚日子除了春二月,“五一”“国庆”“元旦”也是人们常选的好日子。送日子内容基本没变,20世纪70年代后嫁妆是“三转一响”:缝纫机、自行车、手表、收音机;男方要备办房子、家具、家用电器等物件。20世纪90年代以后嫁妆更为高档,除要有新房外,还要有成套家具以及摩托车、金首饰等;女方也要置办丰盛的陪嫁物品,一般为全套家用电器等。

迎娶　旧时婚期前一个月,女子渐减饮食,婚期前三日尤甚,谓之“扣茶饭”。结婚当天早晨,男方一面在家宴客、谢媒,一面组织队伍由媒人领着迎娶新娘。迎新队伍由花轿前行,吹鼓手随后,一路上鼓乐不断,鞭炮声声,喜气洋洋。轿至女方门前,女方家大门紧闭,男方接亲人员在门外不断燃放鞭炮相催,并不时从门缝、窗户朝里面递香烟、喜糖或以钱币包成的红纸包(内装钞票,逐渐递增,但一定要双数)。待13个“红纸包”和一条香烟递进去了,鞭炮也放到一定时间了,屋里人满意了,门外接亲的人再放3个开门炮,其后大门缓缓打开，让迎娶新娘的人员进家。新娘上轿前，先全部换穿男方带去的衣服（意谓不带娘家一丝纱）。接过父母递来的饭菜，不食，由兄弟接下（意谓丢下娘家的衣饭碗。如今这两项习俗已消失）。随后，新娘站在盛满稻谷的斛上（集镇上的新娘站在凳子上），兄弟背之上轿（意谓不占娘家一寸土），并陪同其至男方家，谓之“送亲”。轿至男方门前，由全人（原配夫妇双全，有儿有女之人）在轿下置两个麻袋，“送亲人”将新娘背下轿，新娘踩在麻袋上，随麻袋交替步行至堂前，称为“传宗接代”。

旧时迎娶新娘用轿子，中华人民共和国成立后的五六十年代新人是步行，少数人骑毛驴；20世纪80年代后多用小轿车接亲，但接亲塞红包、背新娘送亲等习俗一直保留至今。结婚是人生大事，舅父母、姑父母等至亲长辈送礼较重。旧时舅舅要定做一对大炮竹、一对大花烛，加上丰厚的礼金。80年代后，不再流行花烛，而是普遍送喜幛，即用一床绸被面贴上用人民币拼成的双喜。初以5元人民币拼双喜，随着生活的改善，逐渐发展到以10元、20元、50元、100元拼成的双喜祝贺（10元拼双喜须用320元，100元拼双喜须用3200元）。

拜堂　新娘至堂屋即与新郎举行婚礼。一拜天地，再拜男方父母，三是夫妻对拜。拜毕入洞房。入洞房后，二新人先喝传杯茶，后由童男童女相陪吃团圆饭。

闹房　晚间，村邻亲友皆来“闹新房”。习俗“三天不分大小”，即无论老少皆可闹房，闹房时要说好，即讲吉利话，气氛热烈。

回门　新婚3天后，新郎、新娘一道去拜岳父母，俗称“回门”。吃饭时，岳母要将鸡大腿给新郎吃，希望新郎、新娘恩爱一生。新人须在当天下午太阳未落山前回家，不在岳父母家留宿。新婚一个月期间新郎、新娘每晚都须回房休息，不能空房，即使有事外出晚上也必须归房歇宿。改革开放后，旅游结婚、新婚摄像、婚纱照相成为时尚，但接新娘、喝喜酒、闹洞房、说好这些习俗依然保留至今。

五、节庆习俗

春节　农历正月初一至初三为“春节”，是百节之首，民间俗称“过年”。中华人民共和国成立前，陶厂除夕之夜家家户户无论老少都要守岁，长辈给孩子发压岁钱。旧时发压岁钱都是用红头绳拴着钱给孩子，后演变为用红纸包一百文铜板给未成年的晚辈，其寓意为“长命百岁”；给已成年的晚辈发压岁钱，则在红纸里包一枚大洋，象征着“财源茂盛”“一本万利”。中华人民共和国成立后，长辈喜欢用崭新钞票给孩子发压岁钱。

除夕年夜饭是春节最隆重的。吃年饭之前，家主要手捧猪头、鲤鱼以及糕饼到村口土地庙进香，回来后还要在家中祖先牌位前烧香燃烛祭祖。年饭菜肴丰盛，其中有四样不可或缺。一条鲢鱼，寓意“年年有余”（此菜每餐必上，但要到三天年过后才容许食用）；一碗肉圆子，寓意“团团圆圆”（有全肉圆子也有肉和糯米做的圆子，或者藕圆子）；一碗蛋饺，因黄灿灿的鸡蛋皮包肉馅，象征金元宝，寓意“来年发财”；还有一碗青菜豆腐，寓意“青菜豆腐保平安”。年夜饭要煮多一点，供三天年食用，同时也寓意年年有剩饭，白米吃不完。

是夜，全家人围坐一起边喝茶边拉家常直到深夜12时，称为“守岁”。子时一到，家主打开大门，燃放鞭炮，称为“开财门”。旧时初一早上，必须由家主开大门放鞭炮，家主口中要说“开门大发财，元宝滚进来”的吉利话。一些贫困的光棍三十晚上将黄泥贴上金纸做成的元宝悄悄放在各家门槛上，大门一开便滚入家中，光棍到年初二挨家上门收元宝钱，小户人家往往就给一碗炒米做的欢团。大户人家和商家过年不仅鞭炮放得多，而且每家门口都要挂一对红灯笼，上贴金纸剪成的店号名称；或者一面是祠堂名，一面是姓氏的灯笼。

初一早上全家要穿新衣服、新鞋子，女孩子要扎红头绳，晚辈不出村在家陪伴父母。初二开始晚辈要携带烟酒糕点等礼品给长辈拜年，首先是给爷爷奶奶、外公外婆和舅舅拜年，初三开始再给其他亲戚长辈拜年。每到一家，被拜者备糖果、瓜子、香烟、五香蛋等待客，有的还挽留吃饭喝酒。如拜年者带有小孩，被拜者一定要给压岁钱。过年期间饮食只有早晚两餐，早餐喝茶，吃早点、面条、元宵、春卷、饺子之类。晚餐一般下午3点就开席，菜肴丰盛。居士一般春节三天全家吃素。

上七　农历正月初七，含山俗称“上七大似年”。初六下午将初七食用的米、菜备足洗净。是日，家家焚香祷告神灵祖先，祈求一年平安。早晨和大年初一一样隆重开大门，放鞭炮。早餐吃元宵、春卷，或五香蛋、糕点之类；中晚餐丰盛，先鸣放鞭炮，后全家聚餐。旧时陶厂商贾人家这天下槽门正式营业。

清明节　是民间最重要的传统祭祀节日。旧时，清明节陶厂家家门前插柳，于此节前数日和当日去祖坟祭祖，焚烧纸钱，坟头插柳枝。民间有“清明上坟上在前，冬至上坟上到年”之说，即清明节前或当日上坟祭祀，冬至自当日一直延续至年底都可祭祀。清明上坟有讲究，首先在钱的上端贴上葫芦状顶，以系纸钱，钱腰部缠绕一圈红纸。挂钱之前先要给坟冢除草培土，重新挖一个碗状的“坟顶”放在坟头上，再用树枝系上纸钱插于坟头，然后再烧纸化钱，焚香叩拜放爆竹。

端午节　农历五月初五为端午节。早餐喝茶，吃绿豆糕和粽子。粽子是以糯米，或加入红枣等原料，以鲜芦叶裹成，煮熟后清香可口，为端午必用食品。中午设丰宴，饮雄黄酒，晚餐如平常。镇境居民以为该日邪毒之气最盛，习俗大多与驱邪相关。是日，吃蒜头、咸鸭蛋，以雄黄酒洒于住所内，涂于小孩耳鼻额头等部位，正午时分将悬于门旁的菖蒲、艾割下；堂上挂钟馗画像，给孩子挂“端午锦”香包，驱秽避邪（此锦内装大蒜、樟脑、雄黄、陈香粉等物，以花布缝就，香气四溢）；穿虎头鞋，挂长命锁，围绣有五毒的肚兜子（蛇、蜈蚣、蝎子、蟾蜍、壁虎）。新中国成立后，陶厂过端午节吃绿豆糕和粽子、割菖蒲、挂“端午锦”的习俗一直延续下来，但喝雄黄酒、挂钟馗画像等习俗已消失。

中秋节　农历八月十五，居秋季之中，为中秋节，俗称“八月节”。陶厂家家户户均买月饼、宰麻鸭、炒蚕豆。早餐多食油煎糯米糍粑，中晚餐以鸭子为主菜。传说元代鞑靼人（蒙古人）统治时期，汉人曾用月饼来传递信息，决定八月十五起义，家家磨刀，说是杀鸭子过节，其实就是杀“鞑子”。所以直到如今陶厂有的地方杀鸭子还称杀“鞑子”。

中秋之夜，明月高悬，家家户户要进香拜月。拜月时摆放一对蜡烛一只香炉，供品有月饼、菱角、石榴、芋头、板栗等。主人洗脸整衣，烧香点蜡，一番叩拜，然后小孩子吃供品，大人们饮茶赏月聊天。拜月一俗，旧时很讲究，现已消失，但赏月喝茶之俗依然存在。中秋节之日，亲友间也常以月饼为礼品互相馈赠。婚前婚后女婿均得向岳父母送礼拜节。旧时，农村儿童有当晚“摸秋”之俗，即入夜三五成群，将未曾收尽的花生、山芋、豆类半抬半偷，再燃篝火烧食。改革开放后此俗已不存。

六、生活禁忌

妇女不得从别人扁担、草帽上跨过，否则被认为晦气；木匠忌别人拿他斧头，俗话说“木匠的斧子，大姑娘的肚子”摸不得。

吃饭时忌用筷子敲饭碗，忌用筷子在菜盘里不停扒翻，忌将身子靠在门框上或者坐在门槛上吃饭，这些都被看作“讨饭相”；剩饭剩菜不能倒在不洁之处，会遭上天惩罚。六个人围桌吃饭忌坐成上下方各一人，左右方各坐两个人，被认为是乌龟形。待客打蛋，忌打一个鸡蛋，此称“倒头蛋”；待客忌上三个菜，因为上坟是三个菜；正规宴席忌上狗肉。忌在寺庙地基上盖房子，忌用寺庙祠堂拆下的建筑材料盖房子，认为会得罪神灵；建新房的大门忌正面对着前排房屋的屋角，否则于新家不利；同排房屋忌别人家的屋脊高于自家，认为被别人压住。大门忌对厕所，否则家中秽气不兴旺。夫妻到别人家做客留宿不能睡在一起，以避免行房事造成不吉利。床铺摆放忌与房梁垂直，也不能摆放在主梁之下，民间俗称“骑梁睡”，形如抬丧，家里不兴旺；睡房里镜子不能正对着床，民间俗称“摄魂镜”，有损家人健康；床头不能正对大门，“门冲”易使人恶梦不断。

新婚蜜月期忌新房空床，即使回门也要当天天黑之前赶回来，实在有特殊原因不能回家的，家中婚床上过去要摆放两根扁担，并盖上被子；现代一般摆放一对布娃娃代替。生孩子或孩子有病时，门框上头悬挂镜子或红布条，外人见之不能入内探望，探望者只能在房门外问候，产妇满月或孩子病愈后，要取下镜子或红布条解忌。喜庆日忌穿白色衣服，过去认为白衣服为孝衣；老人寿衣忌用皮衣，忌穿背心，女人忌穿红衣；丧事办完后不能再送祭品。

乔迁之喜忌送钟，因送钟于“送终”同音；平常交往中忌送伞，因“伞”与“散”同音；忌送草席、药品，认为不吉利，有咒人死亡、生病之意。探望病人忌送梨子，亲朋好忌分梨吃，因“梨”与“离”同音。

第五节 民俗活动

玩灯 陶厂有玩灯习俗。玩灯是一种表演舞龙灯、花船（旱船）、花挑、高跷、莲湘、歪歪精、黑驴舞、大头娃娃等民间娱乐活动。以龙灯最为有名，和其他地方习俗大体相同。

陶厂女子舞龙队

旧时，每年春节、农历正月十五、二月二，由镇上商号出资，组织民间舞龙玩灯活动，以示庆丰收保平安，欢度节日，大街小巷人山人海，热闹非凡。

陶厂玩灯一般最早从农历正月初五开始，一直玩到二月二结束。因为这天是“龙抬头”的日子，也是个吉祥日子。龙灯也分青龙、白龙、黄龙，一般黄龙较多。陶厂玩的是黄色滚龙，滚龙是扎一条长龙，分节的多少按玩灯人数多少而定。大的村庄龙灯队扎两条龙，并扎一座龙门，举在龙前，称为“二龙出水”。整个玩龙灯队伍一般不少于38人：领队1人，龙球1人，舞龙头3人（2人为替换队员），抬龙尾1人，龙身9人，举镋（响叉）16人，打锣1人，打鼓3人，敲小锣鼓2人，扛牌灯2人。龙灯正式出门“玩”之前，要进行一次彩排，称为“试灯”。如正月十五玩灯，试灯一般选在正月十二晚间。试灯前全体队员要到寺庙菩萨面前焚香叩头，祈求保佑灯烛和人身安全，玩灯一路顺利。试灯要点亮全部灯烛，演员要全部着彩装。试灯时，村民都去观看，场面十分热闹。

1950年春节期间，陶厂人民为了表达庆祝解放、翻身做主、分田分地的喜悦心情，自发筹款舞龙玩灯。改革开放后，以陶厂农具厂工人为主体组织了舞龙队，另有蚌精、大头娃娃等杂灯。当时龙灯队主要在镇上和一些大村庄表演。这支龙灯队随着农具厂的萧条倒闭于1993年前后解散。2003年陶厂街道高大祥、张丹琴等人自发组织起龙灯队、花船队、腰鼓队，聘请周昌发师傅制作滚龙、蚌精、花船，村庄和企业给予的赞助用于购置服装道具。2011年以后，龙灯队主要由张丹琴负责，吸收许多跳广场舞的中年妇女参加，重新编排节目，增加趣味性，并经常参加各种民俗演出活动。

镋舞　陶厂苏滩一带有玩镋舞的习俗，堪称一绝。镋舞起源于傩戏，以驱邪捉鬼，祈求一方平安、五谷丰登、六畜兴旺。玩镋舞的均为男性青年，一般为10～20人。玩镋舞者着装式样、颜色统一，每人一杆镋。镋的制作为：一根1.5米左右长的木杆，两头各安装一个“山”字形铁制的头，铁头下方各有4～8片活动的圆形铁片，舞起来发出“哗哗”铿锵声。过去，每年农历正月初十至二月二为活动正期。镋舞可单独在村头开阔地表演，也可随龙灯、花船一道，相互配合共同表演，烘托气氛。新中国成立初期，苏滩镋舞流行于含南一带，深受广大农民欢迎，后期因多种原因，这种娱乐

镋舞

形式基本失传。近几年陶厂民俗表演活动较为频繁，陶厂铜庙、官塘等处群众经常在春节前后开展此类表演活动。现苏滩村李怀友等人传承了镗舞技艺。

陶厂打莲湘

打莲湘　打莲湘，又名“玩花棍”，是一种民间传统娱乐形式。它来源于明末清初乞丐的打狗棍，乞丐将打狗棍两端挂上铜钱，哗哗作响，边唱边乞讨。打莲湘的道具是一根1米多长的竹竿，竹竿上裹有彩条，竹竿两端嵌入几根铁轴，两头各穿上十几枚铜钱，跳舞时用竹竿拍打身体有关部位，发出清脆而有节奏的响声。演员一律穿彩衣彩裤，脚穿有绒球的软底鞋，头上包裹黄色头巾。打莲湘演出一般在过年正月期间举行。

打莲湘的每段有12个节拍，舞时以棍在肩、臂、掌、腿等处拍打敲击，或缠腰磕地，或翻腕对打，不断变换队形；玩时以民歌伴唱，一般即兴编词，既欢快喜庆又诙谐有趣。演出一般以10人或12人组队，外加一名丑角。丑角是队伍中的主导者，起引领作用。如队形玩到街心，围观的人很多，丑角就玩到前面开路，口中唱道：“让开、让开、快让开，让我莲湘打进来。”其后队伍就齐刷刷一齐拍打跟进。旧时的唱词有：“小小莲湘三尺三，来到你府上玩一玩，拜拜老者多福寿、拜拜中年多儿郎，拜拜小儿长得好，长大一定有希望……”

划龙船　陶厂划龙船的传统主要集中在祁首、南二过、大毛、苏滩、潘村、垱圩等圩区村庄。陶厂龙船船体身长腰窄，乘员为22人至26人。船头扎个龙头，分为青龙、黄龙、红龙。一般是一个村划一条船，一个村定好划什么颜色的龙舟，以后都不能改变，各村不同颜色的龙一般都有来历。出赛时，龙船上除有一定人数的划手，船中间有一人打鼓，船尾一人掌舵。打鼓人为指挥，掌握节奏的快慢。船尾掌舵的人十分重要，划船人说的“一舵二招”就是指舵手在比赛中的关键作用，因为河道水势有顺流逆流，有急弯缓弯，甚至遇到漩涡，还有风向等多种因素，舵手必须是经验丰富的水手。祁首划龙船的线路是从陶厂河开始，过大毛，经垱子圩，至和县新塘为止。划船时，船上人员都穿和龙船颜色一致的背心，头扎同色头巾。龙舟的尾部竖着一面表示姓氏或村民组的幡旗。

垱圩划龙船

陶厂圩区各村历来十分重视划龙船，把划龙船看作家族、村落兴旺团结的表现。一旦村子要出龙舟，全村人自发组织起来，为了本村荣誉要人出人，要力出力，筹集资金大家也很积极。选手都是本村身强力壮的中青年和经验丰富的老手。选手们下河划龙舟，妇女老少在后方准备丰盛的饭菜。晚上赛龙舟回来，村里人倾家而出，集中到一起吃一顿村饭。

划龙舟在出龙前，还有请龙、祭神仪式，内容多为祈求风调雨顺、农业丰收、去邪消灾、划船平安、比赛得胜之类。划龙船的时间一般在农历五月初五、十三、二十、二十五和六月初六。如果逢龙年，参加划龙舟的村子更多。

抬菩萨　抬菩萨是旧时一项民俗活动，主要目的是驱邪消灾，祈求平安。陶厂民间过去每年正月十五（小年）一过，就开始烧香叩头抬菩萨，尤其是祁首岗和南二过都有抬菩萨习俗。祁首岗地处半岗半圩，陶厂河就在旁边，不论干旱还是洪涝，对祁首岗粮食收成都有影响，因此祁首岗每年都要抬菩萨。一般抬的是本村小庙里的力士菩萨，遇到特殊情况就从和县新塘请来“大老爷”菩萨。前天晚上要摆香案祭菩萨，第二天上午抬着菩萨巡游，下午将菩萨抬到由山人（道士）指定的河滩上打桩，以示当年水大水小。打桩时，山人在一边向菩萨问年成。

旧时，若久病不愈，认为恶鬼缠身，家人请菩萨到家中捉鬼，或将菩萨抬到药店，按其旨意抓药。陶厂老街每年正月十五一过，也有抬菩萨习俗。据传，散子巷“闹鬼”，到了晚上人都不敢出门，搞的整个街上不得安宁。于是商号出资抬菩萨捉鬼，然后横叉竖棒、鸣锣开道从上街到下街绕陶厂巡游一圈。菩萨分为“大老爷”“大力士”“小力士”“朱士”四种。祁首岗、鲁桥和陶厂街抬的是“大老爷”，关镇和杨府城抬的是“朱士”菩萨，苏滩一带抬的是“大、小力士”菩萨。过去抬菩萨之前，首先要把山人找好。山人是抬菩萨的总指挥，包括抬菩萨人选、行走线路、何处下桩等都要听从山人安排。他说哪里有“鬼”就往哪里抬；他说今年干旱或水涝，都要按他指定的路线抬到河边。如果抬菩萨的人得罪了山人，他就想方设法捉弄人，能把抬菩萨的人捉弄得大汗淋漓、气喘吁吁。

逢集　逢集是陶厂镇的传统习惯。陶厂、关镇、铜庙三地逢集时间是错开的。农历逢二、七陶厂逢集，也就是每月的初二、初七、十二、十七、二十二、二十七为逢集日，即每五天一集；三、八铜庙逢集，也就是每月的初三、初八、十三、十八、二十三、二十八为逢集

20世纪90年代陶厂沿古塔路两侧集市

21世纪初陶厂逢节（在农贸市场内）

日;四、九关镇逢集,也就是初四、初九、十四、十九、二十四、二十九为逢集日。逢集日农民有事无事穿着干干净净上街,大姑娘、小媳妇们更是穿着漂亮上街买卖、看看热闹。除本区域人上集外,和县的南义、功桥、前塘、新塘,甚至沈巷都到陶厂赶集。每到逢集时,从上午7点到11点,从下街(洪份路口)到上街(南关口),再到鸭蛋巷到处人挤人,人越多挤得越热闹,每集做买卖的都有几千人。陶厂最热闹的地方是老街、鸭蛋巷、牛市、米市,特别是牛市最为有名。牛市主要是十里八乡的农家将牛拉到牛市上站市论价,牛市一角还有生猪交易,每集猪牛交易量有几百头。牛市几经换地。早先在小王村口(现陶南路中段),后迁至关口、谢村等地,现设在谢村附近。米市集中在南关口一带,主要是五谷杂粮的交易,尤以米、糠交易量最大。关镇、铜庙逢集街道上人头攒动,买卖兴隆;集市里搭台唱戏,锣鼓喧天;赌场被围得水泄不通,四字宝、牌九齐全,赌场筹码可以在集市上当作货币流通使用。

逢集时的家具交易

看戏　陶厂有句老话,叫“陶厂是块乌龟地,人家栽秧他唱戏”,说的是陶厂人喜欢看戏,闲时唱忙时也唱,遇事唱无事也唱。旧时镇上唱戏地点在牛市旁边一简易小戏园子,四周用旧渔网和芦席围起来,能容纳一二百人看戏。小戏一般从插秧开始一直唱到第二年农历三四月,有时外来的名班往往连唱两个月,费用一般来自赌场抽头。每天戏迷们早早就赶去占个好位置,逢集更是人山人海。妇女看戏,男人进赌场。周边村也经常搭台请戏班唱“乡台口”。一般是逢年过节、修谱、建祠、庙会或大户人家有红白喜事,村庄如遇到灾难和不吉利的事,也请班唱戏,以此消灾呈祥,叫唱“平安戏”。过去来唱戏的多为民间草台班子,妇女们被小戏唱得晕头转向。在陶厂流行的剧种主要是倒七戏(庐剧),群众又称“小倒戏”。主要剧目有《梁山伯与祝英台》《三请樊梨花》《蔡鸣凤辞店》《休丁香》《白蛇传》《雷打张子宝》

看戏(云塘村南二过自然村正月唱戏)

等。也有唱黄梅戏的班子，同样受人欢迎。

说好　“说好”是陶厂农村结婚或者盖房上梁时人们庆贺的一种传统习俗。说好者一般都是农村中喜欢讲俏皮话的中青年人。虽然说辞有一些是从戏文中发展来的固定句式，但更多的是根据现场情况即兴创作，内容都是吉祥话，夸奖家主或赞美新郎新娘的。说好人富有韵味的俏皮话语，配上滑稽夸张的表演，常常引得哄堂大笑，取得非常好的暖场效果。

农村结婚说好分为新娘进门和闹洞房两场。新娘进门等到酒席十大碗菜上齐后，说好的人出场说好，如“门楼两边吊金钩，高挂红灯结彩球，彩球结在府门口，千金小姐配王侯，八宝花轿四人抬，官门抬到相府来，八洞神仙来贺喜，送子娘娘又进来……”闹洞房时说：“瞧瞧新娘杨柳腰，两边一对花荷包，左边装着大红枣，右边装着万字糕，怀里四个红鸡蛋，你不掏来我来掏，新娘转身脸望床，面红耳赤心发慌……”

农村盖房子上梁是一件大事，一般都邀请说好的来助兴，一般说：“爆竹一放喜洋洋，一班亲友贺新房，初到贵府抬头望，府上一派好气象，左右青龙对白虎，前后诸葛照明堂，一座高楼盖的巧，盖在龙头凤尾上，盖在龙头出状元，盖在凤尾出娘娘……”有的能说会道的木瓦匠上梁时也随着工序说好，如木瓦匠分左右上到山墙顶，放下红绳一边往上拉梁一边说好：“手拉金绳提金梁，金梁抬头如凤凰，凤凰不落无宝地，将相出在贵府上……”如今随着时代变迁，陶厂农村说好习俗依然存在，但内容已悄悄发生变化，融入许多新时期的元素。

附：

陶厂地区旧时杂行陋习

大烟馆　鸦片烟民间俗称“大烟”。民国时期，陶厂有一个叫王长子的大烟馆，位于北份街中段，房子坐东朝西，进入他家烟馆消费的大多是商贾阔佬、地方士绅。抗战期间，日军和国民党二支队的军官也经常来这里抽大烟。关门镇老街上也有一家大烟馆，位于老街上街，坐西朝东，由李才龙开设，有五六间砖瓦平房，街上和周边有钱的阔佬、烟鬼常来光顾。

过去陶厂地区许多富裕人家一般将烟土买回家，方便随时抽吸，许多人因抽大烟而破产。人们有一首顺口溜嘲讽抽大烟的：“一口吸着似神仙，二眼盯着烟上天，三餐茶饭不想吃，四季衣服穿不齐，五心烦躁睡不着，六亲不认成孤鬼，七仙美女都不爱，八方神仙我也嫌，九九归一都要死，十十（实实）在在舍不得一口烟。”

赌场　陶厂大小赌场有胡家宝场、陈家牌场等三四处。每天下午、晚上打麻将、推牌九、出宝的都会自动聚集，济济一堂。较大的要算大华园茶酒馆，晚上酒席散场，早已在门口等候的赌徒们蜂拥而入。主要是四字宝和牌九，一摆就是几桌，人多时把方桌拼起来，一人坐庄，数十人围观下钱，整个大堂被上百人围得水泄不通，但赌场规定东方泛白就要散场，不能影响茶馆第二天营业。

关镇街上也有两处赌场，一是位于老街下街，坐西朝东由唐本洲开设的宝场。此人是清朝举人，家道富裕，在孙杨树村附近有几十亩田地和几个庄子，靠收租过着富足的生活。其宝场生意也很兴旺，出宝的、下宝的每天川流不息。宝场内大桌四方人挤人、人架人，经常是通宵达旦。还有一处是位于上街巷口由周茂相开设的宝场，此人是乡绅，当时在国民党、日本人和共产党之间都能说上话。街上遇到任何事情，只要他出面没有摆不平的，所以在当地被称为“三开人物”。他家房屋四进一通到底，有门面三大间。周家宝场生意好于唐家，主要是周茂相交际广，诚信度高。他家赌场使用的一种叫“蜈蚣大筹”，不仅在关镇可以充当货币买东西，而且在县城、运漕等镇都能通行。只要拿着他家的“蜈蚣大筹”，周家会如数兑换银圆或铜板。

过去乡村赌风盛行，男人玩牌九、四字宝，妇女抹纸牌，沉溺其中的人往往倾家荡产。人们有一首劝赌顺口溜：“赌博场子你别上，一旦上瘾到天亮，正事不做惹是非，眼睛睁大似打仗，亲朋好友无情面，输钱付账不相让，输了心里如猫掏，赢了还想蛇吞象，成了赌棍是无赖，家中钱财全泡汤。”

算命　陶厂过去每当逢集，集市里就有人摆摊算命测字看相，时常吸引不少人围观，以妇女居多。算命一般是对人的生辰八字进行预测，过去从事这一行当的一般都是盲人。盲人前面有个半大的孩子领路，盲人左手搭在孩子肩膀上，右手敲击一面巴掌大小铜锣，有的肩上背一口袋，装一把二胡，没有人算命时就自拉自唱，招揽生意。算命时要求对方报出生辰八字，手掐心算，根据五行相生相克的原则，将八字与五行相配产生命相，如金生水、水克火等，最后推断出问卜者命中祸福凶吉。一般先讲凶兆灾难再讲化解方法。

看相　陶厂民间过去流行看相，这是通过对人五官特征、气色、体态的观测和对人心理揣摩，来推断问卜者吉凶祸福的一种占卜方式。陶厂看相的大多是逢集时在集市上经营。相摊上摆一张桌子，旁边挂一块白布，上面画一人脸，人脸圈点一些穴位，这是相面摊的招牌。其实相师善于察言观色，若看到某人面有愁色就说你“印堂灰暗，定有凶煞在身”，最后指明要想“破关”，需要花钱消灾。若是看到某人喜形于色，就说你“天庭饱满，地阁方圆，两耳垂肩”一番抬举，然后告诉你要想好运，尚须如何如何，让你掏钱答谢。看相还有一种看手相，它是根据手掌纹理来推测命运前程，男看左手女看右手。

朝亡　陶厂民间流传一种朝亡去鬼消灾的迷信做法，有专门的人从事这一行当。从业的男人称为“山人”“巫师”，从业的女人称为“朝亡婆”，类似于女巫。民间说家中有去世的人在阴间有难，阳间家中不得安宁，便请山人或朝亡婆晚上来家中坐坛。自称某死者附体，山人或朝亡婆先是画符咒，贴在病人卧室门上，然后夜静更深时披发仗剑，口念咒语。一番装神弄鬼后，将符咒烧着，绕屋挥舞，突然一口酒将火喷灭，然后向病人床四周喷洒，最后手中宝剑一挥，算是赶走了魔鬼，并以香灰、“仙水”、“仙丹”让病人服用。还有的山人或朝亡婆据说能安排家人与亡者对话，当然亡者的话都是通过朝亡婆之口说出来的。

叫魂　旧时陶厂民间有一种叫魂习俗，家中小孩子头疼脑热，或者受到惊吓，被认为是撞上鬼怪了，就要叫魂。叫魂是孩子的母亲或祖母端一碗米，从家中出来，边走边撒米，同时口中喊着孩子的名字和“东南西北方吓着，回来哟”这样一直叫到池塘边再返家，回到受惊吓孩子的身边，让离开的魂魄重新回到孩子身上。叫魂时不能有其他人打扰，清晨和傍晚各叫一次。据说母亲为儿喊魂的声音能传到千里之外，能把儿女的魂魄喊回来。

第六节　方言俗语

含山县陶厂地区方言与含南其他地区一样，主要是“含山话”，属于江淮官话，在发音上与含中和含北存在一些差别。

一、方言

天气

天变之——天阴了
天打变——天阴了
丢点——落雨点
龙吊水——龙卷风
盐豆子——冰雹
打闪——闪电
打暴——下暴雨
云灿——云朵
日头颗——烈日下
漆黑八乌——没有月亮的黑夜
焐燥——闷热
凉韵——凉爽

时令方位

三十晚——除夕夜
小年——元宵节
五月节——端午节
八月节——中秋节
将才——刚刚
该各——今天
埋个——明天
号各——后天
初各——昨天
桥各——前天
向桥各——大前天
大桥各——大前天
根年——今年
门年——明年
旧年——去年
中上——中午
杠、杠子——现在、这时候
麻麻亮——清晨天微明时
晚半西、下晚——傍晚
这怪——这里
高头——上面
中安心——中间
巴巴心——中间一小块
四转——周围
二面二——两边，两旁
稀里八岔的——很少，不多见

器具物品

猫膀子——一种双桨小船

香伙——堂屋正中摆放的香案

盖栏——碗橱

封门钱、掛钱——春节门楣贴的剪纸

屋凳子——床头边摆放的小凳子

猴子板凳——小板凳

骨摆凳子——长腿方凳

大板凳——长条凳

条著——扫帚

推子——梯子

胶皮鞋——胶鞋

巴纸扇——芭蕉扇

信壳子——信封

窑锅——陶制的盛菜器皿

站窝子——稻草制作的冬天取暖的器具

火坛——冬天内装火烬拎在手上取暖的陶制品

被窝——被子

挑子——汤匙

手捏子——手帕

电石——电池

身体疾病

太阳筋——太阳穴

两睛——眼睛

眼拐子——眼角

嘴桠子——嘴角

嘴门沿子——嘴唇

脑颈巴子——颈脖的后部

喉咙管子——气管

胸门口——胸口

心果子——心脏

手门心——手心

肚脐眼子——肚脐

手颈子——手腕

蛤蟆气——腮腺炎

隔食病——食道癌

心口疼——胃病

冻之——感冒

打皮寒——发疟疾

不调和——小病，身体感觉不舒服

不称朗——不舒服或生病

病虾虾——体弱多病

瓢巴巴——身体单薄

奶奶猴——皮肤上的小肉瘤

老棺材瓢子——称身体虚弱的老年人（贬义）

扯呼——打鼾

腰切之——腰扭了

亲香——接吻

居家衣食

嘎——家

嘎门口——邻居，或同村

堂屋——客厅

披厦——正房边搭盖的简易厢房

耳间——堂屋两边的厢房

拐子——角落

塔步子——台阶

锅间——厨房

茅缸、茅司——厕所

褂门子——外套

毛褂子——婴儿褂子

毛裤子——婴儿裤子

头绳褂子——毛衣

背褡子——背心

家口子——小孩围在颈下挡脏的围裙

撒鞋——拖鞋

裤头子——短裤

灰面——面粉
疙瘩——面粉搅和做成的小块状食物
香油——菜籽油
冬糖——酥糖
心子——馅儿
乞饭——吃饭
银汤——米汤
焐饭——灶煮饭中的一道程序
打平伙、开伙——聚餐

称谓人品

家公爹——外公
家婆——外婆
大大——父亲
阿爷——父亲
三爷——三叔(叔叔称爷)
继父老子——继父
上人——长辈
下人——晚辈
男灿——男人
兴伢妈——老婆
我家人——妻子
奶里们——女人们
毛芽——出生几个月的婴儿
霞们——小孩子
小厮——男孩子
老罕儿子——最小的儿子
老罕丫头——最小的女儿
奶巴子——最小的儿子
二五老头——五六十岁的老头儿
老呆子——五十岁后生的儿子
头胞子——第一个出生的孩子
半边人——寡妇
半桩子——小伙子
光蛋——单身汉
家门口的——邻居
臭头犟——极固执的人
绞——强词夺理,难缠
洋货——时髦
拾弄——麻烦
夹生、夹实——不讲理
大相——架子大
搭僵——难与相处
一当——懂情理的人
木骨——说话、做事认死理,不知变通
小沫浪子——不守规矩的年轻男人
猪头巴兮的——蛮横,不讲理
鬼头巴兮的——这个人比较诡秘
神头鬼脸——这个人比较诡秘
老实巴啦的——很厚道
瞎扯巴啦的——胡说八道
尖头巴些——刁钻,狡猾
山头陆岗的——自高自大、盛气凌人
骨里骨揣的——指这个人不好相处
歪事缠——不能沾,碰不得
不顶龙——无能、不中用
不清头——不知好歹
不主贵——讲话胡言乱语
捣生——净讲拆台话
确薄话——讲话俏皮滑稽
老人头——言行与年龄身份不相称,
一般指年轻人(贬义)
白瓜脸——厚皮脸
水答嘴——讲话不算话
考物——接人待物难沟通,难接触
屎皮拉子——泼皮、无赖
韶叨——多话多事,爱出风头
高门槛——有权势或富裕的人家
肉头——常被敲竹杠的人
忘失——忘记

拖拐沙角——衣着不整齐、不端正
跳枝——女孩精明强干
老角角的——小孩说话做事显得老成、干练
精怪——聪明伶俐
拆烂污——下三烂
烧包——出风头、骄傲

形容夸张

瓢不经——稍微、简单
不瓢经——厉害，不简单
滴搞大——非常小
毫毫——很少
猫轻——非常轻
猫嫩——非常嫩
猫软——非常软
铁紧——非常紧
蒙薄——非常薄
蒙细——非常细
蹦脆——非常脆
淡匹匹——清淡
透鲜——非常鲜
一扎齐——非常齐
清丝丝——打扮讲究、清爽
刷刮——动作麻利
过劲——有本领
歹怪——难看
摸——做事慢腾腾，效力低
一当——稳重、前后一致
搭搭的——慢慢的
心疼巴啦的——小孩很可爱
一瓢好兮——形容很多

动物植物

土地蛇——腹蛇
鼻头（涕）虫——一种乳白色软体虫子
各蚤——跳蚤
土狗——蝼蛄
耳狗——公狗
草狗——母狗
斋牛——知了
出蟮——蚯蚓
哼呼——猫头鹰
蚬蚬子——河蚌
火萤虫——萤火虫
七七子——蟋蟀
蚂蝇子——蚂蚁
四脚蛇——壁虎
灶猛子——蟑螂
大牯牛——公水牛
盐老鼠子——蝙蝠
六谷子——玉米
芦粟子——高粱
大椒——辣椒
鸡溜果——芡实
洋柿子——西红柿

生活性格

放锥子、放爪子——赌场放的高利贷
包子钱——民间高利贷
齁(hōu)——食物太咸
憨——动作缓慢
伙伙的——动作缓慢一点
扫——动作很快
桑——小孩子顽皮
不照——不行
扫豪——快一点
漂得——不知道
砸蛋——糟糕
称朗——舒服

屁人——骗人
门干——谢谢
粘汪——占便宜
照嘎——回家
照路——回去、走了
晃趟子——散步
精讶——人斤斤计较，不好相处
真入鬼——很蹊跷
搞死人——太麻烦
不作信——没这规矩
栀子花、茉莉花——指手画脚，不干实事
横三倒四——做事没章法
汤炮子的——对不听话孩子的诅咒
七弓八翘的——形容物体高低不平，
　　　　　　也形容群体思想不统一
拐里拐姜的——不坦率，不合群
架势子——捧场，让别人很有面子
急心惶——性子急
俏角角的——打扮时髦
心果子直甩——心疼，舍不得
带应——答应
刮淡——闲聊
刮经——讲故事
起旱——步行
宣番——对小事过分渲染
稀里八岔——不经常
淌孬——认输，不敢出头
放水——走漏消息
反人——责怪、批评人
斩菜——买卤菜
含定——限定在一定范围内
躲猛子——潜水
划水——游泳
倒拔蛇——东西或钱送人想再要回来
比痛腿——专找别人弱点
洼不倒——够不着
以风作邪——装疯卖傻
各照——行不行
搞息——干什么
各干——做不做
胀肠子——气愤
跌相——丢面子
不张猫——不见面
气道——难闻的气味
上坂子——上坡
假马的——假装的
跟人——女方嫁人
走得之——老人去世
得味——有趣儿
老牌子——不成问题
巧——便宜
讹——差、缺
瘟——很，非常（指气味）
易在——容易
不瓤筋——不简单
稀巴巴——少见，罕见
怪气——不可思议
入鬼——奇怪
不顺序——不吉利
脾家味——脾气
别别窍——窍门
架相——捧场
慈念——同情
操蛋——捣乱
求屁——央求
打拦头板——阻挠
七屁八磨——说慌，推脱
带兴——连累
蒙安——谢谢
闹门子——串门子

发毛——发脾气
糟扯——说下流话，胡说八道
叽湿——潮湿
歹怪——难看
不弄——不懂事理
能现——不麻利、行动迟缓
熟呱——动作麻利

二、歇后语

麻布袋背菱角——里捣外戳
苍山小白龙——出门就闯祸
扁担头拴田鸡——不打死也拖死了
家婆家杀年猪——指实之
四九天吃冰棒——寒心
对窝里抱鸡——伤蛋
茶馆里筷子——两头忙
老蓝布大褂子——里外蓝（难）
张旺山锣鼓——各打各的
二姑娘围腰子——清丝丝的
木匠拉大锯——有来有往
胸门口挂钥匙——开心
芦粟杆子挑水——担当不起
三十晚吃粥——不像过年样子
茶壶打断把子——就落个嘴
茶壶装元宵——有货倒不出
门口栽秧——门稻（道）
屋内摆摊子——家里生意
爆竹店失火——自贺自
裁缝掉了剪子——针（真）干
山头上倒粪桶——臭名远扬
黄泥菩萨过河——自身难保
一家穿毛褂子——不分大小
鸡蛋换盐——两不找钱
锤棒拉胡琴——粗料
豆腐渣贴门对——两不沾
大路朝天——各走各边
对嘴锤对窝——石（实）打石（实）
瞎子磨刀——快了
茅缸树烟囱——出臭
茅缸里的石头——又臭又硬
蚂虾顶门—— 瞎（虾）撑劲
跛子上台——立场不稳
孔夫子搬家——全是书（输）
三十晚黄历——老书（输）
菜篮捞泥鳅——跑的跑溜的溜
瞎子点灯——白费蜡
青石板钉钉——硬碰硬
葵花秆打狼——两怕着
肉包子打狗——有去无回
巷里扛竹竿——直来直去
哑巴吃黄连——有苦难言
哑巴吃元宵——心里有数
下雨天背稻草——越背越重

三、农谚

蓄水如蓄粮，水足谷满仓。
迎秋三场雨，遍地生黄金。
春雨贵如油，下得满岗流。
人是铁，饭是钢，庄稼无肥长不旺。
冬天不耕田，夏天喊皇天。

过了惊蛰节，耕地不停歇。
人不亏地皮，地不亏肚皮。
地要深耕，儿要亲生。
棉花不要多，一亩五千棵。
稻根对稻根，庄稼有十分。
春天消灭一只蛾，秋天多收几稻箩。
人勤地出宝，人懒地生草。
旱地不开沟，如同贼来偷。
楝树开花你不做，蓼子开花把脚跺。
人黄有病，天黄有雨。
不怕正月无太阳，就怕二月连阴雨。
雷打秋，没得收。
人怕老来穷，稻怕夜东风。
水底起青苔，必有大雨来。
春雾雨，夏雾热，秋雾凉风冬雾雪。
小暑打雷，大暑破圩。
正月雷打节，二月雨不歇，三月车干水，四月秧上节。
日落胭脂红，无雨也无风。
老猫坐屋脊，明天雨淅淅。
月晕哪方开，明天哪方风。
水缸返潮，大雨难逃。
早晨打雷等不到中，中午打雷一场空，晚上打雷一阵风。
早霞晚霞，无水烧茶。
粪缸翻底，天要下雨。
月亮红眼，有雨不远。
蚂蚁找窝快下雨，月儿有圈要刮风。
蚂蚁挪窝蛇过道，不出三天必打暴。
早上浮云状，中午热死老和尚。
天上鱼鳞斑，晒稻不要翻。
不冷不热，五谷不结。
南风若过三，不是下雨就是阴。
三月南风不过三，四月南风只一天，五月南风涨大水，六月南风干死鳖。
一场秋雨一场寒，十场秋雨穿上棉。
吃了夏至面，一天短一线；喝了冬至酒，一天长一手。
一九二九不出手；三九四九冰上走；四九中心腊河里冻死鸭；五九六九河边插柳；七

九河冻开，八九燕子来；九九八十一，犁耙遍地走。

知了叫，割早稻；知了飞，堆草堆；知了死，撒菜籽（种油菜）。

七月十五定旱涝，八月十五定收成。

有收无收在于水，收多收少在于肥。

浅水滩，碟子塘，遇大旱，无法防。

霉过伏，热之哭。

干锄棉花湿锄麻，毛毛小雨锄芝麻。

稻薅三交出好米，棉锄九交白如霜。

大旱不连年，一连就三年。

一涝三年旱，旱灾一大片。

有水不车是懒汉，车水灌塘是模范。

挑塘坝，筑堤防，来年丰收有指望。

天晴不开沟，雨落遍地流。

晒掉黄秧田，不够买油盐。

圩田就怕三时雨，山地就怕老东风。

肥料到处有，就怕不动手。

瞎子靠棍，做田靠粪。

扫帚响，粪堆长。

正月菠菜满地青，二月芥菜绿葱葱，三月苋菜破土出，四月莴苣嫩生生，五月黄瓜长街卖，六月瓠子弯似弓，七月茄子头朝下，八月辣椒一片红，九月韭菜抽青苔，十月萝卜上秤称，冬月白菜家家有，腊月蒜苗绿茵茵。

一年塘泥两年谷，三年塘泥砌砖屋。

大暑立秋炎热天，割草沤肥好时间。

田地勤锄草，庄稼长得好。

养鱼养羊，本短利长。

无牛不成农，无猪不成家。

养牛无技巧，水足草料饱。

一草养三鲢，三鲢带一鳙。

清明到霜降，鱼类生长旺。

若要耕牛放得好，棚干食饱露水草。

老牛难过冬，顶怕西北风。

春放洼，秋放沟，六月七月放岗头（养羊）。

三月鸡，叫唧唧；三月鸭，上刀杀；三月鹅，上肩驮。

鸡寒上树，鸭寒下水。

养鹅无巧，窝干食饱。

人勤地不懒，栽树聚家产。
森林雨水勤，秃山旱死人。
多栽一棵树，等于造水库。
桃三杏四梨五年，枣树挂果在当年。
好种出好苗，好葫芦开好瓢。
山高有大树，庄大有能人。
近山树招风，近水知鱼音。
天天打猪草，年年闹花灯。
人恋故土，牛恋故主。
山口串元宵想吃怕烫。
一天省一把，一年买匹马。
家有千斤油，不点双灯头。
借钱要忍，还债要狠。

四、语法

语法主要特点及例句
1. “在”可作助词，缀于句末，表示动作的进行时态。例如：
张老师上课在。（张老师正在上课）
张老师看电视在。（张老师正在看电视）
“在”与“之”构成“之在”，在句末，表示动作的进行时态。例如：
小王忙之在。（小王忙着呢）
2. 助词“之”的多种用法
用在动词的后面表示动作或状态的持续。例如：
讲之讲之他到之。（说着说着他到了）
开之灯睡觉。（开着灯睡觉）
出现在谓语的后面表示完成态。例如：
饭煮熟之。（饭煮熟了）
水烧滚之。（水烧开了）
用于状态补语前面，与普通话的结构助词“得”相当。例如：
懒之要命。（懒得要命）
想之睡不着觉。（想得睡不着觉）
用在疑问句尾表示疑问。例如：
病可好之?（病好没好?）
他可来之?（他来没来?）
3. “可能”补语句的助词“得”可以省略

普通话的“可能”补语句多用“得”联结述补之间的关系。例如:你能拿得动吗？我能拿得动。

而通常习惯省略助词“得”而不改其义。例如:

你可能拎动？我能拎动。

(你能拎得动吗？我能拎得动)

你可能看懂？我能看懂。

(你能看得懂吗？我能看得懂)

4. “家去”和“家来”

含南话除了把“回家去”习惯说成“照家”(gā)之外,还习惯说成“家去”(gā kēi),把“回家来”也习惯说成“家来”(gā lái)。含南话的这种说法,既可能是省略了主要动词“回”,也可能是“去家”(kēi gā)、“来家”(lái gā)的颠倒,总之它是不符合普通话语法的。

5. “毫毫”的副词作用

在“大”“高”“长”“深”“重”“远”“扁”“红”“亮”“肿”等词的前面都可以用“毫毫”加以修饰、限制,其作用可分两类。

其一是强调被修饰限制词的相反意义。如毫毫大(很小)、毫毫高(很矮、很低)、毫毫长(很短)。其二是对被修饰词作正面强调。如毫毫扁(点点扁)、毫毫圆(点点圆)、毫毫亮(点点亮)。

标音语法例句

•哪一个?

•我,老王。

•老张呢?

•老张在家吃饭。

•他还没吃好啊?

•没有。大概再有一下(hà)就吃好了。

•他讲一下(hà)子就走,怎搞到杠(gàng)子还没走。

•你到哪去(kēi)?

•我到城里去(kèi)。

•你好长去(zhǎng kēi)?

•我马上就走。

•你去(kēi)搞息(干什么)?

•看电影。你各去(kēi)?

•这个电影我看过之。

•你再看一遍嘛!

•你先走,等一下(hà)我就去(kēi)。

•她根(今)(gēn)年好大岁数啊?

•她二十二岁。
•这(gǘi)东西有好重啊?
•有 50 多斤。
•你能拿动吗?
•我能拿动。他拿不动。
•我的乖乖！有这么重啊！连我都拎不动。
•饭烧好之,快(sào)吃吧!
•吃饭我吃不过他,吃大馍他吃不过我。
•我吃多之！肚子胀之难过。
•再给我添一毫毫(一点点)饭各好?
•锅里各有饭啦?
•我瞧过之,没有了。
•才吃之饭,要缓缓(hān hān)走,不要跑。
•我们带走带呱(guā)。
•越走越慢,越讲越多,讲之讲之笑。

第十一章 陶厂丛谈

陶厂在含山的历史长河中有其重要的地位，含山县前身龙亢县就以陶厂为中心，县治设在陶厂的杨府城。陶厂不仅是含山的摇篮，也是含南重要的商贸古镇。这里曾经发生过许多重要事件，这些事件对古镇的影响重大。如从陶厂主要家族的由来，可以窥见历史上大移民对当地开发和风俗习惯形成的影响。三年困难时期，那段不堪回首的往事，虽然让人心情沉重，但汲取教训才是最为重要的。长达十多年的农业学大寨运动，对农村产生十分深远的影响，虽然有些做法违反科学，强迫命令，但改天换地的豪迈精神和大搞农业基础设施建设的做法无疑是十分宝贵的，有些水利工程一直受益至今。改革开放后，陶厂农民敢于第一个“吃螃蟹”，到北京务工，历尽艰辛，终于获得成功。他们的经历是伟大时代的一个侧影。由于乡村历史一直缺少文字记载，许多重要事件已经湮没。本着尊重历史、秉笔直书的精神，为了留住记忆，客观公正地还原历史原貌，在采访当事人、见证人和查阅陶厂地区主要姓氏家谱及相关文献基础上，还原和保留一些史实，以便后人通过这扇窗口了解到陶厂历史的真相。

陶厂杨府城为含山古县治考证

县治是我国县级行政中心，古代县治就是现代的县政府驻地，现代通俗称为“城关镇”“县城”。含山县的县治，元末之前一直在今陶厂镇杨府城村，元末才迁往被裁撤的历阳县县治所在地，即今天的环峰镇。

含山古属和州，和州古称历阳。历阳于秦始皇二十六年（前221年）设历阳县，属九江郡，这是历阳最早的设县记录。因县南有历水，故名。此历水就是历阳湖，明代中叶时干涸，今含山张公麻湖圩是其一部分。北齐天保六年（555年），齐、梁两国在历阳城罢兵议和，改历阳为和州，这是和州地名的由来。

永嘉是晋怀帝司马炽的年号。在永嘉之前，中原地区曾发生过长达16年的“八王之乱”。这次变乱由于匈奴和羯族大量残酷屠杀汉人，中原官民为避免战乱向南方地区大规模迁徙，史称“永嘉南渡”。当时南方社会较为安定，东晋政府为安置北方流民侨置州郡县。永嘉南渡时，北方的许多士族、大地主携眷南逃，随同南逃的还有他们的宗族、部曲、宾客等，同乡同里的人也往往随着大户南逃。随从一户大地主南逃的往往有千余家，人口达到数万之多。

当时大量皖北流民迁徙到历阳县。东晋大兴二年（319年），朝廷分历阳县境西部侨置龙亢县，专门安置南下的流民。何谓"侨置"，《宋书•州郡志》"自夷狄乱华，司、冀、凉、青、并、兖、豫、幽、平诸州一时沦没，遗民南渡，并侨置牧司，非旧土也"。简要地讲就是暂借别地安置流民，但仍用流民来源地旧名。"龙亢"在今安徽怀远县西北，西汉时设龙亢县，东晋时废。这里的流民到达历阳县西南一带，朝廷便将此地侨置为龙亢县。南北朝时，北周尽取江北之地，北周大象元年（579年）将龙亢县并入历阳县。至此，龙亢县被废，龙亢县存续共260年。

唐武德六年（623年），朝廷分历阳县西部原龙亢县境设含山县。《清一统志》曰："含山县西三十里，崔巍雄峻，群山列峙，势若吞含，唐因以县名。"《太平寰宇记》曰："以县境众山所含，故名含山县。"唐武德八年（625年）含山县废，再度并入历阳县。唐长安四年（704年）改含山县为武寿乡，属淮南道和州。唐神龙元年（705年）复置含山县。明洪武元年（1368年）含山县废，其南部划归无为州，余并入和州。明洪武十三年（1380年）复置含山县，属京师直隶和州，此后一直稳定未变。

东晋时侨置的龙亢县，县境面积很小，以石门山为界，山以南地区属龙亢县，山以北地区属历阳县。龙亢的面积大约为今含南一带，县治设在今陶厂镇杨府城。据清乾隆版《含山县志》，"历阳龙亢考三则"一文曰："至洪武十四年（应为洪武十三年，笔误），含山遂迁县治于故历阳县治，其后以故龙亢城赐征南大将军杨文为宅，因相传为杨府城，今尚存土城……"杨文是陶厂人，其父亲和叔父均追随朱元璋，战死沙场。杨文补役后，得到重用，后官至左都督。朱元璋将龙亢城赐杨文为府第，也是为了笼络人心。

杨府城村

又据乾隆版《含山县志》舆地志记载："（含山）唐置县至宋元，尚未筑城，故明初，克和州赵德胜等平含山诸县，不待终日，唯无城守之防，故耳，迢迁县治于故历阳治……"查史料，元至正十五年（1355年），赵德胜率部攻克乌江、和州和含山。当时的县治龙亢城只有很矮的土墙，无法防守，所以他建议迁县治至原历阳县治所在地。这说明是朱元璋手下大将赵德胜，即后来追封的梁国公最早主张北迁县治，但是赵德胜并没有来得及实施，不久便率部离开了含山。洪武十三年（1380年）复

杨府城村全貌

20世纪70年代初，从杨府城村挖出的古地砖

置含山县后，朝廷正式批准县治迁往废弃的历阳县治。原属历阳县的含中、含北一带也划归含山县管辖。

其实，当时历阳几经兴废，加上战乱，县治也很破败。迁县后，知县徐原显率民众修筑城垣基地，也就是城墙基础。明正德七年（1512年），农民军四处袭扰，知县张文渊率众在城垣基址上筑土城防守，城周长三里许，高一丈五尺，并挖有护城壕沟。明嘉靖三十七年（1558年），知县葛麟修砖包城墙，长九百余丈，高一丈八尺，厚一丈，有城垛1800余个，设城门四座，窝铺四座。不幸的是明崇祯九年（1636年），农民军高迎祥进军庐州，攻占含山县城；第二年农民军张献忠又一次攻占含山县城。农民军两次占领县城均大肆烧杀淫掠，城内官署民宅焚毁殆尽，片石不存。直到清顺治四年（1647年），知县朱长泰才开始修复城墙，重建官署等设施。

祁首岗祁氏历史溯源

祁姓在陶厂镇虽然不能算是最大的姓氏，但也算是名门望族。陶厂镇祁姓不同于其他姓氏四处分散，而是全部集中在祁首岗居住，县内别处也无此姓氏。因祁氏住此数岗之首，故取名祁首岗。清代祁首与周围一些小村属南三都，民国初期改称“联保”，民国后期属于河西关门镇。中华人民共和国成立初期，祁首和鲁桥合称祁鲁乡，乡政府驻地设在大毛村。人民公社化运动后，祁首村称祁首大队，分为五个生产队。现在的祁首村，内设五个村民小组，全村人口630多人。

祁姓历史悠久，来源说法不一，主流说法认为祁姓源于姬姓，出自春秋时期晋国献侯四世祁奚的封地，属于以封邑名称为氏。据史籍《元和姓纂》和《辞源》记载，春秋时期晋献侯第四世祁奚为晋国大夫，受赐食邑于祁（今山西祁县），以邑为氏，故称祁奚。祁奚，字黄羊。周简王十四年（前572年），晋悼公即位，祁奚被任中军尉，为晋国大夫。祁奚在位约60年，为四朝元老。他忠公体国，急公好义，誉满朝野，深受人们爱戴。山西盂县、祁县均设有祁大夫庙。祁奚子祁午、孙祁盈，皆晋国大夫。

历史上祁姓名人主要有：祁顺之，唐代大臣，累任左司员外郎，刑部员外郎。祁宰，金代太医、中奉大夫、太医使。祁序，宋代著名画家，传世佳作有《江山放牧图》卷，曾经清内府收藏，现藏故宫博物院。祁廷训，宋代安远军节度使、左领军卫上将军。祁彪佳，明代名臣、散文家、戏曲家。祁顺，明代天顺年间进士，授兵部主事，累官至江西左布政使。祁敕，明代正德年进士，授刑部主事，后任刑部郎中，以善决疑狱著称，民呼之为“祁佛爷”，曾外放出任饶州知府。祁韵士，清代著名史学家，有著作《皇朝藩部要略》二十二卷。祁寯藻，嘉庆朝进士，历任军机大臣，左都御史、诸部尚书，体仁阁大学士、太子太保，他精通诗词书法，一生为三代帝师。祁世长，祁寯藻之子，翰林院编修、工部尚书、顺天府尹。

祁姓郡望为太原郡，尊奉祁奚为得姓始祖。因祁奚为祁县人，故祁氏以山西祁县为发源地。祁首岗的祁氏祠堂号为“举善堂”，堂名来历源于春秋时期晋国大夫祁奚向晋平公推荐自己的杀父仇人解狐为南阳县令的典故。当时，晋平公不解地问道：你怎么推荐自己的仇人呢？祁奚回答说：我举荐的是能够胜任的人，而不考虑是否与我有仇。晋平公称赞他“举者为善”，留下“外举不避仇，内举不避亲”的美名。后来祁氏就将堂号定为“举善堂”。

中国人是世界上具有浓厚祖先崇拜传统的民族。每个家族中往往都有一个场所来供奉已故祖先的神主牌位，所以，旧时每个家族都建有本家族的祠堂，并取一个堂号，目的是让子孙们每提起自家的堂号，就会知道本族的来源，记起祖先的功德。树大分杈，随着生命的传递、繁衍，家族会不断扩大。扩大的结果是一些家族从祖居地迁居他处，另开基业，形成新的分支和新的宗族。这些新形成的宗族和分支，往往又会建立新的祠堂，来供奉最亲近的祖先。于是，由一个祠堂又会派生出许多新祠堂来。因此，族谱有总谱、支谱；祠堂也就有总祠、支祠、分祠之分，也就是民间说的所谓大祠堂和小祠堂。一般凡是同姓同祠堂号的人都有较亲的血缘关系，有着共同的先祖。

祁姓在《百家姓》中排名第105位，在当今中国姓氏排行第145位，人口128万余人，全国分布较广，尤以江苏为多，约占全国祁姓四分之一。江苏常熟市祁氏祠堂号为“忠义堂”，江苏盐城市祁氏祠堂号为“举贤堂”。这些不同堂号，虽然都姓祁，但是血缘关系相距较远，应该很早就分支出来。

陶厂祁氏家谱记载其族九世洛仙于明洪武五年（1372年）创谱，之前无文字记载。始祖历八代至洛仙，每代按25年计算，至2020年，南迁已有848年，约为宋末。家谱上记载其族是从山西祁县直接迁移至陶厂的。其实这不符合历史。根据湖北省黄冈祁氏“举善堂”家谱记载，宋末为躲避残暴的元军，祁氏南渡迁移至江西落脚安家。明末，李自成、张献忠农民起义军四处烧杀，四川和江淮地区人口锐减，土地荒芜。清初，朝廷再一次实施大移民政策，江西成了移民主要人口输出地。当时有江西填江淮，湖广填四川之说。居住在江西的祁氏一支堂号为“举善堂”的宗族，奉命迁移。江西饶州府瓦屑坝为朝廷指定的移民集中地，犹如明代山西移民集中点在洪洞县大槐树。瓦屑坝是鄱阳湖中一个小岛，朝廷将移民集中于此是防止移民逃跑。祁氏移民从这里出发，过江分为两支：一支向安徽安庆、巢湖、合肥方向迁移；一支向湖北黄梅、武穴、黄冈方向迁移。祁氏“举善堂”分为几支各投他处，其中一支来

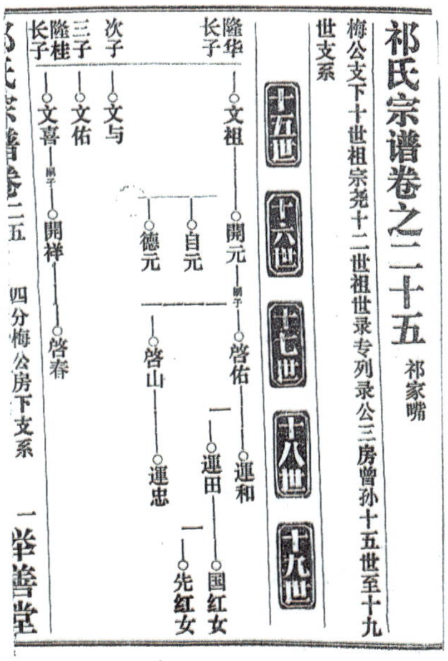

湖北省黄冈祁氏举善堂族谱

到安徽含山县陶厂的祁首岗居住。此外还有“举善堂”一支迁移到湖北省黄冈市东玄乡眠牛山，其家谱记载祖籍为山西祁县，应与祁首岗祁氏为同宗同源同祖。

黄冈“举善堂”祁氏宗谱记载祁姓从山西祁县迁移到江西安宁、洪化，但今天安宁、洪化具体在江西哪里，难以查清。江西省现在市县中没有这两个地名，估计应该为乡村地名。祁氏自江西迁移至含山后，一直祖居陶厂祁首岗。祁首岗距陶厂镇3千米，地处冈垄之上，古时为陶厂境内的水旱码头。民国时期，村庄有八九十户人家，还有一条石板路小街，人称“棚上”。小石条街很窄，全长不足百米，街上有杂货店、豆腐店、茶酒馆、猪肉案。当时，新塘、沈巷一带去陶厂赶集都要经过祁首岗。这些人往往前一天赶到祁首，在棚上茶酒馆吃过晚饭，然后将大桌子拼在一起，租床被子过夜，第二天起早赶陶厂逢集。新中国成立后，棚上设有供销社、粮站分点、食品站点（杀猪卖肉）、澡室、小酒馆，但不逢集，是陶厂人口最多、最为繁华的村庄。祁首村过去流传一首顺口溜，“大毛开面坊，小毛装粗糠；弹弹锛锛道士观，搞鱼摸虾上下庄，吃喝玩乐祁首岗”，意思是周边大毛村人开面坊的多，小毛村人碾米磨面的多，道士观村人弹棉花的多，上下庄人搞鱼摸虾的多，而祁首岗人生活较为富足悠闲。

祁氏始祖历八代，辈分用岧、兴、富、贵四字。九世至十五世辈分用字为发、达、繁、茂、增、光、仲。十六世兴一后世辈分用字为“忠、孝、贞、廉”；二后世辈分用字为“恩、荣、麟、象”。至十七世统一辈分用“世”字为辈。十八世兴一、兴二象公后世皆用“永”字辈，麟公后世用子“字”辈。十九世兴一、兴二后世皆用“应”字辈，麟公后世用“守”字辈。二十世至三十三至五十一世辈分用字为“尚承三国，学长道大，礼从家述，书报廷功，安全祖训，保定邦昌，神文景远，怀志有方”共32个辈分顺序。目前辈分下至“书报廷功”。这个辈分顺序应为自山西南迁开始算起，之前的辈分因无谱记载，已不可考。

祁从椿家老宅一进

祁从椿家老宅正厅

祁氏从始祖至三十三世自然形成一根、二干、八支、十八旁系犹如大树生根发杈。一根为岚，二干为兴一与兴二两兄弟，兴一嗣十六世忠公、孝公、贞公、廉公四兄弟；兴二嗣十六世恩公、荣公、麟公、象公四兄弟，共八房，即八支。十八旁指承字辈二十一世祖，历史上承字辈正处于清代乾隆盛世，曾兴旺达72户，如今实际继承只有十几户。

兴二象公应虬承璜支下有祁道旺。据祁氏长辈回忆，清同治元年（1862年），太平军（老百姓称“长毛”）入侵祁首村，村上大部分人都逃难去了，祁道旺被“长毛”捉去烧锅做饭，“长毛”要喝酒，命他去搞酒，因为搞不到酒惨遭毒打，祁道旺骂贼不屈，后被杀害。祁道旺后代有大斌、礼典、从椿，太太叫祁大斌，祖父叫祁礼典，次祖父叫祁礼训。祁礼典为第二十八代，清末太学生，宣统二年（1910年）选为县议员，时年44岁。祁礼典早年家贫，除了种田外还在棚上开了一家豆腐店，祖父兼做粮食生意。经过逐渐积累，家境渐富，营建两处砖瓦房屋，买了三十多担种圩田。后来老兄弟俩分家。

祁家声在朝鲜战场

祁礼典一房养有一男三女，男叫祁从椿，排行老二。由于是家里唯一男孩，自幼读书至19岁，长大后既不务农又不经商，整天无所事事，与地方绅士结交，喜打报不平，经常接济穷人。祁礼典60岁去世。当时将家中有两处庄田和家门口田共计十八担种（合180亩）。由于祁从椿染上鸦片烟瘾，花钱无度，入不敷出，只好卖掉八担种（80亩）田地。祁从椿因鸦片毒害，1943年秋病故，年仅48岁。祁从椿妻朱氏，关门镇人，1985年3月去世，享年91岁。祁从椿有四男两女，长子祁家振从小读书，于芜湖市赭山中学高中毕业。1948年参加革命工作，后任含山中学校长，县政协副主席，享受地专级待遇。2001年7月病故，享年86岁。次子祁家声，小时读过三四年私塾，后放牛种田。抗战时参加新四军游击队，曾任新塘、南义乡指导员，北撤时编入部队，南下时在刘邓大军中任连指导员、正营教导员，后加入中国人民志愿军，入朝作战时牺牲，被授予革命烈士。三子祁家成，1944年9月参加革命，从事新四军税务工作，后在敌人扫荡中与组织上失去联系，被迫去上海谋生，1948年10月回乡，1949年2月脱产参加革命工作，1950年底入党，后在和县多个单位担任要职，有着丰富的农林工作经验。1984—1987年，担任和县人大常委会常务副主任，离休干部。幼子祁家道，高中毕业后参加中国人民解放军，转业至巢县广播电视局工作。老三祁家云和老五祁家兰系女性，终身务农。

兴二麟公承绪支下后人有祁家金，1931年生，后担任含山县政府副县长、县人大常委会主任，离休干部。

兴二麟公承宜支下后人有祁从权，1923年生，曾参加过淮海战役、渡江战役，后转入中国人民解放军海军，任东海舰队某舰指导员，转业至上海市水电排灌公司，任公司党委书记。祁家源，1925年生，曾北上抗日，参加过淮海战役、渡江战役，后转入中国人民解放军海军，任东海舰队某团政委，转业至湖北省武汉市武东铸造厂任车间党支部书记。祁家骥，1937年生，医学本科毕业，安徽省立医院教授。

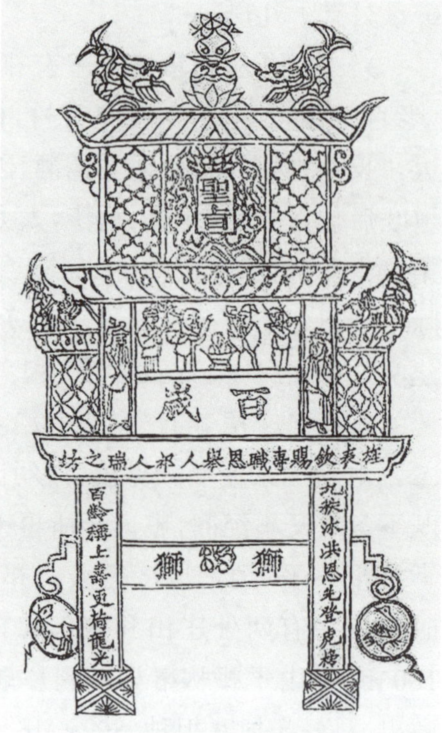

祁首岗百岁牌坊图样

祁首岗村清代时期还出过一名举人，他家门口左右有两只大石鼓，上竖高高的旗杆，颇为气派。这位举人还有一则传奇故事，说的是清光绪年间，村里有位先生祁长鑫，字人瑞。他从43岁开始参加科举考试，但屡考屡败，一直考到83岁，最后一次赶考时答完考题后，他在卷末写诗一首：

老朽今年八十三，棺材头上翻几翻；
科举不把功名取，死在黄土心不干。

主考大人看到这首诗后很受感动，奏明皇上，于是皇上“恩准”祁长鑫为举人。祁长鑫中举后十分高兴，虽然他因为年事已高不能授予官职，但社会地位提升了，此后一直活到90多岁。经上报朝廷批准后，祁长鑫自费建造了一座“百岁坊”。中华人民共和国成立前百岁牌坊还屹立村口。据祁氏宗谱记载，该牌坊为三层，一层比一层略小。一层两边的楼柱下各垫一块正方形的夹杆石，两根楼柱上刻有“九秩冰洪恩先登虎榜，百龄称上寿更荷龙光”的对联。一层的大额枋上刻有“旌表钦赐寿职恩举人祁人瑞之坊”，大额枋下的次枋上刻有两个“狮”字的大字；大额枋上为二层，中间有“百岁”两个苍劲的大字，两字上方和两边楼柱刻有人物图案，楼柱外沿嵌有雕刻精美的铜钱纹和龙头的花板。二层上的额枋为莲花盘造型，正中为皇上的“圣旨”匾额，两边是花格纹图案，外沿有云纹雀替，再上方是人字形楼顶，楼顶左右各雕刻一对视的龙头，两龙头中间的莲花盘上有一个四不像的动物造型。整个牌坊造型典雅、庄重、气派，可惜“文化大革命”时期被造反派捣毁。

祁首村杨家古井

祁首岗村东有一座700多年历史的水井“杨家井”，至今保留完好。古时，南来北往的人都会在井里提水喝。相传一杨姓富裕人家姑娘嫁到祁首岗，因听说当地的一句顺口溜“祁首岗村住得高，媳妇好做水难挑”，便在陪嫁妆外又陪了一口井，因此取名杨家井。祁首岗村过年有一独特风俗，就是三十这一天要把家中水缸挑满水（叫装财），因此每到年三十，村里青壮年争先恐后到杨家井打水挑回家。

陶厂主要家族简介

汉民族传承历来都有谱牒记载，这是一大特点。谱牒文化是中华民族的传统文化源流之一，是中华历史文化的重要组成部分。国有史，地有志，家有谱，家谱、方志、正史是构成我国历史文化的三大支柱。谱牒文化，序寻姓之源，纪世系远近，尊亲睦族，弘扬祖德，追本溯源。家谱不仅能记载家族历史，更重要的是能够详细记录一个血缘家族的兴衰变化。盛世修谱，安邦续牒，伴随着社会经济的发展，生活水平和生活质量的不断提高，人们逐渐萌发了强烈的“寻根”意识，这对于进一步增强民族认同感、向心力、凝聚力具有重要意义。一些家族也希望利用这个机会留名后世、昭示子孙，联络族内的亲戚朋友，扩大人脉，因而修家谱逐渐成为广大民众主动自愿参与的民间文化工程。下面将陶厂地区主要家族来历作简要介绍，这些资料均来源于谱牒。

北份“五柳堂”陶氏家族

陶厂陶氏族人以汉初左司马陶舍为始祖，支派为“浔阳派”。陶氏发脉于浔阳（今江西九江），因战乱天灾，族人颠沛流离，后迁至丰阳（今陕西山阳县）、晋阳（今山西太原）、丹阳、当涂等地，至元八公已历五十代。始迁祖元八公因元末兵燹由太平（今当涂）迁至含南石门山下，见此层峦叠嶂、林木葱茏，从此于六宕山下、陶厂河畔卜筑而居，世代以农桑为业。始迁祖元八公，字恺隆，配权孺人，生一子腾保，字鹭潜，配秦孺人，生四子，从此子孙兴旺起来，繁衍至今已历600多年。陶氏为陶厂境内较早的移民，被称为陶厂四大姓之一的“北份陶”。

清顺治七年（1650年），陶氏族人已超千人，九世孙陶鸣惊、十世孙陶九畴等主持创修谱牒，承“浔阳派”，尊东晋陶渊明为先祖。因陶渊明号五柳先生，故祠堂号取名“五柳堂”。陶氏分东西南北四支。嘉庆九年（1804年）十三世孙陶由泳等主持二修。光绪七年（1881年）三次续修（庐江、舒城两分支另修谱）。民国二十年（1931年）、2000年又两次续修。字辈从十二世至三十四世分别为：光由三敬，祚保中方，同庭奉孝，永载隆章，善礼先志，加意修祥……世代克昌。

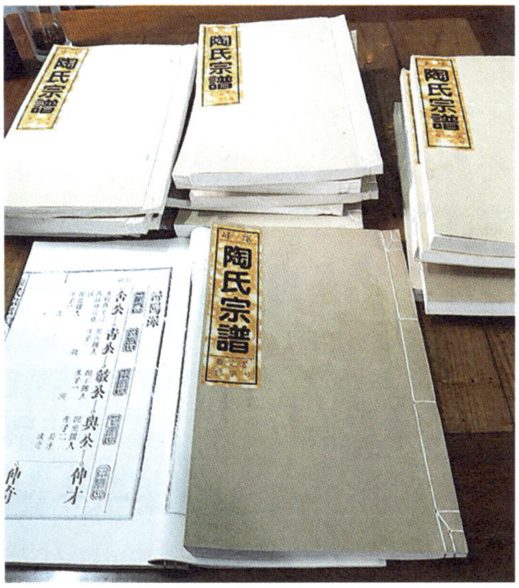

北份“五柳堂”陶氏家谱

世居陶厂的陶氏族人世代耕读持家，初定居在三板桥，位于老街南鸭蛋巷口，旧时叫熏风闸，亦名北门闸或北关口。此处有一水沟，用三块青石板搭成小桥，故称“三板桥”。陶氏定居在三板桥后，主要靠种植粮食为生，为方便晒粮打谷，他们在门口不远处开辟了一块大面积的场基。每到晚饭后，特别是夏天，几户人家都集中到陶家场基上闲聊、纳凉。时间长了，“陶家场基”就成了陶家厂代名词。到清末民初时，集镇规模扩大，人口增多，“陶家场”也就改成了“陶家厂”，直到中华人民共和国成立后的五六十年代，人们还习惯叫陶家厂，后来简称为“陶厂”。

陶姓族人的居住地曾取名东石隔（即石闸）、西石隔，并建有两进三开间祠堂，祭祀先人。

谱中人物传记中特推陶鸣惊，字化之，号石麓，生于明万历庚寅年（1590年），少时家贫，以私塾授徒为业。天启元年（1621年）选贡（入国子监生员），读书游学于吴中，千里求学，拜学于众名师，交游甚广。崇祯己卯年（1639年），50岁的陶鸣惊参加会试中举，后任浙江建德县教谕，升任福建清流县知县。甲申年（1644年）京城失陷，地方盗贼四起，陶鸣惊平定叛乱有功，附近8县因叛乱“破者二，残者五”，唯清流县保全。清流县人感其恩，建其“肖像祠”于演武堂西，又建亭刻石东门外。陶鸣惊后辞官归隐故里，种田授徒。康熙《含山县志》赞其“素履清晖、镇时砭俗”，颇有先祖陶渊明处士之风。

民国时，族人陶心如自幼丧父母，祖母含辛茹苦将他带大，因贫困只上过几年私塾，后经商颇有成就。民国七年（1918年）秋，本镇成立商会，陶心如被选为会长，后任区长、县财政委员等职。其间筹办高等小学，并积极扶持慈善事业。民国丁卯年（1927年）春二月，北伐战争爆发，军阀混战，一支溃兵突至本镇警察局，局长钟瑞庭被溃兵缚其手脚，限两小时需筹3000大洋。就在众人惊恐之时，陶心如挺身而出，与其首领商谈，仅拿出300元就息事宁人。一周后，北兵压境，屯兵在石门山口，南军（北伐军）屯扎在距陶厂15里的新塘一带，相持数日。双方屯兵对峙期间，向当地居民征粮征饷，地方官员招待稍有不慎就会惹来杀身之祸。陶心如艺高人胆大，为了乡人的平安，只身两次闯入两军军营，竭力从中周旋，有效阻止了军队对百姓的骚扰，保乡邻平安，可谓功德无量。

至2021年，陶厂境内陶氏子孙有二三千人，外迁巢湖、全椒、芜湖、无为、和县、南京等周边县市族人也有数千人。

洪份“三瑞堂”洪氏家族

据陶厂洪氏家谱记载，洪氏以宋太师魏国公为始祖，原系泾县茂林派“修竹堂”之嫡支。洪希淴，与其堂兄洪希汴系徽州敦煌郡洪氏第三十三世孙，于清初由泾县迁至含山石门山外陶家厂。谱初修于嘉庆二十三年（1818年），重修于光绪三十四年（1908年），2003年再次续修。陶厂洪氏家谱载：“至浩公（洪浩），官至徽猷阁直学士，进封鄱阳郡开国侯，生三子，洪适、洪遵、洪迈，皆当时名臣，世称三洪，又称三瑞。”于是洪氏后人以“三瑞堂”为堂号。

洪希淴以孝义感召后人，其伯父病重，他割股和药为伯父治病。十年后，伯父去世，他悲痛万分，与兄洪希汴结庐守墓三年。清朝廷特旌其门为“孝思不匮”。宁国府孝子祠孝义录、府县志、《江南通志》均有其事迹记录。五代孙洪良瑜亦以孝称，在先辈墓侧守庐三年。县令郭公请于朝奉，并建坊于县城。

洪份“三瑞堂”洪氏家谱

洪氏首修谱辈分从三十三世至五十六世依次为：希国懋必，良善允可继，德兴启荣昌，茂林同光祖，文章报国祥。2003年重修谱又列：仁义礼志信……脉源于燉煌等十六辈分。陶厂洪氏堂号为“三瑞堂”，含山清溪巨兴洪氏亦为“三瑞堂”，应为一支。陶厂洪氏自肖山、邓山二公已经历十三世。

清朝中后叶，洪氏一族在陶厂为望族，据谱中洪允恭《旌孝里记》记载：周陶刘洪并称陶厂四大姓，清嘉庆时期，本地老居民周陶二姓被称作“南份（周）”“北份（陶）”。后刘姓、洪姓族人迁来，被称作“刘份”“洪份”。洪氏曾建有规模较大的祠堂，肖山公七世孙洪允恭于乾隆己酉年（1789年）中举，其弟洪允宽亦为太学生。洪允恭，字维基、号九畴，历任湖北松滋县、房县知县，护理（低级官员兼任高级职务）郧阳府，调署（暂时代理）武昌府（五品），被授朝议大夫（从四品）。其父洪善信，乾隆年以子官，被封为朝议大夫。乾隆、嘉庆两朝为官的洪允恭可谓风光无限，当地为他建生祠（人活着时就建的祠堂），同科登榜的陈罗湖为他作“神道碑铭”。

族谱中记载：洪氏祖宅位于陶厂镇东隅，被称作“旌孝里”。列为三排，上一排坤宅，艮门有祠堂。中排坤宅坤门与上排对门，中分街道。前一排坤宅艮门对面平田，水道出山水萦回而下。大庙（今八宝寺）神墩峙于左，破井栏村抱于右，后向有里门毁于兵燹。

洪氏兴于清初，盛于乾隆、嘉庆年间，式微于太平天国战乱。清末民初，洪氏子孙因赌博抽大烟，家道中落。许多房产、店铺被典当出卖。如今洪氏子孙有200多人生活在陶厂。

西山大小李“世袭堂”李氏家族

含山清代志书上明确记载明朝开国功臣李信、李彬是含山南二都人。陶厂西山村大李自然村保存的《丰城侯李氏宗谱》记载，李信、李彬自元末乙未年（1355年）就入籍含山南二都。经过近600余年的繁衍生息，今后人已达1000多人，族人聚居形成大李村、小李村等村落。据其家谱记述，该族李氏始祖为唐李世民十四子曹王李明的后人，历经战乱，曹王后人在江西丰城郡湖茫形成一族。

元朝后期，社会动荡，战乱不断，人们四处逃难。湖茫李氏李福一，于元末远离江西丰城郡湖茫村，一路北上，客居凤阳府定远县刘栅村，后又移居含山南二都，成为含山西山李氏的始迁祖。谱序记述：“李氏乙未年（1355年）归附明太祖皇高帝，当年6月，李福一孙李信渡江征讨有功，初授百户，承籍和州含山县。洪武三年升千户，洪武十一年历升济州卫指挥佥事。”李福一死后被朝廷追封为丰城侯，妻顾氏封太夫人，生有一子李荣旺。

西山“世袭堂”李氏家谱

二世祖李荣旺，为辽东都司，追封丰城侯，娶王氏、姚氏均封太夫人，生一子李信。三世祖李信，“起于徒步，即遇真主，殚力驱驰，所向辄克，懋膺世尝，克昌厥家，可谓豪杰士矣”，先后升任都督同知、辽东都司都指挥使，卒于任。后以子彬贵，赠丰城侯，追赠茂国公。李信娶张氏、章氏均被封为太夫人，共生八子，长次夭折，所以谱中以三子李彬为长房。四子李林为南京指挥，六子李横为福建兴化府平海卫指挥，七子李植为北京锦衣卫百户，八子李材迁于他地。李氏子孙流散外地，唯有五子李懋一直在陶厂繁衍生息，家谱称其“天姓浑穆（质朴淳和），克守先业，建庵庙以培冢山之脉，先灵安止……”另李福一及子李荣旺、孙李信、重孙李彬死后均葬于云雾山和照面山之阳的青龙冈下，现陶厂西山村的李姓大部分为“懋公支下派”，即李懋的后人。

四世祖长房李彬为李氏最辉煌一支，其支下子孙世代袭封丰城侯，近十世子孙均功名显赫。李彬，字质文，勇敢善骑射，从父早历戎行，习于战阵。父以征伤奏替，遂袭济州卫指挥佥事。永乐元年五月十一日，以靖难功，封奉天靖难推诚宣力武臣、特进荣禄大夫、柱国、同知右军都督府事、丰城侯，食禄一千石，子孙世世承袭，赐予诰券，上追封三代，下予孙世世永袭。永乐二十年正月十五，李彬卒于任，追封茂国公，谥刚毅，妻周氏封夫人，卒后封茂国夫人，赐葬含山县南二都青龙冈。

乾隆《含山县志•人物志》（李彬）记述：“……后奉伐交趾，二十年正月以疾卒，追封茂国公，谥刚毅，葬于南二都，子孙袭封。侯族莫盛于之丰城县，居含南二都者，惟大李、小李二村。天启六年（1626年），孙李继龙授把总，崇祯八年（1635年），孙李尚达授五品功卫，国朝（清朝）举人李誉，诸生国光、逢恩，皆其裔也。”

自始迁祖李福一迁来含山后300余年间，李氏后人一直未能修谱，至清康熙乙未年（1715年），十五世孙秀才李国光在春秋拜扫家墓时，见族中子孙繁茂，恐日久而本源不识，乃穷流溯源，汇集草谱一帙。其间，康熙戊戌年（1718年），曾有湖茫字白云者，由江西而来，商讨会合修谱。康熙辛丑年（1721年）仲夏，李国光前往江西丰城湖茫故里叙谱认宗，而因族众分散，未能合成总谱。嗣后，李国光的胞弟李国佑于乾隆丙寅年春，又接着编写充实，使得数百年图系昭然。乾隆二十九年（1764年），族人在国光、国佑两兄弟草谱的基础上，首修李氏家谱，取名《丰城侯李氏家谱》。先祖李彬因军功被追封茂国公，李氏有多位后人袭封职位，因此祠堂号取名为“世袭堂”。李氏后人于道光年间、光绪二十一年（1895年），民国九年（1920年）、民国三十年（1941年）和1992年又先后五次续修家谱。

李氏以武起家，因此历代崇尚武力，当年家祠中有练武的石锁、石柱等，每年后辈子孙均定期比武。附近祭拜武神二郎杨戬的二郎庙几乎成了李氏的家庙。另云雾山中的云雾庵也成了李氏家庵，庵中的女尼大多是李氏征战捐躯的遗孀，李氏家族还捐赠了庙田和庵田。

李氏从十四世至三十七世的排行字辈为：德国万世，于斯永年，受天之佑，维善克昌，敬守祖业，荣宗为良。其族谱图系表中对李懋的说明为："居含山，先世由定远徙和州至是，因都阃君（其父李信）致仕，公奉以归始（告老还乡），卜居含山县梅山乡（属南二都），卒葬青龙冈祖茔。"其意为洪武二十二年（1389年）三世祖李信告老还乡，原随父征战的李懋陪着老父回归老家含山南二都，奉父终老。

李懋在家乡以耕读持家，娶陆氏生五子，长文、次正、三秀、四应、五谦，次三四无嗣。长子文公卒葬青龙冈祖茔，娶王氏，生一子李通。五子李谦配尹氏，生一子李智。六世直系长房李通生一子李忠，七世李忠生一子李源，八世李源生五子，九世长子李秀再生五子。于是四世祖懋公支下一脉在含山人丁兴旺，今其后人已达1000多人。族人在大李村曾于清代建有祠堂，供世代子孙祭拜。后年久失修，破烂不堪，几于荒废。1992年子孙重修了三间简易祠堂。

关于李氏家族祖茔，谱中记述从始迁祖李福一至四世祖李彬，均葬于青龙冈，但李彬死后安葬地目前还有争议。清康熙、乾隆两部《含山县志》均记载"归葬含山南二都"，清代《直隶和州志》记载"葬南十三都照面山下"，应为"葬南二都照面山下"。现今李氏后人均认为祖茔在村东北的照面山之阳。今大李村附近并没有青龙冈，但东北有冈名为蟒蛇冈，也许即为谱中所述青龙冈。《江宁县志》及有关文献记述：丰城侯李彬墓在吉山东南。据当地文献记载：中华人民共和国成立初期，墓前有龟趺、石碑各一件，华表、石羊、石狮、石马、石人各一对，置于神道两侧。后因农田水利建设，毁坏仅剩一对石刻武将和一对石马。可见其墓葬规格之高。但从李氏家谱中可看出李彬的长子李贤、长孙李勇、长重孙李玺等均葬在江宁吉山，他们均被袭封丰城侯，且功名显赫。江宁吉山成为李彬直系后人的家族墓地。

西塔"天生堂"戚氏家族

陶厂西塔有戚氏一族，主要聚居点为大戚村。根据《戚氏宗谱源流序》记述：戚氏族人系出卫国大夫孙林父。孙林父食采（享受封地的税赋）于戚地，支子以邑为氏，后世子孙繁昌。至宋时，舜臣公其后世一支居徽州婺源县戚井村，传数代。至万如公，于元至正年间由徽州婺源避乱于含山，见含之山清水秀，遂于邑之南二都石门山侧筑室而居。后辈繁衍生息，子孙日盛，形成如今的大戚村。

始迁祖万如公配赵氏生一子戚明。二世祖戚明配应氏，生一子戚成。三世祖戚成跟从明太祖平乱有功，官封湖广五开卫昭勇将军（正三品武官），后奉令讨贼，捐躯沙场，卒葬村里老茔。戚成配吴氏，生二子，戚聚、戚安。子孙世袭其职。四世祖戚聚为陕凉卫指

西塔“天生堂”戚氏家谱

挥使司（三品武官，以下同），配王氏生三子，裕、锐、杨。戚裕为都司指挥同知（实职从三品武官）。戚锐为指挥使司将军，戚杨为湖广承天府都司将军。五世祖戚安世袭指挥使司将军。配孙氏，生二子，琛、坚。戚琛为四川都司将军，戚坚袭指挥使司将军，配濮氏生二子，元勋、见龙，六世祖戚元勋为湖广五开卫都司将军，其子孙世居湖广。以上八位将军皆葬陶厂戚氏老茔，曾立有《都司将军墓志》碑于戚氏祖茔中，并录入族谱中，供后人祭拜敬仰。由此可见，戚氏族人在明朝军功显赫，在当地应是名门望族。

六世祖戚均生子五，长贞一公，次贞二公，三贞三公，四贞四公，五贞五公，支分三分，而派出一源，有居定远者曰戚虎，有居无为巢邑者曰戚韶。族人虽散居各地，但都以万如公为始祖。戚氏及各分支族人有3000多人，陶厂境内的族人主要分布于大戚村及周边村落等，世代以农耕为生。

戚氏族谱创修于戚氏十四世，明嘉靖丙寅年（1566年），至1997年先后五次修谱。祠堂号为“天生堂”。

陶厂街“爱莲堂”周氏家族

周氏家族是陶厂较大的族群，尊北宋儒家理学思想开山鼻祖周敦颐为先祖。周敦颐著有著名散文《爱莲说》，故祠堂号取名为“爱莲堂”。明万历末年（1620年），周氏族人周大峰自应天府（今南京）迁至和州西门外，崇祯乙亥年末（1635年），农民军攻城，始迁祖周大峰又迁居含山环峰之陶村。至2021年，周氏族人已繁衍到十八代，千人之众，分居陶厂西山、西塔、关镇，含城及周边县市。

据家谱记述，周氏很久前就有家谱，至明嘉靖年间由于战乱，族人流离失所，遭兵燹家谱化成灰烬，十不存一。道光三十年（1850年）族人重修谱牒和宗祠。太平天国战乱期间，谱系失落，祠堂被毁。

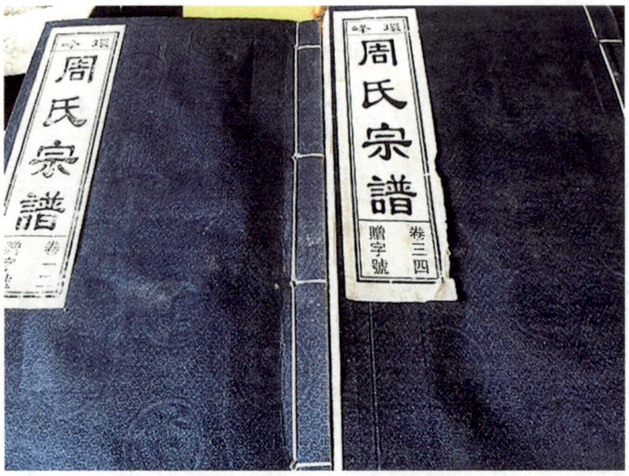

陶厂街“爱莲堂”周氏家谱

清道光十四年（1834年）族人八世孙周有年、周有盛，首次创修谱牒，同治辛未年（1871年）续修。族人周琼楼，周氏九世孙，于光绪三十三年（1907年）主持第三次修谱。周琼楼被当地人称为高人，其研究卜卦易经很有成就，成为远近闻名的算卦先生。2005年，周氏第四次续修家谱。

周氏从第八代开始统一字辈：有善必庆，作德能昌，惟勤兴俭，其道大光，永怀忠恕，诗书泽长，先人培植，后裔贤良，应天启源，顺继呈祥。

改革开放后，周氏子弟奋发读书，努力上进。其中周能势，1983年哈工大特种电机系毕业，曾在电子工业部南京第二十八研究所任系统分析师，现任上海期货信息技术公司业务分析员。周能平，1988年安师大艺术系毕业，曾任铜陵学院艺术教研室主任。

西荣张“百忍堂”张氏家族

西荣张“百忍堂”张氏家谱

西荣张自然村位于陶厂镇东2千米，属西塔村委会管辖，村庄76户200多人口，大部分为张姓。西荣张原名西营张。据张氏家谱记载：“公世居河南省汝宁府确山县，明季以父缙公平贼有功，荫锦衣卫百户将军之职，镇守含邑石门山，未归而家于此。名字失考，因得袭荫，故以荫为名焉。”谱序中进一步说明明正德年间，张氏始迁祖张荫因父张缙官至督漕御史（正二品），且平贼有功，子张荫为锦衣卫百户将军。谱中记述，张荫“故以荫为名，取名荫”。后奉命移守含邑石门山这一江北要害。张荫后人遂定居于此，数百年来，人皆以西营名此村。今张氏后人有200多人。

据史书记载，唐代时郓州有人曰张公艺，九代同居，竟和和睦睦，相安无事。唐高宗问其故，张公取出一张纸写下了一百个忍字，唐高宗十分赞誉便赐号“百忍堂”，从此各地张姓大都以“百忍”为堂号，并列为祖训。陶厂西荣张即以“百忍堂”为祠堂号。

正史记述：张缙（1439—1524年），祖籍山西太原阳曲，至张缙移居沧州。张缙曾任知州、知府、督漕御史（正二品）等职，明正德七年（1512年），平定刘六、刘七农民起义有功，后任户部尚书（正二品）。张荫后人在西营张世代以耕读持家，繁衍生息，与乡邻和谐相处，至清道光年间，张氏在此已历十一世。由于年代久远，张氏族人或移居他乡，辈分混淆。为尊祖溯源，族人集资修谱，于道光十年（1830年）修成谱牒。张荫后代的字辈排行为：仲仕文之，大应国泰，永锡宗勋，绳承祖德，佑裕后昆，后修谱时又增三十二字辈。西营张张氏宗谱于光绪七年（1881年）、民国三十四年（1945年）和2003年共三次续修。

南二过“思補堂”过氏家族

陶厂镇南二过为过姓族人最集中的村庄。据民国九年（1920年）《含山过氏宗谱》记载，过姓原籍系北京枣苑，分籍后迁往安徽和州太溪村。自明初始，过氏族人荣十公迁至

南二过"思補堂"过氏家谱

含山南二都任家山下居住，妻周氏，生五子耀海、耀清、耀澄、耀源、耀汶。三世和四世皆十兄弟，从此繁衍生息，人丁兴旺，形成南二都过村，后简称南二过村。至今已历二十三代，后人有1000人左右。族人主要分布在陶厂南二过村及周边村镇和含城等地，另有分支陆续迁往舒城、庐江、无为、南陵、宣城、东至、全椒等地。过氏世代以耕读持家，族中亦有子弟获取功名。四世长房孙过廷玺，明嘉靖五年(1526年)任广东归善县(今惠阳县)主簿。过廷玺三子过宗京，明穆宗隆庆四年(1570年)拔贡，明万历元年(1573年)授文林郎，任四川夔州府建始县(今湖北恩施土家族苗族自治州建始县)知县，县志称其"行端德厚，里人推服之"。族人秀才过书绅工诗善书，有《小梅园诗草》一卷，民国时被选为县议员并团防董事。民国九年(1920年)，过书绅参于县志编修，主笔"遗闻逸事"，颇为得力。

过姓是个古老而又少见的姓，据相关统计，全国过姓族人只有5万余人。《锡山过氏世谱》记载："宋高宗南渡，过孟玉因其父护驾有功，得配逍遥郡主，赐第无锡"，今锡山过氏一派即是这位过郡马的后裔。建炎南渡，北方巨族迁徙江南，过姓即为一例。今过姓主要分布在附近的和县螺百乡太溪村及含山南二过村、安徽蒙城，江苏无锡、苏州、常州，浙江嵊州、海盐，湖南茶陵、云南永胜、河南、河北及甘肃等地。

南二过过氏宗谱首创于清康熙戊戌年(1718年)，由荣十公九世孙之虞公主持纂修，堂号为"思補堂"。清嘉庆丁丑年(1817年)，由荣十公十三世孙有桥公续修。后百余年间，旧谱遭兵燹，破损严重以致遗失。民国九年，十五世孙书绅公力倡重修，后得《过氏宗谱》四卷，这套谱也成为本支派现存最早最完整的宗谱。1990年过氏与和县太溪合修宗谱。过氏字辈共40字：荣耀宪廷宗，应承道之继，万世口有庆，书礼振家声，慈孝光先绪，宽仁启后昆，读耕敦统业，勤俭衍箕裘。近年来，过氏族人在村中修建有过氏祠堂，三开三进，徽式建筑。

过氏宗祠

大小毛"传经堂"毛氏家族

陶厂毛氏族人郡望为"西河郡"，堂号为"传经堂"，始祖为毛绣，原籍燕京，即北京。绣公有六子，长子毛伸迁往苏州；二子及四五子随父在濠州入籍，居于今凤阳县毛家潭；

三子毛参娶元相阿术之女，时天下大乱，随岳父大军南下。明初，毛参和小弟毛庆隐居和州梅山乡，即含山毛氏的始迁祖。毛氏洪武三年（1370年）入籍于和州一都梅山乡民籍，本年给有户帖。当时含山已废治，并入和州，后来历阳县令陈善之请复置含山，遂由梅山乡分籍于含山县南二都，含山旧治十七里。

参照清嘉庆丁巳年（1797年）毛氏族人毛同《重修谱序》和谱中图系表：含山毛氏一世祖为毛绣，二世祖为毛参和毛庆。毛参生有二子毛有成、毛有为（无后）。毛有成生一子毛纶。自四世毛纶始，参公直系皆移籍含城，称为“在市之毛”。毛纶生四子诗、词、诵、赞。其中毛词分籍十五都，即今含北仙踪；毛庆生有四子，荣一、荣二、荣三、荣四。其中毛荣一生有一子毛翔，明永乐十六年（1418年）获贡生，成为毛氏第一位获取功名的人。毛荣一之子毛翔于明天顺六年（1462年），因妻陈氏陪嫁庄田由栗树茔分支移居金鸡岭，被称“鸡岭之毛”（如今大毛村一带），此支今子孙众多，世业独盛。

毛翔幼子毛冈分居油坊，称作“油坊之毛”。毛荣二有一子毛标，至十世毛廷璋、毛廷善、毛廷举，其后人皆无记载。毛荣三有一子毛伴哥，至十二世有毛云龙、毛云凤、毛云虎，其后人皆流寓在外。毛荣四有一子毛四住，一直居住在原籍栗树茔祖家，谱中介绍距金鸡岭东三里（如今尹毛村），被称“栗树茔之毛”。

据家谱考证，韶山毛氏族人系江西吉水龙城毛氏分支，而江西龙城亦浙江衢州清漾毛氏分支，清漾毛氏以东晋名将毛宝为始祖。由此说来，陶厂毛氏族人与毛泽东同为毛宝的后人。

毛氏宗谱初创于明万历四十六年（1618年），十世孙毛上礼记述：“旧有谱牒所载原来很清楚，但我曾祖仪公（毛参直系七世祖）因火灾烧毁，遂失其详。我大父近安公（毛参系八世祖毛仿）口授手录传其宗派源流，我恐时久而淹没，谨记家谱大概，以明了我毛氏一族的渊源，后世子孙尚可参考，至族人大增，就可修成完整的家谱了。”

康熙七年（1668年），十世孙毛羽魁、毛诗雅、毛羽丰及毛彩主修印制了谱牒。康熙二十九年（1690年）、嘉庆丁巳年（1797年）、同治年间、光绪二年（1876年）、民国七年（1918年）和1988年续修。清咸丰年间，太平天国和清军在皖中一带拉锯战10余年，18套家谱多有遗失，所幸毛必金之妻易氏收藏老谱一副。“文革”期间，幸有毛芳枝将元字号家谱藏于稻草堆，得以留存。

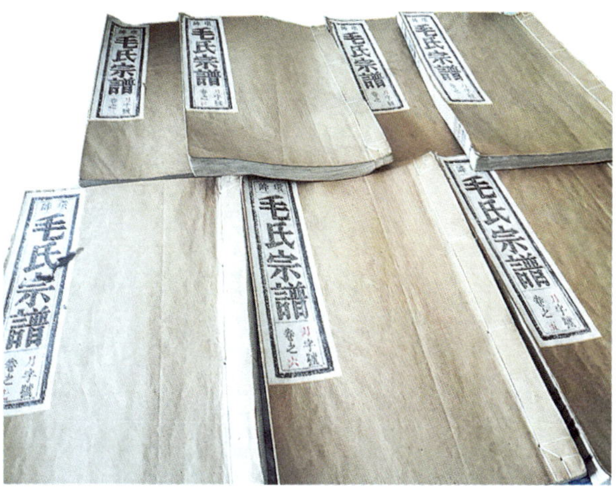

大小毛“传经堂”毛氏家谱

毛氏堂号为“传经堂”。据毛氏族人传说，他们这支为“鱼头支”，谱中首页即画一出水鱼头。还有一支在江南为“鱼尾支”，谱中应画一“鱼尾”。若两谱对照，鱼身合成一体，就可断定为同宗同祖。

毛氏族人十三世之前辈分较乱，字辈

从十三世起统一为:世永,本正必昌明,芳华由学德,恒立佐国功,宗耀举贤庆,安邦思治平。

毛氏族人耕读持家,注重家教,后世代有人才,陶厂地区以读书求取功名者以毛氏为最多。九世孙毛思卿,历任邯郸县典吏,县尉。十世孙毛诗雅,清顺治九年(1652年)贡生,任常熟县训导,后升海阳县丞。十世孙毛廷选,以武功授北平镇标守备(五品武官)。十世孙毛羽丰,清顺治十五年(1658年)准贡,任真定府南宫县丞。十一世孙毛振菁,清康熙十一年(1672年)拔贡,任浙江杭州府余杭县知县。十一世孙毛振华,康熙二十九年(1690年)贡生,咨部侯选儒学训导。十一世孙毛振萃,清康熙三十六年(1697年)武举。十二世孙毛容,廪生,清康熙四十七年(1718年)贡生;十二世孙毛宸,监生,任职州同。十六世孙毛正双,廪生,恩贡。十六世孙毛正举,钦赐寿官,登仕郎顶带荣身。

毛氏宗族曾有祖祠三进,毁于太平天国战火。光绪年间重建一进,民国十六年(1927年)又毁于兵燹,所剩木料砖瓦族人保管,1955年用于修建学校。目前,陶厂毛氏族人已历二十八世,分布于大毛村、小毛村、尹毛村、上庄、道士观、新塘以及含北、含城、和县姥桥、北桥等地,族人有3000多人,另还有流落于周边县市族人无法统计。

大葛“抱朴堂”葛氏家族

陶厂云塘葛姓是当地的大姓,其始祖于明嘉靖年间。由江宁句容迁至含山南二都。经过500多年的繁衍生息,其后人有1000多人,主要分布在大葛村及附近村庄。另有众多族人迁居邻县及外市。

葛氏族谱堂号为“抱朴堂”,自称是东晋时期道教理论家、著名炼丹家和医药学家葛洪的后人。晋人葛洪,号抱朴子,丹阳郡句容(今江苏句容县)人,所著《抱朴子》一书总结和发展了东汉以来的炼丹法术,对之后道教炼丹术的发展具有很大影响。葛氏祠堂号因此取名“抱朴堂”。葛氏家谱初修于清乾隆年间,二修于清嘉庆十三年(1808年),三修于清光绪七年(1881年),四修于民国十年(1921年),五修于1997年。

葛氏始迁祖为瑛公,于明嘉靖年间从江宁句容迁含邑南二都,妻王氏,生二子,松岩、凫溪。二世长子松岩后迁往和州大西门内,后辈无考。二世以二子遇金在族谱中被列为长房,其人学识渊博,怀才不仕,妻吴氏,生三子:守龙、守诏、守忠。三世都有功名,在葛氏族人中也许是最辉煌的一代。三世长房葛守龙,明朝时授山东青城县知县,列入和含两县志。葛守诏被朝廷授修职郎。葛守忠被授登仕郎,其后辈在谱中不详。

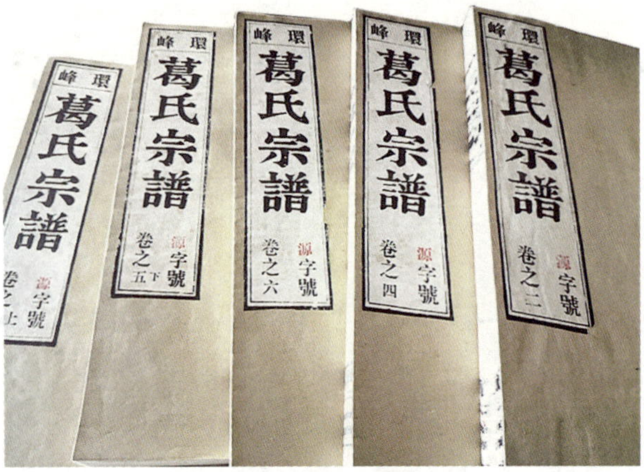

大葛“抱朴堂”葛氏家谱

谱中记述,当初葛守龙任山东青城县县丞,黄河水溢入城。危急关头,葛守龙放掉狱中众囚,晓之以义说:尔等都不致皆死，现水入城，能阻住才能保住大家之命。众因皆说好，纷纷抗洪堵水。水退后，众囚皆还狱中，无一人逃失。葛守龙将罪犯都减罪一等。葛守龙在任数年，士民歌颂他有政肃刑清之绩。后葛守龙升任知府。葛守龙有四子，长子应麟为儒生，次二三四子应麒、应鹏、应鲲都为秀才。谱中有《清登仕郎葛公锡龄传》，记述葛锡龄事迹，其原籍含山南二过，清道光末年，在和县东十二都张葛吴村耕读持家，正值太平天国战乱，加上天灾，饥民遍地，葛锡龄心地善良，广济乡邻。他严督二子读书，二子终成功名，长子灼南获五品衔，授奉政大夫；次子召南为太学生。后代子孙兴旺。

葛氏辈分为：瑛遇守应尧，廷万(绍)之长元，人文明盛世，英俊庆家邦，诗礼传基业，忠良定福昌。

徐关“中山堂”徐氏家族

西山村徐关自然村位于陶厂镇东南，与和县南义茶厂相邻。徐姓始迁祖为徐勉，原籍山东济南府历城县晚齐坝铁井栏村。相传明代徐氏先祖来含山，见梅山南麓，山清水秀，风俗淳厚，始迁祖徐勉于明隆庆年间率众迁此定居。徐勉生有五子，长龙、次虎、三豹、四江、五宽。族人逐渐形成一村，取名徐宝关，今名为徐关村。经数百年繁衍，族人遍布大江南北，自始迁祖勉公始，已历近20代，族人近千人。

徐关“中山堂”徐氏家谱

据徐氏宗谱序记述，徐氏原有老谱，经过太平天国战乱焚毁散失。清同治壬申年(1872年)，族人重修宗谱，凭老人的回忆，粗闻大略，详细的世系已不可得。因明初开国功臣徐达被封为中山王，故徐氏祠堂号取名为“中山堂”。其族中虽曾有过朝廷命官，有受朝廷封赠者，但谱中无考或记述不详。

古时的徐关属圩区，村四周修建有内沟外河，一来是排洪抗旱之用，二来是防盗防匪。内沟有四道桥，东边叫拐桥，南边叫木头桥，西边叫西边桥，北面叫王桥。外河正南建有一座独圆木支架桥，进村必过独木桥。独木桥白天放下晚上吊起，进村似过关，后人因此将村取名为徐门关。

徐氏宗谱二修于民国十二年(1923年)，三修于1995年。排行字为：勉志添壁，承大邦如，忠厚明信，泰来允保，子师守亮，文应国宏，贞昌克祥，寿炽其光，华茂盛世。

大易“玉芝堂”易氏家族

陶厂镇大易村是易姓族人群聚之村，易氏始迁祖为进宝公，原籍直隶省永平府卢龙县(今河北省卢龙县)，后迁至江西袁州府分宜县。进宝公生有一子易贻，易贻生有五子，

大易“玉芝堂”易氏家谱

长子易鸾。易鸾性情沉毅，天资超逸，经史子集无所不览，其学识渊博，于明嘉靖元年（1522年）中举人，嘉靖二年（1523年）中进士。明嘉靖三年（1524年），长孙易鸾任和州知府，暇时出游，见含山南二都杨山风景佳胜，遂筑室而居。嘉靖七年（1528年），易鸾升刑部员外郎，嘉靖八年（1529年）卒于任上，享年38岁。曾主持编纂《和州志》十七卷。

查阅有关史料，和州知州易鸾的祖辈和子孙与家谱记载有较大出入。明《嘉靖二年进士登科录》：“易鸾，贯江西袁州府分宜县，民籍。县学生，字鸣和，行一，年三十二，曾祖庆，祖震，父居仁，母黄氏。娶袁氏。江西乡试七十七名，会试一百三十五名。”清雍正《江西通志》记载：“易鸾，嘉靖癸未进士，授和州知州，下车手较权量，使民画一，时有易公称斗之号，升刑部郎。”史料与陶厂易氏谱中记载不一，也许年久修谱记录散失严重失考，应以史书记载为准。

陶厂易氏族中曾有易俊、易观光、易蓝田、易健甫、易有孟、易少甫等数位族人例赠文林郎、承德郎、修职郎等散官官职。经商的易学文曾因助朝廷平定太平天国有功，被授蓝翎五品衔太学生。改革开放以后，易氏有全国劳模易厚掌、打工创业代表人物易宏进等。

易姓祠堂

易氏堂号为“玉芝堂”，清光绪乙巳年（1905年）重修，2017年再修。近年族人修建了易氏宗祠，立有高大的门碑。易氏族人现已近千人。

关镇“乐善堂”张氏家族

关镇大张、小张等村群聚张氏家族2000多人，祠堂号为“乐善堂”。据谱记载：祖上曾出现三代连任晋国大夫、汉名臣张良等无数名人。关镇张氏始迁祖为任一、任二两公，明初自徽州太平郡迁至含山陶厂，居砂塘桥，户名张袁进，即今大张村。任一公无后，任二公生德兴，德兴生九子，九子共立张氏九房。

长房张遇珊生张福及五世孙张靖胜；二房韦二生孙张冕；三房之孙张旺居和州西梁山；四房张志广居祖家即今大张村；五房至五世张友安、张友信二公，现居和县姥桥；张巷六房以五世孙张友礼、张友坎为始，张巷七房以张友祥为始；桥头八房以五世张友库为始，迁司徒龙洞张；九房数代失传。从张氏第五代开始，陆续分家或迁往外地，其中前三房五世孙迁往和县西梁山镇，九房迁住司徒等地。其三、四、五代名字失传，仅知第六代本忠。

张氏族谱首修自老四房八世孙张毅甫。清顺治庚寅年（1650年），张毅甫得到徽州太平郡原本族谱，于康熙二年（1663年）正式修谱牒。乾隆九年（1744年），四房十一世孙张绍侧发动族人于各支派及散处族人住处采访记录，千辛万苦手写一份家谱，保存40余年。至乾隆四十八年（1783年），由长房十四世孙张进履主持重修，并对九房中失名、失迁者重新登记，使家谱对九房子孙记载进一步完善。因前十六世辈分较乱，自十七世培字辈后排行为：大公衍智道，诚正守先儒。

关镇“乐善堂”张氏家谱

清道光十八年（1838年）张配元主持重修家谱。太平天国战乱时，原有八套谱，七套毁于战火，唯十六世孙张炳春负谱逃离，方保全家谱不失。清光绪十五年（1889年），民国四年（1915年），民国三十三年（1944年），1992年四次续修家谱。1992年再定辈分十字：忠孝仁世杰，信义庆伟昌。

张氏族人累世良善，力本读书，明万历年后，人才济济。张毅甫（张应弘），两任安仁（今湖南安仁县）、天长（今天长市）儒学，后转项城（今河南项城县）正尹（县令），授文林郎，康熙《含山县志》中有记载。

陶厂“三槐堂”王氏家族

王氏始祖为太三公，别名大老，字起宗。元朝顺帝年间，由江西饶州迁至含山十一都苍山之西定居，形成王大垴村（今林头镇福山王大垴村）。清嘉庆六年（1801年），族人王仕秀等创修宗谱，谱名为《环峰王氏宗谱》，堂号承王氏最大的堂号“三槐堂”。

王氏系出姬姓，周灵王太子晋之后。其祖王佑祖籍莘县（宋时属大名府，今属山东省），五代时先仕晋，后及汉、周，北宋初期为监察御史，开封知府、兵部侍郎等职。王佑曾手植三棵槐树于庭院中，曰：“吾子孙必有为三公者。”所以其后世堂号为“三槐堂”，即三槐王氏，是当今王氏中最大的一支。据统计，“三槐堂”占有王氏总人数的40%左右。

太三公配江氏生四子：龙、虎、豹、彪。王虎后迁雨凹，豹、彪二公迁居北山未回，无考，后人散居外地亦无考。因此，如今陶厂王氏族人主要是王龙和王虎的后人。目前族人散居林头、福山、陶厂、关镇、杨府城、西山、卜李、运漕、铜闸等县内镇村。1995年重修家谱时，王氏族人3000多人。另无为、宣州、巢湖、芜湖、江苏等外省县市亦有散支族人。目前王氏族人已传至30代。

清嘉庆二十二年（1817年），王氏后人为感先祖之恩，族人王士秀等牵头于王大垴村建成祖祠，并由族人捐献祭田42丘（一丘十亩），实种两担三斗八升，作为祠产，便于后人

陶厂“三槐堂”王氏家谱

祭奠。抗日战争和解放战争时期，该祠堂成了新四军后方医院。

由于族人散居各地，主支和分支自清朝中叶以来，各自陆续修谱，其间主支和分支亦曾数次合谱。据谱中统计，先后于清嘉庆六年(1851年)，道光十年(1830年)、道光十七年(1837年)，光绪十一年(1885年)，同治八年(1869年)，民国六年(1917年)，民国十八年(1929年)，民国三十二年(1943年)，1995年10多次分支修谱或合族并谱。咸丰年间，太平天国战乱，十室九空，谱牒焚毁殆尽，幸有十五世孙王万田保留一套，不至于无牒可稽。

由于主支和分支曾各自修谱，所以字辈较为混乱。十世之前，字辈无序，无法统计。王龙支下字辈从十四世起大致为：世万荣昌，兆锡正祥，仁义忠信，诗书易礼。王虎支下从十一世字辈为：国有安怀，家敦仁爱，宗功欲大，世德荣昌。1995年合谱后议定辈分从二十二辈始为：书科本良，礼义庭芳，忠信泽长，贤德华康。

王氏族人世居陶厂、林头、福山等地，以农耕为生，修善积德，清顺治年间，族人王伯仲曾捐八佛庵庵田二十八担种。600多年来，王氏子孙虽未实现始祖“为三公者”之愿，但世代安居乡土，自食其力，子孙兴旺，平安度日，倒也不失为幸福。

祁首“宝树堂”谢氏家族

陶厂谢氏族人始迁祖谢福公，字天祥。洪武年间，因水患，谢福公自徽州婺源县谢家闸迁至和州西梁山。于明成化年间，再次迁往含山南乡祁首岗北烟墩岗下，卜宅而居。后族人逐渐散于周边镇村。

谢氏原有家谱，清咸丰年间，太平天国战火四起，原谱牒化为灰烬。十二世孙谢家驹、谢家潮等人走村串户，挨家访问，由是各支派逐渐明了，于清光绪十四年(1888年)首修家谱。民国十一年(1922年)重修，民国二十二年(1933年)三修，2021年续谱。谢氏堂号为“宝树堂”。宝树堂是天下谢氏家族中最负盛名的堂号。东晋时谢安历任征西大将军司马、吴兴太守、吏部尚书、中护军等要职，淝水之战中，谢安作为总指挥，以8万兵力打败号称百万的前秦军队，使晋室得以存续。据传晋孝武帝见谢安家堂前瑞柏枝叶繁茂，称赞道：“宝树也。”并亲

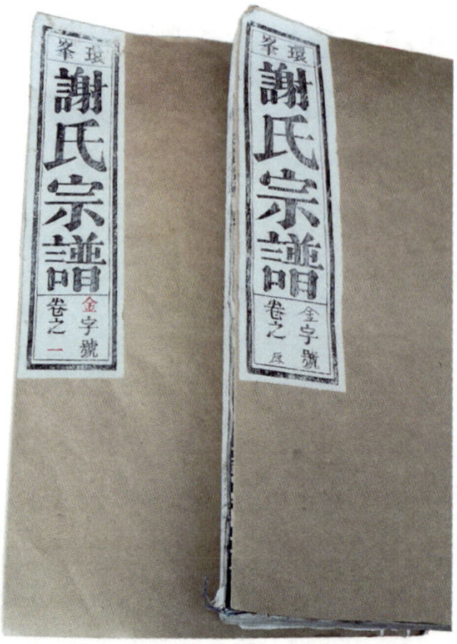

祁首“宝树堂”谢氏家谱

书谢安宅为“宝树堂”。故谢氏堂号取名“宝树堂”，堂号下的谢氏自称是谢安的后人。字辈一至三十六为：福永德庆，应金朝学，尚大邦家，广业维正，忠义必祥，贤良世泰，人在其昌，高文典册，承祖有章。

谢氏族人已历十七世，子孙千人，分布于陶厂镇祁首、关镇、陶厂街及含城等周边地区。

卜李“敦睦堂”濮氏家族

陶厂卜李村的大濮、小濮和三濮自然村，有濮姓村民近千人，堂号为“敦睦堂”。其始迁祖为濮仲才，于明朝万历初年由和州濮集一带迁来陶厂苏滩，几年后又迁往太湖山东麓凤凰岭下，即如今的大濮村；后濮仲举、濮仲友也从外地迁来（从何地迁来不详）。濮氏自仲才公来含定居已历400余年，近20代，世代以农耕为业，与乡邻和睦相处，子孙繁衍，形成大濮村、小濮村和三濮村。此外还有一些族人分散于含城、周边市区以及全国各地。

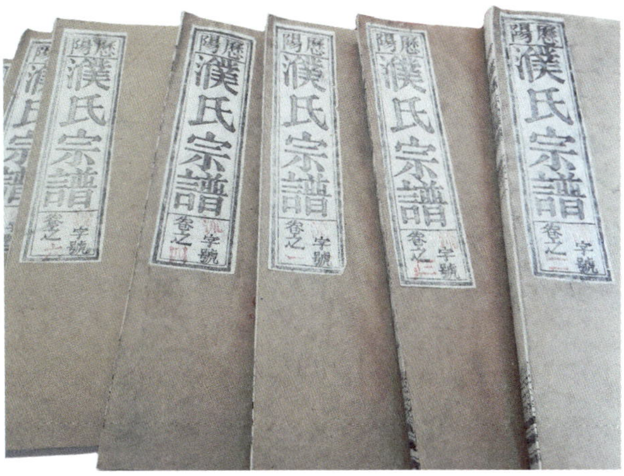

卜李“敦睦堂”濮氏家谱

濮姓，最初见于《尚书》的牧誓篇，为西南地区民族名，种族很多，有“百濮”之称。作为姓，濮传为颛顼之后，又有“濮水”为黄河故道，现在山东境内，春秋时属卫国。卫大夫食禄于濮，其后人随以濮为姓。

濮氏宗谱中，对其先祖记述为：“谱者所以谱世系也，我族墓碑有将军成公、千户侯登公之名，有禁碑大将军千户侯澄公之名，有都督英公、都督佥事真公，之各要皆为我族之祖也，康熙三十二年旧谱被焚，世系莫考，今世仲才公与仲举公、仲友公为始祖。”

《宗祠创建碑记》对先祖及其功名有详细记述：“濮氏原系和州望族。始祖都督英公，都督佥事真公，大将军千户侯登公，将军成公，千户侯澄公原籍燕之宛平，代以武功著名，后仲才公寄居历阳北乡，万历初年徙环峰苏滩，又数年始定宅郡西太湖东之凤凰岭，其后又有相继而至者仲举、仲友公。自三公至今已十有三世矣……家乘既修，宗祠随建。嘉庆丙辰（1796年）合族集众资共建三进九间，丁卯（1807年）落成。”从以上信息可推测濮氏可能先由北京宛平迁来庐州，其后人又迁和州，至仲才公等再迁含山陶厂。

谱载濮氏原籍北京宛平，先祖濮英、濮真、濮登、濮成、濮澄等皆为明朝开国将领，位列都督、千户侯、大将军等要职。濮英，初以勇力为百夫长，积功至西安卫指挥。洪武十九年（1386年），太祖命耿炳文选陕西都司卫所卒备边，惟英所练称劲旅，加都督佥事。明年命师所部随大将军冯胜北征。抵金山，降纳哈出，遂班师，而以英将奇兵三千人为殿。纳哈出余众窜匿者尚数十万，闻帅旋，设伏于途，谋俟大军过窜取之。未发。英后至，猝为所乘，冲突不能出，马踣，遂见执。敌既得英，思挟为质。英绝食不言，乘间引佩刀剖腹死。事闻，赠金山侯，谥忠襄。濮英兵败蒙古，不降自杀身亡，这与明史中“英绝食不言，乘间引佩刀剖腹死”的记载是一致的。谱述濮真远征高丽被俘不降，自尽而亡，朝廷追封他为侯爵。至于濮登、濮成、濮澄等正史中无考。另据明史记载，濮英之子濮玙在父死后第二年被封为西凉侯，禄二千五百石，予世券。正史记载的濮英儿子濮玙后因蓝玉案迁累，被发配云南五开卫戍边而死。其后人无所记载。

族中原有老谱，康熙三十二年（1693年）火焚殆尽，先代无从稽考。乾隆二十八年（1763年）族中修谱。后于乾隆五十五年（1790年）、道光三年（1823年）、道光二十六年（1846年）、光绪十一年（1885年）、民国三十年（1941年）、1990年续修。濮氏前八世字辈未定，从第九代开始，濮氏排行字为：万国大承宗，正家之洪兆，履道以希贤，蒸尝兴百世，蓄德杨天声。

濮氏在陶厂世代耕读，主要以务农为业，子弟亦有出众之辈，如第十七世孙濮洪九，毕业于安徽工业大学，1988年任中国统配煤矿总公司副总经理，后任煤炭工业部副部长。

司徒“大树堂”冯氏家族

冯氏始祖为棣公，名讳栋，始自江西南昌郡都昌县，于元末迁至和州历阳，在城一里，三甲长寿乡。冯棣生有两子，长冯龙、次冯虎。冯龙子孙世居历阳；冯虎于明万历年间迁移至曹家堡（今曹保村），后定居太湖山之北的司徒，繁衍生息，子孙聚居形成冯家村。

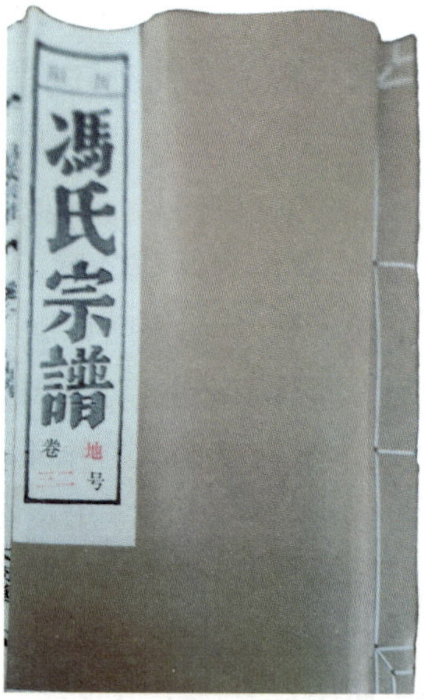

司徒“大树堂”冯氏家谱

清道光十六年（1836年），冯氏首修家谱。堂号为“大树堂”，源于东汉冯异被封为“大树将军”。其后人以此为荣，祠堂号定为“大树堂”。冯氏排行字辈为：绍玉应起，必正家祥，文成大美，盛世荣昌，永和宏道，国泰安邦。咸丰初年，太平天国兵乱，家谱悉成灰烬，唯族长冯璞庵保存一套族谱，光绪六年（1880年）重修。现冯姓有族人200多人，散居冯家村及周边村镇。清溪镇小冯村祠堂也是“大树堂”，即为同一家族分支。

司徒“濡须派”项氏

据司徒项氏族谱介绍：周召公奭之子封于项，史称项国，即今河南省项城市。子孙以国为姓。经过千百年动荡，项氏东迁、南迁。项氏历史上曾出现项羽等名人。项氏分七大派，司徒项氏属七派之一的濡须派，其始祖为昌世公，于元代初从辽西郡迁入巢县南乡项家山睡牛怀落户。清朝中期，巢县项氏族人荣国公游至含山太湖山麓，见此地背山临水，境地清幽，人民淳朴，土地肥沃而可耕，遂卜居于此，耕读为生，子孙繁衍，形成项村。

项氏原有旧谱五部，不幸毁于兵燹。致以起字辈以上，均茫然无考。1992年，族人捐资重修。司徒项氏辈分排行为：荣华富贵起朝廷，文武贤才万世春，治国兴家开大业，发扬祖德有来人。目前项氏子孙主要聚居于项村及周边村镇，族人有数百人。

司徒项氏在抗日战争年代涌现出许多革命先辈，其中项朝亮曾任含山县委书记等职。

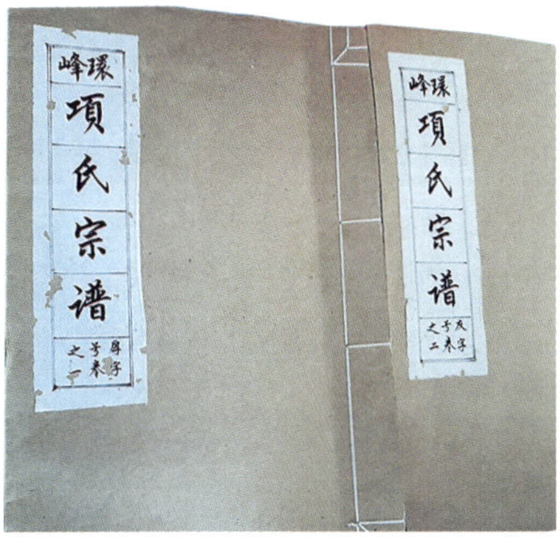

司徒“濡须派”项氏家谱

关镇“江夏郡”黄氏家族

黄氏始迁祖忠、惠二公自明洪武二年（1369年）由江西南昌府武宁县聂四村迁居含山林头镇。黄氏郡号为“江夏郡”，谱牒创修于清乾隆乙卯年（1795年），重修于道光丙午年（1846年）；光绪初年，民国四年（1915年），1993年续修。黄氏前十二世辈分混乱，大约从十三世起，辈分统一为祖、训、贻、谋、远、荣、芳。

黄氏主要分布在林头镇。关镇司徒黄氏是始祖惠公支下铨公直系子孙，惠公生两子黄铨、黄宣。黄铨原住林头中黄河西黄家村，有二子黄伯甫、黄仲甫。黄伯甫支下现居住在林头黄家村，福山小庙岗。黄仲甫支下由林头迁居各处，如代黄村，陶厂左庄、林庄、栗树庄及仙踪镇、运漕、和县等地。陶厂关镇林庄、左庄及司徒栗树庄等地黄氏族人经数百年繁衍生息，目前含山陶厂黄氏族人有400多人。

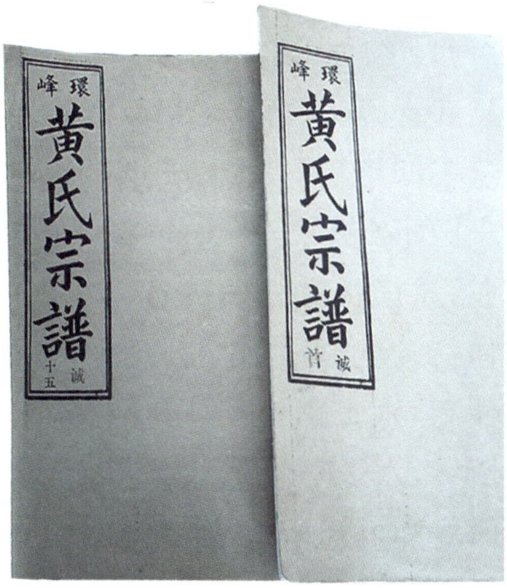

关镇“江夏郡”黄氏家谱

司徒“四知堂”杨氏家族

陶厂司徒杨氏族人自称和州孤舟杨，堂号为“四知堂”。司徒杨氏自和县西梁山迁徙而来，以农耕为业，分布于司徒大杨村、小杨村及周边村镇，今族人有2000多人。

司徒杨氏谱中记述，历史上曾有杨震，号关西夫子，以廉明著称，曾称为人做事“天知、地知、你知、我知”，因此后人以“四知堂”为堂号。唐朝天宝年间，族人由弘农迁居宣城县千柯檀村而居，历五代，宋元时子孙日盛。元末始祖杨贵五以功授永清右卫将军，后弃官归田，卜地于直隶和州西南乡孤舟村而居。二世祖杨荣七，三世祖杨福，杨福庶母生禄裕禧礼四子，四子未离孤舟村，杨

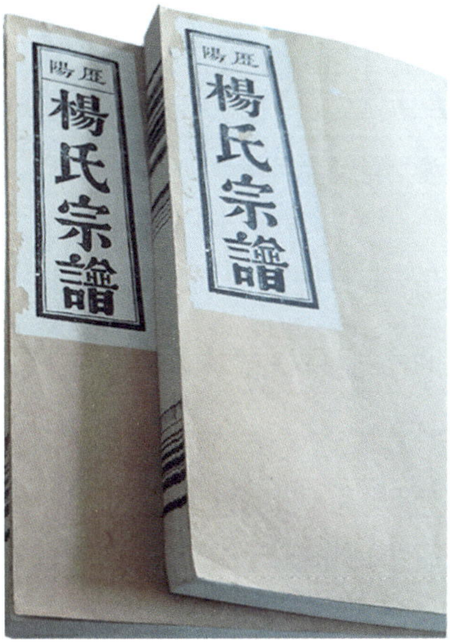

司徒“四知堂”杨氏家谱

福迁居西梁山镇，五世祖杨瑞南闱中试，系贵一贵四公后裔。六世祖杨古野，七世祖杨文创修谱牒，未与宣城合纂者，以江分南北。明嘉靖三十年（1551年），六世孙杨先等首修谱，民国七年（1918年）及1995年先后续修。

杨氏由于人丁兴旺，杨礼后裔离开孤舟村迁居和州白渡桥北，白保仁和村，又迁移至太湖山陀塘横梁桥千秋坝，并有徙居湖广、芜湖、太平、江浦、溧水者，人繁地广，采访难周，以致历明清两朝，重修谱牒十余次均系各修各分，不能统一。

关镇大小李“醉经堂”李氏家族

关镇西南的大李村、小李村主要为李姓族人聚居，其始祖李伯敬原居山东济南府历城县桂花庄。李伯敬自幼酷爱武艺，成年后参加朱元璋农民起义军四处征战。明洪武末年，因军功官拜指挥之职（三品武官）。及后燕王进军金陵，尽心竭力，不避艰险。燕王即位后，其告病归乡，至历阳之西含山南乡，见一山不高不低，形如羊腹，故定居羊山脚下，务农为业，耕读持家，繁衍生息。李伯敬生有六子，长子李仲仁、次子李仲义、三子李仲孝、四子李仲友、五子李仲高、六子李仲升。其中次子李仲义信佛云游不知所终，六子李仲升无后，其余四子支下称大房、三房、四房和五房，均子孙兴旺。近600多年来，形成大李村、小李村。其间，有支族人迁居铜闸长岗以及外县市。目前族人总数超2000人。

关镇大小李“醉经堂”李氏家谱

李氏族人原先有记载先辈的世系表，因太平天国战乱，被焚殆尽。清同治辛未年（1871年），十五世孙李咸坤、李咸亨与族人共议，纂修家谱五部，以恭、宽、信、敏、惠五字为号。民国六年（1917年），民国三十六年（1948年），1992年又三次重修家谱。堂号为“醉经堂”。

关镇大小李族人从第二世起，辈分排行为：仲景承继，应礼宗三，万国九州，咸为宏昌，崇德传家，大永其嗣，惠泽佑广，隆泰庆中，天宝华光，仕杰瑞祥。

上下左“构思堂”左氏家族

陶厂关镇上左、下左等周边村有1000余左氏族人居住，其谱为《环峰左氏宗谱》，堂号为“构思堂”。谱中记述：春秋时左氏为齐国贵族，齐有左公子之职，其后人以左为氏，其后由山东分迁江西大庾（今江西大余县一带）。明洪武年间，左氏再由江西分迁安徽桐城三河。明代末年，左祥瑞由三河迁至含山太湖山以东之武梁、康定、庆广三圩，见此山清水秀，风俗淳厚，交通便捷，便和其父及叔伯兄弟定居于此。清光绪四年（1878年），族人

上下左“构思堂”左氏家谱

左承池、左承顺等首创家谱。民国十三年(1924年)二次重修,刊刻11套谱。其后因战乱及“文化大革命”,谱牒毁损殆尽,所幸族人左年法保留一套。1994年三次续修家谱,已历二十三世,排行字辈为:统,详圣典乐诵贤书,应文合代承佳福,永学长年宗善如,保国荣华天道正,养亲恭敬子心舒,和平信义万世茂。

左氏世代以耕读持家,虽世居偏僻乡村,但族人不断进取,明清两代曾有众多子弟考取功名,宗谱记载的人物像中有:三代直系长孙左圣明(字祖一)为秀才,清代秀才左介眉、左轶几等。其中祥瑞公次子左圣达(第三代)直系长房孙左书洛(第八代)的四子左应龙(左氏第九代)为太学生,其子左文襄、左文哲皆为太学生,其孙左合钺、重孙左合荣、左代轩、左代安均为太学生。左殿臣自幼读书,尤爱兵书,从军后跟随左宗棠平西北回民之乱十余年,后随刘铭传收复台湾。左殿臣从军作战果敢决胜、战功显赫,被授守备之职(正五品)。

西河“治安堂”贾氏家族

陶厂铜庙、关镇、官塘一带有数千贾氏族人,据其族谱名为《环峰贾氏宗谱》。谱述:明代成化年间,贾富士自山东曲阜迁至龙亢(含山),定居五都官塘堰,后迁西河,娶梁氏。数百年族人繁衍,先后迁南岗、铜庙、铜闸、关镇、洪家冲、太溪枫香冲等地。贾氏以贾富士为始祖,西汉文学家贾谊著有《过秦论》《治安策》等著名文章,贾氏便用“治安”作为堂号,称为“治安堂”。

陶厂西河贾氏族人于清康熙九年(1670年)首纂宗谱,乾隆三十七年(1772年)重修,清嘉庆十八年(1813年)合刊重修。民国十二年(1923年)、1995年、2019年三次续修,前后共6次修谱。

贾富士之后有兄弟四人,和州新塘贾氏之祖为贾华士,西乡清溪贾氏之祖为贾贵士,铜城闸贾氏之祖。因此,县内及周边贾姓均为一家。

贾氏一至四十九字辈为:富(应为:士)贵玉金仲,廷应(春)宗(鹤、三、士)之,以学(言)中(时),正(兆、元),家裕于斯,佑启宏大,卓越维时(人),高明永著,象治宜兹,秉诚怀德,崇勇杰谋,庆逢盛世,子衍邦兴。

贾氏偏居乡间一隅,子弟勤奋耕读,数百年来,出类拔萃者不乏其人,众多子弟获取功名,成为一方名门望

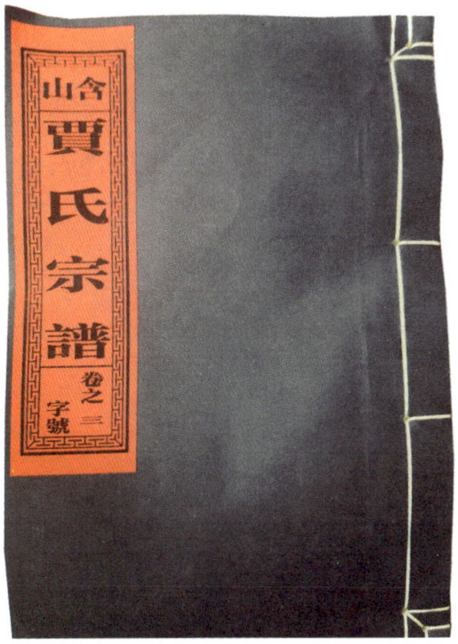

西河“治安堂”贾氏家谱

族。明万历年岁贡生贾廷柏(贾富士五世孙,后任黟县训导),贾旺任宣武卫指挥。清代贾炳为嘉庆甲子科举人,贾元琇为道光乙未年恩科举人。贾氏考取贡生有17人、儒生38人,有职衔及五品至九品及军功者12人。其中贾于孚、贾家愉为五品蓝翎。贾氏十五世孙贾裕师,曾任工部都水司主事,后晋升工部之木部郎中(四品文官),诰授资政大夫。贾裕师与含山最后一位进士张学宽是同窗好友,张学宽为贾氏四修谱作谱序称贾氏"为吾邑望族,仍世诗礼,有唐柳氏宋吕氏之风"。贾裕师后任山东临清州知州。如今,贾氏族人已历二十四代,有3000多族人,分布在西河贾、铜庙、关镇及含城等地,可谓人丁兴旺。

陶厂"青河堂"包氏家族

陶厂包氏原先祖居庐州府合肥县,宗谱中以宋包青天"文拯公像"为首位人物像,赞曰:"赫赫威名四海,霭霭古今易常,良臣清正气象,忠心辅佐家邦。"堂号为"青河堂",是根据清官包拯命名的。明朝成化年间,一世祖包裕昆迁居含山西十三都秦公山下,子孙绵延,守居大包村(今环峰镇方赵村大包自然村)。清初一支族人迁来陶厂定居,形成陶厂包氏族人,主要居住在陶厂街及周边村,成为较为有名的家族。包氏原先有草谱一份,使祖上图系得以流传。清道光八年(1828年),七世孙包凤鸣,八世孙包汉长、包汉贵等牵头初修家谱,取名《环峰包氏宗谱》,以礼、乐、射、御、书、数六字为号共六部家谱。光绪元年(1875年)二次重修,1999年三次重修,与二次修谱时隔124年。包氏族人前十三字辈虽不统一,但大体为:裕万宏又广,天善汉承富,应家智。从十四世起字辈为:宗士恩荣得,芳名永自昌。忠厚传盛远,仁义礼为先。

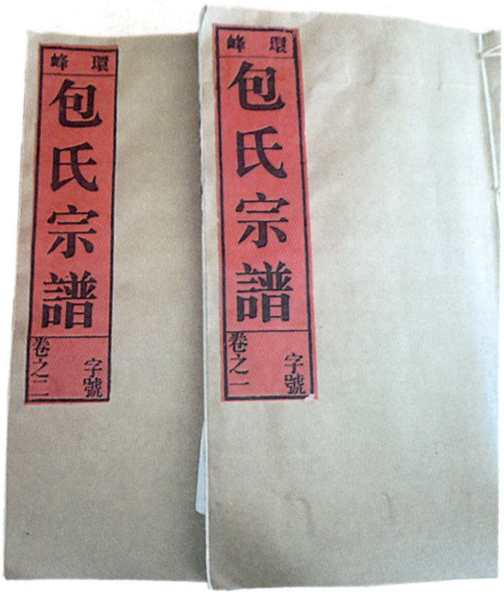

陶厂"青河堂"包氏家谱

陶厂包氏从清乾隆年间迁至陶厂街,已历近十代,如今族人已达数千人。改革开放后,族人主要分布在陶厂街、含城及周边省市县。包氏族人自强不息,成为近代陶厂望族。

回忆特殊时期的陶厂

从1958年开始,中国进入前所未有的"大跃进"、人民公社化运动时期。这一时期,由于不按经济发展规律办事,国民经济发生严重困难,人民生活十分困苦。为客观地反映历史事实,我们采访了陶厂镇三年困难时期5位亲身经历者,他们是关镇村81岁的谢为志老人、79岁的吴修华老人、官塘村83岁的黄安名老人、西塔村80岁的杨延芳老人、祁首村86岁的宋安通老人。几位老人以自己的亲历、亲见、亲闻,回忆了那段不堪回首的往事。同时笔者也翻阅了大量的档案资料,努力再现陶厂地区那段难忘的历史。

一、浮夸风

1958年2月23日，中共含山县第二次代表大会召开，会议讨论通过了《关于1958年农业生产大跃进的报告》。大会号召必须放手发动群众，带领广大社员苦战一年，实现水稻平均亩产800斤、皮棉平均亩产100斤的目标。为了响应党的号召，陶厂镇掀起轰轰烈烈的超产运动，层层加码。原来水稻亩产732斤，县委分配的指标是亩产920斤，包产指标增加12.7%。铜庙乡水稻原来亩产1000斤，分配指标1150斤，争取实现1350斤。为此，铜庙根据各社（高级社）不同情况，提出不同的亩产要求：铜庙一社保证水稻亩产1180斤，争取1380斤；铜庙二社保证水稻亩产1120斤，争取实现1320斤；铜庙三社保证水稻亩产1166斤，争取实现1366斤。关镇一社保证水稻亩产1120斤，争取实现1320斤；关镇二社保证水稻亩产1170斤，争取实现1370斤。各社把超产任务分配到各大队，并实行“超产奖励，减产赔偿”政策。在浮夸亩产量的同时，公社（1956年后是高级社，1958年11月全县各地成立人民公社）还罔顾事实大力宣传。如1958年12月28日《中共陶厂人民公社关于当前几项主要工作意见》文件提出：“1958年是大跃进的第一年，由于准备充分，基肥充足，改进了工作，技术普遍推广3寸×5寸、4寸×5寸的行距密植，一般产量翻上几番，创造一千斤两千斤亩产田不计其数。如西河大队西河村生产队计130亩水稻实收产量333吨，每亩均产达2600斤。又如铜庙大队卫鲁村鲁大前队4亩稻田，实收粮食6480斤，平均亩产1600斤，从上述情况来看，否定今年大丰收是无依据的。”为了迎接“放卫星”检查，有的生产队把几块田成熟的稻子移栽到一块田中，再让一个幼童坐在稻穗上，以示亩产达万斤，检查人员明知是假，但也乐意接受。

只听干部意见，不尊重客观实际，计划大，指标高，提出不切实际的口号，成为普遍现象。1958年口号是千斤社、千斤乡。1959年提出百斤皮棉、千斤粮、油菜亩产超250千克、小麦亩产超500千克。1960年提出人人动手、户户培植油菜王、小麦王、水稻王。为了实现这些目标，公社采取不顾客观实际的措施：一是盲目扩大复种面积。如关镇公社全社耕地面积1375公顷，1958年要求复种面积2317公顷，达到168%。由于复种面积大，午季要种得多，为了赶午季，盲目早播。早稻惊蛰泡种，谷雨后栽秧。由于播得早，天气冷，又不得不拼命保苗。为了防寒、防霜冻，干部们要求群众在田埂上放火熏烟，在田头用大铁锅烧水，搭防寒棚、防风帐。没有材料，就发动群众拿自家的被单、下自家的门板、拆自家的草棚顶来搭建，结果依然避免不了坏秧烂秧。关镇大队1960年早稻种植48.5公顷（727亩），亩产收获仅100.5千克，播种时每亩种子都用去19千克。二是为多栽双晚，提出间苗移栽，早稻秧三寸长就栽，七成黄就割。由于早稻面积大，双晚要求种植面积大，栽秧时节赶不上，就提出寄秧法，采取先点后栽的方法，结果点播的双晚绝大部分都绝收。秋种午季麦子时提出大干条播，不干点播，消灭撒播。姜王大队姜王桥头村一块田点播的麦子已生长三寸多高，依然犁掉搞条播，白白浪费种子。三是推行密植，越密越好。提出栽秧要栽3寸×3寸、2寸×3寸。为此，栽秧要带栽秧尺、指行器，要拉绳子。看到栽得不合规格要罚重栽，未带绳子罚解下裤带结成秧绳子。由于密植，导致许多田地少收、绝收。仅关镇公社1960年应收未收的田地就达134公顷。四是搞积肥造肥运动。为了实现每亩施肥300担（15吨）的计划，公社采取多样化措施，提出挑（挑千脚土）、换（家土换野土、换墙土）、拆（拆屋、拆灶）、挖（挖田埂）、熏（烟囱熏氨水）、制（用黄豆制肥料）办法。在拆房子的过程中，仅马山一个大队就拆了120间。另外，采取积肥"五光"措施，即把塘泥挖光、把河泥捞光、把田埂铲光、把野粪拾光、把垃圾扫光。再就是采取烧土肥，推广牛尾巴灶积肥，甚至要求各大队建一座化肥厂从事土化肥生产，以满足田间需要。五是大抓特抓多种经济。陶厂公社大力繁殖生猪，增加母猪，全社养殖千头母猪，平均每户要养殖2头生猪。各队将所有芝麻叶、山芋藤、花生叶、玉米芯、葵花盘、黄豆叶一律留作饲料，备足生猪过冬粮。大养家禽家畜，全社增养9万只鸡、2万只鸭。

1958年、1959年，两年都发生旱灾，1960年洪涝灾害严重，陶厂、关镇公社把全社60%的劳力抽出来支援抗旱，所有的提水工具都用起来，全社木匠全部组织起来赶修水车。对干旱的单双晚稻田，无水可车的地方采取打井挖水，锄土培根，保证禾苗不倒阴。其结果是声势大、效率低，根本没有实际效果。

由于浮夸产量，公社干部以点推面，把歉收说成丰收，对下面报上来的产量不合口味就说是思想问题、右倾问题。然后采取以棵以粒推算各生产队产量，导致上报产量大大超过实际收成。关镇公社1959年各大队报的产量是亩产231千克，而公社要求上报亩产253千克，每亩多算20多千克，折算上缴后所剩无几。征收粮食时增压过紧，强调完成任务，只抓增，不抓留，强调先增后留，不顾群众生活需要。未及时完成任务的生产队，公社就采取点名批评，有的扣帽子，有的让位子。如官塘大队贾思桂、西河大队杨言伦在粮食问题上顶撞公社搞瞎指挥，受到处罚，造成其他村队有意见不敢提，结果许多生产队卖了过头粮。尽管如此，公社还认为村队留有余地，责问粮食到哪里去了，说生产队偷窃粮食、瞒报产量；还说，粮食问题是思想问题，开展瞒产斗争。姜王大队姜王生产队卖完公粮7天后大食堂就无米下锅，彻底断炊。圣河大队卫鲁生产队队长卫昌祥到公社反映问题回来，群众找他要口粮，他说不仅米未弄到，还叫我们卖粮呢！群众找他要饭吃，他走投无路，只得偷偷离村外流。由于公社不重视实际情况，造成人口外流、浮肿病及非正常死亡频发。

二、共产风

1958年8月17日，中共中央政治局召开扩大会议，通过《中共中央关于在农村建立人民公社的决定》。8月25日，含山县委作出《关于并社问题的决定》，将全县134个农业社并为8个社。26日，县委就建立人民公社作出全面规划。到11月13日，全县7个农村人民公社全部成立，其中以陶厂、铜庙、司徒3乡镇合并成立东风人民公社，后改为陶厂人民公社。

人民公社成立后，一是实行"工、农、商、学、兵"五位一体，"政社合一"管理体制，组织形式是公社、大队、生产队三级制，实行层层管理。二是实行“一大二公”，即把原来贫富不均、条件各异的几百户集体所有制的合作社，合并为七八千户以至一两万户的人民公社，将农业社的一切财产上缴公社，在全公社范围内实行统一核算、统一分配、贫富拉平。公社还任意平调生产队土地、物资和劳动力，甚至调用社员的房屋、家具等私有财产。取消按劳分配原则，实行“工资制和供给制相结合”的分配制度。由于公社无经济来源，工资实际上无法兑现，导致社员意见很大，产生消极怠工现象，给农业生产造成严重损失。三是实行“亦工亦农、劳武结合”，劳动组织按公社、大队、生产队分别编成团、营、连、排、班，实行组织军事化、行动战斗化、生活集体化、行动统一化。“三秋”会战时，实行劳力集体睡觉，礼拜天才放假让夫妻团聚。如西河大队姚嘴民工晚上必须统一到南岗村睡觉，不能回家。

随着人民公社化的实现，生产上要求“大跃进”，为了适应这种形势的需要，全县掀起了大办公共食堂的高潮。陶厂公社以自然村为单位办食堂，按人分等定量。食堂用房多数为社员住房。食堂一般由生产队长和会计负责管理，炊事员由生产队抽劳力或干部家属担任。所需粮食由公社、大队按指标分配，蔬菜由生产队自给。1959年10月，陶厂公社人口23701人，办集体食堂315个，有炊事员546人。大食堂开始时“吃饭不要钱”，16岁以上定量为每人每天1斤米，4～6岁5两米，1～3岁3两米。官塘大队19个村庄办了5个食堂。曹庄村要到周卫村吃饭，李洼村要到马场村吃饭。雨雪天气，老年人无法外出吃饭只能挨饿。

由于共产风、浮夸风，生产队粮食大部分上缴，村内余粮不多，加上食堂管理不善，1958年一度提出放开肚皮吃饭，到1959年下半年，粮食就不够用了。开始是只能吃粥，再后来粥也供应不上，每家分得一小把米和一把野菜回去，胡乱烧熟填肚子；或者食堂只能拿青菜、萝卜缨、山芋藤和各种野菜作为主食，再后来食堂干脆断炊，村民几天都无食可进。为了填饱肚子，人们只能扒树皮、吃草根、挖野菜。有人拼命灭老鼠、捞河蚌、抓田鸡，凡是能吃的都吃下去。实在没办法就吃观音土，以致大便难解，痛苦而亡。这时许多村庄浮肿病、饿死人现象开始频繁出现，人口外流现象大面积发生。据关镇村谢为志老人回忆，1959年冬天死去的人特别多，全村死了十几个人，其中就有他父亲、姥姥等几个家人。祁首村86岁的宋安通老人回忆，那时为了填饱肚子，人们不得不利用一切机会偷点粮食，然后暗地里偷着吃。死的人主要是一些老实人或者家庭成分不好的，他们不敢偷。再就是村队干部过于严厉，只要看不顺眼的人，就盯死你。同村生产队长宋某某，看着自己的姨娘不顺眼，时时盯着她，连她家腌的小菜也不放过，发现后拎起菜坛摔得粉碎。少数干部操纵吃饭权，克扣群众口粮，自己吃夜餐，有的来早了不打饭，来迟了没有饭，生产任务未完成不给饭。陶厂镇西塔村碾王自然村80岁老人杨延芳回忆，她娘家邻居一个女子饿得没法忍受，只好撕被子里的棉花絮充饥，结果被噎死，死时肚子里全是棉花絮。据南二过村过家英回忆，她父母和两个女孩子都饿得奄奄一息，只好将5岁大的她带着外出逃荒，最小的孩子仅两岁不到，家人根本没有力气背着她走，只好把她放在家中烤火用的站桶里，临别时父母把仅剩下的一把米煮成稀饭全部喂给她吃下，然后哭着关上门，踏上前往江西的逃荒路。一年多回来后，站桶里只有一堆白骨。当时，许多人走在野外，因饥饿无力行走，往往倒毙路旁。一次，宋安通老人去铜闸，经梅圩，见到圩堤下坡三四个人睡在地上，走近一看都已死亡，全是年轻人。杨延芳老人说，有一次去水库工地看望家人，看到工地上多处有倒地而亡的民工，其他民工因饥饿也无力掩埋这些尸体。

面对1958年、1959年、1960年严重的经济困难和人们生活状况急剧恶化的现状，含山县委根据上级指示精神，开展整风整社、纠正“左”的错误思想，采取一些有效措施，切实解决人们群众的生活困难。一是解决粮食危机。根据县委指示精神，陶厂、关镇公社成立生产自救办公室，发动群众大种胡萝卜、瓜菜，以菜代粮，积极寻找野藕、野菱角、野荸荠、茭白、葛根等各种可替代食品的野生植物，保证民众能吃饱。大搞副业生产，大搞“小秋收”。组织对食堂进行检查，以人定量、指标到户、实物到食堂，凭票吃饭，节约归己。二是贯彻“公私并重、两条腿走路”的方针，鼓励社员个人发展家禽、家畜养殖和林木生产，实行自留地制度。公社将所有非耕地分给生产队，生产队用不完可以分给社员，发展个人经济，允许社员利用房前屋后闲置土地种竹木水果，谁种归谁所有。三是开展节约运动。纠正图排场、讲阔气和铺张浪费现象，不准糟蹋粮食，大幅节俭办公费用，精减各类用人。由于缺乏社会主义建设经验，对经济规律和基本国情认识不足，加上急于求成，助长了“一平二调”、“共产风”和高指标、瞎指挥、浮夸风为主要标志的“左”倾错误严重泛滥，严重侵害集体和个人利益，挫伤广大农民生产积极性，加上连续三年严重困难，使地方经济和人民生活发生了严重困难，教训是非常深刻的。

1958年至1960年陶厂公社各大队人口外流情况表

表11-1　　　　1961年1月统计

年份	人口外流情况																		
	户数(个)	人口(人)			男劳力	外流地点及人数										返回			
		人数	男	女		南京	北京	上海	江西	东北	芜湖	马鞍山	合肥	本县	其他	人数	男	女	劳力
合计	433	2832	1627	1205	1539	11	2	28	1578	46	142	58	52	37	878	785	497	288	599
1958	157	845	532	313	510	2		1	493	3	24	20		17	285				
1959	85	1100	1029	471	672	9		17	687	42	29	33	38	20	223	785	497	288	599
1960	191	887	466	421	357			10	398	1	89	5	14		370				

注：表中人数统计了12个大队，尚有铜庙、云塘未统计。

陶厂地区“农业学大寨”运动纪实

背景：1964年2月10日，《人民日报》刊登了新华社记者撰写的长篇通讯报道《大寨之路》，并发表社论《用革命精神建设山区的好榜样》。其后，山西省第一书记陶鲁茄在专列上向毛泽东汇报了大寨的事迹，毛泽东越听越有兴趣，认为没有比大寨更好的范本了。1964年6月，毛泽东在中央政治局一次扩大会议上说：“农业主要靠大寨精神，靠自力更生，多出几个大寨，多出几个陈永贵。”8月，毛泽东在听取国家计委汇报第三个五年计划规划时又说：“要自力更生，要像大寨那样，它不借国家的钱，也不向国家要东西。”后来，毛泽东从反修防修的高度发出“农业学大寨”最高指示。

1964年12月21日，第三届全国人大一次会议在北京召开，周恩来总理在政府工作报告中，郑重发出号召：“全国人民都要学习解放军、大庆、大寨的彻底革命精神和工作作风。”大寨由此正式成为全国农业战线上的一面旗帜。

1964年底，农业学大寨运动开始在全国铺开，运动同样在含山，在陶厂、关镇这块土地上轰轰烈烈开展起来。陶厂地区十多年的学大寨运动大体可划分为三个阶段。

第一阶段

1965—1969年。这一阶段是号召式尝试阶段，只在某些方面学大寨，运动尚没有在农村全面铺开。结合当时大讲阶级斗争、路线斗争和继续革命的政治背景，为了巩固农村社会主义阵地，刹住自由种植、扩大自留地、名为集体实为单干的风气，关镇公社收回扩大的自留地23公顷，单干草绳机171台，单干手工业173人，单干板车3辆，收缴扩大的自留地生姜1.5吨，以及老蒜、甘蔗、包菜等，开始“割资本主义尾巴”。

当年到处可见的农业学大寨招贴画

1968年，含山县推广大寨式劳动管理经验，实行政治评工，自报互评，一月评工一次。当时干部群众对学大寨有不同的思想认识和态度，有的说：“学大寨、学大寨，不是好就是坏”，担心又刮1958的“共产风”；有的说：“群众落后，条件差，学不了大寨”；还有的说：“你讲你的学大寨，我只管干，产量到了手，一好遮百丑。”同时由于生产队大农活也导致“出工不出力，生产一窝蜂”的现象。由于收回自留地，限养家禽等做法，受到很多群众的抵制，“割资本主义尾巴”遭遇一定难度。上级认为这些人对大寨精神和根本经验不了解、不认识，属于只顾拉车不问方向的糊涂人，开展学大寨运动很有必要。

根据上级要求，这一期间，陶厂和关镇两个公社分别制定了1969—1973年五年学大寨初步规划。陶厂公社规划中对水利建设、增加粮食复种指数、提高单位面积产量、积极发展农业机械化、发展林业生产、发展养鱼业、发展交通业、增加商店网点、教育革命、医疗卫生十个方面作出具体目标和要求。关镇公社规划中对用毛泽东思想统率一切、水利兴修、农业机械化、林业、渔业、畜牧业、商业、文教卫生其他八个方面都有详细的实施措施。

关镇公社规山大队是个政治挂帅、思想领先的典型，他们普遍开展“三忠于”“四无限”活动。走进这个大队的每个村庄，到处是令人振奋的革命化环境，家家有宝书台，中堂张贴毛主席像。村庄的墙上都刷上毛主席语录和大字标语，村中央设有请示台，早上出工请示，晚上收工汇报。社员“红宝书”随身带，工余时间学起来，大队的业余毛泽东思想宣传队，晚间到各生产队宣传演出，毛主席的最新指示一下达，立即宣传到广大社员中。1968年，规山大队早稻由过去的7.2公顷，扩大到20公顷（300亩），实现亩产400千克，随着早稻面积的增加带来肥料的严重缺乏，肥料不足怎么办？大队经过研究决定在生产队举办学习班，广大社员纷纷表示要自力更生、克服困难，保证做到“三不”，即不缩小早稻面积，不栽白水田，不向国家伸手。采取的方法一是发动社员献肥，二是集体寻找肥源，三是筹款购买化肥。很多社员挖家里的千脚土、换墙土，起菜园地肥土送交生产队。老贫农张大玉主动将自家菜园地上的20担（1吨）老墙土交给生产队，不要一分工。过去社员每户都有肥料堆，一边是好肥，一边是孬肥，好肥总是留着自己用，差肥交任务，现在主动将好肥交队。女社员起早带晚打秧草，一天三趟。社员卜宏仙在天气较冷情况下，坚持每天下水打捞水草下田。太平生产队组织八九个劳力带上被子到10千米外的和县功桥河打捞水草，一干就是七八天。全大队发动社员筹款3000元，解决了买化肥、添耕牛、修农具经费不足的困难。社员满怀信心地说：“去年我们有些田是光犁田不上肥，今年是河泥、磷肥、秧草，普遍上2～3遍，保证亩产800斤，力争亩产超千斤。”

规山全大队普遍实行政治、劳动工分自报互评。花山张和蒋庄生产队还订出了“四好”和“四个不计较”的评工标准。“四好”是政治思想好、生产劳动好、爱护集体好、团结友爱好。“四个不计较”是：来亲戚不计较、生小病不计较、喂小孩奶不计较、理发不计较。方法是政治领先、树立标兵、自报互评、大组复议。群众积极性提高了，生产也上来了。太平生产队社员在10天内就修了2万多土方的一口大塘。社员过去打秧草计工分，一天只打75千克左右，现在不计工都能打上一二百千克。社员对自留地交公也都能认可，每人只留三厘菜园地，不少社员认为二厘就够了，多余的主动交队。太平生产队队长说：“以前重活、难活要请人干，现在主动抢着干，现在上工哨子一吹，人很快就出来了。”有的社员说：“以前是干集体活穿棉袄，干私人活打赤膊，现在是小土地没空搞，集体生产带小跑。”这是农业学大寨，政治领先思想革命化带来的变化。公社号召全社向规山大队学习，各地出现了许多生动事例。

大寨精神对基层干部的教育作用也十分明显。关镇公社张宋大队，以前的干部整天是坐府办公，或是在家干私活。原大队的大队长只讲喝酒，整天穿着凉鞋，长裤罩到脚面，群众称他是“大先生”，现在干部们不同了，和群众打成一片。大队革委会成员9人，5人就地参加劳动，就地抓工作；4人脱产轮流值班，三天轮换一次，有的值班人员有空主动到附近生产队参加劳动（脱产人员不记工分），群众有事都到田头找干部。干部们都高卷裤脚，脚上沾泥，手不离锹。一次在抢修水渠时忽下大雨，正在参加劳动的张宋大队革委会主任杜得深和副主任张正中对大家说：“天下雨了，你们回去吧，剩下这点我们干吧。”群众看干部光着头冒雨在干，都不忍离去，留下来一道干，很快完工。社员反映说：“现在干部是大大改变了，和这样干部在一起，心里舒坦。”该大队有几个运漕下放的人员，原来一直不安心，大队干部找他们谈心，做知心朋友，并在生活上帮助解决实际困难，教育他们在实践中接受贫下中家再教育，后来他们都安下心来，劳动很积极，专找重活干，有的学挟泥，一天能捞十几盆；有的下工回来，利用休息时间帮助队里书写毛主席语录和宣传标语，受到群众称赞。

第二阶段

1970—1975年。这一阶段学大寨运动深入扎实，全方位展开。为解决各地运动开展不平衡问题，从1970年起，县每年抽调干部，组成农业学大寨宣传队到社队抓典型，帮后进；1971年3月召开全县“进一步深入开展农业学大寨誓师大会”；1974年，县委召开四级干部学大寨会议，贯彻全国农业学大寨会议精神，对照大寨县“六条标准”，提出“苦战两年，建成大寨县”。学大寨运动不断升温加压。陶厂公社对前几年农业学大寨的工作进行总结反思，认识到由于工作抓得不紧，思想认识不深，有的大队学大寨只学形式，认为亩产上千斤、套用政治评工就是学大寨。公社党委结合党的路线教育，大力宣传学大寨的根本是“政治挂帅，思想领先的原则，自力更生，艰苦奋斗的精神，爱国家爱集体的共产主义风格”。唐庄大队、云塘大队、祁首大队举办学习班，运用宣传栏、快报、广播、现场会等多种形式宣传党的基本路线和大寨的基本经验。陶厂公社领导深入实际，根据本社半山半圩易旱易涝的特点，抓住解决水利问题的关键，一鼓作气建成6座小型水库。唐庄大队发动300多人，先后兴建了朗衖、鸡心洼两座水库。金易大队过二生产队一个多月积肥140吨。陶厂公社1974年亩产为506.5千克，总产比1972年增加750吨，向国家上交商品粮1850吨；9个大队有8个大队超过纲要指标。全社87个生产队，有集体储备粮350吨，社员生活有所改善，全年人均口粮标准达到265千克。

20世纪70年代初，陶厂公社村头农业学大寨宣传活动

1975年1月1日，陶厂公社召开农业

学大寨三干会，对前两年农业学大寨进行总结，提出新的跃进任务；号召各大队坚持政治挂帅、思想领先，组织群众参加红夜校、读书班、批判会，着重解决副业单干、扩大开荒地自由种植，投机倒把，放高利贷等问题。公社大力表扬好人好事，如汤徐大队油坊生产队队长杜之友由于维护集体利益，敢于斗争，家中二十几只鸡被人偷偷毒死；九联大队湾塘生产队队长陶中秀收回社员私自扩大的2公顷自留地，连田埂上的黄豆也都没收归公，工作中被人撕破衣服，打伤身体，但坚持斗争不让步。

改岗造田看似件平常的事，但阻力较大，因为改岗往往涉及迁坟，要让死人占据的荒岗让出地盘，遇到旧习惯势力的顽固抵制。陶厂公社发动党员干部带头，硬是迁掉坟墓2.5万座。全社1974年春，改岗造田20公顷；西山大队西李生产队通过改岗造田，增收粮食6吨。陶厂有666公顷荒山，1974年春节期间，全社干群冒着纷飞的大雪大干15天造林100多公顷，其中杉木林62公顷。兴修水利上，1974年除按期完成县委下达的运漕河、滁河工程外，陶厂公社全民动员，一股作气完成十几年都未完工的向阳水库和尹毛圩埂工程。科学种田上，反对老旧思想，全社1974年早稻良种达到85%以上，其中九连、云塘两大队全部实现良种化。彻底改革沤水田是科学种田又一措施，唐庄、九联、陶厂3个大队改沤较早，年年增产；金易大队南二过、大汤两个村，沤水田改种油菜，年年油菜丰收。全公社1974年早稻增产330吨，主要得益于扩大播种面积，实现良种化。

学大寨要的是苦干实干精神，农业生产安排上狠抓三个关键环节，即“早稻抢栽”“双抢”和“三秋”，基本做法：一是大搞群众运动，每到关键时，公社召开动员大会、誓师大会、广播大会，男女老少齐上阵，村村户户无闲人，机关干部，街道居民都组织起来下乡参加劳动。二是实行劳动定额，认真落实党在农村的经济政策和分配政策，调动群众的生产积极性。三是开展劳动竞赛，人与人、组与组、队与队之间开展“一比三赛”活动，即“比干劲，赛进度，赛质量，赛风格”，出现友邻相帮，先进帮后进，携手齐跃进的感人事迹。四是组织突击队，如青年突击队、基干民兵突击队、铁姑娘突击队。唐庄大队青年民兵突击队，一夜时间突击抢栽山芋0.87公顷；西山大队铁姑娘突击队，一夜时间收割0.67公顷油菜。还有的突击队趁别人休息时，不声不响提前拔了一田秧苗，保证了栽秧的进度，这类事例层出不穷。陶厂公社为增产丰收，近万亩早稻没有一块白水田，由于大抓人工积肥，虽然1974年化肥少用了135吨，仍然夺取了粮食总产7100吨的好收成。

关镇公社组织开展“要不要学大寨、学大寨学什么、怎样学大寨”三个专题大讨论，着重解决学大寨学根本的思想问题。关镇的司徒山区有打山芋粉丝的传统，但私人打粉丝问题抓了多年不仅没有解决，而且参与的人越来越多；扩大开荒地、自留地的现象年年有；私人拉板车、打草绳，养群鹅群鸭抓一阵松一阵；还有一部分个体手工业单干；等等。针对以上问题，全公社再次处理收回多出的自留地和开荒地共26公顷，私人草绳机55台，大板车76辆，将单干手工业88人纳入集体轨道。苏滩大队苏西生产队原有自留地和集体争肥的现象，通过举办学习班，社员们将私存的100多吨有机肥交归集体。官塘大队复种面积年年扩大，粮食亩产不断增加，从1971年495千克增产到1974年650千克。大队“以粮为纲，全面发展”，五年中在21公顷水面，投放各种鱼苗36万尾，1973年捕捞成鱼7.5吨，1974年31吨。

圣河大队原来比较落后，在县委宣传队帮助下，1973年狠抓学大寨学根本，跨了一大步，亩产比上年净增140千克。村干部们说大寨的郭凤莲同志说得好，堵不死资本主义的路，就迈不开社会主义的步。我们要像大寨那样，坚持党的基本路线不动摇。

1970年全社遭遇涝旱和虫灾仍然取得大丰收，粮食总产达8145吨，平均亩产501千克。全社粮食亩产从1973年起连续超千斤；1971年上交粮食2390吨，1973年为2665吨，1974年为2750吨。尤其是社办工业总产值6万多元，小煤窑坚持土法上马，年产原煤一千多吨。各大队建立了“五七”民办学校，广播事业发展很快，全社安装小喇叭2200只，有的大队还建立了广播站。血防工作采取打歼灭战的办法，消灭有螺面积1.05万平方米。

1973年是关镇公社大干的一年，农田基本建设声势大，科学种田抓得实，粮食平均亩产达574千克，同时大抓造林，发动男女老少6000多人上山，大干半个月，造林267公顷。改岗造田中，全社迁坟1.56万个，增加梯田21.5公顷。水利上新建规山口，江老两个水库，整修圩堤6千米，完成土石方近30万立方米。1975年，仅半个月时间，发动4500多人上堤，加高十联圩堤埂土方15万立方米。养猪场以往都是春办、夏松、秋垮，1974年、1975两年大抓养猪，不仅队队办起养猪场，而且标准提高，规模扩大，实现每4.7户一头母猪，超过县委下达的指标。官塘大队一面大战三秋，一面连续多日组织男女劳力早晚上山挑石头盖养猪场。铜庙大队、卜李大队利用阴雨天，冒雨修筑了林场到大队部的主干公路。

农业学大寨运动中尤为典型的是铜庙大队黄东生产队，这是个只有14户46口人，耕地面积仅3.4公顷（50亩）的小生产队。该队“文化大革命”前，生产粮食仅能自给，1975年一季早稻亩产就超千斤，完成国家粮食征购任务10吨，每人向国家贡献250千克；从1966年至1974年9年间向国家交售肥猪117头，向国家出售稻草29吨，向国营厂矿食堂出售瓜菜3吨多，全队公共积累粮食4.89吨，购置手扶拖拉机、脱粒机等农业机械6台，生产队还新建草房20间、瓦房10间，到1975年集体有存款1100元，储备粮6吨。自1971年以来，全队户户有余粮，8户有存款。3个孤儿也都结婚成家，住房家具齐全。特别是该队社员不留一分自留地，不饲养一只家禽。生产队从1958年直到1975年坚持办集体食堂18年，队里集体种植蔬菜，集体养猪养鸡鸭鹅供应村办食堂；社员住房由队里统一修建，安排分配，产权归队所有；所有小型生产工具由队里出资添置，社员劳动使用，归队所有；生产队每年分红、粮草到人，指标到户，但集体保管，私人多余的口粮虽有支配权，但不准进黑市交易，由生产队集体卖给国家，资金归个人；对长期生病的困难户，生产队从公益金中给予一定补助。1971年，社员贾启信生病治疗一年多，家庭生活困难，队里议定给他照顾一年的一半工分，使他深受感动。1972年前，社员陈学坤家孩子多，负担重，是个超支户，队里尽量安排他家多出勤，并安排一条耕牛让他家孩子放牧，后来他家不再超支，还有了进款。人们都夸奖该队：“电灯亮广播唱、机械隆隆响、肥猪满圈鸭满塘，学儿全部上学堂，歌声笑语飞山岗，黄东岗上大变样。”

1975年9月20日，县委组织各公社去涡阳县参观，使他们大开眼界，涡阳虽属淮北平原，但条件差，是个后进地区，但在学大寨运动中发挥了冲天的革命干劲，决心大，行动快，短短的四年时间，迅速改变了落后面貌。陶厂、关镇的领导参观回来后把心得体会编成了几句顺口溜：“看了涡阳心亮堂，跑了两天都一样，村村通路树成行，田块成方渠成网，生猪成群六畜旺，粮过长江麦超纲，大寨红花涡阳开，喜看涡阳变昔阳。”

第三阶段

1976—1978年。农业学大寨运动不断加码，标准提高，是检查验收阶段。中共中央决定1976年全国要建成100个大寨县，其中安徽省确定繁昌、石台、滁县、含山4个县要建成大寨县。为了落实中央、省委这一决定，1975年11月29日，县委召开1368人参加的规模空前的农业学大寨会议。会上传达了全国农业学大寨会议精神，对照建成大寨县的6条标准，研究措施，落实任务，提出苦战一年，建成大寨县。12月，省委派联络组常驻含山，地委派来394人组成庞大的学大寨宣传队，县委更是抽调1066人组成宣传队，进驻14个公社和1个县办工厂，全力以赴抓农业学大寨工作。

1976年，在全国农业学大寨会议精神的推动下，陶厂公社向全社发出了“拼命苦战76年，一年建成大寨社”的战斗口号。公社党委对照中央制定的大寨县六条标准和省委提出的八条要求，找差距，揭矛盾，批判骄傲自满、故步自封的思想。在全社掀起大学（办起162所政治夜校，学习党的基本路线）、大斗（斗社会不正之风）、大批（批各种走资本主义道路倾向）、大整（整党整风，加强各级班子建设）政治运动。全社一年发生巨变，实现过去需要5～7年才能实现的各项规划指标，形势大好的标志概括起来有“五个最”：一是农田基本建设完成的土方最多。全社原来有稳产高产农田427公顷，这一年将原新胜7个十年九不收的小圩联成大圩（新胜七联圩），修建8千米长堤，挖土石方31万立方米，同时配套建成排灌站、两用闸各一座；架设1万伏高压线路6千米，装机4台，190千瓦，圩内165公顷水田变成旱涝保收、稻麦兼作的稳产丰产田。这一工程完成后，金易的东风圩三圩并联工程也紧接开工，当年就完成12.5万立方米工程土方，到1977年春节前全部竣工，新增稳产高产农田107公顷。除了两项大型联圩工程外，这一年还新建了陶厂至各大队的主干公路7条，全长18.5千米；对向阳、青山等几个水库大坝进行加高培厚工程，新开溢洪道和机耕路34条，全年完成土石方61.5万立方米，相当于前五年的总和。二是粮棉猪产量创历史新高。粮食全年总产量8280吨，比1965年增产2090吨，每亩平均增产177千克，达到669千克，比县委下达计划多9千克。生猪年饲养量达1.12万头，平均每户3.3头，比上一年每户增加1.4头；母猪973头，平均3.5户一头母猪。全公社建成猪场151个，实现每个生产队都有养猪场的目标。三是农业机械化快速发展。1975年以前只有3个大队有拖拉机14台，机耕面积仅58公顷，占可耕面积5.8%，1976年有拖拉机27台，机耕面积扩大到占可耕面积36%；同时排灌、加工、脱粒基本实现机械化，运输实现半机械化。

四是对国家贡献是最多的一年。全年粮食征购入库1825吨，比1975年1300吨多525吨，每人平均贡献粮食118千克，每亩提供商品粮147千克，集体储备粮增加到540吨，每人达到35千克；1976年皮棉统购任务59吨，实际入库69吨；全年出售生猪2055头，比上一年增加955头。在超额完成粮、棉、猪交售任务的同时，超额归还国家到期贷款16.8万元，交纳当年电费3.5万元。全年向国家交售的农副产品总值(包括粮、棉、猪、油、菜、禽、蛋、药草等)74.6万元，人均48元。五是社员收入分配最多的一年。全社集体收入230万元，比上一年的170万元增加60万元，社员分配收入118万元，人均76.5元，比上一年增加14.1元，是陶厂历史上最高的一年。

农业学大寨的深入，也带来政治生态、生活环境的新气象、新变化，新生事物不断出现，干部作风发生巨大转变。公社干部以往蹲点不驻点，分工不照面，现在和社员坚持同吃同住同劳动，公社为了白天参加劳动，开会一般安排在晚上。由于不少干部住在下面，常常晚上打着手电筒赶到公社开会。组织上注意在实践中培养和选拔新生力量，充实老中青三结合领导班子，知识青年逐渐树立扎根思想，有9人进入公社、大队领导班子，或入党入团，不少知青当上民办教师、赤脚医生。教育革命深入发展，入学率进一步提高，每个大队小学都有自己的学农基地，至1977年有小农场2.4公顷、小林场1.7公顷，直接为农业生产服务。1976年9个大队全部办起了合作医疗，赤脚医生发展到22人。

学大寨运动中陶厂公社注重典型带动作用，如粮食生产上，洪份生产队1975年亩产1001千克，1976年亩产1246千克。公社党委总结推广他们的经验是科学种田，合理施肥，良种纯种化。三庄大队原是全县闻名的18个后进大队之一，在公社党委和县宣传队共同帮助下，克服重重困难，大养生猪，生产队个个办起猪场，大队办起百头猪的养猪场，全大队生猪饲养量达到每户3.83头，猪多肥多粮多，彻底改变了落后面貌。

科学种田方面，公社建立了农科站，大队建立了农科队，生产队建立农科小组，实现了三级农科网，有专职病虫测报员和育秧技术员，病虫害基本得到有效控制。彻底消灭了老品种，实现了良种化。各队都有种子田，知识青年办的菌肥场，制造5406菌肥，在全公社推广使用；祁首、三庄等大队制成75吨腐殖肥料。

集体经济方面，1976年除继续办好草帽厂、油厂、炕坊、化肥厂，还创办了机修厂、石料厂和其他为农服务的小企业。对照省委学大寨八条要求陶厂都达到或基本接近标准。经过1977年的继续努力奋斗、巩固提高，陶厂公社在1977年初步建成大寨社。

关镇公社农业学大寨受到地委、县委两级表扬。1976年含山县要建成大寨县，接受省地检查验收，关镇公社是检查重点。公社党委自增压力，确定1976年总的工作任务是“抓好一个学习、建好两支队伍、打好三个硬仗、做好四项工作，一步一个脚印抓落实”。

抓好一个学习，即抓好坚持党的基本路线学习不偏向。各大队各单位要制订学习计划，制定学习制度，党员干部和有阅读能力的人在1977年9月9日前要读完《毛泽东选集》四卷。

建好两支队伍，即建好革命大批判小分队和文艺宣传队，要求各大队都要有这两支队伍。组织写稿，编排节目，针对“上山一把刀，下山一担挑，一天能搞四五块，哪有心思学大寨”“小板车毛驴带，一天搞个三五块”“春夏卖姜和蒜苗、秋天甘薯和粉条”等走资本主义道路单干风现象，进行大力批判，宣传学大寨中的先进典型。

打好三个硬仗。第一个是水利和农田基本建设硬仗，一是两道山河扫尾工程，十联圩山河抬高工程和铜庙五联圩工程，土石方共需21万立方米，工程15天完成；二是加高整个十联圩迎河堤长度6.5千米，高程达12.5米，土方50万立方米，工程仅35天完成；三是续建江老、狮子山和大河塘水库，库堤各加高2.5米，同时修筑80口塘坝，共挖土方17万立方米，砌石头2000立方米；四是开挖40条渠道，各大队4条，总长27.5千米，完成土方22万立方米，砌石头1000立方米，15天完工；五是新建续建机耕路13条，总长17千米，完成土方6万立方米，工程5天完工；六是格田成方174公顷。第二个硬仗是大搞植树造林，一冬一春，全社共绿化荒山234公顷，召开山区大队和林场负责人会议，分配任务，落实措施，要求山区所有荒山除留一定牧场外，全部种上树，当年消灭荒山。第三个硬仗是大养生猪，关镇全社总饲养量只有万把头，距县委要求还有差距，公社要求1976年要达到1.2万头，每户3.8头，各大队办成一个百头以上养猪场。以上三个硬仗，公社都有具体方案和进程，领导亲临一线，督促检查验收，保障了各项硬仗的顺利完成。

做好四项工作，一是做好准备工作，迎接上级大检查。省委12月6日分三个片在全省开展大检查，含山是重点检查验收县之一，关镇公社又是重点检查验收的公社之一。为此，公社做好三方面准备工作：一是舆论准备，大讲当前大好形势，大讲含山初步建成大寨县的意义，组织力量对所有宣传标语进行检查，墙面要粉刷一新，大批判专栏充实更新内容，各生产队上工干活要带红旗；二是抓好“三秋”扫尾工作；三是抓好秋季分配工作，公社在马山大队做试点，宣传落实党的经济政策，清账到生产队，清工到户，生产队预算方案要经大队审核，公社批准，实行三粮制，即基本口粮、工分粮和照顾粮，分等定量；四是做好多种经营工作，按计划完成县委下达的60公顷茶叶和经济林木任务，迎接县委多种经营检查组检查。

1976年底，省、地两级对含山县学大寨情况进行检查验收，一致认为含山已初步建成大寨县，同时认定关镇公社、陶厂公社初步建成大寨社，但整体评价认为标准还不高，省、地委要求继续努力，向高标准进军。县委向省、地委表态，也向全县人民发出号召，继续大干苦干，争取1977年建成高标准大寨县。

1977—1978年，陶厂、关镇公社对照高标准，发扬涡阳县“上工四点半，工地两顿饭，下工看不见(天黑)，工地争好汉”的大干加苦干精神。全民动员，为了集中时间，甚至取消陶厂、关镇、铜庙街道逢集的传统习惯，教育群众无事不上街，机关单位非必要可关门，厂矿企业除医院留部分人员坚持工作外，其余全部下乡参加劳动。

经历了“文革”前、“文革”中和“文革”后三个不同政治时段，一直飘扬的大寨红旗，得以屹立的是计划经济体制与人民公社制度，其间也被极左思潮利用过。如1975年，县革命委员会张贴布告，要求农民有事无事都要在田地劳动，不准上街赶集，为此关闭集市，每到集期，各行各业关门停业，严重影响了正常的经济秩序。从1978年春天开始，落实党的农村政策的呼声渐渐盖过农业学大寨的口号，强烈要求纠正农业学大寨运动中的一些极左的做法，要求归还农民的自留地、自留山，开放集市贸易，允许农民开展家庭副业，等等。

1978年含山持续8个月未下透雨，秋种无法进行。为帮助农民度过1979年夏荒，县委根据中共安徽省委指示精神，决定在受旱地区借地给农民种麦种油菜，全县有1491个生产队借地1057公顷，受到农民欢迎。1979年春，为贯彻中共十一届三中全会通过的《中共中央关于加快农业发展若干问题的决定（草案）》和《农村人民公社工作条件（试行草案）》两个文件，全县开始实行家庭联产承包责任制的生产队有3440个，占生产队总数73.7%。1980年，中共中央《关于进一步加强完善农业责任制的几个问题》的文件下达后，消除了县委的疑虑，进一步坚定了推行联产责任制的信心。是年底，全县实行"家庭联产承包责任制"生产队占全县99.4%。至此，全国农业学大寨运动也落下帷幕，历史翻开了新的一页。

附：

含山县农业学大寨主要大事记

1. 1965年12月31日，县委召开全县贫下中农代表和农业先进集体代表会议，出席会议代表498名。会议主要总结交流农业生产经验，发扬大寨精神，深入开展"比学赶帮超"运动，掀起农业生产新高潮。

2. 1968年7月3日，县革委会副主任卜吉元等同志赴山西省昔阳县大寨大队参观学习。

3. 1970年10月21日，县革委会召开全县生产队长以上各级负责干部农业学大寨会议，参会人员近3000人。会议主要是贯彻落实全国北方农业会议和省农业学大寨会议精神，讨论《含山县1971—1972年农业学大寨初步设想》。

4. 1971年9月3日，县革委会召开全县农业学大寨会议，贯彻省委在郭庄、红星两地召开的农业学大寨现场经验交流会精神，讨论全县农业学大寨深入发展的措施。

5. 1974年1月29日，县委召开全县农业学大寨工作会议，出席会议近千人。会议全面分析了全县农业学大寨群众运动的形势，总结交流了农业学大寨的经验，具体部署当年农业学大寨的任务，并给290个学大寨先进集体和119名先进个人颁发奖状和奖品。

6. 1975年1月21日，县委召开全县农业学大寨会议，出席会议的有公社、大队、街道、县直机关和厂（场）、学校先进集体和先进个人及部分落后生产队。会议听取县委工作报告，互相交流经验，并向在1974年农业学大寨运动中取得显著成绩的231个单位和147名个人颁发了奖旗、奖状和奖品。

7. 1975年9月，党中央、国务院召开第一次全国农业学大寨会议，会上发出"全党动员，大办农业，为普及大寨县而奋斗”的号召。县委副书记戚如桐传达大会精神，群众反映说这次会议精神的贯彻像土地改革的声势，农业合作化的劲头，人民公社化的热情。10月30日下午，全县从城镇到农村像节日一样，挂横幅写标语，扛红旗、敲锣鼓。县委召开全体干部职工大会，公社书记到县集中参会，并通过有线广播向全县转播，基层干部到公社，社员集中到生产队收听，参会听会的人员达12万余人。31日又以同样的规模收听省委广播报告会。各公社分别召开万人大会，使会议精神做到家喻户晓。11月29日，中共中央决定1976年全国要建成100个大寨县，其中安徽有繁昌、石台、滁县、含山4个县。为了落实中央、省委这一决定，县委再次召开有1368人参加的全县农业学大寨会议，对照建成大寨县的6条标准，誓师苦战一年，建成大寨县。

8. 1975年12月，为实现1976年建成大寨县目标，省委派来联络组常驻含山。地委派来394人的学大寨宣传队，县委抽调1066人组成宣传队，进驻14个农村公社和1个县办工厂，抓农业学大寨。

9. 1976年7月16日，县委召开党的基本路线教育和农业学大寨宣传队员集训会议，地、县宣传队的800多人参加了会议。会议传达了省委在肥东县召开的党的基本路线教育经验交流会精神。

10. 1976年11月22日，地委检查验收工作组来含山检查建成大寨县情况，检查后向省委报告，认为含山县已初步建成大寨县。

11. 1976年12月6日，县委书记俞建章赴北京参加12月10日召开的全国第二次农业学大寨会议。1977年1月6日，县委召开全县广播大会，俞建章向广大干群传达全国第二次农业学大寨会议精神。

12. 1976年12月19日，省委农业学大寨、普及大寨县检查团来含山检查农业学大寨情况，到清溪、巨兴、褒山、三官公社进行了检查，并听取了县委负责人的汇报。

13. 1977年1月11日，县委召开全县第九次农业学大寨会议，出席会议的有4000多人，会议传达贯彻全国第二次农业学大寨会议精神，总结部署全县农业学大寨工作。

14. 1977年2月12日，安徽省委批准含山县为1976年农业学大寨先进县。

15. 1978年3月21日，县委召开农业学大寨、树标兵，掀起春耕生产新高潮誓师大会，参加大会的有600多人。大会评选出创建农业学大寨先进县先进集体和个人274个，并向他们颁发奖状，戴光荣花，向一统碑大队和西江淮大队各奖拖拉机1台，向都胜、新兴、庆广大队各奖大牯牛1条，向22个大队和134个生产队各奖木耙1张。

陶厂地区上山下乡运动始末

1968年12月22日，《人民日报》头版头条引述了毛主席的最新指示：“知识青年到农村去，接受贫下中农的再教育，很有必要。”随即，全国开展了声势浩大的知识青年上山下乡运动。

1974年，官塘村下放知青在田头学习

1969年1月16日，含山县召开支援建设新农村会议，会议听取各地情况汇报，研究城镇人员下放、支援新农村建设的具体任务和措施。下放安置人员主要是城镇无正当职业的知识青年、居民、个体经营者，无户口人员和一切闲散劳动力，机关干部和干部家属。各乡镇具体工作由县革委会办公室负责联系。

为了做好对下放人员的动员工作，陶厂、关镇两地把下放工作当作重要任务来抓，组织一个得力的专门班子，努力做到三落实，即思想工作落实、生活安排落实和政策落实。当时下放的安置标准：凡是标准集镇的单身插队者每人补助230元，木材0.3立方米；成户插队的每人160元，木材0.3立方米。干部下放到基层，家属一律带下去，该落户的要落户。这期间，关镇公社负责安置了一批运漕镇下放人员。陶厂公社安置了一户由省商业厅服务公司下放回原籍的干部。

在干部下放工作中，遇到许多具体问题。一是编制核定，由于各级机构重新设置，涉及编制重新调整问题。二是谁去谁留，为此，各单位根据本单位限定的机构设置和人员编制方案，反复征求群众意见，直到意见统一。三是下放干部去向，一般采取统一分配，个别照顾的原则，县城集镇先分配到公社，再由公社分配到生产队；对于少数本县人要求回乡的给予适当照顾。到1969年初，关镇公社下放13户，计38人。同时接收本县下放学生4人，居民69人，家属19人，上海下放学生1人。陶厂公社下放218户，计613人。

下放人员被安置到农村后，首先面临着思想问题，许多人存在下放农村“无出息”“下乡难看”“下放吃亏”“低人一等”的思想。其次安家落户问题，一些村队对下放人员安置中遇到的困难无法解决，为此县革委会于1969年1月专门下发通知，对于存在的经费开支、粮油供应问题作出明确的解决要求。同时一些村队提出“没有米队里送，没有柴场上挑，没有菜社员给，没有房子集体盖”等口号，为下放人员解决后顾之忧。

在陶厂、关镇两个公社的下放干部中，涌现出许多先进个人，在农村发挥出巨大作用。关镇公社下放干部蔡仁键是一位年龄较大、身体不好的老干部，下放农村后，能够正确对待遇到的新问题，虚心向社队干部和贫下中农学习，坚持读书看报，坚持参加集体生产劳动。虽然身体瘦弱有病，但仍然参加工作，发挥作用。陶厂公社下放干部王家效白手起家，因陋就简，坚持自力更生办菌肥厂。陶厂公社和关镇公社是我县医务人员下放比较集中的地区，这些医务人员在农村热情为农民治病，对改变农村缺医少药状况起到很大作用。从1970年到1972年，陶厂公社下放的医务人员医治病人5.4万人次，关镇公社达1.25万人次。原来很多病需要抬到县医院治疗，现在一般都能就地治疗，大大减轻了农民负担。

1973年初，巢湖地区召开高初中毕业生分配工作会议，要求当年的高中、初中毕业生全部下放到农村插队落户。陶厂公社在执行中学毕业生插队、安置工作过程中，遇到许多家长抵触。主要原因一是怕农村生活劳动条件艰苦，不愿自己的子女到艰苦环境中去锻炼，舍不得让他们下乡。二是考虑子女今后的发展前途，认为到农村没有出息，下去就上不来。三是顾虑子女下乡后社队管理不好，孩子生活不能自给，家庭负担大。四是顾虑有些地方关系复杂，子女年轻幼稚，特别是考虑女孩子，怕出问题，等等，想法很多，顾虑很大。于是，家长们到处打听毕业生去向，或者让孩子中途退学；开假证明借口生病，隐瞒年龄；到处拉关系找门路，或者坐等观望。为此，公社党委一方面加大宣传力度，做思想疏通工作；另一方面要求领导干部以身作则，动员自己的子女积极报名。陶厂公社党委副书记宫弼主动说服自己犹豫不决的孩子，孩子第二天就报名到农村去。这期间，关镇公社插队知识青年有54人，回乡学生53人。陶厂公社插队知识青年17人。

生活安置上，知识青年到农村确实面临很多困难：住房紧缺，口粮不足，生活必需品缺乏，不会劳动，等等。由于安置物资有限，生产队在建房、用工、口粮供应、费用补助方面存在很多困难，特别是下放人员集中的生产队。在这种情况下，公社要求各大队、生产队对于到村的下放人员，已经拨下的经费和木材只用于盖房子，由生产队统一掌握使用，不发给个人，但可发一些必要的生活费，其费用必须切实用到安置上。建房上精打细算，挖掘潜力，除国家下拨外，发动群众，依靠集体力量解决。建房所需粗工、稻草都由接收生产队解决。陶厂公社九联大队李庄生产队给知识青年盖了4间瓦房，全大队群众筹款200多元，生产队献木料两根。西前生产队知识青年房子建得高大宽敞，知青来队不久，夜晚起大风，老队长和几个村民不顾自家房子，冒着生命危险，趴在屋顶上救护知青的房屋。对下放人员的工分贯彻同工同酬原则，保障他们的基本口粮。陶厂公社林场知青小组1971年卖猪和其他进款200多元，他们乱花乱用，毫无结余。经过教育，他们学会精打细算，第二年实现生活自给并略有富余。下放人员在柴草使用上，由所在生产队分给，对于缺草户，靠山区的采取自砍烧草和发动群众帮助解决，无草可砍的圩区或灾区，在国家分拨的燃料中优先照顾。下放人员的劳动因地制宜恰当安排，各地发动老贫农在知青中间收徒弟，手把手传授生产技术。

1974年，下放在陶厂官塘村林场的上海、南京、马鞍山知青集体下田劳动

1971年9月，400名上海知识青年插队含山，其中47名分配到

陶厂公社。陶厂公社把他们分成8个插队小组，安排到6个大队，一个月内建造和安排好他们的住房，做到集中居住，一人一间；购置必要的大小农具（锹、锄、扁担、粪筐等），配好锅、单人床、桌凳、盆、缸、桶、碗橱等生活用品。粮油由国家供应到下一年午季或秋季，不足部分由大队适当补助。烧草由大队统一解决。菜地按标准划给知识青年，并安排专人教会他们种菜，保证他们有菜吃。

1977年陶厂官塘村林场外地下放女知青合影

1971年前，含山县知识青年安置的形式是到生产队插队落户，形式单一。1971年底，含山县骆集公社接受了一批上海知识青年，公社党委创造性地采取户口到队、人到林场的方式把这批青年全部安置到队办林场，通过集体建房、集体生活、集体学习、集体劳动，便于管理、教育和锻炼。这种安置方式得到县革委会知青办认可，并很快在全县推广。陶厂、关镇公社也采取把知青安置到林场的措施。到1975年10月，陶厂公社下放知识青年143人，其中54人被安置到4个林场。关镇公社下放知识青年125人，有51人被安置到6个林场。

为了加强对下放人员的管理教育工作，1969年6月30日，县革命委员会成立了含山县"五七"领导小组，公社、大队也分别成立领导小组。陶厂公社把知识青年的管理教育工作摆在重要位置，党委书记总管，副主任分管，专职"五七"干部具体管。公社党委每月碰头会都把知识青年工作列入议题。陶厂公社党委书记季学林亲自担任"五七"小组组长，亲自抓知青下放工作，经常深入基层了解下放人员情况，做细致的政治思想工作，先后与一个知识青年谈话达数十次，还带病坚持举办知识青年学习班。陶厂公社西塔大队"五七"生产队对上海集体插队知青，真正做到政治上有人抓、生产上有人教、生活上有人管。公社党委副书记宫弼分工在云塘大队，非常关心这个大队的知识青年，对一个后进知青进行详细调查了解，经常和他促膝谈心。有一次，这个青年生病，经济困难，宫弼闻讯后，特地赶去问寒问暖，帮助解决困难。这个青年深受感动，转变很快。1971年上半年，公社检查知青工作，发现一些问题，分工在下面的党委委员十分重视，及时采取措施，认真解决。公社党委委员、副主任陶中茂在西塔大队培养一个安置教育典型，召开现场会议，推广典型。公社党委书记何良岳调来公社不久，经常深入了解知识青年情况，挤时间看知青档案材料，不到几个月就掌握了相当一部分知识青年姓名、特点、思想和家庭情况。1973年5月，两名上海知青家长来公社看孩子，何良岳书记特地赶回来热情欢迎，征求家长意见，介绍知青情况，提出希望和要求。

知识青年在农村，环境改变了，个人思想、行为存在的问题也不时表现出来。对此，陶厂公社党委极为重视，并发动下放干部带好知识青年。唐庄大队前庄插队小组5个女知识青年一度闹不团结，严重影响接受再教育，公社党委派一个女下放干部搬到这个小组去住，与知识青年学习、生活、劳动在一起，摸清情况，做细致的工作。经过半个多月，终于解决了这个小组团结问题。湾唐插队小组是4个男知识青年，初来农村有两人不安心，整天东跑西窜。这个队的下放干部刘正清上门做说服教育工作，开始小青年很反感，有意偷吃他家两只公鸡。但刘正清始终满腔热情地帮助他们，生活上凡是自家有的知识青年就有，结果小组面貌有了改变。1972年年终分配，4人共进款120多元，思想上、政治上也有所进步，当年有两名青年申请入团。下放在林场的一个上海女知青，平时讲究吃穿打扮，追求生活享受。队里老贫农、共产党员傅克志多次和她谈心，回忆自己的经历的苦难，使她回想起自己父母过去在日本人工厂里做童工受压迫的苦难家史，后来她有了较大的转变。九联大队党支部书记杜仁恕身有重病，经常早晚挤出时间去探望知识青年，关心他们的生活和身体健康，让他们体会到亲人般的关怀。

为了使所有下放人员能够安下心来落户农村，把下放人员管理好、教育好、使用好，公社定期召开活学活用毛泽东思想讲用会，通过比、学、赶、帮的形式激发他们改造自己的世界观。开展“四好”“五好”活动，大队每月评比一次，并开辟活动专栏，专人负责，广泛开展一事一议、一事一帮助、一事一总结、一事一提高、一帮一、一对红活动。公社、大队“五七”小组定期召开会议，总结政策落实情况，研究工作中的成绩和问题，找出形成老大难的原因和解决问题的办法，提出下一步工作任务。1972年3月29日到31日，县委在陶厂公社召开全县下乡知识青年插队小组组长会议，部分公社下乡知青代表和各公社“五七”干部共184人参会。1973年8月中旬，含山县革委会召开全县上山下乡先进集体和先进个人代表会议，陶厂公社作为先进集体代表作典型发言，此外，关镇公社童嘴宋生产队含山知青插队小组和陶厂公社西前生产队上海知青插队小组都作为先进插队小组代表作典型发言。

1971年陶厂公社下放知识青年统计表

表11-2　　　　单位：人

大队	合计	其中		插队形式			插队小组	来源地区			变动情况			
		男	女	集体	单身	回乡		上海	外地	本县	招工	升学	参军	其他
合计	56	28	28	46	6	4	9	45	4	7				
西塔	11		11	10		1	2	10		1				
云唐	9	8	1	7	2		2	6	1	2				
唐庄	9	2	7	9			2	9						
九连	7	1	6	5	2		1	3	2	2				
祁首	12	9	3	7	2	3	1	9	1	2				
西山	8	8		8			1	8						

1971年关镇公社下放知识青年统计表

表11-3　　　　单位：人

大队	合计	其中		插队形式			插队小组	来源地区			变动情况			
		男	女	集体	单身	回乡		上海	外地	本县	招工	升学	参军	其他
合计	106	67	39	54	10	42	12	9	6	91	18		4	1
圣和	35	20	15	28		7	5	1	2	32	4		1	
关镇	11	9	2	54	2	9			1	10	5			
苏滩	26	15	11		3	1	6	3		23	1			
官塘	1	1		22	1					1				
张宋	7	5	2		1	3	1	4		3	1			1
规山	7	3	4	4		7				7				
卜李	2	1	1		1	1			1	1				
马山	10	8	2		1	9		1	2	7	3		3	
铜庙	5	5				5				5	3			
司徒	2		2		2					2	1			

运漕中学下放到关镇公社圣河大队童嘴宋生产队的插队小组是4个女学生。她们回忆说，帮助不识字的社员写信，这对她们来讲是一件极其容易办到的事情，但由于劳动了一天，感到很累，回到住处，只想往床上躺一躺，往往在这时候社员找来了，于是她们4个人你看我、我看你又不好意思推辞。后来，她们感到社员一年四季从早忙到晚，为了不耽误生产，只有这时候来找自己，而自己有点文化，应该为他们服务，于是农闲时都很愉快地替社员们写信。后来听村民说小病小伤不出村就好了。她们听在耳里，记在心上，商议后决定自己办个小医疗室，自费购买了十几种常用药，如消炎粉、止疼片、硼酸、红药水、紫药水、活血止疼膏等。农忙季节，平均每天都有七八人找她们治病，真正实现了小病小伤不出村，得到村民的好评。她们为村民做了一点事，村民也从各方面关心她们。她们住在70多岁的贫农朴大妈家里，朴大妈经常晚上给她们讲旧社会的苦，讲村史、家史。农忙时，朴大妈给她们烧饭，缝补衣裳，把她们当作亲生子女看待。后来生产队给知青们盖了新房，老大妈还是依依不舍，经常上门看望她们。

陶厂、关镇公社在抓好知识青年管理教育的同时，还注意大胆培养使用知青。许多生产队吸收知青插队小组长参加生产队领导组。关镇公社还注意在知青中发展团员。陶厂公社筹办医疗训练班，为每个插队小组培养一名赤脚医生。据1973年8月统计，陶厂公社有插队知青102人，其中上海75人，本地25人，其他地方2人。其中团员16人，担任大队、生产队领导班子5人，民办教师4人，宣传员5人，科技员2人，广播员1人，会计2人，记工员12人，招工回城70人。关镇公社插队知青54人，其中上海7人，本地42人，其他地方5人，回乡知青77人。其中团员5人，担任大队、生产队领导班子2人，民办教师7人，科技员9人，会计3人，记工员9人，招工回城78人，参军4人。1975年10月统计，陶厂公社有知识青年143人，其中民办教师26人，赤脚医生5人，拖拉机手3人，其他工作8人。关镇公社有知识青年125人，其中民办教师18人，赤脚医生3人，其他工作10人。1976年，陶厂公社有插队知青145人，其中马鞍山知青44人；其中入党4人，入团66人，1人参加公社党委，2人任大队书记，1人任大队主任，2人担任林场场长，2人担任大队团支部书记，6人参加生产队领导班子。

1977年全国恢复高考，招生对象为：1966年停止大学招生到1977年这11年当中具有高中毕业（包括初中毕业生）学历的工人、农民、解放军战士，年龄可放宽到30岁，婚否不限。陶厂、关镇历年下放知青、回乡知青，欢呼雀跃。数百名学子经过50多天的紧张复习，于1977年12月10日参加全省统一高考（当时分省考试，时间自定）。当年两个公社有11名知青考上大学本科，录取率为全县乡镇之首。

1978年，中共十一届三中全会以后，全党工作重点转移到社会主义现代化建设上来。知青工作由过去着重抓“接受贫下中农再教育”转到广开就业门路，安排知识青年为“四个现代化”建设服务的轨道上。缩小上山下乡范围，上山下乡安置形式由过去的下放插队为主，转为主要办好知青场队和农副业基地，在城乡广开门路，逐步有计划地分期分批地把知青安排到其他行业上去。

陶厂、关镇公社知识青年来源统计表

表11-4　　统计时间：1978年12月31日　单位：人

社别	总人数	性别		动员地区								年龄			
		男	女	马鞍山	上海	芜湖	江苏	合肥	巢湖	含山	其他	30岁上	26—30	20—25	20岁下
陶厂	159	83	76	45	29	8	5			68	4	8	31	117	3
关镇	152	76	76	108	1	6	7	2		26	2	5	12	125	10

社别	下放时间													
	1968年前		1969年		1970年		1971年		1972年		1973年		1974年	
	男	女	男	女	男	女	男	女	男	女	男	女	男	女
陶厂	3	6	19	15		2	3	4	7		1	2	8	6
关镇	2		10	8	2	8		1				1	4	

社别	下放时间													
	1975年		1976年		1977年		1978年							
	男	女	男	女	男	女	男	女						
陶厂	2	16	26	12	14	13								
关镇	5	2	30	41	23	15								

为了加强对招工工作的领导，1980年12月8日，含山县成立招工委员会。1980年招工政策是：全民企业指标面对下放知青，原则按下放时间先后顺序类推。集体企业指标一般根据待业时间长短、年龄大小、家庭经济状况进行推荐，对于下放知青予以优先照顾。同时各地广开门路，发展各种集体所有制企事业安置知青。对于已婚知青的安排区别对待，与社员结婚的就近安排，与省内城镇职工结婚的原则上由配偶所在城镇安排，知青之间结婚的就近安排。对于下放干部和城镇居民，有的在所在地重新就业，多数返回原单位复工。

1978年10月，全国知识青年上山下乡工作会议提出要妥善安置知青回城和就业问题。1979年后，大批的知识青年陆陆续续返回城市，轰轰烈烈历时十余年的上山下乡运动就此结束。广大知识青年和下放人员在农村艰苦的环境中接受考验、经受锻炼，对培养吃苦耐劳的品质和艰苦创业的精神、改变农村文化素质低的状况、促进城乡交流、帮助农村发展等起到一定的作用。但知青上山下山另一方面也给国家和农村加重了负担，尤其是耽误了这一代年轻人大好的学习时机，造成社会人才结构严重断层，对于国家和社会的长远发展造成严重的负面影响。

陶厂农民进城务工历程全景纪实

改革开放40多年间，中国大地经济腾飞，风云激荡。农村实行联产承包责任制后，极大地解放了劳动生产力，农民生产积极性空前高涨。但随着时间推移，新的矛盾爆发了，一方面有些村庄人多田少，收入有限；另一方面随着粮食价格与生产成本发生倒挂，加上农民负担过重，种粮不赚钱甚至亏本，农村出现大量抛荒田。由于放松了人口流动限制，一些农民开始走出去，进入城市谋生，从事城市人不愿干的苦活累活脏活，世代被束缚在土地上的农民走上自主择业之路。含山县陶厂镇的农民成为县内第一批吃螃蟹的人，他们有人跟着建筑队去芜湖、蚌埠做瓦工；有人去北京炸油条、做早点，形成最早的农民进城务工潮流。在这股大潮中有形形色色的人，有各不相同的曲折经历，既有成功的欢笑也有挫折的眼泪。这一切构成一幅波澜壮阔的陶厂农民进城务工历史画卷。

一

桂学华是陶厂最早去北京务工的人。2010年，63岁的桂学华因患淋巴癌去世。其实认识他的人并不多，他很憨厚，中等个头，老家在和县功桥镇桂村，妻子的娘家在陶厂云塘村湾塘自然村。就是他们夫妻在北京炸油条的成功，开启了陶厂进京务工的大门，富裕了整个陶厂镇。他们是陶厂去北京炸油条的开路人。

1982年，桂学华在功桥镇上帮人做早点，学会了炸油条、做包子。他家田少，累死累活一年也结余不了200块钱。功桥镇是和县一个偏远落后的小镇，集镇规模非常小，河埂下一条不长的小街道，百十户人家。桂学华夫妻起早贪黑干到1983年底也不过挣几百块钱。1984年春节后，夫妻俩决定偷偷去铜陵炸油条，但当时生活水平低，铜陵还没有发展起来，所以干了一年也没挣到钱。1985年春节一过，他俩心一横，决定干脆到北京去闯荡。首都北京是很多人向往的地方，当时必须在大队开证明。他们在家带上证明，从和县功桥坐公共汽车到和县县城，再从县城坐班车到南京中央门长途汽车站，步行两站路到南京火车站买票。那时去北京的火车票真是一票难求，他们从下午排到晚上7点，票卖完了，只好第二天再继续排队。为省钱舍不得住旅馆，夫妻俩将行李放在火车站墙边，人靠在上面将就迷糊一夜，一大早爬起来赶紧排队卖票，心想能买到两张去北京票就好了，哪怕是站票。车站七八个窗口都排着长长的队伍，不知道哪个窗口售票。他排的队到上午9点才姗姗开窗卖票，但偏偏有人不自觉老是在前面插队，还有一些票贩子堵在窗口买票，队伍前进很慢。排了两个多小时等轮到他们时，售票员告诉他只有站票了。站票就站票吧，能买到就不错了。买到手的火车票还是第二天晚上的。为了省几十块钱旅社住宿费，夫妻俩只好裹着随身带的被子，在火车站广场上又将就了一夜。

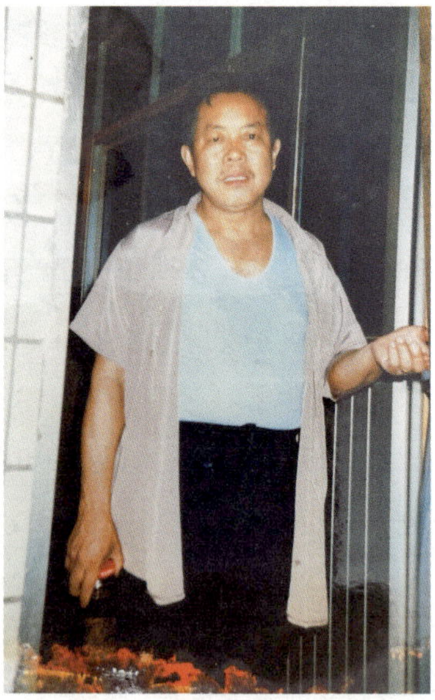
桂学华

去北京挣钱是个大胆的想法。桂学华虽说是胆子大但也不是盲流，他事先写信给家乡亲友找好路子。一位远房亲戚帮他妻子刘作兰找到一份当保姆的差事，每月报酬30元，这在当时是很诱人的高收入。刘作兰虽没有文化，但人很勤快，干事麻利，东家很喜欢。桂学华一边做清洁工，一边寻找摊位想摆个摊子炸油条。他觉得北京早点是个大市场，消费者众多，而供应早点的店铺严重不足，存在商机。1985年4月底，刘作兰辞去工资不薄的保姆工作，在海淀区抱佛寺街道上支起大炉，重操旧业炸油条。那时炸油条的大炉是用报废的大号汽油桶制作的。去掉上部铁盖，在桶两边中间对称部位各打两孔，横插两根粗钢筋，一来支撑炉胆保温结构，二来作为移动时抬炉的把手。这个自制的又土又笨大炉，竟然后来风靡一时，凡是去北京炸油条的无不制作一个这样的炉灶。然而刚刚开张干了不到20天，工商、城管就来查处，一辆车将他家的大炉、活动桌椅和碗筷全部装车抄走，理由是无证非法经营，不卫生、影响市容。其实桂学华是有营业执照的，只不过他是老家陶厂工商所发的营业执照，按当时规定是不允许跨地区在北京经营的。从偏僻农村来到大都市的农民，胆小怕事，哪见过这个阵势，夫妻俩吓得直抖，呆呆地站在一边任凭抄家。苦心经营20天的摊子就这样没了，反而搭进去一笔开办费，损失不小。

怎么办呢？桂学华知道在北京炸油条很赚钱，是条发财的好路子，必须想办法干下去，夫妻俩只好又去找远房亲戚毛华亮，到北京来落脚，找保姆工作都是他给办理的，现在遇上大麻烦也只好硬着头皮去找他，因为在北京他们再无别的熟人了。毛华亮当年是位部队干部，在国防科委某厂（现为航天某院）从事后勤管理工作。虽然部队事务很忙，但他看着从农村大老远来北京，家境贫困，一脸无奈，老实巴交的夫妻俩，这些天他出门买菜也目睹到这对夫妻的艰辛，现在遇上事一定要帮这个忙。那时的北京工商、城管、社区、环保、公安管理很严格。毛华亮凭借日常搞后勤与地方接触多、人头熟的优势，一个部门一个部门给桂学华跑手续办理各种证件。他在居委会得知北京市正在试点早餐工程，这个好消息让他十分兴奋，一定要争取上这个好项目。1985年时，米面油煤还是按计划凭票供应，当时的计划价跟市场价存在很大差价，一旦争取进项目，亲戚的烦心事统统都迎刃而解了，而且利润更高。毛华亮凭借一颗热心、爱心和军人的正直取得有关单位的信任，将手续相继办妥。由于东西全部被没收了，桂学华没钱重新开张，毛华亮又给了他们200块钱和几十斤粮票。那时计划面7分钱一斤，菜籽油才1毛2一斤。在毛华亮鼎力相助下，桂学华夫妻的油条铺终于合法开张了。那时北京市的国营和集体饭店、早点店纷纷倒闭，早餐成了民生大问题。桂学华油条铺炸出来油条又大又脆又香，深受街坊居民喜爱，生意十分火爆。每天早上油条铺前总是排着很长的队。桂学华夫妻油条店生意太好了，每天早上两点半就起来和面起炉子，中午还要卖馅饼、包子，一天中午和晚上加起来只能睡五个来小时。生意好，赚钱多，虽然活儿累但夫妻俩依然劲头十足。就这样干到春节回家过年，夫妻俩一算账，尽挣了一万多元。望着从未见过的那么一大堆钞票，夫妻俩笑得合不拢嘴。他们成了和县功桥、含山陶厂一带绝无仅有的“万元户”。1987年，桂学华举家从和县功桥镇搬到刘作兰娘家陶厂，在街道上购买了住房，从此定居陶厂镇。

二

说到进京炸油条，南二过村是当之无愧的领头羊。1985年，农村推行大包干虽然充分发挥出农民种田积极性，但人多田少的矛盾日益突出。当时陶厂镇金易大队（现云塘村）南二过自然村104户390多人口，总田亩不足500亩，有两个小组人均不足一亩田地，一年一个家庭总收入仅有几百元。尤其是村里的田地一大半是圩田，而且南二过圩小，常年遭受洪涝威胁，一但破圩口粮都困难，是个多年有名的贫困村。人多田少，造成一些年青人无所事事，毕竟学木瓦匠是少数人，大多数劳力还是捆绑在田头种地。

南二过村过声宏是刘作兰亲侄子，小名字叫小海子。1984年，时18岁的他就跟姑父桂学华到铜陵做早点，由于生意不好，年底还是回家种田。1985年5月上旬的一天，小海子接到姑父桂学华打来的电报，告诉他已经在北京一家军工厂为他找到一份好工作，要他尽快赶到北京上班。万分激动的他帮助父母把田里的油菜籽收割完后，赶快坐火车去北京。小海子很珍惜这份工作，在军工厂上班干活积极，每月可以拿40多元工资。休息之余他就去帮姑父的油条摊干活。在他眼里，姑父和姑姑是能人，也是最勤劳的人。在北京军工厂干了半年，小海子看到姑父的油条摊生意那么好，心里萌生了也去摆摊卖早点的想法。

在姑父的帮助下，1985年底，小海子终于在中关村街道落实到一个摊点。但开摊需要人手，家里除了一个弟弟外还需要找帮手。于是，1986年春节他回家过年时，将本村的胡家全、过申元、过申福和云塘村张李自然村的徐义全请去北京当帮手，又给姑父请了几个帮手。在小海子的鼓动以及桂学华赚钱效应影响下，春节一过，两家人包括小海子姑父在和县当地请的两个帮手总共14个人一道浩浩荡荡上京城。他们每人扛着用编织袋卷装的被子，肩上背着塞满衣服的背包，手上拎着日用品和路上吃的食品。在当时村民惊诧、羡慕和渴望的眼神中，怀着光荣和骄傲，说说笑笑地上了路。是呀！那个年代不是亲戚或关系十分要好，谁请你去北京帮工呀。他们就是南二过村最早一批去北京炸油条的人，这批人中最小的17岁，最大的也只有19岁。他们的行动就像打开了一道闸门，一股汹涌澎湃的进城务工潮流开始在陶厂奔腾起来，去北京炸油条赚钱的想法在陶厂人头脑中萌发出来。

如今第一批去北京炸油条的人全部都发家致富了。他们在老家都新建了楼房，还在县城、镇上或在大城市购买了商品住宅。小海子近两年移地到青岛市从事早点和快餐业；过申元回老家做了种田大户成为农场老板，其他人一直在北京从事餐饮，但都是给接班人儿子“打工”了。

西塔村小王庄已逝老人王先明（人称外号小爬蟹）是一位头脑灵活、敢闯敢干的人。他原来在陶厂街上搭了一个临时早点摊，可是生意一直不太好。他在摊上听吃早点的人说，南二过有十几个人去北京炸油条都赚到大钱了，桂学华还成了万元户。王先明头脑一热，1986年3月底的一天，他只身一人买了火车票去北京，看看能不能找到路子和落脚地方。第一次去北京，人生地不熟，神通广大的他通过亲戚、熟人关系终于打听到桂学华所在的街道。到北京的第五天的早上，王先明背着一卷破行李，逃荒一样顺着抱佛寺街道由东朝西仔细寻找。那时改革开放没几年，摆摊炸油条的人不多。功夫不负有心人，他找了一个多小时总算见到桂学华的摊位。当时正赶上卖早点高峰，他立马扔下行李，卷起袖子就帮忙干活。王先明是行家里手，炸油条、烙饼样样在行，给桂学华增添了得力的人手，其他请来的帮手都是小青年，没有早点手艺，一切都还刚刚开始学。王先明于是先在桂学华那里落下脚，心想过些日子请他帮忙找摊单干。

当时北京社会治安管理很严。待了一个多月的王先明去时只带了一张大队证明，没办身份证，很快居委会、片警就找上门了。好在桂学华人缘关系熟，暂时没将王先明强行遣返，但要求他必须回老家办张身份证。没办法，王先明只好又回到陶厂。那时办身份证很慢，一般要等3个月以上，临时身份证也要半个月，王先明只好焦急万分地等待。终于办下身份证，他又赶快回到北京，继续帮桂学华干活，管吃管住不开工资。

善良的桂学华知道老乡的想法，主动说帮他到居委会找摊位，很快在阜外西口落实到摊位。那时开摊做早点很简单，仅炸油条和烙馅饼两样。同年去北京的南二过自然村过声元，初中毕业后，17岁就随村里人去北京“找活做”。他被介绍到王先明的摊子上学徒干活。虽然早点生意很好，但手艺活累人。凌晨三点半就要起床，生炉子起火，和面摆桌椅。为了省钱，晚上住的地方仅有十二三个平方米，都是打地铺，睡的地方晚上还要和面、揣面，窄小的房间里满是面粉味、菜油味、调料味、菜味、肉味夹杂着臭脚味。农村来的这帮人也不讲究，大家都习以为常。1988年8月，西塔村林场自然村的付正宝跟着舅舅王先明来到北京摆早摊，舅舅每月给他开40元工资。干到年底，付正宝基本学会了技术，便在德胜门外新风里大街找到一个摊位，并争取到粮管所计划供应的平价面粉和菜油。他在北京一干就是30多年，由他带出很多人去北京炸油条、做早点。

第一批去北京帮人打工炸油条的人，后来都回乡带出去一批帮工，而帮工边学手艺边找摊位，独立后又带出一批人，就这样滚雪球一样，出去的人越来越多，队伍不断扩大。从1988年开始，南二过自然村40多户人家去北京，从而带动大批陶厂人进京炸油条做早点，几乎是遍地开花。许多大街小巷都能碰到陶厂人，都能看到陶厂人的炸油条摊子，听到他们讲着夹着陶厂话的普通话。

三

南二过村人在北京炸油条赚大钱的示范效应，带动了大批陶厂人上京城闯荡。西山村尹庄自然村杜之友在家时有瓦匠手艺，但农村活少，常常十天半个月没有活干。1989年9月，他跟随和县一个建筑队去北京干活，可是建筑队工程没落实好，到了北京闲着无事。他听说南二过人在北京炸油条来钱多，于是偷偷跟着亲戚学会了炸油条手艺。两个月后，他在海淀区清河镇找到一个摊点。为了省钱自己制作大炉，骑着人力三轮车到几千米外的郊区“偷土”做炉膛。谁料想让他遇到了天上掉馅饼的好事，居委会帮助安排住房、搭棚，水电费也全免，全部费用每个月只要200元，还提供平价油、面。开始每年他能赚到5万元，后来生意越来越好，钱也越赚越多。杜之友在北京干了11年早点，赚得盆满钵满这才返回家乡。

南峰社区关口自然村许纯宝、葛维萍夫妻俩结婚时家庭十分困难。他们七拼八借买了台拖拉机拉砂石，一个月也挣不了几个钱，后来把拖拉机卖了两千块钱补贴到盖房子上，欠下一屁股债。许纯宝听说南二过人在北京炸油条人人都发了财，于是1990年春节一过，在亲戚介绍下，夫妻俩去北京帮助西塔村山头自然村的李德明早点摊干活。许纯宝心想一来有个落脚之地，二来可以先学会技术，三来边干活边找摊子。后来他们在朝阳区劲松三区一居委会找到摊点。为了省钱，晚上夫妻俩打地铺睡觉，北方冬天特别寒冷，就用包装纸垫在地面，可是仍然经常夜晚被冻醒。早点棚子是许纯宝自己动手买铁皮盖的，一切能省就省。就在生意刚刚好起来时，居委会说居民反映炸油条油烟大影响生活环境，要

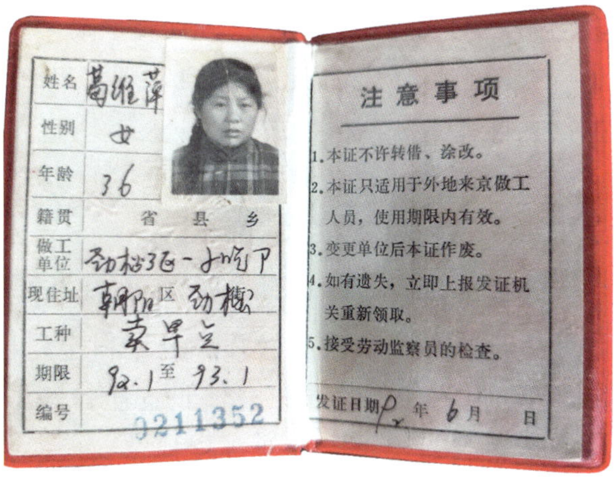

1992年陶厂南峰社区葛维萍在北京卖早点的证件

1992年陶厂南峰社区葛维萍在北京朝阳区卖大饼

拆除摊点。妻子葛维萍一听，如同五雷轰顶，坐在居委会门口哭哭讲讲，叙说他们来北京已是倾尽家产还欠下一身债，老妈妈刚去世，老家两个孩子念书都没人管，现在刚开业还没挣回本钱。一段伤心叙说打动了居委会干部，答应他们先把摊点拆了，再帮他们找一处。那时北京市政府为解决居民早餐问题，实施早餐工程，早点摊布局也放松不少。果然不到半个月，居委会给他们重新安排到摊位。许纯宝打电报要已回老家的妻子赶快过来，顺便请两个帮手。许纯宝夫妻俩能吃苦，做事实在，生意越干越好，摊子由4个人增加到6个人。他们夫妻一心想多挣钱，早、中、晚都营业，想方设法增加经营品种。早点有油条、包子、豆腐脑等；中午有水饺、馅饼、刀削面等；下午、晚上还有麻花、蔬菜丸子、大饼等。生意好的时候排队要等20分钟。到了1995年底，他们虽然生意很好，一年能挣十几万元，有了点积蓄，但是两个孩子在家读书无人照料，眼看初三了需要有人盯着上学，无奈之下，夫妻俩只好选择回家陪孩子读书。他们回到陶厂后用北京卖早点赚来的钱做资本，从事蔬菜、冷冻食品经营，并自己种植蘑菇，生意也一直不错。

曹高林是官塘村曹庄自然村人，家里兄妹多，生活十分困难。1991年时他才20岁，带着老婆跟着铜闸一个做早点的同学一道盲目跑到北京，走时妈妈只给了30块钱，姐姐私下塞给他100块钱。曹高林在玄武区除了帮同学做早点没有事干，在人家那里住了40天，吃住在人家，时间一长待不下去了。曹高林二哥知道他在北京没事干，就叫他过去跟着去贩菜卖。于是曹高林买了一辆报废的人力三轮车到郊区批发蔬菜去零售，但他没做过这一行，忙碌了一年没挣几个钱。曹高林老婆特别能吃苦，白天在大兴区黄村卖水果，晚上到苹果园附近帮人家穿羊肉串，一天挣20块钱。从1993年开始，夫妻俩转场到首都机场附近的天竺镇，从此扎下脚来专做羊肉串和烧烤，生意也越做越好。如今曹高林在北京有两个烧烤店铺，还在北京购置了两套住房，在含山县城和合肥也各买了一套住房，仅这几处住宅就价值千万元。

四

陶厂人进京从做早点开始，也有部分头脑活络，敢想敢闯的人不满足炸油条赚钱，他们敏锐地抓住商机做大做强。云塘村金村自然村的易宏前原来在家学木匠。1988年18岁的他，跟着师兄弟一起来到北京在建筑工地做木匠活。干了一个月，挣不到钱。他得知南二过村有很多人在北京炸油条，便找到亲戚过声福，主动帮他家干活，学早点技术。过了一段时间，南二过村的尹方兴独立摆摊子需要帮手，他回到老家将弟弟易宏进带到北京一同帮尹方兴打工，每月40块钱工资。1989年底，易宏进在天坛东门找到了一个露天摊点，从1990年开始，弟兄俩带着妹妹一起独立摆摊炸油条。干到年底，他们在附近的双玉兰街道又找到一个摊位，兄弟俩开设了两个摊位，但仍然合伙挣钱。1994年初，老大易宏前在陶然亭北门的环卫队租下单位空闲的公房，逐步开始由炸油条、蒸包子、卖豆浆，发展到炒菜、米饭、炒面等主食。

做早点生意一年能挣几万块钱，但是积累了做早点经验的兄弟俩并不满足，一心想把生意做大。当时陶然亭北门有个餐馆因经营不善，一直处于亏损状态，想对外转让。易宏前兄弟俩经过多轮商谈，结果用几年炸油条挣来的全部积蓄加上向亲戚借来60万元，共130万元，成功拿下并装潢了这家店，取名为“青年餐厅”。当时他们想，如果这个店做砸了，就成了身无分文的穷光蛋，所以暗下决心，只能成功不能失败，破釜沉舟，大干一场。为了给自己留条后路，他们把第一家店积累的资金又全部拿出来开设第二家饭店。没料想第二家饭店同样生意火爆。尝到甜头的易家兄弟俩，继续扩张经营，并于1999年创立北京新世纪青年饮食有限公司。到2005年的时候，他们已经开设了4家饭店，成立了一家物流配送中心，事业开始步入发展快车道。现在他们在北京开设有23家分店，天津开设8家，上海开设7家，合肥开设12家，美国西雅图1家。现今北京总公司旗下拥有青年餐厅、易宴、徽湘苑、新诚嘉四个餐饮品牌，建有一个中央厨房配送中心，还开设一家厨师培训学校，为自己各地餐馆源源不断输送人才。2021年，虽然受到新冠疫情严重冲击，多家餐馆暂停经营一段时间，公司营业额仍达6.3亿元。从2015年开始，公司彻底改变传统家族式经营方式，高薪聘请了CEO，引进高级职业经理人管理公司，采用现代企业管理方式经营。

西山村西张自然村戴征宏今年已经57岁。他24岁之前在陶厂镇是个有名的能干人，那时他白天跑村串户给人家维修电动机，晚上做个体放电影，生活吃穿不愁。但听说去北京能赚大钱，心里就想也去北京闯闯。1989年，他随云塘村的朋友黄宁一道去北京“混”。在东四十条，他先是在村里一家油条摊帮忙学徒，住的地方只有10平方米，晚上睡觉打地铺，小小地方白天就地支案板做炸油条工作台。当年底，戴征宏租到北京西站附近的六里桥一个摊点，开始与二弟合伙干。第二年妻子、三弟和妹妹也来到北京给他帮工。从1991年开始，弟妹们都分摊各自单干，生意经营得也很红火。2000年，戴征宏看好西站这一带的市场，开始由早点向中晚餐炒菜发展，取名“梦洁餐厅”，一年能挣十五六万元。后来由于市容整治，先后拆掉铁皮棚和乱搭乱建的房屋，戴征宏就租下小区外面一处200多平方米的门面房，装潢成小饭店，中午在室内营业，晚上在门口小广场上卖夜宵。他独创的羊棒骨、羊蝎子味道好，成了人们喜爱的菜肴，夏季最好时一天营业额达3万元，在这里他一干就是19年。2014年，因市政建设需要，拆除了他租下的门面房，戴征宏这才离开这块风水宝地。2020年，他在朝阳区青年路又租下200多平方米房子，花了一笔技术转让费，学会了重庆火锅配方，重新开张了“好滋味重庆旋转火锅店”，生意也很兴隆。

云塘村南二过的过声宝从帮人炸油条开始，几经艰苦发展终于事业有成，把一个路边早点摊做到正规的餐饮公司。那时南二过村家家都很穷，在村里想借200块钱也凑不到。过声宝家里更是穷得连上学几块钱报名费也交不起。村里人都跑到北京炸油条。1989年开春，17岁的过声宝也弃学上了北京，帮着村里过家余叔叔早点摊打工，干了两年零九个月就没干了。这期间三次煤气中毒差点送了他的性命，原因是叔叔家操作间和住房是连在一起的简易棚子，面积很小，操作间煤炉与睡觉地方相通，冬天门窗关闭严实，煤气泄漏进房。过声宝第二天凌晨3点起来，只觉得头晕眼花，他扶着墙来到室外，渐渐站不住瘫倒在地。那时候不知道这是煤气中毒。叔叔他们看不对劲都围上来用冷毛巾擦脸、掐人中，好在不严重，一会清醒了，又继续干活。

1989年17岁的过声宝进京炸油条

1991年，过声宝在天坛南门找到一个铁皮棚子，租下来干起第一个属于自己的摊位，由于买的一桶菜籽油有问题，自己砸了摊子。1992年6月，过声宝在六里桥又找到一处马路边摊位。就这样他先后在天坛南门、亚运村、北京站、鼓楼都干过摊子。直到1994年7月，才在杨村开了一个小饭店，说饭店其实就是卖过早点后，中午带炒菜、米饭，请了一个掌勺厨师，条件简陋，好在小饭店生意还算不错。赚到钱后，1998年回老家拆掉土墙草房，盖了两栋楼房。兄弟俩先后结了婚，没要父母花一分钱。

1998年进京炸油条10年的过声宝(左一)与同乡陈平(左三)，弟弟过声友(左四)合伙开起小饭店兼卖早点

这之后过声宝生意一路顺利，2004年他的小饭店变成颇为讲究的“徽乡食坊”饭店。他从家乡菜中提炼出具有徽菜特点又有农家菜原汁原味特色的菜品，一经推出广受欢迎，生意红火。他在丰台区嘉园路一干就是18年，还在北京、含山等地

2022年过声宝开设的北京徽乡食坊

购买了商品住宅和门面房。

西山村小葛自然村葛英祥，1991年跟人跑到北京炸油条，后在酒仙桥租下居委会的铁皮棚炸油条、烙大饼干了两年，之后又更换到莲花池、西潞园、北京火车站、牛街等地做早点小吃。资本积累越来越多，他想转型开饭店，做大餐饮业。1997年，他大胆租下西单商场一处门面房创办快餐业务。这是一项陶厂大多数做早点人想都没想过的餐饮模式，恰恰是葛英祥的大胆尝试，不料想居然成功挖掘到一处餐饮生意的富矿。他先后成立北京面香居餐饮管理有限公司、北京权记鱼厂（烤鱼店）两个企业，最多时开设有20多家快餐门店。由于近两年受新冠疫情影响，他将门店整合成10家，除快餐外他还经营一家徽菜店，现拥有员工270多人，其中有家乡老员工60多人。2021年在餐饮业整体不景气的情况下，依然实现营业额1亿多元。葛英祥近两年在坚持以餐饮为主的同时，还开始涉及公寓租赁、物业管理、消防工程等行业。

五

陶厂人在北京创业的过程其实并非一帆风顺，其间也充满艰辛和泪水。现在已回乡从事种养殖业的南二过村过声元回忆在北京经历时说："我最对不住的是女儿。"1987年，他从帮西塔村小王庄王先明打工到自己摆摊，先后在北汽大院、磁器口、地安门等地摆过摊。1993年6月的一天早上，因为摆摊占道经营，早上城管来整顿市场抄摊，7岁的大女儿在摊边玩耍，见几十个人来势汹汹抄摊吓得拔腿就跑，慌乱中撞翻滚开的油锅，女儿左手膀被200度的滚油严重烫伤，随后被紧急送往医院救治，虽然没有危及生命但落得终身残疾。随后有关执法部门负责人前往医院慰问看望，但过声元胆小怕事，想到以后还要在北京摆摊子，没敢向有关单位提任何赔偿要求。

关镇的刘明田三进北京，屡遭挫折方才创业成功。1991年正月初四，关镇村顾庄自然村22岁的刘明田，只身一人，扛着编织袋装着的被子，从铜闸火车站买了一张去北京的站票，先后从合肥、蚌埠、天津转车，辗转3天才到北京。刘明田到了北京两眼抹黑，来时只听说村里有个人在门斗口（后来才知道叫门头沟）炸油条。坐上公交车几经周转来到门头沟336车站时天已黑了，他在车站将就一晚。第二天一早出门打听老家人，可是打听了很多人都摇头说不知道，后来有人告诉他山上有家炸油条摊，刘明田赶紧去找找看，走了一个多小时，终于找到了本村的郑二。郑二收留下他，他就帮着干活。十多天后他去石景山的五里屯街道找到一个摊点，在什么也不会的情况下就盲目干起来，油条炸出来人家没法吃，于是他请郑二家的师傅来帮忙指教。干了不到一个月，连本钱还没收回来，被人举报摊点在古树下，伤害古树，工商部门通知他收摊。闯荡几个月一事无成，只好又回到老家关镇。

第二年春节一过，刘明田下决心二次进京。这一次他与老婆、哥哥、小姨子一起，到五里屯街道一家叫悦来餐厅打工。农村人勤劳善良，干活格外卖力。餐厅生意好忙不过来，老板看出一家子人心思，主动将早点生意分出来让给他们一家人干。忙完早点后，从上午9点开始一家人免费帮餐厅干活，老板也不收他们餐厅租钱。刘明田他们租住的房子离餐厅一千米多，由于白天房屋里没人，小偷将他们辛苦挣的几千块钱和几千斤粮票偷走，无奈之下一家人又垂头丧气地返回老家。

几个月后，刘明田心有不甘又第三次进京，在玄武大街上找到一处粮店。租下粮店门口10平方米的铁皮棚，每天交30元租金，摆下露天摊子，可是不到一个月就被综合治理办公室给关闭了。有了找粮店的经验，刘明田又找到东四十二条粮管所，见到所里领导开口就说要租他们下面某粮店卖早点，而且抬高租价，病急乱投医的他在没正式谈好的情况下，立马将炸油条的家伙搬过来。由于没钱交租金，他只好干一天付一天租金，粮油面煤都是向粮店赊来的。刘明田起早贪黑地干活，当年就挣了4万多元，一家人欣喜万分。干到1994年，刘明田挣了不少钱，回家盖了两层楼房，买了一台大彩电，终于扬眉吐气，村民们也都夸奖他有一股不服输的劲头。刘明田后来又挪了几处地方，从炸油条发展到早点、饭菜，一天三顿都营业的小餐厅。2006年他在北京买下两套住宅，2014年又买下一套住宅，如今按市价计算，北京这3套房产价值至少超过1500万元。三进北京的刘明田，硬是凭借一股不服输的韧劲，终于推开了财富大门。

六

从事建筑业是陶厂农民进城务工的又一重要领域。做建筑，农村叫干瓦匠，许多从农村走出来在大城市从事建筑的“包工头”成为建筑市场重要力量。早在20世纪70代初期，陶厂和关镇公社都成立有建筑队，主要在马鞍山、芜湖、合肥、蚌埠等省内城市从事建筑承包工程，工种主要有瓦工、木工、石匠和小工、壮工。两个公社每年都要输送三四千人到建筑工地。每年春节后，各城市建筑公司都派人来落实人数、工种、报酬。在建筑队谋一份事做，一个月少的也能挣30元钱，做师傅的能挣60元。

陶厂公社建筑队和后来的陶厂建筑公司主要业务以马鞍山一建，芜湖一建，蚌埠一建、二建、三建公司为主。由于陶厂建筑队技术全面、管理严谨、工人充足、质量优秀，和几家公司建立了长期合作关系。随着改革开放不断深入，建筑队中的班组长们各显神通，单独拉起队伍承揽工程，镇办建筑公司从1998年开始业务减少直至停业，工人大多数涌入北京、上海建筑市场。

铜庙村垱圩自然村的贾斯九，因家庭贫困，小学二年级没读完，不得不辍学回家务农。1979年，15岁的贾斯九拜师学习瓦匠手艺，后在原关镇乡建筑队承建的芜湖建筑工地上干活。1994年，他组建的一支工程队进入上海浦东新区和南汇区，由于技术好、施工质量信得过、组织人员快，加上施工人员能吃苦耐劳，受到上海市几家房地产公司的青睐，承接的工程接二连三，工地遍及上海几个区，公司有2000多名工人，年承包面积达上百万平方米。贾斯九从家乡带出一批人跟着干活，其中有20多人跟着他干了十几年，最长时间达30年。他待工友犹如亲人，因此大家都愿意在他的公司干活。如今贾斯九在上海购买了住宅，但他致富不忘乡亲，热心帮助本村人从事水产养殖，免费帮助村里修水泥路，装太阳能路灯。

关镇村宋村自然村宋宗胜，1983年陶厂镇成立建筑公司，他被公司派遣到蚌埠工地上担任技术员，后被公司任命为蚌埠项目区负责人。1993年，上海浦东大开发拉开了序幕，为寻找发展机遇，宋宗胜来到了上海，加入上海北盛建筑工程有限公司，担任工程部经理，第三分公司经理。1996年10月，宋宗胜独自创业，创办了上海宗胜建筑装潢工程有限公司，担任总经理。他购置了20多台各种工程机械，有员工200多人，开始了自己的创业之路。随着公司的不断发展壮大，拥有几十台套各种车辆和施工设备，相当于国家一级建筑企业的资产和规模。随着公司实力的增强，宋宗胜的事业也走出了上海，辐射到皖、江、鲁、沪、津等多地，年工程量在30万平方米左右。公司先后获得江苏省“扬子江杯”工程奖，上海市“白玉兰杯”优质工程奖。多年来，宋宗胜先后从家乡带出几百人外出务工，为家乡建设捐资累计100多万元。

此外，高程村杜小林、郭庆业，大过村宋定祥，西塔村司有庆，西荣张村胡宗祥等人也都在上海建筑市场拉起队伍，成立公司，承揽工程。苏滩村李庆华在陕西西安等地；铜庙村垱圩自然村贾斯胜在山东济南、聊城等地；圣村自然村圣传潮，夏村自然村贾斯林、夏安平、王尚好、马嘴自然村陶丙剑分别在北京创办建筑劳务公司都很成功。祁首村后庄宋定平在马鞍山；西塔村马庄司家胜在阜阳；陶庭文、夏鑫、陶同宜等人在含山及周边地区从事建筑业务。整个陶厂这样的“包工头”有四五十人，他们在外承接工程不仅自己致富了，还从家乡带出六七百人务工，这些人年收入至少在6万元以上。

七

陶厂的打工潮，还催生出一个新的行业——长途客运。从1988年开始，大批青年农民大胆地走出黑土地、穷山窝，来到大城市打工闯荡，城市也急需大批农民工来建设城市、服务城市。陶厂大批青壮年抱着赚钱的梦想，跟着亲戚，投靠朋友涌向北京。他们的主要交通途径就是分别从南京火车站或者合肥火车站坐火车前往北京。从正月初四开始，南京和合肥火车站广场上满是黑压压的人群，有的拎包扛被坐在广场上等车，有的排着望不到头的队买票。很多人在广场上排了四五天队也买不到票，但广场上到处是票贩子，高价倒卖火车票，最高价格高于原票价的两倍。其实买票难，坐车更难，车上几乎全是农民工，人人带着一大堆行李，车厢里被人和各种货物塞得满满当当，拥挤不堪，连上厕所都没法挤过去。

如果有汽车直接从陶厂到北京那多方便呀!祁首村道士观自然村的毛学元，南峰社区的高祖祥、夏安华、毛华兰、陶俊几个人敏锐地看到了其中的巨大商机。1995年大年初三，有人从北京租来4辆北京牌照的大巴运送打工的去北京，每一辆车核定55座，实际超载后达到70人。在家门口就上车，不需要挤车去南京、合肥，不需要漫长的排队买票，尤其是这些车下面有行李厢可随车装运背包、被子和做早点的用具，票价也只比火车票价稍高一点，但比坐火车既舒服又方便。1996年8月，他们几个人各自筹资28万元，合伙购买了5辆最新款的扬州“亚星”牌卧铺大客车，专门跑陶厂至北京的长途客运。这也是含山最早一条开往北京的长途客运。但当时长途客运班线控制严格，掌握在国营客运单位手上。没有客运班线牌照，5辆卧铺车各显神通，各找各的客源，各走各的线路，各停各的站点，这反而大大方便了陶厂在京炸油条人员的来回，不仅带东西方便，当时在北京挣的钱从银行很难汇回老家，只好带现金回去，有了直通家乡的卧铺车，带钱回来比挤火车安全多了。

陶厂至北京的运输线路需要经过安徽、山东、河北、天津等5个省市约17个县区。由于毛学元、高祖祥他们没有营运线路牌照，几辆车在运输过程中经常要被运政、交警查扣罚款，一年后有3辆车被迫停运。为了保障线路正常运营，2000年，毛学元和刘祥斌、刘大中3人合伙挂靠含山县汽车站，终于拿到含山至北京跨省长途客运线路牌照。他们又将原来的“亚星”卧铺改换成更加宽敞高档的“金龙牌”卧铺车。平时每3天双向对开一班，春节返乡回程、暑假留守儿童去北京父母身边的高峰期每天对开一班，给务工经商的老乡带来了很大便利。

2009年暑假高峰期有趟车，关镇村杨府城自然村一位奶奶送孙子去北京，下车时一摸口袋盘缠钱不知道在哪丢失了，老人焦急万分。车主毛学元一边安抚她和孩子，一边自己掏出400元给她做路费，并打电话通知她儿子过来接人。祁首村宋定高的儿子从小学到高中，每年暑假去北京来回，父母都指定乘他们的车，说坐家乡车踏实放心。平时，毛学元他们3人的电话成了热线，不管白天夜晚都有人打电话，有人请他们捎带家乡菜、蒸笼、烤炉用品什么的，甚至带一封信，也有人从北京捎药品什么的回来，只要交给他们百分百送到。

后来随着交通运输的高速发展，动车、高铁更加方便快捷，加上毛学元驾龄到期，2016年底，陶厂含山至北京专线客车终于结束了20年的运营历史。

八

陶厂人去北京炸油条，开始只有油条、油饼、稀饭几种，渐渐增加了大包子、小笼包子、麻球、豆浆豆腐脑等十多种，很多是家乡的早点品种。由于北京的市容、环保和卫生等要求不断提高，大多数露天摊位、摊点被逐渐取缔和限制经营。从2005年开始，大多数陶厂人想方设法就近租赁门面房，并按照卫生、环保要求进行装潢改造，尤其是油烟、污水、生熟分离等标准上做到符合要求。如今陶厂人在北京单纯炸油条的只剩下少数资本小、人员少的家庭仍在经营，大多数都改成了早点加中晚餐小吃、夜宵摊店。最近几年还有许多陶厂人离开北京，去其他省市发展。其中流量大的城市有上海、哈尔滨、青岛、天津、合肥、杭州等。据2021年底不完全统计，全镇外出务工经商人员19555人，其中北京7800多人，比高峰时减少近50%，主要从事餐饮业和建筑业；山东1800多人，主要是从事餐饮业；上海1000多人，主要从事建筑业、金属制品业；江苏1600多人，主要是从事餐饮、建筑、金属制品等行业。外出务工经商人员最多的是云塘村，约2050人，占村总人口的

58%；西山村2171人，占村总人口的54%；铜庙村2074人，占村总人口的53.5%；祁首村2143人，占村总人口的53%；关镇村2744人，占村总人口的52%；西塔村2438人，占村总人口的47%；其他村都占总人口的40%以上。据粗略估算，2021年全镇进城务工年创收约12.5亿元以上。

改革开放后，陶厂人从农村进入大城市，走向全国各地寻找发展机会，既解决了农村富余劳动力出路问题，又带动了众人共同致富，进而彻底改变了农村千百年的落后面貌。据不完全统计，这些进城务工人员在家乡陶厂各村翻盖和新建楼房6715栋，占全镇总户数的65%；购买小轿车3498辆，占总户数的34%；还有许多人在北京、上海、南京、合肥、芜湖、马鞍山和含山县城购买了大量商品住宅和门面房，总数在1000套左右。

波澜壮阔的改革开放大潮，深刻改变了传统中国的社会方方面面，也冲刷着人们的传统思想观念。陶厂农民勇闯天下，依靠自己的勤劳聪明，收获着改革开放带来的红利，打开了财富宝库。已经上演了40年的这幕大戏，如今依然还在演出，不断展现一个个鲜活的财富神话故事。

2021年陶厂镇外出务工人员统计表

表11-5 单位：人

村名/地点	北京	上海	江苏	湖北	天津	黑龙江	福建	贵州	广东	山东	重庆	浙江	四川	辽宁	河北	吉林	云南	河南	省内	其他地区	合计	备注
西山	838	104	277	19	6	20	4	5	23	236	2	93		6	119	1		7	296	115	2171	餐饮、装修等
云塘	1089	20	13		8	302			9	412		22			5					170	2050	餐饮等
西塔	1144	150	231		10	96			11			109			112		27		289	259	2438	餐饮等
祁首	594	141	160	5	8	21	14	26	19	379	6	160		16	74			34	284	202	2143	餐饮、建筑等
卜李	723	60	191		4	9	16	6	26	108									269	103	1515	餐饮、建筑等
司徒	479	26	67	14	10	13	4	6	38	159	10	28		10	57	9	21	18	471	121	1561	餐饮、建筑、金属制品等
关镇	1601	209	165	13	12	6	21	54	28	215	16	59							310	35	2744	餐饮、建筑、金属制品等
铜庙	526	144	365	21	30	5	14	27	69	135	10	143							332	253	2074	餐饮、建筑、金属制品等
官塘	456	36	145	17	23	9	9	46	51		30	89	50						557	186	1704	餐饮、建筑、金属制品等
南峰社区	385	54	62	6	4	2	7	1	5	178	8	53			16	4		4	155	211	1155	餐饮等
总计	7835	944	1676	95	115	483	89	171	279	1822	82	756	50	32	383	14	48	63	2963	1655	19555	

陶厂农民进城务工创业成功人士典型

陶厂镇自20世纪80年代开始的农民进城务工大潮，将这块土地上的许多普通儿女带到北京、上海等大城市。这些没有见过世面的“土包子”，凭借着吃苦耐劳、诚实守信的品质，敢干敢闯、吃苦耐劳的劲头，很快适应了大城市的环境，积累了营商经验。一部分人善于抓住机遇，乘势而上，逐渐脱颖而出，从一个普通的打工仔，或者早点摊的经营者转变为公司老板，有了自己的商业领地，事业蒸蒸日上，成为陶厂进城务工的杰出代表。以下介绍几位成功人士典型，从他们创业的经历可以深切地感受到陶厂儿女表现出的优秀品质。

北京新世纪青年饮食有限公司董事长易宏进

易宏进

1973年出生的易宏进，是陶厂云塘村金村自然村人。成年后他跟着大伯学做木匠手艺。1982年春节过后，18岁的大哥易宏前，跟着师兄弟一起来到北京在建筑工地做木匠活。初到京城，人生地不熟，在家时，他只做过一些农村建房和简单家具类手艺活，在高楼大厦工地上干活还是外行。这样勉强干了一个月，易宏前看挣不到钱，从别人那里得知陶厂南二过村有许多人在北京炸油条、做早点便找到亲戚过声福，主动帮他家干杂活，跟在后面学习早点技术。4月下旬，南二过村的尹方兴独立摆摊子需要人手，易宏前回到老家将弟弟易宏进带到北京帮工，每月40块钱工资。1989年底，易宏进在天坛东门的西块玉居委会找到一个露天摊点。从1990年开始，弟兄俩带着妹妹一起独立摆摊炸油条。到年底时，他们又在双玉兰街道找到一个摊位，虽然有两个摊点，但弟兄俩还是合伙经营。1993年底，易宏进因房租涨价太高停掉摊点。次年初，老大易宏前在陶然亭北门的环卫队租下单位闲置的公房做早点，生意逐步由炸油条、蒸包子、豆浆等早点，发展到带炒菜、米饭、炒面等主食品种。

虽然做早点生意一年能挣几万块钱，但几年的经营经验，让易宏进兄弟俩都看到北京餐饮市场是块大蛋糕，谋划着如何把生意做大。就在他们做早点的陶然亭北门，有一个餐馆因经营不善，一直处于亏损状态，想对外转让。但是业主开价较高，易家兄弟俩几年打拼虽然攒下来一些辛苦钱，但距别人的要价相差太远。他们与业主经过多轮商谈，结果用做早点挣来的全部积蓄70万元，加上向亲戚借来60万元共130万元，拿下并装潢了这家餐馆。当时他们想，如果这个店做砸了，那就成了身无分文的穷光蛋，几年的辛苦付出就算白干了，还要欠下一笔巨债。面对巨大的压力，兄弟俩决心破釜沉舟，大干一场。那时候他们都是20多岁的小青年，正是朝气蓬勃的年华，所以给自己的餐厅起名“青

易宏前

年餐厅”。说到连锁经营，其实当时易宏进脑子中还没有这个概念，更没有这方面的经验。只是多年穷惯了、穷怕了，怕失去自己辛苦经营的餐厅，心想多开一家，抱着“东方不亮西方亮，倒了一家，还有下一家”的想法，于是把第一家店积累的资金又全部投入开设的第二家饭店。

世上事物往往风险与成功并存。白纸坊开设的第二家“青年餐厅”，生意依然火爆，继续着日进斗金的盈利神话。青年餐厅的发展逐步走入正常轨道，并且发展的速度越来越快。1999年，易家兄弟创立北京新世纪青年饮食有限公司，正式确定连锁经营为公司的发展目标。有了明确的方向后，他们开始大胆铺摊子，积极在客流量大的地段租房开店。经过几年的运作，在北京开有23家分店，天津开设8家，上海开设7家，合肥开设12家。2014年，他们又萌发去美国开设中餐馆的想法。经过市场调研、企划评估等一系列前期准备，2015年在美国西雅图市开办一家取名“颐和园”的餐厅，几年来餐厅运营正常。现在北京总公司旗下拥有“青年餐厅”“易宴”“徽湘苑”“新诚嘉”四大餐馆品牌，在北京、天津、合肥、上海、美国的西雅图市五个区域共创办51家分店，还设立一家厨师培训学校、一家中央厨房配送中心，为连锁饭店提供厨师人才和物资配送等后勤保障，成为一个庞大的餐饮集团。

成功的因素离不开人才。易宏进兄弟早就认识到人才是成功的关键因素，他们虽然来自安徽农村，但多年在北京餐饮业摸爬滚打，接受各种文化的熏陶，使他们思想观念有了极大的改变。他们意识到企业要做大做强就必须打破作坊意识和家族观念，必须引进现代企业管理理念。从2015年开始，公司高薪聘请CEO，引进高级职业经理人管理公司，提升公司的现代管理水平和经营方式，不断扩大市场。2021年，虽然受到新冠肺炎疫情的影响，各地饭店关闭一段时间，但公司营业额依然达到6.3亿元。

近年来，易宏进除了在北京就地参加多种社会公益事业外，汶川大地震捐款20万元。先后4次捐款、捐物给家乡的学校，资助20名农村特困小学生；多次捐款捐物，委托镇民政部门和云塘村委会资助本村困难户数百户次。2015年9月，易宏进发动在京老乡捐款8.7万元给陶厂农村一户有两个癌症病人的家庭。

公司董事长易宏进在事业成功后也收获了许多荣誉。2004年被北京有关部门评为“优秀进京创业青年”；2005年被北京市授予“优秀进京创业青年——首都文明之星”；2006年被北京市授予“首都文明服务明星”；2007年在省政府召开的“徽商大会”上荣获“安徽省杰出餐饮企业家”称号；2008年荣获北京市宣武区授予的“安康企业家”称号；2010年被评为“中国餐饮业优秀企业家”；2011年获得团省委授予的第十四届“安徽青年五四奖章”。

安徽奥发高铁桥梁有限公司总经理周忠华

坐落在合巢芜高速公路关镇出口的安徽奥发高铁桥梁有限公司，前身叫安徽奥发新型建材有限公司。公司总经理周忠华是陶厂镇卜李村南周自然村人。2006年，陶厂镇通过招商引资方法成功引进由五位从事建筑业老板共同投资的奥发公司。2012年，奥发公司实行重组，由周忠华独资经营，成立安徽奥发高铁桥梁有限公司，公司占地面积6.7公顷，投资3500万元，主营建筑钢模板、桥梁和高铁大中型建筑钢模、钢门窗等产品。

周忠华

1986年，刚刚高中毕业的周忠华家里兄妹多，人多田少，生活困难。在亲戚的介绍下，他跟随和县建筑公司去北京工地学干木工。他清楚记得离家进京那天是个好日子二月二，也是个特别寒冷的日子，他背着行李怀揣着希望踏上打工的漫漫长路。他跟随师傅在北京住总集团公司从事室内装修。周忠华特别好学加上心灵手巧，一年下来，不仅学会了装修技术，还能独当一面带领一班人干活。去北京的第二年，他通过熟人关系进入北京城建集团公司一个项目部当了技术主管，自己独立带人承包工程，成了“包工头”。随着承建工程业务接连不断，他手下有包土建的，有包外墙粉刷的，有包室内装潢的，到1995年最高峰时手下有130多人干活，其中有30多个含山人，部分是改制后的原含山一建的专业技术人员。这期间，周忠华发现建筑上开始大量使用钢模板，取代原来一次性的木模板，在使用中他留心研究钢模板的构造和制造原理，了解到出售、租赁钢模板利润很大，这让他萌生了自己建厂制造钢模板的想法。于是，他下定决心寻找场地，筹集资金生产钢模板。

1996年下半年，经过多地考察洽谈，周忠华最终选定了北京通州区（当时的通州县）宋庄镇，征地2.7公顷，成立北京奥发金属结构有限公司，生产高层建筑用钢模板。公司最高峰一年生产使用钢材8000吨，生产钢模6万平方米。先后有北京高校住宅区、中国政法大学昌平校区办公大楼、北京铁路局配餐基地，京津高铁、北京南站、连云港高速公路立交桥、芜湖长江大桥、马鞍山长江大桥、京福高铁蚌埠段、中铁电气化局承建的中国援建的越南特大项目等国家重大工程项目，都使用了奥发公司生产的钢制模板。在此基础上，建筑包工业务也在不断扩张，每年包工业务5万多平方米。尤其是其生产的钢模板成功被多家重大工程采用。

从2016年开始，北京市政府要搬迁到副城区通州，政府实行资源整合和环境整治，周忠华的奥发公司被列入关停整治范围。周忠华开始把精力放在陶厂的公司上。他一方面调整公司的经营方向，下马资金回收困难和市场不好的项目，把多余的车间租赁给其他公司生产，先后引进5家小公司入住，年可创收100多万元；另一方面继续与原来关系密切的中铁、融创、十七冶等公司合作，提供钢模板、钢结构厂房、桩基等产品。

周忠华成功之后乐于公益慈善事业。2008年，他捐款2万元给家乡南周村修建村庄水泥路，捐赠6万元为南周全村安装上太阳能路灯，捐赠2万元给陶厂敬老院改善老人生活条件。他还领养两名县内特困中学生，每年每人给予3000元生活费，已支持他们读完初中和高中，其中被领养的仙踪镇张雨露现已考上了杭州某大学。2009年，周忠华被选举为巢湖市第十四届人大代表，2012年再次被选为马鞍山市第十五届人大代表。

河南凯利来食品公司副总曹高掌

曹高掌

曹高掌是陶厂官塘村曹庄自然村人。1998年，18岁的曹高掌来到河南省濮阳给亲戚打工。亲戚的小作坊主要生产鸡蛋糕，销售方式以批发和自己经营门店为主。曹高掌从学徒开始干起，洗刷模具、看管烤炉。勤快好学的他得到师傅称赞，手把手教他技术要领。曹高掌用了一年时间将全部技术学到手，并对烘焙行业产生了浓厚兴趣。那时候以年结算工资，月工资350元，由于他做事认真负责，精明肯干，年底老板以奖励的方式按月工资400元发放，并让他负责全厂生产及产品研发工作。为了提升烘焙食品档次，曹高掌购买相关书籍学习，对产品类别、原材料性能等方面深入分析，求教专业人员。他还参加江南大学食品函授教育，掌握了食品相关理论知识。2003年，他离开濮阳，以烘焙技术师傅身份应聘到广州一家生产食品添加剂企业，主要工作是负责食品原料推广。从应用烘焙师到后期大区经理，他负责营销队伍建设和主管产品应用工作。工作期间在集团连续5年获得产品销售冠军，并参加集团技能比赛获得一等奖、创意大师、实战导师及金牌讲师称号，帮助公司建立一套客户培训体系，举办专业培训班近200余场，大型烘焙交流会50余场。

2009年，曹高掌随着年龄的增长，家庭负担的压力越来越重，他一直有个自己开家食品厂的想法。一次偶然机会，濮阳市“凯利来”食品厂有股东想转让股份退出。曹高掌回濮阳进行技术指导时得知此事，毅然辞去广州高薪工作，加入“凯利来”公司。2016年，公司与豫粮集团合作成立河南省豫粮集团凯利来食品有限公司，主要生产蛋糕、面包、沙琪玛、米果、雪饼、瑞士卷、蛋卷、挤压膨化等休闲食品，发展目标是打造北方烘焙休闲食品行业的“万吨航母”。

多年多行业的学习锻炼，曹高掌先后任濮阳市十六粮店食品生产部厂长及技术总监，河南省凯利来食品公司副总经理、技术总监。进入新的工作环境、新的岗位后，他发挥自己的特长，不断提升公司技术水平和市场竞争力，坚持使用地方原材料，带动当地养殖业、种植业发展；同时还带动了包装加工业和运输业的共同发展。企业实现连续10年跳跃式发展，员工人数由60余人增至1600人；年销售额由800万元增长到5亿元，迅速成为中原地区烘焙业领头羊。

2019年5月，由于濮阳市园区规划以及公司发展的需求，凯利来食品园区属于退城入园项目，公司投资5亿元，建设占地13.5公顷的新厂区，建设标准化厂房10座，自动化生产线40余条。

担任大型食品公司副总的曹高掌具有高级烘焙师、高级食品研发工程师、人力资源管理师职称，一个农村青年终于成为一名学者型企业家。他还先后荣获濮阳市劳动模范、濮阳市十佳非公企业优秀共产党员称号。

上海建筑劳务公司创办人贾斯九

贾斯九

家住铜庙村垱圩自然村的贾斯九，1964年出生，兄妹五人。因家庭贫困，小学二年级没读完，他就不得不辍学回家务农。1979年，15岁的贾斯九跟随同村长辈学习瓦匠手艺，在原关镇乡建筑队承建的芜湖二航局工地干活。农村孩子能吃苦，工地上的大师傅们很快就注意到这个脑子灵光、任劳任怨的小伙子，对他更加关心，手艺也倾囊相授。他深知，帮别人打工绝非长久之计，必须开拓出一片属于自己的天地。初生牛犊不怕虎，贾斯九与同村的几个小伙伴开始利用下班时间少量接私活，逐步掌握了从接洽到报价整个工程承包过程的方法。小伙伴们从平时相处过程中也看到了贾斯九身上的聪明、冲劲和豪爽，他们把贾斯九推上决策位置，大大小小的事情，都愿意和他商量，请他做主，而这时候贾斯九不过是个十七八岁的毛头小伙。

工程越接越多，事业越做越大，大家的口袋慢慢地鼓了起来，纷纷在老家盖房子，托人说亲娶老婆。正当大家满足于这种生活状态时，贾斯九却打算从零开始，去大上海打拼。想法一出，立刻受到了很多人的反对和讥讽，甚至以退出装修队伍为要挟。贾斯九没有和大家争吵，他把自己的想法一条条说给大家听：芜湖毕竟是一个内陆三线城市，市场有限，要想做大做强，必须要跳出去，到大都市闯荡，并宣布愿意一起去打拼的就去，不愿意去的也可以，等在上海闯出一片天地后再来找他，都是从小一起出门打拼的兄弟，一定要抱团取暖。一番热情洋溢的话，大家都被感动了，都跟随他坐火车向着充满未知的上海滩驶去。

1989年，他带领一帮小弟兄来到上海。环境比想象的要艰难得多。初来乍到，举目无亲，露宿街头、车站和桥洞是常有的事，小弟兄中怨言越来越多，不少人打起了退堂鼓。贾斯九没有动摇退缩，他经常做大家思想工作，向他们描绘美好前景。一班人凭着年轻人一股子冲劲和吃苦耐劳的精神，不管工程大小，不管利润多少，也不管工程环境多苦多脏，他们都一口接下来，并且保质保量交付工程。渐渐地贾斯九建筑小队有了一些名气，在上海站稳了脚跟。不久他们成立了劳务公司，招收一批技术工人，业务水平也受到许多开发商的认可，最高峰时期，公司有2000多名工人，年承包面积上百万平方米。而立之年的贾斯九也在上海购买了住房，过上了农村人梦寐以求的大城市生活。

从1994年开始，他组建的施工队伍扎根浦东新区的南汇区。由于技术好、施工质量信得过、组织人员快，加上施工人员吃苦耐劳，受到上海几家大型建筑公司的青睐，承接的工程接连不断，工地遍及上海几个区县和苏州、浙江、安徽等地，最多时有4处工地同时开工。贾斯九从家乡带去跟着干活的同事时间最长有30年，有20多人跟着他干了十几年。他舍不得一同出来打拼的兄弟，待他们犹如亲人，就是对一般外地员工也十分关心，因此大家都愿意在他的公司干活。

吃水不忘打井人，贾斯九不断组织更多的乡亲出来务工，并把一些工程直接转让给他们做。随着他们的一点点成熟，也组建了不少建筑队，许多人因此发家致富了。对于一些不愿出门打工的村里人，贾斯九结合本地的情况，推荐他们从事水产养殖，不但给他们投资启动资金，还请一些外地的养殖师傅前来指导。待鱼虾成熟时，贾斯九又联系朋友帮忙推销，解决了村里人从养殖到销售所有环节遇到的困难。多年来，贾斯九还帮助村民将土路修成水泥路，并安装了太阳能路灯，组织村民参加龙舟节，增强村里人的凝聚力。

北京建筑市场一支劲旅——圣传潮建筑队

圣传潮是陶厂铜庙村圣村自然村人，1963年出生，兄弟姐妹七个，在家排行老四。由于家境比较困难，兄弟姐妹多，所以他没有上过学，从小就帮助家里放牛、养鸭，干农活。1981年他18岁时，跟随亲戚到芜湖二航局打工，在此期间，拜师学艺干瓦匠活。在芜湖边打工边学艺干了两年，因为能吃苦耐劳，1984年被马钢公司招到烧结车间，成了一名钢铁工人，在那里兢兢业业工作了5年。1989年随着改革开放的大潮，首都北京大建设、大发展需要大批建设者。圣传潮果断决定，放弃“钢铁工人”的稳定工作，跟随几个老家的朋友一道前往北京干老本行建筑。他刚到北京被安排在北京城建集团四公司的一个项目工地上。圣传潮学过瓦匠，算是技术工，一个工日工资是25元，那个年代这个报酬是很让人羡慕的。工地上生活条件非常艰苦，但是他本来就是穷苦家庭出身，很快就适应了，并且通过吃苦耐劳，专业技术过硬，得到了项目经理认可。当时北京到处在大建设，建筑工人严重缺乏，圣传潮想到家乡有很多年轻人没活可做，就想着把他们带到北京来打工，于是就向项目经理请求单独承包一部分工程项目。项目经理同意了他的请求，把西三环北京电视台工地瓦匠活承包给了他。这一年春节回家，他四处召集有木瓦匠手艺的人，过完年就把这批人带到北京工地。这是他人生中第一次承揽工程，项目工期非常紧，他带领大家加班加点提前完成施工任务，得到了公司的称赞。后来公司只要有工期紧、施工难、任务重的项目都

圣传潮

安排他们去施工，几年中，他们每次都圆满完成任务。先后完成清华紫方、昌平沙河镇高校园区、清华大学分院、海淀区昊海大厦、王府井新东安市场等一些大型项目的施工。集团公司授予圣传潮青年突击队、优秀施工队伍嘉奖。他们还协助公司获得中国建筑最高奖——鲁班奖以及结构长城杯、市优项目等多项荣誉称号。圣传潮也在北京站稳了脚跟，每年都从老家带出一批人来京打工，让他们有业可就，也给家庭增加了可观的收入。

随着圣传潮建筑队伍的壮大以及在北京建筑圈内良好的口碑，他也被其他建筑公司看中。他先后与北京城建集团、中国新兴建设总公司、中国新兴保信建筑总公司、北京建工集团、中国航空港建筑总公司、中国中铁、中国建筑、中煤集团、北京市顺义建筑集团等大型央企、国企、民企多次合作，参与北京亚运会工程、奥运会工程、国家重点工程，以及大量城市基础设施配套工程建设。如与中国航空港建筑总公司合作承建了槐房新村二期工程等9项总承包项目；与中国新兴建筑有限责任公司合作承建了北京西客站华天大厦、廊坊好丽友食品厂、广州好丽友食品厂、广益大厦、唐山海安家园、唐山君熙太和住宅小区、上海师范大学附属嘉善实验学校等项目的结构、装修劳务工程；与北京城建集团合作承建了北京电视台、亚运村宿舍、北京诸子介联排别墅、奥运场馆、天津市星耀五洲澜海庄园；与顺建集团合作承建了大田物流港、空港企业园等项目的劳务扩大分包施工；与中国中铁合作承建了山东滕州高铁片区基础设施建设项目的劳务扩大分包施工。圣传潮建筑队平均每年纳税200余万元，获得在京各大建筑集团、建设单位、业主单位、地方政府、安徽省驻京建管处的多项嘉奖。

陶厂地区进城务工人员近2万人，创业成功人士还有多位，这里只能挂一漏万介绍这5位。最近十多年，在大众创业、万众创新的潮流下，进城务工也在悄悄发生转变，单纯炸油条、卖苦力的人大幅减少，从事行业越来越技术化，生产经营越来越正规化，不少人开始向企业转型发展。相信今后陶厂创业成功人士会越来越多，他们演绎的财富故事也会越来越精彩!

陶厂地区寺庙历史简述

佛教从三国时东吴赤乌年间(238年)开始传入含山县，此后逐渐发展。唐贞观年间，是含山及陶厂佛教兴盛期。县志记述："大善寺在县南六十里，唐贞观三年铁船祖师建，元末废于兵。洪武元年僧慧定重建。"明清两朝500多年间，随着人口的增多和经济的逐渐繁荣，陶厂境内陆续新建和重建的寺庙有大善寺、司徒禅寺、荷花寺、云雾庵、石门茶庵、西塔庵、接引庵、二郎庙、徐关大庙、千佛庵、龙王庙、都司庙等寺庵。可谓寺庵林立，佛事兴盛。

佛教对中国传统文化的影响，不仅限于伦理、哲学、文学、艺术等方面，更与民俗民生有着紧密的联系。佛教融入民俗，与百姓的生活息息相关。乡间世代承传的佛教文化，集祈平安、求富足等朴素愿望于一身，绵延着朴实无华的农耕文化，寄托着农家永久的祈盼和祝福。

1840年鸦片战争后的百余年间，战火不断，灾荒连年，镇内一些历史名刹遭到洪水冲毁或战火兵燹破坏。“文化大革命”开始后，众多年久失修的庙宇或被拆除，僧尼还俗回乡，佛事活动遭到全面禁止。1978年改革开放后，人民政府落实宗教政策，僧尼逐渐返回寺庵，被占用的寺庙逐步得到退还。僧尼和当地居民采取集资、赞助、化缘等方式，开始重建寺庙。先后建成并恢复佛教活动的寺庵有大善寺、八宝寺(原东岳庙)、荷花寺、司徒禅寺、二郎庙、接引庵、西塔庵、徐关大庙等。但仍然有部分寺庙没有得到恢复。清乾隆、康熙两部《含山县志》和一些家谱记载，千佛庵在县南10千米鲁桥西山，顺治八年(1651年)行僧普升重建。石门茶庵在县南12.5千米，耆宾张万钟建，济僧施茶。都司庙一在祁首岗南，一在关门镇。二郎庙一在二郎街(已重建)，一在鲁桥西南。上述寺庙都没有得到重建。

寺庙是乡民世代敬佛参拜的场所，绵延着厚重的佛教文化。改革开放以来，众多古庙的陆续修复，其实更是民俗和文化的复兴。

大善寺

大善寺位于陶厂镇关镇村孙杨树庄西，寺庙占地面积0.33公顷。康熙及乾隆两部《含山县志》记载，大善寺于唐贞观三年(629年)，由铁船祖师化缘建成，是县内最古老的寺庙之一。元末毁于兵燹。明朝洪武元年(1368年)由慧定大师重建。据传大善寺鼎盛时期，占地面积达1.33公顷，建有精美的佛塔，有殿堂寮房数十间，香火旺盛僧侣众多。寺内原有一副楹联：大经参透心方透，善果圆成佛自成。古寺取名大善寺，喻意是寺庙以善为本，普度众生。

由于战乱和灾荒，大善寺多经磨难。历经近代的百年战乱，大善寺年久失修，濒于荒废。“文化大革命”时期，大善寺被拆为平地，时任住持明成师太住茅棚，自给自足，苦修死守着三宝灵地直到改革开放。

2004年，当地群众集资重建大善寺。2008年，安徽省宗教局拨专款，大善寺得到重建和扩大。如今，大善寺颇具规模，有山门、大雄宝殿、天王殿、三圣殿、妙善殿及各类寮房、

大善寺

大善寺山门

大善寺出土的清道光六年募置佛田碑

大善寺出土的古砖

客堂20多间，并立有一座汉白玉观音雕像于寺内荷塘旁，另有居士捐赠地藏菩萨塑像于寺内。大善寺正筹备重建佛塔，不久的将来，这座千年古刹将重现辉煌。

重建及扩建期间，寺内挖出大量古代佛家器物，如精美的大善宝塔砖、韦陀菩萨石雕像、石龟、石柱、石基、募置佛田古碑等。其中的募置佛田古碑立于清光绪六年（1880年）十二月十五，详细介绍了募捐乡民及居士所捐献田产、塘坝、丘垄的四至面积，并记录有捐献者姓名。

据传说，旧时的大善寺建有九十九间半庙宇，当年寺庙住持想另建半间凑成百间，可就是盖不起来。原来距寺数里的杨府城有一位宿星大将军没活成，当年杨家遭抄斩，一将军逃至此操兵布阵，演练兵法。一日被朝中奸臣得知告明皇上，皇上派人下来巡视，发现这位将军宿星家有条黑狗，整天睡在屋顶，黑狗被祥云罩着，便叫随从将那条黑狗打死，从此将军宿星也就消失了。因果之缘下，大善寺庙宇便不能超过百间。

大善寺出土的砖雕力士像

目前，大善寺住持为仁悦，江苏盐城人，上海佛学院毕业，先在上海宁国寺出家近4年，2017年来含山大善寺。其远在江苏盐城的父母也随仁悦来寺里，其父为瓦工，寺内维修工程皆由其父无偿主持操劳，可谓全家都支持仁悦的佛教事业。

荷花寺

荷花寺位于陶厂镇铜庙村南，当地人称大庙。寺庙呈四合院结构，有大雄宝殿，内供有阿弥佗佛、观音、地藏，文殊、普贤及护法韦陀，北、东两方为寮房及客堂。寺庙院中，立有一座5米多高的观音菩萨塑像。现住持为释果良法师，俗名车发良，四川资阳人。

据当地老人说，早在600多年前的元代时该地称铜城庙，因古庙位置靠近老街南面，东临铜城河，故此人们把这个地方取名叫铜庙，数百年来一直沿袭到今。

荷花寺现存有一块半截残碑，半截残存的长度为0.8米。上面字迹模糊，好在前面一行字隐约可见“铜城乡西齐王古庙乃万姓之香火……”，可见，荷花寺曾名为“西齐王古庙”。这位“西齐王”应是唐代崔珏，亦称崔府君。

康熙和乾隆《含山县志》中均记述：“崔君府庙在县铜城闸，按神乃唐朝崔珏。”因此，如今的荷花寺，就是县志上记载的“崔君府庙”。由于区划调整后，铜庙属陶厂镇，而在清代以前，铜庙属铜闸镇。碑文上注明的“铜城乡西齐王古庙”就是明证。

荷花寺

崔珏，字子玉（585—659年），蕲州彭城人。生于隋开皇五年（585年），仁孝元年举孝廉，仁孝二年拜太子府傅监，唐贞观元年（627年）应聘，任兵部员外郎等职，一生为官清廉，爱民如子，德政卓著。贞观时，他任魏州魏县令，时漳河水决，民多陷溺，崔珏朝夕率民筑堤，身立水中数日，工始竣。他死后民立庙祀，名“崔府君”。传说安禄山叛乱时，因其托梦给唐玄宗灭贼有功，被封为灵圣护国侯。唐武宗会昌年间，又封为护国威胜公。宋真宗祥符元年（1008年）加封为护国西齐王。各地的东岳庙、阎王庙、城隍庙里常有其塑像。

历史上因战乱和兵燹，古庙几经毁坏，又多次重建。1942年抗日战争时期，日军在寺庙前冈上修筑碉堡，荷花寺被彻底拆除，建筑材料挪去修碉堡。

多次重建的西齐王古庙亦多次改名，如崔府君庙、荷花寺等名。如今荷花寺寺名的由来是因古寺边有几口水塘，一到夏天，满塘荷花盛开，景色十分宜人。故僧人给寺取名“荷花寺”。据说“荷花寺”是风水宝地。“水涨，地涨”，无论洪水多大，该寺也淹不了。其实，是上游洪水经铜城河及时导流至下游河道。

中华人民共和国成立后，当地人在原地又重新修了庙宇。改革开放后，特别是2005—2006年，进行了较大规模的重修建设，当地人俗称大庙。

西塔庵

西塔庵坐落在陶厂、福山两地交界的西塔山上，其北邻纱帽顶，南连射虎山。据庵中碑文记述：西塔庵始建于明朝，后毁于兵燹。民国十八年（1929年），乡人重修。在民国三十六年（1947年）的含山地图上标有西塔庵。后年久失修，到改革开放时已成一片废墟。2007年陶厂大戚村、福山大彭村等周边村民在戚知林、戚林洲等几人牵头下，捐款集资重建庵堂。如今重建的西塔庵建筑颇具规模，分为山顶、山腰两处庵房。山顶处原二郎庙遗址上，建有大殿和偏殿，分别被山道一分为二；山腰处西塔庵的原址重建了三间庵房。庵内供奉的是观音菩萨、武将像等众神灵。现今福山乡民王世元夫妻二人在庵里负责接待香客，管理香火。西塔山原先古老的山路得到改造，山西北坡路改成土石路，山东南坡原先的石级路改为水泥台阶，拾级而上。

西塔庵的历史渊源要从二郎庙说起。山下的大戚村清代重修的戚氏家谱记述：戚氏始迁祖戚万如于元至正年间，由皖南婺源避乱而来。一日，举家来到和州含山南乡，发现石门山侧有座风景秀丽的西塔山，其左泉（山泉）右庙（二郎庙，戚氏家谱的阴阳两宅图中，标有西塔山上的二郎庙，其庙建于何年无考，但可断定在元末之前二郎庙已存在），山

西塔庵

清水秀，风光无限，乃筑室而居，繁衍子孙，形成大戚村，如今已历32代。戚氏三世祖成公追随明太祖，平定贵州有功，官升昭勇将军，后为国捐躯。戚成的后六代子孙世袭都司将军，封有田产，家道昌隆，成为当地名门望族。因武兴盛的戚氏家族，骨子里就有尚武之风，以武神二郎杨戬为尊的二郎庙几乎成了戚氏族人的家庙，备受崇拜。600多年过去，历经兵燹和风霜，当年西塔山上的二郎庙残破不堪。据当地村民述说，二郎庙在1949年后还有遗迹，被乡民们称为“大庙”，庙顶由巨石雕琢而成，1958年“大跃进”年代，为修塘筑坝，砖石皆被搬走，庙宇被彻底拆毁。2007年，西塔庵得以重建，乱石堆中的石雕庙顶被重新挖掘出来，乡民们将其保存在山顶庵殿厢房内，供乡人们祭拜。

古代，林头、福山一带村民到陶厂赶集，均需翻越西塔山而来。临近山腰西塔庵门前的坡下有一口深井，井中泉水甘甜，西塔庵和这口清泉成了路人上下山岭憩息和解渴的“驿站”，也为当年四邻八乡的村民赶陶厂集提供了香火之地。如今古井已湮没，庵旁重新开凿了一口新井，为僧人、香客及路人提供生活饮用水。

二郎庙

二郎庙位于陶厂镇西山大李村村北。庙三间瓦房大殿，供奉的是二郎神杨戬。康熙和乾隆《含山县志》均记载：“二郎庙，一在南二都二郎衖，一在鲁桥西南。”如今的二郎庙即位于当年南二都二郎衖。当地李氏家谱记载，家族祖先李信、李彬为明初开国功臣，李氏以武起家，对武神二郎杨戬由衷崇拜，当年的二郎庙几乎成了李氏族人的家庙。据当地李氏村民介绍，当年二郎庙内，二郎神杨戬雄踞大殿正中，李氏三世祖茂国公李彬居后殿。由此看来，二郎庙可能建于明代初期。

关于二郎庙，当地李氏还有一段“望靴而回”的传说。李氏家族在明朝军功显赫，名振天下，敬仰攀附的人很多。当年一位告老还乡的李氏将军在大李村二郎庙隐居，但远近的官员常来拜访，老将军对不断来访的客人不胜其烦，一律不接待，并将当年的军靴挂在二郎庙前，告诫前来拜访的官员，见靴如见人，请回吧！因此就有了

二郎庙

“望靴而回”的典故。

1958年修建二郎庙水库，庙宇被拆除。2004年，当地群众集资重建了三间瓦房寺庙。庙虽小，但香火不断，成为附近村民重要的佛事场所。

司徒禅寺

司徒禅寺原名司徒庙，位于陶厂镇太湖山北麓山脚下的司徒村司徒庙自然村，关镇至林头公路穿村而过。清乾隆《含山县志》载：“司徒庙，一在县南街，一在铜城闸镇。”当时司徒村属铜城闸镇。据传，庙宇始建于明洪武年间，清同治三年（1864年）重修并扩建，相传建寺的领头和尚俗姓司徒便取为庙名。原寺前后两进加上双厦共八大间，建筑面积240平方米，佛像齐全。

司徒禅寺

民间传说，明代开国皇帝朱元璋与元兵交战，一次战败路过这里，躲进村口一座小庙，因为庙太小不便隐藏，便又躲于附近一石桥下。紧要关口，一群蜘蛛立刻织网封住桥洞，追兵来到此地，见蜘蛛网没有破洞，便转向别的地方追赶，朱元璋因此躲过一难。后来人们把这桥改名朱公桥。朱元璋建立大明王朝后，一日想起这段惊险往事，下旨重修这座小庙。

抗日战争时期，活动在这一带的铜关、司徒游击队许多秘密会议就在司徒庙和龙洞庵召开，这里成为抗日游击队重要的宿营地。

司徒庙在20世纪70年代初被拆除，改建为司徒小学。1995年，学校迁址腾出庙址。2005年，司徒村村民主动筹资出劳，重建了司徒庙，并改名为司徒禅寺。

八宝禅寺

八宝禅寺，坐落于陶厂镇北唐庄自然村，始建于清代嘉庆年间，原名东岳庙。1941年前后，陶厂镇先后两次被日军占领，东岳庙（现八宝禅寺）被拆毁用于建造炮楼。1991年民间集资在原址重建，改名八宝禅寺。2002—2005年，分别由释印广法师和释妙祥法师两次改造扩建，投资95万元。2012年11月4日上午，来自安徽省及周边省市的僧伽及信众云集于陶厂镇，参加八宝禅寺大殿重建奠基仪式。2015年11月6日，八宝禅寺举行大雄宝殿落成及全堂佛像上位暨念佛堂上梁庆典法会，来自全国各地各界上千人又一次云集八宝禅寺，参加此次法会，可谓盛况空前。

现寺庙占地面积0.2公顷，寺内有大雄宝殿、韦陀殿、西方三圣殿、观音殿、地藏殿。为保留历史的记忆，寺中仍设有东岳殿。现任住持释妙祥，常住僧人二名。

八宝禅寺远景

八宝禅寺佛事活动

云塘寺

云塘寺位于陶厂镇云塘村范庄自然村南。据村民传说，该寺始建于清代太平天国起义之前，具体时间已不可考。原先庙宇庞大，殿内供奉众多菩萨，香火旺盛。近200年来，云塘寺历经战乱和天灾，曾多次被毁又重建。现常驻僧人为本村人，俗名张运发，法号释印云，现龄68岁。张运发于1982年在内蒙古光明寺出家为僧，1999年从内蒙古回来后，动员村民重建云塘寺。印云主动筹款，买来木材砖瓦，在村民们捐献和帮助下，云塘寺于2002年建成。为提高自己的佛学水平，印云拜本县梅山寺高僧海音法师为师。

云塘寺

云塘寺后经陆续扩建，现寺庙为两进，占地面积约3000平方米。建有大雄宝殿、偏殿、斋堂、客房等共20余间。

接引庵

接引庵位于陶厂镇司徒村境内的太湖山主峰北侧半山腰，占地面积0.2公顷，与太湖禅寺隔山相望。太湖山有条公路沿山势盘旋曲折向东北，三四里许，直通庵内。庵宇坐南朝北，由于天灾兵燹，历史上曾多次重修，现庵堂主体结构建于清末，为重檐梁架式建筑。经近年来扩建，现有两进殿堂，前殿为天王殿，后殿为大雄宝殿及其西侧的观音殿。全庵共有20多间殿房和僧房。殿宇前是木质栈道。庵前有一棵高大的古朴树，高13.5米。庵堂背倚太湖山主峰，四周绿树环抱，翠竹环绕，远离尘世，清静优雅，是难得的旅游拜佛的好地方。

康熙和乾隆《含山县志》均记述："接引庵，在太湖山左，鸟道盘曲，万竹交荫，俨如线

接引庵

空中俯瞰接引庵

天。”明朝和州人戴重曾游太湖山来庵中，并作诗《接引庵》：“西山横石径，残饭借僧厨。杉盖弹风鼠，茶旗剔露珠。青囊经可弃，白酒瓮才酤。俯视浮云壑，牛眠地有无。”据说，接引庵已有千年历史，兴盛时除殿宇外，沿现今栈道下的山腰曾有僧房数十间。“文化大革命”时期，大殿和佛像均毁，大殿仅剩下三方古石墙保留至今。庵内记载历史的石碑均遭毁损。

接引庵西边有一对相邻的泉池，被当地人称作“双龙池”，两洞泉眼2米见方，常年不干不溢，日取不竭，清澈碧透，供庵内僧人、香客生活饮用。

改革开放后接引庵得到重建。1987年，该庵被命名为“含山县重点文物保护单位”。其间陆续有过十多任主持，由于条件艰苦等诸多原因，皆未长期住持。现任住持释界超，2015年秋来庵时被庵周边竹海所吸引，正所谓“紫竹林中观世音”。释界超法师便发心愿2016年初来此庵修行布道。刚来时，条件十分艰苦，路、电都不通，大半年都没有香火，直到年底的时候才有三两个老香客来上香。经过几年的努力，殿堂得到扩建，特别是当地政府旅游开发，庵前建起木栈道和护栅，一条柏油路面的盘山公路竣工，水电均通，大大方便了来访的香客和游人，香火也渐渐旺盛起来。现今，庵内正常住僧人两名。

云雾庵

云雾庵位于陶厂镇境内的苍山林场东北后山上。500多年来，云雾庵历经战乱和风霜，现仅存大殿三间及数间僧房，由地方香客代管。令人称道的是庵内收藏有清康熙年印制的全本《大藏经》，是十分珍贵的佛家文物。

乾隆《含山县志》载：“在北二都云雾山，万历八年（1580年）僧如智建。古柏新篁掩映幽胜，时有白云往来，禅室故名。”县志艺文篇中有篇《云雾庵永禁盗卖香火田碑》云：“邑治之南二十余里有云雾庵，乃前明鹾商洪君良坤所施之山，而僧如智募建者也。洪为徽郡歙人侨居含山，与昆季良材、良秀俱乐善不倦，结庵原委详载巡按御史方公元彦碑记。兹不复赘，独其随山施田柒拾坵，又续捐蓄畲田伍拾坵，山二块……”此文介绍了在明朝时，侨居含山的徽州盐商洪良坤与兄弟良材、良秀等人乐善好施，募献山场、田地及钱财，僧人如智牵头募捐始建云雾庵。

康熙《含山县志》记述，清顺治十年(1653年)，清朝江宁人吴奇携句容进士张芳[顺治九年(1652年)进士]，曾共游云雾山，并作《云雾山记游》和诗。有序云："含山邑南二十里内有山曰云雾山，深入苍滴翠，湿人衣裾。余于癸巳年仲夏，登览其巅，江练半明……雨自松竹之隙，奔逸入庵……"可见云雾庵因藏身深山翠绿中，深受文人的喜爱。

徐关大庙

徐关大庙位于陶厂镇西山徐关村。据当地村民传说，很早以前，从后山二郎庙方向，一只狼叼着一小孩跑到徐关村，放下小孩后，就守在边上。小孩坐在地上不哭也不闹。村里人发现后，赶过去，狼慢悠悠地走了，但小孩坐在原地笑嘻嘻不动。村民们觉得很蹊跷，便用工具在小孩坐的地方开挖，挖开后发现下面有一尊菩萨，形似二郎神。由于木腐，村里人出资重塑了二郎神像，并送归村后三里外的二郎庙供奉。这里每年有个传统，正月十六接姑娘回娘家之日，要接回二郎庙里的二郎神，在徐关庙过节，正月十八再送回二郎庙。

徐关大庙

由于年久失修，大庙破败不堪，2012年6月，徐关村村民集资重建大庙。经过近年的陆续重修和装饰，徐关庙有大殿三间，大殿两旁是厢房和院落，黄墙黑瓦，整体结构为徽式建筑。内供菩萨、财神、土地神等，是徐关村及周边村民拜佛、求财保平安的主要场所。

第十二章　人物春秋

陶厂历史悠久、人才辈出。尤其是明代初年，从这片土地上走出一批追随朱元璋的忠勇之士，其中以开国功臣——丰城侯李彬和官至左都督的杨文最为著名。他们功勋卓著、地位显赫。如果加上他们家族世袭的各级别官员，和经过科举进入仕途的官员，总数有几十位之多，在全县乡镇中独占魁首。国内革命战争和抗日战争年代，陶厂司徒山区是中共重要的红色根据地，一大批仁人志士参加革命，涌现出许多英雄人物。据不完全统计，陶厂牺牲的革命烈士就有79人。社会主义建设时期，陶厂同样涌现出许多优秀英才，在各条战线作出杰出成就，获得市省部级以上表彰的就有26人。陶厂还是个文化昌盛之地，不仅是有名的书画之乡，同时还有多位知名学者、教授、博士活跃在不同岗位上，贡献出聪明才智，所有这些人物都为陶厂的历史增光添彩。

第一节　人物传略

杨　兴

杨兴（？—1363年），陶厂镇关镇村杨府城自然村人，官至管军总管。杨兴年轻时就十分勇敢，胸怀大志。元至正十五年（1355年），他随运漕镇黄墩村华高一道赴巢湖与俞通海、廖永安会合，后随巢湖水军归附朱元璋。是年六月，他参加与元军的裕溪河大战，终于突破元军水上封锁线，渡过长江，攻占采石、太平。朱元璋赞其英武，授其管军千户之职，为正五品武官，统兵1120人。后杨兴随大军参加攻占溧水、溧阳、应天、镇江等一系列战斗，先后升为管军万户、管军总管。元末朱元璋作战期间，为便于军队集结和调动，沿袭元朝旧制，采用直线式管理模式，设枢密、平章、元帅、总管、万户、千户、百户等军队制式级别。管军总管是比较高级的军职，为四品武官。元至正十七年（1357年）至二十一年（1361年），杨兴率军参加了攻克池州、通州、江州等一系列战斗。至正二十三年（1363年）七月，朱元璋与另一支农民军劲旅陈友谅决战鄱阳湖，杨兴不幸阵亡。

杨　文

杨文（1350—1406年），陶厂镇关镇村杨府城自然村人，杨兴之子，官至左都督。其父杨兴在鄱阳湖战役中阵亡时杨文尚幼，不能从军，由其叔父杨旺补役。至正二十三年

(1363年),杨旺又阵亡。第二年杨文补役,管领本部神枪攻打庐州。洪武二年(1369年),杨文随大军征讨西北凤翔等地。洪武三年(1370年),授皇陵卫百户。洪武四年(1371年)调隶广西都尉。此后,他一直在南方执行军务。洪武十一年(1378年),杨文升湖广六安卫右所千户。十八年(1385年),因战功升建昌卫指挥佥事。二十五年(1392年),土官月鲁帖木儿叛乱,杨文随蓝玉前往征讨,攻城中他多处负伤,战后升为右军都督府都督佥事,诰封骠骑将军,子孙世袭指挥使。

明王朝建立后,朱元璋为了维护统治发动了"胡蓝之狱"。在这场残酷的大清洗运动中,一大批开国功臣被迫害至死,从而造成了军事人才的缺乏。而杨文因资历浅而幸免于难,并受到朱元璋提拔和重用,成为洪武后期和建文时期的高级将领。洪武二十六年(1393年)二月,杨文以右军都督佥事之职出任海运总兵,奉命率京卫将士运粮往辽东。在此之前,开国功臣靖海侯吴祯、延安侯唐胜宗、舳舻侯朱寿等人都曾任总舟师,由山东登州、莱芜一带转运粮饷物资到辽东,足见朝廷对此事的重视。这次杨文担任海运总兵,是他第一次以主帅身份执行军务,这意味着他已经拥有独当一面的才能和权力。杨文不负朝廷重托,出色地完成了任务。当年七月,他被提升为左军左都督,正一品武官,这是武将中最高级别,十分显赫。洪武二十八年(1395年),二月,倭寇侵扰浙东沿海。杨文奉命同都督刘德、刘商巡视两浙,节制沿海诸军防御倭寇。

洪武二十八年五月,广西龙州、奉议、南丹等州土官抗拒朝廷反叛,朝廷任命征南将军杨文为总兵官,率京卫官军3万人,同时诏发湖广、江西所属卫所马步官兵6万多人,大军到达广西,会讨南丹、奉议、庆远等地叛贼。得知朝廷兴师征讨,龙州土官赵宗寿忙奉表请降,并亲自来朝谢罪,进贡许多当地土特产。朝廷下令停止对龙州用兵,令杨文移兵奉议等处继续平叛。杨文率军至奉议,当地人闻官军至,全都逃入山林,据险自固。杨文先遣人招降安抚那些被裹挟人员,然后督将士进攻拒不投降者,结果众贼溃散,奉议平定。与此同时,杨文令左副将军韩观和参将刘真分别平定了都康、向武、南丹等地。经过两个多月的艰苦征战,广西境内的叛乱基本平定。在平定广西叛乱的同时,杨文还遵照朝廷旨意在当地实行"改土归流"政策,设置南丹、奉议、庆远三卫指挥使司,委任官员,实行中央政府统一管理,基本稳定了广西形势。朝廷为了表彰杨文的功绩,赐赏他"白金三百两,文绮帛各十二匹,钞百锭"。

广西的战火刚刚熄灭,贵州古州洞蛮又发动了叛乱。洪武三十年(1397年),古州洞蛮林宽聚众作乱,进攻龙里,龙里千户吴得、镇抚井孚均战死。同年四月,朝廷命都指挥齐让为平羌将军,征讨古蛮。然而齐让出师数月,逗留不进,平蛮无功。同年七月,朝廷任命杨文挂征南前将军印,取代齐让任大总兵,令"自总兵顾成以下悉听节制"。临行前朱元璋告诫杨文,行军要"以严明为胜,赏罚必当功罪""恩威并行",又作诗为杨文壮行。诗为:

大将南征胆气豪，腰悬秋水吕虔刀。
马鸣甲胄乾坤肃，风动旌旗日月高。
世上麒麟终有种，穴中蝼蚁更何逃。
大标铜柱归来日，庭院春深庆百劳。

能够得到朱元璋赋诗送行，杨文信心百倍。洪武三十一年（1398年），二月，杨文奏报平定林宽余党，俘获三十冈等处洞蛮2970人。朝廷命令杨文班师回京。在平定广西和贵州的这两次叛乱中，杨文按照朝廷指示出色地完成了任务，因此备受朱元璋赏识。

洪武三十一年五月，朱元璋病重，为了防止蒙古部落在他死后乘虚而入，他临终前针对北部边防发了三道敕谕，一份发给燕王朱棣，一份发给武定侯郭英，另一份就发给了左军都督杨文。他命令“杨文从燕王（朱）棣，武定侯郭英从辽王（朱）植，备御开平，俱听燕王节制”。朱元璋在敕谕中对杨文说：“今以尔为总兵，往北平参赞燕王，以北平都司、行都司并燕、谷、宁三府护卫选挑精锐马步军士随燕王往开平堤备，一切号令皆出自王，尔奉而行之。”可见朱元璋对杨文十分器重，将杨文视为燕王朱棣的副手，地位十分重要。接受命令后，杨文即部署大宁兵及宁府护军前往开平设防。

洪武三十一年闰五月惠帝即位后，采纳齐泰、黄子澄等人的建议实行削藩。建文元年（1399年）七月，燕王朱棣先发制人，在北平起兵“靖难”，并很快控制了北平城。朝廷任命辽东镇将、长兴侯耿炳文为征虏大将军，自辽东率众20万援真定。不久又命安陆侯吴杰、江阴侯吴高等分道并进，协助征讨。江阴侯吴高乃江阴侯吴良之子，此时接替镇守辽东，杨文则成了他的副手。杨文多次随吴高出师攻永平，尽管都被燕军击退，但因辽“为肘腋重地”“藩屏攸赖”，故有力牵制了燕军的后方，支援了南部明军的行动。后燕王朱棣设计离间吴、杨，朝廷果然中计，将吴高削爵贬至广西，命杨文独守辽东，但此时辽兵军纪涣散，人怀二心，战斗力大为削弱。

杨文取代吴高镇守辽东后，继续率兵进攻燕军。建文二年（1400年）三月和六月，杨文两次率兵围攻永平，都以失败而告终。建文三年（1401年），朝廷命令真定、大同、辽东三路大军出师进军北平。十一月，杨文以万人再次围攻永平，并出游兵万余在蓟州、遵化等地策应主攻部队。由于各路明军缺乏配合，辽兵被燕将刘江击败。

为了从心理上瓦解辽东军的士气，争取杨文的归附，朱棣将被俘虏的广宁卫指挥王雄等人释放，让他回去告诉杨文，他起兵是为了所谓的“诛奸臣，救祸难，保全骨肉，以安天下”，企图以此来换取杨文的理解和支持。然而杨文并没有降燕之心，只是在受到这次重创之后被迫改变了进攻方向。建文三年十二月，杨文派右副总兵平安率辽东军10万围攻燕军重要防线通州，但未能攻克。而朱棣接受属下建议，乘京师空虚挥师南下，直取南京。建文四年（1402年）四月，燕军已经渡过淮河进入凤阳府境内。情急之下，惠帝用齐泰、黄子澄之策，命辽东总兵杨文所部10万兵马南下至济南，与山东布政使铁铉合兵，以断绝燕军后路，妄图迫使朱棣回兵。同年五月，杨文率军前往济南，但途中遭遇燕将宋贵等截杀大败，竟无一人到达济南，杨文也在这次战役中被俘。杨文在直沽兵败被俘，从而宣告了他38年军事生涯的结束。

杨文与李彬是同时期含山陶厂籍明代功臣，但两人选择截然相反的道路。李彬投靠燕王朱棣，成为南下“靖难”大军先锋，为燕王夺取江山争得头功；而杨文则与李彬相反，虽一度成为燕王朱棣的副手，但他忠君思想浓厚，坚决拥护建文帝，屡次率军阻击燕军，无奈大势所去，无力回天。

明成祖朱棣即位后，怜杨文是开国老将，其父和叔父又为国战死，网开一面，没有追究杨文的死罪。杨文于永乐四年（1406年）正月病故，享年57岁，葬（含山）县内梅山乡杨府山下（今关镇杨府城村）。鉴于杨文开国有功，后人将他奉入县内功臣祠供奉。清光绪《直隶和州志》记载，杨文死后葬于含山西九都。

李　信

李信（？—1397年），陶厂镇西山村大李自然村人，官至辽东都司指挥使。李信于元至正十五年（1355年）前往和州投奔朱元璋。当年六月，他随着朱元璋大军渡过长江，参加了攻克采石、太平、溧水、溧阳、应天、镇江等战斗。战斗结束后，他随汤和留守常州。之后，李信又参加了攻打庐州、永新、湖州、苏州等多场大战，被提升为管军百户。消灭了农民军张士诚后，李信转战浙江、福建等地，重点打击猖獗的海寇。在兰秀山一带，李信抓捕了叶、陈两位海寇大头目，取得重大胜利。

洪武元年（1368年），李信离开南方，随汤和北上与蒙元残余势力作战，从山西一直打到陕西、甘肃，攻占城池无数。当年十二月，李信被授予昭信校尉。洪武三年（1370年）正月，李信调守太原，六月又调守潞州，升为太原卫管军副千户。洪武四年（1371年）三月，李信任潞州卫千户，正五品军职，赐武略将军。洪武九年（1376年）三月，李信率潞州卫大军渡过黄河，与蒙人伯颜帖术儿大战，获得大胜，缴获战马107匹，骆驼50头，虏获伪官及家属若干。

洪武十一年（1378年）二月，李信进封为武毅将军，诰命子孙世袭。当年九月，李信升为济州卫权指挥佥事，为正四品武官。驻守北京（今开封）。洪武十九年（1386年）三月，诰封李信为明威将军。洪武二十年（1387年）三月，李信率军远征漠北，又取得胜利。常年征战，李信身体多处受伤，洪武二十二年（1389年），他赴京向明太祖陈述自己年老体衰，伤痛发作，请求改任地方官员，并获得恩准。

洪武二十五年（1392年），由于蒙元残余势力死灰复燃，不断侵扰边境，鉴于李信曾多年率军在漠北塞外作战，熟悉地理军情，明太祖召他回京，提升他为辽东都司指挥使，为正二品武官（明代都指挥司为一省最高军事机构，简称“都司”，都司最高官员为指挥使）。朱元璋重新重用李信，对他寄予厚望。李信上任后积极练兵备战，不给蒙元势力任何可乘之机。洪武三十年（1397年）九月，李信终于积劳成疾，病逝于辽东官邸。

李 彬

家谱中的李彬画像

李彬(1361—1422年),字质文,陶厂镇西山村大李自然村人,李信之子。明代功臣,丰城侯,死后被追封为茂国公。

李彬父亲李信于洪武二十二年(1389年),以年迈体衰为由,请求回地方任官。李信回乡后,其子李彬继承父职,任济州卫指挥佥事,守御北平,时年29岁。洪武二十四年(1391年),李彬随颍国公傅友德出塞,参与了几次打击蒙元残余势力的战役。追袭虏酋阿答失里,洮儿河一仗他身先士卒,冲锋在前,斩敌无数,缴获大量马匹等战利品。七月,大军回还时,他又在黑岭、寒山、磨镰海子及黑松林、熊皮山追袭虏酋兀剌罕,获得大胜,缴获战马50多匹。初次出征,李彬表现神勇而崭露头角,开始受到燕王朱棣关注。朱元璋也听说李彬骁勇善战,特别召见他,言谈之中对其好感倍增。之后,朱元璋派他视察宣府沿边各城,勘探城基,督造长城。洪武二十七年(1394年),李彬亲自督建了宣府及德胜口一段长城,第二年他总领北平都司等处官军及百姓,修筑万全、怀来两处长城。洪武二十九年(1396年),北方狼烟又起,李彬中断了修筑长城的任务,率军出长城口,从甘肃东部一直巡边到内蒙古东北部,然后驻军广昌。

明建文元年(1399年),燕王朱棣起兵南下以“清君侧”为名争夺皇位。李彬归附燕王,被选为前锋。他率大军一路攻占了蓟州、遵化,极大鼓舞了靖难军士气,被提升为指挥同知。接着,他又率军攻占了雄县、漠州,升为都指挥佥事。继而李彬战真定、援永平、克大宁、夺坝上、取广昌、鏖白沟、破沧州、平定州、攻济南,连战连捷,所向披靡,累树奇勋,并升为都指挥同知。在激战杨村中李彬身负重伤,燕王急派医前去救治,并赐药。李彬伤好后,要求再上前线,燕王称其忠勇,下谕要他暂停兵戎之事,辅卫世子守卫北平。后燕王率大军渡过长江攻占南京,李彬受命护送中宫至京城应天(今南京)。

永乐元年(1403年)燕王朱棣夺取政权,是为明成祖,改年号为“永乐”。天下大定,朱棣论功行赏。李彬因战功显赫,封为奉天靖难推诚宣力武臣、特进荣禄大夫柱国,被授予右军都督府佥事之职(正二品武官),丰城侯;食禄一千五百石,赐金书铁券,子孙世袭;并追封李彬三代,其曾祖、祖父和父亲皆为丰城侯;曾祖母、祖母、母亲及妻子周氏皆封为侯夫人。

永乐五年(1407年)七月,附属国安南(今越南)发生大规模叛乱,作为宗主国的明王朝派李彬任左参将,率师入境平叛。临行前,明成祖赐给他白金和锦缎寄予厚望。李彬入境后,采取水陆夹击战略,与云阳伯陈旭合力攻破安南西都,又在木丸江大败贼兵,平定了叛乱。永乐六年(1408年)六月,李彬班师回京,朝廷赐予他岁加禄米五百石奖赏。十月李彬被任命为总兵官,前往浙江、福建一带训练水师,防备海上来的倭寇入侵。第二年，李彬一举剿灭东海倭寇，给盘踞在东海沙门岛的倭寇毁灭性打击。之后，长沙发生李法良叛乱事件，李彬奉命领兵剿灭。刚刚平定长沙之乱后，他又被派往沿海地区继续追剿倭寇。经过一年多苦战，沿海倭患基本平息。永乐九年（1411年）末，李彬担任总兵官，率领大军前往甘肃平叛凉州之贼。李彬击溃叛贼老的罕的人马，迫使其逃到赤斤蒙古。成祖想发兵追剿，李彬上奏说赤斤蒙古路途遥远，粮饷难继，应慢慢图之。第二年，李彬镇守甘肃，严阵以待，赤斤蒙古摄于李彬军威，主动将老的罕捆绑献给他。成祖闻报大喜，给了李彬丰厚的奖赏。之后，李彬继续在漠北追剿残敌，并镇守陕西。

永乐十四年（1416年）二月，李彬受命佩征夷将军印，镇守安南。他到达后迅速击破并擒获陆那县贼人阮贞。第二年，清化府土巡检黎利反叛，李彬派兵进剿，黎利败逃。永乐十七年（1419年），他派兵在可蓝栅袭击黎利，擒获其手下大将，黎利逃往领国老挝。当时，安南人到处起事反叛，烽烟四起。李彬临危不乱，派遣五路大军分头征讨。叛贼势力最大的一股李彬亲自率兵讨伐，先后击败潘僚、范玉、黎侄等几支强悍贼人。为了解决出国作战、粮饷供应不上的困难，李彬令官军和土军一道就地屯田。贼首黎利一再作乱，遇到官军征剿就逃往老挝避难，是个心腹大患。为消除这一祸害，李彬在平定各方叛乱后，决定发兵老挝擒拿黎利。老挝方面得知后，十分惧怕，请求将黎利绑来献上。李彬恰在这时发病，便罢兵纳降。

永乐二十年（1422年）正月，李彬在安南去世，享年61岁。安南人为之集体停止贸易，互相号哭，怀念这位安邦良将。明成祖听到这一噩耗后，十分悲痛，停止上朝一日，命令有司将李彬遗体运回国内安葬，追封为茂国公，谥刚毅，加封三代祖考皆为茂国公，妣及其妻子皆为茂国公夫人。

李彬生有五子，长贤、次芳、三恭、四善、五喜，三四五子无嗣。长子李贤，永乐二十一年（1423年）二月袭爵，官至南京守备，景泰二年（1451年）十一月初九卒于任，追封丰国公，谥忠宪，赐葬江宁吉山。妻景氏封夫人，侧室周氏生一子李勇。次子李芳娶卜氏生二子：长钺，次爵。

六世长房孙李勇，景泰四年（1453年）十月袭爵，官至协同南京守备、太子太保，成化十八年（1482年）八月卒于任，葬江宁吉山。妻穆氏生一子李玺，侧室王氏生四子。

七世长房李玺，成化十九年（1483年）九月袭爵，李玺庶兄李旻，正德三年（1508年）袭爵，官至协守南京，后加太子太傅，嘉靖六年（1527年）镇两广。嘉靖十年（1531年）卒，谥武襄，无子。正德二年（1507年）闰三月卒葬江宁吉山。

八世李熙，字仲光，号缉庵，李旻从子。嘉靖十年（1531年）袭爵，嘉靖二十一年（1542年）镇湖广，嘉靖二十九年（1550年）领前军都督府，嘉靖三十一年（1552年）官至总京营，嘉靖三十二年（1553年）卒，无子。

九世李儒，李熙从子。嘉靖三十六年（1557年）袭爵，禄五百石，隆庆四年（1570年）卒。

十世李环，万历元年（1573年）袭爵，官至领右军都督府，寻提督操江，万历二十九年（1601年）卒。

十一世李承祚，万历三十年（1602年）袭爵，天启时附魏忠贤，曾上奏请予魏忠贤九锡。崇祯元年（1628年）以附魏党下狱，削爵发配戍边，次年（1629年）被斩首处决。

十二世李开先，崇祯三年（1630年）袭爵，十七年（1644年）死于战乱。

纵观李彬一生军旅生涯，战功主要集中在三方面：一是燕王朱棣发兵南下争夺皇权之战中，李彬作为先锋部队一路势如破竹，极大鼓励了燕王部队的士气；二是在征剿北方蒙元残余势力的长期战斗中，李彬战马的足迹踏遍了从甘肃到内蒙古至东北的广大地区，为巩固明王朝政权，作出了重要贡献；三是在两度南下平定安南叛乱中，李彬指挥有方，用兵如神，屡建奇功，有力打击了反叛势力，完成了朝廷交付的重任。李彬戎马一生，经过大小战役无数，但他败少胜多，是一位有勇多谋的军事奇才。

附：

李彬籍贯考证

《明史》称李彬为凤阳人；《明实录》《明功臣袭封底簿》《国朝献征录》等都称李彬为凤阳定远人，其实这都是谬误。根据有三：一是清同治版《历阳典录》明确记载茂国公丰城侯李彬墓在含山南二十里照面山下；清光绪版《直隶和州志》记载李彬墓在含山南十三都。二是清《历阳典录》记载清代含山县城东街功臣祠内供奉祭祀的是明代含山籍五大功臣，为广德侯华高、安庆侯仇成、丰城侯李彬和都督杨文与纪清。三是陶厂西山大李村李氏家谱谱名就叫《丰城侯李氏宗谱》，谱中明确记载，李福元于元末从江西丰城郡湖茫村一路北上，后落脚直隶凤阳府定远县刘栅村，再后南迁至和州含山县南二都（今陶厂镇）。从李彬曾祖父来含算起，李彬已是第四代了，是个地地道道的含山人。

西山大李村李氏家谱的记载与长江师范学院历史系李未醉和南昌大学历史系卢艳琴两位考证的结论完全一致。他们考证李彬祖籍为江西南昌府丰城人。据江西《湖茫李氏三宗谱》记载，李彬的曾祖李福元由江西丰城客游至安徽凤阳，后定居于定远县刘栅村。元代末年为避战乱，举家南迁至和州含山县南二都（今陶厂镇）。

江宁丰城侯李彬家族墓前石刻将军

李彬死后安葬之地也是个谜。明《国朝献征录》上记载，李彬在安南去世后，明成祖指示将遗体运回国内，赐葬在京郊宛平县西安里之原。但江苏省《江宁县志》记载：丰城侯李彬墓在吉山东南。江宁县政府还在吉山立有一块“吉山失考墓”保护碑。南京市博物馆研究员王志高根据《江苏省江宁县地名录》一书，考察后认为吉山失考墓就是李彬墓。江宁吉山有个风波坟村，这个村原名叫丰府坟。中华人民共和国成立初期，吉山风波坟村李彬墓前有龟趺、石碑各一件，华表、石羊、石狮、石马、石人各一对，置于神道两侧。20世纪50年代，村民为修建水库，砸毁神道上大部分石刻，将石头用于砌涵洞闸门，仅留下一对石刻武将和一对石马。而清康熙版《含山县志》上记载李彬卒后归葬于含山南二都，也就是葬于故乡。清代《直隶和州志》记载李彬墓在南十三都，实应为南二都照面山即今陶厂西山大李自然村的青龙冈。其实从含山李氏家谱中可看出，李彬的长子李贤、长孙李勇、长重孙李玺等世袭丰城侯，且功名显赫，死后均葬于江宁吉山。这是因为李彬子孙袭爵基本都在陪都南京为官，死后就近安葬于江宁吉山；而从墓葬规制看，只有李彬配享龟趺石碑、神道，所以李彬应该安葬在此，其世袭的子孙死后，自然陪葬在先祖身旁，吉山逐渐成为家族墓地。

江宁丰城侯李彬家族墓前石刻战马

含山明代三大国公墓，巢国公广德侯华高墓在黄墩西曹，墓前曾有神道，因明太史宋濂曾奉诏写《巢国华武庄公神道碑》，证明墓前是有神道的，后毁于何时不得而知，20世纪50年代初，农民开荒中发现其墓。皖国公安庆侯仇成死后赐葬钟山，在其家乡铜闸仇圩建有衣冠冢，并立有神道及石刻，"文化大革命"中被造反派炸毁。唯茂国公丰城侯李彬的墓一直不见发现。明末和州贡生戴重曾有一首《过照面山丰城侯先墓》诗，写道："照面山窟狼群嗥，磨棱涧水流青蒿。黄泥古冢二尺高，百年木皮生蛴螬。冢中老翁呼不起，曾将弓马教子孙。燕燕高飞入帝里，前驱长矛截江水。功成赐爵万户侯，金印铁书锦貂裘……"诗中没有描述李彬墓前的神道，只有一堆黄土。但查明代史籍《今献备遗》中有一篇《丰城侯茂国刚毅李公神道碑铭》，可知李彬墓前是有神道和石刻的。根据李彬的地位及受到明成祖的器重程度，其墓不可能如此简陋，含山的墓应该只是李彬的衣冠冢，真正的墓在江宁吉山。

毛方恒

毛方恒（1913—1993年），陶厂镇祁首村三庄自然村人。革命残疾军人，全国一等劳动模范。1942年参加新四军含和游击队；1947年1月，在攻打枣庄战斗中身负重伤，治疗时被截去双腿；1950年被批准复员回乡。他人残志坚，克服困难，坚持参加生产劳动。1952年，他把本村7户贫农组织起来，成立第一个互助组，之后他又将三庄社和其他几个低级社、互助组合并，成立有436户参加的全乡一个高级农业社，并被选为高级社监委会主任、党分支书记，被评为县一等劳动模范。县委通报号召全县党员向他学习，南京军区称赞他为"党的好儿子"。1956年，毛方恒被授予一

毛方恒

等劳模（优抚类），出席在北京人民大会堂召开的“全国模范会议”，受到党和国家领导人的接见。

祁家振

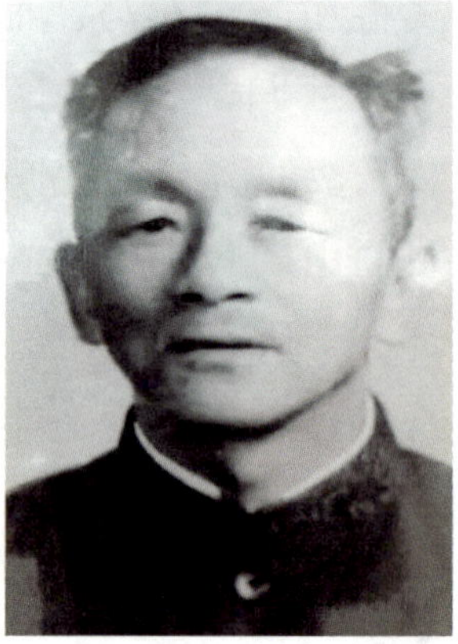

祁家振

祁家振（1916—2001年），陶厂镇祁首村祁首岗自然村人。含山著名的教育家，原含山中学校长，县政协副主席。年少时家境较为宽裕，使他自幼就受到良好的教育。他先在家读私塾，1933年考入芜湖赭山中学，读至高中，在校成绩优秀，年年获奖。1937年抗战爆发，祖父去世，家境每况愈下，他只好放弃考大学的念头，辍学回家。后来，其父患脑溢血病故，二弟祁家声又北上抗日。为了避免国民党抓壮丁，兄弟四人决定分家，自立门户。分家后，他开始以教书为业，借以养家糊口。

祁家振授课时旁征博引、妙趣横生，深受学生喜爱，在陶厂镇周边颇有名气。1944年，新四军七师在南城村成立和含学校，邀请他参加管理。祁家振不仅把他的学生带过来，还带过来一些社会青年。当时的学校由专员魏今非兼任校长，祁家振担任教导主任，负责教学工作。他通过教书传播革命道理。为了配合减租减息运动，他还自编自导了两个小话剧在祁首岗演出。不少弟子在他的影响下，走上革命道路。抗日战争胜利后，新四军紧急北撤，和含学校解散。祁家振回乡重操旧业，在祁首岗家里又办起私塾，把一些隐藏下来的学生和彷徨的青年团结在身边。1947年秋天，因密探出卖，国民党含山县政府派军警来逮捕他。狱中，他和反动政府据理力争，从容镇定。含南社会人士纷纷出面营救，后国民政府考试院院长吴鼎在其和县老家表侄的请求下，亲自到国民党含山县党部将其保释出狱。1948年初，华东野战军南下先遣支队活跃在和县、含山一带，一举歼灭了国民党保六团，声威大振。蓬勃发展的革命形势，点燃了祁家振的革命激情，他决定投笔从戎，追求革命理想。1948年夏天，在中共党员周恺的引导下，他脱产投身革命工作。

1949年3月，祁家振担任和县历阳区区长。当时，解放大军正在做渡江战役前的准备，部队向长江北岸集结，成千上万的民工肩挑各种物资，沿着和城东门公路，朝金河口方向奔涌。为了组织民工，支援前线，他身为区长日理万机，日夜操劳，全身心地投入支前工作。

中华人民共和国成立后，祁家振立志教育工作。最初他在和县县政府担任文教科长。当时和县仅有一所小学，两所中学。因为刚解放，师资力量十分薄弱，又没有统一教材，他就自己亲自担纲，选择内容，组织编写各类教材，就急使用。由于他学识水平高，编写的教材通俗易懂，深受大家的好评。

1952年，祁家振调至含山中学担任校长。含山中学原是一所设备简陋、规模很小的初级中学。经过他的努力，含山中学很快发展成为一所校舍全新、设备齐全、规模较大的完全中学。几十年来，培养了成千上万优秀学子，遍及中外。许多学生已成为当今国内各条战线上的骨干力量。因此，他在本地区教育界声望极高，深受广大群众尊敬。他在学校管理上有五个特点：一是“严”。对自己要求严格，以身作则，不搞特殊化。20世纪60年代，他为了提高含山中学教学质量，规定学校一律不接受大专学历的师范生。当时，他的大女儿从芜湖师专毕业，想进含山中学教书，但他一视同仁拒之门外。五六十年代，学校住房紧张，他孩子多，房子小，家里摆得到处都是床。尽管这样，他也不以校长身份，提任何特殊要求。二是“学”。他身为校长，带头钻研教学业务。无论是语文还是数学、物理、英语，他都下功夫钻研，并且取得很好成绩。他以自己的言传身教，引导教师钻研业务，抓好教学。三是“细”。每天晚上，他都要抽查教师批改的作业，对不认真的给予严厉批评。特别是高中学生的作文他倍加关注，经常喊学生到校长室，一起研究、阅读，当面指教。四是“精”。他提出教学要抓住关键，善于启发，深入浅出，通俗易懂。方法要灵活多样，不搞灌输式、机械式教学，便于学生接受。五是“情”。他对学生、教师非常关爱，有困难他都帮助解决。有时缺教师或遇到教师因事请假的特殊情况，他主动顶上，从不让学生缺堂，学生老师都非常感激他。多年来，他和师生建立了深厚的友谊。他博学多才，业务精湛。他文理皆通，能讲授多门课，在文史哲方面尤其擅长，教师们无不佩服他的才华。在他的领导下，含山中学的教学质量稳步提高，好学上进在全校蔚然成风，升学率多年在全地区名列前茅。像他这样既能抓管理又能搞教学的校长，无论过去还是现在都是不多见的。如今，含山中学已成为安徽省示范中学，与他当年打下的扎实根基是密不可分的。

祁家振在含山中学一干就是30多年，直到离休。在这漫长的岁月里，他经历过多次政治运动，经受过种种磨难。特别是“文革”时期，他受到了巨大的冲击，被戴高帽、关牛棚。他一生酷爱读书，爱书如命，“文革”时期，家里两大柜线装善本书被造反派付之一炬，他心痛得几天吃不下饭。后来他被送到县农机厂劳动，遭到常人难以忍受的委屈，但他凭着坚定的信念，渡过了难关。“文革”后期，他利用“靠边站”这段赋闲时间，把学校图书馆里能找到的代数、物理书上的习题全部做了一遍，加在一起有1万多道题，累积下来的习题本有近30本。在那样困境中，一些中青年教师在烧书、卖书，许多人无不敬佩他刻苦钻研学问的精神。

1982年，祁家振已经66岁高龄，组织上还想让他继续担任校长。他一再要求退下来。最终考虑到他在全县教育界的威望，县委安排他担任县政协副主席。1994年，他80大寿，含山中学毕业的108名学生联名给他送去了一块精致的匾额，称颂他为“教育泰斗”，县委、县政府授予他一块“教育世家”横匾。这是对他一生从事教育的最高褒奖，也是学子们对他发自内心的褒奖。解放军中将贾延明是含山林头人，当年在含山中学读书时，对学校浓厚的学风记忆犹深。他在南京军区担任政治部主任时已是少将军衔，但每次回乡上坟时，都要在其含山的姐姐家设家宴招待老校长一个人，不仅用车接送他上门，席间总要站起来给老校长敬酒，尊敬备至。1981年12月，祁家振当选第一届县政协副主席。1984年9月离休，享受地专级待遇。2001年8月病逝。遗作有《家振诗稿》，由中国炎黄文化出版社出版发行。

项朝亮

项朝亮（1916—2010年），陶厂镇司徒村项村自然村人，含山原县委书记。

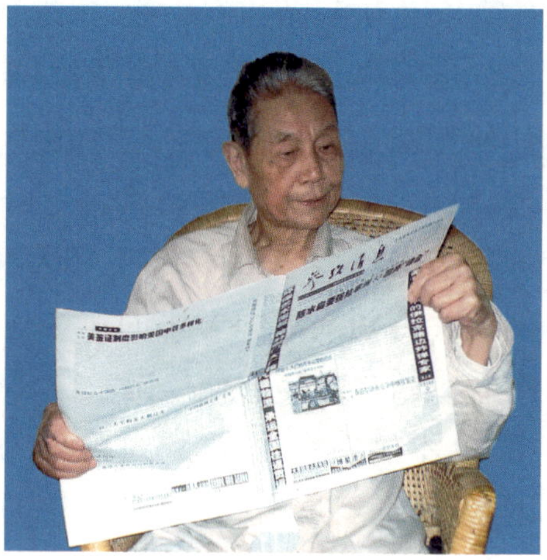

项朝亮

项朝亮年轻时放过牛、种过田、打过长工，是一个地地道道的庄稼汉。1940年春，和含地区抗日战争形势发生了很大的变化，当时和含地区驻有新四军江北游击纵队新七团，在团长余龙贵领导下开展敌后抗日武装斗争。这一年的1月，项朝亮参加革命，加入了新四军铜关游击队。铜关游击队属新七团领导，全队有50多人，喻焕忠任队长，王文华任指导员，项朝亮任排长。游击队活动范围主要在关镇、铜庙及淮南铁路线以北一带。经过一段时间工作，队伍扩充到100多人。后来日军发动大扫荡，新七团暂时撤离，王文华回部队，游击队员分散埋伏。项朝亮在家乡司徒一带坚持斗争，度过了一段艰险的岁月。

1943年，新四军在和县南义等地开辟和含根据地，建立和含地委、和含支队，孙仲德任地委书记兼支队长，领导和含军民开展敌后抗日游击战争。项朝亮受组织委派，回家乡司徒担任农抗会理事长兼党支部书记，同时参与组建司徒游击队，任副队长。1945年秋，和含地委指示项朝亮带领8名游击队员留在司徒、太湖山一带坚持游击斗争。

1946年1月，国民党军队一个营到山里“扫荡”，并出10块大洋买项朝亮人头。他们找不到游击队，就把项朝亮的老伴和两个女儿、堂哥、堂侄抓到东关坐大牢；又烧掉项朝亮四弟家的3间草屋。先后把项朝亮二哥抓到和县大牢里，把他四弟抓到东关大牢里，受尽毒打和折磨。当时国民党一个排驻进江老村，游击队活动范围受到了限制，游击队员中又有几位同志相继病倒，最后只剩下项朝亮和刘正才两人。他们在山洞里躲藏了36天后，敌人仍在继续搜捕，形势十分险恶，经请示党组织同意后，项朝亮和4名游击队员离开太湖山去芜湖找党组织埋伏下来。

1948年春，国内形势发生重大转折，项朝亮担任和含县工委陶新区教导员，组织建立区小队，开展减租减息。在这期间，项朝亮带领游击队配合南下的解放军先遣队全歼国民党保六团。1949年4月，渡江战役开始，和含成立一个支前民工团，何月波任团长，项朝亮担任副团长，跟随二野16兵团，从安庆等地渡江。当时，含山有1300多人，成立一个大队，项朝亮担任大队长，部队派人任政委。大队下设3个营9个连27个排，含山支前民工无一人离团逃脱。民工团跟在部队后面，筹粮筹物，照顾伤员，做好部队的后勤保障工作。过江后又在江西、浙江等地辗转3个多月，6月底返回含山，为渡江战役的胜利作出了重要贡献。

1952年，项朝亮担任含山县委副书记。1956—1966年，担任含山县委书记。他在县委领导岗位上，值得一提的有两件事：一是百里江水过昭关的壮举，集全县之力开展水利兴修。1958年遭遇严重旱灾，县委、县政府组织大批劳力从百里之外的和县金河口，将江水引入含山，又打通昭关隧道，将江水送往旱情最为严重的含北地区，谱写了一曲百里江水过昭关的抗旱凯歌。二是采取山圩协作，集中力量打歼灭战的方式兴修水利，发动山区人民帮助圩区修圩堤，圩区人民帮助山区修水库。在他的领导下，全县掀起轰轰烈烈的水利兴修热潮，先后修建了东山、和平、昭关、长山、小庙岗、任家湖，陶厂江老、二郎庙、唐庄等一批中小型水库。离开含山后，项朝亮先后担任巢湖地区邮电局、农机局局长，科委副主任。1982年离休，享受地专级待遇。2010年因病逝世。

祁家声

祁家声

祁家声（1917—1954年），陶厂镇祁首村祁首岗自然村人，中国人民志愿军正营级教导员，革命烈士，祁家振二弟。

祁家声8岁启蒙就读于本村私塾，后由于祖父母相继去世，家境每况愈下，14岁时辍学，开始放牛务农。婚后育有一女二男。

1940年前后，祁家声在妻弟江吉天革命活动的影响下，秘密加入了中国共产党，投身抗日救亡活动，任抗联民主政府祁首岗村保长。1943年初脱产参加革命工作，先后就任南义乡、新塘乡、雍南乡民主政府指导员。1941年“皖南事变”后，新四军七师在无为发展壮大，祁家声1944年以乡指导员身份参加新四军七师和含支队，经过短暂的训练后调任七师和含支队下属分队副指导员。

1945年8月，抗战胜利后七师整编成3个旅，奉命北撤，祁家声隶属二十一旅，任分队副指导员。七师经过3个多月的奔袭，同年10月到达新四军总部山东临沂附近蒋庄。祁家声随部队参加解放山东枣庄战役。1945年11月新四军编为华中野战军，祁家声隶属陶勇领导的一师，任三十三团连指导员。1946年6月至8月，祁家声随一师从山东回苏中，参加粟裕指挥的苏中战役，取得“七战七捷”辉煌战果，粉碎了国民党对解放区的围剿。

祁家声革命烈士证书

1947年1月，华中、山东两个野战军合并，编为华东野战军，祁家声隶属陶勇四纵33团，任连指导员。1947年1月，华东野战军从苏中挥师北上鲁南，于枣庄、峄县歼敌两个师和一个快速纵队。此战役中，祁家声负伤。此后，他相继参加了莱芜、孟良崮、淮海等一系列重大战役。

1947年6月，刘邓大军千里跃进大别山，开始战略反攻，华东野战军主力受命箝制敌人。同年9月，祁家声参加沙土集战役，后转战河南夏邑、永城，安徽涡阳、蒙城等地。

1948年5月，中央军委组建渡江先遣纵队，祁家声担任先遣七支队二营五连指导员，在司令马长炎、顾鸿的率领下，机动于和、含、巢、合一带，歼灭国民党、民团、土匪，建立民主政权，实行土改。1948年6月，祁家声参加和县南义全歼国民党保六团的战斗；9月又参加攻打和县白渡桥战斗；1949年1月参加解放巢县城战斗。

1949年2月，华东野战军改称第三野战军，祁家声任三野华东军区皖北军区九十师六团三营教导员，进驻霍山参加大别山剿匪战斗。1951年3月剿匪任务完成后，祁家声所在部队进驻上海奉贤县南桥镇布防。

1952年8月，祁家声任二十四军七十二师二一六团三营正营级教导员；9月24日，二十四军由皮定均率领入朝参战，接替十五军驻守上甘岭阵地。1954年7月，祁家声在执行任务返回途中，不幸以身殉职，享年38岁。祁家声牺牲后安葬于朝鲜平安南道矾无里达顿村，被国家民政部授予"革命烈士"称号。

阚方城

阚方城

阚方城（1919—1994年），陶厂镇西山村阚村自然村人，原淮北市手工业局党委书记、局长，粮食局党委书记、局长。1939年11月参加革命。1939年11月至1945年7月，历任乡农协会理事、税务所所长、乡长、区委组织委员。1945年8月，随新四军七师北上。1946年1月至1948年3月，历任鲁南铁路局工会主席、干校分队党支部书记、政治部组织干事、阜南县柴集区区委书记。1948年4月至1950年1月，历任和县西太区、卜集区、功桥区区委书记。1950年2月至1958年4月，历任安徽省财经调查队队长、省劳动局调配科副科长。1958年5月至1975年6月，历任淮北煤矿筹备处人事处副处长，淮北矿务局劳资处濉溪市劳动局副局长，淮北市粮食局党总支书记、局长，市公交小组副组长。1975年7月至1983年12月，历任淮北市手工局党委书记、局长，市第八届人大常委会常委、党组成员。1983年12月离休。1994年因病逝世，享年75岁。

张一尘

张一尘（1921—2005年），陶厂镇卜李村人。1940年参加新四军，历任班长、排长、副连长、连长。中华人民共和国成立后，历任江西省地方以及省直部门干部，后任江西省森林工业局处长（享受副厅待遇）。2005年因病逝世。

张　涛

张涛

张涛（1921—2003年），陶厂镇云塘村孙陶自然村人。他在安徽省立三中读书时参加中共外围组织，积极参加抗日斗争宣传活动，1942年加入中国共产党。曾任陶厂镇情报站站长，新四军七师随营干部学校党支部书记，山东枣庄火车站党支部书记，中共阜南县苗集区区长。1948年随军南下，先后任含山县运漕区区委书记，县委常委，宣传部部长，县政府县长。1954年调皖南行政公署，先后任泾县、歙县县委书记。1957年调芜湖地区行政公署，先后任宣城县、广德县委书记。1962年调任芜湖地区农村工作部副部长兼地区农业局局长。1965年调任当涂县委书记。1972年调任芜湖地区青弋江工程指挥部常务副指挥长、兼地区水电局局长，并任芜湖地区革命委员会生产指挥组副组长。1974年调任泾县县委书记。1979年调任芜湖地区农村工作委员会主任。1981年离休，享受地专级待遇。2003年因病逝世。

祁家成

祁家成

祁家成（1922—2012年），陶厂镇祁首村祁首岗自然村人，祁家振三弟，曾任和县人大常委会常务副主任。1944年9月参加新四军，从事税务工作。1945年秋，因国民党军队扫荡与部队失去联系，被迫到上海谋生。1948年10月回乡，1949年2月重新回到部队，脱产参加革命工作。1950年12月加入中国共产党，先后担任和县桃花乡、腰埠乡副乡长、乡长。1951年7月至1955年4月，担任和县人事科副科长、民政科副科长。1955年至1959年，先后担任和县县委办公室主任、农工部副部长。1959年3月至1963年4月，先后担任和县沈巷公社、南义公社书记。1963年5月至1967年，先后担任和县县委农工部副部长、县委宣传部副部长。“文化大革命”中遭受冲击，被集中到“五七”干校劳动。1971年初被解放，恢复领导职务，担任和县善厚公社书记，直至1975年初。1975年4月至1984年3月，先后担任和县农林局局长，县委农办主任，县委政策研究主任，县委农工部部长。1984—1987年，担任和县人大常委会常务副主任。1989年9月离休。2012年因病逝世。祁家成长期从事农业农村工作，有着极为丰富的农村工作经验，为和县农林事业的发展呕心沥血，奉献了毕生精力，在和县享有“农业土专家”之称。

濮洪泉

濮洪泉（1925—2017年），陶厂镇司徒村小卜自然村人。1943年3月参加革命工作。

历任司徒乡小卜村青年队长、游击队队员，新四军七师收发员、学员、文印干事，八路军山东鲁南八师文书、书记，三纵八师见习参谋，华东野战军司令部学员，中国人民解放军二十二军六十五师军务参谋、秘书，浙江省康复医院管理局秘书室代主任，省卫生防疫站秘书科科长，省科协办公室主任、党组成员，省科委办公室副主任、综合处副处长、农医处副处长、科研三处处长等职。1985年离休（享受厅局级待遇、按副省长级标准报销医疗费）。2017年7月在杭州逝世，享年92岁。

曹　华

曹华（1927—2014年），陶厂镇西塔村徐村自然村人。1948年肄业于芜湖职训班高级新闻科（大专）。1949年6月，任江淮第五专署（巢湖地区前身）秘书处文书；同年9月任和县人民政府文教科干事。1950年10月，任巢县中学政治教师。1951年9月，任皖北行署文教处科员。1952年4月至1958年，分别在宣城师范、广德中学、巢县中学、含山中学、南陵中学任教。1975年，调南陵县烟墩中学从事总务工作。1978年10月，调南陵师范分别担任语文、教育学、心理学教师。1988年10月离休，定居于芜湖，享受副县级待遇。2014年因病逝世。

胡昌硕

胡昌硕（1930—2013年），陶厂镇西塔村徐村自然村人。1949年初任仙踪区委委员。从1950年10月起，先后任巢湖地委宣传部干事、安徽省文化干校政治教导员，省宣郎广农场职工子弟学校副校长、技工学校副校长，白湖农场第二中学教导主任、副校长，白湖农场文教科科长兼白湖干部学校校长、白湖农场纪律检查委员会副书记、白湖干部学校校长。1988年1月离休，享受副县级待遇，定居芜湖。2013年因病逝世。

李修松

李修松

李修松（1958—2023年），陶厂镇关镇村苏滩自然村人，生前为安徽省政协副主席、民建安徽省委主委、民建中央常委兼文化委员会主任。2023年4月3日因突发疾病抢救无效在合肥逝世，享年66岁。

1976年1月，任关镇公社苏滩小学教师；1977年恢复高考后，李修松考入安徽师范大学历史系；1982年8月，考入安徽师范大学历史系中国古代史专业硕士研究生；1985年8月在安徽大学历史系任教，先后任讲师、副教授、教授，古代史教研室副主任、主任，图书馆馆长。2000年8月，经公开选拔担任省文化厅副厅长兼文物局局长。1997年5月任民建安徽省副主委；2011年2月任民建安徽省主委，安徽省文化厅副厅长（正厅级）（2010年9月至2011年9月挂职任马鞍山市副市长）；2012年12月任民建中央常委、安徽省主委，安徽省文化厅副厅长；2013年1月任安徽省政协副主席，民建中央常委、安徽省主委，安徽省文化厅副厅长；2017年8月任安徽省政协副主席，民建中央常委、安徽省主委，省社科联主席（兼）；2020年10月任安徽省政协副主席，民建中央常委、安徽省主委；2022年6月任安徽省政协副主席，民建中央常委；2022年12月至2023年1月任安徽省政协副主席。

李修松是十届、十一届全国人大代表。十二届、十三届全国政协委员。民建八届、九届中央委员，十届、十一届中央常委。

李修松担任民建安徽省主委期间，热爱多党合作事业，带领全省各级民建组织和广大民建会员积极履行参政党职能，坚持率先垂范，敢于建诤言、善于献良策，为安徽民建事业的发展倾注了大量心血。

他恪尽职守，工作成效显著。担任安徽省文化厅原副厅长和省文物局原局长期间，经常深入基层调查研究，听取意见建议，研究确定工作思路，在推进文物事业和文化市场管理工作中，既尊重客观规律，又大胆创新，努力形成独具特色、行之有效的工作模式。在文物立法、凌家滩国家考古遗址公园建设、古民居古村落保护利用等方面做了大量工作，为安徽文化文物事业繁荣发展作出重要贡献。

他组织领导能力强。担任安徽省政协副主席期间，围绕中心、服务大局，坚持建言资政和凝聚共识"双向"发力，提高协商活动质量，创新督办形式，提升民主监督效能。开拓进取、积极奉献，为推进安徽人民政协事业发展作出重要贡献。他事业心、责任感强，工作敬业，作风民主，坚持民主集中制，与大家和谐共事。

李修松长期从事学术研究，在历史、考古、文博、文化、旅游、文化理论、文化创意产业、统战理论等方面有较深研究，发表许多重要文章和调研报告，受到有关方面重视。先后出版《贪场知鉴录》《儒学经世箴言》《中国社团史》《淮河流域经济开发史》《淮河流域历史文化研究》《中国禅宗二祖慧可大师传》《护法法将昙曜大师传》《先秦史探研》《安徽通史·先秦卷》等著作多部；发表学术论文200多篇，发表其他文章多篇；先后主持国家级、省部级科研课题10多项，成果内容涉及先秦两汉史、文化史、文献整理、文物考古、文化及文化产业等，获省哲学社会科学优秀成果论文一等奖、著作一等奖等。1995年被评为安徽省首批学术与技术带头人，从1998年起作为优秀专家享受国务院特殊津贴。李修松还是博士生导师、中国先秦史学会副理事长、全国楚文化学会副理事长。

第二节　人物简介

张动民

张动民，原名张年敔，1921年出生，陶厂镇西山村徐关自然村人。1942年加入中国共产党。1943年至1945年9月先后任和县前塘乡、雍家镇乡政府秘书。1945年9月至1946年5月，随军北上任山东滕县西关镇副镇长。1946年6月，先后任滁县地委某区委书记、政治指导员，嘉山县委宣传部部长，嘉山县副县长。1953年至1958年，先后任安徽省纪律检查委员会审理组副组长，监察委员会案件审批科干事。1958年3月至1963年5 月，任合肥工业大学党委委员、党总支书记。1963年6月至1968年9月，任皖南大学党委委员、统战部部长。1968年10月至1975年4月，任安徽工农大学革委会副主任、党委委员。1975年5月至1982年3月，任安徽师范大学副校长，1982年4月离休。

张动民

黄有道

黄有道，1924年出生，陶厂镇云塘村张李自然村人。1941年任中共陶厂乡武装委员会主任。1949—1955年，任姚庙乡党支部书记。1956年，调至宣城县，先后任文化部部长、双桥区书记、县委办公室主任等职。1960年，任宣城县工交部部长。1964年，任湾沚区委书记。1965年，下派到水阳镇开展“四清”运动，后任县贫下中农协会主席、铁道建设指挥部副指挥长、县经委党总支书记。1982年，任宣城县人大常委会副主任至离休。

黄有道

周 屏

周屏，原名蔡子华，1925年出生，陶厂镇司徒村林庄自然村人。1941年参加革命工作，1942年加入中国共产党。历任新四军七师和含支队军需供应负责人，第三野战军军需股长。参加过孟良崮战役、淮海战役、渡江战役。1949年8月转业到地方工作，历任含山县仙踪区区长，含山县副县长。1954年赴苏联留学，1957年回国后任铜官山选矿厂厂长。1958年后历任省冶金研究所副所长，省重工业厅化工处处长、科技处处长，合肥第一钢铁厂厂长、党委书记，合钢公司副总经理、党委副书记。1977年任安徽省冶金厅副厅长，党组副书记。1987离休，享受副省级待遇。

周屏

葛正基

葛正基，原名葛盛祺，1928年出生，陶厂镇云塘村大葛自然村人。大专文化，1942年参加革命，同年加入中国共产党。抗日战争期间任和含地区货管系统新塘货管分局货管分所所长，和含货管总局和县总局会计主任，和县县政府货管科主任科员，县政府党支部书记。1945年9月，先后在和含地区金库、和含地区北上干部大队，新四军第七师十九旅、第七师司令部山东野战军指挥

葛正基

部、华东局等单位任职。从1949年10月起，先后在华东局、山东分局、山东省军区、山东省委机要处等单位任职。1965年，任中共中央办公厅机要局副处长等职。1983年任铁道出版社副社长兼工会主席、党委委员，1990年离休。

江　涛

江涛，原名朱良藩，1929年出生，陶厂镇卜李村马朱自然村人。原成都军区司令部部长、办公室主任。江涛是参加革命以后改用的名字，一直沿用至今。1943年，他加入新四军，被选送到抗日军政大学10分校学习。1945年6月随部队北上山东抗日，被分配到新四军七师文工团，担任分队长，后被调到七师师部，做机要工作，担任译电员。解放战争中，江涛先后参加莱芜战役、鲁中南战役、孟良崮战役、济南战役、淮海战役、渡江战役。渡江战役中，江涛在总前委瑶岗总部工作，受到总部嘉奖。

1949年11月，二野进军大西南。江涛被调到二野教导大队，担任二野副司令兼参谋长李达的秘书。此后，江涛又相继担任国防部副部长郭天民秘书，以及肖克秘书。他曾荣获过中央军委授予的解放勋章，中央军委颁发的纪念抗日战争胜利60周年奖章等。20世纪70年代初，江涛受部队委派进藏，后来成立地委，他担任地委书记。1986年离休。

江涛离休后，潜心诗词创作。他曾是解放军《红叶》诗社社员、中国毛泽东诗词研究会会员、成都军区老年诗书画协会副会长、四川省和成都市毛诗会副会长、四川省老年大学校友诗词研究学会会长。诗词作品散见于军内外10多家刊物，诗词著作有《老兵吟草》《诗词入门》。

祁家金

祁家金

祁家金，1931年出生，陶厂镇祁首村祁首岗自然村人。1949年参加革命工作。曾先后担任含山县广播站站长，县农林水办公室主任，运漕镇党委副书记、书记。“文化大革命”后期任县生产指挥组秘书组组长，后历任县劳动局局长、农林局局长、环峰区委书记等职。1981年任县委办公室主任，1984年任含山县委常委、常务副县长。1987年任含山县人大常委会主任。2004年离休。

王孝金

王孝金，1935年出生，陶厂镇南峰社区王下村人，曾任中共芜湖市委党校副教授。1952年秋考取芜湖一中初中部，后被保送芜湖一中高中部学习，1958年秋又被保送至北京师范大学中国语言文学系专业就读。毕业后被分配到北京一零一中学担任教师。1970年夏申请调回安徽和县工作。1984年秋调至芜湖市委党校工作，教授《大学语文》《孙子兵法与企业管理》等课，享受副教授职称待遇，1997年退休。王孝金出版有《孝金诗一百首》《酒之赐予在之思》《沉遐集》《心旅微痕》四本专著。

濮洪九

濮洪九

濮洪九，1936年出生，陶厂镇卜李村大卜自然村人，曾任煤炭工业部副部长，高级工程师。濮洪九于合肥矿业学院矿建系毕业，1956年9月参加工作，1956—1982年历任煤炭科学研究院建井研究所课题组组长、室主任、建井所副所长、煤炭科学研究院党委副书记。1982年调煤炭工业部工作，先后任干部司副司长、司长。1988年任中国统配煤矿总公司副总经理、煤炭工业部副部长。从1998年8月起任国家煤炭工业局党组成员、中纪委驻局纪检组组长、中国煤炭加工利用协会名誉会长。2001年任国家安全生产监督管理局、国家煤矿安全监察局党组成员，中纪委驻局纪检组组长，同年9月当选中国煤炭学会理事长。他在中共十五大上当选中央纪律检查委员会委员。曾任中国煤炭工业协会第一副会长，中国国际商会煤炭行业商会会长，中国煤炭学会理事长。

祁家骥

祁家骥，1937年出生，陶厂镇祁首村祁首岗自然村人，曾任安徽省立医院教授。1963年毕业于上海第一医学院，毕业后从事预防医学和临床医学实践及预防医学教育和教学管理等工作。曾任安徽医科大学卫生系副主任、党总支书记，中华预防医学会安徽省卫生学会副主任，中华预防医学会安徽省环境卫生学会副主任，中华预防医学会公共卫生教育分会委员，加中儿童健康基金会（CCCHF）儿童保健培训中心主任。主要著作有《中国百科大辞典》（任常务编委、医药卫生学科主编）、《当代学科大全》（任常务编委、医药卫生学科主编）、《食疗食补食美》（主编）。发表论文有《合肥市大气质量评价之初探——1981年大气质量评价》《合肥市区居民肺癌死亡率及其因素的探讨》《“SARS”给人们的启示与忠告》等30余篇。1996年获“陈香梅教育奖”。退休后任安徽省科协理事，安徽医科大学关心下一代工作委员会副主任。

李忠兰

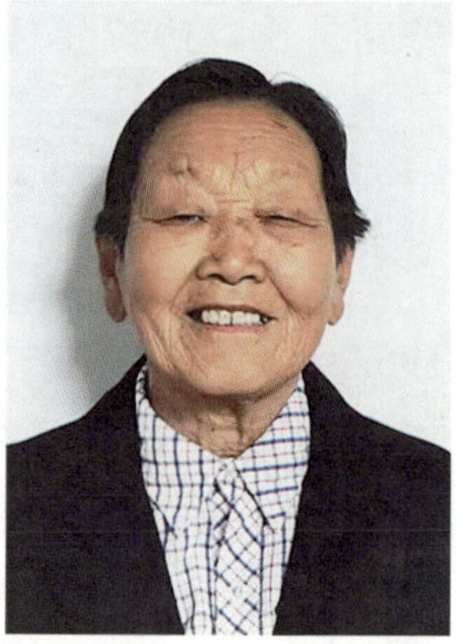
李忠兰

李忠兰，女，1941年出生，陶厂镇西塔村白庙自然村人。1959—1970年，先后任唐庄大队共青团书记、大队妇女主任、大队书记，陶厂公社党委副书记。1971年任含山县委常委，1973后任含山县委常委兼县妇联主任、巢湖地区革委会委员、巢湖地委委员。1975年任含山县委常委兼关镇公社书记。1984年任县人大常委会副主任，2003年退休。1962年被省民政厅评为现役军人家属先进个人，1970年被评为巢湖地区先进个人，1986年被省妇联评为优秀妇女工作者。

张运金

张运金

张运金，1941年出生，陶厂镇云塘村张李自然村人，中专文化。第六届含山县政协副主席。1968年1月，被授予安徽省“活学活用毛泽东思想先进个人”称号，并出席全省表彰大会；1969年10月，出席全省贫下中农代表大会。1971年10月参加工作，任陶厂公社武装部副部长。从1972年2月始，先后任昭关公社党委委员、武装部部长、党委副书记。1974年3月至1980年10月，任昭关公社党委书记。1980年10月至1983年8月，任关镇公社党委书记。1983年8月至1987年6月，任陶厂镇党委书记。1987年7月至1992年2月，任铜闸区区长、区委书记。1992年2月，任撤区并乡后的陶厂镇党委书记。1992年10月至1997年12月，任环峰镇镇长、党委书记，含山县委委员，含山县人大常委。1998年1月当选六届含山县政协副主席。2003年4月退休。

蔡哲文

蔡哲文

蔡哲文，1943年出生，陶厂镇司徒村林庄自然人。1961年7月，在省公安厅管辖的国营黄山茶林场从事管教工作。1965年11月至1976年11月，先后在省公安厅九处、省军管会、省人民保卫组、省公安厅侦破组和政保组工作。1976年11月至1984年9月，在省公安厅一处、七处先后任副科长、科长。1989年9月至1997年，任省公安厅七处副处长。1992年被授予一级警督。1997年至2002年，任省公安厅技术侦察总队副总队长、调研员。1999年9月，被授予三级警监警衔，高级工程师技术职称。2002年至2003年，任省公安厅调研员。2003年11月退休。

蒋正萌

蒋正萌，1943年出生，陶厂镇铜庙村人，合肥师范学院中文系毕业，先后担任安徽青年报总编辑、安徽新闻出版报总编辑、省新闻出版局（省出版总社）办公室主任、副局长等职，先后被评为主任编辑、编审。2004年退休后担任安徽省期刊协会会长、省新闻摄影协会副会长、省工艺美术学会顾问等社会职务。

蒋正萌长期从事新闻采编和出版管理工作，发表通讯、报告文学、散文、文学评论、论文等文章多篇。出版有《范文集锦》和自选集《淡淡的流萤》等，主编《新芥子园画谱》（3卷），合作翻译长篇小说《滴血的钻石》等。

尹胜利

尹胜利，1943年出生，陶厂镇西山村尹庄自然村人。1962年6月入伍，服役于原南京军区60军某部。1966年先后任排长、炮兵师参谋。1978年6月任原南京军区政治部干事、副处长、处长。1985年1月任宣城军分区政治部主任；1991年7月任宣城军分区政委。1999年3月退休。

鲁德胜

鲁德胜

鲁德胜，1944年出生，陶厂镇铜庙村卫鲁自然村人。1957—1963年在含山中学读书，1963考取东南大学电子工程系，1968年毕业后在河南部队农场及县机械厂劳动锻炼，1972年分配到舞阳钢铁公司工作。1978年调至北京真空仪表厂工作，先后担任技术员，工程师、车间主任、厂长。1988年10月，北京旅游局在全市公开招聘人才管理饭店，经过选拔，鲁德胜担任北京旅游局国有资产管理处副处长，管理旅游局直属几十家饭店。1992年4月，挂职出任西安建国饭店（中美合资）总经理。1992年11月，担任北京喜来登长城饭店（中美合资）中方总经理、董事。1998年，担任北京新世纪饭店（中日合资五星级酒店）总经理兼党委书记、董事。2005年退休。2005—2019年担任海南三亚民营五星级亚龙湾红树林酒店总经理。

祁述武

祁述武，1944年出生，陶厂镇祁首村祁首岗自然村人。考入上海华东师范大学历史系，毕业后分配在巢湖监狱从事管教工作。1981年，选调到公安部保定劳改工作干部学校进修，之后调入新组建的安徽省劳改工作干部学校任教。1986年调入省劳改局劳教处工作。后劳动教养工作独立，成立安徽省劳动教养工作管理局，祁述武先后任科长、副局长，正处级调研员，三级警监警衔，兼任安徽省劳动教养学会副会长和秘书长。曾担任《劳动教养报》主编，编撰有《劳动教养工作讲义》《劳教人员500问》等专业书籍。曾作为司法部派出的访问学者赴澳大利亚墨尔本大学进行学术交流。2004年退休。

周能武

周能武

周能武，1945年出生，陶厂镇西塔村伏陶自然村人。原含山县政协第六届、第七届主席。1965年11月参军入伍，历任空军某场站通讯连战士、班长，探照站站长，汽车场务连指导员、团党委委员。1975年4月任某场站政治处主任、团党委常委。1980年4月，转业任运漕镇党委副书记、副镇长。1981年3月，任运漕镇党委副书记、镇长；同年9月任运漕镇党委书记、县委委员。1984年4月，任含山县委组织部副部长、县纪委常委。1993年3月，任含山县委常委、组织部部长。1996年12月，任含山县委副书记。1998年1月，当选第六届含山县政协主席。2003年2月，当选第七届含山县政协主席。2005年12月退休。周能武为安徽省书法家协会会员。

毛华亮

毛华亮

毛华亮，1946年出生，陶厂镇祁首村小毛自然村人。1965年11月参军入伍，后上军校，毕业于长沙工程兵学院。1971年调至国防科委(后改制为航天集团)五院工作。1974年转业至七机部(现北京卫星制造厂)某军工厂，任副处级管理人员。2006年退休，享受正处待遇，现居北京。

李光友

李光友，1947年出生，陶厂镇司徒村上刘自然村人。1968年参军入伍，分配在空军某飞行机队服役，后进入国防大学学习3年。转业后任国家经贸部苏州某公司任总会计师，曾任青岛疗养院副院长、中国驻俄罗斯波罗的海总领馆外交商务二秘、驻德使馆二秘等，回国后任外经贸部一秘等职。

阚以旭

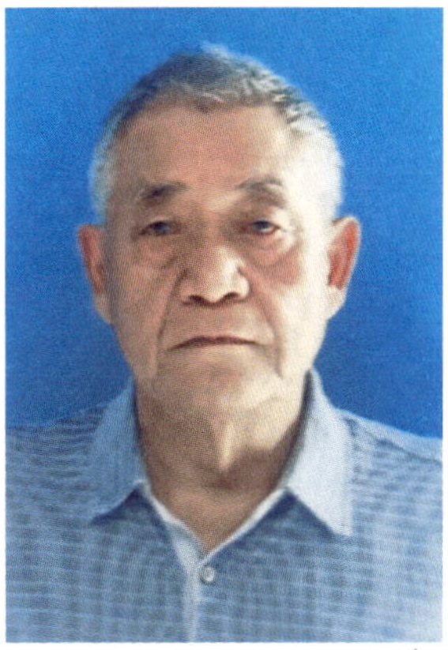
阚以旭

阚以旭，1947年出生，陶厂镇西山村阚村自然村人。1969年入伍，在南京军区汽车某团服役。1970年加入中国共产党。1974年5月退伍，安排在淮北市焦化厂工作，先后任党委秘书、党委办公室副主任。后考上大学，1984年7月合肥工业大学毕业。1984年8月至1993年5月在淮北市委组织部工作，先后任组织员，一级巡视员。从1993年6月起，任淮北市对外贸易促进委员会副会长、调研员，直至退休。

王义华

王义华

王义华，1949年出生，陶厂镇西塔村冯王自然村人。1969年入伍，历任排长、师宣传科干事。1975—1978年，在吉林大学经济系学习。后任长沙工程兵学院政教室教员、学员六队政治教导员、副团职宣传科长、学员三大队正团职政委。荣立三等功一次。

1988年授中校军衔。1995年转业任巢湖地委党校副校长。2002年7月，任政协巢湖市委员会研究室主任、委员工作处主任、提案委员会主任。2011年退休。

孙志明

孙志明，1949年出生，陶厂镇司徒村人。1968年3月入伍，在部队任军医。转业后，历任上海市人事局干部、市人才交流中心副主任、主任（副厅级）。

黄荣华

黄荣华，1950年出生，陶厂镇关镇村唐庄自然村人。曾任安徽省民族事务委员会（安徽省宗教事务局）党组书记、主任（局长）。1973年9月，在安徽劳动大学政治系政教专业学习。1975年7 月，毕业分配至含山县教育局工作，历任含山县委组织部干事，县委党校教员、教研组副组长，县委副书记、县委书记，安徽省纪律检查委员会常委，中共亳州市委副书记，安徽省人事厅副厅长、党组成员，省民委（省宗教局） 党组书记、主任（局长），省委统战部副部长。2006年10月，当选省委八届候补委员。2008年1月，当选省政协第十届常委、省政协民族和宗教事务委员会主任。2010年退休。2013年2月，担任党的群众路线教育实践活动省委第七督导组组长；2014年1月，担任第十六督导组组长。

黄荣华

张衍文

张衍文，1950年出生，陶厂镇司徒村花山张自然村人。1994年被中国人民解放军南京军区授予上校军衔，立三等功一次。退伍后任南京市下关区卫生防疫站执法科科长。2010年退休。

张永恒

张永恒，1951年出生，陶厂镇卜李村人。1970年入伍，历任班长、排长、干事，南京军区检察院干部、副检察长、检察长（正处级），转业后任上海市公房资产经营公司总经理。

贾启枝

贾启枝，1951年出生，陶厂镇铜庙村人。1970年12月在合肥警备区独立营一连服役；1977年至2006年先后在安徽省委办公厅警卫处，省公安厅六处、九处工作。2006年9月担任安徽省公安厅治安总队副总队长。2012年退休。

江进开

江进开，1952年出生，陶厂镇司徒村人。1970入伍到合肥警备区服役，1977年由部队选送到安徽省委警卫处任警卫员，1979年10月，调安徽省政府办公厅保卫处工作，1987年任保卫处保卫科科长，1989年任保卫处副处长，1997年任保卫处正处级调研员。2012年退休。

殷道春

殷道春

殷道春，1953年出生，陶厂镇南峰社区人。1972年12月入伍服役，1976年6月退伍至陶厂中心卫生院工作。1978年11月，考入安徽农学院淮北分院农业经济专业，获农学学士学位。1982年9月，任环峰区代理团委书记。1983年6月，任九连乡党委委员、管委会主任。1984年11月，任包山乡党委书记。1985年12月，任含山县委政策研究室副主任。1989年3月，任清溪区区长、区委书记。1992年5月，任含山县农村经济委员会（县委政策研究室）副主任兼县体制改革办公室主任。1992年12月，先后任含山县人民法院党组书记、副院长、院长。1996年12月，先后任巢湖市（居巢区）人民法院党组书记、副院长、代院长、院长。2007年1月，任巢湖市中级人民法院审判委员会委员、副处级审判员。2011年9月，任合肥市中级人民法院副处级审判员。2013年9月退休。

张宏伟

张宏伟

张宏伟，1954年出生，陶厂镇司徒村花山张自然村人，大专文化。1972年陶厂高中毕业后入伍。在海军大连舰艇学院服役，历任排职、副连职、正连职、副营职、正营职、副团职、正团职。授海军上校军衔。1998年8月退役，转业至中国远洋集团大连远洋运输公司任船舶政委。2014年10月退休。服役期间立三等功两次。在大连远洋运输公司工作期间，曾获安全管理银质奖一次。

李为华

李为华，1954年出生，陶厂镇司徒村大李自然村人。1972年12月参军，服役部队隶属于国家海洋局南海分局，参加过南海海岸带调查、南海断面调查、南海中部调查、南海南部调查以及东海大陆架调查，基本查遍中国三大海域。先后三次参加在太平洋寻找运载火箭（洲际导弹）靶场任务，担任气象探空组组长。20世纪90年代初，转业至广州市海珠区，先后担任区国土资源与房屋管理局局长、中国国际贸易促进会海珠分会会长、海珠区委机关党委书记职务。

祁述志

祁述志

祁述志，1955年出生，陶厂镇祁首村祁首岗自然村人，曾任安徽省公安厅副厅长，一级警监。1972年5月至1978年12月，任省第一劳改总队管教干事。1978年12月至1990年4月，先后任省公安厅二处办事员、科员、副科长。1990年4月至1992年12月，任省公安厅直属机关党委正科级干事。1992年12月至1994年12月，任省公安厅直属机关党委副书记。1994年12月至2000年5月，任省公安厅直属机关党委书记。2000年5月至2001年1月，任省公安厅纪委副书记兼督察处处长(其间2000年3月至8月参加公安部第四期青干班学习，其中6月至7月在加拿大皇家警察学院学习)。2001年1月至2004年2月，任省公安厅副督察长、纪委副书记(其间2003年11月至12月，公派英国苏格兰警察学院学习)。2004年2月至9月，任亳州市公安局党委书记、局长(正处级)。2004年9月至2007年8月，任亳州市公安局党委书记、局长(其间2006年10月至11月赴中国人民公安大学、香港警察学院学习)。2007年8月，任亳州市人民政府副市长，市公安局党委书记、局长。2011年1月，任安徽省公安厅党委委员、纪委书记。2013年2月，任安徽省公安厅副厅长、党委委员。2015年退休，享受正厅级待遇。

曹 虹

曹虹

曹虹，1955年出生，陶厂镇西塔村徐村自然村人。1973年初从陶厂中学高中毕业后回村务农，先后在陶厂中学、唐庄小学、陶厂小学初中部任代课教师、民办教师。1977年考入安徽师范大学中文系。大学毕业后分配到宣城工作，先后在宣城师范、宣城日报、宣城地委政策研究室、宣城地区工会办事处、宣城市文联工作。退休前为宣城市文联党组成员、副主席、调研员。

曹虹为中华诗词学会会员，安徽省诗词学会会员，安徽省楹联学会第一届理事会理事，安徽省作家协会会员，安徽省书法家协会第五届理事会理事。曾任宣城市书法家协会常务副主席，现为宣城市市直机关书法家协会主席。

曹虹创作的散文、格律诗词、书法作品多次在国家级、省级刊物发表，有多部作品入选专集或获奖，安徽电视台曾专题报道其书法创作。出版个人文集3本，主编宣城市多套文学、文化丛书和专著，创办《宣城文艺》报、《敬亭山》文学杂志并担任主编。

张晓明

张晓明

张晓明，1956年出生，陶厂镇云塘村孙陶自然村人。曾任芜湖地区水电局人秘科副科长，芜湖市监察局综合科副科长，芜湖市纪律检查委员会党风廉政建设室、法规政策研究室副主任，芜湖市政府行政服务中心督查处处长，副县级调研员，2016年退休。

祁述裕

祁述裕

祁述裕，1957年出生，陶厂镇祁首村祁首岗自然村人。曾任国家行政学院博士生导师。1978年考入安徽大学历史系学习，毕业后留校任教。1982—1991年，任安徽大学中文系教授。1991年至1994年，考入北京大学攻读中国当代文学博士学位。1994—2000年，先后任国家体改委《中国改革报》报社总编助理、《中国改革》杂志主编。2000—2007年，调入国家行政学院研究室工作。2007年，任国家行政学院综合教研部、社会和文化教研部副主任、二级教授、博士生导师、享受国务院特殊津贴。中央党校（国家行政学院）文史部创新工程首席专家，文化和旅游部"十三五"文化和旅游改革发展规划专家委员会委员，文化产业专家委员会委员，国家发改委服务业专家委员会委员，国家公共文化服务体系建设专家委员会委员，中国文联文艺评论家协会艺术产业委员会主任，中国文化产业管理专家委员会副主任，北京大学兼职研究员，中国传媒大学兼职博士生导师，武汉大学兼职教授，中国人民大学报刊复印资料《文化创意产业》终审顾问等。其长期从事文化政策和法规研究，重点研究文化产业、公共文化服务、文化体制改革等领域。主持国家社科基金重大课题"文化治理能力和治理体系现代化建设研究"，国家社科基金重点课题"转变文化产业发展方式的目标、基本思路和支持系统研究"，国家社科基金课题"中国文化产业发展战略与产业布局研究""中国文化产业国际竞争力研究"，国家社科基金特别委托课题"《公共文化服务保障法》立法研究及草案起草"等多项国家社科基金课题研究。独著和主编多部著作，主要有《文化建设九讲》《中国文化产业发展前沿——"十二五"展望》《中国文化政策研究报告》《中国文化产业发展战略研究》《中国文化产业国际竞争力研究报告》《市场经济条件下的文学艺术》。发表论文百余篇。

阚玉明

阚玉明，1957年12月出生，陶厂镇西山村阚村自然村人。中共党员，大学学历。1975年参加工作，先后任淮北市广播电视大学教师、主任、副校长，淮北职业技术学院纪委书记。2018年1月，任淮北市职业技术学院副院长（正处级待遇），2017年退休。

贾佑宏

贾佑宏

贾佑宏，1958年出生，陶厂镇官塘村马场自然村人。1978年参军入伍，后考入解放军后勤工程学院建筑系营房工程与预算专业，毕业后留校，任学院政治部宣传处宣传干事。1985年考入解放军南京政治学院新闻系，1991年12月调入解放军合肥电子工程学院政治部工作，中校军衔。1999年12月，转业到安徽省人事厅军转办任主任科员，2003年任副处级调研员，2015年7月任安徽省人力资源和社会保障厅老干部处副调研员、调研员。2018年7月退休。

胡　进

胡进

胡进，1958年出生，陶厂镇云塘村林村自然村人。1982年毕业于安徽大学中文系。中国作家协会会员。曾任宣城市纪委常委、案件审理室主任，宣城市文学艺术界联合会党组成员、副主席、调研员（正县级）。2018年4月退休。从1987年开始发表散文、小说数十万字，出版散文集《有家如巢》、中篇小说集《我从山中来》、长篇小说《无言的结局》。

陶晓红

陶晓红，男，1961年出生，陶厂镇南峰社区人。2016年，任巢湖市政协副主席，二级调研员。2021年12月退休。

黄智慧

黄智慧

黄智慧，1962年出生，陶厂镇官塘村林洼自然村人，含山县政协第九届、第十届主席、党组书记。安徽大学汉语言文学专业毕业。1986年7月参加工作，任县政府办公室秘书。1993年4月，任含山县政府办公室督查科科长。1994年5月任含山县政府办公室副主任。1996年5月，任含山县委宣传部副部长兼文明办主任。1999年1月，任含山县委办公室主任。2003年1月，任含山县委常委、县委办公室主任。2011年7月，任含山县政协党组副书记、县委办公室主任。2011年12月，任第九届含山县政协主席。2016年12月，任第十届含山县政协主席。2020年12月，任含山县政协主席、二级巡视员。2022年3月退休。

司擎天

司擎天

司擎天（原名司家亮），1962年出生，陶厂镇卜李村左庄自然村人，中学数学正高级教师（三级），安徽省特级教师。现供职于马鞍山二中外国语分校。

司擎天为安徽省首批中小学教师培训专家库人选，中国数学会数学教育分会理事，享受省政府特殊津贴。司擎天是马鞍山市第四届、第五届导师团导师，马鞍山市初中数学名师工作室主持人，马鞍山市劳动模范，马鞍山市师德标兵，市教育系统优秀共产党员。在国家、省、市级CN学术期刊上发表论文50余篇，主持的课题先后荣获马鞍山市第七届教育科研优秀成果一等奖、安徽省基础教育教学成果一等奖，任沪科版初中数学教材分册主编，著作《且行且思——初中数学教研随想集》《从错误资源利用谈深度学习》分别入选马鞍山市第一批、第三批中小学名师丛书，主持的数学教育工作室在中国数学教育2019年度颁奖盛典上荣获“杰出团队”称号。

司擎天还是安徽省书法家会员，马鞍山市音乐家协会二胡专业委员会副会长。其书法作品发表在多家报刊上，在省、市书法大赛中多次获奖。

刁节波

刁节波

刁节波，1963年出生，陶厂西塔村林场自然村人，安徽大学经济管理专业毕业。1987年7月参加工作，任含山县计划委员会科员。1993年5月，任县乡镇企业局副局长。1996年6月，任县经济贸易委员会副主任。1998年6月，任含山县政府办公室副主任兼项目与经济协作办主任。2003年4月，任县行政服务中心主任。2003年7月，任县招商局局长。2006年12月，任县工商联合会会长、县招商局局长。2007年1月，当选第八届含山县政协副主席，县工商联合会主席。2011年12月，任含山县政府副县长。2018年12月，任含山县政协副主席。2020年6月，任含山县政协副主席、县社会主义学院院长。2021年7月至今，任含山县政协副主席、县社会主义学院院长、三级调研员。

卫时友

卫时友

卫时友，1963年出生，陶厂镇官塘村刘村自然村人。1982年10月入伍，先后在中央军委总参谋部机要局、总参谋部办公厅、中央军委办公厅工作。2018年底从副师职干部岗位上退休。1998

年立三等功一次。

司先余

司先余

司先余，1963年出生，陶厂镇司徒村曹堡自然村人。1987年毕业于蚌埠医学院。2008年任含山县医院外一科主任，2012年晋升外科主任医师，是县卫生系统首位外科主任医师，发表专业论文29篇。

孙正新

孙正新，1963年出生，陶厂镇西塔村邱蒋自然村人。入伍后在南京军区联勤部某部服役，副师职。现转业至江苏省人大任职。

朱明仓

朱明仓

朱明仓，1964年出生，陶厂镇关镇村苏滩自然村人。成都理工大学毕业，双博士。现任四川省自然资源厅党组成员、副厅长。1987年9月，考入西南交通大学学习，获工学学士学位。1990年4月，在四川省国土勘测规划研究院工作，历任地籍研究室副主任、研究员等职。2000年10月，任四川省国土资源厅信息中心副主任。2002年3月，任四川省国土资源厅信息中心主任、厅信息化领导小组办公室主任（其间2002年10月至2004年3月，被四川省委组织部选派赴国外中长期培训班学习，先后在四川大学进修，美国波士顿大学、明尼苏达大学公共管理高级访问学者）。2002—2011年，先后获西南财经大学经济学博士学位、成都理工大学信息工程学博士学位。2006年9月，任四川省达州市国土资源局党委书记、局长。2009年12月，任四川省国土资源厅耕地保护处处长。2012年5月，任四川省国土资源厅办公室主任兼行政审批处处长。2014年2月，任四川省国土资源厅党委委员、副厅长。2018年11月，任四川省自然资源厅党组成员、副厅长。

朱明仓先后主持国家和省级重点科研课题35项，获科技成果奖励32项，其中获省部级科技进步一、二等奖8项，三等奖6项，其他成果奖17项。先后被评为“四川省有突出贡献的优秀专家”“四川省专家评议（审）委员会委员”，国土资源部首批“百人计划”19位专家之一。

徐　峰

徐峰，1964年出生，陶厂镇西山村徐关自然村人。曾在原南京军区后勤部、装备部服役，从新组建的东部战区某部副师职转业，在上海市杨浦区住房保障与房屋管理局任副书记。

胡汉生

胡汉生

胡汉生，1965年出生，陶厂镇西塔村人。1984年10月入伍，在上海警备区服役。

1986年9月，进入解放军炮兵指挥学院学习。1989年7月，在炮兵第九师先后任排长、连长、保卫股股长、营长。2003年1月，转业至南京秦淮区工作，先后任南京夫子庙管理局办公室主任、经济科科长。2010年9月后，任该单位副局长。

王义德

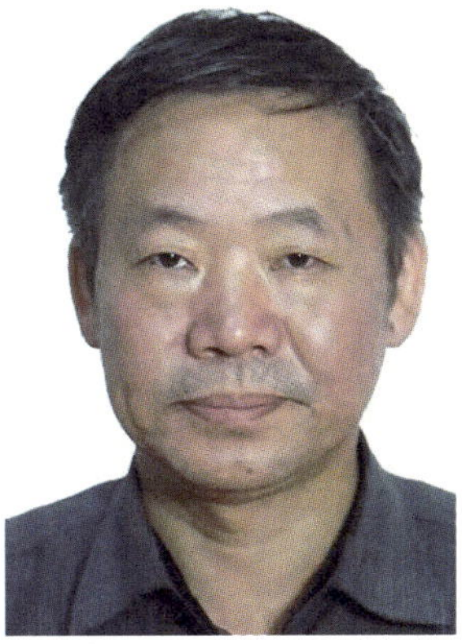

王义德

王义德，1965年出生，陶厂镇西塔村冯王自然村人。法学博士，现为安徽师范大学法学院教授、博士生导师。中小学阶段先后就读于唐庄小学、陶厂中学、巢县一中。1981年考入安徽师范大学政教系，1985年毕业后留校任教。先后在校马列部、经济政法学院、政法学院从事政治学、法学方面的教学与研究工作。其间，曾在北京大学进修，复旦大学访学，美国俄勒冈大学短暂学习，并在本校攻读博士学位。1993—1996年任马列部副主任。1996—2004年，任经济政法学院副院长。先后担任安徽师范大学校学术委员会委员，法学院教授委员会主任委员；曾兼任中国政治学会、中国国际共产主义运动史学会理事、副秘书长等职。现兼任安徽省政治学会副会长，安徽省法学会学术委员会委员，安徽省政治学会常务理事，安徽省乡土文化研究会副会长。

其主持和参与国家级、省部级科研项目10余项，出版合著6部、主编或参编教材7部、主编地方治理系列研究报告4辑，在《哲学研究》《马克思主义与现实》等学术期刊发表论文20余篇。1995年获安徽师范大学首届“皖泰”青年教师教学优秀奖，2020年获安徽省科教文卫体系统“师德先进个人”等荣誉称号。

季益富

季益富

季益富，1965年出生，陶厂镇官塘村陈庄自然村人。著名精神心理卫生专家，合肥市第四人民医院主任医师，安徽医科大学教授、研究生导师。曾就读于圣河小学、关镇中学、陶厂中学和运漕中学。1988年毕业于安徽医科大学医学系。1994年研究生毕业于北京大学医学部精神卫生研究所。现工作于安徽省精神卫生防治中心（安徽医科大学附属心理医院、合肥市第四人民医院），担任精神心理科主任医师、科主任。2000年被合肥市授予

"青年专业技术拔尖人才"。主持和参与多项省市级科研课题;在专业核心期刊上发表论文几十篇。多年来一直承担安徽医科大学本科生和研究生、全省临床医生规培教学和临床带教工作;承担国内心理治疗师、心理咨询师的培训及督导工作;为国内最著名的心理治疗与咨询系统培训项目(中美班、中欧班、中德模式班等)中方教师。季益富是中国心理学会和中国心理卫生协会双认证的首批注册心理督导师。主要社会任职有:国际精神分析协会(IPA)中国联盟中心委员,德中心理治疗研究会常务理事,中国医师协会心身医学专业委员会常务委员,中国心理卫生协会精神分析专业委员会常务委员,安徽省心理卫生协会常务理事兼副秘书长,安徽省心理卫生协会心理治疗与咨询专业委员会主任委员,安徽省医师协会心身医学专业委员会主任委员。

林宏华

林宏华,1967年出生,陶厂镇卜李村兴庄自然村人。1991年毕业于蚌埠医学院医疗系,从事临床工作近30年,先后在《中华儿科杂志》《中华眼科杂志》等国家级期刊上发表论文10余篇,著有儿科专著;曾参加国家自然科学基金课题研究,获得省级科技成果三等奖、省科技论文三等奖各一项。现为安徽省儿童医院内分泌免疫科主任,中华医学会儿科分会遗传代谢内分泌学组委员,安徽省儿童医疗协会感染学组呼吸学组常委。

杨可明

杨可明

杨可明,1968年出生,陶厂镇司徒村付村自然村人,中国矿业大学地球科学与测绘工程学院测绘科学与技术教授、博士生导师。先后担任过系书记、系主任、学院党委委员等职务。1990年就学于山东科技大学,获测量工程专业工学学士学位。1994年7月就职于淮北矿业(集团)公司朔里煤矿,主要从事矿山测量工作。1998年9月,攻读中国矿业大学(北京)的地理信息系统(GIS)研究生,获大地测量学与测量工程专业工学硕士学位。2001年7月,硕士毕业后留校从事教学与科研工作。2004年2月,攻读中国矿业大学遥感学博士研究生,获摄影测量与遥感专业工学博士学位。2014年9月,任贵州工程应用技术学院矿业工程学院挂职副院长,主要从事测绘工程专业建设工作。教学方面主要承担数字摄影测量、遥感原理、遥感数字影像处理技术等专业课程。主要研究方向包括高光谱遥感、生态环境与地质灾害遥感监测、矿山开采沉陷与控制、合成孔径雷达干涉变形监测等技术。主要学术兼职有北京测绘学会测绘教育委员会委员,中国测绘地理信息学会、中国遥感协会和中国煤炭学会会员。任《地理与地理信息科学》期刊编委,《测绘学报》《遥感学报》《武汉大学学报》(信息科学版)和《煤炭学报》等20余种国内外学术期刊审稿人,国家自然科学基金、中国博士后科学基金以及北京市等省级科学基金评审人。负责过国家级、省部级和企业委托项目等课题研究40余项，培养硕士、博士研究生百余人，出版教材与专著6部，在国内外期刊上发表研究论文200篇，申请专利10余项，获得省部级教学与科研奖项10多次。

左年文

左年文

左年文，1969年出生，陶厂镇关镇村上左自然村人，现任安徽省马鞍山市副市长。合肥农机学校毕业，1988年7月参加工作，安徽省委党校经济管理专业毕业，党校研究生学历。1988年，先后任陶厂镇宣传干事，党政办秘书、副主任、主任，镇党委委员、组织委员、副镇长、党委副书记。2000年3月，任东关镇党委副书记、镇长。2003年4月，任清溪镇党委书记、人大主席。2004年4月，任林头镇党委副书记、镇长(副处)。2006年6月，任含山县委常委、宣传部部长、副县长。2013年2月，先后任马鞍山市花山区委副书记。2013年11月，任马鞍山市港航管理局(地方海事局)局长、党委书记，市交通运输局副局长、党委委员。2018年3月，先后任马鞍山市雨山区委副书记，区政府党组书记、副区长、代理区长、区长。2020年4月，任安徽省马鞍山市雨山区委书记。2022年1月任马鞍山市副市长。

葛世新

葛世新

葛世新，1969年出生，陶厂镇南峰社区人，现任合肥市应急管理局局长。1987年参加工作，任陶厂小学教师。1993年从警，历任县公安局警员、刑警大队副大队长、环峰派出所所长、含山县公安局政委；庐江县公安局政委、局长，庐江县副县长，巢湖市委常委、政法委书记，合肥市政法委副书记。

徐　军

徐军

徐军，1970年出生，陶厂镇西山村徐关自然村人。助理工程师，现为海南省工业和信息化厅无线电监督管理局副局长。

易　方

易方，1971年出生，陶厂镇南峰社区人。1989年3月入伍，在安徽省消防总队服役。历任排职、副连职、正连职、副营职、正营职、副团职、武警中校军衔。2015年3月退役。1998年参加抗洪抢险荣立二等功一次，1999年深井救人荣立三等功一次。

苏荣才

苏荣才

苏荣才，1971年出生，陶厂镇官塘村上苏自然村人，高级编辑，现任中华全国新闻工作者协会书记处书记（挂职）、深圳广播电影电视集团副总编辑。1989年高考以巢湖地区文科第一名的成绩考入中国人民大学法学院法学专业，1993年毕业后到深圳工作。历任深圳特区报首席记者、副主任，其间赴美国纽约城市大学做访问学者。后任中共深圳市委宣传部新闻协调组组长，深圳广电集团新闻中心副总监、总监、编委委员、总裁助理、副总编辑。2021年12月，经中央批准，任中华全国新闻工作者协会书记处书记（挂职）。享受国务院政府特殊津贴、深圳市人民政府特殊津贴，曾获2014年第13届“长江韬奋奖”。入选中宣部全国宣传思想文化战线“文化名字暨四个一批人才”，国家广电总局“媒体融合专家库”首批专家，广东省宣传思想文化战线“领军人才”，深圳市高层次人才。

毛柚斌

毛柚斌

毛柚斌，1972年出生，陶厂镇祁首村大毛自然村人。1990年12月应征入伍，原沈阳军区司机训练大队政治委员（正团职）。转业后任黑龙江省肇州县委常委、县人武部政委。曾被原沈阳军区评为“优秀四会政治教员”，获原沈阳军区联勤部授予“学雷锋银质奖章”，8次荣立三等功。

张得礼

张得礼

张得礼，1973年生，陶厂镇西塔村大戚自然村人。工学博士，副教授。1991年从含山运漕中学毕业，后进入马鞍山钢铁公司工作。1994年考入华东冶金学院机械设计与制造专业。2001年考入南京航空航天大学机电学院，为机械电子工程硕博连读研究生。现在南京航空航天大学航空宇航制造工程系从事教学和科研工作。

其主持国家863计划机器人研究项目1项，江苏省科研项目2项，与航天院所合作科研项目20余项，与企业合作科研项目10余项；参与完成国家载人航天重大工程项目2项，C919大型客机重大工程项目1项，江苏省重大科技成果转化项目1项，飞机装配中心项目5项；发表科技论文30余篇；获国家发明专利20余项，拥有科研成果2项，获国防科学技术进步二等奖1次，江苏省科学技术奖二等奖1次，三等奖2次。

李怀树

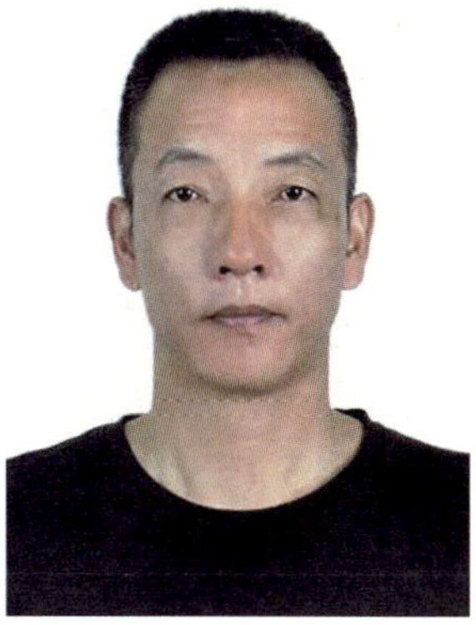
李怀树

李怀树，1974年出生，陶厂镇关镇村苏滩自然村人。1992年入伍，先后在成都军区十四集团军、昆明陆军学院和军区测绘信息中心服役，正团职，中校军衔，技术八级，曾荣获三等功一次。2016年退伍。现于成都市自主择业。

杨尚贵

杨尚贵

杨尚贵，1974年出生，陶厂镇司徒村人。1992年入伍，曾任陆军第十四集团军三十二旅副参谋长，中校军衔，副团职。2004年荣立三等功1次。2015年转业，现就职于北京国际信托有限公司驻云南办事处。

孙　旻

孙旻

孙旻，男，1975年出生，陶厂镇西塔村邱蒋自然村人。2001年毕业于东南大学桥梁与隧道工程专业，获硕士学位。2001年6月至2005年12月任职于华为技术有限公司。2006年1月至2009年1月，任江苏燕宁建设工程有限公司总经理助理。2017年7月，获得南京大学EMBA学位及荷兰马斯特里赫特学院学历。2009年2月至2019年9月，任燕宁国际集团有限公司法定代表人兼总经理。2019年10月至2022年5月，任江苏省交通科学研究院集团投资运营中心总经理。2022年5月，任苏交科集团投资中心总经理。

吴　云

吴云

吴云，1975年出生，陶厂镇南峰社区洪份自然村人。无党派人士，国际中国语言学会会员，先后获安徽师范大学文学学士学位、汕头大学文学硕士学位、复旦大学文学博士学位，现任复旦大学国际文化交流学院副教授。主要研究方向为现代汉语语法与修辞，发表专业论文多篇。曾先后任教于马德里自治大学、斯德哥尔摩大学和爱丁堡大学，曾担任北欧斯德哥尔摩孔子学院中方院长，多次赴哈佛大学、哥伦比亚大学、悉尼大学、奥克兰大学等海外高校参加学术会议、开展学术讲座，曾参编《西班牙图书馆馆藏中国古籍书志》，点校出版《雍正御注金刚经·心经》（笔名石湛然）。

苏泽平

苏泽平，1975年出生，陶厂镇铜庙村排路自然村人。1992年12入伍，服役于十四集团军三十一师某部。2014年，晋升为团级正职。2001年11月、2004年12月，各立三等功1次。2017年，任云南省景洪市人武部部长。

苏泽平

吴　秀

吴秀，女，1976年出生，陶厂镇铜庙村人。民盟安徽省委办公室副主任、三级调研员。

吴　莉

吴莉

吴莉，女，1977年出生，陶厂镇南峰社区人。中国科学技术大学附属第一医院教授、医学博士、硕士生导师，曾赴美国芝加哥医学院留学。曾主持研究国家自然基金青年项目及安徽省自然基金项目各1项。多次在国际性学术会议上发表演讲，作为第一作者在知名学术刊物发表论文20余篇。美国生殖免疫学会临床生殖免疫学研究员，中国妇幼健康研究会生殖免疫学专业委员会青年委员，安徽省妇幼保健协会生殖微创与生育力保护专业委员会常委。

安　军

安军

安军，1978年出生，陶厂镇关镇村关上自然村人。博士生、教授、硕士生导师。1999年，获东北电力学院电力系统及自动化专业工学学士学位，2002年获该专业硕士学位，2010年获该专业工学博士学位；后任东北电力大学电气工程学院电力工程系主任。现任东北电力大学电气工程学院副院长。

凤为新

凤为新

凤为新，1978年出生，陶厂镇云塘村孙庄自然村人。1998年参加工作，大学本科学历。先后任含山县环峰小学教师，含山县工商行政管理局科员，安徽省工商行政管理局科员、副主任科员，主任科员。2018年12月至今，历任安徽省市场监督管理局机关党委副书记、机关团委书记，一级主任科员。

徐晓辉

徐晓辉，1979年出生，陶厂镇西山村徐关自然村人。北部战区某陆航旅副团级空中机械师，曾荣立三等功。

喻晓才

喻晓才

喻晓才，1981年出生，陶厂镇官塘村人。吉林省长春市税务学院毕业，历任房地产报社记者、首席记者，吉林省政府办公厅干事，吉林省行政管理学会办公室学术秘书、助理研究员、副研究员、副主任（兼吉林财经大学研究生导师），吉林省科教领导小组办公室副处长，吉林省政府办公厅综合八处副处长、三级调研员，吉林省行政管理学会办公室主任，吉林省政府办公厅综合六处处长、党支部书记。

李怀定

李怀定，1981年出生，陶厂镇关镇社区苏滩自然村人。复旦大学经济学博士，现为上海证券公司经济分析师。

毛　胜

毛胜

毛胜，1982年出生，陶厂镇祁首村上庄自然村人。中国人民大学历史系博士生。历任中共中央党史和文献研究院科研管理部综合处主任科员、网站处副处长，办公厅调研处副处长、处长，中共中央党史和文献研究院办公厅调研一处处长。2021年1月，任中共中央党史和文献研究院第七研究部副主任。

毛　强

毛强，1986年出生，陶厂镇祁首村上庄自然村人。中央党校（国家行政学院）哲学博士。历任中央党校报刊社编辑、副编审。2021年3月，任中央党校（国家行政学院）报刊社要闻评论部副主任。

司伟丽

司伟丽，女，1986年出生，陶厂镇祁首村小过自然村人。南京工业大学先进材料学院副教授，博士生导师。

张　譞

张譞，1987年出生，陶厂镇祁首村小过自然村人，博士后。现为南京信息工程大学化学与材料学院教授，江苏省特聘教授，博士生导师，江苏省双创人才、国家海外高层次引才青年项目。

韩兰华

韩兰华，女，1987年出生，陶厂镇关镇村潘村自然人。辽宁大学企业管理博士生学位，现任滁州学院经济管理学院讲师。

邱寒月

邱寒月，女，1990年出生，陶厂镇关镇村下街人。南京大学博士生，从事药物化学研究，获丹麦哥本哈根大学博士学位。现在重庆大学任教。

宋婷婷

宋婷婷，女，1990年出生，陶厂镇铜庙村童嘴自然村人。毕业于中国科学院大学，博士学位，现任浙江海洋大学讲师。

第三节　人物表录

一、革命烈士名录

抗日战争时期：

葛世月，男，陶厂人，排长，1941年牺牲于山东枣庄。

蒋其传，男，陶厂人，战士，1941年牺牲。

王中传，男，关镇人，战士，1942年牺牲于含山小庙岗。

江吉天，男，陶厂人，战士，1943年牺牲于和县。

李帮华，男，关镇人，班长，1943年牺牲于陶厂。

许大顺，男，关镇人，战士，1943年牺牲于和县。

孙为金，男，陶厂人，战士，1943年牺牲于巢湖市龟山。

张公好，男，关镇人，和含支队三排八班战士，1944年牺牲于和县娘娘庙。

赵友来，男，关镇人，战士，1944年牺牲于和县鸡笼山。

彭本固，男，关镇人，通讯员，1944年牺牲于山东枣庄。

郭发荣，男，关镇人，战士，1944年牺牲于含山运漕。

黄仁芝，男，关镇人，战士，1944年牺牲。

过仕芳，男，陶厂人，副班长，1945年牺牲于山东枣庄。

易昌富，男，陶厂人，战士，1945年牺牲于山东枣庄。

杜茂田，男，关镇人，管理员，1945年牺牲于山东枣庄。

朱继炳，男，陶厂人，战士，1945年牺牲于江泉。

过七改，男，陶厂人，和含大队三中队副班长，1945年牺牲。

张维仓，男，关镇人，华东野战军某部六十一团三营八连二排三班战士，1945年牺牲于山东枣庄。

解放战争时期：

张孝清，男，关镇人，战士，1946年牺牲于山东枣庄。

贾佑金，男，关镇人，战士，1946年牺牲于山东枣庄。

张为伦，男，关镇人，战士，1946年牺牲于山东枣庄。

吴宗法，男，陶厂人，1939年入伍，三野四纵三十三团二营五连战士，1947年牺牲于山东枣庄。

李成木，男，关镇人，战士，1947年牺牲于山东枣庄。

杨卜西，男，关镇人，战士，1947年牺牲于山东枣庄。

江先胜，男，关镇人，战士，1947年牺牲于山东枣庄。

任大富，男，陶厂人，班长，1948年牺牲于含山林头镇方山口。

杨基仓，男，陶厂人，通讯员，1948年牺牲于现含山环峰镇三官集。

黄茂元，男，陶厂人，战士，1948年牺牲于无为县。

左学荣，男，关镇人，大队长，1949年牺牲于无为县黑沙洲。

黄连生，男，关镇人，副班长，1950年牺牲于含山运漕。

抗美援朝时期：

宋世文，男，关镇人，志愿军某部战士，1950年牺牲于朝鲜战场。

陶方孝，男，陶厂人，志愿军某部战士，1951年牺牲于朝鲜战场。

马永其，男，陶厂人，志愿军某部班长，1953年牺牲于朝鲜战场。

贾佑珍，男，关镇人，志愿军某部战士，1953年牺牲于朝鲜战场。

卜立玉，男，陶厂人，志愿军某部战士，1953年牺牲于朝鲜战场。

周言道，男，陶厂人，志愿军某部战士，1953年牺牲于朝鲜战场。

朱华彩，男，陶厂人，志愿军某部战士，1953年牺牲于朝鲜战场。

孙为金，男，关镇人，志愿军六十军战士，1953年牺牲于朝鲜战场。

祁家声，男，陶厂祁首人，志愿军二十四军七十二师二一六团三营正营级教导员，1954年牺牲于朝鲜战场。

郭志勇，男，关镇人，志愿军三十三师九九团一营二连战士，朝鲜战场失踪。

王枝木，男，关镇人，志愿军某部连长，朝鲜战场失踪。

苏洪金，男，关镇人，志愿军某部战士，朝鲜战场失踪。

王中金，男，关镇人，志愿军某部战士，朝鲜战场失踪。

还有一部分革命烈士由于种种原因，已经无法知道他们牺牲的时间和地点，只能将他们的英名记录于此：

王孝武　易志友　尹必才　马武清　李受义　吴守发　周辉喜　徐步海　吴本元
王三保　张受庭　李信根　吴光荣　毛明州　刘正喜　徐泽法　王道山　刘正权
王以军　易宏琪　尹圣合　葛邦普　冯必宽　李万本　苏超支　贾佑清　潘尚烈
任其国　曹贵根　左仁义　王传树　宋世文　杜成本　吕小老四

二、陶厂镇获市级以上表彰人员名单

序号	时间	姓　名	具体内容	表彰单位	所在单位
1	1981	孙维珍	全国“三八”红旗手	全国妇联	南峰社区
2	1983	张　萍	全国“三八”红旗手	全国妇联	关镇村
3	1988	李修斌	全国乡区优秀水利员	国家水利部	关镇村
4	1995	易成斌	安徽省造林绿化劳动模范	安徽省委、省政府	西塔村
5	1997	薛兆来	安徽省第一次农业普查省级先进个人	安徽省第一次农业普查领导小组	镇机关
6	1998	黄三美	抗洪抢险先进个人	安徽省政府、省军区	镇机关
7	1998	黄安礼	全国优秀乡村医生	国家卫生部	铜庙村
8	2003	薛兆来	全省农民负担监督管理工作先进个人	省农民负担监督管理领导小组	镇机关
9	2005	易厚掌	全国劳模	中共中央、国务院	西塔村
10	2006	孙茂伟	安徽省统计先进个人	安徽省统计局	镇机关
11	2008	饶庭红	全国“平安家庭”示范户	全国妇联、全国“平安家庭”创建活动领导小组	南峰社区
12	2010	陈　胜	第七届“全国农村青年致富带头人”	共青团中央 国家农业部	关镇村
13	2011	葛英柱	全国第六次人口普查先进个人	安徽省第六次人口普查领导组、省统计局	镇机关

续表

序号	时间	姓　名	具体内容	表彰单位	所在单位
14	2012	易厚掌	“中国好人”	中央文明办	西塔村
15	2012	卜华斌	2011年度全市信访维稳工作先进个人	马鞍山市委、市政府	镇机关
16	2013	李先华	马鞍山市劳动模范	马鞍山市人民政府	卜李村
17	2013	卜华斌	2012年度全市信访维稳工作先进个人	马鞍山市委、市政府	镇机关
18	2016	易厚掌	全国最美志愿者	中央文明办	西塔村
19	2016	左年敏	全省综治系统先进工作者	安徽省人事厅、省综治委	镇机关
20	2016	左年敏	马鞍山市抗洪救灾先进党员	马鞍山市委	镇机关
21	2016	葛英柱	马鞍山市抗洪救灾先进个人	马鞍山市委、市政府	镇机关
22	2017	付正前	全国农村青年致富带头人	共青团中央 国家农业部	西塔村
23	2018	刘祥明	安徽好人	安徽省文明办	司徒村
24	2018	孙　健	安徽省农委系统先进工作者	安徽省人社厅、省农委	镇机关
25	2018	蔡　勋	马鞍山市脱贫攻坚先进个人	马鞍山市委、市政府	司徒村
26	2019	范守明	全国模范司法所长	国家司法部	镇机关
27	2019	张　敏	全省乡镇综合文化服务中心先进个人	安徽省文化厅	镇机关
28	2019	范燕燕	安徽省巾帼建功标兵	安徽省妇联	云塘村
29	2020	袁　健	马鞍山市新冠病毒疫情防控先进个人	马鞍山市委、市政府	镇机关
30	2020	卜华斌	2017—2019年度全市招商引资先进个人	马鞍山市委、市政府	镇机关
31	2021	易厚掌	安徽省第七届道德模范	安徽省道德模范推选组委会	西塔村
32	2021	段文旭	马鞍山市脱贫攻坚先进个人	马鞍山市委、市政府	镇机关
33	2021	袁　健	安徽省脱贫攻坚先进个人	安徽省委、省政府	镇机关
34	2021	付正前	全国抗击新冠病毒疫情突出贡献农民	国家农业部	西塔村

三、陶厂镇参战老复员军人名单

姓　名	家庭住址	类　别	备　注
潘运海	关镇村潘村自然村	参加抗日战争	2010年10月去世
李宝如	关镇村苏滩自然村	参加解放战争	复员回乡
黄安成	铜庙村小庄自然村	参加解放战争	复员回乡
唐九四	西塔村官二自然村	参加解放战争	复员回乡
沈永道	卜李村小沈自然村	参加解放战争	复员回乡
解立勇	陶厂农具厂	参加解放战争	复员回乡
张公平	关镇村杨东自然村	参加解放战争	复员回乡
周本玉	卜李村岳庄自然村	参加解放战争	2010年10月去世
朱继林	西塔村前庄自然村	参加抗美援朝战争	复员回乡
鲁大前	铜庙村卫鲁自然村	参加抗美援朝战争	复员回乡
曹贵仙	铜庙村曹庄自然村	参加抗美援朝战争	复员回乡
毛华福	祁首村大毛自然村	参加抗美援朝战争	复员回乡
陶昌勇	南峰社区马嘴自然村	参加抗美援朝战争	复员回乡
杨以水	官塘村林洼自然村	参加抗美援朝战争	复员回乡
谢宗友	官塘村马塘自然村	参加抗美援朝战争	复员回乡
童以国	卜李村张庄自然村	参加抗美援朝战争	复员回乡
邱正奎	西塔村邱村自然村	参加抗美援朝战争	复员回乡
卜之为	南峰社区新大街	参加抗美援朝战争	复员回乡
李之海	西山村西李自然村	参加抗美援朝战争	复员回乡
张永申	卜李村河南自然村	参加抗美援朝战争	2010年10月去世
林玉成	南峰社区范基自然村	参加抗美援朝战争	2010年1月去世

第十三章　艺文杂记

陶厂不仅是古代商贸重镇，也是人文荟萃之地。早在唐代，著名的边塞派诗人王昌龄就曾隐居石门山中，留下友人常健寻访而不遇的佳作。清代文人更是留下许多诗词。陶厂民间文学丰富多彩，流行的民歌、民间故事具有浓郁的地方特色。进入新时期，陶厂的环境面貌发生了巨大变化，吸引了许多文人墨客讴歌赞颂。

第一节　家谱选录

一、谱序

丰城侯李氏重修谱序

尝读礼至上治下治之文，未尝不叹人道惟尊亲为重，而审昭穆辨新疏非谱曷自则，谱之所关大矣哉。我李氏本江西湖茫丰城郡贯也，其来舍邑而卜里卜兆于南二都也，盖我祖福一公元之季年客游凤翔，而后徙于乃，于是故，其子荣旺公孙信公亦皆卒葬于里傍之左冈，逮信公生子八，长次先亡，彬公靖难而位侯爵，林公为南京指挥，愦、植二公一为福建千户，一为平海卫衙，遂皆以官为家。材公亦迁于他郡。惟我祖懋公则于斯永居焉。天性浑穆，克守先业，建庵庙以培塚山之脉，先灵安止，余庆下流绵匕延匕，历数世而椒聊繁衍。呜呼！积厚流长可谓盛矣，然而谱牒则未之也。至国朝康熙乙未年，族兄邑庠国光于春秋拜扫，见族中子孙繁茂，恐日久而本源不识，乃穷流溯源汇集草谱一帙，嗣后，光之胞弟国佑于乾隆丙寅春又踵其成帙，而续增之，而后，原原本本，派别支分数百年之昭穆，亲疏一展，读而无不豁然在目也。国宾等念草谱之成，迄今历有年，所其间未书于谱者，又历有三世矣，故又会同本族以及出外村者，将其男之名字聘娶嗣媳有无，与夫女之许适，无不一一为之注明焉。嗟乎，籍本江西，理合修总谱，而先是湖茫字白云者，于康熙戊戌年曾由湖广而来，会合纂修，越数年，而族兄国光亦尝于康熙辛丑年仲夏月不惜斧资，不辞跋涉，亲诣湖茫故里，而究因族众散处，总谱未能告成，况实以衰老之余又奚望焉。今日之举亦弟步国光国佑二兄之躅俾后之觅者灼于源流而知惇叙，又以俟夫有志纂修者得所取據也，云尔。

大清乾隆二十九年岁次甲申季冬月

摘自陶厂西山村《丰城侯李氏宗谱》

丰城侯茂国刚毅李公神道碑铭

杨溥 撰

公讳彬，字文质，姓李氏，凤阳定远人。父信，善骑射，少从太祖高皇帝征伐，以战功，累官明威将军、济川卫指挥佥事，后以老疾致仕。公方弱龄，补父官，即如老成人，上下交誉之。洪武庚午，率所部兵从颖国公征北虏，历朵颜鸦儿诸山，追袭虏酋阿剳失里至洮河儿，获人马数十，复历黑岭、寒山诸处至熊皮山，追袭虏酋兀剌罕。时太宗文皇帝居潜邸，闻公智勇，深嘉赏之。明年，遣公巡视宣府兴河、保安、隆庆、怀来诸边城，寻以公父信为辽东都司都指挥使。癸酉，命公率兵筑万全、怀安城。又明年，命公率兵征哨泥河营黑松林诸处，至哈剌之地乃还，胡虏远遁。庚辰，文皇帝举兵靖难，命公率兵攻蓟州、遵化，克之，以功升指挥同知。又攻雄县、莫州，克之，升都指挥佥事。复克大宁城，又克敌于郑村坝，克广昌、蔚州、大同诸城。明年夏，于白沟河大战，以功升都指挥同知。进克沧州。壬午，于滹沱河、单桥、藁城诸处克敌，追至彰德，出哨定州，升右军都督佥事。又于杨村交战，被枪，上即遣医视之，赉予优厚。俾还北平，公奏曰："臣本战士，岂以微伤自馁，愿随军效犬马之力。"上不允，命辅世子守城。癸未，命公率兵护中宫至京师。永乐甲申，上以四方既平，乃论功行赏，念公之劳居多，封奉天靖难推诚宣力武臣、特进荣禄大夫、柱国、丰城侯，食禄一千石，子孙世袭。自是，委托益重。乙酉，命镇江西。丙戌，巡皂君山。丁酉，命征交阯，有功，加禄五百石。己亥，剿平东海倭寇。庚子，督操江，寻命往长沙讨贼李法良，获之。辛丑，命捕福建海寇。癸卯，命佩征虏前将军印，总兵守甘肃，大振军威，胡虏慑伏。丁未，随驾至京，命佩征夷将军印，总兵守交阯，远人莫不仰德畏威，南陲晏然。在镇六年，以疾卒，时永乐二十年正月十五日也，交人莫不罢市巷哭，其德泽及人深矣。讣闻，上为之震悼，辍视朝一日，加赐赙仪，追封茂国公，谥曰刚毅，遣官谕祭，复追封三代祖考皆上公，妣皆公夫人。子男四人：长曰贤，故嗣封丰城侯；次芳，次恭，次桢。孙男二人：长曰勇，今嗣封丰城侯；次钺。呜呼！公以武士遭遇龙飞之运，乃能建勋庸、胙茅土，东征西讨，迨无宁岁，可谓国之劳臣矣，是岂可以不铭？辄因勇之请序而铭之。铭曰：桓桓李公，庆时之逢。奋武扬威，克效其忠。统其父兵，所向无敌。长驱虏巢，左右传击。胡尘既清，武备是营。饬彼边城，大振军声。靖难之师，惟公义勇。奉戴真人，不震不悚。通侯之爵，帝宠是加。世泽之延，与国无涯。公复何心，殚其智力。奉命周旋，曾不少息。或镇边方，或殄强梁。意气之盛，泰华轩昂。终于炎荒，葬于畿土，史臣勒铭，光照千古。

摘自《明名臣琬琰续录》

注：杨溥（1372—1446），字弘济，号澹庵。湖广石首人。明初内阁首辅，礼部尚书兼武英殿大学士，与杨荣、杨士奇共称"三杨"，是仁宣之治的缔造者之一。

旌孝里记

“旌孝里”者，吾祖肖山公始迁之所也。其地距含城三十里石门山下，自木瓜山蜿蜒而来，恰似风吹罗带，约六里之外，特开原野，西北有蛟岭、鹿宕、云雾诸山为屏障，复有折陵曲水，环抱东南，其中虽无人物仪容之美，洵为山明水净之区，俗远喧嚣，风尚醇朴。所与比邻者，为周为陶，土人以南北份呼之。后复有刘姓者居同闾，而稍远于陶土人，因名之曰洪份、刘份。由是“旌孝里”之名不熟于人。口公（应为“祖公”）名希淤，字肖山，性至孝，惟孝伯父尤笃，伯父病剧，割股和药以进。宁国郡守知其事，以上闻，适世祖章皇帝（顺治皇帝）御极（即位），特旌其门曰：《孝思不匮》。《孝义录》载之甚详，《宁国府志》及《江南通志》并载之。越五世而出良喻公，亦以纯孝称，亲殁，庐于墓侧。邑侯郭公请于朝，奉旨旌表，崇祀于祠，建坊于城。呜呼！范（作者洪允恭名）亦人子也，束发受书，知为忠孝之裔，丕谟克绍（祖先的忠孝能够继承）中，心怦然，乃竟薄宦楚中，以自羁于庭帏养志，恒账（怅）阙如（常叹有所欠缺），每览家书，幸得顺子婉妇之词，多想见一门雍睦，其孝泽之遗乎？惟愿吾族世世无堕先人之德也，爰成一聊为之记。

惟孝友可以传家，兄弟痛痒相关，凡外侮何由而入。除读书莫能裕后，子孙见闻止此，虽中材不致为非。

嘉庆十年上已，肖山公七世孙范（注：洪允恭，名范）谨撰于楚郧官廨。

摘自陶厂洪份《环峰洪氏宗谱》

陶氏家谱辛巳修谱跋

我氏原籍太平，自元八公之迁斯土也，迄今五百余岁。有明之季，先孝廉鸣惊公创修谱牒，凡由含邑而庐江而舒城以及和郡之菱湖圩等处。虽有远近亲疏之别，而于支派中分为东西南北四分，要莫不祖所祖而宗所宗焉。至国朝嘉庆初，太学生由泳公善承兄志，纠众续修，悉遵孝廉鸣惊公旧例，惟其中有失考者，有存疑者，有详略不一者，自序云其所未及，直书之处，并以俟反人加察焉。

呜呼！谱亦史也，所以传信非所以传，疑夏殷之礼，孔圣能言之，犹必征文考献，曾是七十年前之所疑，七十年后之人敢征信耶？兹我等因兵燹，所存仅此旧帙一二不及，是时重加修辑，恐日愈久，参考愈难，乃庐江、舒城两处相约，不从，自为支谱，即本族四分之中又复凋零大半，同此一本，应伤心于门祚衰微，已爰集族中公议，无论何支何派，凡前谱所未经笔削者、可疑者删之，应讳者略之，非敢更成例市优容也。亦本乎古人史阙文之意隐以全，吾族亲亲之谊云尔。

大清光绪七年岁次辛巳仲夏谷 旦

摘自陶厂北份《环峰陶氏宗谱》

毛氏宗谱旧序

余家发祥姬姓，振振继美，代有伟人，不敢饰赘，粤自吾祖绣公原籍燕京，于元末，以指挥使督濠州，随任五子。明朝革元，或籍苏州，或随父籍濠，即今凤阳府毛家潭也，惟吾祖参公随父元相住和州，弟庆公亦与俱焉。即今之始祖也。于洪武三年入籍于和之一都梅山乡，民籍本年给有户帖，时含已废治，并隶于和，后历阳令陈善之请复置含山，而吾祖随由梅山乡分籍于含之南二都，含旧治十七里。天顺六年于十七里中均拨一里为在市，遂移祖籍于在市，而南二都旧籍则一支存之。若夫在市之后，有分于北二都、十五都者，旧有谱牒，所载原悉。因吾祖仪公变生回禄（火灾），遂失其祥。吾大伯近安公口授笔录传其支派，余恐久而益淹，谨记其略，以明吾氏渊源一脉，后世子孙尚敬守焉。至族姓蕃增，俾成大牒，皆是一线之功礼，深有厚望，云。

大明万历肆拾陆年戊午季春

摘自陶厂《环峰毛氏宗谱》

戚氏宗谱源流序

粤我族系出孙氏卫大夫孙林父，食采于戚，支子以邑为氏。厥后子姓繁昌，人相曰盛，各宗其宗，各祖其祖，其迁徙者，盖不一其地，可知天之遍有戚氏者，皆东海郡之流派也。延到汉时，有曰鳃公，官封临界轩侯，累世簪缨弗替。至宋时为抚州没者，有曰期舜臣公，均称政条三善，追后子孙世守书香登科第列胶庠者，代不乏人。历入世祖仁礼公居徽州婺源县，戚井村传数世，至万如公，于元至正年间（1341—1368年）由徽州婺源避乱于含山，见含之山清水秀，遂于邑之南二都石门山侧筑室而居。故今名曰大戚村焉。历三世祖成公从明太祖平乱有功，官封昭勇将军后奉令讨贼，竭力捐躯，子孙世袭其职，越六世祖均公生子五，长贞一公，次贞二公，三贞三公，四贞四公，五贞五公，支分三分，而派出一源，有居定远者曰虎公，有居无为巢邑者曰文韶公。族虽里居星散，而其祖盖莫不以万如公为始。数百年族谱创修于明嘉靖丙寅，纂修于乾隆甲戌，续修于嘉庆丁巳，迄今二十有余代，恐前之丘陇致失所，后之支派必致混淆，岁丁丑秋集族会议重修莫不欣然。乐从爱是，缮稿练费付诸剞劂，序昭穆纪境墓注生一详明展上，以知其先祖之来由，自下以议其后世之支派修分，吾族子孙，当知尧典之亲，九族周道之敬，收于是乎在也，是为序。

大清嘉庆二十二年岁次丁丑季秋月

摘自陶厂西塔村《环峰戚氏宗谱》

二、家训

陶厂境内众多姓氏族人的宗谱中，皆以顺治“圣谕六条”、康熙“圣谕十六条”为开篇引言，根据本族具体情况制定家训家规。

圣谕（顺治）六条

孝顺父母、尊敬长上、和睦乡里、教训子孙、各安生理、毋作非为。

圣谕（康熙）十六条

敦孝悌以重人伦，笃宗族以昭雍睦，和乡党以息争讼；重农桑以足衣食，尚节俭以惜财用，隆学校以端士习；黜异端以崇正学，讲法律以敬愚顽，明礼让以厚风俗；务本业以定民志，训子弟以禁非为，息诬告以全善良。息争讼以全良善；诫窝逃以免株连；完钱粮以弭盗贼。

陶氏家训家规

家规十条

孝父母、友兄弟、和夫妇、敬尊长、教子孙、睦邻里、别男女、重婚姻、敬祖墓、勤修谱。

家训三十八条

重爱国、尽子职、笃夫妇、和兄弟、慎交友、行冠笄、重婚姻、慎丧礼、严祭祀、建祠堂、明宗祀、立宗长、正名分、重坟墓、肃闺门、分良贱、修宗谱、厚宗族、教子孙、慎继嗣、旌孝友、表节义、明赏罚、勤耕读、务纺绩、守官法、恤茕苦、救患难、积阴德、贵容忍、戒忤逆、惩奸淫、禁偷盗、禁嫖赌、罚游惰、睦邻里、崇节约、息争讼。

摘自陶厂北份《环峰陶氏宗谱》

毛氏族人家训

孝顺父母

人生在世上，圣贤皆可作，须从孝上做起，顺上行去。这孝顺二字是人所最要紧的事，若是人能孝顺，就是好人。若不孝顺，便有法惩治。

尊敬长上

尊以礼言，敬以心言，礼从心出，不是虚文人。凡遇尊长，在上一切称呼拜揖坐行言语之间都要事事尽礼，宾宾敬让，才是个好人，若不尊敬长上，便有法惩他。

和睦乡里

凡乡村城市、同街共井，都是乡里，既谓之乡里，则与我田里相连，房屋相比，切不可因些须小愤构成大错，失了同乡共里的和睦，必须出入相友，守望相助，疾病相扶。凡遇婚丧嫁娶之事，俱要致敬尽礼，这才是好人，若不和睦乡里，便有法律惩治。

教训子孙

人家子孙宗支要他接续，家业门户要他承立，养生送死要他周旋。子孙一身关系非小，为父兄者必须要教训他，敦请严师，设立规矩，敛其性情，使之知礼识义。士农工商各归一业，这才是个好人。若不教训子孙，听那子孙所为，设若那子孙所行之不善，便有法惩治他。

各安生理

生理二字，生即是营生之理，即是天理之理，顺理营生，头头是道，凡人只要存个天理良心士农工商都要安自家本分，这才是好人。若不各安生理，便有法惩治。

毋作非为

凡人做那不好的事，便是作非为。试看世上的人那个没有良心天理，只因后来或为物欲遮蔽，或为嗜好牵引，便不肯学好，作那不当为之事了，你作那不当为之事，一旦发露，便有法惩治。

毛氏家训另十三条

孝父母、友兄弟、敬长上，睦族党、饬闺闱、勤世业、种阴德、敦礼让、戒谗言、戒骄横、戒吝啬、戒游荡、举族长。

摘自陶厂《环峰毛氏宗谱》

过氏家训家规

家训三十条

旌孝顺　旌友让　旌节义　旌良善　明奖励
供子识　笃友于　行冠笄　重婚姻　建家庙
修宗谱　端蒙养　亲师友　修德行　择交游
习文艺　敬长上　睦族党　勤世业　敦礼让
戒争讼　贵容忍　崇俭约　积阴功　祛隐恶
谨言语　慎举动　恤邻里　聚流散　备荒歉

家规三十条

禁忤逆　禁奸淫　禁盗窃　禁诈伪　禁健讼
禁结党　禁赌博　禁嫖荡　禁僧道　重宗祧
励臣节　正夫纲　谨妇教　别嫌疑　分良贱
正伦常　谨坟墓　慎丧葬　严祭祀　时燕会
明宗祀　藏宗谱　救患难　恤孤寡　供赋税
勤耕种　务纺绩　业商贾　精技艺　立族长

摘自陶厂南二过《含山过氏宗谱》

第二节　古代诗词

常　建

常建(708—765年),唐代邢州人。开元十五年(727年)进士,与王昌龄同榜。曾官至盱眙尉。仕途失意,隐居鄂渚之西(今武昌樊山)。有《常建集》。

宿王昌龄隐居

清溪深不测,隐处唯孤云。
松际露微月,清光犹为君。
茅亭宿花影,药院滋苔纹。
余亦谢时去,西山鸾鹤群。

陈　达

陈达(1482—1554年),字德英,号虚窗。明代福建闽县人。弘治十八年(1505年)进士。由兵部武选司郎中升任南京太仆寺少卿,迁大理寺左少卿,累官巡抚山西、佥都御史,因议折粮,得罪严宗藩,罢归。

游大善寺[①]

祇园深处暂停车,坏壁颓垣不掩庐。
风约钟声僧定后,月翻松影鹤来初。
禅宗于我虽非偶,世味从今亦渐疏。
欲向蓬莱访陈迹,梅溪风韵更谁如。

注:①大善寺:在陶厂镇东郊。唐贞观三年(629年)僧铁船建。元末遭兵燹。明洪武元年(1368年)僧慧定重建。后颓废。

孙一元

孙一元(1484—1520年),字太初,号太白山人。明代关中人,工诗。

大善寺

访客溪边寺,汤休解爱才。
高吟摅野兴,小酌引春杯。
翠壁云光薄,青林雨气开。
会当忘物我,相对碧山隈。

王　巍

王巍，明代人。

游筋竹坳[1]

山险路何涩，云深人未逢。
极天霏暮霭，万竹响秋蛩。
古寺开门少，闲僧下榻慵。
明朝仍蜡屐，矫首望苍峰。

注：①筋竹坳：云雾山古名，在今含山县陶厂镇境内。

戴　重

戴重(1601—1646年)，字敬夫，安徽和县人。明崇祯十七年(1644年)拔贡，授湖州推官。明亡，戴参与起兵抗清失败，潜居寺院。知张秉纯绝食作四绝亡，随和诗四首，绝食而亡。有《河村文集》《河村诗集》传世。

铜城庙

铜城庙树挂秋千，白项乌[1]飞入紫烟。
自是农家无别事，东西社鼓只祈年[2]。

注：①②在康熙《含山县志》诗中"乌"为"鸟"；"年"为"田"。

接引寺

西山横石径，残饭借僧厨。
杉盖弹风鼠，茶旗剔露珠。
青囊经可弃，白酒瓮才酤。
俯视浮云壑，牛眠地有无。

过照面山丰城侯先墓[1]

照面山[2]窟狼群嗥，磨棱涧水流青蒿。
黄泥古冢二尺高，百年木皮生蛴螬。
冢中老翁呼[3]不起，曾将弓马教子孙。
燕燕高飞入帝里，前驱长矛截江水。
功成[4]赐爵万户侯，金印铁券锦貂裘[5]。

一十二世眷未休[⑥]，千里先坟啼鹎鸠。
北人莫来驱羊牛，且宁屈膝拜贼蝨，
媚血汗[⑦]刀死不羞[⑧]。噫，吁嘻！
藤花晓泪湿枯木，白须老翁来夜哭。

注：①李彬，含山县陶厂大李村人。明代开国功臣，死后追封为茂国公。
②照面山：位于陶厂镇与原张公乡交界处（二郎庙水库附近）。
③④⑤⑦在康熙《含山县志》中，分别是："呼"为"卧"、"咸"为"成"、"汗"为"污"。
⑥李彬永乐元年被封为丰城侯，同时追封其曾祖、祖父、父为丰城侯，子孙八世袭封，共十二世。
⑧指李彬八世孙开先，于崇祯三年（1630年）袭封，十七年（1644年）春被李自成杀害。

乳燕飞·题石门山[①]店壁

貰酒升峣嵲。望春城苍烟平远，白云斜缺。说与归期在寒食，刺眼梨花如雪，嗟游子山行蹩躠。门户双姑今老矣，念糟糠[②]新妇殊痴绝，每煮饭，缝衣拙。

酒边邨窦何鸣咽？诉囊空米贵小女，江南永别。昨日官钱叩门急，典尽衣绵炊铁。刈新麦迟迟五月，见说穷愁真到骨。叹春陵谁复如元结。当醉后，耳根热。

注：①石门山：山口串。距含山县县城约12.5千米，西为木瓜山，东为马石山，两山对峙，其峡如石门，故称石门山。
②糟糠：指共患难的妻子。

纪映钟

纪映钟（1609－1681年），字伯紫，自称钟山逸老，明代南京人。曾主金陵复社事。明亡后，躬耕养母。有《戆叟诗抄》四卷。

送钟彝归鹿宕山[①]二首

一

送君归鹿宕，山色正萧萧。
雨气江湖白，秋声日夜骄。
残书披磵户，幽鸟待松寮。
他夕天门月，钟期信可招。

二

良友曾游处，空斋[②]闭白云。
归从堙磬外，便与鹿麋群。
石榻天容懒，山泉我自闻。
知君身未隐，冰雪有高文[③]。

注:①鹿宕山:在今陶厂镇境内。
②“空斋”:另一版本为“幽房”。
③“高文”:另一版本为“佳文”。

戴本孝

戴本孝(1621—1693年),字务旃,号鹰阿山樵,戴重之子。明末清初画家,著有《前生集》《余生集》存世。

鹿宕山同友人

崦嵫[1]鹿宕影,缥缈生塞烟。
芳草一江冷,孤云万壑偏。
天容身未老,君有笔堪传。
安得黄花醉,相将不计年。

注:①崦嵫(yān zī):山名,在今甘肃天水县西。古代常用以指日落处。

吕声谐

吕声谐,清代含山县人。顺治八年(1651年)选贡,任清河县知县、酃县(今湖南省衡阳)知县。

自鹿宕纡途近云山[1]

岭势宽闲亦峭峥,堕云冉冉与庵平。
松帘竹箔围如许,时破晴岚弄好莺。

注:①云山:云雾山,由鹿宕山东折即至云雾山,山顶有云雾庵。

常建五言诗《宿王昌龄隐居》赏析

清溪深不测,隐处唯孤云。
松际露微月,清光犹为君。
茅亭宿花影,药院滋苔纹。
余亦谢时去,西山鸾鹤群。

这是一首山水隐逸诗,在盛唐时已传为名篇,清代更受“神韵派”的推崇,为唐代田园诗人常建的代表作品,而这首诗所描写的地方就在今天含山陶厂镇石门山附近。

常建是唐代邢州人。开元十五年(727年)进士。天宝年间官至盱眙尉,后隐居湖北西山。一生沉沦失意,与王昌龄有文字相酬。其诗意境清迥,语言洗练自然,艺术上有独特造诣。

常建的诗以田园、山水为主要题材,风格接近王维、孟浩然一派。他善于运用凝练简洁的语言,表达出清幽深邃的意境。这类诗中往往流露出淡泊襟怀。其实常建对现实并未完全忘情,他有所感慨,有所期望,也有所指责,其用语精妙,境界超远是一大特点。今存《常建集》,留存有诗65首。

王昌龄(698—756),山西太原人。盛唐著名边塞派诗人。早年贫贱,困于农耕,年近不惑,进士及第。初任秘书省校书郎,又中博学宏辞,授汜水尉,因事贬岭南。开元末年返回长安,改授江宁丞等职位。755年"安史之乱"爆发,次年59岁的王昌龄辗转回老家途中,为亳州刺史闾丘晓所忌而杀。

王昌龄的诗以七绝见长,尤以及第之前赴西北边塞所作边塞诗最为著名。他的边塞诗气势雄浑,格调高昂,充满了积极向上的精神。有"诗家天子王江宁"之称,作品有《王昌龄集》,现留存有诗170多首。其名篇较多，如《出塞》:"秦时明月汉时关,万里长征人未还。但使龙城飞将在,不教胡马度阴山。"还有《从军行》:"青海长云暗雪山,孤城遥望玉门关。黄沙百战穿金甲,不破楼兰终不还。"皆意境开阔,感情深沉,有纵横古今的气魄,确实为古代诗歌中的珍品,被誉为唐人七绝压卷之作。王昌龄的诗以边塞、闺情宫怨和送别三类题材居多。他的七绝诗尤为出色,甚至可与李白媲美,故被冠之以"七绝圣手"的称号。他的边塞诗,流畅通脱,高昂向上,深受后人推崇。

王昌龄及第时大约已有37岁。此前,他曾隐居在安徽含山陶厂境内的石门山。当时常建在江苏盱眙县任职,盱眙与石门山分处淮河南北。后常建辞官西返武昌樊山,渡淮绕道,特意往石门山看望诗友王昌龄。因为常建此去湖北隐居,再也不知何年何月能与老友相见,谁知竟然没有见到外出云游的王昌龄,天色已晚,只得留宿一夜。

诗的首联写王昌龄隐居所在。"深不测"(一作"深不极"),并非指水的深度,而是说清溪水流入石门山深处,见不到头。这里的"深"是指山深,而不是指水深。王昌龄隐居处便在清溪水流入的石门山下,望去只看见一片白云。山中白云成为隐者居处的标志,清高风度的象征。清人徐增说:"惟见孤云,是昌龄不在,并觉其孤也。"借"孤云"点染山野的空寂。

三四两联即写夜宿王昌龄隐居处的环境,竭尽山中幽居清雅之妙。王昌龄住处是一座孤零零的茅屋,即所谓"茅亭"。屋前有郁郁葱葱的松树林,月光从树缝中照射下来,显得柔和静谧,让人想起王维"明月松间照,清泉石上流"的名句。常建夜宿此地,举头望见松树梢头,明月升起,清光照下,格外有情,想来明月不知今夜主人不在,换了客人,依然多情来伴,故云"犹为君","君"指王昌龄。这不仅暗示王昌龄不在,更表现隐逸生活的清高情趣。

五六两联即写院内景色。夜宿茅屋是孤独的,而抬眼看见窗外屋边有花影映来,别具情意。院里散步，看见王昌龄种养的药草长得很好。因为久无人来，路面长出青苔，茂盛的药草滋养了青苔，暗示主人不在已久。屋边种花，院里莳药，可见王昌龄独居而情不孤，遁世而爱生活。更在描写隐逸情趣的同时，流露出一种惋惜与期待的情味，表现得含蓄微妙。

末联写诗人夜宿王昌龄隐居之处，陶醉于这里的清幽环境，产生了归隐山林的想法，表示将与鸾鹤为侣，隐逸终生。这里用了一个“亦”字，很妙。实际上这时王昌龄将要登上仕路，不会再隐居了。这“亦”字是虚晃，故意也是善意地说要学王昌龄隐逸，与王昌龄同道，借以婉转地点出劝说王昌龄坚持初衷归隐的含意。其实，这也就是本诗的主题，题曰“宿王昌龄隐居”，旨在招王昌龄归隐。回来诗人果然隐居鄂渚，并写了一首《鄂渚招王昌龄张偾》同隐诗。

整首诗给人一种宁静、清幽、闲适的感觉，流动的溪水，飘浮的白云，挺拔的松树，松间的月光和庭院中的花影青苔，景物描写生动传神，画面感强烈。让人读之仿佛置身于深山之中，感受到隐居生活多么自得其乐，抛开烦恼，吟风弄月，逍遥自在。

这首诗的艺术特点与常建名作《题破山寺后禅院》颇为相似，“其旨远，其兴僻，佳句辄来，唯论意表”。诗人善于在写景中蕴含深长的比兴寄喻，发人联想。就此诗而论，诗人巧妙地抓住王昌龄隐居的旧地，赞叹隐者王昌龄的清高品格和隐逸生活的高尚情趣，期望王昌龄继续归隐的意向。因而在构思和表现上，意在言外，而一片深情又都借景物表达，愿王昌龄归来，但手法又是平实描叙，不拟人化。所以，其动人在写情，其悦人在传神。

《王昌龄年谱》认为王昌龄隐居之处的石门山不在安徽含山县的陶厂，而在当时长安郊区的蓝田县石门谷。经查今天陕西蓝田县只有灞源镇有个“南石门村”。其实只要研究一下常建的行踪就清楚王昌龄隐居何处了。常建是在辞去县尉，归隐长江中游的武昌，而从苏北盱眙顺道来访隐居的王昌龄，然后从长江逆流而上，直达武昌；而绝不会南辕北辙，千里迢迢去西北的蓝田县探望王昌龄，这在交通不便的古代是难以想象的事情。就如同北宋王安石回故乡江西抚州，来含山一游褒禅山一样，完全是顺道之游。上海辞书出版社的《唐诗鉴赏辞典》，选有唐朝诗人常建的这首诗《宿王昌龄隐居》。该文的鉴赏者、已故北大中文系古典文献教研室教授倪其心先生注释道：“此前，他（王昌龄）曾隐居石门山。石门山在今安徽含山县境内，即本诗所说‘清溪’所在。”现在凡介绍常建《宿王昌龄隐居》这首诗，基本上都认定王昌龄隐居地就在含山陶厂境内的石门山。

第三节　现代诗文

一、诗词

祁家振（陶厂人，原含山中学校长，曾任含山县第一届政协副主席）

昭关伍相祠楹联

诚然千古须眉败楚破越强吴照史辉煌今不减，
最是一生肝胆拜相殉国为神过人英烈昔无多。

注:此楹联为昭关伍相祠内伍子胥塑像两边楹联。1982年,昭关古遗址被安徽省列为省重点文物保护单位。1993年,含山县委、县政府按明清原貌在原址上重建了昭关及伍相祠,邀请祁家振撰写楹联。

含山中学竹枝词(八首)

1963年

早　读

东风红染小桃枝,满院新杨一剪齐。
莫怪闲关莺语乱,书声嘹亮恰相宜。

上　课

暖日初长午睡浓,催人忽响课前钟。
几多书味消难尽,又抱言论上学宫。

女子篮球

弄丸飞电满场中,润领红衫孕晚风。
篮板一球齐叫绝,女儿端的是英雄。

生产劳动

轻装结队上东冈,茶叶青青麦穗黄。
劳动练成身手健,挥锄揎臂立斜阳。

文娱晚会

学来新曲漫高讴,人影灯光四座稠。
不管夜深风露重,胡琴声急逐歌喉。

图书室借书

琳琅满架结成邻,日日勤翻印爪痕。
为赏奇文欣不寐,借书光叩一声门。

理论实验

曲甑长管竞纷陈，物理推求妙入神。
万象繁生凭指掌，果然袖里有乾坤。

备　课

直须荏苒惜芳时，午夜深研月影移。
笔记淋漓新墨深，十分甘苦寸心知。

游长山水库有作

1985 年

群山如黛水施蓝，放棹中流兴致酣。
波影岚光共客与，茶甘酒美足盘桓。
地灵始信中人杰，识远才能路更宽。
更建楼台植花木，广招游客乐悠闲。

游昭关水库即兴

1985 年

已游长山水，更看昭关山。
山下水库美，乘兴登游船。
澄碧色如染，旖旎秀可餐。
清时鉴毛发，爽足陶肺肝。
桃花夹松柏，装点何绚烂。
美色不胜收，水利更多般。
多谢建护人，造化君与参。
漪兴佳山水，不游毋乃惭。
何况此业绩，缔造费艰难。
日暮何足云，明月照我还。

七十五周岁自咏

1991 年

七五年光一瞬过，如烟往事忆当初。
少时凌厉矜持甚，壮岁蹭蹬感慨多。
学剑学书成几许，立功立业俱蹉跎。
老来只赋闲居了，空守蜗庐任鬓皤。

谢惠民（陶厂人，曾任含山县教育局局长）

赠祁老先生家振

1992年

一生兴教倍辛劳，播惠九州尽李桃。
解惑中西才卓卓，释疑今古道昭昭。
年高德劭为人仰，学博思精应自豪。
莫道归休闲冷落，登门众许领风骚。

祝贺祁老八旬寿诞

1994年

清居闹市即深丛，矍铄聪明八秩翁。
久历风霜成铁骨，勤培桃李建殊功。
经纶满腹言为训，肝胆照人德是宗。
祝寄觥筹添鹤寿，桑榆共慕夕阳红。

江　涛（陶厂人，成都军区司令部部长、办公室主任。解放军《红叶》诗社会员）

巢湖春日晚景

月照巢湖景色佳，新楼倒映绿波华。
笑看宝塔残阳影，闲品六安陆羽茶。
两岸弦歌飘夜市，一湖星斗耀明霞。
轻摇湖艇听潮声，欲觅箫声月已斜。

沁园春·青藏铁路通车

汽笛狂欢，铁蟒腾奔，势若疾霆。望昆仑雪霁，群峰叩首；羌塘雀跃，鼓乐齐鸣。冻土冰封，荒原氧缺，无挡精兵众志城。夷天险，把预言砸碎，千里功成。

当年卫国安平，有多少英豪热血倾。忆文成远嫁，三年驭跋；班禅长旅，万畜驮行。历代戍边，捐躯无数，尸骨成堆客过惊。看天路，有阳光普照，万种风情。

沁园春·喜马拉雅山颂

雄伟珠峰，三极巍巍，雪域故乡。看层峦出世，冰莹玉灿，琉璃世界，天赐琳琅。拱月群嶂，珠峰总领，雪域离天尺量。攀登者，赏风光幻境，云作天梁。

神奇险境祥光，显五彩斑斓照夕阳。望冰川云海，圣光普照，银林冰塔，璀璨辉煌。

裂谷飞沟，江湖腾浪，万瀑千川向海洋。情难尽，爱雄姿英武，永镇边疆。

陈克年（陶厂人，中国书法家协会会员，南京市书法家协会副主席，中华诗词学会员）

重　阳

秋风染露润花黄，行客吟歌远望乡。
怕说归期心怯怯，苍山最是惹肝肠。

山中夜宿

闲作栖霞客，松风不卖钱。
空怀忘世事，淡意弄茶烟。
玉苑横琴坐，幽窗听雨眠。
溪声闻寂寂，山月印阶前。

满庭芳·夜写梅花

折得梅花，瓶中供养，几枝疏影横空。静闻钟响，檐下雪初融。夜半帘垂示卷，燃香篆，茶暖烟溶。翻书帖，两行旧字，意味总无穷。

从容，呵冷砚，朝摩夕抚，又是深冬。不须累浮名，笔走苍龙。腕底偶然洒脱，胭脂水，数点轻红。窗前月，幽明案上，枕梦洽春风。

曹　虹（陶厂人，宣城市文联工作，安徽省作家协会会员）

忆故乡

六宕山前是吾家，桃红柳绿簇朝霞。
蛙声十里农夫乐，腊月柴炉煮酒花。

五天一集人熙攘，后巷前街买卖忙。
少女红衣如蝶去，嗤嗤搔首路边郎。

依稀梦里梓园蔬，客次江南老更痴。
旱洞山前遥忆处，桃花汛里牧归迟。

注：故乡五天一集，至今犹存。是时热闹非凡。

回故乡天天饮酒

天天难拒酒蒙眬，不辨东南西北中。
谁解乡情惺醉眼，归途一路着春风。

江南四月见景

江南四月正农忙，才插秧苗麦又黄。
只有老牛无急意，犁来耙去慢徜徉。

胡　进（陶厂人，现在宣城市工作，中国作家协会会员）

秋夜无眠得句

秋风乍起五更凉，月色朦胧半树霜。
蟋蟀窗前天籁曲，人生有味是寻常。

丁洪涛（含山县政协学习与文史委主任，安徽省作家协会会员）

我有一个绿色的梦想（朗诵诗）

——献给全国劳动模范、全国绿化标兵易厚掌

我有一个梦想
织一床锦被
披挂在西塔山上
让美丽乡村的每寸土壤
簇拥着花团锦簇的春光

小时候，母亲对我讲
愚公移山的故事
于是，我就有了一个梦想
我在想，我要是能够
做一名愚公那样的人多好啊

长大后，我对妻子说，老婆

我们上山栽树吧
妻子扛起铁锹锄头,水桶扁担
毅然决然地和我一起来到了西塔山上

再后来,儿子也长大成人了
他对我说,父亲,您就是愚公
我要努力成为像您那样的人
在这荒山秃岭上,用双手
种植一片绿色的希望

于是,我们祖孙三代人
一锹一锹地挖土打宕
一棵一棵地栽培幼苗
渴了,喝一口山泉水
饿了,吃几个自带的干粮
我们披星戴月,迎着朝阳
在这广袤的原野上
洒下辛勤的汗水
收获绿油油的春光

我的母亲是那样的勤劳
她把灵魂留在了西塔山上
我的妻子是那样的执着
她也步着母亲的脚印而去
她们走了,带着微笑,带着梦想
毅然决然地走了
她们站在天国的高空,守护
一家人的绿色梦想

然而,天有不测风云
那一场熊熊燃烧的大火啊
毁了山林,毁了绿色
也毁了我心中绿色的畅想
但却毁不了我对绿色梦想

我对儿子说，你还跟着我植树吗
儿子点点头，什么也没有说
我握紧儿子的手，点点头
四目相视，泪眼婆娑
但我分明看到了彼此的内心世界
那个汹涌翻滚的绿色的梦想

于是，我们一家人
又扛着铁锹锄头、水桶扁担
毅然决然地上山了
挖土，打宕，育苗，栽树
把对绿色的梦想
栽植在不屈的灵魂深处

苦吗？很苦，但我以苦为乐
累吗？很累，但我乐在其中
因为心有梦想的人
什么样的苦和累
都在梦想的烈焰下消融
当我看到树苗一天天长高
长成参天大树，长成有用之材
我的喜悦，我的幸福，我的快乐
就像大渔滩荷花一样绽放

记得那一年在北京，在人民大会堂
总书记谆谆教导我们
植树造林，绿化荒山
功在当代，利在千秋
这是鼓励，是鞭策，是动力
让我绿色的梦想
鼓满了时代的风帆

绿水青山就是金山银山
习主席的教诲语重心长
像春风，在耳畔回响

像雨露，在心田激荡
虽然我老了，但是
只要我尚有一息气力
我还要带着我的儿孙们
像愚公那样挖山不止
在这花团锦簇的春光里
栽种心中绿色的希望

因为我有一个梦想
一个萦绕心头的绿色梦想
因为我要成为愚公那样的人
我甘愿做当代的愚公
因为我是一名共产党员
时刻铭记党旗下的铮铮誓言
让绿色的梦想
在华夏的土地上荡漾

发表于《含山文艺》2021年第2期

二、散文

大渔滩观荷

方　华

一直记着，要在今年的夏天到大渔滩去看荷花。

正是七月大暑的日子，当地的朋友打来电话，说荷花已经盛开了。于是，急急地驱车前往。

还是去年的深秋，去大渔滩附近的乡镇办事，偶然路过那片滩涂。只见满湖的枯荷在水面上涂写着水墨的秋意，一轮如血的夕阳即将落入远方的苇丛。这样一种苍茫而壮观的景象，让我心生向往，不知荷花盛开的季节，该是怎样的一种美景呢？

虽然赤日炎炎，但依然消减不了我观荷的急迫心情。在国家森林公园太湖山东麓不远处，车子离开坦途，进入一段沙土路。路到尽头，一片滩涂就展现在眼前。

打开车门，带着潮湿气息的风扑面而来，而风中袭人欲醉的是浓郁而清新的荷香。

放眼望去，那婷婷之荷如碧浪般涌入眼帘，粉红的荷花或含苞欲放，或曼舞盛开，让人陡然间忘却了身外的暑气。

翠绿的荷叶，直涌到天边；而娇美的荷花，在骄阳的映照下，更显得艳丽。只一眼，就真正地领略了杨万里诗句“接天莲叶无穷碧，映日荷花别样红”的美境。

荷叶之绿衬托着荷花之红，给人的视觉带来强烈的冲击。而与天宇相接的无际荷叶，气象又是如此宏大，让站在岸边的人显得渺小，深感天地之壮阔，胸襟立敞。

据悉，大渔滩湿地原是350年前10多个圩口和山洪的行洪区，因长期淤积而成滩涂。它位于安徽省含山县陶厂镇，是现今江淮之间保存最为完好的一片典型的滩涂湿地。岁月变迁，草木峥嵘，每至夏季，这里形成满水泊野荷争艳的美景。

在荷花丛中的堤埂上漫步，用手中的相机不时捕捉荷花美丽的身影，有点目不暇接的感觉。荷花在风止时的娴静，风动时的妩媚，含苞的羞怯，绽放的热烈，无一不摄人心魄。

荷叶丛中和水边，有我熟悉的菱角、浮萍、荸荠、茨菰、菖蒲、芦苇等多种水生植物，白色的菱角花、黄色的浮萍花也正盛开，点缀在荷边的水面上，让水泽显得丰富多姿。

“荷花菱蔓满全湖，翠鸟依依醉碧波。”荷叶下，有几只水鸟在嬉戏，见人走近，忽地展开羽翼，在水面上划出几道水纹，钻入密密的绿荷深处。两只白鹭追逐着，在蓝天之上上下起舞，最后滑落在远方的苇丛中。树上的蝉鸣、滩地深处的蛙鸣，更衬托出大渔滩湿地的幽静。

地处偏僻的大渔滩，见不到人迹。同行的她四顾感叹：这么美的景观，怎么没人来呢？确实，荷开烂漫的夏日大渔滩依然显得空旷沉寂，这种自然野生、未经雕琢的状态却令我喜爱。在我眼里，大渔滩就像是一枝出水之荷，天然去雕饰。

援岸行走，不知不觉转到了对岸河湖相夹的一道堤埂。绿树丛中，竟现出孤零零的一间老旧青瓦房。

走近，见屋前的竹椅上坐着一位瘦削的老者，正在树荫下纳凉。老人身边的水湄，有一只称作“腰子盆”的小舟静静地泊在密密的荷叶下。

与老人攀谈，得知，这堤埂上原是有一所小村庄的。一是政府鼓励，一是村里人羡慕城里的热闹生活，早都拆迁搬到附近的城镇去了。老人说，这里的空气多好啊，你看这夏天都不要空调风扇。

大渔滩之夏

和老人攀谈套了近乎，坐上仅能乘坐两三人的“腰子盆”，老人竹篙一撑，小舟便离岸入了荷叶丛。

荷荡中本是没有路的，小舟行处，荷叶便在船头向两边闪开，现出荷下的清清碧波。坐在舟中，荷叶高过人头，充塞鼻息的满是荷的清香。遇到成熟的莲蓬，老人便将船撑近，或是用竹篙将蓬竿儿钩过来，让撑着一把小花伞坐在舟中的她采摘。让人情不自禁地想起《西洲曲》中“采莲南塘秋，莲花过人头；低头弄莲子，莲子清如水”的句子来。

初生的叶卷如苞的小荷尖上，会看到静立的蜻蜓，正是杨万里的诗意。舟中仰观绽放的荷花，则每一叶花瓣都好似透明的。风起时，粉红的花瓣舞动，在蓝天的映衬下，宛如裙袂飘飘的舞女。

老人让不时赞叹的她采几朵荷花，她伸出的手又缩了回来，说掐下一朵美色就少了一个结籽的莲蓬，不忍心。老人于是让她采几片荷叶回去，说将这野生的荷叶切成丝泡茶，特别的清香解暑。

弃舟上岸，告别老人。与她头顶宽大的荷叶在荷丛中沿原路返回，快意的心境里，便觉得我与她是两朵艳阳下行走的荷，清凉的诗意如泉般涌自心底。

回望整个大渔滩，蓝天白云，白鹭飞翔，轻风吹拂，水波漾漾。这宛如唐诗宋词般优美的境界，让我步步流连。

2015年8月发表于《市场星报》

注：方华，笔名泥人，中国作家协会会员，合肥市作协副主席，巢湖市作协主席。

大渔滩赏荷花

龚伟明

七月底的一天，安徽含山县的当地朋友驾车带我们去了一趟大渔滩。

大渔滩是一块湿地，当地人尤以夏季盛开的荷花为荣。车拐入乡间马路，已有零星的荷花进入视线。这里停车，别具一格。路一旁是稻田，另一旁是长长的杨树林带。粗细不一的杨树间隔二三米，小车正好停在其间，树枝树叶遮挡着直射的阳光。

向前走，眼前是密密的荷叶，朵朵荷花展露曼妙的姿态。高温下看荷叶荷花，额头冒汗，心里却存凉意。再向前走，来到了湿地岸旁。先前密密的荷叶，此刻分出了高低。叶面直径都在一尺左右。这种绿，是清爽的，也是厚实的，阳光穿透不进的。而粉红的荷花，花瓣舒展，透着沁香。花瓣当中，一团金黄的花蕾添了富贵气质。最奇的是有的花蕾上凸显一扇形，应该是莲蓬的雏形吧？呵呵，这回我看荷花，算是饱览了。

当地朋友介绍，大渔滩湿地近两千亩面积。我注视着空中飞翔的鸟，远处起伏的芦苇，领略到拥抱大自然后的无拘无束的舒坦感。

炽热的阳光照耀着大地。浸润在水里的荷叶荷花，蓬蓬勃勃。这里的荷花花期，每年从六月开，到九月结束。在荷花开得最热闹的时候来，我们“艳福不浅”。绿叶红花间，我还看到一只只青色的莲蓬，尚未开苞的，无数尖状的花骨朵。当地朋友弯腰掀开一张荷叶，指着水中一截黑乎乎、竹片状的东西，说是藕。这里的藕，不像其他地方产的粗壮圆润，没有食用价值。所以，莲蓬成了当地人的一大块收入。当地朋友介绍："莲子可以炒来吃，还可把糯米和莲子肉研为细末，加白糖制成莲肉糕；还可熬莲子粥、冰糖莲子、莲子红枣汤、莲子桂圆汤、银耳莲子羹。"这一连串羹呀汤的，让我嘴馋。

大渔滩湿地荷花美

忽然，眼尖的同事看见了一支竹篙在绵绵的荷叶上，一会儿伸出，一会儿落没，那分明是有人在撑船了。采藕？不会；摘莲蓬？又不像。是不是游客的船呢？回程看到丁字路口前，河中过来一条木船，载着六七名游客。船上一人撑竹篙，船下一人光着膀子推船，努力往荷滩里面前进。原来这段河床高，加上正在抽水灌溉旁边的稻田，木船经过这里十分困难。这一情形，让我们惊讶，为游客服务，这里可谓尽心尽力了。

返程中，我们余兴未尽，还在议论大渔滩湿地的所见所闻，当地朋友禁不住说："像这种天气，一场雷阵雨下过后，大渔滩景色那个美真叫绝。特别是荷叶上都是亮晶晶的水珠子，看它们滚来滚去的，就是滚落不下去。"我听着，不由得心驰神往。

2013年8月8日发表于上海《新民晚报》

注：龚伟明，上海市皮肤病医院副主任医师。

故乡的情愫

胡　进

国人安土重迁，而在我的记忆里，第一件刻骨铭心的事便是搬家。

我出生在一个外族的旧祠里，还没有来得及睁眼看看这世界，就已经被别人当作"异乡人"看待。这里离我成长、称之为故乡的地方相距几十华里，几十华里何足道哉！然而在我心灵上造成的距离却远远超越了几百里几千里。

十岁以前的大半个童年岁月我是在出生的祠堂里度过的。其间因为爸爸工作调动，搬进搬出几易居所，但我尚处在蒙昧时期，那常常"闹鬼"的祠堂才是我唯一的温馨的家。爸爸在这所祠堂改成的小学里当"教授"，因此我是那里一砖一瓦一木一石的神圣保护者，那些远道而来、风雨无阻的小学生每天要到我的"家"上学。琅琅的书声是我的摇篮曲，清脆的铃声是我幼年生活的节奏。我在那里度过十年虽贫穷却快乐的日子。满十岁那年，妈妈说："你十年洪福享完了。"谁料想那却是一句谶言。

十一岁那年，史无前例的"文化大革命"开始了，在一阵"不是东风压倒西风，就是西风压倒东风"的狂乱派斗中，爸爸被"揪"出来了。我的父母都是谨小慎微的良民，遭受如此打击，百思不得其解，最后归结到祸出自"外乡人"。于是，"树高千丈，叶落归根"，妈妈怀揣着一元人民币，回到故乡，托亲拜友，盖起了"三根桁条一抱草"的巢穴一样的房子。这就是我完全陌生的故乡和从无到有的"家"。

那天早起搬家，祠堂里只有我一个人，鬼气森森，了无声息。屋内空荡荡的，只剩下一张床和床下权当踏脚板的永远平静的石板。阳光透过明瓦照在我的床前，形成一束金光闪烁的柱，无数纤尘在光柱中翻舞。不知过了多少时候，一群学生把球拍进了房间，他们肆意地拍着踢着。我没有制止，因为那不再是我的家了。我乱涂乱画留下的"真迹"像我本人一样孤零零地靠在白白的墙上，茫然无助。那时候，家养的母狗正下崽。它嘴叼着小崽跟着家人颠前颠后。它先叼一只小崽向前走几十米，回来再叼第二只，然后是第三只，就这样循环往复艰难地向前挪着。小崽嗷嗷地叫着，老母狗自己那瘦削的身架也仿佛支撑不住了，终于丢下了一窝嗷嗷待哺的小崽。老母狗那惶惶然的情形让人难以忘却。难道它也有失家之痛？

高中毕业回乡后我结识了一位下放知青。她的歌声高亢甜美，我一个乡下的"癞蛤蟆"当然不敢企求这水灵的天鹅。可是我在闲极无聊时，抱着一把二胡，握着一只马尾弓，拉锯似的居然拉出几首歌。我们因此便结识，便共同做那恋爱游戏。一个盛夏的夜晚，我和她分睡在两张床上，忆童年，谈现实，论前途。我们的纯真和无邪眼下连我自己想起来也难以置信。我常想，当时的我若是今天的我，那真不知道要生出多少事来。我会成为"破坏上山下乡"的囚徒，抑或在我自己还是孩子的时候就成了爸爸？柳下惠坐怀不乱怕是受道德和利害关系的束缚，当年我和她的理智还没有达到这一水平，童贞未凿终于没有让任何事情发生。我们异常安分地睡在各自的地方热烈谈论着。我对前途不敢乐观。我说："你早迟要回城市的。"她不无遗憾地答："你也能招工就好了，哪怕在郊区也行啊！"

那是我的初恋，我异常珍惜它，但却受到了严厉的警戒："你是在吹肥皂泡！"是啊，我无法逾越城市和乡村那自人类有分工以来就有的鸿沟。差别是现实的，是客观的，也是冷静的。她大概也受到类似的训告。像那么自然地认识一样，我们自然地分手了，谁也没有过分难堪，因为谁也没有企求或许诺过。她的离开使我从理想的云雾中跌落到现实的土地上，我不得不真切地掂量自己的出身，不得不痛切地思虑着自己的出路。我如亡羊在歧，不知所归，也差不多泯灭了希望。

故乡，我在那里蒙受过失家之痛、失恋之苦和失路之悲。在很长一段时间里，我被那梦魇般的记忆所困扰，也为故乡那寒伧鄙俗羞惭过。离家久了，一些孩子气的成见便渐次消除，随着时间的推移，一些苦涩的记忆会变得淡然而甜美。

离开家乡的前一天我独自到田头转了一圈。流连在阡陌小道上，定定地看着正在日趋成熟的庄稼，我知道要长久地离开这块生养我的土地了。一种深深的失落感涌上心头，情感霎时脆弱起来，泪水盈满了眼眶。我像逃跑似的走出那烂熟于胸的田园。乡邻亲朋们都来送行，村子里的家家户户都送来了方片糕，那是祝福我“步步高（糕）升”，族人推举几位头面人物给我送来一支金笔，夸赞我给祖上增添了荣耀。第二天一大早我默默地离开了家。哥哥为我提着一床乌灰的棉絮和一床稍新一点的被子，那就是我的全部家当。一个儿时的好友气喘吁吁地追上我，硬塞给我两条糕，差不多哭着说：不要忘了我哇！我只能点点头又点点头，没能说出一个字来，嗓子哽咽着。这时我才意识到故乡给我的深情和眷恋是任何尺子也难以度量的。离乡越久眷恋越深。十多年来我珍视着族人们赠送的金笔，不管经历多么险恶的世事，我在心中始终留有一块温情的绿洲，存有一份纯朴的怀想。每当失意时，我便想起了故乡，寂寞时便忆起了童年。城市冷漠的人生让我惊心，紧锣密鼓的“人斗”催我怀念散淡的田园。一曲《妈妈的吻》让我如痴如迷，“在那遥远的山村中”有我的亲人，有我那无邪的童年，有憨厚忠恳的乡邻，甚至那失落的爱恋。有一次，我回到家乡时天已黑了，一弯新月斜斜地挂在天边，黛色的群山边闪烁着几家灯火。万籁俱寂，只偶尔传来一两声狗叫，我的父老乡亲大多数已进入梦乡，而那时在城里，多少见不得人的事在做着，多少办公室不便说的话在说着，多少失意的人在烦恼着。此时在我的故乡没有喧闹，没有尔虞我诈。那一刻我真正理解了古之名士为什么乐此不彼，“不为五斗米折腰”。

楚国上蔡人李斯有感于自身“久处卑贱之位，困苦之地”，立志驰骛游说以建功立业，果真当了秦宰相，权倾朝野。后来遭赵高构陷“论腰斩咸阳市”。在赴刑场的路上，李斯“顾谓其中子曰：‘吾欲与若复牵黄犬俱出上蔡东门逐狡兔，岂可得乎！’”一句话道出对故乡的无限情愫。生死关头，占据他心灵的是在故乡牵黄犬逐狡兔的美好岁月，可见故乡在游子心中的分量！

故乡永远会热情地接纳失意归来的游子。

故乡的话题是热门话题。故乡，使“衣锦还乡”的人有了表现荣耀的舞台。使失意的游子有一个藉以怀想的去处，一个安慰，一根精神支柱，一个避难所。使那些既不得意又不失意的游子有一种超脱于异乡陋俗的优越感。

然而，故乡是什么？

故乡是一位母亲！是一首田园诗！是一幅山水画！不！故乡是命运！命运让你生于此，你不会出于彼，因此我们即如无法抗拒这命运一般，无法忘怀自己的故乡。同样不会忘记为故乡、为国家、为人民肩负起我们的责任。

发表于1989年《宣城文艺》庆祝中华人民共和国成立40周年征文专辑。

注：作者陶厂人，中国作家协会会员，原工作单位宣城市文联。

幸福之路村村通

张 敏

现在的人出门都赞叹路好了，交通方便了。记得改革开放初期的一年夏天，我跟几个小伙伴从陶厂出发，去含山电影院看戏剧电影《红楼梦》，沿着砂石铺就的古塔路走了快两个小时，酷热高温，汗流浃背，到了县城买了一大瓶汽水，一口气就喝干。那时，整个含南仅有一辆帆布篷大卡车跑运漕客运，沿途停靠陶厂，定时定点上车，赶不上这趟车，或者舍不得花钱坐车，那只能靠两条腿的11号小包车步行了。

古塔路为省级公路226线的一段，是贯穿含山南北最长的公路。如今改造后的公路从铜闸镇的塔岗经陶厂到含城，双向6车道，陶厂到含山只要15分钟。不但主干道宽敞，农村现在也基本实现了村村通水泥路。我的家乡西山村是陶厂最北面的一个村，与和县交界，说是半山半圩地貌，其实岗坡占百分之六十。40年前，农村生产队每年交公粮，27个自然村的农民都靠人力肩挑，把稻谷挑到5公里外的镇上粮站。每趟路上要歇3次，洗把脸，在路边村讨口水喝，提提精神攒攒劲，再继续把稻谷挑到粮站。力气小的每担稻谷挑一百三四十斤，力气大的挑一百七八十斤。每趟每个生产队一行少的有十多人，多的有二三十人，男女都有，因为送一趟公粮能挣一个工分，虽然是力气活，大家还是愿意去交公粮。每年分早稻一次，晚稻一次完成公粮任务。那时走的都是田间小路，高一脚低一脚，很不好走。如今西山村到镇上修建了平坦的水泥路，卖粮也全部是用拖拉机、农用车运输了，再也不用肩挑步行了。

陶厂镇逢集习惯有数百年历史，每月的农历二、七为逢集。为占摊位，天还没亮，村民就早早赶上集市。北面的有山那边的环峰镇张公人、和县南义人，东面的功桥、新塘，以及南面的铜闸镇塔岗以北、林头镇福山以东的农民都来陶厂赶集进行交易。远处的人天麻麻亮就出门，所有赶集的人都是步行，条件稍好的拉个板车。到20世纪80年代初，镇上有了几辆大拖拉机，修了几条土公路，那时能有关系坐上拖拉机上街赶集有多风光啊。赶集和办事人都是步行的，近的到集市上买买东西，看看热闹，半天的时间；远的办点事再在

拓宽改造后的古塔路绕镇而过

街上转转、选选日用品返回家要大半天的时间。从20世纪80年代后期开始，陶厂有人三三两两外出打工经商，部分人去北京搭摊炸油条、卖包子做早点生意，部分人跟着建筑队后面做小工。逐渐在北京做早点的很多人腰包鼓起来了，不少人在集镇、县城买了房，把孩子转到县城中小学念书。四乡八村到陶厂的路上人少了，车也少了。

要致富先修路，从2006年开始，国家开始实施农村道路“村村通”工程。陶厂镇的关镇、卜李、云塘等几个村群众积极性高、率先建设了镇到村部的村级公路。3年内，12个村村部，大的村庄都实现了道路“村村通”。路通了，脑子活的人买来中巴车、面的拉人载客，给群众赶集办事，出行带来了极大的方便和快捷。到2015年底，全镇所有大村庄和部分小村庄都铺设了水泥路。随后几年，又实施村级道路畅通工程、网格化工程、一事一议工程，全镇百分之九十七左右的村庄进村道路都铺设了平坦的水泥路，过去出门一身泥、回家一身灰的交通状况彻底改变了，连老人们上街买菜都骑上电动三轮车。

路好了，交通方便了，在外经商发财的农民纷纷回家翻盖老房子，几乎每个村庄都成了楼房村，部分农户还建起高大豪华的别墅，生活设施样样齐全。靠炸油条起家的北京青年餐饮公司董事长易宏进弟兄俩，家中老房子在云塘金村，盖了有30年了，那时村庄房屋破旧、连像样的拖拉机路都没有，所以他俩把房子建在岗坡的土公路边，这在当时算是响当当的好。现在老家路修好了，沥青路面的县道陶南路一直通到家门口，弟兄俩决定把老房子再进行一次装修，仅装修费就花了200多万元，父母也从北京回家，住在豪华的房子里怡享晚年。易宏进弟兄俩出资40多万元，发动群众集资，将自然村内的道路修成水泥路，实现户户通，让小轿车家家开到门口，还安装了路灯，晚上全村灯光明亮，就像集镇一样。关镇村宋村的宋宗利跟着哥哥在上海等地闯荡，在建筑行业做得较为成功，为了村民们出行方便，他一人资助5万元修通到村的水泥路，自己开车回家方便了，大家也方便了。关镇高程村的杜小林、郭庆业俩人，在上海从事城市园林绿化工程，他俩出资30多万元，带领村民自己动手把道路修到户户门口，还在村里修建了小广场，方便平时大家跳跳广场舞、活动活动，春节回乡车辆也方便停放。据统计，陶厂镇由政府投入建设的公路里程达到159.5公里，自然村道路覆盖率达百分之九十五以上，就连最边缘的山沟村司徒鲁庄自然村也在几年前修通了水泥路。春节期间，全镇外出返乡开回的车辆多达1500辆左右。车辆多了，原来设计的“村村通”道路窄了，近两年来，政府又实施村道加宽工程，很多在城里买房子的人又回到农村居住。农业生产也全部实行了机械化，这一切都得益于交通条件的改善，这些公路真正成了致富路、幸福路。

2019年8月发表于《含山文艺》

（本文获得含山县庆祝中华人民共和国成立70周年征文优秀奖）

第四节　民间歌谣

一、民 歌

唱个山歌情义长

天上星多摆成行，
地下小板凳七尺长，
两边坐个花大姐，
中间坐个唱歌郎，
唱个小娘子情义长。

不是你的是哪个

远望小大姐在门里，
手拿针线纳鞋底，
想问小大姐为谁纳啊，
身子一磨脸朝里，
不是你的是哪个的？

拎之尾巴悠上天

栽秧栽之大半天，
没看见黄狗在路边，
不是秧把占之手，
拎之尾巴悠上天。

探　妹

正月探妹正月正，
我带小妹去看灯，
看灯分明是假意，
我的妹子看你心各真。
正月探妹正月正，

轻言悄语说把我家干哥哥听，
哥哥你下次来玩耍，
我的哥哥哎脚步要留神，
哥哥嫂子顶了我的真哎。

二、儿 歌

月亮粑粑，照见他家，他家有个兔子，别打别打是个舅子。

月亮月亮团团，里头藏只龙船，龙船出来摇摇，里头藏个奶奶，奶奶出来梳头，里头藏条牯牛，牯牛出来饮水，里头藏个小鬼，小鬼出来点灯，烧你鼻子眼睛。

三、新民歌

画里含山

词/曲：张东朗　演唱：张东朗

（唐诗·常建）

清溪深不测　隐处唯孤云
松际露微月　清光犹为君
茅亭宿花影　药院滋苔纹
余亦谢时去　西山鸾鹤群

石门山下是我的家，白云飘过白鹭飞呀；
鱼米之乡万亩良田，勤劳的人耕耘冬夏。
大渔滩里满是荷花，太湖山上千年古刹；
往南就是运漕古镇，杨柳圩岸渔歌晚霞。
濡须河水悠悠流啊，凌家滩落玉龙飞啊；
山连着水水恋着山，山水相连画里含山。
濡须河水悠悠流啊，褒禅山寺祈福年华；
夕阳炊烟水倒映山，青山绿水画里含山！
（含弓腔念白）
含山请你来做客　赏山看水品古镇（男）
美食美景怡人心　山好水好韵禅音（女）
（家乡话说唱）
运漕的煮干丝么小笼包子　香
东关和三口塘的老鹅汤　绝
陶厂的豆腐干子牛肉嘛　真好吃

林头的花生酥么酥着万代 乖乖
三岔河的螃蟹么肥着冒油 鲜着狠
长山青龙尖的含眉绿茶 呱呱叫
祁门村的麻油一瓢好香 名气大
老字号的运酒么口感啊 真不丑真不丑噢
伍员昭关一夜白发,大庙银杏小溪人家;
江淮古桥石头部落,旌忠的人姚庙为他。
大城墩里炼铸华夏,草船借箭东关散马;
望梅止渴石壁摩崖,竹绿苍山谷雨采茶。
濡须河水悠悠流啊,凌家滩落玉龙飞啊;
山连着水水恋着山,山水相连画里含山!
濡须河水悠悠流啊,褒禅山寺祈福年华;
夕阳炊烟水倒映山,青山绿水画里含山!
(含弓腔念白)
含山请你来做客 绿水青山人热情(男)
青花陶瓷盛美酒 醉卧西山看鹤群(女)
濡须河水悠悠流啊,凌家滩落玉龙飞啊;
山连着水水恋着山,山水相连画里含山!
濡须河水悠悠流啊,褒禅山寺祈福年华;
夕阳炊烟水倒映山,青山绿水画里含山!

四、说好词

上梁说好词

炮竹一放喜洋洋　恭喜老板上大梁
大梁升在高空中　金龙玉凤盘柱上
炮竹三声惊动门　惊动天上金鸡叫
惊动地下凤凰嘤　脚踏福乐地
夜开双财门　大门本是八字样
热气腾腾登子梁　上头喜鹊成双对
下头关公蹬绣球　前有黄河通四海
后有城墙围过来　玉石狮子二边分
皇上封你占朝门　左边起座金银库
右边盖座米粮仓　金银库里有传家宝
米粮仓里有万石粮

结婚说好词(旧)

爆竹一放喜洋洋　　一帮亲朋来闹房
初到贵府抬头望　　府上一派好气象
左右青龙对白虎　　前后诸葛照明堂
前门大塘通四海　　后门青山接太行
一座高楼盖得巧　　盖在龙头凤尾上
盖在龙头出驸马　　盖在凤尾出娘娘
阶前一副朝天凳　　玉石狮子分两旁
排排柳树拴骡马　　行行青桐落凤凰
门楼两边吊金钩　　挂着红灯结彩球
彩球结在府门口　　千金小姐配王侯
八宝花轿四人抬　　官门抬到相府来
八洞神仙来贺喜　　送子娘娘又进来
脚踏府门步步高　　王母娘娘摘仙挑
仙桃装在花篮内　　子子代代坐当朝
迈过门槛到天井　　小小天井造得精
天井本是鲁班造　　四边四角四合圆
东边角上韩湘子　　西边角上佘太君
南边角上张果老　　北边角上老寿星
一条阴沟修得好　　直通龙王水晶宫
看过天井到厅堂　　你看厅堂多排场
根根柱子金丝木　　条条椽子檀木香
上面盖着琉璃瓦　　太阳一照放豪光
左边一座金银库　　右边一座玉米仓
金银库藏传家宝　　玉米仓堆万担粮
厅堂上下红通通　　好比京城放花灯
无为纱灯堂前挂　　再看墙上四幅画
四幅画上是美人　　西施河边漂纱线
贵妃酒醉卧龙床　　昭君出塞怀抱月
貂蝉身靠凤仪亭　　状元大印摆上方
古瓷花瓶两边放　　乌金香炉烧大香
朱砂对子挂两旁　　金字双喜贴中堂
蜡台一对银光闪　　龙凤花烛配成双
八仙方桌堂前摆　　太师椅子围四方

一席坐的是红媒　　二席坐着父母亲
大舅二舅上横坐　　诸亲六眷坐四方
瓜片茶叶喷喷香　　四个茶碟摆桌上
穿过客厅往后来　　好似步步踩金阶
青石栏杆分左右　　两边造起百花台
五步六步到灶房　　一盏明灯照上方
那位师傅手艺好　　特地请来把勺掌
四个冷盘四样色　　麻油浇得亮汪汪
香葱切得三分三　　大蒜切得一寸长
蛋糕掌得一块块　　豆腐打得二面光
虾子炒得红通通　　桂鱼煎得两边黄
瘦肉圆子掺虾米　　红烧肉里搁冰糖
八宝鸡子桂花鸭　　桂花百合莲子汤
吃得客人开口笑　　笑得嘴上油直淌
十碗八碟数不清　　快到新房看新娘
手拍门环铛铛响　　开门让我瞧新娘
房门一开亮堂堂　　进了新房看四方
红烛照得四方亮　　四方全是陪嫁妆
一陪衣柜和皮箱　　二陪条桌和梳妆
三陪大红子孙桶　　四陪方凳樟木箱
五陪澡盆圆又圆　　六陪镜子赛月亮
七陪篦子千根齿　　八陪梳子檀木香
九陪胭脂和香粉　　十陪包金首饰箱
四块金砖垫桌腿　　八块银砖支皮箱
珍珠玛瑙银果盒　　金丝竹竿晾衣裳
下江木匠手艺巧　　雕花精巧琳满床
夏布帐子顶呱呱　　金鸡帐钩两头挂
大红被单绿绸边　　被单里头装丝棉
上面一对鸳鸯枕　　看过嫁妆看新娘
新娘坐在床沿上　　搀新奶奶你甭挡
快让我们瞧新娘　　我的乖乖郎的当
新娘长得真漂亮　　一朵鲜花耳边戴
碧玉簪子绿莹莹　　不胖不瘦个条好
浑身上下桂花香　　不点胭脂自来红
一对大眼水汪汪　　眉毛弯弯似柳叶

金丝耳环前后摇　　樱桃小嘴糯米牙
未曾开口先带笑　　顺着下巴往下看
胸门口子挺多高　　两个奶头饱瓒瓒
明年一定添宝宝　　顺着胸口往下瞧
瞧到新娘杨柳腰　　大红丝带拦腰系
两边一对花荷包　　左边装着大红枣
右边装着万字糕　　怀里四个红鸡蛋
你不掏来我来掏　　新娘转身脸对墙
面红耳赤心发慌　　说好说了大半天
新娘点火我抽烟　　搀新奶奶讲:哎呀!新娘不会点火,我来。
众讲:不行!不行!要新娘点火。(新娘点火)
说好人讲:恭喜!恭喜!

上门说好词(新)

爆竹一声喜洋洋　　亲戚朋友闹洞房
各位客人跟我走　　又有喜烟又有糖
大红灯笼门上挂　　院子里外真亮堂
左边栽了常青树　　右边盖个大厨房
走进厨房瞧一瞧　　鸡鸭鱼肉喷喷香
隔壁大婶来帮忙　　邻里和谐好风尚
不吃肉来不喝汤　　快到堂屋望一望
一步两步上台阶　　步步高来步步唱
堂屋里面亮堂堂　　上上下下都装潢
中堂是幅山水画　　一轮红日出东方
山清水秀风光好　　人寿年丰幸福长
嫁妆贴了红喜字　　冰箱空调热水器
洗衣机是全自动　　还有一辆摩托车
两脚一踩能放屁　　大爷笑得咧了嘴
大妈捧来烟和糖　　新郎新娘在楼上
快跟我来上楼房　　众人齐答:上楼房!——

闹洞房说新郎词(新)

说新郎,道新郎　　新郎就是不一样
西装革履打领带　　头发梳得亮光光
连个苍蝇趴不上　　新郎是个小能人
一看就知有福相　　当年落榜不落志
发家致富奔小康　　扎根荒山栽果树
承包村前大鱼塘　　又养鸡来又养鸭
又有文化又在行　　电脑接上互联网
知道价格跌和涨　　去年开了批发部
今年又办加工厂　　只爱挣钱不爱赌
把钱撵得叽叽响　　说新郎,道新郎
快拿喜烟和喜糖　　不然大家一齐上
今晚不让新郎进洞房!
众人齐答:不让新郎进洞房!

闹洞房说新娘词(新)

装好喜烟和喜糖　　跟我一起找新娘
先让新娘倒杯水　　再来坐坐新娘床
新娘快来点支烟　　让我把你唱一唱
新娘双手白如藕　　面如桃花眼含羞
聪明能干又贤慧　　孝敬公婆不能丢
里里外外勤操劳　　全靠新娘这双手
新郎新娘听我讲　　还有一事不能忘
计划生育是国策　　生男生女都一样
众人齐答:都一样!
欢欢喜喜闹洞房　　装满喜烟和喜糖
大家一齐来祝愿　　婚姻美满幸福长
众人齐答:婚姻美满幸福长!

第五节　民间故事与传说

关门镇的传说

关镇村古代叫关门镇，地处陶厂镇南边，离陶厂4千米路程。1992年撤区并乡时与陶厂镇合并。清代属铜城乡三都。很早以前，关门镇这一带是汪洋大湖，仅有几座高山，如太湖山、苍山露出水面。可奇怪的是，太湖山与苍山之间，因渐渐淤泥成堆，冒出湖面，变成陆地。此后，一些渔民为捕鱼方便，逐渐在此安家。

自有了渔民落户，也就成了一些坏人经常抢劫的地方。这里的男人要出湖捕鱼，有时整天整夜不回来，女人们看家，难以抵抗强盗。后来，有位聪明人，想出个点子“外筑围墙，内常闭户，有钱宁藏入太湖山里，也不放在家内挨抢”，他把这个办法告诉了乡亲们。果然，如此一来，坏人见得不到好处，只好另寻别处。而这里的捕鱼农家，却习惯了昼夜关门，不与外人交往，如此一代代传承下来。待到设立县、镇时，这里百姓，早习以为常，仍爱迟开门、早关门，认为这样做安全。因此，过往客商从此经过，见百姓家总是关着大门，久而久之，人们便送它个外号叫“关门镇”。

关门镇的另一传说，据传，杨家犯劓，一名子孙逃出至杨府城，在此操练兵马有东山再起之心，为民除害洗恨，于此重建城池，筑四门据守，关门镇为南门。城池刚动工兴建，被奸臣获悉，上奏万岁除之。杨家逃往外地埋名隐姓，城门常年关闭。到了清末民初时期，关门镇一条不长的老街东西走向，分为上街和下街，每天太阳未落山，家家户户就把大门关上，以防土匪盗贼袭击。久而久之，人们便称它“关门镇”。

（陶厂街道葛和平口述）

轿夫巧联关门镇

清朝初年，含山有位新任知县，上任不久，来到被称含山县各镇之首的运漕镇巡察。知县大轿一到运漕，当地绅士文墨皆来拜会。紧接着大摆宴席，酒足饭饱之后，一班绅士文墨前呼后拥陪着新知县上街巡看。闲谈之中，不免将唐诗宋词，李白、杜甫评论一番。说话间，这一班人来到一条小街，知县发现，这条街路上的石板大小不一，或高或低，松动不实。人走在上面，咔咔地响。知县停住了脚责问身边绅士，镇上繁华，商贾充盈，为何此地路石不平，无人过问。绅士听到新知县指责之声，担心追究下来，急中生智，想出个点子来骗知县，说：“这条街古人定名为响石街，为树古风，多年来，未敢修整路面，以免破坏古迹。”

新知县听这位绅士一说信以为真，觉得这条街名确实不同一般，不知不觉嘴中吟道：

“响石街前皆响石。”话音刚落，众绅士墨客一片称赞。一位文人立即点头击掌说：“县太爷才学渊博，聪颖超群，解景联句，信手拈来，绝妙！绝妙！晚生恭听下联。”众人也一齐附和，要知县再吟下联。知县横想竖想，搜肠刮肚，可就是想不出下联，感觉脸上无光，正在骑虎难下之时，身旁的师爷灵机一动高声说：“诸位，新任知县听说运漕是文人荟萃之地，藏龙卧虎之乡，今天吟出上联，是考考诸位哩。”一句话替知县解了围，知县立即松了一口气，随即装腔作势说：“初次见面，就算是以联会友吧。”他装出一副礼贤下士的样子，这下可把这班绅士墨客给难住了，一时间大家抓耳挠腮，无人对出。这位知县心想此地不能久留，以免露出马脚，忙说县衙有案要审，命轿夫备轿回县衙去了。离开运漕已是日落西山，天色渐晚。知县大轿这时来到一个小镇，大轿穿街而过，街上店家已经打烊关门了。知县问轿夫，离城还有多远，此地叫什么地方，有无酒家？轿夫答：“此地离城还有40里，名叫关门镇。”知县又问：“现在是什么时辰了？”知县本意是什么时辰能进城，轿夫不等知县说完便答：“关门镇上正关门咯。”轿夫是随口而出。正在推敲下联的知县一拍脑门：“关门镇上正关门。”这不和刚才在运漕所说上联正好成对吗？他心里好不欢喜，一时忘了肚饿。回县衙后，当即写好下联连夜派人送往运漕，说他早就胸有成竹。

（陶厂街道方世太口述）

山口串的传说

很久以前，石门山南有一个叫南河桥的小村，村里有户张姓人家。家主张老汉生有三儿一女，辛辛苦苦将几个儿子拉扯大，并陆续为他们都娶了媳妇。小女儿也大了，嫁在石门山口西北的大蔡村。俗话说，女儿是父亲的小棉袄，放心不下女儿，每年的正月十六，张老汉都要翻过石门山，亲自接女儿回娘家过几天。说来也奇怪，每年翻山时，都要被一块形如狗头的白石头咬住衣角，张老汉心里疑惑道：“难道这是财宝显灵要我带回家？”

这一年春节过后又到了正月十六，张老汉再次翻越石门山接女儿回家，路过山顶，身上的长袍子又被白石狗咬住。张老汉灵机一动，取下头上的发簪，插入石狗的口中，并念叨着：“如果你是我的财运，你就跟我走吧。”谁知石狗口含簪子转瞬不见了。张老汉叹了口气，但也想得开：“不该是我的就不是我的，强求不得啊。”

女儿在家过了几天，就告别父母兄嫂回婆家了。这天轮值到三媳妇做饭，三媳妇早早起来，到自家菜地上割韭菜，一刀下去，听到当的一声，细心一看，是一支发簪子，三媳妇欣喜地捡起放到兜里，回家后就放在自己房间的桌上。

勤劳的婆婆也早起，来到三媳妇房间帮忙整理房间，打扫卫生。抹桌子时竟发现有支发簪子，仔细一看，愣住了，这不是自家老汉头上的发簪子吗？婆婆疑惑起来，一想该不会是老头子与三媳妇私下有奸情吧？心里越想越气，于是怒吼着找到张老汉对质。张老汉一看，果然是自己的发簪子，问明三媳妇簪子的来处后，心中一阵暗喜："发财的机会到了。"张老汉好不容易劝停了老伴，并嘱咐全家人，有大事要发生，千万别声张，天机不可泄露。看着老汉神经兮兮的样子，全家人都糊涂了。

好不容易等到了天黑，吃过晚饭后，张老汉吩咐三个儿子每人带一把锹，并让老伴找来几房媳妇用过的卫生布。三媳妇当时就吓呆了，以为张老汉怕家丑外扬，要活埋她，吓得跪下来直喊饶命。张老汉一顿斥责："瞎说些什么呀，我这是要带你们去挖财宝啊，千万别瞎嚷嚷，让人家知道了就完啦。"夜色中，张老汉带着三个儿子，悄悄赶到自家菜地，先割去四周韭菜，再用女人卫生布围住，然后开挖起来，不大一会儿就挖出七缸元宝。这下发大财了。张老汉回家后，才将石门山口遇石狗的事向全家人细细道来，全家人才知道撞大运了。财不露白的道理全家人都懂，对此全家人守口如瓶。有了这么多元宝，张家盖起明三暗五的两进大瓦房，两旁还盖有厢房，购买不少良田，成了当地富裕人家。

张老汉富了不忘本，出钱请来石匠和民工，在石门山口，开辟出一条山路，方便过往行人，并用巨石在山口处，圈起一串石门，为来往行人遮风挡雨。从此，石门山口便被人称作山口串。

（陶厂西山张贤余老人口述）

乌龟山的传说

含山关门镇西边两里远的地方，有座大山，靠西边的山肚里有个平台，上有一块两丈高一丈宽的大石头，头向上翘，身体又圆又扁，活像个乌龟，乌龟山由此而得名。

传说古时候有一年夏天，发生了这样一件事。一天深夜，离关镇西边三十多里的蛟湖（巢湖），天空乌云翻滚，大雨下个不停，湖水猛涨。湖里的黑鱼精兴风作浪，那些虾兵蟹将在黑鱼精的指挥下，跳出湖面，戏水斗浪玩耍。玩了一会儿，黑鱼精觉得这样玩没意思，便命令有千年道行的乌龟精爬到30多里外的关门镇，掀浪卷风取乐。不一时，乌龟精来到乌龟山下，从西边山梁爬上山顶，嘴一张，喷出一股水来。山下一时三刻到处是水，老百姓拖儿带女哭喊着："出蛟了！出蛟了！"拼命向山头跑去。

正在这节骨眼上，惊动了土地爷。他四面一望，惊叫道："不好！乌龟精滥施妖术，山下百姓正在遭难，我要赶紧搭救他们。"他转而又想：这乌龟精有千年道行，只怕自己斗不过它。他推醒正在睡觉的土地婆，商量对策。土地爷说："乌龟精在山头作法，山下百姓遭殃，我俩快点想办法救人。"土地婆想了想，说："有了！上天报奏玉帝，调来天兵天将除妖。"土地爷一听，觉得有道理，便化阵清风一时三刻上了天，过了南天门，来到玉皇大帝面前，奏明原委，玉帝准奏，立即命雷公下界除妖。

这时乌龟精已爬到山头，雷公闪动电眼，察明真情，忙抖擞神威，念动咒语，把一对阴阳锤"喀嚓"一碰，顿时满天响雷阵阵，黑云滚滚，狂风大作，飞沙走石，把个乌龟精的双眼眯得不能睁。雷公爷站在云头，再把手中阴阳锤一碰，又一道闪电，接着“轰隆”一声炸响，打得乌龟精现出原形，活活被雷击死。乌龟精死后头抬着，脸朝西望着蛟湖，还想回它的老家哩。乌龟精临断气时淌了一泡尿，这泡尿就像山洪一样，把山腰冲成个水宕，这个水宕就成了如今的龟山水库。

（环峰镇黄茂金搜集）

水洞孙与吃狗屎的故事

水洞孙又名水洞村。相传，明成化元年孙姓三世祖由和县戚桥孙大庄搬迁到水洞村，靠山而居。村后有一山泉洞。孙氏没有搬来之前，洞穴干枯，只有雨季有点水往外流淌。自从孙氏落地居住的第二年，山泉洞的水就长年流淌，农田灌溉和饮用水有了保障，村民取名叫成化洞，后人改名叫水洞，村庄由此而得名。

水洞孙祖先为书香门第，好善施德。传说祖上一姑娘嫁到不远的大戚村，这个村庄十年久旱，吃水都难，姑娘经常回娘家哭啼诉苦，父母便跟族人商量，把水洞的水分给大戚村一半，久而久之便成事实。随着人口的繁衍增多，两村经常为争夺水源大打出手。清朝时期，大戚村出了一名县官。两村官司打到县衙，县衙派人来到村庄调解，出了一个怪招，要两村别争，水洞孙把地下的狗屎吃了就收回水源，大戚村要是吃了地下的狗屎便继续保留原来的一半水源。孙姓主持说事的是位老先生，哪会做得如此龌龊之事，便一口拒绝。而戚氏人便当场吃下草地上的狗屎。县衙宣判水源两方各一半。事后水洞孙人才知道，原来狗屎非狗屎，是县衙暗中叫大戚村人将蒸熟的山芋捏烂，加上红糖拌芝麻做成的假狗屎。

（陶厂文化站张敏搜集）

官塘村的来历

传说东汉末期魏王曹操率领号称八十万大军下江南攻打东吴。曹操当时经过一处圩口，遇上绵绵阴雨，大队人马困在此地。曹操四周查看地情，只见上有池塘一口，下有天、垱两圩，一片汪洋，洪水泛滥。曹操立刻下令搭建七十二个梅花包，也就是七十二个营盘，绵延十几里，声势浩荡，并命令所有士兵取土筑堤，拦住上游的洪水。大队人马从堤埂上通过，起到压实埂头作用。后人把曹操修建的堤埂称作“官埂”。后来南冈头上几户贾氏族人迁此居住，当时经常有土匪进村烧抢掠夺，为了安全，村民筑起一道围墙，住在一个大院内，故此，原官埂就演变成官塘院。因贾氏族人为方便农田灌溉，在原官塘的基础上又开挖了几个塘口。这样，随着时间推移，官埂改称“官塘院”，后又改称为“官塘”，地名一直沿用至今。

（陶厂文化站张敏搜集）

江老村的来历

江老自然村地处陶厂镇司徒村最西面，地处太湖山背面，与林头、铜闸以山相邻。村庄四面环山，村口有一水库叫江老水库。整村以江姓为主，据家谱记载，江姓在洪武初年为避战乱，由江西南昌逃难至此安家落户。祖先深居山林，先是以猎为生，见山地肥沃，逐渐开荒造田种粮为业。村庄距离集镇较远，又无道路相通，古时村民外出很少。由于与外界接触少，生性憨厚，个性要强，老滋老味，旧时是含山有名的“三老村”之一，即福山的黄老、林头的孙老、陶厂的江老，皆前山后村，山民蛮横无理，连县老爷也敬让三分。抗日战争期间，江老村是革命根据地，是和含巢游击队的主要活动地区。

（陶厂文化站张敏搜集）

附　录

附录一　含山县陶厂镇环境规划（节选）

2013年4月

安徽农业大学资源与环境学院编制

一、规划的指导思想

陶厂镇环境规划的指导思想是：贯彻可持续发展战略，坚持环境与发展综合决策，努力解决全镇建设与发展中存在的生态环境问题；坚持以人为本，以创造良好的人居环境为中心，加强城镇生态环境综合治理，努力改善城镇生态环境质量，最终实现经济建设与环境保护协调发展。

二、规划原则

本次小城镇环境规划编制工作遵循以下原则：

1. 坚持环境建设、经济建设、城镇建设同步规划、同步实施、同步发展的方针，实现环境效益、经济效益、社会效益的统一。

2. 实事求是，因地制宜。针对城镇所处的特殊地理位置、环境特征、功能定位，确定处理经济发展与人口、资源、环境的关系，合理确定小城镇产业结构和发展规模。

3. 坚持污染防治与生态环境保护并重、生态环境保护与生态建设并举，预防为主、保护优先、统一规划、同步实施，努力实现城乡环境保护一体化。

4. 突出重点，统筹兼顾。以建制镇环境综合整治和环境建设为重点，既要满足当代经济和社会发展的需要，又要为后代预留可持续发展空间。

5. 坚持将城镇传统风貌与城镇现代化建设相结合，将镇域自然景观建设与镇区人文景观建设相结合，与历史文化名胜古迹保护相结合，科学进行生态环境保护和生态建设。

三、生态环境预测

陶厂镇城镇建设和工业园区建设将占用部分土地，导致土地利用方式的改变，由于被征地属于典型的人工农业生态系统，系统内物种种类很少，营养层次简单，相互依赖性不强，所以不会对所在区域内整个生态系统产生严重的破坏性影响。

四、环境规划总目标

镇域经济发展水平不断提高，结构日趋合理，资源、能源的利用率提高，环境保护能力得到加强，区域环境质量不断提高。

五、具体指标体系

在规划期内实现全镇社会经济与环境保护快速协调发展，控制住环境污染负荷，并使环境质量保持在现有水平或控制在目标之内。维护与恢复生态系统的结构，保证生态功能的实现，使全镇生态系统处于良性循环和相对平衡的状态，镇区内环境优美洁净、服务设旋配套齐全和具有明显的陶厂地方特色景观。

环境质量、大气环境质量达到国家《环境空气质量标准》(GB 3095—1996)中的二级标准。水环境质量达到国家《地表水环境质量标准》(GHZB—1999)中Ⅲ类水质标准。噪声达到我国《城市区域环境噪声标准》(GB 3096—93)各类功能区域标准。

1. 生态建设

陶厂镇的生态建设以生态农业为基础，以农业产业化经营为突破口，通过生态示范村和生态农业示范区的建设，进行科技成果的引进和转化以及产业配套、体制创新、政策管理、社会进步、环境发展等全方位运作，探索面向21世纪农业和农村经济可持续发展方向与技术途径。建成区的生态建设主要抓好各主要街道、生活区、商贸区的绿化与美化，以及景区建设。各个村应根据各自资源优势，大力发展特色生态经济，如祁首生姜、司徒粉丝、陶厂茶干等，初步形成一定规模的经营体系，把陶厂镇建设成为有皖中特色的生态城镇。

2. 污染控制

污染控制以建成区和工业区点源控制为重点，以能源结构调整与生态农业发展为突破口控制面源污染。在工业区内，推进老企业的技术改造，调整产业结构，提高产品质量，扩大生产规模，有效控制环境污染；通过资源的综合利用，减少废物产生量，从而获得良好的环境经济效益。在建成区内，初步实行生活污水收集与处理，加强生活垃圾的分类收集和综合利用及卫生填埋，液化气的普及率达72%以上，大幅度降低秸秆焚烧造成的大气环境污染。

3. 环境美学

陶厂镇在规划建设中应注重景观美、环境美，突出地方特色和景观美学要求的原则，进行独立的生态设计，从而规划出起点高、立意新、功能全、环境美的新中心镇。

4.环境管理

第一，要建立健全镇村两级环境管理体系，加强环境管理人员的业务培训，提高环境管理水平；第二，要严格执行国家的各项环境管理制度，推进镇域内环境管理有条不紊地进行；第三，按照环境规划的目标，采取切实可行的措施，搞好村镇环境综合整治；第四，将保护环境作为一项向社会应尽的职责，切实纳入企业管理，实行厂长（经理）负责制，以及各级环境保护责任制，把实际考核同奖惩制度相结合；第五，加强环保宣传，逐步提高广大农民的环保意识。

六、陶厂镇环境功能区划

1.居民文教区

该区位于陶厂镇西北向，古塔路以东。目前，主要以居住、文化教育所在地为主。根据含山县陶厂镇现状和总体规划，步行街、迎宾路、中学路两侧区域功能主要是居住、文教、办公区。

2.商贸区

按陶厂镇总体规划中心镇用地布局规划图，新大街、老街、古塔路两侧的区域功能主要是商贸区。

3.工业区

按陶厂镇总体规划中心镇用地布局规划图，在恒泰集团所在地，以及西侧的区域为工业区。

陶厂镇中心镇主要由上述三个功能区构成，总面积1.2平方千米。中心镇规划发展方向主要是：将行政办公、商贸服务、文化教育集中布置在中心镇南部，以恒泰集团为龙头形成集中的工业园区，以新街、老街为依托建成为商贸区（以上各功能区分布详见功能区划图）。

七、污染防治规划

1.水环境保护目标

为了使镇域内的地表水水质不因经济的发展而降低，加强对镇区内所有工业废水和生活污水进行处理，确保该镇地表水保护在《地表水环境质量标准》（GB 3838—2002）中的Ⅲ类水标准。

2.水污染防治方案

（1）广泛宣传节约用水的重要性，加强管理，防止跑、冒、滴、漏，使人们增强节约用水的意识，减少污水的排放量，降低污水的治理成本。

（2）对工业废水和生活污水加强治理，确保其达标排放，增加循环水的使用率，减轻地表水的污染负荷；农业上积极推广喷灌、滴灌技术，提高水的利用率，合理使用化肥、农药，控制面源污染；在城镇通过水价进行调控，使人们自觉地节约用水。

(3)加强水利兴修，对沟渠坝进行整修，扩大库容，使沟渠有序、排水流畅，塘坝蓄水能力增强。

(4)对水面养殖的承载量进行控制，通过养殖技术的提高，使养殖结构合理，产出与投入比增大。

(5)建立林草防护带，对排出的废污水起到缓冲和吸收的作用。

八、大气环境保护目标

通过现场监测可知，陶厂镇大气环境质量较好，大气环境有一定的容量。全镇地形和气象条件决定了大气污染物易于扩散，因此，只要对今后的工业企业加强大气污染物的控制和治理，全镇的大气环境质量会继续保护在较好的水平。根据陶厂镇工业现状和气象条件，在常年主导风向的下风向不要建立敏感企业，防止污染物在特殊气象条件下滞留、蓄积，造成污染。

陶厂镇的大气环境保护目标确定为《环境空气质量标准》(GB 3095—1996)中的二级标准。因此，在经济发展中对大气污染物要严格控制，防止因大气污染物的增加而使当地的大气环境质量下降。

大气污染防治方案

1.建立工业规划区。尽可能地使镇区内的工业项目集中在一个工业区内，对入区的项目严格把关，实现工业结构的优化；对入区的项目实行集中供热和废物的集中治理。

2.优化能源结构。在未来，大力发展沼气，逐步提高清洁能源的使用率；对继续使用煤炭的，要通过提高技术，来控制燃烧过程和污染物的排放。

3.建设生态防护网。在交通道路两侧和大块休闲空地上要建设乔、灌、草相结合的立体生态防护网，减少和防止道路扬尘对大气环境的影响。

九、噪声污染防治规划

1.工业区噪声防治在工业区内要加强每个企业的噪声防护意识，采取有效措施，使各企业排放的噪声达标。同时，加强工业园区的生态绿化防护，以绿化带吸收减轻工业噪声的影响。

2.交通噪声防治由于该镇内主要交通干线为古塔路，交通噪声的影响程度较小。只要在镇区内的主要交通道路两侧加强生态防护网建设，交通噪声对该镇的影响可以降到最低的程度。

3.居民区噪声防治在生活区，主要噪声源是社会生活噪声，因此，要加强对居民区的噪声管理，在居民区，尤其是休息时间，严格限制噪声的产生。

十、固体废物污染防治规划

1. 固体废物的现状

目前，陶厂镇的固体废物主要有工业固废、农业固废、城镇生活固废和医疗固废四类。工业固废主要由工业企业排出，基本得到综合利用和有效的处理处置；农业固废有农作物的秸秆、畜禽粪便等，对农作物的秸秆尚不能完全充分地发挥效应，对畜禽粪便的使用正逐步综合利用；城镇生活固废主要有镇区居民的生活垃圾，目前只进行收集、中转；医疗废物主要产自医院，全镇大大小小的医院诊所有数十家，每日产生的固废按照医疗废物的要求进行处理。

2. 目标

（1）固废的扩散不影响水环境质量；

（2）固废中的粉尘扩散不影响大气环境质量；

（3）固废的堆放不影响居民的生活；

（4）固废的堆放不影响镇区的景观。

3. 固废的防治措施

（1）工业固废要进行多级利用，最终实现减量化、资源化、无害化；

（2）农业秸秆、粪便要综合利用，要使秸秆和畜禽粪便资源化；

（3）居民生活垃圾要定点收集，集中处理处置；

（4）医疗固废严格按照医疗废物的处理处置要求进行无害化处置。

4. 防治方案

（1）垃圾分类收集加大宣传与管理力度。近期逐步实现陶厂集镇区垃圾分类收集，远期逐步推广到广大乡村地区。大力提倡居民在家中分类收集抛弃垃圾；机关、学校、乡镇企业、车站等地，应设备分类收集垃圾的容器，将废塑料、废纸张、废玻璃、废金属等加以分类收集。

（2）废品回收，垃圾减量。镇政府初步建立义务和强制回收制度，鼓励个体商贩参与废品回收，建立并完善废品回收网络，促进废品的回收利用，减少进入垃圾中的废品量。与此同时，应对所收集的垃圾进行必要的机械和人工分选，以利于垃圾的资源化和无害化处理。

（3）集镇垃圾堆肥化。堆肥是实现城镇垃圾资源化、减量化的一条重要途径，镇区生活垃圾中可堆腐有机物含量较高，比较适合堆肥处理。堆肥的产物是有机肥，它对改善土壤性能与提高肥力、维持农作物长期的优质高产都是有益的，是农业、林业生产所需要的。同时，在各乡村推广有机固体废物沼气化技术，它对广大农村节约能源、增加有机肥料、改善环境卫生都有重要作用。

（4）兴建垃圾填埋场，完善其配套设施。陶厂镇目前垃圾中转至含山，需建设一个垃圾填埋场，应本着投资少又能保护环境的原则，按照我国城市垃圾卫生填埋技术标准

(GJI 7—88)，尽快确定场址。完善集镇垃圾配套设施。在镇区兴建5处垃圾中转站；在各生活区建立相应的垃圾回收站24个垃圾回收箱40个；给镇环卫所购置卫生运输车1辆。

十一、景观规划

陶厂镇建成区园林绿地、风景区建设和商贸古街是景观规划的重要内容，应结合当地自然山水实际情况，因地制宜，合理布局，逐步形成街头绿地、道路、湿地、生态公园、自然风景与集镇区建设格局和建筑风格相结合的完整景观系统。

1. 商贸古街

陶厂镇老街已有几百年历史，作为南北货物集散中心，清末民初，达到鼎盛时期，曾"商贸盈万、店铺百户"的胜景，这一时期也留下一条明清古建筑街，西起南关口，东至北份街一片，保留原有古迹，改善基础设施，对部分建筑物进行恢复和修缮，制定相关政策对古街加以保护。

2. 大渔滩湿地保护

大渔滩是陶厂镇范围内最大的一片滩涂湿地，位于陶厂镇东南方向8千米范围内，面积约0.63平方千米，这里有着丰富的动植物资源，具有生物多样性特点。近年来，镇政府采取一系列行之有效的措施，加强对这块湿地生物多样性的保护，最大限度发挥其生态、经济、社会的效益，建立以大渔滩为核心地带，退耕还"湿"，建立过渡区、缓冲压，使湿地资源能可持续利用。

3. 二郎庙至六宕山风景区

对二郎庙至六宕山一线的二郎庙旧址、二郎庙水库、六宕山顶旧址进行保护，采取封山育林，突出"清、幽、静"特点，规划范围内有山、水、人文景观，充分发挥地方旅游资源优势，以山—水—人文景观—生态农庄为主线，分近期和远期逐步开发。

4. 生态公园

以陶厂镇东唐庄大庙和洪份水库范围为界，修造以大庙墩为中心的生态公园。主要建设:在北份街东建一座仿古牌楼；在大庙墩上建造一座仿古凉亭，修缮大庙和修建500米长园区道路，加强基础设施建设，增加水库周边绿地面积，开辟水上游乐项目。

5. 专用绿地

居住区、工业区和机关、学校、医院等单位的绿地是直接为群众生活、生产、工作和休息服务的绿地，在保护环境、改善小气候方面起到显著的作用。

居住区绿地。在住宅小区的规划中，每个小区要有集中的公共绿地及相应的小区环境设计、雕塑设计。住宅小区人均公共绿地控制在1.5～2.5平方米/人，绿地覆盖率达25%。

工业区绿地。工业区绿化有利于降低噪声，减少有害气体和粉尘的危害，并改善生产环境，进行文明生产。新建工厂厂区内绿化面积不少于20%，鼓励工业企业建设沿街绿化带及垂直绿化。

单位庭院绿化。根据各单位的不同性质和功能，结合陶厂镇的实际情况，提出不同的绿地面积要求，但原则上不能小于20%的绿地面积。

生产绿地。苗圃花圃是城镇绿化需要的绿化苗木、花草的生产基地。陶厂镇目前还没有这种生产绿地，可考虑建设一定的苗圃面积，以满足集镇建设和发展需要。

沿路绿化。建成区沿路绿化是集镇景观的一部分，加强道路两边的花草树木的种植，形成一定道路绿化带。

十二、生态建设

1.建设重点

通过科学规划，划分各生态经济功能区，确定各功能区的发展目标和发展模式，为有组织、有计划、有步骤地开展生态环境综合治理和实施生态工程建设项目提供依据和保障；依据各功能区的适宜性，通过农业产业化龙头企业带动，突出发展农业产业化主导产业，协调发展其他产业；逐步实现社会、经济与生态环境协调发展，人民群众的生活水平和生活质量不断提高。

2.建设目标

(1)生态镇基础建设阶段。完成各生态经济功能区的产业结构调整与优化，实现各行业协调、有序发展，使生态结构、功能和景观全面改善环境质量进一步提高，资源资产化管理机制全面启动。通过生态功能区保护、水利建设、水土资源保护、生物多样性保护、环境污染防治，以及生态农业、生态林业、生态旅游业建设等，形成具有较好适应性的生态经济结构基本框架，实现社会经济健康发展。列入本规划的重点工程项目部分已经启动，完成工程投资概算10%左右。森林覆被状况进一步改善，生态功能增强，资源积累加快。工艺落后、高消耗、重污染、低效益的企业全部淘汰。

(2)生态镇完善提高阶段。完成生态镇建设的各项指标体系，完成所有生态工程建设项目，全镇将建设成一个结构合理、功能健全的社会经济——自然环境复合生态系统。实现由传统农业经济向持续高效的生态农业经济转型，并以生态产业带动全镇整体经济的发展，为社会经济的发展创造良好的资源环境基础。树立生态文明的理念，在全镇形成与环境友好、与自然和谐的良好风尚。

(3)生态经济功能分区根据地形地貌、气候、生物等自然条件的差异性，以及生态区位和社会经济情况的一致性等，把全镇划分为五个生态经济功能区：

A.西南西北林牧生态区

B.西北经济林、牧、粮生态区

C.中部农工贸生态区

D.东南部农业、渔业生态区

E.生态农业区

(4)生态建设原则

充分利用资源组合的复杂性，在突出主导产业发展的前提下，走多元化发展道路，大力发展林、茶、果、菜、药、花卉生产，实现自然资源的多向利用。各功能区的划分，注重保持地形的整体性，以便实现规模经营。大力发展绿色产品和有机产品生产，培育盆景花卉。稳定种植业，发展养殖业，扶持加工业，注重产业间的联系与协调，延长产业链。实施生态富民家园计划，建立生态化集镇和农村居民点，改善生态和发展环境。

十三、生态产业规划

1.建设内容

在保证传统种植业的基础上，大力发展经果林特色种植业和水产品养殖业，利用当地的农产品资源，发展农产品加工业；大力推广安全生产、复合种植等生态农业技术；充分地利用现有农业资源，采取积极有效的措施保护农业环境。推广生态农业及绿色食品生产方式，合理开发利用农业资源，保护农业生态环境。把太阳能、沼气、改厕、节水、灌溉等技术有机结合起来，大力发展无公害食品、绿色食品和有机食品的生产、加工和开发。

2.工业现状

陶厂镇利用土地资源建成工业规划区，发展农产品加工业，工业在发展过程中积极地吸纳当地丰富的劳动力资源，促进了地方经济的发展，解决了富余劳动力的就业问题。到规划的2007年，工业占国内生产总值能达到50%；到2020年，工业能占75%。

通过建立工业区，把污染源集中到一起，实现废水集中处理，集中供热区内的固体废物实现综合利用。对入区项目进行严格把关，尽可能地使入区项目形成资源互补、多级循环利用，使污染物资源化、减量化。通过环境保护措施和生态保护措施，使污染物达标排放，最终实现经济发展与环境保护“双赢”的局面。

3.生态工业发展思路

通过对入区企业的严格把关，杜绝能耗高物耗高、污染严重的企业进入区，积极发展高新技术工业，充分利用该镇自身农业资源的优势，积极发展农副产品加工业；通过工业区解决污染物集中处理处置、集中供热和工业企业间废物的循环多级利用等问题，实现工业企业协调健康发展；在企业内部推广使用先进的生产技术和工艺，实行清洁生产。

4.建设任务

以粮油加工企业为龙头的农产品加工业，带动地方经济的发展；以安徽恒泰集团为工业主体，大力发展高新技术工业，壮大地方经济，利用当地资源进行深加工，把资源优势转化成经济优势。

5.第三产业

大力发展第三产业，发挥第三产业对商贸和生活的服务功能，建设以化肥、农药、种子等生产资料营销和服务为主体的农业生产服务网络；为农产品的加工提供及时有效的市场供需信息；为工业发展和城镇生活提供便利服务。加强交通、信息和市场的建设，为全镇的工农业生产和生活提供必需的服务。

附录二　含山县陶厂镇总体规划(节选)

(2016—2030年)

规划设计单位:巢湖市城乡规划设计院

一、规划范围

陶厂镇域范围划定为陶厂镇行政管辖全域,包括1个社区和9个行政村,行政辖区总面积约109.8平方千米。

镇区规划范围

中心镇区规划建设用地范围为西至省道古塔路、南至鲁桥河、东至南峰社区、北至洪份水库,面积约1.62平方千米。

二、发展战略

1.“生态优先,环境制胜”的生态保持战略

严格保护大渔滩湿地生态环境,适度推动休闲农业与乡村旅游业发展。

注重修复和培育山林生态植被,在镇域山体地带内可根据自然地形地貌,合理布置苗圃、蔬菜林果基地、风景林区等生态绿地,通过退耕还林、荒山绿化、封山育林和抚育管理等手段,提高森林覆盖率。

注重矿山修复生态建设,多种途径开展生态保护和生态修复。加强环境保护与产业协调发展。严格禁止设立对环境造成较大污染和影响的产业项目,控制发展高资源消耗型企业,加强企业废物、废水和废气的处理,达标后才能排放。

2.“一心引领、双核驱动、优地优用”的空间拓展战略

“一心”为陶厂镇中心镇区。中心镇区主要位于镇域北部,为镇人民政府驻地,目前已经成为镇域的人口集聚地与综合生产、生活服务中心。随着今后就地城镇化、产业提升,镇区人口与空间将进一步增长。

“双核”分别为关镇道口工业集中区和大渔滩现代农业示范园。进一步做优做强道口工业集中区,并对现有建设用地进一步整合提升。综合利用大渔滩湿地资源,合理开发大渔滩现代农业示范园。

在中心镇区引领下,通过双核驱动,以省道古塔路为枢纽,以山水资源为依托,积极优化和拓展城镇空间。

3.镇村体系

按镇村规模将镇村体系等级确定为“镇区—中心村—自然村”的三级结构。

一级："两核"，中心镇区1个——陶厂镇区，项目集中区1个——道口工业集中区。

二级："九心"，中心村9个——徐关、松桃、邱蒋陶、道士观、南周、关镇、司徒、官塘、铜庙。

三级："多点"，通过合理布局，到规划期末陶厂镇域自然村为132个。

4. 规模规划

陶厂中心镇区1.2万～1.5万人，道口工业集中区0.8万人；中心村人口规模不小于500人/村；自然村人口规模不小于100人/村。至规划期末，陶厂镇农村居民人口约2.2万人。

陶厂镇镇村体系等级规模构成表

表-1

等级	类　型	数量	名　称	所属行政村	人口规模(万人)
一	中心镇区	1	陶厂镇区	西塔、南峰	1.5
	项目集中区	1	道口工业集中区	关镇、铜庙	0.8
二	中心村	9	徐关	西山	0.5
			松桃	云塘	
			邱蒋陶	西塔	
			道士观	祁首岗	
			南周	卜李	
			关镇	关镇	
			司徒	司徒	
			官塘	官塘	
			铜庙	铜庙	
三	自然村	132			1.7
合计					4.5

5. 镇村体系职能规划

中心镇区——陶厂镇中心镇区。镇域行政、教育、休闲、商贸中心，重点发展商贸服务、房地产、旅游接待等第三产业。

项目集中区——道口工业集中区。 以工业为主体，配套相关服务设施。

中心村——村委会所在地。本村内较大型的居民点，为居民生产和生活服务，具有一定规模并配备相应公共服务设施的农村居民聚集点。

自然村——自然形成的一般农村居民聚集点。

陶厂镇镇村职能引导一览表

表-2

镇村名称	职能类型	主要职能	重点建设
陶厂镇区	综合服务型	含山县南部综合性功能组团城镇，镇域政治、经济、文化中心	加强公共配套设施建设，重点发展居住、商业、教育、金融、文娱等配套服务设施
道口工业集中区	生产经营型	镇级项目集中区，镇域南部生产性功能组团	加强产业升级转型，限制用地大幅拓展。重点发展新型建材、金属制品、针织服装、羽毛体育制品及玻璃制品
徐关	农林型	乡村基本服务单元	宜发展以种植业、养殖业为主导的产业，并配套相应的公共服务设施和基础设施
松桃	农林型	乡村基本服务单元	宜发展以种植业、养殖业为主导的产业，并配套相应的公共服务设施和基础设施
邱蒋陶	农林型	乡村基本服务单元	宜发展以种植业、养殖业为主导的产业，并配套相应的公共服务设施和基础设施
道士观	农林型	乡村基本服务单元	宜发展以种植业、养殖业为主导的产业，并配套相应的公共服务设施和基础设施
南周	农林型	乡村基本服务单元	宜发展以种植业、养殖业为主导的产业，并配套相应的公共服务设施和基础设施
关镇	综合型	乡村基本服务单元	宜发展旅游业、生产服务业、种植业、养殖业、农产品加工业，并配套相应的公共服务设施和基础设施
司徒	旅游型	乡村基本服务单元	宜发展农业休闲旅游、农家乐、户外运动、乡野休闲
官塘	旅游型	乡村基本服务单元	宜发展农业休闲旅游、农家乐、户外运动、乡野休闲
铜庙	综合型	乡村基本服务单元	宜发展旅游业、生产服务业、种植业、养殖业、农产品加工业，并配套相应的公共服务设施和基础设施

6.村庄建设模式分类

依照《安徽省村庄规划编制标准》要求，从陶厂镇的实际情况出发将中心村建设模式分为提升拓展型、整治（保护）型、新建型三种模式；自然村一般为整治（保护）型和拆除合并型两种模式。

提升拓展型村庄一览表

表-3

建设模式	行政村	村　庄	数量
提升拓展型	西山	闸口(中心村)、大柱、闸口、郑庄	4
	云塘	松桃(中心村)、大易	2
	西塔	邱蒋陶(中心村)、西荣张、前庄	3
	祁首岗	道士观(中心村)	1
	卜李	南周(中心村)、栗树	2
	关镇	关镇(中心村)	1
	司徒	司徒(中心村)、小卜	2
	官塘	官塘(中心村)	1
	铜庙	铜庙(中心村)	1
	南峰社区	—	—
合计			17

整治(保护)型村庄一览表

表-4

建设模式		行政村	村　庄	数量
整治(保护)型	一般整治(保护)型	西山	向阳、大李、西李、黄庄、汤村、阚村、严庄、沈庄、大柳庄、尹庄、李庄、竹园李、东庄	13
		云塘	金易村、小庄、林村、杨庄、张李村、范庄、南二过、刘庄、湾塘、孙庄、大葛、尹毛	12
		西塔	林场、傅庄、冯王、官塘、马庄、小陶、新房、大戚、赵庄、马庄、黄庄、陈桥、坝里、高庄	14
		祁首岗	大小毛、李庄、岗沈、许李、宋村、黄庄、贾庄、祁首岗、小过、大过、彭墩	11
		卜李	小童、小沈、水洞孙、卜李、大卜、河北、河南、左庄、岳庄、兴庄、旱地、大李、小李、南巷	14
		关镇	杨府城、松杨树、孙庄、王庄、陆村、宋村、大张、朱村、高程、季村、散水滩、上左、朱墩、苏滩、前杜	15
		司徒	项村、上刘、王村、曹保、冯村、庙刘、大黄、左冲、林庄、申村、彭村、花山张、蒋庄、小李、太平	15
		官塘	王庄、曹庄、周卫、陈庄、上苏、吴庄、官塘院、前庄、汪庄、马口、黄泥岗、周卫	12
		铜庙	圣村、黄咀、东堡	3
		南峰社区	马咀、破井栏、高庄、夏村、张村	5
	小计			114

续表

建设模式		行政村	村　庄	数量
	特色整治（保护）型	西山	小葛、小柱	2
		云塘	唐庄	1
		西塔	碾王	1
		关镇	下左、高庄、潘家	3
		司徒	江老	1
		铜庙	卫鲁、垱圩	2
	小计			10
合计				124

拆除合并型村庄一览表

表-5

建设模式	行政村	村　庄	数量
拆除合并型	西山	油坊、腰胆石、裴刘、岳庄、朱大村、朱村、西张、吴庄、王庄、小李庄	10
	云塘	小陈、槽坊庄、翁庄	3
	西塔	唐庄、舒庄、王庄、徐村、山头、石庄、菜园、邵唐、易庄、刘庄	10
	祁首岗	前尹、后尹、耿谢、上庄	4
	卜李	水洞庄、张庄、孙窑、马山朱	4
	关镇	黄庄、蔡村、张庄	3
	司徒	三卜、小贾、中庄、大杨、小张、付村、鲁庄、规山口	8
	官塘	中庄、林凹、老庄、马塘、马场、圣河、宋村、徐庄	8
	铜庙	童咀、卫鲁、排楼、张三、张四、谷圩	6
	南峰社区	范庄、范基、王夏、鲁桥	4
合计			60

7.村庄整治导引

镇郊和圩区，农村村民每户宅基地面积不超过160平方米；山区和丘陵地区，每户宅基地面积不超过160平方米。

保护村庄自然生态环境和历史文化遗产，严禁毁林开山，随意填塘，破坏特色景观与传统风貌，毁坏历史文化遗存；积极采用当地农村建设中成熟的技术和工艺，优先采用当地原材料，保护、节约和合理利用能源资源；对始建年代久远、保存较好、具有一定建筑文化价值的传统民居和祠堂、庙宇、碑塔等公共建筑物和构筑物，要悉心保护，通过技术论证后予以整修；对古树名木不得随意砍伐、移植出售。

农民住房一般以2～4户为宜，建筑层数以1～3层为宜；建筑平面布局合理，使用功能方便、舒适，尊重当地的传统生活习俗；内部空间日照充足，通风采光良好，宜设置水冲式卫生间；立面格调宜传承地方文化与民族风格，比例协调、造型简洁，整体风格相对统一。

三、镇域空间发展规划

1. 确定“一城两区、十字轴线、三带发展”的规划结构，构建陶厂特色生态小镇

“一城两区”中的“一城”指镇政府驻地，起到统领全镇发展的作用。应尽快增强经济实力，形成本镇城镇化的重要载体。从长远看，镇政府驻地的建设应以居住、商贸和旅游为主，工业项目在现有基础上不再增加。要从全镇角度考虑，以房产开发、商贸和生态旅游作为主要经济增长点，带动镇区框架的拉大，以突出镇政府驻地的辐射力。“两区”为道口工业集中区和含山大渔滩湿地生态农业示范区。道口工业集中区位于省道古塔路和合芜高速公路交会处，发展基础较好，具有一定的发展潜力，规划面积控制在1平方千米左右，主要生产新型建材、金属制品工业和针织服装、体育制品等；大渔滩湿地生态农业示范区作为省级生态农业示范区，能够突出陶厂生态镇的特色，加速农业的转型升级。

“十字轴线”即镇域内两条交通主轴线，分别为南北向的省道古塔路和东西向的县域重要县道陶林路和省道山湖大道，呈“十”字形交叉。未来镇域内主要的二、三产业项目及生态农业示范区等都将沿这两条轴线布局，形成带动全镇发展的主轴线。

“三带发展”即根据地形地貌、对外交通、经济基础等条件，把整个镇域划分为三个经济发展带，由西北向东南分别是山林农业带、工贸隆起带、生态农业示范带。

山林农业带即西北部沿鹿宕山山区一带，一方面维护其良好的山体生态环境，植树造林，涵养水源，保持水土。另一方面加强农业基础设施建设，提高农业综合生产能力，通过农业产业结构调整，发展特色农业、高效农业，加快推进农业产业化进程。

工贸隆起带位于镇域中部，对外交通发达，工商业基础较好，今后应继续发展工业和商贸物流业，沿古塔路形成一条发达的经济隆起带，带动城镇建设的繁荣。

生态农业示范带位于镇域东南部，以湿地保护为基础、产业选择与功能拓展以水为依托，依托三水农业（水稻产业、水生蔬菜和健康水产养殖业）发展生态休闲农业，促进农村三次产业协调发展，并创建具有浓郁河网圩区特色的现代农业示范园。

2. 建设用地

镇建设用地：为镇人民政府驻地的建设用地，集中于陶厂镇区，规划面积1.62平方千米。

村庄建设用地：为农村居民点的建设用地，总面积为6.5平方千米。

区域交通设施用地：为区域交通运输及其附属设施用地，具体为陶厂镇域范围内的合芜高速、合马高速、省道S226、省道山湖大道、县道X029、县道X023，合芜高速关镇道口服务区。规划面积0.94平方千米。

区域公用设施用地：为区域服务的公用设施用地，具体为区域变电所、给水厂、含山县殡仪馆。规划面积0.05平方千米。

采矿用地：陶厂镇域内采矿用地主要分布于西北部山地，规划面积0.23平方千米。

其他建设用地：具体为道口工业集中区的建设用地、大渔滩湿地生态农业示范区的管理及服务设施用地、镇域其他旅游休闲区域的管理及服务设施用地，规划面积1.32平方千米。

3.非建设用地

包括水域和农林用地，其中水域由河流、水库和坑塘沟渠组成，面积4.7平方千米；农林用地主要由耕地、园地、林地、田坎和农村道路组成，面积94.44平方千米。

禁止建设区协调管制策略

表-6

管制分区	细分	分布区域	空间利用方向	管制政策措施
禁止建设区	基本农田保护区	镇区外围	农业种植	严禁进行村镇建设、采矿、挖土、挖沙等一切非农活动
	水源保护区	关镇水厂取水口周围	以原生态为主	禁止建设与供水设施和保护水源无关的项目，核心区水域范围内禁止围网养殖，禁止在周边地区建设污染型项目
	河流水库	鲁桥河、牛屯河及西北山地水库岸线	以原生态为主	禁止城镇和工业建设，根据需要建设防洪、水利、交通等设施
	自然山体	镇域西北部	以原生态为主	禁止开挖、破坏，根据需要进行生态维护和修复
	湿地保护区	大渔滩核心区	以原生态为主	保护湿地的生态系统完整性；可安排必要的步行游览、安全防护设施和少量的旅游服务设施；严禁机动交通及其设施进入
	基础设施廊道	高速公路、省道、县道及高压电力线路沿线	以防护绿地为主	廊道内除交通干线、引水输水、电力、燃气、通信等重大基础工程设施建设，原则上禁止其他任何开发建设活动，严格控制城镇和农村居民点建设

4.镇域交通

（1）道路系统结构

以省道古塔路、省道山湖大道和县道X029作为镇域“十”字形交通主骨架，重点完善镇域道路体系并提高内部联系能力，在镇域范围内建设合理的路网结构，保证镇村之间交通便捷。

规划构建“三横两纵”的镇域道路系统结构。“三横”自北向南分别为合马高速、县道X023、县道X029与省道山湖大道，其中合马高速从镇域北部穿过，与省道古塔路互通交口距离陶厂镇区约6.5千米；县道X023使得陶厂镇区连通和县及马鞍山市；县道X029与省道山湖大道使陶厂镇快速对接马鞍山市、和县和林头镇。“两纵”分别为省道古塔路、合芜高速，其中省道古塔路为含山县域南北交通的主轴线，规划为一级公路，合芜高速自西向南穿越陶厂镇域，并在关镇设有互通交口，距离陶厂镇区约6千米。

（2）城镇道路

城镇主干道：陶厂镇区和道口工业集中区内部的城镇道路，主要承担城镇内各功能片区内部交通联系。主干道红线宽度控制在24米左右。

城镇次干道：陶厂镇区和道口工业集中区内部相互联系的次要道路，红线宽度控制在18米左右。

城镇支路：陶厂镇区内部生活区和商业区之间划分的道路，是提高城镇路网密度的重要组成部分，红线宽度控制在14米左右。

（3）乡村道路

乡村干路：以现状村村通公路为基础，适当拓宽，构建串联中心村的环形网络，红线宽度控制在9米左右。

乡村支路：由干路通往村庄居民点的道路，是覆盖镇域的毛细路网系统，红线宽度为4～6米。

中心村公共服务设施配置一览表

表-7

配置要求	序号	配置项目	备 注
刚性配置	1	公共服务中心	村域共享
	2	小学	结合县（市）域教育设施布点
	3	幼儿园	根据规模需求
	4	卫生室	可与公共服务中心合建
	5	图书室	可与公共服务中心合建
	6	文化活动室	可与公共服务中心合建
	7	养老设施	村域内共享
	8	健身活动场地	宜与公共服务中心广场、农民文化活动乐园结合

续表

配置要求	序号	配置项目	备　注
弹性配置	9	乡村金融服务网点	根据市场需求
	10	邮政网点	根据市场需求
	11	农资店	根据市场需求
	12	便民超市	根据市场需求
	13	农贸市场	根据市场需求
美丽乡村重点示范村应整合上述有关文化设施，按照“一场两堂三室四墙”的标准配置农民文化乐园。刚性配置的公共服务设施项目需要明确配置建设标准，公共服务设施项目可以结合现状房屋进行使用功能改造，同时可以根据集体经济投入和上级补助情况，制订分期建设计划；弹性配置的给予建设标准指引，有条件的可整合为农村综合服务中心。			

中心村公共服务设施面积一览表

表-8　　单位：平方米

类　型	服务人口 大于2000人	服务人口 800～2000人	服务人口 500～800人
公共服务中心	350	300	250
小学	2000	670	670
幼儿园	750	450	250
文化活动室	200	100	70
图书室	60	40	30
老年活动室	150	100	70
卫生所	100	80	70
健身场地(用地面积)	1000	700	500
乡村金融服务网点	40	35	30
邮政所	40	30	20
便民超市	80	60	40
农贸市场	200	150	100
农资店	60	50	40

四、公共服务设施规划

1. 教育设施规划

全面普及15年基础教育，学前三年毛入园率达80%，义务教育巩固率达98%，高中阶段毛入学率达90%。

陶厂镇区：保留现有陶厂初级中学和陶厂中心小学，根据300～500米的服务半径，结合新建居住区增加幼儿园数量。

道口工业集中区：保留关镇初级中学、关镇小学。

中心村：保留铜庙小学、司徒小学。

2. 文化体育设施规划

逐步改善全镇文化体育设施水平，按镇村等级建立相对应的各级群众性文化网络。结合旅游发展，重点建设规模适宜、特色突出的文化场馆，发挥地域文化中心的作用。各中心村和社区，都要有符合标准的文化活动室，以及健身活动场地。

陶厂镇区：保留现状文化站，在新建居住中心配建小型文化活动场所，并结合公园绿地、居住区绿地、单位绿地等设置体育健身场所。

中心村：每个中心村布置文化活动室和图书室，建筑面积分别不小于100平方米和40平方米；每个中心村建设篮球场、乒乓球室等健身活动场地，用地面积不小于700平方米。

自然村：每个村庄利用闲置地新建健身活动场地，用地面积不小于300平方米。

3. 医疗卫生设施规划

完善镇域医疗服务体系，提高乡村医疗救助水平，并结合生态旅游发展疗养机构。

陶厂镇区：保留陶厂卫生院和陶厂医院。引进先进医疗设备，提高医务工作人员专业水平。

中心村：每个中心村布置一处卫生室，建筑面积不小于80平方米。

大渔滩湿地生态农业示范区：结合生态旅游新建适量疗养机构。

4. 社会福利设施规划

在现状的基础上尽快完善镇域养老体系，新增养老设施，让老年人能够“老有所居、老有所乐”。

陶厂镇区：在现敬老院基础上进一步扩建，结合现有床位数，参照《城镇老年人设施规划规范》(2007年)，床位不应少于300张。

关镇村：现关镇敬老院位于关镇街道，床位数35张，规划可增加床位数，不少于50张。

中心村：按照每百名老年人使用面积不少于100平方米的标准配置养老服务用房。

5. 商贸设施规划

陶厂镇区：整治提升现状商贸设施，并结合新区建设进行商业配套。

大渔滩湿地生态农业示范区：在示范区周边配套服务于游客的旅游商业设施。

中心村:每个中心村弹性布置便民超市和农资店。

五、镇域基础设施规划

1.给水工程规划

(1)用水量预测

近期陶厂镇用水量为0.8万吨/日,远期用水量为1.0万吨/日。

(2)水源保护

地表水取水点周围半径100米的水域内,严禁捕捞、停靠船舶、游泳和从事可能污染水源的任何活动。在取水点上游1000米至下游100米的水域,不得排入工业废水和生活污水,其沿岸边不得堆放废渣,不得建设有害化学物品仓库,堆放或装卸垃圾、粪便和有毒物品的码头。以地下水为水源时,水井周围30米内,不得设置渗水厕所、渗水坑、粪坑、垃圾堆和废渣堆等污染源。

(3)水厂规划

根据预测量,近期水厂基本能够满足供水需求,远期对自来水厂进行扩建,总规模达到1万吨/日。并在中心镇区和高海拔区域增设给水加压泵房,每处泵房占地面积90平方米,建筑面积45平方米。

(4)供水管网

远期规划在现有给水网络基础上增加管网投入,保证管网覆盖到全域村庄,自来水供给率达到100%。

规划给水配水布置管网镇区内以环状布置为主,镇域内枝状布局,提高供水保证率和供水水压。规划管径为DN200~DN400。管网应均匀地分布在整个给水区域内,满足用户对水量和水压方面的要求,并保持输送的水质不受污染。

2.排水工程规划

(1)污水量预测

污水量根据供水量乘以0.8的排放系数计算,则规划近期镇域污水量为0.64万吨/日,远期为0.8万吨/日。

(2)污水处理设施规划

规划中心镇区古塔路西侧、加油站南侧200米处新建一座污水处理厂,占地面积3000平方米,设计处理能力为0.5万吨/日。根据含山县总体规划,采用区域污水联动排放的方式,道口工业集中区污水和大渔滩生态农业示范区的污水将由铜闸镇污水处理厂收集处理。

每个中心村新建一处微动力污水处理设施,对中心村及周边自然村生活污水进行收集处理。规划近期中心村污水处理率达到80%,水污染基本得到控制。规划远期,分散式污水处理覆盖全部中心村,污染得到根本治理。

(3)雨水工程规划

雨水排放设明沟或暗渠,原有排水管渠用作雨水排放。雨水管渠尽量利用地形坡度,重力流排水,根据就近、直接的原则,以最短的距离将雨水排入附近河流及其他水体。

3. 电力工程规划

(1)电力负荷预测

用电负荷近期为3360万千瓦时/年,远期取6750万千瓦时/年。

(2)供电设施

依据含山县总体规划,规划在道口工业集中区新建一座110KV变电站,用地面积为5000平方米。以满足镇域南部的用电需求。

加强对电力设施的建设和电网改造。以10KV作为输电压为镇区和道口工业集中区供电,并沿主要公路进行架线。各中心村设变配电房,基层村设一台变压器,保证村庄居民安全、方便用电。

(3)电力线路规划

新建高压线路走廊应尽量沿道路绿化带架设,并尽量采用同塔多回架设,以节约用地。110KV高压线防护绿地宽度控制在20米。

4. 电信工程规划

(1)业务量预测

至规划末期,镇域固定电话主线约3.0万线;移动电话预测总需求量约为3.6万部;数据用户预测需求量约为1.3万线;有线电视用户约为1.3万线。

(2)通信设施

规划保留镇区电信支局和邮政支局。

为满足居民收、寄邮件的需求,在道口工业集中区结合公用设施用地新增1座邮政网点。每个中心村弹性设置邮政网点一处,每处建筑面积不小于100平方米。

有线电视普及率全镇2020年达90%以上,2030年100%。

5. 燃气工程规划

气源规划

规划期内城镇居民仍然以瓶装液化气和燃煤为主,村庄居民生活以液化气为主,以沼气为辅,山区少数户使用柴草。

根据马鞍山天然气利用规划,提出"考虑西气东输工程,今后含山中心城区居民和其他有条件的城镇使用天然气,其余居民以液化石油气为主"。2009年底含山县在开发区内建设了天然气储配站,因此未来陶厂镇在以液化石油气为主要气源的基础上,可以将天然气作为辅助气源,将天然气管道延伸至陶厂镇中心镇区。

6. 沼气工程规划

规划农村沼气综合利用设施建设包括养殖场大中小型沼气工程和村庄生活污水沼气净化工程,主要是用来处理养殖场畜禽粪便、村庄生活污水,所产生的沼气,可以通过管道向居民集中供应，作为做饭、照明之用，形成“两级、一支撑”的农村沼气综合利用体系。

7.环卫设施规划

(1)垃圾量预测

规划期末镇域最高日生活垃圾产生量为54吨/日。

(2)环卫设施

在镇区35KV变电站南侧规划垃圾转运站一处，占地面积约2800平方米。村庄按15～30户集中设置一个垃圾收集点，服务半径不超过70米。

根据国家建设部《关于城市环境卫生设施设置标准》要求，镇区按常住人口2500～3000人设置一座公共厕所，每座建筑面积为30～50平方米。可结合公共服务设施进行配建；推广建设水冲式卫生厕所，既有农房应实施无害化厕所改造，推荐三格式化粪池进行改造。无害化卫生厕所覆盖率100%，在中心村结合服务中心建设水冲式公共厕所，服务半径一般为300米。

六、防洪排涝工程规划

1.防洪排涝标准

防洪标准：本次规划陶厂镇区和道口工业集中区的防洪标准为20年一遇，沿陶厂河和功桥河设置防洪堤按照20年一遇设防。山洪防洪标准为10年一遇。

排涝标准：城镇建设区按马鞍山城市暴雨强度公式计算暴雨强度，设计重现期一般采用1年，局部重要地区采用2～3年。

2.规划措施

对陶厂河和功桥河堤岸进行加固处理，按照20年一遇标准建设防洪堤。对干流河道进行疏浚，改善河道水质，提高河道防洪能力。加强防洪设施维护和管理，完善镇内排水系统，确保洪水期间排水通畅。

完善镇区排水系统，合理布置撇洪沟汇集洪水，调动排涝机泵，抢排内涝，入河流的排水口要满足防洪安全的要求。

重点做好圩区片和丘陵片的排涝工程，圩区片(十联圩、新胜圩)要增强自排和抽排能力，除涝达标，丘陵片继续做好引水、调水和提水工作，合理开发利用地下水。大力发展节水灌溉，努力扩大灌溉面积，提高用水保证率。

镇域内截洪沟、干流河道及圩区的防洪调度统一纳入整体防洪体系中，通过上、下游综合调度，充分发挥现有防洪工程的效益，切实保障防洪安全。

七、生态环境保护规划

1.生态环境保护目标

积极保护生态环境，打造山清水秀的特色城镇。通过创建大渔滩湿地生态农业示范区、完善生态环境基础设施建设等工作，使镇域经济、社会与生态环境实现协调发展。到

2030年，空气质量、水域环境质量、声环境质量总体水平完全达到国家及安徽省环境保护标准。2030年建成区城镇气化率达到100%，污水处理率达到100%。生态环境转变为良性循环，环境与社会经济协调发展。

2. 大气环境功能分区

镇域空间按大气环境质量控制要求划分为两类功能区。

大气环境功能一类区：包括镇域西北山林地区和大渔滩湿地生态农业示范区执行《国家空气环境质量标准》(GB 3095—2012)一级标准；

大气环境功能二类区：包括沿省道古塔路的陶厂镇区和道口工业集中区，执行《国家空气环境质量标准》(GB 3095—2012)二级标准。

3. 水环境功能分区

镇域地表水系划分为生活饮用水地表水源保护区、农业用水功能区和一般景观用水功能区三种类型。

生活饮用水地表水源保护区：主要指取水口周围500米水域，主要为城乡居民饮用水一级水源地，执行《国家地面水环境质量标准》(GB 3838—2002)Ⅱ类标准，其外围地区可执行《国家地面水环境质量标准》(GB 3838—2002)Ⅲ类标准，水源保护区必须设置卫生防护地带；

农业用水功能区：主要指平原地区主要水系，执行《国家地面水环境质量标准》(GB 3838—2002)Ⅳ类标准；

一般景观用水功能区：主要指部分河段和镇域内部水库水塘，执行《国家地面水环境质量标准》(GB 3838—2002)Ⅴ类标准。

4. 声环境功能分区

按照国家《声环境质量标准》(GB 3096—2008)，镇域空间分4类噪声控制标准：其中医院、敬老院、居住区、中小学等达到1类标准；商业娱乐用地达到2类标准，主次干道两侧25米区域达到3类标准；高速公路两侧100米达到4类标准。

5. 固体废弃物处理标准

至规划期末，镇域生活垃圾无害化处理率达到100%，危险废弃物安全处置率达到100%。

6. 生态环境防制措施

(1)大气环境治理措施

推进城镇合理布局，加强集中管理，防范环境风险；调整与优化能源结构，禁止焚烧秸秆和其他烧荒活动，推广秸秆气化技术，推广清洁能源；加强工业污染源治理，推广清洁生产；加强建筑工地管理，综合整治扬尘污染。

(2)水环境治理措施

加快镇区污水处理厂和配套污水管网建设，提高污水处理能力和集中处理率。推进河道的综合整治，清淤疏浚，改善水环境。实施河道、水塘长效治理，提高水体自净能力。加大污染源治理，提高工业污水处理率。加强农村简易污水处理设施建设，禁止农村生活污水直排入河；建设生态农业和绿色有机农业，控制使用化肥、农药，减少农业面源污染。

（3）声环境治理措施

重点控制古塔路、X029、X023等交通干道两侧的噪声污染，以空间分离、绿带隔离为主要措施，辅以工程隔声与管理减噪措施，提升环境噪声功能区达标水平。

（4）固体废物治理措施

推进城镇、农村生活垃圾收集、运转、无害化处理设施一体化建设与管理。推广循环经济，实现工业固体废物处置与资源化利用。建立生活垃圾分类收集、储运和处理系统，实现生活垃圾减量化、资源化、无害化处置。危险废物安全处置，推行工业危险废弃物和医疗废物申报登记制度。

八、产业发展规划

1.产业发展目标

陶厂镇经济和产业发展总目标为：

稳步推进产业结构调整，重点发展第三产业，优化发展第二产业，巩固发展第一产业。第三产业重点发展生态旅游服务业、房地产业、文化创意产业等；第二产业优化发展建材加工、金属制品、针织服装、农副产品加工等产业。农业重点发展优质果树种植业和蔬菜种植业，以及生态观光农业。规划至2030年，将陶厂镇建设成为经济繁荣稳定、产业结构合理、旅游产业发达、生态环境优良等有机结合的生态型多功能城镇。

2.产业发展策略

产业结构调整升级策略

农业重点发展方向为着力打造优质油菜基地、棉花和杂粮生产基地；建造专业化、标准化的露地蔬菜、特色蔬菜生产基地；建立名优水产品为重点的水产健康养殖产业带；建立集休闲驿站、乡土菜肴、观光度假、农事体验于一体的休闲农业示范园。

工业发展方向是逐步限制镇级项目集中区的发展，促使工业向省级园区集中。采取限地、规定土地最低投资强度等方法，鼓励引入环保无污染绿色经济，引导传统工业向绿色化、高端化、高效化发展。

加快发展大渔滩湿地生态旅游业，以休闲度假、游览观光为主要发展方向，“做旺旅游业”，以旅游业激活传统商贸集散、房地产、文化创意等第三产业。

3.旅游空间布局规划

发展高端农庄旅游策略，避免农业观光游简单变成农家乐，将陶厂镇的农业旅游做得高端、高雅、精致，成为周边区域人群乐于消费的区域。建议在陶厂镇西北部和南部发展规模化农业种植产业，开发农业观光旅游。在镇域西北部地区结合其山地特征，开展林业观光；在镇域南部结合大渔滩湿地生态农业示范园建设，建设一批特色湿地渔村，打造休闲农业与乡村旅游示范点。

以大渔滩湿地现代农业示范区为重点和突破口，打造生态观光、农业旅游、乡村体验为特色的旅游产品体系，构筑空间布局合理，层级结构分明、功能完整突出的旅游发展空间格局。规划以中心镇区为中心，以省道古塔路为主轴线、省道山湖大道和县道X029为次轴线，构建以点带线、以轴拓面的"一心、两轴、两片、多点"的旅游发展空间格局。

一心：指陶厂中心镇区。通过对周边区域的集聚和辐射作用，带动陶厂镇旅游业的发展。同时，它又是区域交通组织和游客集散中心、旅游接待服务中心、旅游信息服务中心和旅游管理中心。

两轴：镇域旅游资源自然分布呈现为西北和东南两个区域，依托省道古塔路将两个区域的旅游景点串联起来，并沿226省道建设绿道和旅游公交专线，逐步丰富古塔路沿线的旅游资源配置；同时，将东西向的省道山湖大道和县道X029打造成镇域旅游交通发展次轴，加强镇域旅游的内外联系。

两片：划分西北和东南两个旅游片区，西北部旅游片区以山区景观为主打品牌，着力发展历史文化与自然生态为特色的旅游景区；东南部旅游片区以大渔滩湿地为核心，加强大渔滩现代农业示范区的开发与建设，在保护生态湿地的基础上，加快园区内现代观光农业的以及旅游接待服务设施的综合建设。

（1）西北部旅游片区

①户外运动健身区

县道X029以南区域，依托山林资源和山体条件，以"运动养身、品质休闲"为主题，以"崇尚自然、享受户外、山野健身"为核心理念，以山地体育运动、山野休闲为功能，开发森林露营、森林休闲类项目。将其打造成高品质的山林康体运动区。

②水畔林海休闲区

县道X029以北区域，结合西北部水库和林场，以"亲近自然、感受自然"为主题，打造具有亲水性和体验性的休闲区。

（2）东南部旅游片区

①湿地核心景观区

湿地核心保护区为湿地的水面及周边大面积原生荷塘，此区域为低密度游览区。设置湿地环境监测站、湿地植物观察室、湿地两栖观察站、鸟岛观鸟阁等项目。在保护湿地的同时，允许游人最大限度地感受湿地的神秘。

②湿地度假休闲中心

依托园区良好的湿地生态、田园风光打造湿地度假休闲中心。中心包括湿地度假酒店、度假别墅、湿地生态文化馆。

③湿地渔村

湿地渔村包括河鲜美味坊、渔村主题休闲屋、渔人码头、民俗风情村等子项目。

④园区旅游综合服务中心

服务中心由生态停车场、游客服务中心、旅游商品销售中心、荷文化馆及相关配套设施组成。

⑤大渔滩乡村自驾游营地

近年来，自驾车旅游因其自由的魅力，逐渐在国内的一些地方迅速流行。私家车数量的增加，高速公路的延伸，活动半径的加大，使得国内的自驾车旅游已可以从城市周边游发展到跨省游，自驾车旅游成为“有车一族”的旅游新时尚。营地内有汽车服务区、生活服务区、露营活动区、健身休闲活动区、体验活动区、垂钓烧烤区。

⑥苗木花卉休闲基地

基地内旅游项目主要有苗木花卉示范观光园、花艺休闲体验园、夕阳红乐园、观光休闲桃园、水果采摘园。

附录三 含山县陶厂镇国民经济和社会发展第十四个五年规划纲要

（2022—2026年）

“十四五”时期是我国全面建成小康社会之后，乘势而上实现第二个百年奋斗目标的首个五年，是抓住难得机遇、顶住各种挑战、拓展发展新空间的关键时期。必须坚持把发展作为第一要务，发展是硬道理，发展是解决一切问题的关键；必须坚定不移地走发展之路，把挑战当机遇、把压力变动力，坚持干在实处、走在前列；必须坚持把民生作为第一位置，从人民群众最关心、最直接、最现实的利益问题抓起，把好事办在群众心坎上、把实事办在群众急需时；必须坚持把稳定作为第一责任，切实把维护社会稳定放在更加突出的位置，切实承担起保一方平安的政治责任；必须坚持把实干作为第一要求，成事在人，关键在干。要努力营造想干事、肯干事、能干事、干成事的浓厚氛围，形成心齐、气顺、劲足、实干的良好局面。

今后五年工作的指导思想是：坚持以习近平新时代中国特色社会主义思想为指导，全面贯彻落实党的十九大和十九届二中、三中、四中、五中全会精神，深入学习贯彻习近平总书记考察安徽考察马鞍山重要讲话指示精神，紧紧围绕全县“十四五”规划编制要求，以党的建设为引领，坚持“生态立镇、产业突破、文旅融合、乡村振兴”发展战略，以“生态环保高水准、经济发展高质量、城乡建设高颜值、人民生活高品质”为发展目标，抢抓新机遇，聚焦高质量，开启全面建设“生态福地、和美小镇”新征程。

一、今后五年的主要目标任务

到“十四五”末，力争实现年财政收入1亿元，年固定资产投资6.2亿元，规上工业增加值年均增长22%，农村居民年人均可支配收入3.7万元。实现党的建设全面加强，经济质量显著提高，产业结构明显优化，城乡建设基本完善，公共服务更加健全，人民生活质量大幅提高。

二、今后五年发展面临的机遇和优势

战略机遇。2020年8月19日，习近平总书记亲临马鞍山考察并作出重要指示，提出了打造安徽的“杭嘉湖”、长三角的“白菜心”新发展定位，对陶厂镇当前、“十四五”乃至今后一段时期的发展产生重大而深远的影响。

政策机遇。陶厂镇处于长三角一体化、“一带一路”和长江经济带三大国家战略交会点和南京都市圈、合肥都市圈“双圈”叠加地带，将迎来重大政策红利。

区位交通优势。商合杭高铁已开通运营，巢马城际也将在“十四五”期内建成，合芜高速含山入口位于镇域内、合马高速含山南入口离陶厂镇仅5分钟车程，人流物流交通条件不断改善提升。

生态资源优势。含山大米、茶果园、牡丹园、黄桃园、蓝莓园等优质农产品基地建设日趋完善，依托大渔滩湿地保护开发、潘村3A级景区创建，农业观光采摘、农事体验、农家乐、民宿等各具特色的农旅项目实现多点突破。

三、今后五年的工作思路和举措

1.全面加强党的建设，建强基层堡垒。未来五年，陶厂镇将坚持以更大的力度、更实的举措全面加强基层党的建设。一是着力加强党的政治建设。把思想政治建设摆在重要位置，落实意识形态责任制，教育引导广大党员干部增强“四个意识”、坚定“四个自信”、做到“两个维护”，充分发挥“关键少数”带动“绝大多数”的示范引领作用，促使全镇上下在思想认识上形成“一条心”，在实际行动中形成“一盘棋”。二是着力推动基层党建全面提升。打造基层党建整镇推进模板，培育农村党建“先锋创建、五星振兴”品牌，将陶厂镇打造成市县两级党建示范镇，将10个村（社区）打造成市县两级示范点，力争高标准建成10个五星级党支部。扩展覆盖新兴领域党建，巩固提升“两个覆盖”质量，推进党支部标准化建设，提升村级组织活动场所管理使用水平。严把党员发展质量，加大在生产工作一线、青年农民和各领域骨干精英中发展党员力度。三是着力打造过硬干部队伍。以2021年村“两委”换届选举为契机，选优配强村（社区）党组织书记，落实“一肩挑”政策。在镇机关持续实施青年干部传帮带，强化年轻干部培养，完善干部梯队建设。加强党务干部培训，提升业务能力和工作水平。四是着力筑牢党风廉政坚固防线。坚持推进全面从严治党，坚持惩防结合、标本兼治，加强思想教育，加强党员干部日常党风党纪、党性教育和警示教育，打牢拒腐防变的思想基础。进一步强化监督执纪问责，严格落实“一案双查”，保持惩治腐败高压态势，一体推进不敢腐、不能腐、不想腐机制建设。

2.全面推进项目攻坚，提升产业结构。未来五年，着力优化营商环境，加大招商引资力度，不断推进产业升级、结构优化。一是突出招引主导产业。围绕打造石膏新材料特色小镇，加快推进石膏新材料产业园谋划建设，从以石膏原矿销售为主，向石膏新材料研发应用转型，做大做强粉刷石膏、新型板材等建筑新材料项目。大力发展光伏、风能等新能源产业，走出一条高水平保护与高质量发展高度统一、相互促进的路子。二是突出抓好企业培育。一方面，跟踪帮助企业技改升级、内部挖潜、腾笼换鸟，做优做实存量。以项目落地生根、企业高速成长，让有限的空间产出更多的经济效益。另一方面，加大招商引资力度，从产业“建链、延链、补链、强链”出发，实施招商突破行动，实行“一项行动计划、一套扶持政策、一个产业项目库”的工作机制，推动产业链招商提质提效。持续优化营商环境，积极帮助企业解决资金、用工、技术等瓶颈。三是突出推进重点项目。加强项目谋划、储备入库，积极争取地方政府专项债券和农发行等政策性金融机构支持，谋划实施一批基础设施补短板、生态环境保护、文化旅游等领域重大项目。加快项目建设进度，建立项目推进机制，力促项目早落地、快开工、展形象、出亮点。加快推进合芜高速拓宽、巢马城际铁路建设等重点工程，组织专班，现场办公，切实保障项目有序推进。

3.全面实施乡村振兴，发展现代农业。未来五年，主动对标对表，聚焦重点任务、重点工作、重点项目，全面推进乡村振兴。一是加快补齐农村基础设施短板。持续抓好农村道路、农田水利、农村饮水等基础设施建设，完善“资源路”“旅游路”“产业路”道路建设。完善全镇国土空间规划，突出土地用途和全域管控，对各类空间要素进行有机整合，对具体地块的用途作出确切安排，按照集聚提升、城郊融合、特色保护、搬迁撤并等四类，分类推进集镇村庄梯次发展。二是突出构建现代农业产业体系。充分利用陶厂镇区位交通便捷、生态环境优美的优势，在休闲农业、生态农业方面下功夫，重点做好大渔滩、偶渔村宿等生态旅游项目。种植367公顷茶果园，投资建设稻谷仓储基地、丰陶大蒜基地、现代化油茶加工厂。集中连片万亩以上“含山大米”稻米生产基地，推广稻虾共养等“水稻+”种养绿色循环模式。谋划瓜蒌子、黄桃、油茶、蓝莓等本地特色农产品深加工，提高附加值。三是发展壮大村集体经济。盘活农村集体资产资源，推广村村协作、村企联建等发展模式，整合各类项目资金，谋划实施一批前景好、带动能力强的产业类项目，实现年经营性收入50万元以上的经济强村占比达到50%以上、30万元以上的村占比达到100%。巩固农村综合改革成果，利用股改契机，让农民充分享受股改红利，形成利益再分配机制。加快农村电商发展，构建优质特色农产品、农产品加工产品线上线下立体式网络销售体系。

4.全面开展环境整治，推动绿色发展。未来五年，坚持把美丽乡村建设和农村人居环境整治作为实现全域旅游的有效途径。一是实施生态环保问题整治提升行动。坚定不移走生态优先、绿色发展之路，聚力生态赋能，打通绿水青山就是金山银山转化通道，统筹山水林田湖系统治理，落实“长江十年禁渔”要求，强力推进环保整改，不断擦亮陶厂镇全国文明镇、全国生态镇、全国环境优美乡镇“金字招牌”，让绿色成为陶厂发展最美底色。二是实施农村人居环境整治提升行动。加快推进美丽集镇建设、中心村建设和自然村环境整治，做到点（打造省级美丽中心村10个、市级美丽中心村10个，大的绿化节点10处以上）、线（省道213，关林路、陶新路、陶南路，一主三辅干道沿线）、面（210个自然村全部按照“五清一改”标准整治到位）结合，全面彻底改善全镇人居环境。三是实施文旅农旅融合发展提升行动。抓住乡村振兴政策机遇，在休闲农业、生态农业方面下功夫，围绕“吃、住、行、游、购、娱”六要素，构建“村+景、民宿+特色、生态+休闲”模式，推进大渔滩、偶渔村宿等生态旅游项目，创建乡村旅游景点景区，着力形成“一片（优质水稻种植示范片）、一圈（美丽乡村旅游观光圈）、一带（特色产业发展经济带）”乡村旅游远景规划。

附录四　重要文件摘录

陶厂镇推进农村生活垃圾分类和资源化利用实施方案

为实现生活垃圾源头减量、资源循环利用及安全处理，逐步建立健全生活垃圾分类收集、运输、处理体系。实现农村生活垃圾减量化、无害化、资源化，改善农村人居环境，现根据上级文件精神，结合我镇实际情况，制订本实施方案。

一、指导思想

为了贯彻落实习近平总书记在中央财经领导小组第十四次会议关于普遍推行垃圾分类制度的讲话精神，以创新、协调、绿色、开放、共享的发展理念为指导，按照生态文明建设总体要求，因地制宜开展农村生活垃圾分类和资源化利用，实现农村生活垃圾长效持续治理，为提升生态文明建设水平奠定良好基础。

二、总体目标

建立完善“户分类、村收集、乡镇转运、县处理”垃圾收运处理体系和“分类收集、定点投放、回收利用、末端处置”的垃圾分类和资源化利用运行体系，逐步实现农村生活垃圾分类投放、分类收集、分类运输、分类处理全覆盖。

2019年底陶厂镇生活垃圾回收利用率要达到30%，到2021年全面完成农村生活垃圾分类和资源化利用工作，回收利用率达到50%以上。2022年对全镇农村生活垃圾治理、农村生活垃圾分类和资源化利用工作进行巩固提升、补缺补短，建立健全常态长效工作机制，实现全镇农村环境卫生干净、整洁。

三、分类方法

本着简便易操作的原则，将我镇农村生活垃圾分成两类。

（一）可腐烂垃圾（厨余垃圾）。它是指厨房产生的食物类垃圾以及果皮瓜壳等。主要包括剩菜剩饭、菜梗菜叶、动物骨骼内脏、腐肉、畜禽产品、蛋壳、茶叶渣、果皮瓜壳、盆景植物的残枝落叶、废弃食用油等。

（二）不可腐烂垃圾。除可腐烂垃圾以外的垃圾。不可腐烂垃圾主要包括可回收物、有害垃圾和其他垃圾三类。

1. 可回收物是指再生利用价值较高，能进入废品回收渠道的垃圾（能卖钱的垃圾）。主要包括纸类（报纸、传单、杂志、旧书、纸板箱及其他未受污染的纸制品等）、金属类（铁、铜、铝等制品）、玻璃类（玻璃瓶罐、平板玻璃及其他玻璃制品）、除塑料袋外的塑料制品

（泡沫塑料、塑料瓶、硬塑料等）、橡胶及橡胶制品、牛奶盒等包装物、饮料瓶（可乐罐、塑料饮料瓶、啤酒瓶等）、废旧纺织物、废弃电器、电子产品等。

2. 有害垃圾是指废电池（蓄电池、纽扣电池等）、废旧电子产品、废旧灯管灯泡、过期药品、过期化妆用品、杀虫剂容器、除草剂容器、废弃水银温度计、废油漆桶等。

3. 其他垃圾是指除去厨余垃圾、可回收物、有害垃圾之外的所有垃圾的总称。主要包括受污染与无法再生的纸张（纸杯、照片、复写纸、收据用纸、卫生纸、尿片等）、受污染或其他不可回收的玻璃、塑料袋与其他受污染的塑料制品、破旧陶瓷品、一次性餐具、烟头、灰土等。

四、分类模式

（一）农户初分。加大宣传力度，引导农户按照可腐烂和不可腐烂两类标准对自家垃圾进行分类投放。各村合理配置垃圾桶，分别放置这两类垃圾。积极推行“垃圾不落地”的管理模式，使得垃圾处理与农村发展同步升级。

（二）保洁员分类收运。由家宝环卫公司利用两格式分类收集车将可腐烂和不可腐烂的垃圾集中收运至我镇生活垃圾资源化利用中心处置。

（三）生活垃圾资源化利用中心工作人员再分类。可腐烂垃圾投放至我镇生活垃圾资源化利用中心有机垃圾处理设备作制肥处理，产生的有机肥可就地返田。不可腐烂垃圾交由利用中心工作人员进行二次分类，将可回收物（能卖钱的）和有害垃圾分拣出来单独存放，达到一定数量后，可回收物卖给废品回收公司，有害垃圾送往市危险废弃物处理中心做无害化处理；其他垃圾交由家宝环卫公司转运到含山县垃圾处理厂做无害化处理。

五、主要任务

1. 垃圾分类桶。每户或两户配备可腐烂和不可腐烂垃圾桶各一只。根据属地原则，由各村做好分类垃圾桶的采购、配置、日常管理和维护工作。

2. 垃圾分类收集车。家宝环卫公司根据需要配备垃圾分类收集车，原则上按300人/辆的标准配置垃圾分类收集清运车辆。

3. 垃圾资源化利用中心建设。我镇依托现有生活垃圾中转站改建成为生活垃圾资源化利用中心，并对垃圾中转站排污系统进行升级改造，做到达标排放。利用中心增设1台5吨/日有机垃圾处理设备，并增设可回收物和有害垃圾暂存库房。

六、实施步骤

（一）宣传发动阶段（2019年4月13日至5月31日）

召开动员大会，组织村委会、村民理事会，妇女代表、保洁公司、垃圾分类人员等进行培训。各村要及时召开党员、村民代表、妇女队伍生活垃圾分类培训会，使村民了解垃圾分类的意义、懂得垃圾怎么分，积极参与垃圾分类，使垃圾分类成为人人皆知，家喻户晓的事情。

（二）项目实施阶段（2019年6月1日至11月20日）

推进农村环卫基础设施建设，落实村、镇两级垃圾分类人员。完成镇生活垃圾资源化利用中心建设，中心投入使用前，要完成分类垃圾桶、分类垃圾车等采购发放工作，以上基础设施配备完善后，启动生活垃圾分类和资源化利用试点工作。

（三）总结提升阶段（2019年11月21日至12月31日）

对分类收集处理设施建设和分类收集处理实施情况进行全面检查，总结工作经验，建立长效管理机制。将农村生活垃圾分类投放、收集、处理工作纳入常态化运行和日常考核，建立"分类收集、定点投放、回收利用、末端处置"的运行体系。

七、保障措施

（一）加强领导，明确职责。农村生活垃圾分类处理工作是实现资源循环利用，改善农村人居环境、建设幸福陶厂的重要载体。各村要统一思想，高度重视环境卫生和农村生活垃圾分类处理工作，建立组织，由村主要领导负总责，切实做好农村生活垃圾分类处理的指导协调、推广、实施工作。

（二）加大投入，强化保障。从全域环境整治专项资金中安排20万元专门用于农村生活垃圾分类处理终端设施建设和垃圾分拣执行情况的以奖代补。鼓励各行政村根据本村实际收取卫生有偿服务费，并在村规民约中予以明确。

（三）加强考核，长效管理。建立农村生活垃圾分类处理"四定二保"（定目标、定时间、定责任、定奖惩，确保推进快、效果实）目标管理责任制，做到目标明确到村，时间明确到月，责任明确到人。建立考核管理制度，每月组织一次到两次对各村垃圾分类处理工作明查暗访，检查结果在镇公开栏公布，同时，根据考核情况，对各村进行排名，连续三个月排名末三位的村，年终考核列为末等。

2019年5月9日

陶厂镇"项目推进年"大建设大招商大发展大会报告（节选）

全年工作概括为:实施三大建设（工业园区、农村社区、农业园区）；推进三项重点（招商选资、民生工程、城乡建设）；破解三个难题（土地瓶颈、殡仪馆建设、计划生育）；实现三大保障（财税、稳定、组织）。

一、创新思路，实施三大建设

1.工业园区建设。围绕县委、县政府的工作部署，着力做好四项工作:一是完善工业园区的规划，科学定位好园区的功能，突出对现代朝阳产业的引进，发挥陶厂的区位优势和生态优势，增强园区吸引力。二是加大园区基础设施建设力度，争取用地指标，恢复园区主干道建设，力争明年上半年完成一万平米标准化厂房建设任务，同时实现路、水、电等配套设施功能完善，增强承载能力。三是走园区集群化发展道路，以税利增收为目标，引入关联企业，拉长产业链，形成集群发展之势，为园区快速发展增添后劲。四是拓展园区发展空间，整合园区土地资源，对少数长期占用土地“围而不建”的项目实行依法回收，同时结合中心村的建设，再储备33.3公顷（500亩）园区用地，为陶厂工业经济的长远发展夯实基础。

2. 农村社区建设。更新思路，在城乡建设中突出一体化的理念，在编制规划时将农村和集镇作为一个有机整体，统筹考虑土地利用总体规划和城乡建设规划。今年结合土地增减挂工作，整合一定数量人口少、建筑分散、占地面大、交通不便的自然村，完成3个中心村的建设任务，即陶南新街南侧宜居点、西塔新村、关镇社区，促进农村人口集中居住，推进农村社区化管理，逐步将农村新建住房吸引到中心村中去。

3. 农业园区建设。陶厂镇大渔滩区域作为全县唯一的现代农业示范园，将严格按照“全国有影响、全省争一流”的目标，高标准规划、高起点建设。今年上半年，将投资500万元打通核心区的主干道，为园区的建设拉开框架。目前围绕现代农业园建设的各项项目争资工作已启动，并已取得突出成效。国家环保部800万元的生态维护资金已到位，省财政厅农发项目三年总投资4500万元，以大渔滩区域为核心，改造和建设高标准农田35万亩。目前第一期1500万资金已到位，陶厂河流域水利综合整治项目总投资3000万元，该项目已上报到水利部，有望于今年批准立项并组织施工，项目建成后，陶厂河的河堤将成为6米宽的现代农业示范园观光大道，力争通过两到三年的苦干，将大渔滩农业园建成集现代农业、休闲观光、旅游度假为一体的现代农业示范园。

二、突出重点，推进三项工作

1. 招商引资工作。抓招商引资就是抓发展的生命线，就是抓投资的牛鼻子，就是抓工作的真功夫，坚持把招商引资作为经济工作的重中之重，严格落实“一岗双责”和“一把手负责制”，最大限度地激发招商引资的活力和动力。陶厂虽然面对着工业短腿、产业基础薄弱、招商竞争力不强的被动现状，但是后发优势已日趋显现，陶厂有良好的生态环境，便利的交通条件和日益稀缺的土地资源优势。有优势就要有信心，有信心就要有目标，追求质量，不求总量，选准大项目、好项目抓住不放，力争一年建成一至两个大项目，不干则已，干则干成，成则成为拉动全镇经济支柱。同时积极启动总部经济建设，营造总部经济发展的良好环境，吸引符合产业发展导向的企业总部到我镇落户，形成重大项目落户和土地瓶颈破解的良性互动。加快标准化厂房建设，发挥科技孵化器的功能，引导外出创业成功的人员回乡创业，促进一些有发展前景的中小项目尽快落户。

2.民生工程（略）

3.城乡建设（略）

2012年2月9日

陶厂镇十联圩防汛抢险应急预案

一、基本情况

十联圩位于牛屯河左岸、陶厂镇东南，总面积12.68平方千米，耕地1.1万亩，涉及关镇、铜庙两个行政村19个自然村，常住人口1757人。圩内大部分地面高程6.3～10.2米，省道226经圩口上游。

十联圩现有河堤全长9.5千米，堤顶高程12.5～12.8米之间，顶宽一般在4～5米。主要穿堤涵闸7处。

十联圩设防水位8.5米、警戒水位9.5米、保证水位11.6米。2016年最高水位达11.73米，部分较低堤段漫溢，经抢筑子埂未漫破。

二、防洪风险分析

十连圩圩洪水风险主要来自牛屯河，一旦溃（漫）堤，有19个自然村1757人需转移避险。

防洪工程主要存在2处险工险段，高水位易发生险情，是汛期防守的重点。一是孙湾段，地势低洼，渗漏严重；二是铜庙垱圩段，2017堤防新加固段，没有经过洪水考验。

三、防汛组织机构

十联圩镇级防汛责任人为镇长蒋德祥，负责十联圩防汛指挥和协调。人员转移和圩口弃守由县防汛抗旱指挥部决定，陶厂镇防汛抗旱指挥部执行。

在县防汛抗旱指挥部的统一指挥下，陶厂镇设立防汛抗旱指挥部，十联圩设立防汛指挥点，负责组织、指挥十联圩的防汛工作。镇防汛指挥部下设指挥调度、巡堤查险、应急抢险、转移安置、后勤保障等组，并成立2个指挥点（详见附件1）。

四、防汛抢险和弃守

（一）巡逻查险

1.当牛屯河（铜城闸）水位达到8.5米（设防水位）且继续上涨，指挥点负责组织人员巡堤查险。

2. 当牛屯河（铜城闸）水位达到9.5米（警戒水位）且继续上涨，相关责任人到一线指挥，组织一线民工上堤巡逻查险。检查范围要扩大到护堤地以外30～50米，每天检查次数要不少于4次。

3. 当牛屯河（铜城闸）水位达到10.5米（超警戒水位1.0米）且继续上涨，组织二线民工上堤不间断巡逻查险；各支抢险队集结待命，做好抢险的各项准备，随时投入抢险。

4. 当水位接近11.6米（保证水位）且继续上涨，组织三线民工上堤。

（二）险情抢护

当发生一般险情时，由2个指挥点组织村级抢险队进行险情抢护。当出现滑坡、管涌、漏洞和穿堤建筑物周边漏水等较大险情时，镇防汛指挥部立即成立现场抢险指挥机构，研究制订抢险方案，调用镇级防汛应急抢险队和物资全力抢险。必要时，逐级申请上级防汛抢险队和物资支援。险情得到控制后，进一步储备抢险物资，拉灯照明，确定留守人员，24小时观察记录，以防险情恶化。

（三）圩堤弃守

当水位超过11.6米（保证水位）且继续上涨或出现难以抢救的重大险情，视情报县防指同意后可弃守。

五、转移安置

接县防指转移指令后，镇防指发布人员转移预警信息，各转移责任人立即组织群众进行转移避险，其中958人投亲靠友、752人需集中安置（详见附件2）。

（一）转移时机

1. 当牛屯河（铜城闸）水位达9.5米（警戒水位）、预报超过10.5米（超警戒水位1米），且天气预报上游仍有强降雨，做好圩内老弱病残等群众转移准备。档案资料、粮食、煤炭、燃油、燃气、药品、危险品等重要物资根据汛情发展，提前转移到安全地带。

2. 当水位达10.5米（超警戒水位1米）、预报达到11.6米（保证水位），具备投亲靠友条件立即转移至安全地带的亲友家中，圩内老弱病残等群众全部转移至集中安置点或亲友家中。

3. 当水位达11.6米（保证水位）且继续上涨，十联圩所有受洪水威胁的群众全部转移至集中安置点（路线及位置点见附图1）。

4. 根据县防指弃守命令，相机组织防守力量全部撤离。

（二）转移时限

水位达到规定转移条件，无重大险情时，人员和贵重物品、有毒危化品一般要求24小时内完成。如水位上涨较快，应视情缩短转移时间。如发生重大险情或溃破，迅速把所有人员就近撤离至圩内高地、堤顶等安全地带，有序转移至安置点。

（三）清查

人员转移完毕后，镇村两级转移负责人要进行清查，确保应转全转，并实行零报告；

洪水风险期间，禁止人员擅自返回。

（四）转移安置

共设置4个集结点，分别为铜庙垱圩村和关正下左村、上左村、高程村。集结完成后，按预定路线转移至安全地带。

（五）群众返还

当水位降至9.5米以下并继续回落，圩口无险情发生或险情处置稳定，且预报上游近期无强降雨时，镇防汛指挥部可报请县防指同意后组织群众返还。

六、保障措施

（一）抢险队伍

1. 明确大坝站值班人员负责随时观察牛屯河河水位，做好水位记录，报告水情信息。

2. 关镇、铜庙两村按照巡查防守责任划分，其中关镇段5400米，铜庙段4100米，按上堤时机上足人员（详见附件3、附件4）。

3. 组织镇级应急抢险队1支50人，以村为单位组织群众性抢险队2支58人（详见附件5）。

（二）抢险物资

针对历史发生的险情和险工险段，在陶厂镇农业办储备袋类1万条、关镇散水滩、铜庙垱圩点储备砂石料500立方米等抢险物资（详见附件6）。

（三）交通运输工具

陶厂镇防汛指挥所根据汛情发展，安排运输车辆7辆，其中25座面包车4辆、货车3辆（详见附件7），负责人员转移。具体点交通工具安排如下（略）。

附件：

1. 十联圩防汛组织指挥结构图（略）
2. 十联圩人员转移安置汇总表（略）
3. 十联圩堤防防守责任划分表（略）
4. 十联圩防汛民工上堤情况表（略）
5. 十联圩应急抢险队伍情况表（略）
6. 十联圩防汛物资储备情况表（略）
7. 十联圩防汛车辆情况表（略）

附图

十联圩群众避险路线及安置示意图（略）

参考文献

1.《含山县志》清康熙版　　黄山书社2008年版

2.《含山县志》清乾隆版　　海南出版社2001年版

3.《含山县志》1995年版
含山县地方志编纂委员会编　　黄山书社出版

4.《含山县志》2014年版
含山县地方志编纂委员会编　　黄山书社出版

5.《含山年鉴》(2011—2021年版)
含山县地方志编纂委员会编　　安徽人民出版社

6.《直隶和州志》清光绪版　　黄山书社2012年版

7.《皖政辑要》清代　　黄山书社2005年版

8.《陶厂人民公社志》1959年版
陶厂人民公社编　　油印本未出版

9.《含山县政协文史资料》1～5卷
含山县政协文史委员会编　　内部出版物

10.《巢湖水利志》　　内部资料

11.《安徽水灾备忘录》　　黄山书社

12.《巢湖文化全书》
巢湖文化研究会编　　东方出版社2008年版

13.《含山抗日烽火》
含山县党史研究室编　　安徽人民出版社2009年版

14.《含山红色踪迹》
含山县党史研究室编　　社会科学文献出版社2011年版

15.《中国共产党含山县历史》
含山县党史研究室编　　安徽人民出版社2015年版

16.《中国共产党含山县历史大事记》
含山县党史研究室编　　安徽人民出版社2016年版

17.《中国共产党含山县组织史资料》
第一、第二卷含山县党史研究室编　　安徽人民出版社2021年版

18.《含山日报》(1961—1962年)　　县档案馆馆藏

后 记

《陶厂镇志》在四届镇党委和政府一任接一任的领导和重视下，经全体编写人员共同努力，终于付梓成书。

中国自古就重视修志，明清两朝修志尤甚，但基本都是县志、州志，乡镇志十分罕见。陶厂古镇历史悠久，晋时形成集镇雏形，清末开始繁荣，民国初期至抗战前夕达到鼎盛时期。但中国古代县志由于体例与今天的方志区别很大，对商贸、金融、交通、文化、农业生产、手工业、重大历史事件等方面很少涉及，更不记载乡镇的历史，这就给编纂《陶厂镇志》带来极大困难。新中国成立前的古镇历史只能在古籍、资料中寻找只言片语，大量史料依靠口头采访。新中国成立已经70多年，过去由于不重视档案文书的收集，早期历史资料缺失严重。这次编纂中采访了一些熟知古镇历史的老人，抢救性保存了一批珍贵的口头史料，如今有的老人已经作古，这让我们深感编纂村镇志的紧迫性。

2015年5月，国家启动了中国名镇志文化工程，历史文化名镇、经济名镇、其他特色名镇都可加入这项工程。含山县运漕镇被列为首批修志乡镇，于2018年正式出版了《运漕镇志》。2020年9月，陶厂镇党委、镇政府研究决定编纂《陶厂镇志》，此为含山县第二本乡镇志，并决定聘请祁述权担任镇志主编，镇文化站站长张敏和聘请人员王兆水担任副主编，编委有马金桥、丁洪涛、郑盛珌、张永庆、梁立旗，镇人大主席黄荣华具体负责协调镇志编纂工作。2020年10月，镇志编纂工作正式启动，计划用两年零八个月时间出书。

编纂《陶厂镇志》是一项浩大工程，涉及陶厂社会方方面面，牵动众人目光，也是填补陶厂千百年来无历史记载的一项重要文化工程。面对史料奇缺的巨大困难，全体编写人员以苦为荣、以苦为乐，怀抱对历史、对陶厂高度负责的精神，投入紧张的工作。编写过程中坚持定期召开例会，汇报编写进度，交流经验体会，提出困难疑点，集体讨论解决。全体编写人员广泛查找史籍档案，采访当事人，挖掘出许多珍贵的史料。镇政府有关部门积极提供资料数据，一些社会人士也热心提供资料和老照片。2022年9月20日，召开《陶厂镇志》评审会，省、市、县地方志专家，在认真审阅送审稿基础上，提出许多宝贵意见和建议。主编将全书再次进行调整、修改，使编排更加合理顺畅、内容更加丰富充实。全体编写人员不辞辛苦，根据要求及时补充内容。2022年11月，再次邀请专家为全书审阅把关，经过4个多月对全书反复打磨，至此，全书64.8万字，图片580多幅，全部完稿。2023年5月，书稿交付中国商业出版社出版。

《陶厂镇志》编纂过程中，镇党委、镇政府积极提供各种工作便利，有力保障了编纂工作的顺利进行，为此全体编写人员深表感谢！马鞍山市地方志研究室的石珊和含山县二中的葛俊超两人为全书作了认真校对，在此一并表示感谢！

因资料收集困难，加之我们水平有限，志书中错漏之处恳请方家、读者赐教，以便将来适当时期加以补正。

编 者

2023年6月